Heinz von zur Mühlen

REVAL
VOM 16. BIS ZUM 18. JAHRHUNDERT

QUELLEN UND STUDIEN

ZUR

BALTISCHEN GESCHICHTE

Herausgegeben im Auftrag
der Baltischen Historischen Kommission
von
Paul Kaegbein
und
Gert von Pistohlkors

BAND 6

BÖHLAU VERLAG KÖLN · WIEN

REVAL
VOM 16. BIS ZUM 18. JAHRHUNDERT

Gestalten und Generationen
eines Ratsgeschlechts

Von

Heinz von zur Mühlen

1985

BÖHLAU VERLAG KÖLN · WIEN

Gedruckt mit Unterstützung
des Förderungs- und Beihilfefonds Wissenschaft
der VG Wort GmbH, Goethestr. 49, D-8000 München 2
und des Familienverbandes von zur Mühlen e.V.

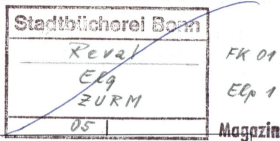
CIP-Kurztitelaufnahme der Deutschen Bibliothek

Zur Mühlen, Heinz von:
Reval vom 16. bis zum 18. Jahrhundert: Gestalten
u. Generationen e. Ratsgeschlechts / von Heinz von
zur Mühlen. – Köln; Wien: Böhlau, 1985.

(Quellen und Studien zur baltischen Geschichte;
Bd. 6)
ISBN 3-412-02384-1

NE: GT

Satz: Nettesheim Druck GmbH, Köln
Druck und buchbinderische Verarbeitung:
Hans Richarz Publikations Service, St. Augustin

Printed in Germany
ISBN 3-412-02384-1

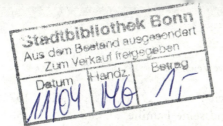
INHALTSVERZEICHNIS

VORWORT

„Gott der Allmächtige lasse dir diesen Tran mit Liebe zur Hand kommen." (1549.)

Mit diesem Wunsch kündigte Hermen thor Moelen seinem Handelsdiener einen Warentransport auf dem risikoreichen Seeweg von Narva nach Reval an. Den gleichen Wunsch möchte der Verfasser dem hier vorgelegten Buch mitgeben, da er sich des Risikos wohl bewußt ist, das in unterschiedlichen Maßstäben und Interessen der Leser besteht.

Der Versuch, Stadtgeschichte und Familiengeschichte miteinander zu verquicken, wird manche Kritik herausfordern. Genealogen vom reinen Wasser mögen die Stadtgeschichte als zu aufwendige Verpakkung, die Stadthistoriker die Fülle familienbezogener Details als ein zu feines Raster empfinden, und der auf Familienanekdoten spekulierende Leser sich an wissenschaftlichen Erörterungen stoßen.

Dem kann der Verfasser nur entgegenhalten, daß es sein grundlegender Gedanke war, den Zusammenhang zwischen Stadtgeschichte und Familiengeschichte herauszuarbeiten, um dieser einen festen Rahmen, Hintergrund und Motivation zu verleihen, jene aber durch Konturen und Farbe, Licht und Schatten mit Leben zu erfüllen und aus der abstrahierenden Distanz in menschliche Nähe zu rücken. Unterhaltsames schließlich sollte nicht als Gegensatz zum wissenschaftlichen Anspruch gesehen werden. Wohl fehlt es hier an Anekdoten aus der Familienüberlieferung, denn bloße mündliche Tradition, die ihnen in der Regel zugrunde liegt, vermag wohl nur selten zwei oder mehr Generationen zu überdauern. Doch um Originalität und Atmosphäre zu erzielen, kann sich die wissenschaftliche Darstellungsweise eines anderen Mittels bedienen: hier wird das Anekdotische durch den Charme einer altertümlichen Quellensprache ersetzt, wie er uns in Briefen, Berichten und Protokollen begegnet und sogar durch manche nüchterne Eintragung gänzlich unbeabsichtigt vermittelt wird.

Bei der Familie thor Moelen, später zur Mühlen, handelt es sich um die Vorfahren des Verfassers. Sie gehörte in Narva und in Reval dem Stande der Kaufleute an, aus dem der Rat sich kooptierte. Im Verlaufe von fast 300 Jahren stellte sie eine Reihe von Bürgermeistern und Ratsherren und in den ständischen Korporationen „Erkorene Älteste" und

„Ältermänner". Sie ist nur eine unter vielen Revaler Ratsfamilien dieser
Zeit, ihre Geschichte, stadtgeschichtlich gesehen, ein Beispiel für
andere. Es versteht sich daher, daß Angelegenheiten der Stadt und des
Rates, der Kaufmannschaft und ihrer Korporationen besondere Aufmerksamkeit gefunden haben, daß der Handel als Erwerbszweig im
Vordergrunde steht und die sozialen Verhältnisse und Interessen der
städtischen Oberschicht eingehend behandelt werden. Stadtgeschichte
und Familiengeschichte berühren sich im geschäftlichen Alltag, in den
Amtstätigkeiten und in herrschenden Rechtsgewohnheiten, in der
ideellen und materiellen Kultur, in den äußeren kirchlichen Verhältnissen und in der Ausstrahlung orthodoxen Luthertums, und sie sind beide
mit dem politischen Schicksal des Landes verwoben und abhängig von
übergeordneten Mächten, von übergreifenden geistigen Einflüssen und
wirtschaftlichen Verhältnissen.

Die zeitliche Begrenzung des Themas ergibt sich ganz natürlich aus
dem ersten Auftreten des Stammvaters Hermen thor Moelen in Reval
und dem Verschwinden seiner Nachfahren der achten Generation. Ihre
Niederlassung auf dem Lande und die Verflüchtigung der Beziehungen
zu Reval bilden Ausklang und Überleitung zur Familiengeschichte aus
der Feder meines Vetters Heinrich v. zur Mühlen: „Die Familie v. zur
Mühlen 1792–1980", die 1981 in Bonn im Selbstverlag herausgekom-
men ist. Die Zweiteilung geht auf eine Abrede beider Autoren zurück.
Sie ergab sich nicht nur aus den unterschiedlichen thematischen Anforderungen, sondern auch aus den Quellen: mit dem Abschied von Reval
verschwindet der Name zur Mühlen aus den Akten des Revaler Stadtarchivs.

Zur Entlastung der fortlaufenden Darstellung wurden eine Erörterung der Herkunftsfrage der Familie thor Moelen, ausgewählte Quellen
und Regesten und eine acht Generationen umfassende Stammtafel in
den Anhang placiert. Die Quellen dienen teils der Illustration besonderer geschichtlicher, wirtschaftlicher und kulturgeschichtlicher Vorgänge und Sachverhalte, teils genealogischen Nachweisen.

Originalquellen im Text und im Anhang sind durch *Kursivdruck* hervorgehoben, Quellenwiedergaben aus zweiter Hand und wortgetreue
Übersetzungen aus dem Niederdeutschen zwischen Anführungszeichen gesetzt. Die Schreibweise des Namens thor Moelen wurde
gewählt, weil sie – im Gegensatz zu häufigeren Formen wie Molen und
Mollen – die richtige Aussprache des Namens (ö!) vermittelt. Der hochdeutsche Name wird einheitlich zur Mühlen geschrieben, obwohl die

Form Zur Mühlen früher häufiger vorkam. Auch die Schreibweise anderer Namen, z. B. Stahl, wurde möglichst vereinheitlicht.

Für die Familiengeschichte vom 16. bis zum 18. Jahrhundert war es ein großes Glück, daß das endgültig verlorene Familienarchiv vor dem II. Weltkrieg von meinem Vater, Konrad v. zur Mühlen, ausgewertet worden war. Seine Arbeit fand ihren Niederschlag in den als FG I und FG II bezeichneten familiengeschichtlichen Beiträgen und war mir unentbehrlich, auch wenn ich in mancher Hinsicht durch Heranziehung weiterer Quellen zu anderen Ergebnissen gekommen bin. Für den stadtgeschichtlichen Rahmen, aber auch für bisher unbekannte familiengeschichtliche Zusammenhänge boten die reichhaltigen Quellen des Revaler Stadtarchivs, das derzeit zum großen Teil im Bundesarchiv in Koblenz deponiert ist, umfangreiches Material. Neue Quelleneditionen über Reval und Dissertationen zu Themen aus dem 17. und 18. Jahrhundert erleichterten dem Verfasser den Zugang zu bisher noch nicht ausgewerteten Beständen des Archivs. Dazu kamen ergänzende Archivalien aus dem Lübecker Stadtarchiv und aus Archiven in Stockholm und Kopenhagen.

Besonders nützlich waren mir Quellenauszüge und Hinweise, die mir die folgenden Autoren, zum Teil als „Abfallprodukte" ihrer Reval-Monographien, freundlicher Weise überlassen haben: Johann Dietrich v. Pezold, Stefan Hartmann, Gottfried Etzold, Otto-Heinrich Elias und Czaba Janos Kenéz. Unter den zahlreichen Helfern in personengeschichtlichen, genealogischen und gütergeschichtlichen Fragen nenne ich besonders Herrn Professor Dr. Erik Amburger, Herrn Karl Johann Paulsen und Frau Dr. Gertrud Westermann. Dankbar gedenke ich auch der Zuschriften des verstorbenen Wilhelm Lenz sen. aus dem Lübecker Stadtarchiv und des ehemaligen Direktors des Archivs, Herrn Dr. O. Ahlers. Unter den zahlreichen Hinweisen aus Archiven des In- und Auslands erwähne ich die Kopien und Zuschriften von den Herren cand. hist. Jüri Kivimäe (Reval), Dr. Vello Helk (Kopenhagen) und Siegfried v. zur Mühlen (Stockholm). Mein Dank gebührt ferner insbesondere Herrn Dr. Wilhelm Lenz jun. für seine sachkundige Unterstützung bei der Benutzung des Stadtarchivs im Bundesarchiv und meinem Vetter Heinrich v. zur Mühlen (Bonn) für kritisches Mitlesen meines Manuskriptes und für seine stete Hilfsbereitschaft, dem Vorstand der Baltischen Historischen Kommission für die Aufnahme meiner Arbeit in die Reihe und Herrn Prof. Dr. Paul Kaegbein für die Überprüfung der formalen Gestaltung.

Schließlich, doch nicht zuletzt, gilt mein Dank der Verwertungsgesellschaft Wort und dem Familienverband von zur Mühlen e.V. für die Finanzierungsbeiträge, die den Druck des Buches ermöglichten.

Heinz v. zur Mühlen

EINLEITUNG

Reval und die Revaler Kaufmannschaft um 1530

Wer sich Reval von der See her nähert, erkennt sein Ziel schon von weitem. Der steile Fels des Domberges mit dem Deutsch-Ordensschloß und den Adelshäusern im Westen, die hohen Türme der alten Hansestadt und die turmbewehrte Mauer im Osten ragen aus der flachen Umgebung empor. Dieser Kontrast war im Mittelalter, als Stadt und Schloß noch nicht mit häßlichen Vorstädten umlagert waren, noch schärfer als heute.

Damals konnte ein aus Lübeck oder Danzig angereister Kaufmann angesichts hoher Giebel und spitzbogiger Portale der Bürgerhäuser glauben, er betrete eine deutsche Stadt. Der Fernhändler, bei dem der Fremde sich einquartieren ließ, redete die gleiche niederdeutsche Sprache, wie man sie in Lübeck sprach. Lübisches Recht galt auch hier, und die Revaler Sitten schienen dem Hansekaufmann vertraut wie die naher Nachbarn.

Dennoch war dem Ankömmling manches neu und fremd. Schon im Hafen hörte er Bootsführer schwedisch sprechen und das für ihn völlig unverständliche Estnisch der Träger und Fuhrleute, das auch die Knechte und Mägde im Hause seines Wirtes sprachen. Auf dem Markt begegneten ihm estnische Höker und Bauern vom Lande. Selbst russische Händler boten hier ihre Waren den einheimischen Kaufleuten an.

War der Angereiste nicht nur zur Tätigung von Geschäften nach Reval gekommen, sondern für längere Zeit, um als Kaufgeselle in die Dienste eines Fernhändlers zu treten, so versuchte er, sich möglichst bald mit den Eigenheiten des Revaler Handels vertraut zu machen. Er bemühte sich um die Erlernung der fremden Sprachen, vor allem des Russischen, falls er sich nicht schon entsprechend vorbereitet hatte, machte Bekanntschaft mit den für Reval typischen Verkaufsbuden und -kellern, kümmerte sich um Waage und Wrake, lernte den Betrieb auf dem Markt und im Hafen kennen und versuchte, eine Übersicht über den Außenhandel zu gewinnen. Wichtigster Ausfuhrartikel aller livländischen Häfen war einheimisches Getreide. In Reval folgten Flachs und Wachs, Hanf und Tran, Häute und Pelzwerk: meist russischer Herkunft. Nach Rußland wurden aus dem Westen eingeführte Massenwaren wie Salz und Heringe, ferner Tuche, Metalle und Metallwaren, Papier, Glas und andere Fabrikate gehandelt. Die Bedeutung Revals lag im Transit zwischen Ost und West.

Dem fremden Kaufgesellen wurde das Einleben leicht gemacht. Mit der Familie seines Wirtes und mit anderen Kaufgesellen, einheimischen und auswärtigen, teilte er das tägliche Leben. Er sah sich in eine ständische Gesellschaft eingegliedert. Die Oberschicht wurde von der Großen Gilde repräsentiert, einer Vereinigung der verheirateten Kaufleute mit Bürgerrecht in Reval. Mit der Kanutigilde und der Olaigilde, in denen die Zünfte oder „Ämter" der Handwerker zusammengeschlossen waren, bildete die Große Gilde die Bürgerschaft, die Stadtgemeinde im politischen Sinne, die vom Rat an städtischen Angelegenheiten beteiligt wurde.

Der Kaufgeselle besaß noch kein Bürgerrecht. Er schloß sich der Kompanie der Schwarzenhäupter an, die nach ihrem Schutzpatron, dem als Mohren dargestellten heiligen Mauritius, benannt war. An ihren „Drunken" nahm er regelmäßig teil. Die Schwarzenhäupterbruderschaft hatte im Gegensatz zu den Gilden keine politischen Rechte, aber sie versah bestimmte gesellschaftliche und militärische Ehrenpflichten und wurde ebenfalls zur Oberschicht der Stadt gerechnet. Heiratete ein Bruder und erwarb in Reval Bürgerrecht, so wurde er Mitglied der Großen Gilde. Zwischen beiden Korporationen wurden stets enge Kontakte gehalten. Der Kaufgeselle wurde bald mit den städtischen Angelegenheiten vertraut. Er lernte Reval als politisch autonome Stadt kennen, die nur dem Deutschen Orden gegenüber bestimmte Verpflichtungen hatte. Der Rat entschied im Einvernehmen mit dem Ordensmeister über wichtige politische Dinge wie Verträge und Handelsabkommen und besaß infolge der Bindung an die Hanse zusammen mit anderen Städten, vor allem Riga und Dorpat, einen großen Einfluß auf den livländischen Ständetagen. Der Ordensmeister vermittelte auch in Streitigkeiten zwischen Reval und der Harrisch-wierischen Ritterschaft, die ihren Sitz auf dem sogenannten Großen Schloß, den Burgsitzen der Vasallen auf dem Domberge, hatte.

Im Rat sah der Kaufgeselle die höchsten Repräsentanten der Gesellschaftsschicht, der er selbst angehörte. Die vier Bürgermeister und vierzehn Ratsherren kooptierten die Ratsverwandten aus dem Kreise der Ältesten und Ältermänner der Großen Gilde. Der Fremde lernte den Rat als Verwaltungs- und Verordnungsbehörde und als autonome

Instanz der niederen und hohen Gerichtsbarkeit kennen, gegen deren
Entscheidungen in Lübeck appelliert werden konnte.

Aus Erzählungen und Gesprächen konnte der Neuling sich von den
innerstädtischen Vorgängen ein Bild machen, hörte von den Unruhen
und vom Bildersturm, von denen die Einführung der Reformation im
September 1524 begleitet war; er lernte die politischen Hintergründe
der eifrigen Bautätigkeit der zwanziger und dreißiger Jahre kennen, als
mächtige Zwinger vor den Stadttoren entstanden, die sogenannte
„Dicke Margarethe" und die heute nicht mehr vorhandene „Luren-
borch" vor der Karripforte, die dem Stadtbild neue Akzente verliehen:
das alles geschah in der Zeit eines langen äußeren Friedens, der dem
Sieg des Ordensmeisters Wolter von Plettenberg über die Russen (1502)
und endlosen Friedensverhandlungen gefolgt war, aber eines Friedens
auf schwankendem Boden. Auch wenn es 1514 und dann wieder 1521
endlich gelungen war, den Novgoroder Handelshof zu St. Peter wie-
derzueröffnen, und der Handel in Livland seitdem blühte, war doch
die Bedrohung von Moskau her erhalten geblieben. Handelsbestimmungen wie Gasthandelsverbot und Stapelrecht dienten dazu, fremden
Kaufleuten den Handel untereinander und jeden Zwischenhandel zu
untersagen. Reval handhabe sie rücksichtslos auch gegenüber Kaufleuten der Hansestädte und nutzte in rigoroser Weise die Monopolstel-
lung, die es mit den anderen livländischen Städten am Novgoroder
Handelshof genoß. So verscherzte es sich die Freundschaft der Hanse,
die sich – mit Ausnahme von Lübeck – aus dem aktiven Rußlandhandel
zurückzog. Selbst das Verhältnis zu Lübeck kühlte mehr und mehr ab,
wenn auch die traditionellen Beziehungen formal erhalten blieben. Die
Tatsache, daß verwandtschaftliche Bindungen zu Lübecker Kaufleuten
dem Revaler Handel zugute kamen, hinderte die Stadt nicht daran, an
seinen Handelsrechten auch zu Lasten des Hauptes der Hanse festzuhalten. Dieses Verhalten Revals, mit seinen 5000 Einwohnern nach
deutschen Verhältnissen eine mittelgroße Stadt, dazu noch in so expo-
nierter Lage im Osten, mußte in Kriegszeiten gefährliche Folgen haben.
Aber Handel und Wohlstand dieser Zeit schienen die Revaler und die
Livländer überhaupt blind zu machen gegenüber der Bedrohung aus
Moskau.

Auch gegenüber der kleinen Stadt Narva, die 600 bis 800 Einwohner
zählte, betrieb Reval eine egoistische Handelspolitik. Mit dem Problem
der Beziehungen zwischen beiden Städten wurde der im Rußlandhandel tätige Kaufmann sehr bald konfrontiert. In Narva herrschte das glei-

che Lübische Recht, und der Revaler Rat war für Narva der Oberhof, so wie der Lübecker Rat Appellationsgericht für Reval war. Narva gehörte allerdings nicht der Hanse an, und Reval tat alles, um einen Eintritt zu hintertreiben. Für den Rußlandhandel hatte Narva die günstigere geographische Lage, aber Reval behielt sich den Großhandel mit den Russen vor. Narva war ständig eingeengt von der Konkurrenz der Russen in Ivangorod auf der anderen Seite der Narve und hatte weder die Privilegien, die Reval in Novgorod genoß, noch die günstige Ausgangsposition Revals im Westhandel. Es war auf das Wohlwollen Revals angewiesen.

Zu den politischen, rechtlichen und wirtschaftlichen Beziehungen zwischen Lübeck, Reval und Narva kam ein weiterer, schon mehrfach angeklungener Faktor: der persönliche und verwandtschaftliche Zusammenhang, der den ganzen Bereich der Hanse wie ein Netz überzog und den Handel befruchtete. Er ebnete zugleich den Weg für die Ostwanderung des hansischen Kaufmannes, wie er dessen Ergebnis war. Lübeck bildete den Ausgangspunkt oder wurde als Durchgangstor passiert. Die Zuwanderung befriedigte ein Bedürfnis der deutschen Bewohnerschaft der Städte Livlands, sie schloß die Lücken, die dort durch die stets große Sterblichkeit und durch Abwanderung entstanden. So herrschte in diesen Städten eine ständige Fluktuation. Die Namen im ältesten Revaler Bürgerbuch (1409–1624) und anderen Revaler Quellen zeigen eine große Mannigfaltigkeit. Dabei fällt die kurze Dauer der Ansässigkeit der meisten Familien auf. Dieses bunte und wechselnde Bild geht auf die Mobilität der Kaufleute und Handwerker zurück, die zugleich weitreichende Verbindungen zwischen den Städten des Hanseraumes und die Wiederholung gleicher Familiennamen von Stadt zu Stadt bewirkte. Dahinter aber verbergen sich verwandtschaftliche Beziehungen zwischen den Revaler Bürgerfamilien und eine unsichtbare, weil von den seßhaften Frauen und Töchtern – mehr als von den Männern – getragene, Beständigkeit.

Für den fremden Kaufgesellen, der zum ersten Mal aus Lübeck oder Braunschweig, aus Dortmund, Hamm oder Köln nach Reval kam, konnten die überregionalen familiären Beziehungen bedeuten, daß er sich nicht nur mit Empfehlungen aus seiner Heimatstadt oder aus Lübeck an einen bestimmten Handelspartner in Reval wenden konnte, sondern daß ihm unter den vielleicht 180 Revaler Kaufleuten Träger bekannter Namen begegneten. Das mag oft das Einleben und die Anknüpfung persönlicher Beziehungen erleichtert haben.

Wie groß die Fluktuation der Geschlechter in Reval war, zeigt die Tatsache, daß um 1530 von den vor 1400 eingewanderten Kaufmannsfamilien nur noch die Boleman, Bretholt und Pepersack, im 17. Jahrhundert nur noch die Boleman und Bretholt übrig waren. Von nicht ganz 50 im 15. Jahrhundert eingewanderten und um 1530 noch vorhandenen Familien überdauerten das 16. Jh. nur 12, darunter die Rotert, Bade, Boisman, Dellinghusen, Reimers, Vegesack. Von über 80 Familien, die im Laufe der ersten vier Jahrzehnte des 16. Jahrhunderts in Reval ansässig wurden, überlebte nur die Hälfte den Untergang Alt-Livlands (1561), und nur neun waren noch im 17. Jh. in Reval anzutreffen, unter ihnen die von Geldern, Kniper, Luhr, Schroeder und Vicke.

Es zeigt sich also, daß die Aussichten, in Reval zu überleben, mit dem „Alter" der Geschlechter, das heißt der Dauer ihrer Ansässigkeit nicht abnahmen, sondern überraschenderweise zunahmen. Zahlreiche Familien sind in Reval nur durch eine Generation oder ein einzelnes Familienoberhaupt vertreten, darunter stadtgeschichtlich so bekannte Persönlichkeiten wie die Ratsherren Arent Pakebusch, Heyse Patiner und Luetke van Oyten, die in Reval keine männlichen Nachkommen hinterließen. Abgesehen von diesem biologischen Faktor, gab es den wirtschaftlich-sozialen: offenbar hing das Überleben und Verbleiben eines Geschlechts weitgehend davon ab, wie gut die erste Generation sich in Reval etablieren konnte[1].

---

[1] Die hier mitgeteilten Beobachtungen sind das Ergebnis einer Untersuchung des Verfassers auf der Grundlage einer Einwohnerliste (Schoßliste) vom Jahre 1538 mit über 800 Namen, veröffentlicht in ZfO, 19. Jg. 1970, S. 716–734. Zum Vergleich wurden die wichtigsten Quellen zur Revaler Bürgerschaft herangezogen, wie Publ. 6, RR I, II u. III, RRub, Kämmereibuch. Die nicht ganz vollständige Liste enthält über 160 Namen von Kaufleuten, die Zahl der fehlenden ist unbestimmt, jedenfalls nicht beträchtlich. Häufig wiederkehrende Namen wie Witte und Kock mußten eliminiert werden, weil sie das Bild verfälscht hätten. Die nach Ansässigkeit gestaffelte Kaufmannschaft zeigt die Form einer Pyramide, die insgesamt 157 Haushaltungen umfaßt, die zu 132 Geschlechtern gehören:

Zugewandert   vor 1400:   3 Geschlechter, 1538:   5 Haushalte
Zugewandert 1400–1450: 12 Geschlechter, 1538: 17 Haushalte
Zugewandert 1450–1500: 34 Geschlechter, 1538: 41 Haushalte
Zugewandert 1500–1538: 83 Geschlechter, 1538: 94 Haushalte

Im Durchschnitt nimmt die Anzahl der Haushaltungen mit dem Alter des Geschlechts zu: sie steigt von 1,13 (jüngste Gruppe) über 1,21 und 1,42 bis 1,67 (älteste Geschlechter) Haushalte je Geschlecht.

An der Herkunft der Einwanderer hatte sich seit dem 14. Jh. im Wesentlichen nichts geändert. Soweit aus gedruckten Quellen erkennbar, kamen 50 v. H. der seit 1500 Zugewanderten aus Westfalen und vom Niederrhein, 25 v. H. direkt aus Lübeck, der Rest verteilte sich auf Herkunftsorte in Süd-Oldenburg, im Erzbistum Bremen und in den Herzogtümern Braunschweig-Lüneburg, Mecklenburg und Pommern[2].

Es ist verständlich, daß die Führung der Stadt und der Kaufmannschaft, der Rat und die Älterleute der Großen Gilde, hauptsächlich von altansässigen Familien gestellt wurde, die ein hohes Ansehen genossen und über gute Geschäftstraditionen verfügten, die der Sohn vom Vater übernahm. Aber es gab keinen ausschließlichen Anspruch auf Führung, es gab kein Patriziat, keinen Stadtadel, von dem der Zugewanderte erst hätte aufgenommen werden müssen. Es zählte nur Ratsfähigkeit, das heißt Gildezugehörigkeit, persönliches Ansehen und ein gewisses Vermögen, das den Träger eines Ehrenamtes befähigte, städtische Ausgaben zu bevorschussen. Der aus 18 Mitgliedern bestehende Rat hätte sich auf die Dauer kaum allein aus „alten" Familien rekrutieren können. Das zeigt auch die Zusammensetzung des Magistrats im Jahre 1538, dem vier Mitglieder angehörten, die selbst als erste ihres Geschlechts aus Deutschland eingewandert waren. Es waren dies Boet Schroeder aus Goslar, Jacob Hencke aus Stade sowie Hinrich Vressel und Johann Egelingk. Ein besonders sprechendes Beispiel für einen homo novus im Rat war Luetke van Oyten aus Friesoythe, der trotz unehelicher Geburt 1533 Bürger und 1557 Ratsherr wurde[3].

So standen also dem jungen Kaufgesellen, der nach Reval kam, die Wege offen zu Wohlstand und Einfluß in der Stadt, falls er sich dazu entschloß, in Reval Bürgerrecht zu erwerben. Andernfalls waren die hier gewonnenen Kenntnisse und Beziehungen für ihn auch dann ein wertvolles Kapital, wenn sie an den Ort seines künftigen Wirkens mitnahm. Diese Erfahrung machte Mitte der dreißiger Jahre des 16. Jahrhunderts ein junger Kaufgeselle, der weit gereist war, jedenfalls Moskau, wahrscheinlich auch Amsterdam kannte und frühzeitig beobachten konnte, wie vorteilhaft es war, im Handel Revals und Narvas zugleich Fuß zu fassen: er hieß Hermen thor Moelen. In den Revaler Quellen ist er 1532/33 als Kaufgeselle und Schwarzenhäupterbruder

---

2 Vgl. Johansen/Mühlen, Fig. 5 auf S. 96.
3 Zu Luetke van Oyten s. unten S. 12 f., 19, 57.

nachzuweisen, kurz darauf wird er in Narva Bürger, treibt von da aus Handel mit den Russen einerseits, in der anderen Richtung über Reval nach Danzig und Lübeck, Amsterdam und Antwerpen. 1539 ist er Ratsherr, 1551 Bürgermeister. Nach der Einnahme Narvas durch die Russen 1558 flieht er nach Reval und läßt sich bald darauf in Lübeck nieder. Kurz darauf wird er krank und stirbt.

Nur seine zwei ältesten Söhne kehren nach Reval zurück. So wird Hermen thor Moelen Stammvater eines Geschlechts, das sich 1561 endgültig in Reval niederläßt, seit dem 17. Jahrhundert zur Mühlen heißt und bis zum Ende des 18. Jahrhunderts in der Bruderschaft der Schwarzenhäupter und in der Großen Gilde vertreten ist, eines Geschlechts, aus dessen Mitte mehrere Ratsherren und Bürgermeister erkoren werden.

I. DIE LETZTEN JAHRZEHNTE DER HANSE IN LIVLAND

1. Hermen thor Moelens Herkunft und Gesellenzeit

Viele Revaler Kaufleute, die aus Deutschland kamen, waren zuvor in Lübeck in Handelsgeschäften tätig gewesen und hatten von dorther ihre ersten Verbindungen geknüpft. Auf diese war der Fernhändler dieser Zeit angewiesen; er pflegte nicht mehr, seine Waren selbst zu begleiten oder einen Handelsdiener mitzuschicken, sondern suchte sich als Gesellschafter seine Partner an anderen Handelsorten oder bediente sich dort eines Faktors oder Handelsdieners. Handelsreisen bezweckten die Erhaltung solcher Verbindungen und die Schaffung neuer, und wenn der Fernhändler nicht selbst reiste, schickte er einen Handelsdiener, der daneben auch seine eigenen Geschäfte wahrnehmen konnte[1]. So hielt es später auch Hermen thor Moelen, und so wird er es in seiner Lehrzeit gelernt haben. Den Lebensabschnitt von mehreren Jahren, den er als Kaufgeselle zubrachte, wird man sich im Rahmen eines solchen Systems vorstellen müssen, in dem ausgedehnte Reisen im Auftrag eines Prinzipals, aber auch im eigenen Interesse, nach West und Ost mit längeren Aufenthalten in Lübeck und Reval und wohl auch in Narva und Amsterdam wechselten.

Man weiß nicht, wo und wann Hermen thor Moelen geboren ist. Eine heute nicht mehr verifizierbare Quelle[2] gibt das Jahr 1505 an. Es könnte zutreffen. Wir wissen auch nicht, wer sein Prinzipal und wo dieser ansässig war, wann Hermen thor Moelen zum ersten Mal nach Reval kam, wann er in Narva Fuß faßte. Solange er sich in Reval aufhielt, wird er im Hause des jungen Kaufmanns Arnt Michels (oder Michelsen u. ä.) in der Dunkerstraße, bei dessen Schwager Cort Stahl in der Ritterstraße und bei Helmich Vicke am Alten Markt ein- und ausgegangen sein[3]; in Narva wird ihm das Haus des Bürgers Reinhold

---

[1] Zum Revaler Handel und zum Handelssystem dieser Zeit Mickwitz, Handelsbücher.

[2] Eingabe zur Nobilitierung (1792), s. unten S. 386, Anm. 2.

[3] Zur Lage der Wohnhäuser H. v. zur Mühlen, Einwohnerlisten.

Hogreve vertraut gewesen sein, des Vaters oder Onkels seiner späteren Frau[4].

Die ersten Quellenbelege über thor Moelen sind aus dem Jahr 1532. Nach einem Vermerk im Revaler Stadtbuch[5] vom 1. Juni 1532 bevollmächtigt Arnt Michels den Hermen thor Moelen, für ihn „Klage und Ansprache" wider denjenigen wahrzunehmen, der seinen Laken auf freier Straße „aufgehoben", das heißt entwendet hatte. Tuche, damals in der Regel als Laken bezeichnet, handelte man vorwiegend nach Rußland. Der Diebstahl gehörte wahrscheinlich in Narva vor Gericht, wo Hermen thor Moelen wenig später das Bürgerrecht erlangte.

Mit Arnt Michels stand thor Moelen offenbar in geschäftlicher Verbindung; vielleicht stand er ihm auch persönlich nahe. Zur Familie Michels in Reval führen uns noch andere Fingerzeige. Arnts Vater, Hinrich Michels d. ä., Bürger zu Reval 1493, hatte aus erster Ehe zwei Söhne, Hinrich und Arnt, und eine Tochter, die mit Cordt Stahl, Bürger 1517, verheiratet war. Aus zweiter Ehe stammte ein Sohn Jürgen[6]. Mit Arnts Brüdern war Hermen thor Moelen freundschaftlich verbunden, wie aus seinen späteren Geschäftsbriefen hervorgeht. Hinrich Michels und wohl auch Jürgen lebten spätestens seit 1531, wahrscheinlich aber schon vor dem Tode des Vaters (1528) ganz in Lübeck[7]. Ein weiterer Bruder, Herman, hatte die Schule in Zwolle besucht und dort und bei seinem Onkel in Kampen, dem Pastor Arnt Becker oder Backer, Schulden hinterlassen, als er 1518 nach Lübeck gezogen war. 1520 wurde der Vater Michels gebeten, diese Schulden zu bezahlen[8]. Von Herman Michels ist seitdem nichts mehr zu hören, wahrscheinlich war er bald danach gestorben.

---

[4] Zu Reinhold Hogreve, Kaufmann und Reeder in Narva: Süvalep, S. 149, 164, 283. In der genealogischen Literatur (Adelheim, Haller u. a.) wird meist Blasius Hogreve als Vater, Anna Boisman als Mutter der Elske Hogreve angegeben. Dies waren jedoch ihr Bruder und ihre Schwägerin. Ein älterer Blasius Hogreve ist nirgends nachzuweisen. Wo zugleich von einem alten und jungen Blasisus H. die Rede ist, handelt es sich um Elskes Bruder, Bürger 1545, Publ. 6, S. 57, und dessen Sohn.

[5] RStA, A.a. 15, S. 110r.

[6] Publ. 6, S. 36 u. 43; Haller, Hausmarken, S. 106, 156. – Arnt fehlt im Bürgerbuch, wo 1536 ein Laurentz Michels genannt ist, Publ. 6, S. 55, vielleicht ein weiterer Bruder? 1538 ist er Hausbesitzer in der Langstraße, vgl. Mühlen, Einwohnerlisten.

[7] RRub 229, 232, 294, 296, 297, 464, 564.

[8] RR II, 46.

Für Hermen thor Moelens Lebensweg wäre es interessant zu wissen, wo er die Brüder Michels kennen gelernt hat. Ihre Verwandtschaft zu Arnt Becker in Kampen, wohl dem Schwager des alten Hinrich Michels, und die Stationen auf dem Werdegang des jungen Herman Michels – Zwolle und Lübeck – legen die Vermutung nahe, daß die niederländischen Hansestädte auch für die Ausbildung der anderen Brüder von Bedeutung waren. Waren sie es auch für Hermen thor Moelen? Dessen spätere Beziehungen zu diesen Städten konzentrieren sich auf Hinrick thor Moelen, der im Revaler Ratsprotokoll vom Jahre 1550 als *Hermen tor Moele halfbroder* zu Kampen, Bürger zu Elburg, erwähnt wird. Auch in Zwolle taucht der Halbbruder auf, doch ist er 1544 Handelsdiener des Lübecker Bürgers Bernt Kniper in Reval und wird 1545 als Schwarzenhäupterbruder genannt[9]. Waren Kampen und Zwolle oder war Lübeck der Ort, wo Hermen thor Moelen die Brüder Michels kennen lernte? Stammten gar Hermen und Hinrick aus Elburg in Geldern? Gerade die geringe Bedeutung des Städtchens Elburg im Vergleich zu Kampen ist ein Anlaß, es bei der Erörterung der Herkunftsfrage eines Kaufmannes, der in Lübeck und Reval verkehrte, nicht zu übersehen. Der Name ter Molen und van der Molen und ähnliche Formen kommen in der benachbarten Provinz Overijssel mehrfach vor[10].

Über den Verkehrskreis des Hermen thor Moelen in Reval erfahren wir noch mehr. Wenige Tage vor der im Stadtbuch festgehaltenen Bevollmächtigung durch Arnt Michels erscheint er vor dem Rat. Am 22. Juni heißt es[11], „Hermen tor Mollen, ein hierzulande verkehrender Kaufgeselle", sei vor den Rat gefordert und habe mit ausgestrecktem Arm und aufgehobenen Fingern geschworen, daß er Anno 1527 mit einer königlich „Danemarkischen Botschaft" in Moskau gewesen sei und dort in Wahrheit erfahren habe, daß Ambrosius Wulff zu Gott dem Herrn verstorben sei.

Diese Erklärung thor Moelens war vermutlich durch ein Schreiben der Stadt Diepholz an Reval veranlaßt. Im Namen der Bürgerin Grete Wulff wurde Reval gebeten, den Nachlaß ihres in Diepholz geborenen

---

[9] Zu Hinrick thor Moelen, auch van der M. genannt (eine in Lübeck leicht erklärliche Namensverwechslung): RR I, 274; SchwA C 2; RStA, RPr. 1550 Sonnabend post Jacobi; Schreiben P. Johansen an Staatsarchiv in Arnheim vom 17. 1. 1934.

[10] Gemeindearchiv Kampen an P. Johansen, 30. 1. 1934.

[11] RStA, A.a. 19, S. 440 Nr. 1009.

Bruders, des in Reval im Hause des Cordt Cardinael verstorbenen
Johan Wulff, freizugeben. Erst nachdem durch die Aussage Hermen
thor Moelens geklärt war, daß Ambrosius Wulff, wohl ein weiterer
Bruder von Grete, nicht mehr am Leben war, konnte die Stadt Reval
den Nachlaß herausgeben. Am 28. Juli 1532 folgte aus Diepholz wieder
ein Schreiben, das die Anerkennung der Ansprüche der Grete Wulff
durch den Revaler Rat erkennen läßt und der Zuversicht Ausdruck gibt,
daß das Erbe nun vor jeder weiteren Nachmahnung sicher sei[12]. Demnach ist anzunehmen, daß Ambrosius Wulff aus Diepholz stammte.

Der Nachlaß des Toten war zuvor widerrechtlich von Cordt Cardinael und Helmich Vicke zurückgehalten worden, so daß der Rat sie
zur Herausgabe veranlassen mußte. Der Verstorbene wird dabei als
Helmich Vickes junger Knecht bezeichnet[13]. In der Annahme seiner
Identität mit Johan Wulff wird man wohl nicht fehlgehen.

Als Zeuge des Moskauer Todesfalles wird Hermen thor Moelen bald
nach der Reise den Bruder Johann Wulff benachrichtigt und spätestens
auf diesem Wege dessen Prinzipal Helmich Vicke kennen gelernt
haben. Es ist natürlich auch denkbar, daß er schon vor seiner Reise mit
Vicke im Geschäft, vielleicht sein Handelsdiener war. Für 1528 ist Vik-
kes ausgiebiger Handel in Richtung Rußland und Narva bezeugt[14], und
thor Moelen ist später als Bürger zu Narva Vickes Handelspartner.

Es ist die Frage, ob Hermen thor Moelen schon vor seiner Reise in
engen Beziehungen zu Ambrosius Wulff gestanden hatte, oder ob er
ihn erst in Moskau kennen lernte. Die Brüder Wulff entstammten einem
Gebiet, das bis vor kurzem kaum Bedeutung für die Zuwanderung nach
Reval gehabt zu haben scheint, dem Lande zwischen Ems und unterer
Weser und Hunte. Erst in den zwanziger Jahren des 16. Jhs. scheint
in einigen am Handelswege Antwerpen – Lübeck gelegenen Kleinstäd-
ten das Interesse am Rußlandhandel zu erwachen; so lassen sich Kaufgesellen aus Wildeshausen und Friesoythe – neben den schon genannten
aus Diepholz – in Narva und Reval nieder: Wilhelm Rohus, um dessen
Nachlaß sich 1527 die Geschwister Rohus in Wildeshausen beim Rat
der Stadt Narva bemühen[15], und Luetke van Oyten aus Friesoythe, der

---

12 RR I, 205a, 208a.
13 RRub 288, 289 (1531 März 4 u. 11).
14 Süvalep, S. 286.
15 RR I, 170b.

1528 als Schwarzenhäupterbruder erstmals in Reval erwähnt wird. Später folgt ihm sein Verwandter Gert thor Moelen aus Friesoythe[16].

Das mehrfache Vorkommen des Namens van der Molen, thor Molen (Moelen) in Diepholz, Wildeshausen und Friesoythe, auch in Vechta und Oldenburg[17], und die Verbindung zwischen Hermen thor Moelen und Ambrosius Wulff sowie gewisse Berührungspunkte mit Luetke van Oyten aus Friesoythe lassen auch die Herkunft Hermen thor Moelens aus dem Weser-Ems-Lande möglich erscheinen. Die beiden konkurrierenden Herkunftsgebiete – Geldern mit Overijssel und das Land zwischen Weser und Ems – bilden mit Lübeck, Reval und Narva ein Beziehungsfeld, das der Moskaureise Hermen thor Moelens einen passenden Hintergrund liefert.

Mit Sicherheit kann angenommen werden, daß die dänische Gesandtschaft, mit der Hermen thor Moelen reiste, auf ihrem Wege die niederländischen Provinzen Geldern und Overijssel und das Land zwischen Ems und Weser durchquert hat: nach der politischen Lage muß es sich um eine Gesandtschaft des aus Kopenhagen vertriebenen Königs Christian II. handeln, der von den Niederlanden aus im Bunde mit Moskau gegen Dänemark, Schweden und Lübeck samt den wendischen Hansestädten Krieg führte, um seinen Thron wiederzugewinnen. Christian residierte in Lier bei Antwerpen. Ihm gehörte die Grafschaft Oldenburg, der Edelherr Friedrich zu Diepholz stand unter seinem Einfluß, und in seiner Umgebung konnte man manchen Livländer antreffen[18]. 1527 schickte er nacheinander vier Gesandte nach Moskau zu Severin Norby.

Diese abenteuerliche Gestalt, früherer dänischer Hauptmann auf der Insel Gotland, jetzt „Admiral", hatte schon seit Jahren mit seiner Flotte die Ostsee beunruhigt und wurde von Reval als Seeräuber bekämpft.

---

[16] RStA, B.i. 107: Prozeß um den Nachlaß des Luetke van Oyten.

[17] UBSO, passim.

[18] Die Reise nach Moskau wurde von mir in ZfO 1975, H. 4, S. 630–633 behandelt. – Christian II. von Dänemark, Schweden und Norwegen war seinem Titel nach u. a. auch Graf zu Oldenburg und Delmenhorst. Beziehungen zu Friedrich von Diepholz ergeben sich aus der Verwicklung Christians in die Wirren um Diepholz, vgl. Kinghorsts Dissertation von 1912. In der jetzt im Reichsarchiv zu Kopenhagen liegenden sog. München-Sammlung, dem Archiv Christians II., befinden sich an Jürgen Lyfflander – möglicherweise alias Christian II. – gerichtete Briefe. Vgl. dazu Emilie Andersen, München-samlingen. Zur politischen Lage im Norden vgl. Forsten, S. 351ff.

Am 24. August 1526 wurde er von den Lübeckern in einer Seeschlacht geschlagen. Er floh mit seinen drei letzten Schiffen in die Mündung der Narve und fand Schutz beim Hauptmann der russischen Festung Ivangorod. Bald darauf begab er sich mit einem Gefolge von 150 Mann nach Moskau, um den Großfürsten Vassilij III., einer Empfehlung Christians II. folgend, um „Hilfe und Trost", das heißt Truppen und Geld gegen Friedrich I. und Gustav Wasa von Schweden zu bitten. In Norbys Abwesenheit vernichteten fünf Revaler Kriegsschiffe die in der Narvemündung zurückgebliebene Flotte Norbys, während dieser mit seinen Bemühungen in Moskau nicht vorankam. Anfang 1527 – Zeitpunkt und Weg werden nicht genau angegeben – schickte Christian seinen „Diener" Albrecht von Mynden mit einem Brief nach Moskau zu Norby und jeweils nach einiger Zeit drei weitere Gesandte, darunter einen Edelmann Matz Lifflender, ebenfalls mit Briefen versehen, die alle durch Livland zogen[19].

Für einen Gesandten Christians aus Lier bei Antwerpen lag es nahe, sich unter Fernhändlern nach sprach- und wegekundigen Reisegefährten umzuhören. Geschäftsbriefe und mündliche Berichte reisender Kaufleute bildeten eine gute Grundlage des damaligen Nachrichtenaustausches. So konnte man irgendwo auf dem Wege, der von Lier südlich an Kampen und Zwolle vorbei nach Lingen, von da entweder über Friesoythe oder Diepholz nach Wildeshausen, weiter über Bremen und Hamburg nach Lübeck führte, die Ankunft von Reisenden erwarten, die von örtlichen Kaufleuten empfohlen wurden, und mit ihnen Kontakt aufnehmen. Das konnte natürlich auch in Livland geschehen, das man von Lübeck aus mit dem Schiff erreichte, solange die See offen war.

Hermen thor Moelen, damals vermutlich wenig über zwanzig Jahre alt, war hansischem Brauch entsprechend vielleicht schon des Russischen mächtig. Ob er in den Niederlanden, unterwegs oder in Livland zur Gesandtschaft stieß, bleibt unserer Phantasie überlassen. Irgendwo wird auch Ambrosius Wulff sich einem Gesandten angeschlossen haben, vielleicht an seinem Heimatort Diepholz. Ein dritter „in Reval verkehrender" Kaufgeselle, der später ebenfalls zu Protokoll gab, daß er in Moskau von Wulffs Tod erfahren hätte, war Bernt Hetterman, der vermutlich aus Duisburg stammte. Hetterman verließ Reval 1526,

---

[19] Zu Severin (Sören) Norby s. Süvalep, S. 159–162 und Forsten a.a.O. Die hier dargestellten Verhältnisse in Moskau beruhen auf Norbys eigenem Bericht, abgedruckt bei Forsten, S. 609–614.

wahrscheinlich in westlicher Richtung, gleich nach Öffnung des Seeweges[20]. Ein Jahr später befanden die drei sich in Moskau.

Inzwischen hatte die politische Situation sich zum Nachteil Norbys verändert. Vassilij III. hoffte nunmehr auf einen Friedensschluß mit Gustav Wasa, der die Preisgabe Severin Norbys zur Bedingung gemacht zu haben scheint. Auch Lübeck und Reval bemühten sich in dieser Richtung. Dem entsprach die Behandlung Norbys in Moskau. Sein ergebnisloses Warten war für Christian II. der Grund, seine Diener nacheinander mit Botschaften nach Moskau zu entsenden. Doch auch sie wurden nicht zum Großfürsten vorgelassen.

Für einen jungen unternehmenden Kaufgesellen war eine Reise dieser Art eine Gelegenheit, Land und Leute, ihre Gewohnheiten und Bedürfnisse kennen zu lernen und sich aus eigener Anschauung ein Bild vom russischen Volkscharakter zu machen. Reisende wußten vom genügsamen und ausdauernden, treuen und geduldigen Russen zu berichten, dem sie zugleich Unbildung, rohe, unzüchtige Sitten und Trunksucht und dennoch ein hohes Selbstbewußtsein und die Überheblichkeit dessen zuschrieben, der sich im Besitz des wahren Christenglaubens wähnt. Insbesondere auf die von Reisenden behauptete Verschlagenheit der Moskauer Händler, deren verwerfliche Handelssitten sich nach Berichten des 16. Jahrhunderts auch auf Novgorod ausgedehnt hatten, mußte der junge thor Moelen ein waches Auge haben. Auch von Fremdenfeindlichkeit des Moskauer Staates wußte man damals zu berichten, von der schlechten Behandlung deutscher Kaufleute nach der Schließung des Hansekontors in Novgorod 1494 und den Schrecken des Krieges von 1501–1502, von Übergriffen der Russen in Friedenszeiten und Mißhandlungen städtischer Gesandtschaften[21].

In mancher Hinsicht konnte thor Moelen in seinen Erlebnissen eine Bestätigung dessen sehen, was man sich erzählte. Was wir aus dem ausführlichen Bericht Norbys wissen, wird thor Moelen teils selbst erlebt, teils aus erster Hand erfahren haben. Norby wurde von den Russen schließlich zum Verräter erklärt und mit seinem Gefolge anderthalb

---

[20] RStA, A.a. 19, S. 431, Nr. 987; A.a. 15, S. 60r. Bürgen und Bevollmächtigte Hettermans für die Zeit seiner Abwesenheit sind Kaufleute, die in Narva Immobilien besitzen oder beanspruchen, wie Hans Westphalen und Hans van Collen, vgl. RR III, 198, auf Nennung von Bürgen besteht Helmich Vicke.

[21] Vgl. Benninghoven und Harder-v. Gersdorff, in: Rossica Externa, S. 11–35 und 59–76.

Jahre lang wie ein Gefangener festgehalten und mit Schikanen unter Druck gesetzt. Nicht einmal der Ordensmeister, von dem Norby einen Geleitsbrief mitbekommen hatte, konnte benachrichtigt werden. Hätten sie das versucht, so hätte es ihnen allen, wie Norby schreibt, „die Hälse gekostet". Man versuchte, das Gefolge zu überreden, in die Dienste des Großfürsten zu treten, und mischte Branntwein in die Getränke, damit er und seine Diener davon „toll" werden sollten. Etwa 100 von ihnen, „edel und unedel", wurden ihm abspenstig gemacht und zum Großfürsten gebracht, um ihm zu dienen, Geschenke anzunehmen, sich auf seinen Glauben taufen zu lassen und dem eigenen Glauben abzuschwören.

Wie weit auch thor Moelen diesen Schikanen ausgesetzt war, ist nicht zu beurteilen, da man nicht weiß, in welchem Verhältnis er zum Gefolge Norbys stand. Auch für seinen Rückweg gibt es keinerlei Anhaltspunkte. Ein Teil der Leute Norbys soll in Windau von einem deutschen Schiff aufgenommen worden sein, ein Teil sich in Holm bei Riga aufgehalten haben. Norby selbst wandte sich an Ferdinand, Bruder und Statthalter des im Kriege gegen Frankreich abwesenden Kaisers Karl V., um Hilfe und konnte nach anderthalbjährigem Aufenthalt den Machtbereich Vassilijs mit 60 Mann verlassen. In den Diensten Karls V. fiel er 1530 bei Florenz.

Im Frühjahr 1528 werden auch thor Moelen und Hetterman in Reval gewesen sein. Am Ende des Jahres tritt Hetterman als Zeuge vor den Rat, um in Handelsangelegenheiten auszusagen; seine Beziehungen scheinen nach Amsterdam und Narva hinzuweisen, auch mit Vicke wird er zusammen genannt[22]. Offensichtlich hatten Hetterman und thor Moelen parallele Handelsinteressen. Doch 1534 wird Hetterman Bürger in Reval, während thor Moelen, 1533 noch als Schwarzenhäupterbruder in Reval erwähnt, bald darauf heiratet und Bürgerrecht in Narva erlangt. Seine Frau hieß Elske Hogreve.

2. Der Fernhändler in Narva

Frühestens im Jahre 1533 hat Hermen thor Moelen sich endgültig in Narva als Bürger niedergelassen. Die ersten Nachrichten über sein

---

[22] 1528 ist Hetterman Zeuge über Handelsgeschäfte nach Westen: RStA, A.a. 19, S. 284f., Nr. 621 und 622. Publ. 6, S. 52.

Leben in dieser östlichsten Stadt Alt-Livlands zeigen ihn in seinem Element, dem Fernhandel. Es sind drei Briefe[23] an den „Ehrsamen und vorsichtigen lieben Helmich Vicke, insbesondere günstigen guten Freund" aus den Jahren 1536 und 1537. Anrede und Teilnahme am Wohlergehen Vickes und seiner Familie lassen trotz ihrer formelhaften Wiederholung ein nahes, freundschaftliches Verhältnis erkennen.

Der erste Brief (23. Oktober 1536) ist nicht in Narva, sondern in Reval anläßlich eines vorübergehenden Aufenthaltes und in Abwesenheit des Adressaten geschrieben und übergeben worden. In Vickes Angelegenheiten kennt thor Moelen sich gut aus: er bestätigt den Empfang von Fellen, schwedischen und Lübecker Füchsen sowie Ottern, die Vicke auf eigene Rechnung beschafft hat, insgesamt 1130 Stück, verpackt sie in Fässer, nennt den Preis und übernimmt es, die Ware auf beider Risiko – *vp vnsse beydder effenture, Wynsth vnde Vorlusth* – zu verkaufen, doch läßt er die Fässer zunächst noch bei Vicke stehen und bittet ihn, sie zum Transport aufzulegen, was nur nach Narva bedeuten kann. Die Russen, für die sonst Felle aller Art ein wichtiger Ausfuhrartikel waren, hatten also Interesse an bestimmten Fellen nordischer und westlicher Herkunft.

In den folgenden Briefen, geschrieben in Narva kurz vor Weihnachten 1536 und Pfingsten 1537, berichtet thor Moelen, daß er bei den Russen für 600 schwedische Füchse und Ottern ein Fäßchen mit 200 Stück verschiedener Felle und zwei Packen Kuhhäute, zusammen 28 Stück, eingehandelt habe; für den Rest der Füchse habe er 100 Stück Kuhhäute bekommen. Diese Ware läßt thor Moelen – je nach Jahreszeit – durch einen Fuhrmann per Schlitten oder durch einen Schiffer nach Reval transportieren.

Von Vicke wissen wir, daß er nach Schweden und Finnland Handel trieb und seine Waren, soweit er sich nicht mit Platzhandel begnügte, in Kommission zu geben pflegte. An Handelsgesellschaften hatte er nur selten teil[24]. Auch hier ist nicht von Gesellschaftshandel die Rede. Thor Moelen tritt hier als Kommissionär mit gelegentlicher Gewinnbeteiligung auf. Aus seiner Mitteilung, daß eine Sendung von 2000 für Vicke bestimmten Handschuhen in Fässer verpackt sei, die an Blasius Hogreve versandt worden seien, geht hervor, daß auch der Schwager, damals Kaufgeselle in Reval, mit thor Moelen in Verbindung stand.

---

[23] RStA, A. f. 34.
[24] Mickwitz, S. 16f.

Der dritte Brief ist besonders interessant durch den politischen Hintergrund, den Hermen thor Moelen hier berührt. Er klagt, daß zur Zeit nichts zu tun sei, es kämen keine Russen. Unmittelbar anschließend heißt es dann, wohl zur Begründung, *des olden grothforsten syn broder,* gemeint ist Andrej, der Bruder Vassilijs III., liege vor Novgorod. Andrej war enttäuscht darüber, daß er seine otčina, sein väterliches Erbe, nicht im versprochenen Umfang bekommen hatte, und opponierte gegen seinen Neffen Ivan IV. und dessen Mutter. Als Andrej zum Gehorsam gezwungen werden sollte, entschloß er sich zur Rebellion und verließ am 2. Mai 1537 seinen Wohnort Starica, um Novgorod für sich zu gewinnen[25]. Es half ihm schließlich nichts, und die weiteren innenpolitischen Verhältnisse in Rußland sind für uns auch nicht so wichtig. Die Mitteilung thor Moelens zeigt aber sein starkes Interesse an solchen den Handel berührenden Vorgängen. Man war in Narva näher am Geschehen und unmittelbarer betroffen als in Reval. In politischen Dingen mußte thor Moelen sich seit seiner Moskaureise zehn Jahre zuvor gut auskennen. Hier zeigt sich auch die spezielle Funktion der Geschäftsbriefe als Nachrichtenmittel und ihr großer Wert für die Revaler Geschäftspartner Narvscher Kaufleute. Für den Handel bedeuteten solche Ereignisse Rückgang von Angebot und Nachfrage auf russischer Seite. Thor Moelen warnte Vicke daher vor zu teurem Einkauf von Heringen.

Die Briefe zeigen nur einen kleinen Ausschnitt vom Handel thor Moelens. Aber er war sicher schon in seinen Anfängen ein erfolgreicher Kaufmann, dem man bereits im Alter von Mitte Dreißig das Amt eines Ratsherrn der Stadt Narva auftrug. Das muß allerdings mit dem Maßstab einer Kleinstadt gemessen werden.

Näheres über seinen Handel erfahren wir erst aus seinen Briefen, die er in der Zeit von 1549 bis 1557 an seinen Revaler Handelsdiener Evert Broiell schrieb[26]. In diesen Briefen werden viele Namen genannt, in der Mehrzahl sind es die Geschäftspartner thor Moelens, hauptsächlich in Reval, aber auch in Narva, Danzig, Lübeck, Amsterdam und Antwerpen. Auch nach Dorpat reichten seine Handelsbeziehungen, doch ken-

---

[25] Rüss, S. 498.
[26] RStA, A.a. 11e: vom Rat veranlaßte Abschriften von 18 Briefen thor Moelens an Evert Broiell aus den Jahren 1549, 1550, 1553, 1554 und 1556, ein Originalbrief von 1557. Im folgenden nach Datum zitiert und in möglichst wörtlicher Übersetzung ins Hochdeutsche.

nen wir seine dortigen Partner nicht. Einmal ist von einem Rigischen
Herbstschiff und in diesem Zusammenhang von Albert Luedinglo und
von einem Betrag von 300 Talern die Rede (1550), den Broiell in Empfang nehmen sollte. Sonst kommt Riga in den Briefen nicht vor. In
Narva werden Hans Berndes, Joachim Krumhusen und Hinrick Kerck-
ring als Geschäftspartner genannt; außerdem besorgte thor Moelen
Waren für den Vogt und den Drost des Schlosses zu Narva. Der Drost
scheint mit Tran gehandelt zu haben, den ihm thor Moelen zu einem
günstigen Preise lieferte (8. 7. 1549). Revaler Bürger unter seinen
Geschäftspartnern sind Hinrick Boismann und dessen Neffe Tönnis,
Jasper Bretholt, Hinrich Empsinkhoff, Blasius Hogreve, Iwen van der
Hoy, Rotger Hudde, Christoffer Kappel, Luetke van Oyten, Evert
Rotert und dessen Sohn Evert, Hinrick Stahl. Unter den Genannten
zählen Kappel, Empsinkhoff und Oyten zu den größten Salzimporteu-
ren in Reval[27]. Die Reihe wird ergänzt durch viele andere Namen von
Revaler Kaufleuten, einheimischen und fremden Schiffern.

Auch die Geschäftspartner in den Hansestädten sind zumeist aus
Reval, wie Cornelius van Eylen in Danzig, Schwager von Hinrick Bois-
mann und Empsinkhoff; in Lübeck sitzen die Brüder Michels sowie
Thomas Stahl, ebenfalls aus Reval, ferner Evert Bose aus Narva. Mit
Bose und Stahl handelt thor Moelen auf Kommissionsbasis, ebenso mit
Arend Hudde in Amsterdam, Wirt zu den „Drei Kronen" und städti-
scher Armenpfleger, einer der wohlhabendsten Kaufleute seiner Stadt,
und mit Peter Ludinghusen in Antwerpen[28]. Auch diese beiden stehen
in vielfältigen, vielleicht auch verwandtschaftlichen Verbindungen zu
Revaler Bürgern.

Der damals übliche Handel mit Hilfe von Kommissionären beruhte
auf sehr lockeren gegenseitigen Beziehungen. Die Kommissionäre vertraten gegenseitig ihre Interessen und rechneten ihre Geschäfte getrennt
ab. Gemeinsamen Gewinn gab es nicht. Oft waren die Interessen nicht
auf einen Nenner zu bringen. Ein unzuverlässiger Kommissionär war
Evert Bose in Lübeck. Ungeduldig mußte Hermen thor Moelen viele
Wochen auf den Erlös seiner Waren warten und schließlich durch den
Verzug Schaden erleiden, weil er schnell Geld benötigte und daher seine
Ware, den von Evert für ihn zu teuer eingekauften Hering, in Narva

---

[27] Mickwitz, S. 44.
[28] RR II, 89, 104; Mickwitz, S. 69, 88, 126. Zu Peter Ludinghusen s. Jeannin,
S. 45, und Mühlen, Handel, S. 638, Anm. 32.

billig abgeben mußte. So schrieb er am 9. August 1549 an seinen Handelsdiener in Reval, er wundere sich, daß Evert kein Geld geschickt habe. Fünf Wochen später heißt es dann: „Er tut nicht wohl an mir. Ich schrieb ihm, er möchte für mich etliche englische Laken kaufen. Nun hat er die englischen Laken für sich ins Land gesandt, und ich habe das Nachsehen. Wenn die Leute reich werden, halten sie kein Maß... Das verdrießt mich nicht wenig, daß er kein Geld oder Gut ins Land schickt... Ich bin so bitter und böse auf ihn, daß ich ihm nicht schreiben mag. So weh tut mir das, daß er den Hering für mich entgegen meinem Schreiben teuer gekauft hat, 32 Taler die Last. Und nun schreibt er mir, daß er den Deker (10 Stück) Juchten nicht höher ausbringen kann als für 18 Mark. Das ist nicht möglich, die Juchten müssen mehr wiegen. Wenn ich sie so verkaufen oder abgeben sollte, so müßte ich wohl tausend Mark verlieren auf die Juchten... Wenn Du dahin segelst, so sieh doch zu, was die Juchten wiegen... Und Evert handelt nicht wohl an mir, daß er mir mit diesem Schiff nichts übersandt hat. Ich hoffe, daß ich jetzt was ins Land kriege. Wenn er mir nichts sendet, so laß ihn wohl eine Pestbeule bekommen." (14. 9. 1549.)

Dieser makabre Wunsch lag insofern nahe, als damals in Norddeutschland die Pest umging. Sie sollte später auch Narva erreichen. Aber wörtlich war der Wunsch ja nicht zu nehmen, und der Ärger wohl auch einmal vergessen. Drei Jahre später wurde Evert Bose Hermens Schwiegersohn.

Thor Moelens Handelssystem[29] beschränkte sich nicht auf Kommissionäre. An verschiedenen Orten waren Handelsdiener für ihn als Lieger oder Faktoren tätig: Thomas, wohl ein Sohn des Narvschen Bürgers Hinrick Hartwich, Ältesten der Gilde zu Narva, arbeitete zunächst dort für ihn, war dann viel unterwegs und schließlich in Reval, wo er 1558 Bürger wurde; thor Moelens Handelsdiener in Reval war bis 1557 Evert Broiell, Sohn des Revaler Bürgers Johann Broiell[30]; in Lübeck,

---

[29] Ausführlicher in meinem Aufsatz über Handel etc., wo die wesentlichen Passagen aus den Briefen in niederdeutscher Sprache wiedergegeben sind.

[30] Zur Identität des Handelsdieners Thomas mit Thomas Hartwich RStA, A.a. 15, 243: *Anno 56 den 17. Septembris heft Tomas Hartiges sich in stadt sins hern, h. Herman thor Moelen bewaret vnd binnen iar vnd dages in den nalat zw. Tonnis Schorren etzliges herges hat gesprak (?). Alles sunder geferde.* – Im Brief vom 27. 9. 1553 wird Thomas Hartwich genannt. Er wird Bürger in Reval Anfang 1558, Publ. 6, S. 72. – Zu Hinrich Hartwich vgl. Süvalep, S. 241, 261. Zu Broiell Publ. 6, S. 79, Johan Broiel, Bg. 1524–52, ebd. S. 45, 70.

zeitweise auch in Antwerpen, besorgte der jüngere Schwager Reinhold Hogreve thor Moelens Geschäfte. Er war zuletzt Prinzipal zweier weiterer Faktoren: Hans Schröder, vermutlich aus Reval, in Amsterdam und Joachim Krumhusen, Sohn des Narvschen Ratsherrn, in Antwerpen. Ob diese fünf Handelsdiener alle gleichzeitig in thor Moelens Diensten standen, ist ungewiß. Der Betrieb war jedenfalls groß genug, um sich im Westen mehrerer Faktoren zugleich bedienen zu können. An Hilfskräften wird nur einmal ein Junge mit Namen Andreas erwähnt, der Broiell zur Verfügung stand, wohl ein Lehrling, der kräftig ausgenutzt wurde. An Broiell schreibt thor Moelen: *Jach den jungen Andreas flux forth, lath den pengel umme her lopen, holt en men flux tho lopen, vp dat ick myn solt mochte by sommerdagen ouerkregen.* (20. 6. 1553.)

Die Funktionen und Vollmachten eines Handelsdieners lassen die Aufträge erkennen, die Evert Broiell von seinem Prinzipal erhielt. Er mußte die aus Narva meist auf Schuten ankommende Ware wie Tran, Talg, Wachs, Häute, Felle, Flachs, Sackleinwand usw. in Empfang nehmen, zur städtischen Waage führen lassen und für den Transport nach Danzig, Lübeck oder nach dem „Westen" wieder einschiffen. Ins Land kommendes Geld für draußen verkaufte Ware wurde nach Narva geschickt, aus Lübeck ankommende Ware, vor allem Hering, in Schuten umgeladen; Salz wurde meist im „Steinhaus" (Speicher) eingelagert. Auch in Reval mußte Ware von anderen Fernhändlern eingekauft werden, wenn der eigene Import nicht reichte. Bei günstiger Nachfrage kam es auch vor, daß für den Export bestimmte Ware an Ort und Stelle verkauft wurde. Alle diese Funktionen und dazu erforderlichen Verhandlungen am Ort hatte Broiell als thor Moelens Handelsdiener in dessen Vollmacht durchzuführen. Er konnte aber daneben auch eigene Geschäfte betreiben. Thor Moelen nutzte Broiell und die anderen Handelsdiener gehörig aus, schickte sie wiederholt auf Reisen, manchmal auf längere Zeit. Seine Anweisungen müssen für die Handelsdiener sehr lehrreich gewesen sein, wie der folgende Brief[31] veranschaulicht:

„Meinen freundlichen Gruß allezeit zuvor. Du sollst wissen, Evert Broiell, daß ich gottlob noch gesund bin mit allen den Meinen, daher ist es mir allzeit lieb, von Dir zu hören und von Deinem Vater und Mutter... Item Evert, guter Freund, es ist mein Begehren, daß Du im Namen Gottes und im Namen der Heiligen Dreifaltigkeit 13 Stück Wachs von meinem eigenen in die nachfolgenden Schiffe

---

[31] Der niederdeutsche Text des Briefes bei Mickwitz, S. 70f.

nach Lübeck einschiffst: erstens bei Schiffer Hans Fincke drei Stücke, bei Dirik Frese auch drei ganze Stücke und bei Hans Meier zwei Stücke, bei Matthias Holm auch zwei Stücke, bei Hinrick Gripen Kerl auch zwei Stücke, noch in Asmus Rofmann auch zwei Stücke. Das Wachs laß wohl fest bereifen mit guten neuen Hanfleinen, den Faden für 4 Pfennig, die recht stark sind, und laß mir das Wachs gut aufbewahren mit guten dichten Matten, und binde auf jedes Stück zwei Marken mit gutem Merlin, schön fest hinten und vorn. Und sieh nach dem Gewicht, was das Wachs hier gewogen hat: das zeichne schön auf und mache hinten an den Stücken meine Marke so groß, wie das Stück hinten ist. Bezeichne auch die Bänder, was sie (die Stücke) gewogen haben... Du kannst das Wachs zu einem Teil stillichen des Morgens früh aus dem Steinhause abgehen lassen, damit wir das nicht alles auf einmal vor die Waage fahren und es da beklopfen lassen; Du mußt da heimlich zur Tür gehen, daß das nicht alle sehen. Ich habe da einige Mißgönner, wie Du wohl weißt... Auch mußt Du gut achtgeben, daß das Wachs in den Schiffen gut zu stehen kommt, damit man, Gott gebe, jederzeit mit Liebe daran kommt, daß es nicht zu tief unten zu stehen kommt. Item Evert, mein Begehren und Bitte an Dich ist, daß Du da bei allen Dingen Fleiß aufwendest, daß das Wachs gut bereift und schön fest verwahrt wird, denn daran hängt viel Geld... Auch ist meine Bitte und Begehren, daß Du das Wachs numerierst; I, II, III, IV der Reihe nach, und was ein jedes Stück hier gewogen hat, ins Buch einträgst. So kann ich jederzeit wissen, was ich von mir gesandt habe. Das möchtest Du schön in den Schriften verwahren und auch in Deinem Seebrief an Evert (Bose) einschreiben, was die Stücke in Narva gewogen haben, wie sie in ein jedes Schiff gekommen sind. Und schreibe das auch mir fein mit der N°, dann will ich es auch bei mir verbuchen... Schreibe auch, wenn sie segelfertig werden, so will ich meine Seebriefe beizeiten fertig machen. Ich bin auch halb gesonnen, Reinhold mit aussegeln zu lassen... Ich bin so besorgt wegen des Eises, daß sie davon keinen Schaden erleiden. Da müssen sie sich sehr in Acht nehmen. Sprich mit ihnen in dieser Angelegenheit, daß sie sie vor Ostern nicht auslaufen lassen, die Schiffe. Die See ist noch ganz voll Eises. Der allmächtige Gott gebe ihnen gute Fahrt und (möge) sie vor allem Schaden bewahren. Ich habe da ein säuberlich Gut darin." (9. 4. 1549.)

Der Grund für die ausdrückliche Erwähnung und Notierung des in Narva gewogenen Gewichtes ist im Streit zwischen Narva und Reval über die Gültigkeit des Narvschen Gewichtes und des Narvschen Siegels einerseits und über die Verbindlichkeit der Forderung Revals andererseits zu sehen, das Wachs in Reval zu wiegen und zu siegeln. Davon später mehr. Kehren wir zurück zum Verhältnis thor Moelens zu seinen Handelsdienern. Sein fast väterliches Verhältnis zu ihnen schimmert immer wieder durch:

„...Ich kann Dir nicht verbergen, daß Dein Vater an mich einen Brief geschrieben hat, daraus ich spüre, daß er Dich nicht lange da auf der Straße lassen will. Er ist besorgt, daß Du von der Krankheit befallen werden könntest, wovor der allmächtige Gott Dich behüten wolle, das wäre mir von Herzen leid... Evert Bose hat für mich 40 Last Heringe gekauft, wenn die eingeschifft und der Tran geliefert ist, so komm hierher zu mir und habe einen guten Mut, iß und trink mit mir so gut, wie es mir Gott gegeben hat. Wir wollen den allmächtigen Gott getreulich bitten, daß er Dich vor der Pestilenz bewahre." (29. 7. 1549.)

Wenig später machte thor Moelen seinem Handelsdiener Andeutungen, die sich offenbar auf die Patenschaft beziehen sollten, die er Broiell ·später antrug, als Hermens vierter Sohn, Evert, geboren wurde (1550):

„Auch danke ich Dir, daß Du, wie Du schriebst, meine Dinge besorgen und mich nicht in der Traufe sitzen lassen willst... Ich verspreche Dir, daß ich es Dich wieder genießen lassen will, so daß Du mir danken kannst, so will ich es mit Dir machen. Ich habe noch was vor, so mich Gott leben läßt, werden wir wohl noch enge Freunde werden mit Gottes Hilfe. Der allmächtige Gott erhalte Dich gesund, darum bitte ich Gott alle Tage, das soll Dir wohl vergolten werden, wenn Gott will." (9. 8. 1549.)

Im selben Brief wird die Einladung wiederholt, Broiell soll kommen – aber erst, wenn der Hering auf Schuten verteilt und der Tran, der mit Thomas (Hartwich) nach Reval geschickt werden soll, expediert ist. Die väterliche Freundschaft mußte also mit gehöriger Arbeit verdient werden. Aus Broiells Sicht sah das Verhältnis zum Prinzipal jedenfalls anders aus.

Nach seinem eigenen Bericht[32] stand Broiell schon seit 1543 in thor Moelens Diensten. Am 1. März 1548 ging er mit seinem Herrn eine sogenannte Widerlegung ein: thor Moelen gab ihm 500 rigische Mark, er selbst „widerlegte" 250 Mark und konnte nun mit 750 Mark eigene Geschäfte betreiben, an denen thor Moelen nur als stiller Teilhaber beteiligt war. In zwei Jahren wuchs das Kapital auf knapp 1400 Mark an. Aber mit ihm wuchsen auch die Ansprüche des jungen Kaufgesellen. Am 23. Februar 1550 kündigte er die Widerlegung und zugleich seinen Dienst. Er klagte, die Arbeit wäre ihm zu viel und zu schwer, er hätte keinen Profit und käme nicht dazu, selbst Geld zu verdienen. Thor Moelen wollte ihn aber nicht freigeben und versuchte, ihn mit Versprechungen zu halten. Offenbar war der erwähnte Brief vom 9. August 1549 auch eine Reaktion auf ähnliche Beschwerden des Handelsdieners. Schließlich gewann thor Moelen seinen Diener, indem er ihm die Bildung einer Maschopei, einer Handelsgesellschaft, vorschlug, an der auch Jürgen Michels und Reinhold Hogreve in Lübeck beteiligt

---

[32] Der volle Wortlaut, niederdeutsch, bei Mühlen, Handel, S. 667.

sein sollten, die bei ihm 400 Taler, umgerechnet 1400 rigische Mark, für solche Zwecke hinterlegt hatten. Thor Moelen und Broiell brachten die 1400 Mark von der Widerlegung ein. Das Gesamtkapital betrug somit 2800 Mark oder 800 Taler. Broiell blieb zugleich thor Moelens Diener. Allerdings zeigte sich, daß er, wie er meinte, dennoch nicht recht gedieh. In den folgenden Jahren erbot er sich, wie er später schreibt, „je und alle Zeit" zur Abrechnung mit der Handelsgesellschaft, von der er sich lösen wollte. Dies gelang ihm schließlich 1557, zugleich kündigte er das Dienstverhältnis, das nunmehr 14 Jahre lang gewährt hatte. Vier Jahre später wird Broiell Bürger in Reval. Im Katalog des Revaler Stadtarchivs wird er – ebenso wie sein einstiger Prinzipal – zu den zwölf hervorragendsten Kaufleuten Revals (und Narvas) im ganzen 16. Jahrhundert bezeichnet[33].

Die Korrespondenz mit Broiell zeigt, daß der Handel der Gesellschaft nur etwa ein Drittel der über Broiell abgewickelten Eigengeschäfte thor Moelens ausmachte. Außer diesen hatte er noch weitere Geschäftsbeziehungen, die in den Briefen nur gestreift, und wohl auch andere, die gar nicht erwähnt werden. Auf Handelsgesellschaften mit anderen Fernhändlern, auf fremdes Kapital also, war thor Moelen offenbar nicht angewiesen. Jedenfalls wissen wir nichts von solchen. Auch war es Hansekaufleuten verboten, mit Nichthansen Gesellschaften zu bilden. Die Frage der Legalität der Maschopei mit Broiell, Hogreve und Michels wird noch in einem anderen Zusammenhang berührt werden.

Ein besonderes Problem war die Lagerung der Waren. An allen Handelsplätzen entstanden Unkosten durch die erforderlichen Lagerräume. In Reval zahlte thor Moelen Miete für ein „Steinhaus" an Evert Eckholt (12. 12. 1550). Ein eigenes Steinhaus in Narva benutzte thor Moelen mit Hans Berndes zusammen, über den er sich einmal bitter beklagte:

„Hans Berndes, der hat den Schlüssel mit sich genommen. Ich muß das Schloß aufmachen lassen. Das ist ein „fiserlick" Ding, daß er den Schlüssel so mitnimmt. Meines Bruders Laken, die stehen auch in dem Steinhause, die wollte ich nun gerne verkaufen. Nun kann ich da nicht beikommen." (24. 11. 1553.)

Ein Handelssystem wie das thor Moelens konnte nur funktionieren, wenn es sich auf ein wirksames Nachrichten- und Transportwesen stützte. Briefe expedierte man mit jeder sich bietenden Gelegenheit,

---

[33] G. Hansen, Katalog S. 88 (unter Signatur B.h. 18).

meist durch Schiffer oder über Land Reisende, nur in Ausnahmefällen wurden sie Russen oder Esten anvertraut. Einmal erhielt Broiell, als er sich in Dorpat aufhielt, den Auftrag, auf thor Moelens Kosten einen Läufer von Dorpat nach Narva zu schicken, um ihm mitzuteilen, was die Russen in Dorpat für die Last Heringe bieten. Zum Verkauf stand eine Menge von 25 Last, nach heutigem Gewicht 1000 Zentner, sonst hätte sich die Maßnahme nicht rentiert.

Geld vertraute man nach Möglichkeit Bekannten an. So schrieb thor Moelen einmal, Broiell solle ihm kein Geld durch Undeutsche (Esten) schicken, sondern nur durch gute, bekannte Deutsche (12. 12. 1550). Gemeint waren beliebige Esten, denn daß man estnischen Schiffern Geld mitgab, zeigt das Beispiel des thor Moelen gut bekannten Kalli Mattis, der von einer deutschen Bürgersfrau in Narva Geld in Empfang nahm (1543), „wie allgemein ein Schiffer Geld annimmt und jeder ehrliche Mann und gute Geselle Geld annimmt, um es über See zu bringen"[34]. Für Geldsendungen aus Lübeck nach Reval bevorzugte thor Mölen aus Sicherheitsgründen den Landweg.

Für Warentransporte war dieser Weg meist zu teuer. Nur wertvolles Stückgut wurde über Land befördert, am liebsten bei Schlittenbahn.

Bei der Regelung des Warentransportes ging es zunächst um die Beschaffung von Schiffsladeraum. Meistens wurde die Ware von Reval aus nach Lübeck in größeren Ostseeseglern eingeschifft, von wo aus sie über Hamburg nach den Niederlanden weiter befördert wurde. Wie schon gezeigt, wurde sie zur Minderung des Risikos auf mehrere Schiffe verteilt, die im Konvoi fuhren. Nach Danzig segelten auch Schuten und andere kleinere Schiffe, aber thor Moelen verlangte, daß seine Ware nur auf guten eichenen Schiffen nach Danzig geführt würde, nicht auf „Fürblasen", d. h. Fackeln, womit vermutlich Schiffe aus Kiefernholz gemeint waren[35]. Er besaß auch selbst eine Schute, die mindestens 20 Last aufnehmen konnte. Sie war für ihn eine Geldquelle, da er auch anderen Kaufleuten Laderaum zur Verfügung stellte. Doch hielt er sie für ungeeignet für die Route nach Danzig, weil sie zu schwach gebaut war. Er ließ sie lieber zwischen Reval und Narva segeln. Als Schiffer fuhren für ihn Deutsche wie Heicke Packen, Broiells „Gevatter", oder

---

[34] RRub 783.
[35] Mickwitz, S. 154.

Esten. Der Schiffer Kalli Mattis soll mit thor Moelen gemeinsam eine Schute besessen haben[36].

Mit anderen Schiffern hatte thor Moelen schlechte Erfahrungen gemacht, Broiell soll warnen:

> „Vom Weinmann nur neuen Wein für das Geld, das er mir schuldet, und verschiffe mir den Wein in meine Schute und befehle ihn meinem Schiffer auf seinen Hals, daß er mir den wohl bewacht, daß da keine Dieberei geschieht, oder meine Hände sollen sein Tod sein, wenn er mir den Wein anzapft." (10. 7. 1549.)

Ein anderes Mal hören wir von Unterschlagung und Diebstahl:

> „Item Du schriebst mir am letzten von meinen Bootsleuten, daß sie Dich einmal oder zweimal vor den Vogt hatten bitten lassen der Heuer der Diebe halber. Der Thomas hat Dir wohl Bescheid geschrieben. Gib Du den Dieben nicht einen Pfennig. Dem Schiffer hat man die Heuer der Bootsleute anvertraut, das Faß Tran haben mir die ehrlosen Diebe gleichwohl gestohlen. Der Schiffer, das ist der Hauptdieb, das ist ein Diebsstück über den Leib. Ich will den Dieb nicht mehr auf der Schute haben. Laß die Diebe zuhaufe schwören, daß ihnen die Augen bersten. Er führte einen Haufen Bootsleute für die Kost hinüber, die haben das Tranfaß gestohlen... Sollte sie Gott allesamt hassen! Die Fracht fordere doch auch ein, wo noch was zu erlangen ist. Der Schiffer hat die Heuer der Bootsleute bei sich. Dafür wollte er still schweigen (nämlich über das gestohlene Faß) und das Geld unterschlagen, wie er es oft getan hat, der ehrlose Dieb." (12. 12. 1550.)

Man kann es verstehen, daß thor Moelen einen zuverlässigen Schiffer wünschte, als er sich 1553 eine neue Schute bauen ließ:

> "Item Evert Gevatter, meine Bitte ist, daß Du mir wieder meinen alten Schiffer, Deinen Gevatter, Heicke Packen annehmen wolltest. Gib ihm seine Heuer, 14 Mark soll er nun haben. Die 15 Mark, die ich ihm geliehen habe, die mögen bei ihm bleiben bis zum Ende des Jahres. Und verhilf ihm zu etlichen Zimmerleuten, die muß ich für die Schute haben, die sie mir bauen. Gib dem Schiffer gute Worte, daß ich ihn wieder kriege." (24. 11. 1553.)

3. Handelsaustausch mit den Russen

Probleme besonderer Art brachte der Handel mit den Russen mit sich. Es war nicht immer einfach, Tran in den gewünschten Mengen zu bekommen. Als thor Moelen seinen Geschäftsfreunden in Danzig und Lübeck einmal nicht so viel liefern konnte, wie er ihnen zugesagt

---

[36] Süvalep, S. 286. – Vgl. Abb. 1 auf S. 27.

Abb. 1: Zeichnung einer Schute aus dem Revaler Kämmereibuch (1497).

hatte, weil die Lodjen der Russen, flache Flußboote, zu klein gewesen
waren, bemühte er sich darum, wenigstens eine geringe Menge nach-
zuliefern:

> „So lasse ich Dich wissen, daß ich in dem Namen Gottes... für mein propper
> (Eigengeschäft) in Pack Simon seine Schute 6 Last Tran und ein volles Faß ver-
> schifft habe. Gott der Allmächtige lasse Dir diesen Tran mit Liebe zur Hand kom-
> men... Ich will meiner Tage keinen Tran mehr auf Lieferung verkaufen... Ich sehe
> (mich) dieses Jahr schändlich hintergangen von den heillosen Russen, von denen
> ich den Tran gekriegt habe. Die haben mir gar wenig Tran geliefert. Ich hätte
> wohl gemeint, ich sollte 60 Last Tran kriegen. Nun da ich zusehe, habe ich nicht
> über 40 Last gekriegt." (10. 7. 1549, ähnlich 8. 7. 1549.)

Ehe der Tran im Hafen von Narva unterhalb der Stadt bei der Insel
Kleinholm von den Lodjen in die Schuten umgeladen wurde, die dann
in der Narvemündung günstigen Wind abzuwarten pflegten, hatte er
schon eine weite Strecke auf verschlungenen Flußwegen passieren müssen. Man gewann ihn in Novgorod aus Seehundsfett, dessen Herkunft
im Weißen Meer oder im Ladogasee vermutet wird. Aus thor Moelens
Briefen geht hervor, daß er mit Novgoroder Kaufleuten handelte. Von
ihnen bezog er außer Tran vor allem Wachs; er belieferte sie mit Salz.
Aber auch die Russen von Ivangorod, der rivalisierenden Stadt gegenüber Narva auf der anderen Seite des Stromes, müssen seine Lieferanten
und Abnehmer gewesen sein, denn von ihnen erhielt man den vielbe-
gehrten Flachs. Leder, ebenfalls eine häufig nach dem Westen ausge-
führte Ware, kam meistens aus Pleskau. Da Handelsreisen dorthin den
livländischen Kaufleuten auf Betreiben Dorpats untersagt waren, ließen
sie es von den Russen nach Narva liefern oder kauften es in Dorpat
ein. Beides trifft wohl für thor Moelen zu. Ins übrige Rußland konnte
man reisen, wie wir es vom Narvschen Ratsherrn Joachim Krumhusen
wissen[37]. Von thor Moelen ist in dieser Hinsicht aber nichts bekannt.
Seine Briefe lassen nur erkennen, daß man in Narva darauf wartete, daß
die Russen mit ihren Waren herauskamen. Es gab also insoweit kein
Transportproblem für die deutschen Kaufleute. Der Nachteil war nur,
daß Termine, Sorten und Mengen der ankommenden Waren und die
Wünsche der russischen Kaufleute im voraus nicht zu kalkulieren
waren. Zu einem Handel mit ihnen konnte man in der Regel erst kom-

---

[37] Zum Handel mit Russen in Dorpat und Pleskau sowie im übrigen Rußland
Mühlen, Handel, S. 650, und die dort angegebene Literatur.

men, wenn sie da waren, denn auf Vorbestellung war, wie gezeigt, wenig Verlaß.

Der Handel mit den Russen war recht schwerfällig: wer nicht die von ihnen gerade gewünschten Handelsgüter hatte, mußte ihre Ware meist mit Talern bezahlen, da die einheimische Währung, die rigische Mark, bei ihnen wenig galt. Thor Moelen mußte seinen Handelsdiener aus diesem Grunde immer wieder veranlassen, „gute Taler" von den Geschäftsfreunden einzumahnen, und beklagte sich über Verluste, die er erlitt, weil er das Geld nicht rechtzeig „ins Land gekriegt" hatte. Denn oft fehlte die passende Ware. Im Notfall blieb thor Moelen den Russen die Bezahlung schuldig. Als Narvscher Kaufmann war er vom hansischen Verbot solcher Kreditgeschäfte nicht betroffen. Als sich 1550 Jakov Brusnik beim Großfürsten über Blasius Hogreve wegen einer ausstehenden Last Heringe beschwerte, kam die Angelegenheit vor den Revaler Rat. Doch Blasius konnte darauf hinweisen, daß er das Geschäft im Namen thor Moelens abgeschlossen hatte[38]. Es war also legal. In dieser Hinsicht war Narva im Vorteil gegenüber Reval, da Kreditgeschäfte zur Beweglichkeit im Vergleich zum Handel Ware gegen Ware oder gegen Taler beitrugen. Auch die Warenlager in Narva begünstigten den Handel mit den Russen, weil sie es den Kaufleuten, Narvschen oder Revaler, erleichterten, auf Handelsgüter zurückzugreifen, die die Russen gerade wünschten. Die zum großen Teil Revaler Kaufleuten gehörenden Waren vermittelten allerdings den falschen Eindruck eines großen Reichtums der kleinen Stadt.

An seinen Handelsdiener in Reval schrieb thor Moelen:

„Ich kann Dir nicht verbergen, daß das Salz wohl williger (gefragter) wird, als ich es mir gedacht hatte. Da der Winter nun so früh angekommen ist, wäre wohl mein treuer Rat, wenn Du hinter etliches Salz kommen könntest, das hier am Ort liegt, daß Du das kaufst auf Bezahlung im Frühjahr. Für die Last könntest Du 40, 41, 42 Mark geben. Sprich Hinrick Empsinghoff an, der hat hier reichlich Salz liegen, und andere Leute mehr, die hier Salz haben. Kauf es für uns beide." (24. 11. 1553.)

Kurz vorher hatte thor Moelen sich über mangelnde Nachfrage nach Salz beklagt, für das man nur 38 m. rig. erhielt. In Zeiten schlechter Konjunktur sollte Broiell dagegen versuchen, in Reval lagerndes Salz gegen Fickeler Flachs, eine einheimische Sorte, zu verkaufen. Aber es

---

[38] FG I.

kam auch vor, daß infolge der schwankenden Nachfrage auf die Order in zehn Tagen eine Konterorder gegeben wurde.

Auch mit anderen westlichen Gütern gab es Schwierigkeiten. 1556 hatte thor Moelen Mühe, Hering gegen Flachs oder Hanf einzutauschen, und mußte schließlich mit Leder vorlieb nehmen. 1553 mußte er versuchen, eine größere Menge Pfeffer an die Russen zu verkaufen:

„Wie ich aus Jürgens (Michels) und Deinem Schreiben verstehe, so habe ich noch drei Säcke Pfeffer ins Land gekriegt, und Du wünschst, daß ich den Pfeffer auf Lieferung verkaufen soll. Da kann ich jetzt übel drankommen, denn die Russen wissen bereits, daß da viel Pfeffer ins Land gekommen ist. Ich habe geboten 9 Lispfund (1 Lispfund = 8,6 kg) für 1000 (Scheiben?) Wachs, (aber) ich kann da nicht zu (einem Handel) kommen. Mein Begehren ist, daß Du je eher je besser den Pfeffer hierher sendest: ich will Gott zu Hilfe nehmen und den Pfeffer verflaschen. In dieser Angelegenheit warte den Winter nicht ab. Deshalb sende mir den Pfeffer zur Hand, er muß verkauft sein, je eher je lieber. Den letzten werden die Hunde beißen." (15. 10. 1553.)

Thor Moelen hoffte wohl, den Pfeffer in kleinen Mengen leichter und zu günstigeren Preisen los zu werden und so beim Angebot einen Konkurrenzvorteil zu erzielen. Daß Reval sich beim Handel mit den Russen den Großhandel vorbehielt und den Narvschen Kaufleuten nur den Detailhandel überlassen wollte, scheint hier keine Rolle gespielt zu haben.

Nach dem Prinzip, daß der Gewinn im billigen Einkauf liegt, versuchte thor Moelen, die von den Russen verlangten Preise im Gegenangebot zu drücken:

„Den Flachs halten sie (die Russen) hier steif und wollen nicht mehr geben als 13 Lispfund für die Mark lötiges Silber (= ca. 25½ m. rig.). Das ist eine harte Bedingung und kommt auf über 39 m. rig. auf das Schiffspfund (1 Schiffspfund = 172 kg) zu stehen. Das ist teurer Flachskauf. Was ist darauf (noch) zu verdienen? Die Kalbfelle wollen sie hier für 12 m. rig. das Hundert geben. Was ist darauf (zu verdienen)? Überall schwere Bedingungen. Ich habe gefordert 13½ Lispfund Flachs für die Mark lötigen Silbers, und für die Kalbfelle habe ich geboten das Hundert für 11½ m. rig. 9 Schillinge." (9. 4. 1549.)

Doch meistens war die Nachfrage lebhafter als das russische Warenangebot und die Konkurrenz unter den deutschen Kaufleuten aus Narva und Reval so groß, daß thor Moelen sich wiederholt darüber beklagte, daß den Russen zu hohe Preise bezahlt würden:

„Das Verdienst ist zu diesen Tagen gar gering, das Gut wird zu teuer eingekauft von den Russen. Die Jagd sollte ein Vergnügen sein: Hermen Trippenmaker ist hergekommen jagen; ich meine, er jagt auch nach Flachs." (9. 4. 1549.)

Der Warenstrom aus dem Osten versiegte häufig:

„Von den Geschäften sollte ich Dir wohl schreiben, das ist hier ein toter Strom in allen Dingen." (26. 2. 1556), „Kein Gut bei den Russen." (7. 7. 1553) und ähnlich lautet es wiederholt. Diese Unsicherheit, vor allem gegen Ende der fünfziger Jahre, war Anlaß für die deutschen Kaufleute, den Handel mit den Russen an mehreren Orten zugleich zu betreiben. Daß thor Moelen daher auch Geschäfte in Dorpat abwikkelte, läßt sich erstmals zum Jahre 1554 feststellen. Im Herbst 1556 befand Broiell sich in Dorpat, während unterdessen Thomas Hartwich die Revaler Geschäfte wahrnahm. Offenbar versprach sich thor Moelen etwas vom Dorpater Handel, denn er nahm es in Kauf, daß er seine Anweisungen jetzt in zwei Richtungen an seine beiden Handelsdiener ergehen lassen mußte, um ein Geschäft zustande zu bringen, bei dem Revaler Hering in Dorpat gegen Hanf oder Flachs von deutschen oder russischen Kaufleuten oder notfalls gegen in Reval lagernde Waren des Dorpater Wirtes getauscht wurde, ein Geschäft, das darüber hinaus noch durch die teurere Fracht zu Lande, wenn auch schon bei Schlittenbahn, belastet wurde. Broiell sollte sogar, wie erwähnt, den Kontakt mit thor Moelen durch einen Läufer von Dorpat nach Narva herstellen. Vielleicht war es der beginnende Rückgang des Handels, ein Vorbote schwerer Zeiten, der zu solchen Maßnahmen veranlaßte, und der Rückgang war vielleicht auch für Broiell ein Anlaß, thor Moelen zur Auflösung seines Verhältnisses zu drängen, ein Bemühen, daß zu Johanni 1557 endlich Erfolg hatte.

Für Umsatz- und Gewinnberechnungen reichen thor Moelens Briefe an seinen Handelsdiener nicht aus, doch sie lassen einzelne Geschäftsabläufe mit sehr beträchtlichen Umsätzen erkennen. Auch die Verluste sind manchmal erheblich, denn mit großen Risiken mußte der Fernhändler rechnen. Sie beruhten nicht nur auf Unzuverlässigkeit der Partner, Fehlkalkulationen und unvorhersehbaren kurzfristigen Konjunkturschwankungen, sondern auch auf der Einwirkung von Unwetter und Eis, Seeräuberei, Diebstahl und, wie thor Moelen einmal durch Erwähnung der „Feuerkaten" in Dorpat andeutet (14. 6. 1554), Feuerschaden. Man half sich, so gut man konnte, vertraute im übrigen auf Gott, verschiffte die Ware im Namen Gottes oder der Dreifaltigkeit und fügte sich, nicht ohne sich selbst als armen Mann zu bejammern, in Gottes Hand. Um Ware und um Geld und die rechtzeitige Ankunft von Schiffen drehten sich die geschäftlichen Sorgen in thor Moelens mit Herzblut geschriebenen Briefen:

„Gott lasse es (Häute, Talg) mit Liebe auf den Markt in Lübeck kommen, so werde ich nicht übel dastehen. Alle Dinge geschehen wie Gott will." (15. 10. 1553.)

„Wollte Gott der Allmächtige geben, daß ich das Geld ins Land mit Liebe kriegen möchte. Ich möchte das in die gewaltige Hand Gottes stellen, der kann helfen." (27. 9. 1553.)

Blieb das Herbstschiff, die letzte Seeverbindung aus den überseeischen Hansestädten aus, so konnte man großen Schaden erleiden, aber „wider Gott kann niemand" (24. 11. 1553).

Hermen thor Moelens stete Klagen über Verluste und Schäden gehörten zum Geschäft eines Kaufmannes und besagen nichts über den im allgemeinen erfolgreichen Handel, der ihm zu einem beachtlichen Vermögen verhalf. Dieses umfaßte im Jahre 1558 nach einem späteren Bericht einschließlich seiner drei „stattlichen" Häuser in Narva mit dazugehörigen Äckern und Fischgründen an der Mündung der Narve sowie Kaufmannsware in Narva, Lübeck und den Niederlanden einen Wert von 30 000 Talern. Hinzu kamen 500 Taler Bargeld, Silbergeschirr und Hausgeräte (vgl. Anh. II, Nr. 5). Mit diesen Vermögenswerten stand thor Moelen in vorderster Reihe der Kaufleute in Livland in dieser Zeit und konnte auch den Vergleich mit Lübecker Kaufleuten aushalten[39].

4. Das Leben in der Kleinstadt Narva

Zwei seiner Häuser wird Hermen thor Moelen vermietet haben. Das größte, das er mit seiner Familie wohl selbst bewohnte, soll einer heute nicht mehr überprüfbaren Auskunft des Historikers Heinrich Laakmann zufolge dort gestanden haben, wo später die deutsche Kirche errichtet wurde, in zentraler Lage also. Hermens Haus war von einer großen Kinderschar belebt. Aus der Ehe mit Elske Hogreve wurden acht Töchter und vier Söhne geboren. Ob unter diesen in gedrängter Folge das Licht der begrenzten Welt Narvas erblickenden Kindern auch Zwillinge waren, weiß man nicht, Geburtsdaten sind nicht bekannt. Einigermaßen sicher ist nur, daß vor 1541 nur Töchter geboren wurden,

---

[39] Vgl. dazu Mickwitz, S. 236 f.

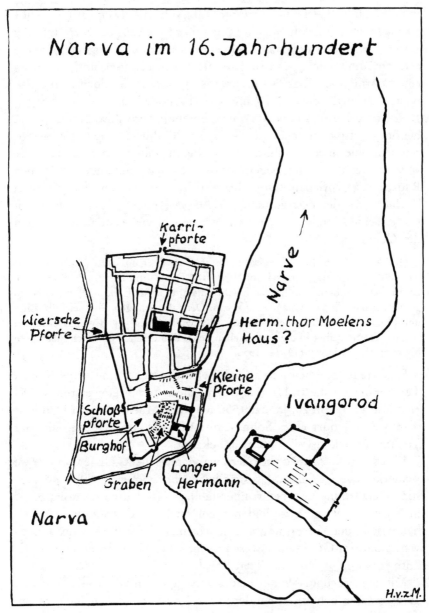

Karte 1

wohl herab bis Geske oder Hester (vgl. Anh. III). Da im August 1561
alle nicht verheirateten Nachkommen thor Moelens noch nicht mündig
waren[40], wird Hermann um 1541 geboren sein; Töchter galten ohnehin
als unmündig, auch wenn sie älter als 21 Jahre waren, und bedurften
eines Vormundes. Blasius soll um 1546 geboren sein, doch kennt man
nicht die Quelle, die dieser Annahme zugrunde liegt. Der vierte Sohn,
Evert, wird erstmals 1554 als Broiells Patenkind erwähnt, das einen Pelz
benötigte, also nicht mehr ganz klein war. Er dürfte Anfang 1550 geboren sein, wie oben erwähnt, und in diesem Jahr starb wohl auch die
Mutter. Der Brief vom Dezember ist in Kongell, mit anderem Namen
Raustfer, geschrieben. Dort hatte thor Moelen mit den Kindern
Zuflucht vor ·der Pest gesucht, die Narva erreicht hatte. Es fällt auf,
daß er seine Frau hier nicht erwähnt; sie war vielleicht an den Folgen
der Geburt gestorben.

> „Ich kann Dir nicht verbergen, daß sich Gott über uns arme Leute erbarmt
> hat, so daß es – dem Herrn sei Lob, Ehre und Dank – mit uns nun heil und stille
> ist mit dem Sterben. Man hat da in acht Tagen, Gott sei Lob, nicht einen Toten
> gehabt. Auch soll da niemand krank sein. Dem allmächtigen Gott sei Lob, Ehre
> und Preis in Ewigkeit für seine Gnade... Ich wollte gerne gegen Weihnachten im
> Namen Gottes selber in die Stadt ziehen, ich will meine Kinder noch hier lassen
> bis zum Neuen Jahr." (12. 12. 1550.)

Spätestens 1554 heiratete thor Moelen in zweiter Ehe Anne Koene,
Tochter des Ratsherrn Hinrick Koene, die in den Briefen erstmals 1554
erwähnt wird. Am 20. Januar 1556 teilt thor Moelen seinem Handelsdiener die Geburt eines Sohnes mit: Lubbert. Das Geburtsjahr der
Tochter Anneke ist wiederum unbekannt.

Eine so große Zahl von Kindern war damals nichts Ungewöhnliches.
Bemerkenswert ist eher, daß sie alle Seuchen, Krieg, Flucht und sonstige Gefährdung unversehrt überstanden. Not hatten sie, solange sie
in Narva lebten, nicht zu leiden, wenn auch die kleinstädtischen Verhältnisse in der Versorgung mit Lebensmitteln, im Niveau des Hand-
werks und im Gesundheitswesen in mancher Hinsicht erheblich pri-
mitiver waren als im damaligen Reval.

Mit den Erzeugnissen des Feldes versorgte sich der große Haushalt,
zu dem außer den vielen Kindern auch Knechte und Mägde gehörten,
wohl selbst. Aus späteren Revaler Zuständen wissen wir, daß reichere
Kaufleute über mehr als einen Hausknecht verfügten. Thor Moelens

---

[40] RKG, B 31.

Hausknecht Hans, ein früherer leibeigener Bauer des Hermen Lode zu Wack, den wir auf dem Felde beschäftigt finden, war wohl nicht sein einziger Knecht. Von ihm, der unbewußt Geschichte machte, werden wir noch hören. – Fische lieferten die Fischgründe mehr, als für den eigenen Haushalt erforderlich war: Aale schickte thor Moelen in Mengen bis zu anderthalb Tonnen an Hinrick Michels nach Lübeck, außerdem „zugemachte gebratene" Neunaugen, jeweils ein „Achtel" auf Rechnung von Hinrick und Jürgen Michels, sowie eine „Kippe" trokkene Neunaugen für Hinrick Michels. Andere, zum Teil alltägliche Lebensmittel wurden aus Lübeck oder Reval bestellt: Bier, holländischer Käse von der Insel Texel, Äpfel, Walnüsse, Petersilienwurzeln, teils für den eigenen Gebrauch, teils für den Vogt des Deutschen Ordens auf der Hermannsburg.

Was man mangels qualifizierter Handwerker in Narva nicht anfertigen lassen konnte, bestellte man in Reval. Broiell wird beauftragt, für die Narvsche Stadtwaage beim Schmied Jürgen in Reval zwei „Pinnen" für den Waagebalken abzuholen; auch die neue Schute läßt thor Moelen von Revaler Zimmerleuten bauen. Nicht einmal zünftige Schneider und Kürschner scheint es in Narva gegeben zu haben, wenigstens nicht solche, die den Ansprüchen eines wohlhabenden Fernhändlers genügten. In Modefragen richtete man sich nach Reval, wo thor Moelen für sich arbeiten ließ:

„Ich habe auch noch Mützenstoff (*bannit vant*) seit dem vorigen Jahr bei Evert Roterdt, da höre doch nach, daß ich das gegen Weihnachten kriege, und laß mir darunter einen Samtmantel (*Sammette hulle*) machen, ich habe keine... Ein Paar Hosen laß mir da auch machen. Besseling, der kennt meine Maße wohl, daß er mir die Hosen lang genug macht. Ich habe nicht ein Paar Hosen gegen Weihnachten... Sende mir doch ein paar Ellen Samt, wie sie es zu Reval tragen, und sende mir Elle *Uterfin* (Bezeichnung eines Tuches?) rot oder schwarz für meinen Sohn Hermen für Hosen, sende mir 2 Ellen, das wird mir wohl nützen. Laß das Tuch fein zubereiten, krumpen und scheren. Meine Kinder haben keine Hosen. Sende mir roten Uterfin... (Im Postskriptum heißt es nochmals:) Item den samtenen Mantel laß mir schön groß machen unter dem Umhang zu tragen, nicht allzu klein." (12. 12. 1550.)

Fehlende Hosen waren geradezu ein familiäres Manko. Auch Pelze wurden in Reval bestellt:

„Item Evert Broiell, Gevatter, so die Pelze nicht gemacht sind, so laß sie bleiben. Aber Evertchen sein Pelz, den sende mir doch mit der ersten (Gelegenheit), der arme Junge geht und friert wohl." (27. 9. 1553.)

Mit der medizinischen Versorgung war es in Narva damals sicher sehr schlecht bestellt. Selbst in Reval gab es nur einen studierten Stadtphysicus, der die Wundärzte, Barbiere und Bader zu beaufsichtigen hatte. Heilerfahrungen wurden von Generation zu Generation weitergegeben. Es waren alte Frauen, die man im Krankheitsfalle zurate zog. Bei den in dem folgenden Brief erwähnten, der alten Boismannschen und der Korveschen, handelt es sich vermutlich um die Schwiegermutter des Blasius Hogreve, Mutter der Anna Boismann in Reval, und um die Witwe des langjährigen Bürgermeisters von Narva Frederik Korff.

Impulsiv wie der treusorgende Vater war, schrieb er seine Briefe so, wie ihm gerade die Gedanken kamen, wiederholte sich, um etwas besonders zu unterstreichen, oder variierte zuvor Gesagtes. Der folgende Brief mit seinem Durcheinander von geschäftlichen Anweisungen, häuslichen Sorgen und Bestellungen für Frau und Kinder und für sich selbst ist in dieser Hinsicht besonders charakteristisch. Die Familie lebte damals (1554) nicht mehr geschlossen zuhause: Anna, die Älteste, war seit 1552 verheiratet, die beiden folgenden Töchter, Margaretha und Else, lebten in Reval, der älteste Sohn besuchte vielleicht damals schon die Lehre in Lübeck.

„In Gottes Namen amen und meinen freundlichen Gruß allezeit stets zuvor. Ehrsamer Evert Broiell, Gevatter und Freund, von Deiner Gesundheit samt Deiner lieben Mutter ist mir allezeit lieb von Dir zu hören. Weiter, Evert Gevatter, ich erfahre von Hans Berndes, daß Du etlich Blei haben sollst, das Du mit ins Land gekriegt hast; Du hast also mit ihm einen Kontrakt gemacht, daß du ihm das Schiffspfund für 30 Mark eingesetzt hast: dafür soll er das Blei hier verkaufen. Warum tust Du das? Ich kann es ja ebenso gut verkaufen wie Hans Berndes. Warum sollte man ihm den Gewinn gönnen? Das Blei ist willig bei den Russen und gilt wohl 50 Mark das Schiffspfund. Deshalb sende das Blei an mich. Der Gewinnst dient uns selber wohl, so wohl als Hans Berndes. Wessen Hans Berndes frei ist, das ist mir unverboten mit den Meinen. Deshalb gib die Anschläge an, ich will es wohl so teuer verkaufen, wie Hans Berndes (es) nicht tun würde. Das Schiffspfund soll wohl an Gut 60 Mark holen. Das ist das Doppelte, wie man zu Lübeck das Wachs kauft. Genug davon, hiernach wisse Dich zu richten. Item Evert, Freund, ich kann Dir nicht verbergen, daß Dein armer Pate, mein Sohn Evert, in den Tod krank ist. Ich tue alles für ihn, was mir die Leute lehren, es will nicht helfen. Des einen Tages ist er gesund, des anderen in den Tod krank. Sie sagen, er hat die Würmer im Leibe. Dagegen habe ich ihm genug gegeben. Will alles nicht helfen. Das arme Kind leidet große Qual. Ich sorge und gräme mich nach Maßen darüber, das weiß Gott; sage davon meiner Tochter Gretken und Elseken und Blasius seiner Frau, daß ich solche Mühe mit dem armen Kinde habe, daß sie der alten Boismannschen auch davon sagen möchten, ob sie keinen Rat dazu weiß.

Item Gottlob, die Korvesche hat ihm was in den Leib gegeben. Davon ist es Gottlob besser geworden. Ich hoffe, es soll nun keine Not haben. Das Kind kommt nun fein zu sich selbst. Das ist mir sehr lieb. Gretken soll das auch sehr lieb sein, das ist ihr lieber Bruder.

Item das Wachs und Talg wird (man) diesen anstehenden Winter nicht los werden. Es wird wohl geboten sein, es nicht auszuführen. Es wird den Geschäften (kopenschop) großen Schaden zufügen... Ich armer Mann habe mit den letzten Schiffen durch Reinhold Hogreve meinen Talg und Wachs ausschreiben lassen, die ich zu Lübeck und im Westen noch zum Verkauf stehen habe. Es ist mir leid, daß das geschehen wird, das ist mir sehr leid.

Item weiter ist mein Begehren, daß Du da doch eine Elle Frauenfarbe, wie die Frauen zu Reval tragen, kaufen wollest, zu Hosen Samt für meine Frau, und ich benötige wohl 5 Ellen rotes Gewand englisch, ein passelick (passendes?) gutes Laken für meine Tochter Aleke zum Rock. Höre doch danach, 5½ Ellen muß ich wohl haben. Item Evert, Gevatter und Freund, mir deucht wohl geraten zu sein, daß Du da in Reval für unsere Gesellschaft einhundert Schiffspfund Fickeler (einheimischer Flachs) oder zwei (hundert) kauftest. Ich will für die Hälfte stehen. Wir werden diesen anstehenden Winter keinen guten Kauf an Hilligenflachs von den Russen haben. Mir scheint es geraten, etlichen Fickeler gegen Salz zu kaufen... Salz will zu Novgorod nicht von der Hand. Der Hering ist williger als das Salz. Zinn ist willig, wer das hat, wird damit gut stehen. Kupfer gilt wohl auch noch sein Geld, Seidengewand wohl auch noch.

Item bitte doch Blasius, meinen Schwager, daß er mir doch wollte den gelben Marderrock machen lassen, daß ich den gegen Weihnachten kriegen möchte, darum lasse ich ihn freundlich bitten. Was es kostet, das bezahle ich gerne mit Dankbarkeit.

Item ich weiß nicht, wo Reinhold und Thomas so lange bleiben mögen. Man sagt hier, daß sie beide Bräutigams sein sollen. Gott gebe ihnen Glück, den stolzen Brüdern (d.h. Hagestolzen). Tue wohl und sage meinen lieben Kindern viele hunderttausend gute Nacht und sage Gretke an, daß sie Allheitke ihren Kragen wieder nachhause senden soll, den sie von hier mit sich nahm, und Elseke sage, daß sie mir das eine Paternoster (Halskette) wieder nachhause senden wolle für die anderen Kinder. Sie hat genug an einem Paternoster. Die anderen müssen auch etwas haben.

Sei Gott befohlen, gesund zu bleiben, mit vielen hunderttausend Gutenacht samt Deiner lieben Mutter. Grüße mir doch Blasius samt seiner lieben Hausfrau von mir.

Geschrieben zu Narva am St. Nikolaustag Anno 1554.

Item Evert, Gevatter und Freund, tue wohl und sende mir doch mit den ersten einen neuen Almanach von diesem kommenden Jahr Anno 55.

Item Evert, Gevatter, tue wohl und mahne doch das Geld ein für den Hanf, den Du verkauft hast."

Leider erfahren wir aus dieser Zeit wenig über Familienfeste. Im Hause thor Moelen fielen sie häufig an: fast jedes Jahr eine Taufe und

in den fünfziger Jahren hin und wieder eine Hochzeit, von Geburtsta-
gen ganz zu schweigen. Annas Vermählung mit Evert Bose 1552 wird
ebenso wie thor Moelens Vermählung mit der Tochter des Ratsherrn
Hinrick Koene in Narva gefeiert worden sein. Im Juli 1557 wurde in
Reval eine weitere Hochzeit gefeiert, wahrscheinlich eine Doppelhoch-
zeit, denn Margaretha wurde mit Thomas Stahl, Else vermutlich im
gleichen Jahr mit dem Ratsherrnsohn Both Schröder vermählt[41].

Wegen Überschreitung der vom Rat gestatteten Grenzen des Auf-
wandes mußte Hermen thor Moelen dem Weddegericht eine Geldbuße
erlegen[42]. Man hatte sich nach der geltenden Hochzeits- und Kleiderordnung zu richten, wie sie der Rat spätestens seit dem Anfang des 15.
Jahrhunderts zu erlassen pflegte. Der allgemeine Wohlstand in Livland
zur Zeit Hermen thor Moelens erforderte erst recht Vorschriften dieser
Art. Der Chronist Balthasar Russow berichtet von unmäßigen Saufe-
reien des Adels aus den verschiedensten Anlässen, insbesondere bei
Hochzeiten. Doch auch „die Bürger und Kaufleute in den Städten
haben sich des Überflusses, der Hoffahrt, der Pracht und des Prunkes
nicht wenig befleißigt". Als Beispiel beschreibt er ausführlich die
„Köste" eines Kaufmannes an einem Sonntag – ein Werktag wäre eine
„Verkleinerung" gewesen –, zu der die ganze Gemeinde und alle frem-
den Kaufleute gebeten wurden: eine Mahlzeit zu Mittag in der Großen
Gilde mit Wein und Bier, silbernen Löffeln, Bechern und Stöfen zum
Trinken; nach dem Lobgesang Tanz bis zur Abendmahlzeit, dann wieder Tanz und Schwelgerei bis Mitternacht; da wird von köstlichen Kleidern und Geschmeide berichtet, die Röcke der Vornehmsten seien mit
Luchs-, Leoparden- und Marderfell, sonst mit Wölfen und Füchsen
gefüttert; an Halsketten, goldenen Ringen, Knöpfen und Schnüren,
Perlenbändern und schweren Leibketten und sonstigen Kleinodien
habe es nicht gemangelt[43].

Übertretungen der Hochzeits- und Kleiderordnungen waren damals
üblich, die vom Weddegericht verhängten Geldbußen fielen nicht ins
Gewicht und bedeuteten fast nur eine Formalität, an die sich der Wed-
deherr, ein Mitglied des Rates und daher selbst in der Regel Gast, zu
halten hatte.

---

41 Publ. 6, S. 74: erstmalige Erwähnung im Bürgerbuch, aber nicht als Neubürger des Jahres 1558.
42 FG I.
43 Russow, S. 33a, 33b.

Es war wohl die recht allgemein gehaltene Hochzeitsordnung von 1545[44], die Hermen thor Moelen 1557 übertrat. Sie gibt eine Vorstellung davon, in welcher Weise er seinen Töchtern die Hochzeiten ausrichtete. Da heißt es, man solle zur Hochzeit nur einerlei Wein – Rheinwein – schenken und nicht eher, als der Braten aufgetragen wird, und bis zu dem Zeitpunkt, wo Butter und Käse weggeräumt werden. In einer anderen Verordnung, die nicht datiert ist, werden die Gerichte, die z. B. zur Mittagsköste aufgetragen werden dürfen, auf eine „schwarze Suppenspeise", Braten, dann Schinken, Mettwurst und Zunge, Reis, Butter und Käse, Äpfel, Nüsse und Kuchen beschränkt. Die Zahl der Teilnehmer wird bei Angehörigen der Großen Gilde auf 120 Mannspersonen begrenzt, einschließlich eines Edlen Rates, den man einzuladen pflegte, aber nicht gerechnet Auswärtige, Bürger oder Adelige; die Zahl der Frauen und Jungfrauen soll 80 nicht überschreiten. Dazu sollen je sechs Bürger von beiden Seiten des Brautpaares bei Tisch bedienen und je sechs Gesellen und sechs Jungen von jeder Seite die Gerichte auftragen. Auch die Anzahl der Tänze, für die drei oder vier Spielleute für 9 Mark zwischen den Mahlzeiten und nach der Abendmahlzeit aufspielen, aber ohne Trompete, wird auf insgesamt 10 begrenzt.

Hermen thor Moelen, dem seine zweite Frau 900 Taler in die Ehe einbrachte, gewährte jeder seiner Töchter eine Mitgift von 2000 Talern nebst „stattlichem Silbergeschirr" und freier Hochzeitsfeier[45]. Als Bürgermeister von Narva wollte er den Revaler Fernhändlern nicht nachstehen.

Um so mehr mußte thor Moelen im kleinen Narva eine hervorragende Stellung einnehmen. Schärfer als in Reval kontrastierten in Narva die wenigen Kaufleute, besonders die wohlhabenden unter ihnen, auch wenn sie an thor Moelen nicht heranreichten, mit den verhältnismäßig rückständigen Handwerkern und dem einfachen Volk, den Esten und diesen stammverwandten, aus dem Osten zugewanderten Woten, sowie den zahlreichen russischen Händlern, die ihre Waren mit Schlitten oder Wagen in langen Reihen heranführten und das Stadtbild belebten. Und dennoch bildete thor Moelen einen Bestandteil dieser Kleinstadt, deren Schicksal er als Ratsherr und Bürgermeister mitbestimmte, bis er sich durch den Fall Narvas zur Flucht veranlaßt sah.

---

[44] Archiv I, Bd. 1, S. 214–229.
[45] RKG, B 31.

5. Hermen thor Moelen als Ratsherr und Bürgermeister und der Fall Narvas

Am 11. Januar 1539 wird thor Moelen zum ersten Mal als Ratsherr erwähnt. Bürgermeister Johann Bussink war gestorben, an seine Stelle trat der Ratsherr Michel van dem Brame, so daß der Rat einer Ergänzung bedurfte, die wahrscheinlich, wie in Reval, im Dezember (1538) erfolgte. Zugleich mit thor Moelen wurde auch Antonius Pepersack vom Rat kooptiert. Welche Ämter thor Moelen verwaltete, ist nur lückenhaft festzustellen. 1542 wird er als Kirchenvorsteher und als Stadtvogt, dem die niedere Gerichtsbarkeit oblag, 1551 zum ersten Mal als Bürgermeister genannt. Vermutlich nahm er auch jetzt die Stelle von Michel van dem Brame ein[46].

Als Angehöriger des Rates der Stadt Narva war thor Moelen häufig in Reval, nahm Pfahlgelder in Empfang[47], die der Revaler Rat als jährliche Pauschale an Narva für die Instandhaltung der Narvschen Hafeneinfahrt zahlte, oder erschien vor dem Revaler Rat in Appellationsprozessen als Kirchenvorsteher[48]. Vom Rat der Stadt Narva wurde er häufig zu Verhandlungen über strittige Fragen delegiert[49]. Eine besonders

---

[46] Aus den Einzelangaben bei Süvalep ergibt sich folgender Bestand des Rates von Narva 1539: Bürgermeister Frederick Korff (im Rat seit 1500, Bm. 1512–42) und Michel van dem Brame (Rh. seit 1521, Bm. 1539–50), Ratsherren Johan Rugesberg (seit 1512, Bm. 1544–?52), Jürgen Happe (1523–44), Johan Rithe (1523–?48), Hinrick Koene (1529–58), Johan Witte (1530–44), Hermen thor Moelen und Antonius Pepersack (1539–58). Nach dem Tode von Korff rückte Rugesberg als Bürgermeister auf, in den Rat wurde Bastian Wehre aufgenommen (1544–58), nach dem Ausscheiden von Happe, Witte und Rithe kamen Johan Varenheide (1545–58), Johan Hulshorst (1548–58) und Joachim Krumhusen (1548–58) in den Rat. Thor Moelen war als Bürgermeister vermutlich Nachfolger von Brame. Spätestens 1553 wurde der Rat – wohl nach dem Ausscheiden von Rugesberg – durch Aufnahme von Reinhold Bucken (1553–58) und vermutlich auch Evert Bose ergänzt, der seitdem mit „her" tituliert wird, wie es einem Ratsherrn zukam. Damals wird auch Hulshorst zum Bürgermeister gewählt worden sein. 1558 hatte der Rat demnach folgenden Bestand: Bürgermeister Hermen thor Moelen und Johan Hulshorst, Ratsherren Hinrick Koene, Antonius Pepersack, Bastian Wehre, Johan Varenheide, Joachim Krumhusen, Reinhold von Bucken, Evert Bose. Krumhusen war nicht Bürgermeister, wie der Chronist Renner fälschlich behauptet.

[47] RStA, B.a. 11.

[48] RRub 713, 755.

[49] Zum folgenden Mühlen, Handel, S. 655 ff.

wichtige war das von Reval beanspruchte Recht, das Wachs zu siegeln.
Narva bestand seinerseits auf diesem Anspruch, weil das Wiegen in
Reval durch die damit verbundene Reinigung zu Gewichtsverlusten
führte und auch noch mit Gebühren verbunden war. Reval wollte das
Narvsche Siegel aber nur neben dem eigenen dulden, wodurch es so
gut wie wertlos wurde, andererseits begnügte Lübeck sich als Bestim-
mungshafen mit dem Narvschen Siegel. 1548 sprach thor Moelen deswegen im Auftrage der Stadt beim Ordensmeister vor, der daraufhin
vergeblich in Reval intervenierte. Obwohl Lübeck von beiden Städten
verlangte, von ihrer Praxis abzugehen, in Novgorod oder in Narva
gesiegeltes Wachs noch einmal zu wiegen und zu siegeln, blieb Reval
bei seiner Gewohnheit, und auch die Narvschen Kaufleute hielten, wie
die Anweisung an Broiell zeigt, daran fest, das Wachssiegel ihrer Stadt
und das in Narva gewogene Gewicht neben dem Revaler stehen zu lassen.

Nachdem 1551 Bürgermeister thor Moelen und Ratsherr Joachim
Krumhusen noch einmal vergeblich in Reval über diese Frage verhan-
delt hatten, kam es zwei Jahre später zur Einigung zwischen thor Moelen, der von den Ratsherren Bastian Wehre und Krumhusen sowie dem
Ratssekretär Georgius Möller begleitet wurde, und den Vertretern
Revals. Anlaß war eine Tagung beider Städte in Reval am 25. Januar
1553. Dabei setzte Reval im wesentlichen seinen Standpunkt durch: aus
Novgorod nach Reval versandtes Wachs sollte Narva frei passieren dürfen, in Narva durfte nur für Narva bestimmtes Wachs gesiegelt werden.
Wenn dieses jedoch anschließend Reval passierte, wie z. B. die Wachs-
sendungen thor Moelens, hatte Reval das Recht, sein Wachssiegel neben
das Narvsche zu setzen. Bei Talg konnte Reval zum Verzicht auf eine
entsprechende Maßnahme bewogen werden.

Eine weitere wichtige Frage, über die thor Moelen 1551 und 1553 mit
Reval verhandelte, war das von Narva beanspruchte Recht der Besteue-
rung von Schiffen, das Narva aus der Pflicht herleitete, den Fluß mit
Pfählen zu markieren. Reval beklagte sich darüber, daß diese Arbeit
nicht frühzeitig genug im Jahr vorgenommen wurde, und behauptete,
daß Narva wegen der jährlichen Pauschale von 12 m. rig., die Reval
dafür zahlte, kein Recht hätte, von einzelnen Schiffen Steuern zu diesem
Zweck zu erheben. Hier erreichte thor Moelen die Berechtigung Narvas, alle Schiffe für Hilfeleistungen beim Einrammen der Pfähle heran-
zuziehen, sowie die Bereitschaft Revals, auch für die Instandhaltung der
Narvschen Hafenmole eine Pauschale in der gleichen Höhe zu zahlen.

In der Frage des hansischen Verbotes, Handelsgesellschaften mit
Nichthansen, also auch Narvschen Kaufleuten, einzugehen, kam Reval
entgegen, indem es bereit war, bei den Hansestädten für die Zulassung
von Handelsgesellschaften mit einem auf 700 m. rig. (200 Taler)
begrenzten Kapital einzutreten, womit allerdings ein Verbot von Kre-
ditgeschäften Narvscher Kaufleute mit Russen verknüpft wurde. Der
Betrag von 700 m. rig. entsprach genau dem Anteil, den Hermen thor
Moelen, der Nichthanse, in die Handelsgesellschaft mit Broiell, Michels
und Hogreve eingebracht hatte. Seine persönlichen Interessen kamen
bei den Verhandlungen in Reval nicht zu kurz.

Neben diesen Angelegenheiten wurden noch einige Einzelfragen in
einer Weise gelöst, die beiden Seiten Erleichterung brachte. Andere
Probleme blieben offen. Sie wurden bald durch den Livländischen
Krieg überholt.

1555 erklärte Schweden Moskau den Krieg[50]. Durch sich häufende
Zwischenfälle wurde der Handel der Livländer mit den Russen immer
mehr gestört. 1557 erließ Ivan IV. eine Handelssperre, von der nicht
nur die deutschen, sondern auch die russischen Kaufleute betroffen
wurden. Als der Großfürst Anfang 1558 Truppen in Livland einmar-
schieren ließ, waren Narva, Dorpat und die Binnenstraßen im Osten
direkt bedroht. Narvas militärischer Schutz bestand außer der Besatzung der Hermannsburg unter dem Ordensvogt Schnellenberg aus
etwa 90 Revaler Söldnern unter Wolf von Strasborch. Eine heftige
Beschießung Narvas Anfang April, die am 7. den Höhepunkt erreichte,
zeigte die Entschlossenheit des Großfürsten, sich der Stadt zu bemäch-
tigen. Vertreter des Rates und der Bürgerschaft traten mit den militärischen Führern zu einer Beratung zusammen und beschlossen, den
Ratsherrn Krumhusen und den Bürger Arend von Deden nach Moskau
zu Unterhandlungen mit dem Großfürsten zu entsenden.

Wie ihr Auftrag lautete, ist nicht bekannt. Die Versammelten mögen
die Hoffnung gehabt haben, daß der Großfürst sich mit Handelsvor-
teilen, Tributzahlungen und dergleichen abfinden würde. Aus dem
späteren Verhalten des Rates in Abwesenheit der beiden Gesandten
kann man schließen, daß diesen keine Vollmacht für ein Unterwer-
fungsangebot mitgegeben worden war. Es ging wohl eher nur um Son-

---

[50] Zum Krieg vgl. ebd. S. 659–64; Angermann, Studien, S. 14, 76, 80, 86; Forsten, a.a.O.; Süvalep, S. 212ff.; Kruus, S. 213.

dierung und Zeitgewinn. Wer den Ausschlag für die Abordnung von Gesandten nach Moskau gab, kann nur vermutet werden: die militärische Führung, deren Urteil über die bedrängte Lage die Bürger beeindruckte.

Krumhusen, der gute Beziehungen zu russischen Kaufleuten, aber auch zum Hof des Großfürsten hatte und deswegen als Unterhändler besonders geeignet schien, dürfte die wahren Absichten Moskaus gekannt haben. Schon im Februar hatten russische Kaufleute die Narvschen vor einer Übergabe der Stadt an den Großfürsten gewarnt, weil sie von einer Änderung der bestehenden Verhältnisse eher Nachteile befürchteten. Aus diesem Grunde wird auch Krumhusen gegen Verhandlungen gewesen sein. Als er selbst nominiert wurde, bot er 1000 Taler, um von diesem heiklen Auftrag befreit zu werden. Einer sehr viel späteren Quelle zufolge soll Bürgermeister thor Moelen der Versammlung den Rat gegeben haben, keine Legaten nach Moskau zu schicken. Offenbar ahnte auch er die Absichten der Russen und war von der Zwecklosigkeit von Verhandlungen überzeugt.

Da die Gesandtschaft nun einmal beschlossen war, mußten thor Moelen und die übrige überstimmte Minderheit diesen Beschluß decken. Zugleich wurde eine Delegation nach Ivangorod geschickt, um für die Zeit der Moskauer Verhandlungen einen Waffenstillstand zu erwirken. Dieser wurde auch gewährt, aber nur gegen Stellung von Geiseln und für eine Zeit von vier Wochen, die für die Hin- und Rückreise sowie für die Verhandlungen in Moskau ausreichen sollte.

Die militärische Lage der Stadt besserte sich in der Zwischenzeit nicht. Der Ordensmeister ermahnte Narva, bis zum letzten Mann auszuharren, zugleich verlangte aber Reval die Entlassung eines Teiles der Söldner, weil es an Geld fehlte. Noch während des Waffenstillstandes forderten die Ivangoroder Russen die Stadt zur Übergabe auf. Narva schickte daraufhin am 25. April die Ratsherren Reinhold von Bucken und Evert Bose, den Ratssekretär Möller und einige Bürger, unter ihnen Hans Berndes, mit der Antwort nach Ivangorod, die eindeutig lautete, Narva lehne die Übergabe ab mit der Begründung, die Stadt hätte ihre Abgesandten nach Moskau nicht in der Absicht geschickt, sich von Livland zu lösen. Auch diese Gesandtschaft wurde in Ivangorod festgehalten. Der Rat der von Flüchtlingen überfüllten Stadt aber bat erneut den Ordensmeister um Verstärkung und Nachschub.

Als endlich die Hilfstruppen des Deutschen Ordens unter Kettler am 30. April Narva erreichten, blieben nur Rigasche Söldner in der Stadt,

während Kettler selbst sein Lager drei Meilen entfernt von Narva auf-
schlug. Gedeckt durch die Abberufung aus Reval, verließ der Söldner-
führer Strasborch mit seinen Unterführern Narva am 3. Mai. Ihm folgte
bald darauf unerlaubt der Ordensvogt Schnellenberg, der dafür später
vom Orden bestraft wurde.

Unter diesen düsteren Vorzeichen lief der Waffenstillstand ab, ohne
daß von Krumhusen und Deden etwas zu hören war. Zum Unglück
brach am 11. Mai in Narva ein Feuer aus, das sich schnell ausbreitete.
Diese Situation benutzten die Russen zum Angriff. Nach erbitterter
Gegenwehr wurde zunächst die Stadt, deren Verteidigung durch den
Brand immer mehr erschwert wurde, aufgegeben und schließlich die
Burg nach mehrfacher Aufforderung den Russen gegen freien Abzug
der Bürger und der Besatzung übergeben. Die Hilfe des Ordens war
ausgeblieben, eine von Kettler entsandte Hilfstruppe unverrichteter
Dinge umgekehrt.

Mit zahlreichen Bürgern verließ auch Hermen thor Moelen die Stadt
und flüchtete nach Reval. Frau und Kinder sowie Geld, Silbergeschirr
und Hausrat hatte er schon vorher in Reval in Sicherheit gebracht[51].

Damit könnte die Darstellung der Lebensgeschichte Hermen thor
Moelens als Bürgermeister von Narva abgeschlossen werden, wenn er
nicht von Zeitgenossen des Verrats beschuldigt worden wäre. Das Aufkommen solcher Gerüchte kann nur im Zusammenhang mit den weiteren Ereignissen um Narva und den Verhandlungen Krumhusens und
Dedens in Moskau verständlich gemacht werden. Nach „Der Liefländ-
dischen Chronick anderer Theil" von J. G. Arndt (S. 231) trafen die
Gesandten erst zwei Tage nach dem Fall Narvas aus Moskau ein. Sie
hatten einen Gnadenbrief Ivans IV. für Rat und Bürgerschaft Narvas
bei sich, der vom 1. Mai datiert war[52]. In diesem Brief werden 16 Bürger, darunter der ganze Rat, beim Namen genannt und damit persönlich
kompromittiert. An erster Stelle steht Krumhusen selbst, gefolgt von
Hermen (und) Arens, das heißt Hermen thor Moelen und Arend von
Deden. Die Privilegien, die ihnen eingeräumt werden, entsprechen
ihren bisherigen Rechten. Sie sollen sie unter dem Schutze des Großfürsten und seines Schloßhauptmannes genießen, die in die bisherigen
Rechte des Ordens treten sollen.

---

[51] RKG, B 31.
[52] Der Wortlaut des Gnadenbriefes bei Renner, S. 24f. (41r–43v).

Krumhusen begab sich gleich nach Ivangorod, um die Gefangenen frei zu bekommen, die nun im Auftrag ihrer Bewacher einen der ihren, nämlich Hans Berndes, mit dem Gnadenbrief zu Kettler schickten. Krumhusen aber gab Berndes die Weisung mit, Dorpat vor den Russen warnen zu lassen. Als Berndes bei Kettler eintraf, wurde er sofort festgenommen und nach Reval geschickt.

Für den Orden dokumentierte der Gnadenbrief die verräterische Absicht der Narvschen Bürgerschaft. Es ist kein Wunder, daß die Gerüchte über den Verrat vom Orden ausgingen, der für sein eigenes Fehlverhalten eine Erklärung benötigte. Nach Ansicht des Ordenschronisten Johannes Renner soll Krumhusen nach Ivangorod gegangen sein, um dort die Einnahme Narvas mit Hilfe einer Brandstiftung durch die Bürger auszuhandeln. Die der Stadt zu Hilfe eilende Truppe des Ordens sei durch eine Mitteilung des Bürgermeisters thor Moelen, das Feuer sei gelöscht und es habe keine Not mehr, zur Umkehr veranlaßt worden, so daß die Russen die Stadt hätten einnehmen können. Die Verratsversion wurde vom Chronisten Salomon Henning, dem Sekretär Kettlers, ursprünglich übernommen, jedoch später korrigiert. Dennoch hält der Chronist Kelch an ihr fest, und auch die populäre Historiographie, wie z.B. Ernst Seraphim, hat sie einfach übernommen. Obwohl thor Moelen in wissenschaftlichen Darstellungen, u.a. vom finnischen Historiker Forsten und von den Esten Kruus und Süvalep, schon lange von der Beschuldigung des Verrates freigesprochen wurde, soll die Frage hier noch einmal untersucht werden.

Bei näherem Hinsehen spricht nichts für eine Brandstiftung. Der Chronist Johannes Renner, vormals Sekretär des Vogtes von Jerwen und erst seit Anfang Mai im Lager Kettlers, ist ein schlechter Gewährsmann. Er ist sehr mangelhaft über die Vorgeschichte des Falles der Stadt unterrichtet und weiß nicht einmal von der Versammlung, die Krumhusen nach Moskau entsandte. Der Chronist Arndt berichtet, das Feuer sei im Hause eines Bürgers entstanden. Über eine Brandstiftung wissen auch die Ivangoroder Russen nichts, die wohl nicht gezögert hätten, ein solches Ereignis zusammen mit dem Gnadenbrief als Beweis für eine russophile Neigung der Narvschen Bürgerschaft Kettler gegenüber auszuspielen. Im Gegensatz zu einer solchen Haltung will Fürst Kurbskij, Feldherr des Großfürsten, wissen, daß das Feuer als ein Gottesgericht über die Gottlosigkeit der in Unzucht und Völlerei versunkenen Deutschen hereingebrochen sei; die Deutschen hätten ein Bild der Mutter Gottes in gotteslästerlichem Übermut in die Glut des Ofens geworfen; da seien gewaltige Flammen aus der Öffnung des Ofens gefahren und hätten das Haus und die ganze Stadt in Asche gelegt, das Muttergottesbild aber habe man später unversehrt aufgefunden. Kurbskij macht Krumhusen den Vorwurf, er habe zwar die Übergabe der Stadt zugesagt, aber zugleich auch zum Orden gesandt und um Entsatz gebeten[53].

Für die Haltung Krumhusens scheint mir nur eine Erklärung möglich: in Moskau erfuhr er von seinen Freunden, darunter den am Frieden interessierten Angehörigen des früheren Regentschaftsrates Sil'vestr und Adašev, daß der Großfürst jetzt zur Eroberung ganz Livlands entschlossen war. In seinen Befürchtungen wird er sich darin nicht nur bestätigt, sondern übertroffen gesehen haben. Seine Verhandlungsposition war deutlich geschwächt, wenn nicht gänzlich zusammengebrochen, so daß der Großfürst es leicht hatte, ihn durch Schmeicheleien und Gunstbeweise, Drohungen und Einschüchterungen zur Annahme des Gnadenbriefes zu bewegen. In dieser Lage kann er sich nur noch an die Hoffnung geklammert haben, daß Stadt und Schloß den Gnadenbrief auf Grund einer herbeigesehnten Besserung der militärischen Lage nicht akzeptieren würden. Für den Fall eines negativen Ausgangs der Ereignisse wollte er versuchen, den ganzen Rat und die wichtigsten Bürger auf seine Linie festzulegen. Das Doppelspiel hätte für ihn auch gefährlich werden können. Nach dem Fall Narvas aber wurde Krumhusen vom Großfürsten als Stadtvogt eingesetzt und reich beschenkt. Er erhielt seinen ganzen Besitz wieder zurück. Später wurde ihm der Vorwurf gemacht, daß er darüber hinaus auch fremde Güter als das Seine angenommen hätte.

Es fällt nicht schwer, thor Moelen vom Vorwurf des Verrats zu entlasten. Dagegen sprechen zunächst die ungenügenden Kenntnisse des für den Deutschen Orden voreingenommenen Chronisten Renner, das Fehlen der Brandstiftungsversion und der Verratsvermutung bei Kurbskij und die später geäußerte Meinung, thor Moelen hätte in Narva alles verloren, was er zurückgelassen, weil er von der Entsendung einer Gesandtschaft nach Moskau abgeraten hätte. Darüber hinaus sind noch zwei entscheidende Gesichtspunkte zu seiner Entlastung anzuführen.

Es fehlt das Motiv für ein Zusammengehen mit den Russen. Den größten Teil seines Vermögens hatte thor Moelen in Lübeck, Amster-

---

[53] Mitt. Riga, Bd. 1, 1840, S. 101.

dam und Antwerpen sichergestellt. Damit hatte er eine spätere Umsiedlung nach Lübeck bereits gut vorbereitet für den Fall, daß Narva verloren gehen sollte. Hätte er auf russische Privilegien für Narva gebaut, dann hätte er die Stadt nach der Einnahme durch die Russen nicht fluchtartig verlassen müssen oder allenfalls nur, um wieder zurückzukehren.

Zweitens liegt eine Zeugenaussage des Hausknechts Hans vor, der am 19. Mai vom Revaler Rat nach den Vorgängen am 11. unter Eid befragt wurde[54]. Hans sagte aus, er sei des Morgens früh um vier auf den Acker gegangen, um daselbst seine Arbeit zu verrichten. Das Feuer sei um acht Uhr angegangen. Als er das sah, sei er wieder zur Stadt geritten. Die Stadtpforten hätte er verschlossen gefunden. Da hätte das Volk ihm von der Mauer zugerufen, er solle zur Truppe reiten und um Entsatz bitten. Im Lager angekommen, sei er gefragt worden, ob er Russen gesehen hätte. Er hätte „nein" geantwortet, es sei ein Wasser zwischen den „Unseren" und den Russen. Zwischen der Stadt aber und den Russen wären vier Meilen Wegs. Da wäre er von ihnen gefragt worden, ob er aufgefordert worden sei, ob dasselbe Herr Herman thor Moelen getan hätte. Er hätte darauf „nein" geantwortet, er hätte ihn den Tag über nicht gesehen, er – thor Moelen – hätte noch geschlafen, als er ausgeritten. Ferner hätten die Herren im Lager ihm gesagt, sie hätten bis 60 Pferde abgefertigt, um auszukundschaften, „wie es um die Narve eine gestalt hätte".

Die Angabe über die 60 Reiter wird durch den Chronisten Renner bestätigt. Die Ankunft des Hausknechts Hans im Lager des Ordens scheint keinerlei weitere Maßnahmen dort ausgelöst zu haben. Nach Henning rückte Kettler ohnehin mit dem Gros des Lagers in Richtung Narva aus, kehrte aber nach Sonnenuntergang um, als ihm die vorausgeschickten Reiter berichteten, das Feuer sei von selbst entstanden und wieder erloschen; sie wären, eine halbe Meile von der Stadt entfernt, wieder zurückgeritten. Am Abend war die Stadt schon in der Hand der Russen, die nunmehr die Burg auch zur Übergabe aufforderten. Warum die Reiter umgekehrt waren, bleibt im Dunkel. Jedenfalls war der Entschluß zur Umkehr völlig unabhängig von irgendwelchen Informationen des Hausknechts Hans gefaßt worden, der ja erst im Lager von den 60 Reitern hörte.

---

[54] Der Wortlaut in niederdeutscher Sprache im Anhang II, Nr. 4.

Dem Revaler Rat genügten die Aussagen des Hausknechts offensichtlich: am 22. Mai ließ er thor Moelen, den Ratsherrn Koene und
den gewesenen Sekretär des Ordensvogtes, Johannes Straben, auf Verlangen des Kaufgesellen Hans Krumhusen eidlich über seinen Vater,
den Ratsherrn Joachim Krumhusen, aussagen, daß er nicht aus Eigen-
nutz nach Moskau gegangen sei, sondern im Auftrage des Vogtes von
Narva, von Bürgermeistern und Rat und von Wulf von Strasborch,
Hauptmann von Schloß, Stadt und Kriegsregiment. Die gleiche Aussage wird aus ungeklärtem Anlaß am 4. August wiederholt. Auch für
Hans Berndes trat thor Moelen ein, indem er bezeugte, daß er nicht
aus eigenem Antrieb nach Ivangorod gegangen sei, sondern daß er, thor
Moelen, und Johan Hulshorst ihn mit den anderen Gesandten dorthin
geschickt hätten, weil er des Russischen mächtig sei[55].

Über das weitere Schicksal thor Moelens und seiner Familie werden
wir durch einen Prozeß um seinen Nachlaß unterrichtet, der erst viel
später geführt wurde. In einer Appellationsschrift an das Reichskammergericht gegen ein Urteil des Lübecker Rates berichtet thor Moelens
Schwiegersohn Thomas Stahl, daß Anno 58, den 11. Mai, die Stadt
Narva *leider* verbrannt und erobert worden und Bürgermeister thor
Moelen *mit großer Gefahr, jedoch an seinem Leibe unbeschädigt von
dannen gekommen* sei und sich nach Reval begeben habe, wohin er
zuvor seine Frau und seine Kinder geschickt hatte. Nicht lange danach,
am 24. August 1558, setzte er sich mit Frau und Kindern nach Lübeck
ab[56].

In Lübeck gab es noch ein Nachspiel: vor dem Revaler Rat hatte der
Waffenmeister Jakob eine Forderung gegen die Bürgermeister thor
Moelen und Hulshorst erhoben, die ihn in die Dienste des Rates
genommen und ihm ein Gehalt von 20 Talern versprochen hätten, das
er nicht erhalten hätte. Der Rat beschloß, daß Jakob erst den Nachweis
erbringen müsse, daß die Bürgermeister noch über städtisches Vermögen verfügten[57]. Einer anderen Nachricht zufolge sollen Narvsche
Söldner vor dem Lübecker Rat ähnliche Forderungen gestellt haben.
Vielleicht ging es um die gleiche Angelegenheit. Den Ausgang des Prozesses, der für sie am 1. November 1559 verloren ging[58], erlebte thor
Moelen jedoch nicht mehr.

55 RStA, B.D. 8, 1558 Mai 22, Juli 26, Aug. 4.
56 RKG, B 31.
57 Süvalep, S. 219.
58 FG I.

In Reval waren drei verheiratete Töchter des Bürgermeisters mit ihren Familien zurückgeblieben. Beim Vater in Lübeck befanden sich sechs Töchter und drei Söhne im Alter von drei bis etwa 20 Jahren. Sie fanden dort den etwa achtzehnjährigen Sohn Hermann und vermutlich den um fünf Jahre jüngeren Blasius vor, die dort ihre Lehrzeit zubrachten, außerdem den Schwager Reinhold Hogreve, die Freunde Hinrick und Jürgen Michels, vielleicht auch den Halbbruder Hinrick thor Moelen sowie zahlreiche Geschäftsfreunde aus früherer Zeit. Die Existenz der großen Familie schien gesichert, da Hermen thor Moelen außer mitgebrachten Vermögenswerten über umfangreiche Warenbestände in Lübeck und im Westen verfügte. Er konnte außerdem mit ausstehenden Schulden seiner Handelspartner rechnen und brauchte nur mit Hilfe seiner Faktoren Reinhold Hogreve in Lübeck, Hans Schröder in Amsterdam und Joachim Krumhusen junior in Antwerpen die alten Beziehungen im Westen wieder aufzunehmen.

Nachdem thor Moelen für die Familie ein Haus gemietet hatte – zum Kauf hätte ihn erst der Erwerb des Bürgerrechts berechtigt –, konnte er an die Geschäfte denken. Das Nächstliegende war, die Verbindungen in Lübeck wieder zu aktivieren. Aber schon im folgenden Frühjahr reiste er in die Niederlande, um zu sehen, wie er mit den „Gütern, so er daselbst gehabt, eine Gelegenheit hätte". Auf der Reise erkrankte er und starb in Amsterdam am 18. Juli des Jahres 1559. Es wird nicht berichtet, wo er begraben wurde, wohl aber, daß die Angehörigen für ihn ein Epitaph setzen ließen, für das ein nicht genannter Betrag ausgegeben wurde. Man wird hier an ein Epitaph in einer Lübecker Kirche denken müssen, doch konnte unter den am Anfang unseres Jahrhunderts registrierten Kunstdenkmälern Lübecks[59] weder ein Epitaph noch ein Grabstein mit dem Namen Hermen thor Moelens gefunden werden.

Unter den Fernhändlern seiner Zeit nahm Hermen thor Moelen eine hervorragende Stellung ein. Soweit unsere Quellen ein Urteil darüber zulassen, war er anscheinend auch ein Mann mit politischem Weitblick, doch besaß er als Bürgermeister einer Kleinstadt nur sehr begrenzten politischen Einfluß. Wenn Briefe die Persönlichkeit ihres Verfassers widerspiegeln, dann muß thor Moelen ein Mann von großer Vitalität und starker Gefühlsbetontheit gewesen sein. Das wird schließlich auch durch den Neubeginn seines Handelsbetriebes von Lübeck aus bestätigt, an dessen Vollendung ihn der Tod gehindert hat.

---

[59] Bau- und Kunstdenkmäler, Bd. II, III und IV; Techen, Inschriften; Techen, Grabsteine.

II. KRIEGSWIRREN UM DIE OSTSEE

1. Die Erben in Lübeck

Beim Ausbruch des Krieges hatte das Verhältnis zwischen Reval und Lübeck einen Tiefpunkt erreicht. Handelsrechtlich von Reval benachteiligt, hatte Lübeck der nordischen Schwester im Kriege die erbetene Hilfe versagt. Der Fall Narvas war nur der Auftakt zu Jahrzehnte langen Kriegen, in denen zuerst der Untergang Alt-Livlands besiegelt wurde und dann die benachbarten Mächte Rußland, Schweden, Dänemark und Polen sich um die Beute und um die Vorherrschaft in der Ostsee stritten. Die Russen versuchten, den Osthandel unter Umgehung der anderen livländischen Häfen nach Narva zu ziehen, zum Schaden vor allem für Reval, das sich 1561 Schweden unterwarf. Lübeck konnte sich jetzt am Narvahandel schadlos halten. Dies war die auslösende Ursache für den Siebenjährigen Nordischen Krieg (1563–1570) zwischen den Rivalen Schweden und Dänemark, an dessen Seite auch Lübeck teilnahm.

Obwohl diese Entwicklung noch nicht vorauszusehen war, wählte Hermen thor Moelen 1558 Lübeck mit Vorbedacht zum Ziel seiner Flucht. Von dort aus ließen sich alle seine bisherigen Beziehungen über die Ostsee und nach Westen am besten nutzbar machen, wie auch die politischen Verhältnisse sich entwickeln würden. Wie gewinnbringend sich der Narvahandel Lübecks gestaltete, zeigt die Tatsache, daß Lübecker Kaufleute ihre Faktoren nach Narva schickten. Auch die Narvschen Kaufleute profitierten von der Narvafahrt, doch verlegten einige von ihnen, thor Moelens Beispiel folgend, ihren Sitz in die Geborgenheit Lübecks, unter ihnen Bürgermeister Hulshorst und die Ratsherren Krumhusen, Koene und Bose sowie Hans Berndes. Joachim Krumhusen baute von Lübeck aus mit seinen fünf Söhnen, von denen einer in Antwerpen saß und zwei in Narva geblieben waren, ein Handelsnetz auf, das so weit gespannt war wie die Verbindungen des verstorbenen Hermen thor Moelen[1].

---

[1] Jeannin, S. 27ff.; Pelus, S. 67.

Für Anne thor Moelen und ihre Kinder brach nun eine schwere Zeit
an. Sie lebten als Flüchtlinge in Lübeck und waren auf thor Moelens
Nachlaß angewiesen. Bei der vielköpfigen Familie lebte auch Reinhold
Hogreve, von dem später gesagt wurde, er hätte sich *alle Güter von
selbst angemaßt*[2]. Jedenfalls gab es keine geordnete Nachlaßverwal-
tung, und Anne war bemüht, anfallende Schulden mit dem Erlös ver-
kaufter Waren zu bezahlen. Fast zwei Jahre blieben Witwe und Kinder
in der fremden großen Stadt sogar ohne Vormünder.

Als Bose mit Frau und Kindern nach Lübeck kam, konnte er der
Witwe eine Schuld von 210 Talern erstatten. Mit Hinrich Michels half
er ihr, den Verkauf der Waren voranzubringen, ohne daran etwas zu
verdienen, wie er betonte. Nachdem 1560 auch Thomas Stahl mit Frau
und Kindern aus Reval flüchtend in Lübeck eingetroffen war, forderten
die beiden Schwäger von Hogreve den Nachweis über alle bisher verkauften Güter, über die nur unzureichend Buch geführt worden war.
Im März 1561 übergab Hogreve ihnen eine Aufstellung über Verkaufserlöse, Ausstände und Zinsen in Lübeck im Betrage von 24 551 m. lüb.
oder rund 13 640 Talern. Dann reiste er nach den Niederlanden, um
Schulden einzutreiben.

Erst am 22. August 1561 wurden Vormünder bestellt: für die Witwe
ihr Vater Hinrick Koene und zwei Lübecker Bürger, für die Kinder
aus beiden Ehen Hogreve, Bose und Stahl. Zwischen den Vormündern
wurde ein Vertrag aufgesetzt[3]: die Witwe erhielt den Brautschatz von
900 Talern und *was ihrer fraulichen Gerechtigkeit gebührt,* dazu alle
ihre Kleider, Kleinodien und Silbergeschmeide, die sie dem seligen Hermen zugebracht oder die er ihr zu Lebzeiten gegeben und die sie an
ihrem Leib getragen; schließlich wurden ihr zugeteilt: eines von den
Betten im Hause, das sie sich wünschte, mit einem Hauptpfühl (*hovet-
pole*), zwei Kissen, zwei Paar Bettlaken, die beste Decke, die sie in die
Ehe eingebracht, sowie Hausgerät nach ihrem Wunsch, jedoch im
Werte von 20 m. lüb. Damit sollte die Witwe ein für alle Male abgefunden sein, alles weitere sollten die Kinder aus beiden Ehen erhalten,
darunter das Silbergeschirr und das übrige an Hausrat und Kleidern.
Eine Inventarliste ist nicht mehr vorhanden. Nur auf einem dem Ver-

---

[2] Die Darstellung der Ereignisse in Lübeck folgt im wesentlichen den Prozeßakten im RKG, B 31. Andere Quellen, insbesondere RKG, B 32, sind jeweils angegeben.
[3] RKG, B 32.

trage angefügten Zettel mit dem Vermerk „1567 empfangen" wird Hausrat aufgezählt, darunter sieben flämische Decken, mehrere Bettlaken, Tafellaken usw., ein Spinnrad und eine Korbwaage: alles von der Witwe noch vermißte Gegenstände, von denen einiges an sie ausgeliefert werden sollte.

Ausstehende Schulden und Verkaufserlöse gehörten zur Erbmasse der Kinder, doch sie mußten erst eingetrieben werden, auch die in Reval. Im Herbst 1561 hielten sich die Söhne Hermen und Blasius in Reval auf. Hermen wurde gemeinsam mit seinem Schwager Both Schröder von den Vormündern bevollmächtigt, sich um die Ausstände seines Vaters zu bemühen. Auch Evert Bose hatte dort einiges zurückgelassen und bevollmächtigte seinen jungen Schwager Blasius und Hinrick Stahl, einen früheren Geschäftsfreund thor Moelens und Bruder von Thomas Stahl, sich um seine Ausstände zu kümmern[4].

Bei thor Moelens früherem Handelsdiener Broiell können Hermen und Both Schröder nichts erreichen. Hermen kehrt nach Lübeck zurück. Broiell erklärt schriftlich, er habe sein Verhältnis mit seinem früheren Herrn gelöst und sei diesem nichts schuldig geblieben[5].

In Lübeck nehmen die Bemühungen um den Nachlaß einen unerfreulichen Verlauf. Reinhold Hogreve, von Bose und Stahl gedrängt, reist mit seinem Neffen Hermen in die Niederlande, um die Aufstellung über den Nachlaß zu vervollständigen. Als Reinhold einmal wieder nach Lübeck kommt, wird er daselbst „eilends" von der Pest befallen und stirbt am 16. Oktober 1565. Man findet bei ihm Rechnungen und Bücher, verstaut sie in eine Kiste und läßt diese gerichtlich versiegeln.

Erst Jahre später geben Streitigkeiten zwischen den Vormündern Bose und Stahl und ihren Mündeln Anlaß, den Inhalt der Kiste zu registrieren. Es waren offenbar die herangewachsenen Töchter und vor allem ihre Ehemänner, die im verständlichen Begehren nach einer besseren Mitgift schwere Auseinandersetzungen herbeiführten. Sie hielten ihren Vormündern einen Brief vor, den Hogreve seinem Schwager thor Moelen aus Brabant geschrieben hatte, worin der Wert der von ihm verwalteten Güter mit über 24 000 Talern (47 000 m. lüb.) angegeben wurde, was den Vormündern hätte bekannt sein müssen. Diese meinten dagegen, Hogreve habe den Wert vielleicht *um Trostes willen* höher

---

[4] RR I, 399 (1561 Aug. 30), 400 (1561 Okt. 26).
[5] RStA, B.i. 107, S. 15; undatiertes Schreiben Broiells an den Revaler Rat, in: ZfO 1975, H. 4 S. 667.

angesetzt, als er in Wirklichkeit war, und behaupteten, die Mündel
wollten sie nur verhetzen und wegen ihrer Administration des Nachlasses verdächtigen. Es kommt bei diesen Streitereien zu groben Injurien und vielfältigen ehrenrührigen Scheltworten.

Auch thor Moelens Witwe fühlte sich benachteiligt und nahm ihrerseits teil am Streit in der Annahme, daß dabei auch für sie etwas abfallen
könnte. Treibende Kraft scheinen Hans Werekop, Annes zweiter
Mann, und Dietrich Schlößken, Geskes Mann, gewesen zu sein. Sie
brachten die Bücher und Briefe Hermen thor Moelens an sich und ver-
weigerten die Herausgabe. Dietrich Schlößken und Konsorten, d. h. die
Kinder thor Moelens und ihre Ehemänner, erhoben nun Klage beim
Lübecker Rat gegen Bose und Stahl. Zu diesem Zweck holten Schlößken und Jacob Hofling, Alheits Mann, Vollmachten von Both Schröder
(24. 5. 1574) und Blasius (2. 6. 1575) aus Reval ein[6]. Die Kläger brachten
einzelne Posten vor, darunter den Brautschatz für Bose und Stahl, je
2000 Taler, ferner 16 Fässer Flachs aus den Gütern der Mündel, die
1559 verkauft wurden. Bose wollte sich daran nicht mehr erinnern: er
hätte kein Uhrwerk im Kopfe, daß er alles behalten könne.

Der Rat bemühte sich, den Streit *in der Güte und Freundschaft ...
unter so nahen Verwandten und Schwägern allerseits beizulegen.* Er
beauftragte sechs Unparteiische, darunter Hans Berndes und einen der
Söhne von Krumhusen, mit der Überprüfung der Bücher und Rechnungen. Nicht alle Forderungen der Erben wurden anerkannt. Die
Addition der Kapitalwerte und Verkaufserlöse aus Lübeck, Amsterdam
und Antwerpen ergab den Betrag von 47 768 m. lüb.; 5611 Taler – rund
11 000 m. lüb. – waren in Antwerpen auf Zinsen gelegt worden, was
damit begründet wurde, daß *die Kaufleute heute trefflich reich sein und
bei manchen guten Glauben haben, kurz hernach aber durch plötzli-
chen See- oder anderen Schaden unvermögend und glaublos werden.*
Den Lübecker „Statuten und Gewohnheiten" gemäß war es nicht möglich gewesen, das Geld in Hausbesitz anzulegen, weil Hermen thor
Moelen noch kein Bürgerrecht erworben hatte.

Nach Abzug der laufenden Ausgaben, darunter für ein Epitaph für
den Verstorbenen, für eine Schuld an Hermens Bruder Hinrick thor
Moelen, für Reisekosten und vor allem für den Lebensunterhalt der
Erben, und nach Anrechnung von fünf Prozent jährlicher Rente blieb
noch ein Betrag von 22 684 m. lüb. Man einigte sich *aus freundlichem*

---

6 RStA, A.a. 29, S. 295 und 376.

schwägerlichen Willen der Erben auf 19 000 m. lüb. Am 5. 9. 1575 wurde ein Vertrag aufgesetzt, wonach die Anteile aller Erben, also auch der Vormünder, mit Guthaben und Schulden jedes einzelnen verrechnet wurden. Nur über die gefallenen Scheltworte wurde nicht mehr verhandelt, sie sollten als gegenseitig verziehen gelten.

Bei der Durchführung des Vertrages kommt es erneut zu „Gährungen" unter den Parteien. Die Unparteiischen veranlassen die Schuldner Stahl und Bose, für den Rest der Schuld drei Häuser im Werte von 10 000 m. lüb. zu verpfänden. Die Zinsen sollen den Erben zufließen[7]. Aber dagegen erheben Bose und Stahl ihrerseits Klage beim Rat und behaupten, sie seien benachteiligt worden. Nach Abweisung ihrer Klage am 15. November 1577 appellieren sie schließlich beim Reichskammergericht in Speyer.

Am 24. Januar 1578 zwischen ein und zwei Uhr versucht ein Geschworener des Kammergerichts, Dietrich Schlößken in Lübeck die Zitation zu übergeben, um zwei Uhr nachmittags desgleichen an Jacob Hofling. Beide verweigern empört die Annahme, so daß der Geschworene unverrichteter Dinge umkehrt. Kurz darauf besinnt sich Schlößken, trifft den Geschworenen auf der Gasse beim Rathaus und nimmt gutwillig die Zitation an, wobei er ausruft, die Schelme und Diebe Bose und Stahl haben die Lügen nach Speyer gebracht, er wolle die Wahrheit dahin bringen. Genau der gleiche Hergang wird über Hofling berichtet. Offenbar haben sie sich in Erwartung der Zitation abgesprochen, dann aber Angst gekriegt und sich erneut verabredet.

Das Urteil des Reichskammergerichts befindet sich nicht bei den Akten. Doch die Erbschichtung muß bis 1584 ihren Abschluß gefunden haben. Sie wurde Anlaß für die Ausstellung eines Geburtsbriefes für die Nachkommen Hermen thor Moelens durch den Revaler Rat. Hier wird auch der Vertrag vom August 1561 erwähnt[8]. Zur Zeit der Ausstellung des Briefes waren noch neun Geschwister am Leben.

Der Prozeß um die Versorgung der Erben gibt Aufschluß über die laufenden Ausgaben: sie schwankten von Jahr zu Jahr, nahmen aber mit dem Heranwachsen der Kinder und nach der Verehelichung der Töchter allmählich ab. Der jährliche Durchschnitt der Ausgaben betrug von 1561 bis 1568 rund 2800 m. lüb., von 1569 bis 1574 rund 1900 m. lüb. Davon mußten die Miete des Hauses und alle persönlichen Auf-

---

[7] Kopie des Vertrages und Folgeakten: RKG, B 31.
[8] Anhang II, Nr. 7.

wendungen an Nahrung, Kleidung und Erziehungskosten bezahlt werden. Vielleicht fiel dabei auch etwas für die Ausrichtung bescheidener
Hochzeiten und für die Aussteuer der Töchter ab. Die Heiratsdaten
sind nicht bekannt, es fällt aber auf, daß in einigen Jahren, besonders
1562, 1566 und 1568 viel höhere Ausgaben anfielen als sonst.

Im ganzen kann wohl von einem Flüchtlingsdasein der Erben in
Elend und Isolierung nicht die Rede sein. Davor bewahrte sie schon
der große Kreis von Bekannten, zu dem neben den Freunden des Vaters
die früheren Bürger von Reval und Narva gehörten. In der Lübecker
Königstraße ist heute an einem Haus[9] eine Tafel zu sehen, auf der alle
Eigentümer vom 13. Jh. an verzeichnet sind, unter ihnen von 1540 bis
1563 Jürgen Michels, Hermen thor Moelens Freund; nach seinem Tode
fiel es an seine Gläubiger, aus deren Händen es 1564 Evert Bose erwarb.
1576 mußte Bose, wie wir sahen, sein Haus für 3900 m. lüb. verpfänden,
die Rente – in Lübeck waren fünf Prozent üblich – wurde den Erben
thor Moelens zugeschrieben. Von 1578 bis 1579 wird Hermen thor
Moelen als Hauseigentümer angegeben, gemeint sind jedoch die Erben,
die 1578 dort „eingewältigt“ wurden[10].

Über die Kinder und Schwiegerkinder thor Moelens ist außer einigen
Lebensdaten wenig bekannt. Evert Bose, schon Ende 1575 als *todtlich
kranckh* bezeichnet, stirbt am 11. März 1579. Er wie auch Thomas Stahl
hatten *ein jeglicher mit seiner Hausfrau viele liebe Kinderchen
gezeugt*[11]. Von acht Kindern Evert Boses überlebten ihren Vater nur
die Söhne Herman, Evert und Reinhold. Hundert Jahre später wird uns
wieder ein Bose begegnen, vielleicht ein Nachkomme. Von Thomas
Stahls Kindern wird Herman als „constituierter Anwalt seines Vaters“
im Prozeß gegen Werekop genannt. Die anderen Söhne finden wir in
Reval wieder.

Wilhelm und Evert thor Moelen urkunden 1578 zusammen mit
ihrem Schwager Lutke Elvers in Rostock, wobei Evert mit einer Hausmarke siegelt, die der seines Vaters gleicht, während Wilhelms Hausmarke ein wenig abweicht[12]. Über Wilhelm ist weiter nichts bekannt.
Evert wird am 8. Februar 1615 in Lübeck begraben. Er wird als „Alt-
geselle“ bezeichnet, war also unvermählt geblieben. Mehrfach hatte er

---

[9] Königstraße Nr. 79, derzeit Buchhandlung Weiland, früher Haus 866.
[10] LStA, Topographisches Register.
[11] Die in diesem Kapitel angeführten Personendaten beruhen auf einer Personenkartei im LStA.
[12] Die Siegel befinden sich in RKG, B 31.

sich in Rechtsgeschäften betätigt. 1597 beauftragten ihn die Erben des Jacob Bade in Reval, die Erbschaft der seligen Witwe des Luetke van Oyten zu erheben und gegebenenfalls zu prozessieren. Die Verbindungen zu Reval waren, wie auch andere Fälle zeigen, noch ganz lebendig[13]. 1612 wird Evert im Lübecker Niederstadtbuch[14] als Substituierter des Dr. Christophorus Metten, Bevollmächtigten der Kaufleute Conselli Columbiani in Nürnberg, genannt, in deren Auftrag er einen Vergleich schließt. Er nennt die Kaufleute seine Prinzipale, was hier wohl Auftraggeber heißen soll. Ob er die Rechte studiert hatte, ist unbekannt.

Lubbert, Hermens jüngster Sohn, trieb Handel in Lübeck. Er besaß fünf Buden auf dem Langen Lohberg und in der Gröpelgrube, die 1595 aufgelassen wurden, vielleicht nach seinem Tode[15].

Ob Wilhelm und Lubbert Nachkommen hatten, ist nicht bekannt.

2. Kriegszeiten in Reval

Als die Brüder Hermen und Blasius thor Moelen 1561 nach Reval reisten, hatten sich die politischen Verhältnisse in ganz Livland durch den Krieg gründlich gewandelt[16]. Nach dem Fall Narvas waren Wierland mit seinen Burgen und Dorpat in die Hände der Russen gefallen. Der Revaler Rat und die Harrisch-Wierische Ritterschaft wollten zunächst bei Dänemark Schutz suchen; das Ordensschloß wurde einem dänischen Parteigänger übergeben. Reval wurde zu einem Brennpunkt politischer und militärischer Interessen der Dänen, Schweden, Russen und Polen. Nur das Römische Reich verzichtete auf eine kraftvolle Vertretung seiner berechtigten Interessen in Livland. Als es im Dezember 1558 dem Koadjutor Kettler, der im Deutschen Orden zur polnischen Partei hielt, gelang, das Schloß Reval aus der Hand der dänischen Parteigänger zu gewinnen, erlangte er das nötige Gewicht für die Wahl zum Ordensmeister. Der alte Fürstenberg wurde verdrängt.

Die Russen fielen auch in den folgenden Jahren wieder in Livland ein. 1560 erlitt der Orden eine schwere Schlappe bei Ermes, Fellin fiel durch Verrat, nur Weißenstein hielt sich.

---

[13] RStA, B.o. 1 sub Balthasar Rüssow, 1597 Okt. 19.
[14] LStA, Niederstadtbuch, Konzept Nr. 1612.
[15] LStA, Topographisches Register.
[16] Zur Geschichte Revals und des Krieges Nottbeck/Neumann I, S. 101–175; Wittram, Geschichte, S. 73 ff.

Reval sah sich jetzt von den Hansestädten im Stich gelassen und
mußte es erleben, daß die Lübecker sich die Lage zunutze machten,
indem sie, wie erwähnt, direkt mit den Russen Handel trieben, ihre
Schiffe an Reval vorbeisegeln ließen und den Feind über Narva mit
Munition versorgten. Schon 1558 hatte der Rat den Ordensmeister Fürstenberg um Hilfe gebeten und die Ausstellung von Kaperbriefen empfohlen, um die Narvafahrten der Lübecker zu stören. Der Versuch
Revals, den Russenhandel auf diese Weise zu behindern, hatte zu Inter-
ventionen Lübecks geführt. Die Revaler gaben die aufgebrachten
Lübecker Schiffe auf Verlangen Kaiser Ferdinands I. wieder frei, doch
wurde gleichzeitig den Lübeckern die Zufuhr von Munition an die Russen untersagt. Trotzdem blieb die Lübecker Schiffahrt eine Gefahr für
Reval.

Einige Revaler Bürger, unter ihnen Blasius Hogreve, ließen sich
erneut vom Ordensmeister Kaperbriefe zur Ausrüstung von Ausliegern
erteilen. Ein Plan Hogreves, dem Krieg durch Wiedereroberung Narvas
eine Wendung zu geben, war angesichts der politischen Verhältnisse
in Livland sicher unrealistisch, aber durch sein Verhalten zeigten Blasius Hogreve und mit ihm die waffenfähigen Männer Revals, Bürger
und Angehörige der Schwarzenhäupterbruderschaft sowie viele Adelige, was Entschlossenheit gegen eine Übermacht vermochte. Die Russen hatten Jerwen, Harrien und die Wiek verwüstet und näherten sich
im Herbst wieder Reval. Auf dem Gute Hark westlich der Stadt schlugen sie ihr Lager auf. Am 11. September 1560 unternahmen die Revaler
einen Ausfall, eroberten zwei Feldstücke der Russen und jagten ihnen
Gefangene und erbeutetes Vieh ab. Als die Russen mit der Masse ihrer
Truppen eingriffen, kam es entlang der Pernauschen Straße im Süden
der Stadt zu einem Gefecht. Durch die Flucht der Hofleute – meist ent-
wurzelte Adelige – und Landsknechte des Ordensschlosses wurde die
Chance des Sieges vertan. Dennoch wurden die Russen durch die
Kühnheit des kleinen Haufens zu Pferde zum Abzug bewogen. Unter
den Gefallenen befanden sich der Ratsherr Luetke van Oyten und Blasius Hogreve.

Vom Ordensmeister Kettler im Stich gelassen, und um ihn daran zu
hindern, sich das Ordensschloß durch eine polnische Besatzung zu
sichern, wandten sich Stadt und Ritterschaft schließlich an den König
von Schweden. Nach langen Verhandlungen über die Bestätigung der
Privilegien wurde Kettler der Eid aufgesagt, weil er zur Hilfeleistung
nicht imstande war. Am 4. Juni 1561 schwor die Ritterschaft dem König

vor seinem Gesandten Claus Christiernson Horn die Treue. Am 6. Juni folgten Rat und Bürgerschaft.

Im übrigen Livland war inzwischen der Krieg weitergegangen mit dem Ergebnis, daß die Polen dem Ordensmeister Kettler Kurland als Lehnsherzogtum einräumten, während Livland polnisch wurde[17] und König Friedrich II. von Dänemark durch Kauf in den Besitz der Bistümer Ösel und Kurland kam. Die Herrschaft des Deutschen Ordens und mit ihm die livländische Föderation waren vernichtet, Livland ein Opfer der rivalisierenden Nachbarn geworden, denen es um die Vorherrschaft an der Ostsee ging.

Der Krieg hatte sich einschneidend auf den Handel in der ganzen Ostsee, insbesondere zwischen Lübeck und Reval ausgewirkt. Nach der Unterwerfung unter Schweden versprach der König, allen Untertanen den Handel mit Narva zu verbieten und dafür zu sorgen, daß ausländische Schiffe allein Reval und Wiborg anliefen. Insbesondere sollten Handelsfahrten der Lübecker nach Narva verhindert werden[18].

Es ist anzunehmen, daß die politischen Entscheidungen des Sommers die Brüder thor Moelen in ihren Beschlüssen beeinflußt haben. Die privaten Verbindungen zwischen den Städten hatten auch während des Krieges nie ganz aufgehört; viele Flüchtlinge waren über Reval nach Lübeck gekommen; auch für Geldüberweisungen des Blasius Hogreve an die Verwandten wurde ein Weg gefunden, wie die Prozeßakten des Reichskammergerichts erkennen lassen. Aber die Kontakte waren in dieser Zeit auf ein Minimum herabgesunken. Jetzt aber, nach der Zusage des Königs, konnte man wieder auf eine Belebung des Handels zwischen Reval und Lübeck hoffen.

Hermen und Blasius thor Moelen müssen Reval schon vor Kriegsbeginn, spätestens bei ihrer Einschiffung nach Lübeck, kennen gelernt haben; vermutlich hatten sie dort die Schule besucht. In welchem Jahr Hermen nach Lübeck gegangen war, ist nicht bekannt. Von Blasius weiß man, daß er bei Kriegsausbruch „bei guten Leuten" in der Fremde diente[19], wahrscheinlich in Lübeck. Bei ihrer Ankunft in Reval 1561 fanden sie veränderte Verhältnisse vor. Viele alte Bekannte der Familie thor Moelen waren nicht mehr am Leben, Blasius Hogreve, der leibliche Onkel, gefallen. Die Vollmachten, die für beide ausgestellt wur-

---

[17] Näheres dazu bei Klot, Jost Clodt.
[18] Soom, Getreidehandel, S. 88 f.
[19] RStA, B.D. 6 (nach FG I).

den, lassen vermuten, daß Hermen bei seinem Schwager Both Schröder, Blasius bei Hinrich Stahl Dienst tat. Auch bei den Nachkommen von Helmich Vicke, vor allem bei seinen Schwiegersöhnen Hans Boismann und Hans Louwe, konnten sie aus- und eingehen. Bei Louwe lernte Blasius seine spätere Frau kennen.

Hermen kehrte bald nach Lübeck zurück. Die wenigen Nachrichten über ihn erwecken den Eindruck eines energischen, beweglichen Kaufgesellen. Schon anläßlich der Übersiedlung nach Lübeck hatte der Vater 1558 mit ihm korrespondiert, 1559 war er wegen des Nachlasses bei Joachim Krumhusen junior in Antwerpen gewesen. Jetzt, nach der Rückkehr aus Reval, zog er mit seinem Onkel Reinhold Hogreve wieder im Westen umher, um Schulden einzutreiben[20]. Dabei ließ er die Kontakte zu Reval nicht abreißen. So wird er 1566 als Bürge für einige Kaufleute aus Reval erwähnt, darunter Adrian Schröder, von dem wir später noch hören werden. Diese Kaufleute waren in Gefangenschaft geraten und mußten der Stadt Lübeck Urfehde schwören[21]. Vielleicht hatten sie gegenüber Lübecker Narvafahrern Selbstrecht geübt, es war ja Krieg, auch zwischen Lübeck und Reval.

Auch Moskau war in Livland wieder aktiv geworden und bediente sich dabei des Herzogs Magnus von Holstein, dem sein Bruder, König Friedrich II. von Dänemark, die Bistümer Ösel und Kurland übertragen hatte. Magnus ließ sich von Ivan IV. zum König von Livland ausrufen und verfolgte seine eigenen Pläne. Im August 1570 begann er mit 1000 Mann deutschen Hofleuten und 20 000 bis 25 000 Russen die Belagerung Revals; im Oktober wurde er noch durch 5000 Opritschniki Ivans IV. verstärkt. Die Besatzung Revals bestand aus weniger als 900 Mann, darunter kaum 300 Schweden, angeworbene Söldner, städtische Knechte und – unter dem Oberbefehl des Ratsherrn Hans Boismann – die Bürger der Stadt, Schwarzenhäupterbrüder, Landflüchtige aus dem Adel und Bauern.

Ungeachtet des Krieges war der Kaufgeselle Hermen thor Moelen schon Anfang 1570 wieder in Reval. Handel und Schiffahrt mit Lübeck waren also auch jetzt nicht ganz unterbrochen. Ungewiß ist, ob Hermen sich ganz in Reval niederlassen wollte oder nur blieb, weil er durch die Belagerung an einer Rückkehr gehindert wurde. Länger als ein Jahr lebte er bei seinem Schwager Both Schröder in Kost und Logis. Er hatte

---

[20] RKG, B 31.
[21] LStA, Regesten zu den derzeit ausgelagerten Lübecker Urfehden.

als Kaufmann Selbständigkeit erlangt und einen Kaufgesellen namens Hans Fortmann in seine Dienste genommen[22].

Für junge Leute wie Hermen und Blasius war es eine Selbstverständlichkeit, daß sie sich an Gefechten und Ausfällen der Revaler gegen die Schanzen des Feindes am St. Johannis-Siechenhause, an der Reperbahn vor Fischermay oder anderen Stellen beteiligten. Der Chronist Russow berichtet, daß „die Kriegsleute, jungen Gesellen, Hausknechte und Jungen mit hinzugelaufen sind wie zum Tanze"[23]. Während der Belagerung brannten die Revaler die Vorstadt Fischermay mit ihren 200 Katen nieder, um den Russen den Unterschlupf zu erschweren. Erst am 22. Februar 1571 traf in der belagerten Stadt die Nachricht vom Stettiner Frieden zwischen Schweden und Dänemark (21. Dezember 1570) ein. Herzog Magnus hielt es aber weiter mit den Russen. Noch am 5. März unternahmen die Revaler zwei größere Ausfälle bei der Strandpforte und bei der Lehmpforte. Am 16. März endlich hob Magnus die Belagerung auf und zog mit seinen Truppen ab. Am gleichen Tage machte der Ratsschreiber am Rande des Ratsprotokolls die Eintragung: *Herman thor Molen begraben*. Die Todesursache ist nicht angegeben. Es können die Folgen einer Verwundung oder die Pest gewesen sein, die wieder ausgebrochen war.

In diesen Zeiten war der Bürger zugleich Krieger. Adel und Kaufleute traten gleicherweise beritten auf und hatten verbindende Erlebnisse, die sie mit der Schloßbesatzung teilten. Angehörige verschiedener Stände verkehrten miteinander, es gab Verschwägerung zwischen Adel und Kaufmannschaft. Schlugen sich Bürger mit Adeligen oder Schweden, so vertrugen sie sich auch wieder. Am 26. Juni 1573 wird im Stadtbuch vermerkt, daß in der Wohnung des Bürgers Marcus Schmit, der aus Narva stammte und zum Bekanntenkreise des Blasius gehörte, der Schwede Peter Christiernson sich mit seinem „Gegenteil", dem verwundeten Jürgen von der Weyde, freundlich und in vollem Umfang vertragen habe. Es scheint eine kräftige Schlägerei vorausgegangen zu sein. Als Anwesende und Zeugen werden genannt: Lorentz Elverßen, Bürger Revals, Blasius thor Moelen und etliche andere vom Adel und Bürger[24].

---

[22] RStA, A.a. 29, S. 34 (1571 Juni 26), 103 (1572 Juni 4).
[23] Russow, S. 76a.
[24] RStA, A.a. 29, S. 221 (1573 Juni 26).

Blasius war vermutlich noch Schwarzenhäupterbruder[25], aber nicht mehr lange. Noch im gleichen Jahr nahm er Abschied vom Stande des Junggesellen und damit von der Kompanie der Schwarzenhäupter. Mit der Eheschließung war der Eintritt in die Große Gilde verbunden.

Dieser Übergang von einer Korporation zur anderen hat in Reval eine symbolische Darstellung auf einem sogenannten Beischlagstein gefunden, der einst die Eingangsstufen zur Gilde flankierte. Er bestand aus drei stufenförmig angeordneten Bildtafeln. Auf der untersten sah man das Wappen der Schwarzenhäupter, auf der obersten das der Großen Gilde. Die mittlere Tafel zeigte den Sündenfall: Adam und Eva mit der Schlange und dahinter den Baum mit dem Apfel. So wurde zum Ausdruck gebracht, daß die Mitgliedschaft bei der Gilde nur durch die Ehe möglich sein sollte.

Blasius heiratete Sophia Louwe, deren Eltern nicht mehr am Leben waren. Wer die Hochzeit ausrichtete, ist nicht überliefert, doch Blasius selbst wurde vom Weddegericht wegen zu großer Aufwendungen zu einer Pön von 12 m. verurteilt[26]. Auch zusätzliche Gastereien, „Nachtcollationen" und unzeitiges Saufen, womit die Nacht mit dem Tage unnützerweise verloren und verkehrt werde, wie es in der Verordnung von 1545/64[27] hieß, waren ganz und gar verboten. Wenn man dem Chronisten Russow folgt, suchte bei vergleichbaren Gelegenheiten einer dem anderen im unmäßigen Trinken bescheid zu tun, wobei so viel Bier vergossen wurde, daß im Saal der Gilde Heu ausgestreut werden mußte, damit man stehen und gehen konnte[28]. Man wird Blasius und seinen Kumpanen nicht unrecht tun, wenn man seine Verfehlung in dieser Richtung sucht.

Die Last des Krieges lag auf der Stadt und ihren Bürgern. Kaum hatten Blasius und Sophia thor Moelen ihren Hausstand begründet, erhielten sie Einquartierung: städtische Söldner, die auch beköstigt werden mußten. Den Sold zahlte die Stadt. In einer „Munsterrolle"[29] heißt es über die Söldner: *Den 5. Augusti Anno 74 sindt die Knechte semptlich mit allen Bevellichshabern vff zway Monatt betzalett worden, und blei-*

[25] SchwA, C 2: Blasius thor Moelen 1572 erwähnt. Im Bürgerbuch erstmals 1574 Febr. 26 anläßlich der Huldigung für Johann III. (1569–1592), Publ. 6, S. 88.
[26] FG I.
[27] Archiv I, Bd. 1 S. 214–229.
[28] R u s s o w, S. 30a.
[29] RStA, B.e. 8.

*ben den Herrn noch 8 tage schuldigk. Ihr Monatt gehett wiederumb
ahn den 14. Augusti.* Daran schließen sich etwa 250 Namen der Befehls-
haber, Spielleute und „Trumpenschleger", Büchsenschützen, Fuhrleute
und Knechte an, die zusammen 26 Rotten zu je acht Mann bildeten.
Die Söldner kamen aus Deutschland, wie ihre Namen verraten: Hans
von Göttingen, Matz von Hamburgk, Merten von der Lawenburgk
usw. Waren sie im Einsatz, so erhielten sie Kostgeld, das ihnen im Auftrag von Rat und Gemeinde ausbezahlt wurde. In der Munsterrolle
werden gesondert aufgezählt die *Knechte, welche, Dieweil sie mitt zu
Felde gewesen, kostgeldt gemisset,* darunter *Hans v. Meidenburgk by
Blasius thor Mölen, gemisset zwey Monat Kostgeldt, die Herrn bet-
zahldt 24 m.* Dieser Hans war also bei Blasius einquartiert.

Ein Lichtblick war für die Revaler immerhin, daß das Verhältnis zu
Lübeck sich wieder verbesserte. Man schickte Gesandte zu den Hansestädten, doch war der Ertrag sehr gering im Verhältnis zu den Hilfs-
bedürfnissen der Stadt, die 1577 wieder einer neuen Belagerung entge-
gensehen mußte.

Der Aufmarsch der Russen begann am 23. Januar. Sie waren diesmal
mit einem Heer von 50000 Mann von Novgorod nach Estland gekommen. Von den fünf Lagern im Süden und Osten war das auf dem Tön-
nisberg der Stadt am nächsten gelegen und zum Artilleriebeschuß
besonders geeignet. Dom und Unterstadt Reval beherbergten diesmal
annähernd 6000 Mann einschließlich bewaffneter Bürger und städtischer Knechte und einer Schar von 400 Bauern unter der Führung von
Ivo Schenkenberg, einem Revaler Münzergesellen. Trotzdem war
Reval viel zu schwach ausgerüstet und überstand die Belagerung nur
infolge ihrer kurzen Dauer. Schon am 13. März zogen die Russen wieder ab, nachdem sie infolge der Wirksamkeit der städtischen Artillerie
Verluste von über 3000 Mann erlitten hatten. Reval hatte nur 110 Tote
zu beklagen, die bei Ausfällen und beim Beschuß der Stadt gefallen
waren.

Entscheidend war, daß Schweden diesen wichtigen Stützpunkt
behielt, von dem aus es seine Herrschaft über Estland wieder ausdehnen
konnte. Aber erst 1580 eroberte Pontus de la Gardie von Finnland aus
zunächst Wierland und dann das übrige Estland. Im September 1581
wurde Narva erstürmt – ein Ereignis, das die aus Narva Geflüchteten
hoffen ließ. Als auch Ingermanland wieder seinen Besitzer gewechselt
hatte, waren die Russen bis zum Neva-Delta von der Ostsee abge-
schnitten. Im Süden waren die Polen in Rußland eingebrochen und

bedrohten Pleskau. 1582 schlossen sie zu Jam Zapol'skij Frieden mit Moskau, Livland blieb polnisches Herzogtum. Zwischen Schweden und Russen wurde 1583 an der Pljussa ein Waffenstillstand geschlossen. Harrien und Wierland wurden mit der Wiek und Jerwen 1584 zum Fürstentum, später Herzogtum „Ehsten" vereinigt.

Für Reval brachte der Sieg Schwedens endlich Erleichterung. Die Zeiten des Kaperkrieges gegen die Narvafahrer waren vorüber, als schwedischer Hafen war Narva für Fremde nicht mehr so interessant wie zur Zeit der Zugehörigkeit zu Moskau. Von 1581 an waren auch russische Waren wieder im Revaler Handel.

Die Eroberung Narvas weckte bei den Vertriebenen die Hoffnung, als Schicksalsgemeinschaft von Geschädigten wieder in den Besitz ihrer zurückgelassenen Immobilien gelangen zu können. Auch Blasius thor Moelen und seine Schwester Elske Schröder gehörten dazu. In einer Eingabe ersuchten sie den Rat, den König um eine Restitution in ihre Besitzrechte an Immobilien in Narva zu bitten[30]. Die Unterzeichneten brachten zum Ausdruck, dem Rat wäre wohl bewußt, daß sie 1558, als Narva vom Moskoviter eingenommen, nicht allein ihre Kaufmannswaren, Barschaft und Habe, sondern auch Haus, Hof, Landgüter, Äcker und Wiesen aufgegeben und in dieser guten Stadt ihre Zuflucht genommen, den langen Krieg über bis jetzt in Eid und Gehorsam gegenüber dem König und der Stadt als arme Untertanen sich verhalten und alle Zeit dem Feinde widerstanden hätten, ohne Gut und Blut zu sparen. Sie zweifelten nicht daran, daß, weil die Stadt Narva durch göttliche Verleihung und der königlichen Majestät Zutun wieder eingenommen und erobert worden, ihre verlassenen Häuser, Erbe, Landgüter, Äcker und Wiesen jure postlimini in den vorigen Stand bei den vorigen Eigentümern kämen, und daß der König auf ihr untertäniges Supplizieren und des Rates Interzedieren den gerechten Befehl geben würde, nicht weniger als zugunsten anderer geschehen, denen zu ihrem Land und Leuten wieder verholfen worden und auch Ware eingeräumt worden sei. Ihr Erbe und ihre Häuser würden aber noch immer und täglich fremden Leuten nicht allein eingeräumt, sondern ganz und gar verkauft, zediert und aufgelassen, was sie befürchten ließe, daß sie wider alle natürliche Billigkeit nicht in ihren Besitz kommen könnten. Daher bäten sie untertänigst den Rat, beim König zu interzedieren, daß er der

---

[30] RStA, B.D. 8.

getreuen Untertanen eingedenk den Befehl ergehen lassen möge, daß ein jeder in den Besitz seines Erbes in und außerhalb der Stadt Narva kommen solle. Das Schreiben trägt die Unterschriften von 20 „Mitbürgern". Auf einem beigefügten Zettel werden die Häuser von zehn Eigentümern genannt, darunter *Her Bodt Schroder 1 Steinhuß achter der Gildporten. Item siner fruwen Vader 3 Huser, mith einem gesinde tho Tunderküll; dath groth Huß belegen by der Wage; Dat ander vor der Wirschen Porten. Dath dridde, ein Holten Hus vor der Wirsch. Porten.* Sein Miterbe war Blasius.

Über einen Erfolg dieses Schreibens ist nichts bekannt. Im Entschädigungsfalle hätten Blasius und Both Schröder die zahlreichen Geschwister in Lübeck bedenken müssen, mit denen sie in Verbindung standen[31]. Der Immobilienbesitz Hermen thor Moelens war unter allen genannten weitaus der umfangreichste.

3. Der von der Heidesche Erbstreit und andere Rechtsfälle

In Reval waren nach dem Tode des Bruders die Schröders die einzigen Verwandten des Blasius. Both Schröder war seit 1573 Ratsherr. 1582 starb die Schwester: *her Bot Schroders husfruwe Elseke thor Molen in got seliglich entschlafen*[32]. Both überlebte seine Frau um 20 Jahre. Aus der Ehe war, soweit bekannt, ein Sohn hervorgegangen[33].

Die Verwandten des Blasius mütterlicherseits waren aus dem Revaler Gesichtskreis verschwunden. Blasius Hogreve wurde 1560, kurz vor seinem Tode, von Ordensmeister Kettler mit drei Gesinden im Dorfe Hüer belehnt. Seine Söhne Blasius und Heinrich wurden später vom

---

[31] RStA, A.a. 30 (nach FG I): 1579 Juli 14 wird Blasius vom Rat befragt, ob er einen Schuldschein des Vaters an Rotger Lode einlösen wolle. 1579 Sept. 11 stellt der Rat fest, daß die Erben des Hermen thor Moelen durch das Lübecker Gericht auf Grund einer Handschrift mit dem Siegel thor Moelens über 3000 m., zahlbar an Rotger Lode, zur Auszahlung verpflichtet worden seien.

[32] RStA, RPr. 1582 April 28. Über die Buhlerei des Witwers in den folgenden Jahren vgl. Johansen/Mühlen S. 417.

[33] Der Name Both Schröder wird im Bürgerbuch zum Jahr 1594, Publ. 6, S. 96, zweimal genannt, einmal unter den Ratsherren. Im anderen Fall handelt es sich um den Sohn, Schwarzenhäupterbruder 1582–90, SchwA, C 2; er ehelicht Dorothea Rotert, Everts Tochter, die bei Haller, Hausmarken, S. 151, irrtümlich als zweite Frau des Ratsherrn angegeben wird.

schwedischen König in diesem Besitz bestätigt. Die Hogreve gingen
in der Folge im Landadel auf[34].

Mit der Heirat öffnete sich dem Blasius thor Moelen ein weiter Ver-
wandtenkreis, den wir im Zusammenhang mit dem von der Heideschen
Erbstreit kennen lernen werden.

Die zahlreichen Rechtsfälle, in die Blasius verwickelt war, kenn-
zeichnen das unruhige Leben eines streitbaren und rechthaberischen
Kaufmannes in einer verworrenen Zeit. Es fiel ihm offenbar schwer,
sich in die festen Regeln bestehender Gemeinschaften wie der Großen
Gilde einzufügen. Dort fällt er schon 1577 auf: weil er Hans Hersefeldt
nicht zu Grabe getragen, muß er 13 m. Pön bezahlen[35]. Von seinem
Benehmen in der Gilde werden wir noch hören. Er verstand es recht
gut, sich immer wieder Feinde zu machen. Auch vor Gericht kam es
wiederholt zu Konflikten und Szenen, doch fanden sich auch Parteigänger für ihn.

1582 hatte Blasius mit Jürgen Renteln, damals noch Schwarzenhäupterbruder, einen Zwist wegen eines Ochsen. Von Renteln wurde er
gerichtlich belangt und befragt, ob er Hans Bade gegenüber die Äußerung getan habe, Renteln habe ihm, Blasius, einen Ochsen gestohlen.
Bade hatte Renteln dieser Ochsenaffäre wegen einen Ochsendieb
genannt. Blasius erklärte, er wisse Jürgen Renteln nicht anders denn
zu Ehren nachzureden, im übrigen solle er sich an seinen Mann halten,
der ihn geschmäht hätte[36].

In einem anderen Falle hatte Blasius einen gewissen Franz Koreineck
des Diebstahls bezichtigt. Obwohl die Parteien genötigt worden waren,
sich vor Gericht die Hände zur Versöhnung zu reichen, hatte dieser
Streit dem Blasius eine Menge Feinde eingebracht, Bekannte und Verwandte des Geschmähten. Eine Reihe neuer Prozesse, die sich zum Teil
zehn Jahre hinziehen, sind die Folge. Ja, es scheint, daß die vom Gericht
vorgeschriebene Versöhnung nach dem Tode des Koreineck Anlaß zu
noch heftigerer Gegnerschaft gab. Eine spätere Zeugenaussage greift
auf jene Versöhnung vor Gericht zurück. Der Zeuge wollte gesehen
haben, „daß Blasius thor Moelen mit tränenden Backen vor Gericht zu
sel. Franz Koreineck gewendet und ihm die Hand gestrecket, und habe

---

[34] Johansen, Estlandliste, S. 365, 477, 640.
[35] FG I und Beitrr. III, H. 2, S. 180, jeweils ohne Quellenangabe.
[36] RStA, Niedergericht (nach FG I). Jürgen Renteln wird Bürger 1596, Publ.
6, S. 99; Bade (Bode), Altersgenosse des Blasius, wird Bürger 1573, Publ. 6, S. 66.

gehöret, daß Blasius gebeten, daß er die Handschuh abnehmen sollte. Seliger Franz habe geantwortet: Ich achte Dich so wahrhaftig nicht, die Handschuhe vor dir abzunehmen. Er habe aber nicht gesehen, daß er ihm die Hand getan, und wisse nicht, ob die Handschuhe abgezogen oder nicht. Wisse auch nicht, ob er natürlicher Weise geweinet oder geschmücket (vorgetäuscht), sondern habe die Tränen auf den Backen gesehen und allein gehöret, daß Blasius gesagt: Tue doch die Handschuhe ab."[37]

1593 verklagte Blasius seinen Gildebruder Jürgen Naschert, Pfandbesitzer des Gutes Angern in Harrien. Durch ihre Frauen waren sie miteinander verwandt. Der Streit wurde nicht vor dem Rat, sondern vor dem Oberlandgericht ausgetragen. Er muß also durch einen Zwischenfall außerhalb der Revaler Stadtmark verursacht worden sein. Nascherts Besitz war wüst und öde, aber immerhin mit 42 Haken bewertet. Von seiner Witwe wurde er später für einen Gegenwert von 3500 Talern veräußert. Blasius dagegen verdankte seinen bescheideneren Immobilienbesitz in Reval seiner Frau. Vielleicht wollte er den wohlhabenden Bürger, der dabei war, sich im Kreise des Adels einzunisten, lächerlich machen. In offenbar provozierender Form hielt er ihm vor, er hätte niemals den Eid auf seine Verpflichtungen geleistet, die er als Besitzer von Angern dem König schuldete. Naschert, der das später auch zugab, scheint Blasius wegen dieser Vorhaltung öffentlich geschmäht und damit auch in Kreisen des Adels kräftig Wellen geschlagen zu haben. Statthalter Gustav Bannér wird mit den Worten zitiert:

„Blasius tor Mohle, der hätte eine rechtfertige Sache, ihm geschehe aber vor Gott und der Welt Unrecht."

Im Prozeß vor dem Oberlandgericht scheint Blasius dann Recht bekommen zu haben. Der Verlierer Naschert aber bemängelte nachträglich, Statthalter und Landräte hätten ein Schreiben des Königs nicht genügend beachtet, und weitete so den Konflikt erst recht aus, denn diese Äußerung wurde als Urteilsschelte verstanden: „Die sämtlichen Räte und Ritterschaft dieser Lande tun sich gegen und wider Jürgen Naschert, daß er diese insgemein bei der Königlichen Majestät ihres rechtmäßigen wohlgeprochenen Urteils halber, dabei sie leben und sterben wollen, in Ungnade, Verweis und große Verkleinerung gesetzt", heißt es nach dem Prozeß im Protokoll über eine Vernehmung

---

[37] RStA, A.a. 40 (1588, nach FG I); RStA, Niedergericht 1597 (FG I).

Nascherts durch einige Landräte und andere Herren vom Adel (22. 3. 1593), der also die Besorgnis hatte, seine Privilegien könnten angetastet werden.

Die von Blasius verursachten Wellen erreichten schließlich Stockholm, da Kläger und Beklagter nun „ins Reich", also vor das königliche Hofgericht, verwiesen wurden. Beide gelobten, dieser Anweisung zu folgen, wobei Blasius sich die Forderung auf Entschädigung für alle Kosten und Versäumnisse vorbehielt. Dasselbe tat auch Landrat Johann Koskull, der ebenfalls, wohl als Zeuge, „ins Reich" reisen mußte.

Was sich dort abspielte, zeigt, daß die Befürchtungen des Adels nicht aus der Luft gegriffen waren. Das Urteil des Hofgerichts scheint zwar wieder zu Blasius' Gunsten ausgefallen zu sein, doch Naschert trumpfte auf: Herr Gustav Gabriellson, wohl ein Beisitzer des Hofgerichts zu Stockholm, hätte das zwischen Naschert und Blasius ergangene Urteil nicht „versiegeln wollen und sich dessen verweigert"; Gabriellson hätte geäußert, das Urteil sei „von den Privilegien dieser Lande verursachet" und habe hinzugefügt, Landrat Koskull habe „so viel gekocht und gebrauet, das er noch selber fressen, saufen und herwieder ausspeien würde, und wenn es die Liffländer wüssten, sie würden ihm nicht groß dafür danken". Koskull hatte wohl in einer Art von den Privilegien gesprochen, die unter Schweden Mißtrauen und Verärgerung erweckte[38].

Dieser im einzelnen recht unklare Vorgang zeigt Blasius – wohl ohne eigene Absicht – mit der Ritterschaft, zumindest einigen Landräten, in gemeinsamer Gegnerschaft zu Naschert, der durch sein Verhalten eine empfindliche Stelle beim Adel berührt hatte, die Privilegien. Nur dies gab dem Adel Anlaß, sich über Naschert zu empören, nicht die Tatsache, daß er als ein Mann aus dem Bürgerstande versuchte, in Kreisen des Landadels heimisch zu werden: dafür gab es genügend Präzedenzfälle.

Auf die von der Heidesche Erbschaft, um die jahrelang prozessiert wurde, hatte Blasius thor Moelen keine persönlichen Ansprüche. Er übernahm den Prozeß[39] für seine Frau und ihre Geschwister und Cousinen, nachdem der letzte Sohn des Ratsherrn Jürgen von der Heide und seiner Frau Gertrud Vicke gestorben war. Prozeßgegner war Hans

---

[38] Archiv I, S. 198ff., 205.
[39] RStA, B.i. 26, Prozeß Blasius thor Moelen contra Hans Radtke.

Radtke, Gertruds zweiter Mann, Stiefvater ihrer Söhne Bartelt, Helmich und Jürgen von der Heide.

Die Vorgeschichte ist aufschlußreich für den Werdegang junger Revaler Kaufleute. 1567 bestand das Vermögen der Hinterbliebenen des Ratsherrn in Haus und Hof und einem Kapital von 7800 m. rev. Dieser Betrag war bis 1584 fast ganz aufgebraucht. Radtke schreibt dazu, daß er 1567 auf Verlangen von Freunden und Blutsverwandten seiner Stiefsöhne *den Recktor bey der Schule annehmen mußte*, um die Kinder *in guter Zucht aufzuziehen*. Der Rektor wohnte 97 Wochen bei ihm im Hause und erhielt 8 m. für die Woche als Entgelt für seine Tätigkeit. Radtke meinte dazu, er hätte lieber ein, zwei Gesellen gehalten, denn der Rektor sei in allen Dingen so kleinlich gewesen. Zwei Winter hindurch habe er auf der Kammer und in der Schule – wohl beim Unterricht – Holz und Licht frei gehabt. Darüber hinaus habe Radtke wegen der Kinder dem Schulmeister Finck 42½ Taler, den Taler zu 7 m. gerechnet, vorstrecken müssen. Auf Veranlassung der Vormünder der Stiefkinder schickte Radtke den Stiefsohn Jürgen im August 1571 nach Lübeck, bezahlte dem Schiffer die Überfahrt und gab dem Jungen als Notpfennig 5 Taler mit. Man war also nach dem Stettiner Frieden zu den alten Gewohnheiten zurückgekehrt, die Jungen zur Kaufmannslehre nach Lübeck zu schicken. Während der folgenden Jahre bis 1576 schickte Radtke seinem Stiefsohn – auch für dessen Herrn – trockene Hechte und Butten sowie Butter und für Jürgen selbst etliche Hemden, ohne ihm das anzurechnen. Seit 1574 wird zunächst auf „Befehl" der Vormünder der Stiefsöhne, dann auf ihr eigenes Betreiben nach und nach fast ihr ganzes Patrimonium ausgezahlt, besonders seit Jürgens Rückkehr aus Lübeck (1576). Auch zwei Mägde, die im Hause von der Heide lange Jahre gedient hatten, werden „beraten", d.h. versorgt. Geblieben ist den Söhnen nur noch ein Anspruch auf 6 Prozent Rente von den Immobilien des Vaters. Dieser Anspruch wird nach dem Tode Helmichs (1582) und Jürgens (1584) Gegenstand der Klage Bartelts gegen seinen Stiefvater. Die beiden Prozeßgegner errechnen unterschiedliche Kapitalwerte – 520 gegen 204½ Taler – und führen den Prozeß um einen Unterschiedsbetrag von weniger als 13 Talern jährlich, nach Radtkes Ansicht ein unnützer Prozeß.

Nach Bartelts Tod (1591/92?) wird zunächst der bewegliche Nachlaß unter den Erben aufgeteilt[40]. Erben sind die fünf leiblichen Vettern und

---

[40] 1592 April 26, vermutlich Niedergericht (FG I).

Cousinen, vertreten durch Jürgen Naschert und Jürgen Hudepoll als Ehemänner der Boismannschen Töchter und Blasius thor Moelen für seine Frau Sophia und ihren Bruder Hans Louwe und Halbbruder Helmer Schopf. Im Endergebnis wird Bartelts Nachlaß geschätzt und entsprechend in fünf Teile geteilt, wovon drei Teile Blasius erhält, doch mit dem Vorbehalt, daß er bei einer späteren Neuverteilung einen Teil des Nachlasses wieder herausgeben muß. Nach dem Verbleib der Brüder seiner Frau müsse erst geforscht werden.

Unter den Gegenständen, die Blasius zugesprochen werden, sind „ein Fossenrock für 18 Thaler, ein Damasten Hosenwams für 11 Thaler, eine rote Kamlotten-Affürke (?) ohne Futter, 3 Paar flachsen Beddelaken. Von 10 paar Tafellaken Blasius 3 Paar empfangen, Blasius 3 Hemden empfangen, ein jeder ein Nachthüll, 2 Kissenbühren, 1 Borstlappen Blasii seiner Tochter geschenket, Blasius 3 Teile von allerlei Zinn, gegerbte Lämmerfell: 33 Stück, 9 Pfund halbflachsen und -seiden Garn, alt Eisenwerk und Wetzsteine ein jeder sein Teil empfangen, 1 vergültet Lande (?) von 22 Lot, das Lot für 1 Thl. zu 32 Rundstück, 12 sülverne Löffell, am Gold und altem Gelde Blasius 69 fl." usw.

Schwieriger war es, die Angelegenheit der Rente zu bereinigen. Trotz der Auflage, die Vollmacht sämtlicher Miterben beizubringen, ließ Blasius sich nicht davon abhalten, Radtke andauernd zur Bezahlung der Rente zu drängen. Radtke jammerte, daß er schon *eine geraume Zeit zum heftigsten und über die Gebühr von Blasius zur Möhlen, dem unruhigen Menschen, ... angefochten* werde, obwohl er jederzeit bereit sei, auf der Großen Gildestube *den freundlichen Handel zu traktieren.* Am 3. März 1596 kam auf Veranlassung des Rates die Aussprache auf der Gildestube zustande. Es wurden Rede und Widerrede gewechselt. Radtke klagte später, den Herren sei nicht unbewußt, wie und welchergestalt sein „Gegenteil" in Gegenwart von vielen Anwesenden, die dabei gesessen und gestanden, sich habe öffentlich vernehmen lassen. Um seinen Gegner *in Harnisch zu bringen*, hätte Blasius mit einem Schreiben aufgetrumpft, dessen Besitz er früher vor Gericht geleugnet hätte. Der Rat könne daraus ersehen, wie Blasius sich *eine geraume Zeit ... mit Schalkes Nägeln geklowett* hätte. Mit höhnischen und spöttischen Worten hätte er ihm den Vorwurf gemacht, den Erben etliche Gelder unterschlagen zu haben. Was die Vollmacht anbelange, so hätte Blasius zwei Bürgen stellen wollen, was er, Radtke, aber nicht angenommen hätte. Blasius sollte vielmehr der wohlgesprochenen Sentenz des Rates gehorsam nachkommen, da ja jetzt die Seeverbindung nach

Dänemark bald offen sein werde. Dort lebte Helmer Schopf. Radtke bat ferner, daß auch *die ausgegossenen Schmähwörter dergestalt wie oben gemeldet, im ... Stadtbuch oder Protokollo, wohin sie denn gehören, eingeschrieben* werden mögen.

Als der Rat sich endlich in der Lage sah, den Erben die Rente zu gewähren, aber unter Zugrundelegung des geringeren Kapitals, griff Blasius den Streit erneut auf. Er berief sich auf die Ansicht von Rechtsgelehrten, die er anscheinend konsultiert hatte, und erreichte, daß der Rat sich zu einem Mittelweg durchrang (27. Januar 1598): der höhere Betrag von 520 Talern sollte vom Jahre 1585 an, als Bartelt seine Berechnung angestellt hatte, anerkannt werden, gekürzt um Beträge, die an die Erben, darunter Blasius selbst, schon abgeführt worden waren.

Radtke, der sich schon im Verlauf des Streites mit Blasius als alter Mann nach Ruhe gesehnt hatte, mußte sich nicht lange grämen. Er starb im gleichen Jahr.

Wenn Blasius geglaubt hatte, nunmehr ungestört seinen Rentenanteil genießen zu können, so irrte er sich. Johann Vicke, Halbbruder der Schwestern Vicke, hatte bis dahin völlig ruhig zugesehen. Nun machte er den bisherigen Erben ihr Recht streitig und behauptete, die gleichen Anrechte zu besitzen. Blasius berief sich dagegen auf das lübische Recht, wonach leibliche Kinder der Geschwister des Erblassers vor dessen Halbgeschwistern zu erben hätten. Vicke, der Rechtsgelehrter war, schrieb dazu, Blasius lasse es sich sehr sauer werden und behaupte ironisch, daß der Kläger nicht recht verstehen könne, was er, Blasius, in seinen Schriften andeute, während doch der Beklagte selbst es nicht richtig verstanden habe. Das von Blasius geltend gemachte Prinzip gelte nur solange, als die Kinder der leiblichen Geschwister mit ihrem Erbgut noch nicht „abgesondert" seien. Sophia thor Moelen aber sei bereits abgesondert[41]. Offen blieb, durch welchen Rechtsvorgang. Der Ausgang des Rechtsstreites ist unklar: soweit erkennbar, verlangte der Rat von Blasius einen Beweis gegen die von Vicke behauptete erbrechtliche „Absonderung" der Erben, den er anscheinend nicht erbringen konnte[42]. Ungewiß ist auch, ob Blasius die Vollmachten der Brüder seiner Frau beibringen konnte oder nicht. Von Hans Louwe weiß man nichts. Helmer Schopf starb 1603.

---

[41] RStA, B.i. 26, Prozeß Johan Vicke contra Blasius thor Moelen.
[42] RStA, RPr. 1598 Juni 22: ... *Blasio vffzuerlegen, womit Boismann* (mit-) *heres des geldes gewesen* ... *und dem Boißmans Handt hat kein mehr beweiß.*

4. Revaler Bürger im Verdacht der Konspiration mit Polen

Unter den politischen Verhältnissen am Ende des 16. Jhs. lag der Revaler Fernhandel immer noch darnieder. Blasius thor Moelen machte sich seine verwandtschaftlichen Beziehungen nach Lübeck, so gut es ging, zunutze. Geschäftspartner waren die Neffen Stahl und Adrian Schröder. Ein Netz von Beziehungen, wie es der Vater von Narva aus aufgebaut hatte, wäre unter den obwaltenden Verhältnissen nicht möglich gewesen.

Aus einer Schiffsliste vom Jahre 1586[43], also aus einer verhältnismäßig ruhigen Zeit, wissen wir, daß Blasius nach Lübeck Wachs, Flachs, Roggen, Pferdehaare, Felle und Leder, darunter auch russische Ware, exportierte. Für wen die Ware bestimmt war, ist nicht angegeben. Der Import aus Lübeck bestand hauptsächlich aus Salz, daneben Hering, Rotscher (ein Fisch), Äpfeln und anderem. Seine Umsätze entsprachen dem der meisten anderen Revaler Kaufleute. Nur einige ragten mit besonders großen Warenmengen aus dem Durchschnitt heraus.

Durch den Wiederausbruch des Krieges wurde der Handel immer wieder aufs neue geschädigt. Als es mit Moskau losging, verlangte König Johann III. vom verarmten Reval Getreidelieferungen für die Truppe und die Stellung eines Fähnleins Knechte (600 bis 800 Mann). Im Frieden von Teusina (1595) verlor Schweden Ingermanland an die Russen. Narva verblieb bei Schweden, doch seine Grenzlage machte die Narvafahrt wieder attraktiver.

Schlimmer wirkte sich der schwedisch-polnische Erbfolgekrieg auf die politischen und wirtschaftlichen Interessen Revals aus. Stadt und Ritterschaft standen im Zwiespalt zwischen dem katholischen Sigismund III., König von Polen und seit dem Tode seines Vaters Johann (1592) auch von Schweden, und seinem protestantischen Onkel, Herzog Karl, der 1598 in Schweden die Feindseligkeiten gegen Sigismund eröffnete, 1599 vom schwedischen Reichstag anstelle des abgesetzten Königs zum Regenten ernannt wurde und 1600 den Krieg gegen Polen auf livländischem Boden begann.

Die Bürger Revals hatten Sigismund und der Krone Schweden am 19. August 1594 den Treueid geleistet[44], der König hatte die Privilegien

---

43 RStA, A.a. (A) 5.
44 Publ. 6, S. 94 ff. Am 20. August leistet auch Blasius den Eid.

bestätigt, zeigte sich in konfessionellen Angelegenheiten nachsichtig und erließ auf Revals Wunsch ein Verbot der Narvafahrt, das jedoch ohne nachhaltige Wirkung blieb.

Erst als Sigismund die Vereinigung Estlands und Revals mit Polen erklärte, unterwarfen sich Ritterschaft und Stadt Herzog Karl (25. April 1600). Doch ein gegenseitiges Mißtrauen blieb bestehen, weil Reval sich wegen mangelnder Kriegserfahrung der Kaufleute nicht am Feldzug gegen Polen beteiligen wollte, andererseits unter den Kriegslasten zu leiden hatte, vergeblich auf die versprochene Privilegienbestätigung wartete und von Karl ein erneutes Verbot der Narvafahrt nicht erreichen konnte. Immer noch trauerten die Bürger der früheren Stellung Revals im Osthandel nach und sahen sich durch das Verhalten des Herzogs, der auch mit Lübeck im Streit lag, geschädigt. Als lübeckische Schiffe auf Anordnung des Statthalters arrestiert wurden, waren auch Geschäftspartner Blasius thor Moelens, wenn nicht er selbst, betroffen.

Wiederholte Mißernte und der Zustrom von Flüchtlingen verursachten eine mehrjährige Hungersnot. Dazu kam die Pest, die 1603 ihren Höhepunkt erreichte. Nach militärischen Mißerfolgen der Schweden, die das eroberte Livland wieder aufgeben mußten, wurde vorübergehend sogar Reval durch polnische Truppen unter Chodkiewicz bedroht.

In der Hoffnung, bei Adel und Städtern Anklang zu finden, erließ Sigismund am 29. Dezember 1603 ein „Manifest" an seine „verirrten Schafe" in Estland, in dem er auf die von ihm verkündete Vereinigung mit Polen hinwies und die Privilegien erneut zu bestätigen versprach. Zugleich aber drohte er, Reval durch Gewalt und Verrat zu nehmen. Das Manifest wurde brieflich an die Ritterschaft und die Städte Reval und Narva versandt.

Am 1. Februar 1604 kam es in der Ratskanzlei zu einer heimlichen Beratung zwischen einigen Deputierten des Adels, unter ihnen der Ritterschaftshauptmann Treiden, und den Bürgermeistern Johann Korbmacher, Johann Holthusen und Hinrich von Lohn. Obwohl die Stadt sich über Karls Eingriffe in den Handel zu beklagen hatte, wollten ihre Vertreter nicht von ihrer Eidespflicht gegenüber Schweden abweichen. Ohne die Stadt wollte auch der Adel nichts gegen Karl unternehmen. Aber die Unsicherheit blieb bestehen, auch nachdem der Herzog die ihm vom Reichstag angetragene Krone am 22. März 1604 als Karl IX. annahm. Die Atmosphäre des Verrats drohte auch Blasius zum Verhängnis zu werden. Am 27. März wurde er mit einigen anderen Bürgern im Auftrage des Statthalters von Bürgermeister Johann Korbmacher vernommen[45]. Man hatte bei Hapsal Briefe abgefangen, die *vornehme Bürger und Personen des Rates* – kurz nach der Beratung in der Ratskanzlei – nach Riga geschrieben hatten, unter ihnen Ratsherr Caspar Strahlborn und Blasius thor Moelen. Der Statthalter brachte die Briefe mit dem Manifest Sigismunds in Verbindung. Die Absender mußten ihm verdächtig erscheinen, zumal der Bote, dem man im Verhör nichts hatte „abzwingen" können, heimlich von Reval aufgebrochen war.

Die Aussagen eines Gefangenen aus Riga, die ebenfalls im Ratsprotokoll wiedergegeben sind, schienen die Gewaltdrohung Sigismunds zu bestätigen: *In Polen glimbt ein Feur*, heißt es, und es ist die Rede von den Brandenburgischen, von den dänischen Herren, auch von der russischen Grenze. Chodkiewicz habe mit seinen 6000 (Mann) ganz Livland aufgeregt und wolle es diesen Sommer unter die Krone Polens bringen. In Lübeck und in anderen Städten höre man nichts anderes als von Aufrüstung und Geschrei darüber, daß Herzog Karl nach Riga wolle; alle Tage kämen fast 1500 Schlitten von Litauen her, und so viele Schiffe wie nie zuvor (liegen vor Riga auf der Reede, ist zu ergänzen).

Vor diesem Hintergrund mochte der Statthalter die abgefangenen Briefe wohl als eine wichtige Sache betrachten. Strahlborn und Blasius wurden Verräter genannt, wobei unklar blieb, ob sie nur mit Polen oder auch mit Russen konspiriert haben sollten. Verdächtig war, daß Strahlborn, wie er selbst zugab, in einem Brief an Thomas Stahl in Riga wegen Narvas geschrieben hatte. Besonders belastete aber die polenfreundliche Haltung Rigas die Briefeschreiber, die immer wieder betonten, daß sie keine Post aus Riga bekommen hätten. Blasius berief sich darauf, daß er keine Briefe dorthin geschickt hätte: der eine Brief wäre für Jürgen Stahl in Lübeck, der andere für Adrian Schröder in Mitau bestimmt gewesen. Mit beiden standen die thor Moelen schon seit den 60er Jahren in geschäftlichen Beziehungen. Aber Jürgen Stahl gehörte zu den Kaufleuten, deren Güter in Reval auf Veranlassung des Statthalters unter Arrest lagen, und dem Statthalter war bekannt, daß die Brüder Jürgen und Thomas Stahl eine Handelsgesellschaft miteinander hatten.

Schließlich ging die Affäre glimpflich aus. Für das Verhalten des Boten fand man die Erklärung, daß man in Kriegszeiten gefährliche Begegnungen zu meiden suche. Blasius jedenfalls wußte zu berichten,

---

[45] RStA, RPr. 1604 März 27.

daß der Bote Schüsse gehört hätte. In den Briefen, deren Kopien die Absender vorlegten, handelte es sich um Kaufmannssachen oder Hypotheken und Geld. Im Schreiben an Jürgen Stahl, dessen Vollmachten Blasius und Strahlborn hatten, ging es wohl lediglich um die in Reval festgesetzten Güter. – Blasius und Strahlborn wurden schließlich mit Handstreckung verpflichtet, sich dem Statthalter zur Verfügung zu halten, und entlassen.

Ein direkter Zusammenhang zwischen dem geheimen Gespräch in der Ratskanzlei am 1. Februar und der Vernehmung vom 27. März 1604 bestand nicht. Aber einige der Teilnehmer gehörten zu den Empfängern des „Manifests" Sigismunds III., darunter Bürgermeister Lohn. Der König verdächtigte ihn und andere der Hinneigung zu Sigismund und verlangte ihre Auslieferung, doch wurde sie von der Stadt mit dem Hinweis auf die eigene Jurisdiktion abgelehnt. Von der Unschuld Lohns ließ sich der König erst später überzeugen. Der Ritterschaftshauptmann Christoph Treiden und einige Landräte, die sich dem Zugriff durch Flucht zu entziehen versuchten, wurden Ende Januar 1605 festgenommen, Landrat Lieven am 13. Februar hingerichtet. Wie leicht hätte Blasius, Lohns unmittelbarer Nachbar in der Lehmstraße, noch tiefer in den Strudel der Verdächtigungen hineingezogen werden können.

Folgenreicher war für Blasius eine interne Auseinandersetzung in der Großen Gilde, da sie im Februar 1604 zu seinem Ausschluß führte. Ursache war ein Streit mit Klaus Korbmacher[46], der schon 1597 mit einem Ausschluß des Blasius geendet hatte. Doch wurde er bald wieder aufgenommen. Worum es dabei eigentlich ging und woran der Streit sich aufs neue entzündete, ist nicht bekannt. Ein Ausschluß aus der Gilde mußte schwerwiegende Folgen für die Handelstätigkeit des so Gemaßregelten haben, weil er damit die Privilegien verlor, die der einheimische Kaufmann vor den Fremden genoß.

Blasius beschwerte sich über diese Behandlung in der Gilde beim Rat, worauf zunächst entschieden wurde, daß Johann Korbmacher nicht als Bürgermeister in einer Sache verhandeln könne, an der sein Bruder beteiligt war. Im übrigen wurde der Fall als Angelegenheit der Gilde betrachtet. Blasius gab sich damit aber nicht zufrieden. Bei einer erneuten Verhandlung am 29. Januar 1605 fand er mehrere Fürsprecher. Ratsherr Hünerjäger trat dafür ein, daß die Gilde ihn wieder aufnehmen sollte, denn soviel ihm bewußt, habe Blasius viel Freundschaft bei dieser

---

[46] RStA, A.a. 43 (nach FG I).

Angelegenheit bewiesen, ihm sei Gewalt und Unehre geschehen. Für eine Beilegung in Güte sprachen sich außer ihm auch die meisten Ratsherren aus, auch wenn einige befürchteten, daß die Ältermänner der Gilde sich dagegen stemmen würden. Am besten mußte Hinrich v. Lohn seinen Nachbarn Blasius kennen. Er meinte, Blasius wolle sich nicht raten lassen[47]. Eigensinnig wie im Streit mit Radtke, beharrte er auch im Falle Korbmacher auf seinem Standpunkt.

Ob die Gilde Zeit fand, sich bis zum Tode des ausgeschlossenen Gildebruders mit dieser Angelegenheit zu befassen, weiß man nicht. Blasius thor Moelen starb im Alter von ungefähr 60 Jahren, ein unruhiger Mensch in unruhiger Zeit. Er wurde am 19. März 1605 begraben. Den vergeblichen Versuch Karls IX., durch Einnahme Rigas dem unglücklichen Kriege eine neue Wendung zu geben, erlebte er nicht mehr. Karls Feldzug endete mit dem gänzlichen Verlust Livlands. Erst Gustav II. Adolf, seit 1611 König von Schweden, erneuerte 1619 den Krieg gegen Polen und brachte Livland in seine Hand.

Blasius hatte fast ein halbes Jahrhundert lang den Niedergang Revals miterlebt. Aus einer blühenden Hansestadt mit einer beherrschenden Stellung im Ost-West-Handel und einer weitestgehenden politischen Autonomie war die Hauptstadt einer schwedischen Provinz geworden. Immerhin war Reval die zweite Stadt des Reiches und hatte dank seinen Privilegien eine Sonderstellung. Es war abhängig vom Monarchen, und von 1584 an durfte nicht mehr nach Lübeck, sondern nur noch an das königliche Hofgericht zu Stockholm appelliert werden[48]. Aber am schwedischen Reichstag nahm es nicht teil, und von den schwedischen Ständen und ihren Beschlüssen blieb es unberührt.

In dieser Zeit des darniederliegenden Handels hatte Blasius keine großen Reichtümer erwerben können. Was er am Ende seines Lebens besaß, verdankte er zum Teil der Erbschaft seiner Frau, darunter vielleicht auch das Haus in der Lehmstraße[48a] zwischen Hinrich von Lohns und Bugislaus Rosens Häusern. Wieweit Blasius in der Lage war, sein Vermögen durch Handel zu vermehren, ist nicht auszumachen[49]. Er

---

[47] RStA, RPr. 1604 Nov. 13, 1605 Jan. 29.
[48] Pezold, S. 22.
[48a] Vgl. Taf. 1.
[49] Blasius verehrte der St. Nikolaikirche zwei kleine Messingarme „hinter dem Chor bei den Beichtstühlen, worauf sein Name und seine Marke", RStA, Denkelbuch der St. Nikolaikirche, S. 29 (nach FG I); in den 30er Jahren dieses Jhs. waren keine Wandleuchter vorhanden (FG I).

gehörte einer Generation an, die versuchte, im Stil und nach dem System des 16. Jahrhunderts Fernhandel zu treiben, sofern die politischen Verhältnisse es zuließen. Diese Generation bildete eine Übergangserscheinung zum Revaler Kaufmann des 17. Jahrhunderts, der den Aktivhandel größtenteils Fremden, vor allem den Holländern überließ und es erleben mußte, wie der Revaler Fernhandel den Wirren eines langen, wechselhaften Krieges zum Opfer fiel.

Ähnlich wie sein Vater war Blasius kurz vor dem Ende seines Lebens in einen falschen Verdacht konspirativer Tätigkeit zugunsten des Landesfeindes geraten: sicher kein gemeinsamer Charakterzug, sondern ein Zeichen der an Verrat reichen Zeit. Wie verschieden sind die Schicksale und Charaktere! Hermen thor Moelen ist noch ganz in hansischer Tradition groß geworden, während Blasius von der Unbeständigkeit des livländischen Krieges geprägt ist. Hermen, Repräsentant seines Standes an hervorragender Stelle, flieht, gefolgt von anderen Bürgern Narvas, in die Stadt, die man als das Haupt der Hanse zu betrachten hatte; Blasius kehrt zurück nach Livland, er erwählt sich das schwedisch gewordene Reval zum Wohnsitz, vielleicht durch die Umstände zum Verbleiben gezwungen, und endet hier im Unfrieden mit der Gemeinschaft seines Standes. Aber er legt den Grund zur Jahrhunderte währenden Verbundenheit seiner Nachkommen mit Reval.

III. UNTER GUSTAV II. ADOLF UND CHRISTINE

Karl IX. regierte noch bis 1611, ohne daß es ihm gelang, Livland zu erobern. Die Vorherrschaft an der Ostsee zu erringen, blieb seinem größeren Sohn vorbehalten.

Gustav Adolf ist für Deutschland der Retter des Luthertums. Er ist es auch für Livland, das er einschließlich Rigas in einem zehnjährigen Kriege (1619–1629) den Polen abnahm. Der Gegenreformation bereitete er damit ein Ende. Im „Herzogtum Ehsten" war im Gegensatz zu Livland der lutherische Glaube nie gefährdet, es war nie polnisch und hatte in den letzten Jahrzehnten wohl auch weniger zu leiden gehabt. Gleichwohl konnte es sich unter den Anforderungen des Krieges nur langsam von den Wirren eines halben Jahrhunderts seit dem Untergang des Deutschen Ordens erholen.

Reval war militärisch nie bezwungen worden. Aber seine Zugehörigkeit zu Schweden unter einem „aufgeklärten Despoten" wie Gustav Adolf brachte der Stadt eine Einschränkung der alten Autonomie, bei den Bürgern bewirkte sie eine Einbuße an politischem Sinn und eine Verengung ihres Horizonts. Was Gustav Adolf seinen Provinzen und Städten im Interesse des Reiches auf dem Gebiete der Verwaltung, Wirtschaft, Kirche und Bildung zukommen ließ, stieß oft auf Widerstand. Den Repräsentanten Revals war die Erhaltung des Althergebrachten meist wichtiger. Rat und Gilden richteten ihre Blicke auf das Nächstliegende.

Äußeren Einwirkungen, die von den Veränderungen im Fernhandel ausgingen, konnte Reval nichts entgegensetzen. Gegen die Fremden, vor allem die in der Ostsee dominierenden Holländer, konnte es nicht aufkommen und mußte sich jetzt mit Passivhandel begnügen. Zugleich begann eine allmähliche Spezialisierung nach Waren und einheimischer Kundschaft. Den Fernhändler früherer Jahrhunderte, dessen Beziehungen von Novgorod bis Antwerpen und noch weiter reichten, der mit allem handelte, wonach gefragt wurde, gab es nicht mehr.

Stadtgeschichte und Familiengeschichte lassen die Wandlungen in den Revaler Verhältnissen in der ersten Hälfte des 17. Jhs. erkennen. Die Wandlung im Lebensgefühl der Bürger, die ihr folgen mußte, entzieht sich exakter Darstellung. Man wird sie gleichsam den in den Quellen mitschwingenden Obertönen ablauschen müssen.

1. Sophia thor Moelen und ihre Kinder

Sophia thor Moelen, genauer die alte Blasische thor Moelen oder die alte Blasius zur Mühlensche, war etwa 50 Jahre alt, als sie nach mehr als dreißigjähriger Ehe in den Witwenstand trat. Ihr ältester Sohn, Blasius, war damals erwachsen, die Tochter Margaretha verheiratet, eine zweite Tochter 1602 gestorben. Der jüngste Sohn, Helmold, verließ wenige Monate nach dem Tode des Vaters das Elternhaus, um ein Studium zu beginnen.

Man vermißt bei den Kindern des Blasius die Wiederkehr der großelterlichen Vornamen, wie sie üblicher Weise den Erstgeborenen gegeben wurden, und vermutet früh verstorbene Geschwister. Margaretha war nach einer Schwester des Vaters, Helmold nach dem Halbbruder der Mutter, Helmer Schopf, benannt. Der Name geht auf den alten Helmich oder Helmold Vicke zurück und findet sich häufig bei seiner Nachkommenschaft.

Der Generationswechsel von Blasius d. Ä. zu Blasius d. J., der meist zur Mühlen genannt wird, fällt mit der Wandlung des Familiennamens zusammen. Seit dem Ende des 16. Jahrhunderts wurde die niederdeutsche Sprache immer mehr vom Hochdeutschen verdrängt, vor allem im Schriftverkehr. Langsamer folgte die Umgangssprache, und mit ihr büßte auch der alte Name seine niederdeutsche Form ein. Aber noch in der Mitte des 17. Jahrhunderts begegnen in den Quellen Mischformen wie zur Moele oder tor Mühlen[1].

Die drei Geschwister waren die erste Generation, die in Reval geboren war und dort aufwuchs. Die Schule in Reval[2] hatten vielleicht schon Blasius der Ältere und einige seiner Geschwister besucht. Für die Söhne der Stadt gab es schon seit 1428 eine städtische Schule, die zur St. Olaikirche gehörte. Es war eine Trivialschule, deren drei Klassen in der Regel jeweils mehrere Schuljahre erforderten. In der Tertia lernten die Kinder neben Deutsch auch die Anfänge in Latein und Katechismus.

---

[1] RStA, Rstr. 60, S. 52: Thormohlen, S. 68: Tor Mühlen usw.
[2] Tallinna ajalugu, S. 155, 282ff.

Darauf aufbauend wurde in Sekunda und Prima Latein in Wort und
Schrift bis zur Lektüre von Äsop und Cato unterrichtet, dazu Grammatik, Rhetorik, Dialektik und Musik. Den Anforderungen eines
damaligen Gymnasiums entsprach die Schule in der Mitte des 16. Jahrhunderts aber nicht. Mit ihrem Rektor und drei Lehrern war sie in
einem argen Zustande. Bis zum Ende des Jahrhunderts scheint die Stadt
aber einiges für ihre Schule getan zu haben: jetzt gab es auch eine
Quarta, und der Lehrplan von 1603 sah sogar ein fünfklassiges System
vor, beginnend mit der „Infima", in der deutsch Lesen und Schreiben
sowie Rechnen gelernt wurde; daran schlossen sich die vier Klassen von
Quarta bis Prima an, deren Absolvierung Universitätsreife bedeuten
sollte. Für die meisten Kaufmannssöhne werden indessen die unteren
Klassen ausgereicht haben, da an die Bildung der Bürger keine sehr
hohen Ansprüche gestellt wurden. Statt des Besuches der höheren Klassen nahm man oft lieber einen Lehrer ins Haus, wie es Hans Radtke
für seinen Stiefsohn Jürgen von der Heide zwei Jahre lang getan, ehe
man die Söhne in die kaufmännische Lehre schickte.

Blasius zur Mühlen wird frühzeitig die Schule mit der kaufmännischen Lehre gewechselt haben. Er muß um 1575 geboren sein: 1596
wird er als Schaffer der Schwarzenhäupterbruderschaft[3] erwähnt. 1603
reiste er in den Westen, 1604 befand er sich in Aalborg. Über längere
Aufenthalte weiß man nichts. Die politischen Verhältnisse waren solchen Reisen nicht sehr günstig. Der Kontakt mit den Verwandten in
Lübeck und Rostock bestand dennoch, und er wird nach dem Tode
Blasius des älteren von seinem Sohn Helmold persönlich gepflegt worden sein, während er in Rostock studierte.

Die Schulbildung des Studiosus muß nach Beendigung der städtischen Schule mit allen ihren Klassen dem Lehrplan von 1603 entspro-
chen haben. Im Juni 1605 ließ er sich, zusammen mit Eric von der Becke
aus Reval, als Theologe an der Universität Rostock immatrikulieren.
Im Juli folgte ihnen als dritter der Nachbarssohn Georg von Lohn, der
Jura studierte. Das war kurz nach dem Tode des Vaters Blasius. Hel-
molds Werdegang war also schon zu dessen Lebzeiten beschlossene
Sache. Das Studium dauerte allerdings sehr lange, vielleicht weil die
Mittel knapp wurden oder weil der Theologe es auf Philosophie oder
Musik ausdehnte. 1614 schloß Helmold es mit der Magisterwürde bei

---

[3] SchwA, C 20.

der philosophischen Fakultät ab[4]. Für die erste Zeit wird der Vater das
Erforderliche bereitgestellt haben. Später mußte die Mutter Sophia
sehen, wo sie das Geld hernahm.

Margaretha muß in den Jahren um 1580 geboren sein. Für ihren
Schulbesuch gibt es keinerlei Anhaltspunkte. Für Mädchen war 1543
im ehemaligen St. Michaelis-Nonnenkloster eine Bildungsanstalt eingerichtet worden, neben häuslichem Unterricht die einzige Möglichkeit
für Bürgertöchter, das Lesen und Schreiben zu erlernen. Doch die
Schule galt nicht als leistungsfähig, und die Bürger ließen ihre Kinder
meist nicht dort unterrichten. Mit der Bildung der Töchter Revals war
es in den Zeiten Sophias und Margarethas nicht gut bestellt, doch für
die künftige Frau eines Revaler Kaufmannes sollte es wohl reichen.
Margaretha wurde 1597 (?) mit Hinrich Stahl vermählt, einem Sohn des
gleichnamigen Revaler Kaufmannes, von dem schon wiederholt die
Rede war. Dieser Ehe entsproß ein Sohn Heinrich, der sich später als
Theologe und Superintendent von Ingermanland einen Namen machen
sollte.

In ihrem Sohn Blasius hatte Sophia eine Stütze, sei es um das Geschäft
des Vaters weiterzuführen oder um es aufzulösen. Eine sichere Einnahmequelle bildeten ihre Immobilien. Im Stadtdenkelbuch werden sie
aufgezählt: Sophias „einwohnliches" Haus in der Lehmstraße mit
einem weiteren Wohnhaus und einem großen Steinhause (Speicher)
hinter der Mauer, einem Garten und einem Holzraum außerhalb der
Stadtmauer. Insgesamt also ein Besitz, wie er für einen Revaler Kaufmann dieser Zeit typisch war (Anh. II, Nr. 10).

Auf dem Hause lastete seit Jahren eine Schuld von 3600 m. rev. an
Sophias Halbbruder Helmer Schopf. Nach seinem Tod schickte Blasius
d. Ä. seinen Sohn mit einer am 6. September 1603 ausgestellten Vollmacht nach Aalborg. Dort wurde mit den „Freunden" Schopfs ein Vergleich abgeschlossen, wonach die Schuld durch die Erbschaft getilgt
wurde (22. Oktober 1604)[5]. Viel mehr blieb wohl nicht übrig.

Um zusätzliche Einbußen zu vermeiden, wandte sich Sophia in einer
Supplik an den Rat und bat ihn um Befreiung von der Erbschaftssteuer,
dem sogenannten zehnten Pfennig, den sie dem Rat wegen der Schopfschen Erbschaft schuldete: sie sei hier am Ort die einzige Erbin, womit

4 Böthführ, Livländer, S. 83, 132.
5 RStA, A.a. 35b, S. 180b.

sie andeuten wollte, daß weitere Gesuche nicht zu erwarten seien; andere Verwandte ihres Halbbruders in Dänemark hätten an ihrem Hause kein Anteil und von ihr nichts zu fordern. Revaler Mitbürgerin seit vielen Jahren, habe sie auch die Lasten dieser Stadt zur Haltung von Landsknechten und sonstige Bürgerpflichten wegen ihres Hauses mit großen Schmerzen tragen müssen. Den Brief mit lateinischen Wendungen hatte vermutlich Sophias Onkel, der Notar Johann Vicke, aufgesetzt. Im Ermessen des Rates lag es, wie in solchen Fällen zu entscheiden war. Er erließ ihr die Hälfte[6].

Es ist anzunehmen, daß Blasius seit seiner Vermählung im Hause der Mutter wohnte und Miete zahlte. Auch das Nebenhaus wurde vermietet. Doch es gab säumige Mieter. So hatten zehn Jahre nach dem Tode eines früheren Mieters, Nilß Thomaßoen, die Erben noch immer nicht die Mietschulden bezahlt. Mit Hilfe ihres Onkels, des Notars Johann Vicke, ließ Sophia die Güter der Erben arrestieren. Bürgermeister Korbmacher bedrohte sie mit einer Pön von 100 Talern, falls sie nicht endlich zahlten (1613)[7].

In den Geschäften ihres verstorbenen Mannes kannte Sophia sich aus. Bald nach der Affäre mit den abgefangenen Briefen war Jürgen Stahl nach Reval gekommen, wo er sich verehelichte und am 21. Dezember 1605 das Bürgerrecht erwarb. Blasius war sein Bevollmächtigter in Sachen der arrestierten Güter gewesen. In seinem Hause ging der Neffe ein und aus. Es muß in den ersten Jahren nach dem Tode des Blasius gewesen sein, als es zu einer Auseinandersetzung zwischen Sophia und Jürgen Stahl kam. Es ging um Schulden und Unkosten, aber auch um Gegenforderungen von Jürgen Stahl und um vermißte Beweisstücke. Sophia erhob Klage und ließ den Beklagten ersuchen, an Eides statt zu erklären, ob er nicht *Rechnung vnnd Brieffe nach Blasius zur Muelenn sel. seinem Tode auß den beiden Schapfen, eineß beim Tisch, der ander bei der Stuben Thueren, von Blasius seinen Schrieᵮᵮtenn zu sich nichts genhomen* habe, und daß er keine Briefe an Blasius d. Ä. geschrieben oder von ihm in seiner Abwesenheit empfangen habe. Diese *Interrogatoria vnnd Fragstück* (ohne Jahr)[8] lassen auf sehr enge geschäftliche Beziehungen schließen.

---

[6] RStA, RPr. 1606 Mai 20.
[7] RR III, 271; RStA, Rstr. 60, Bl. 26.
[8] Ebd., Bl. 177.

Der Streit muß zu beider Zufriedenheit geregelt worden sein, sonst hätte Sophia nicht ausgerechnet bei Jürgen Stahl eine Hypothek von 200 Talern auf ihr Haus aufgenommen (1613)[9].

Auch mit ihrem Schwiegersohn Hinrich Stahl hatte Sophia eine gerichtliche Auseinandersetzung. Viele Jahre nach dem Schopfschen Erbfall beschuldigte er seinen Schwager Blasius d. J. „in öffentlicher Audienz vor dem Rat", er säße in zur Zeit noch ungeteilten Gütern, Zinn und Linnen, Kupfer und Messing, Silber und Gold. Sophia widersprach ihm und ließ von den Ratsherren Wangersen und Luhr feststellen, daß ihr Sohn Blasius die von ihm in Aalborg empfangene Quote des Schopfschen Erbes richtig und zu voller Genüge abgerechnet habe (1621)[10].

Am 12. November 1621 überließ Sophia ihren ganzen Besitz dem Sohn Blasius für 2000 Herrentaler. Davon wurden 1400 Taler abgestrichen, die Blasius „sowohl wegen seiner lieben Mutter und Bruder Mag. Helmoldi zur Vollziehung seines Studierens als auch wegen notwendiger Reparationen des Hauses bezahlet". 400 Taler hat er gleich zu erlegen und 200 soll er stets bei sich behalten, „solange er seine liebe Mutter nebst einer Magd mit Essen und Trinken ehrlich und voll versorgen will"[11]. Bei der Zuzeichnung am 10. Mai 1622 trat Helmold für sich selbst als Erbe und in habender Vollmacht seiner Mutter auf, Jürgen und Hinrich Stahl als Vormünder des jungen Studiosus Heinrich Stahl (Anh. II, Nr. 10). Bald darauf starb Sophia. Am 12. Februar 1623 wurde „die alte Frau Blasiusche thor Mölen" zu St. Nikolai begraben[12].

2. Blasius der Jüngere, Familienverhältnisse und Handel

Blasius zur Mühlen schloß 1606 die Ehe mit Gertrud Kniper aus der Mönchstraße (Rußstraße), wo die Eltern, Paul Kniper (†1610) und Gertrud Garhold (†1623), ein Haus nebst Garten und Holzraum besaßen. Die aus Lübeck eingewanderten Kniper waren seit 1524, die Garhold seit 1521 in Reval ansässig.

---

⁹ RStA, A.a. 35b (1613 Apr. 30).

¹⁰ RStA, RPr. 1621 Juni 30 (nach FG I).

¹¹ RStA, RPr. 1621 Nov. 12 (nach FG I).

¹² RStA, St. Olai-Kirchenarchiv (nach FG I).

¹²ᵃ Quellen: Zu Hinrick I und Cort I Nottbeck, Siegel, S. 62; zu Hinrick II RStA, A.a. 11e, RR I, 399, 400, 479; zu Thomas I Nottbeck a.a.O., RStA, A.a. 11e; RKG, B 31; LStA Personenkartei; zu Hinricks II Kindern RR III, 267; zu Thomas Kindern LStA, ebd. u. Nottbeck a.a.O (dort Angaben zu Hinrich IV fälschlich auf Hinrich II bezogen), RR III, 271, 296.

Stammtafel der Familie
Stahl, Stael, Stall, Stal, heute von Staal[12a]

Hinrick I
1524 erw.
Cort I
Schwb. 1514, Bg. 1517
1529 Haus in der Ritterstraße

Hinrick II	Thomas I
Bg. 1558, 1575 †	1586 †
1549 ff. Geschäftspartner von Hermen thor Moelen in Reval	1549 ff. Kommissionär von Hermen thor Moelen in Lübeck, ∞ 1552 Margaretha thor Moelen, seit 1560 in Lübeck, Bg. 1564

Kinder:
1. Cort II, Schwb. 1581, testiert 1601, kinderlos
2. Hinrick III, Schwb. 1594, Bg. 1597 Ältm. d. Gr. G., † 1632.
   ∞ I. Margaretha zur Mühlen, T. des Blasius I.
   Sohn:
   Heinrich V., † 1657, 1622 stud. theol., Pastor, Superintendent in Narva. ∞ Dorothea Eich-holtz (Eckholt)
   ∞ II. Gertrud Schmidt, Wwe. d. Caspar v. d. Lippe
3. Evert, 1601 †
   hinterläßt Wwe. in Umständen,
   Kinder:
   a) Christine
   b) Sohn (Jürgen?)
4. Christina, ∞ Hans Rehse
5. Catharina, ∞ Thomas Bevermann
6. Elisabeth, ∞ Hans v. Renteln

* Eine der drei Töchter von Thomas I ∞ Nilß Tomaßon, Pate von Hin-ricks IV. Tochter Elleke.

Kinder:
1. Hermen, Anwalt in Lübeck
2. Margaretha*
3. Thomas II, Schwb. 1595, 1604 Kaufmann in Riga
4. Christine*
5. Jürgen I, Schwb. 1595, Bg. 1605, Ältester d. Gr. Gilde, 1622 Vor-mund von Heinrich V., † 1642
   ∞ N.N.
   Kinder:
   a. Jürgen II, Schwb. 1628, Bg. 1630, nobilitiert 1652, ∞ Anna Lan-ting
   b. Heinrich VI, Bg. 1643, † 1646,
      ∞ Margarethe Strahlborn
      Kinder:
      aa. Jürgen III, nobilitiert 1684, Stammvater der Familie v. Staal
      bb. Heinrich VII.
   c. Timon, Schwb. 1635, Bg. 1639, 1662 †
   d. und e. zwei Töchter
6. Hinrick IV, † 1603, ∞ Christine tor Telt, † 1603
   Kind: Elleke
7. Hans, Bg. 1604, testiert 1619,
   ∞ Elisabeth Heidtman
8. Daniel
9. Elsebe*

1616 starb Gertrud Kniper. Kaum zwei Jahre später heiratete Blasius
Mette (Metke) Boismann. Sie hatte aus ihrer ersten Ehe mit Hermann
Stippel (†1613) drei Söhne: Jürgen, Hans und Hermann, die nicht viel
älter als die Kinder des Blasius gewesen sein mögen. Am 6. November
1618, kurz vor der Eheschließung, verkündete Blasius in einer Erbschichtung (s. Anh. III,Nr. 9) die einmütig gefaßte Absicht, mit Zutun
und Fleiß seiner *zukommenden* Ehefrau seine drei Kinder in Gottesfurcht, guter Disziplin, Zucht und Ehrbarkeit mit freier Kost und Kleidung aufzuziehen. Sie sollen bis zur Volljährigkeit rentefreie Nutznie-
ßung von 600 Herrentaler (Htl.) und allen beweglichen und unbeweglichen Gütern haben, die Tochter außerdem ihr jungfräuliches
Geschmeide, wie es sich einer ehrlichen Jungfrau bis zu ihrer Verheiratung zu tragen gezieme, und falls sie heiratet, eine freie Hochzeit nach
Stadtgebrauch. Das Silber, insgesamt etwa 180 Lot (ca. 2330 g) schwer,
und zusätzlich eine unbestimmbare, weil mit Samt, Gürteln und
Taschen zusammen gewogene Menge an Knöpfen, Spangen usw., ferner eine kupferne Braupfanne und Hausgerät werden einzeln aufgezählt, aber nicht auf die drei Kinder aufgeteilt: dies alles verrät, mit
Nachlässen und Testamenten aus dem 17. Jahrhundert verglichen, das
Niveau eines knapp durchschnittlichen Revaler Kaufmannshaushal-
tes[13]. Doch das „väterliche Herz" des Blasius bestimmt, daß seine drei
Kinder auch genießen sollen, was in künftigen Zeiten *Schüffel und Spaden geben werden.*

Das Haus in der Lehmstraße war nun von Kindern belebt. 1628 oder
davor starb der Stiefsohn Jürgen Stippel[14]; zwei Töchter wurden geboren, und als letztes Kind 1625 Hermann.

Über Beziehungen zu den Nachbarn, Bürgermeister von Lohn und
Bugislaus Rosen, ist nichts zu berichten, es sei denn Unerfreuliches.
Einmal beklagte sich Rosen darüber, daß sich die Kloake des zur Müh-
lenschen Hauses auf sein Grundstück ergoß[15].

Vom engeren Verkehrskreis des Blasius hat man eine gute Vorstellung: seine nächsten Verwandten in Reval waren sein Bruder Helmold
in der Königstraße und die Stahls, sein Schwager Hinrich und die Vettern Jürgen und Hans (†1619). Nicht weit lebten in der Mönchstraße

---

13 Vgl. dazu Mühlen, Besitz.
14 RStA, RPr. 1628 Juni 7: sehl. Jürgen Stippel.
15 Aus der Erinnerung nach Berichten, vermutl. aus dem verschollenen Familienarchiv.

die Schwiegereltern Kniper. In ihrem Nachbarhaus wohnte die „Hans Boismannsche"[16], die Stiefmutter der zweiten Frau des Blasius, die das seltene Alter von 95 Jahren erreicht haben soll. Zwischen den Familien der beiden Frauen des Blasius gab es also nachbarschaftliche Beziehungen.

Mit Blasius war der alte Bürgermeister Simon von Then befreundet. Nach diesem väterlichen Freunde benannte er seinen ältesten Sohn. Then war während des Krieges gegen Moskau als Büchsenmeister und Pulvermacher in die Dienste Revals getreten, hatte dem Rat und der Stadt seinen „Puluermacher vnd buchsenmeister eidt" und 1572 der Krone und der Stadt den Bürgereid geschworen[17]. Er war Altersgenosse des älteren Blasius. Bruder eines fürstlich jülischen Vogtes zu Aachen, wurde er trotz seiner handwerklichen Berufsbezeichnung Mitglied der Großen Gilde. Vermutlich betätigte er sich auch als Kaufmann und führte Salpeter, Schwefel und Pulver selbst aus Deutschland ein. 1587 wurde er in den Rat aufgenommen, 1604 zum Bürgermeister erwählt. Zum Kreise um Then gehörten neben Blasius zur Mühlen auch der Apotheker Hans Sürken (Bürger 1594, verheiratet mit einer Empsing-hof), die Brüder Hinrich (Bürger 1605) und Albrecht Lanting (Bürger 1610) und ihr Schwager Thomas Luhr (Bürger 1604). Bei den Lantings und Luhrs tritt seitdem – ebenso wie bei den zur Mühlen – der unter Revaler Kaufleuten seltene Vorname Simon auf. Bei Thens Tod (1609) erhielt Sürken Vorkaufsrecht am Hause in der Pferdekäuferstraße, in dem er zur Miete wohnte. Er war außerdem Testamentsvollstrecker. Unter den Erben befanden sich die Lantings und Thomas Luhr[18]. Blasius besaß eine von Then stammende große Schale, die er seinem Sohn Simon vermachte[19]. Mit Thomas war Blasius eng befreundet. 1632 heiratete sein Sohn Simon Luhrs Tochter Bela, zwei Jahre später vermählte sich Luhr mit Metke, der Witwe des Blasius. So schließen sich immer wieder kleine Kreise innerhalb der Revaler Kaufmannschaft.

Die größere Gemeinschaft, die alle diese kleinen Gruppen der Verwandtschaft, Freundschaft und Bekanntschaft umschloß, war die Große Gilde. Mit 12 anderen Kaufleuten und einigen Angehörigen des

---

[16] RR III, 294.

[17] Publ. 6, S. 75: Eidesformel des Simon von Then ohne Datum auf leerem Blatt.

[18] RR I, 596 und RR III, 281. Das Testament des Simon von Then von 1607 März 17 wurde eröffnet 1609 Nov. 15.

[19] Anhang II, Nr. 11.

„Ministeriums" – Pastoren und Professoren – wurde Blasius am 17. März 1606 vom „Nüchtern Steven" der Gilde aufgenommen, der einmal jährlich am Freitag vor Judica zu tagen pflegte. Ein kleiner Kreis neben seinem und einigen anderen Namen im Bruderbuch der Großen Gilde besagt: *dar ein o bey steidt, de hebben midt dem Budel vmme gegan;* ein Jahr später heißt es im Protokoll zum „Nüchtern Steven": *By dem Beudell tho St. Nicolaves: Hermen Schro(der), Blassyuß thor Mollen*[20]. Vermutlich war es der Klingbeutel, den die Angehörigen der Gilden in den Kirchen herumzureichen hatten. Daß sie Funktionen der Kirchengemeinde wahrnahmen, mag noch ein Relikt der einstigen religiös-gesellschaftlichen Zweckbestimmung dieser Vereinigung gewesen sein. Hier deckten sich noch Stadtgemeinde und Kirchengemeinde.

Blasius zur Mühlen bekleidete 1618–19 das Amt eines Vorstehers oder Vormundes des Neuen Siechenhauses, das in der Ritterstraße gelegen war. In seinem Diarium schreibt der Ältermann Caspar Meuseler (Müsler), am 5. April anno 1619 seien er und der Ältermann Elert van Kampen mit den beiden Vorstehern des Neuen Siechenhauses, Blasius zur Mühlen und Hermann Wöstmann, zum Siechenhause gegangen und haben den Prediger Simon von Blanckenhagen „dergestalt bestätigt", daß er dort den Armen alle 14 Tage des Montags vorpredigen und ihnen vierteljährlich das hochwürdige Sakrament reichen und, wenn jemand von den Armen krank würde, sie stündlich besuchen und mit Gotteswort trösten solle. Blanckenhagen sei ihnen dafür dankbar gewesen und habe seinem Amt treulich vorzustehen gelobt[21]. Die Würde solcher Amtswaltung der Großen Gilde ist nicht zu übersehen. – Blasius wurde 1625 zum Mitglied der Ältestenbank der Gilde erkoren[22].

Über den Handel eines Kaufmannes dieser Zeit ein genaues Bild zu gewinnen, ist kaum möglich, wenn nicht Bücher oder Geschäftsbriefe vorliegen. Die Eintragungen in den Portorienbüchern der Stadt bilden dafür keinen vollen Ersatz. Hier wurde jedes Schiff mit seiner Ware, jeder Schiffer, jeder Abnehmer seiner Handelsgüter mit den darauf erhobenen Zöllen, den Portorien, verzeichnet. Das Gleiche geschah mit den Exporteuren und ihren Gütern[23]. Die Revaler Kaufleute besaßen in

---

20 RStA, SGA, A 28a, S. 4 u. 7.
21 Beitrr. III (1884), H. 2, S. 189f.
22 Nottbeck, Siegel, S. 57.
23 RStA, A.g.

den seltensten Fällen eigene Schiffe und kauften, was Fremde, hauptsächlich Niederländer, aber auch Lübecker und Danziger, heranführten[24]. Die Portorienbücher dieser Jahre sind dünne Hefte, die schon durch den geringen Umfang anzeigen, daß der Außenhandel sich noch immer nicht vom Kriege erholt hatte.

Trotz aller Bemühungen Schwedens, den Rußlandhandel in den Häfen am Finnischen Meerbusen, insbesondere Reval und Wiborg, zu beleben und durch Stapelrechte zu konzentrieren, gelang es nicht, den Transit nach Rußland wieder in nennenswertem Umfang dorthin zu verlegen. Die Engländer und Niederländer hatten schon lange den Weg über das Eismeer und die Severnaja Dvina nach Archangelsk eingeschlagen. Der Handel Revals diente nunmehr vor allem der Versorgung des Hinterlandes, das sich in etwa mit dem estnischsprachigen Gebiet deckte, und dem Export aus diesem Bereich. Konkurrenten waren Narva, Pernau und sogar Arensburg auf Ösel, während Riga sein eigenes größeres Hinterland hatte.

Die einzige lebenswichtige Massenware, die in Reval eingeführt wurde, war das Salz. Ebenso dringend, wie Adel und Bauern Salz zur Konservierung von Butter, Fleisch und Fischen und zum Kochen benötigten, verlangten ausländische Schiffer Getreide. Oft wurde aber die Getreideausfuhr wegen des großen Eigenbedarfes Schwedens von der Regierung verboten. Es kam vor, daß das Ausfuhrverbot auf Bitten des Adels aufgehoben wurde, wenn ausländische Salzimporteure die Abgabe ihrer Ware von Getreidelieferungen abhängig machten. Seitdem in Reval russische Transitware selten geworden war, drehte sich der Handel in der Hauptsache um diese Massengüter. An Einfuhrwaren nahmen daneben auch Tuche, Metalle und Kramwaren eine wichtige Position ein.

Unter den Einfuhrartikeln des Blasius findet man in den Portorienbüchern hauptsächlich Salz, und zwar 1617 8 Last, 1618 3 Last, 1620 20 Last, 1623 6 Last. Die angegebenen Mengen entsprechen bei einem Gesamtvolumen von 1000 bis 1500 Last Salz im Jahr rein rechnerisch dem durchschnittlichen Anteil eines Kaufmannes. Es gab aber viele Kaufleute, die überhaupt kein Salz einführten, und andere, die viel größere Mengen importierten, darunter vor allem der Nachbar des Blasius, Bugislaus Rosen (1623: 40 Last). Als Getreidelieferant der schwedi-

---

[24] Soom, Getreidehandel, S. 305 ff.

schen Krone benötigte er entsprechend große Mengen Salz für den Einkauf des Getreides beim Adel[25].

Unter den wenigen Exportgütern des Blasius finden wir kein Getreide. Anders als sein Vater, der ebenfalls Salz importiert hatte (1586), scheint er weder Roggen noch Wachs noch russisches Leder ausgeführt zu haben, sondern nur gelegentlich Leinsaat (1618 7 Lispfund), Talg (1624 2 Schiffspfund) oder Leder livländischer Herkunft (1618 2 Deker Livländ.). Dennoch weiß man aus seinem Nachlaß, daß er mit Getreide handelte. Offenbar verkaufte er es an andere Kaufleute, vor allem an seinen Nachbarn Rosen, und konnte sich damit den Transport in den Hafen sparen. Ob er es gleich bei Anlieferung durch Adelige oder Bauern an Rosen veräußerte oder in seinem Warenlager speicherte, war wohl eine Sache der Preisspekulation. Diese Vermutung wird dadurch unterstützt, daß die auf dem Boden des Blasius lagernde Gerste 1632, also lange nach Blasius' Tod, zur Deckung von Rosens Schulden verwandt werden sollte[26]. Auf dem Boden des Hauses wurde das Getreide in vier Kästen aufbewahrt, die zusammen 60 Last aufnehmen konnten[27], nach heutigem Gewicht etwa 2400 Zentner. Noch heute kann man bei vielen hochgiebeligen Revaler Bürgerhäusern Winden über den Dachluken sehen, mit denen schwere Lasten auf den Boden gehievt wurden. Blasius hatte auf dem Dachboden, „Böhne" genannt, und im Steinhaus ausreichenden Lagerraum.

Soweit wir sehen, trieb Blasius vorwiegend Binnenhandel. So kaufte er häufig bei den Schiffern „Nürnberger Kramerie", gelegentlich auch Glas in Kisten oder Stahl in Fäßchen. An Textilien wird „Göttinger" und „Walsroder" genannt, ferner Datteln und Äpfel und anderes mehr[28]. Für seinen städtischen Detailhandel besaß er eine Krambude[29], wo Bürger und Bauern ihren Bedarf deckten.

Das System des Handels mit den Bauern kannte man in Reval und Riga schon im 16. Jahrhundert. Der Kaufmann hatte unter den Bauern bestimmte Abnehmer, die er durch Kredite an sich zu binden suchte. Die so gewonnenen „Freunde" oder Söbbers (estn. sôber), waren bestrebt, weiterhin bei ihm zu kaufen und ihm Getreide zu liefern; bei

25 Rosen, Bogislaus, S. 28 u. passim.
26 Ebd., S. 330.
27 RStA, B.m. 23, S. 44.
28 RStA, A.g. 1 (1617) bis 7 (1627/28).
29 RStA, B.m. 23, S. 44.

ihrem Kreditgeber hatten sie zur Nacht ein Unterkommen. Die Verschuldung der Bauern bei städtischen Kaufleuten war in Reval gang und gäbe. Oft verwahrten diese allen möglichen Kram, vor allem bäuerlichen Schmuck und Kleidung als Pfänder, wie sie in zahlreichen Nachlässen Revaler Bürger verzeichnet sind[30].

Auch Blasius muß seine Söbbers oder Freunde unter den Bauern gehabt haben, die ihn mit Getreide belieferten. Bei seinem Tode waren die Getreidekästen auf dem Dachboden von vorne bis hinten mit Roggen und Gerste angefüllt. Von bäuerlichen Schmucksachen ist nichts bekannt, wohl aber von Bauernschulden. Blasius hatte außerdem bei Bauern Vieh auf der „Bathe" (Weide) stehen: 17 Paar Ochsen und eine nicht genannte Zahl an Kühen[31]. Die Angabe in Paaren spricht dafür, daß es Arbeitstiere waren. Ob es Handelsware der Bauern war, die Blasius als Gegenleistung erhalten hatte, oder sein eigenes Vieh vom Landgut Karkus, das zur Tilgung von Schulden der Bauern ihre Weiden abgraste, ist unbekannt. Das Gut Karkus war Stippelsches Erbe, über das Metke Boismann verfügte. Blasius scheint das Söbbersystem der Revaler Kaufleute mit der Bewirtschaftung des Gutes kombiniert zu haben.

Kurz zusammengefaßt, scheint sein System in folgendem bestanden zu haben: er kaufte bei ausländischen Schiffern, gelegentlich wohl auch von Revaler Importeuren, Salz und Bedarfsartikel, belieferte Bürger und Adelige mit Kram und edleren Waren, seine Bauern mit Kram und Salz. Diese lieferten ihm dafür Getreide, bezahlten vielleicht auch mit Vieh oder ließen als Entgelt ihre Weiden nutzen. Das Getreide, bäuerliches und eigenes aus Karkus, verkaufte Blasius wieder an städtische Exporteure oder ausländische Schiffer, das Vieh wurde von städtischen Fleischern auf dem Lande aufgekauft. Die Vermehrung des Vermögens im Laufe der zehn Jahre von 1618 bis 1628 läßt vermuten, daß die Geschäfte des Blasius im ganzen gut gingen.

3. Blasius zur Mühlens Tod und Hinterlassenschaft

Kurz vor seinem Tode soll Blasius nach eigener eidesstattlicher Vermögensangabe vor dem Rat über ein Kapital von insgesamt 16 000 Htl.

---

[30] Johansen/Mühlen, S. 149, 396ff.; Soom, Getreidehandel, S. 264.
[31] RStA, B.m. 23, S. 44.

oder 9600 Rtl. verfügt haben, nicht gerechnet, was seine Frau ihm zugebracht. Diese Behauptung, 18 Jahre später von seinem Bruder Helmold
im Streit um den Nachlaß des Blasius aus dem Gedächtnis aufgestellt[32],
ist indessen von zweifelhafter Zuverlässigkeit. Im Ratsprotokoll findet
sich nichts darüber. Auf festerer Grundlage stehen dagegen sein Testament vom 29. April 1628 und die Erbschichtung von 1634.

Eine *gefährliche und langwierige* Krankheit war für Blasius Anlaß,
sein Haus zu bestellen, *in einhelligem Consens, Wissen und Willen seiner herzlieben Hausfrau und bei guter, gesunder Vernunft.* Das Testament ist von der Hand des Bruders Helmold aufgezeichnet. Auf ihn
scheinen einige pastorale Wendungen, vor allem eine schwülstige Verfügung über seine Seele, zurückzugehen.

Die im ersten Testament in Aussicht gestellte Besserstellung der Kinder aus der ersten Ehe wird wahrgemacht durch gänzliche Aufhebung
der Erbschichtung, *da mich der Liebe Gott auch ihnen zu gute gesegnet
hat aus unverdienter Gnade.* Nunmehr sollen die Kinder aus beiden
Ehen mit der *itzigen lieben Hausfrau* gleiche Anteile alles dessen erhalten, *was mir der liebe Gott nicht allein zuvor, sondern auch in diesem
Ehestand mildiglich und gnädiglich gegeben hat.* Das Haus, dessen
Wert wie beim Kauf auf 2000 Htl. festgesetzt wird, soll die Frau bis
zu ihrem Tode oder, falls sie wieder heiratet, bis zu ihrer Hochzeit
bewohnen. Ihr Stiefsohn Simon soll ihr bei den notwendigen Geschäften behilflich sein und dafür bei freier Kost bei ihr wohnen bleiben.
Für seinen getreuen und gehorsamen Dienst soll Simon 200 Htl., eine
große silberne Kanne von 80 Lot und die große Schale von Simon von
Then erhalten. Darüber hinaus erhält er an Kleidung einen *Fuchsen-
mantel,* das beste *Florettkleid* und die beste Zobelmütze; die andere
Zobelmütze, ein Mantel aus Grobgrün, einem damals beliebten Tuch,
und ein *Fuchsenrock* werden Paul vermacht. *Solche Kleidung sollen sie
nicht zur Hoffahrt, Stolz und Übermut, sondern in guter Gesundheit
und bei glücklicher Wohlfahrt dem Herrn zu Ehren, ihrem Nächsten
zu Dienst und zu meinem Gedächtnis tragen.* Die Tochter Sophia erhält
freie Hochzeit nebst Brautschatz und jungfräulichem Geschmeide
sowie Kleidung nach Stadtgebrauch. Außerdem werden den Kindern
aus erster Ehe gemeinsam Bernhard Simons Koppel vor der Großen
Strandpforte, ein Erbteil des Schwiegersohnes des Helmich Vicke, und

---

[32] Helmold zur Mühlen an Burggericht, 1646 März 19, RStA, B.m. 23, S. 47 ff.

die kleine Braupfanne zugedacht: Unterpfand der Brauberechtigung, wie sie stets an die Töchter vererbt wurde, um den Schwiegersöhnen den Zutritt zur Brauerkompanie zu öffnen. Offenbar blieb eine große Braupfanne bei der Mutter und damit einer der Töchter aus zweiter Ehe vorbehalten.

Metke Boismann soll alles Silber erhalten, was sie einmal geerbt und in die Ehe eingebracht, und alles, was Blasius ihr als Brautschatz geschenkt und andere den beiden zur Hochzeit verehrt haben. Ausgenommen wird ein silbernes Stof, das Helmold ihnen gegeben, und eine kleine silberne Kanne von 54 Lot: dies sollen die Kinder erster Ehe erhalten. Von einigen Silbersachen, die in der ersten Erbschichtung erwähnt sind, vor allem silbernen Spangen und Knöpfen, ist nicht die Rede. Unerwähnt bleibt auch, was die Kinder aus zweiter Ehe erhalten sollen. Wahrscheinlich gelten sie als spätere Erben der Mutter in dieser Hinsicht bereits als abgefunden. Die Gleichheit aller soll sich offensichtlich nur auf das Geld und auf das Haus beziehen, zu dem bemerkt wird, daß es später einmal seinen männlichen Erben gehören soll.

Entsprechend dem Brauch der Zeit und dem lübischen Recht bestimmte Blasius für Wege und Stege 20 Htl., den Hausarmen vermachte er 30 Htl. und den beiden Kirchen St. Nikolai und St. Olai je 100 Htl. Darüber hinaus stiftete er der St. Nikolaikirche eine Messingkrone, die über seinem Grabe in der Kirche hängen und von den Erben mit Wachslichten versehen werden sollte: für die Erben eine sehr lästige Verfügung, wie wir noch sehen werden.

Die Unterschrift und die ihr vorangehenden Zeilen von Blasius' Hand lassen nicht erkennen, daß er schwer krank war. Seine Lebenskraft fühlte er mehr und mehr schwinden. Am 7. Juni mußte er sich mehreren Befragungen aussetzen, die im Ratsprotokoll[33] festgehalten sind. Es ging um eine von Blasius vor einiger Zeit geordnete Stippelsche Hinterlassenschaft, aus der für den Ratsherrn Johann Thier (später von Thieren) eine hübsche Summe – 476 Rtl. und 176 Htl. – heraussprang[34]. Das Geld mußte erst durch den Verkauf des Stippelschen Hauses flüssig gemacht werden. Zunächst erschien der Ratssekretär Bernhard zur Bech, doch brachte er nichts heraus. Am gleichen Tage begab sich auf Anordnung des präsidierenden Bürgermeisters der Ratsherr Thier in

---

33 RStA, RPr. 1628 Juni 7.
34 RStA, RPr. 1628 Febr. 23.

Begleitung des Sekretärs *zu Blasio zur Mühlen in seine Behausung, und demselben, auf seinem Siegbette liegend, in Kegenwartt Hern Helmoldi Zur Mühlen und des Eltermans Caspar Goldbergen angeworben,* daß er, Thier, mit dem Gelde aus der Stippelschen Erbschaft *nachständig* sei; obwohl Blasius versprochen hätte, die Zahlung nach der Verhandlung in 14 Tagen zu leisten, sei er bisher 14 Wochen aufgehalten worden. Er schlage daher vor, daß Blasius dazu einen guten Freund bevollmächtigen wolle, der für ihn die Gelder zählen möchte. Das Ratsprotokoll fährt fort: *Darauf Blasius geantwortet, daß ihm zwar sehr befrembde, daß Her Johan Thier ihn in seiner hohen schwacheit mit solchen Dingen bemühete, da er sich nun sehr mit seinem lieben Gott bekümmertt, und Herr Thier seines Anstandes genuchsamb gesichert wehre;* er hätte nicht nötig, weitere Vollmachten zu erteilen, *alldiweill Herrn Thiren Anfurderungen bereits einmal liquidiret und zu einer richtigen Summen auf der gepflogenen Unterhandlung berechnet,* wobei er bleiben wolle. Damit aber Herr Thier sich keines Dinges zu beschweren hätte, wolle er in seiner Krankheit solches den Vormündern seiner Stiefkinder Stippel zur Feststellung zugeschoben haben. Die Gelder, die er, Blasius, für Stippels Haus zu geben versprochen, wären bereit, sobald nur die Verlassung – die Grundbucheintragung – geschehen.

Noch ein drittes Mal wurde der Todgeweihte belästigt, wobei der Sekretär zur Bech ihn in Gegenwart Helmolds und Goldbergs über den Verkauf eines Gartens, der ebenfalls zur Stippelschen Hinterlassenschaft gehörte, an Heinrich Kniper befragte.

In weniger als drei Wochen nach dieser Befragung war das Leben des Blasius erloschen. Am 30. Juni 1628 wurde er zu St. Nikolai begraben. Sein Grabstein zeigt in der Mitte einen Kreis, darin sein Wappen und die Hausmarken der beiden Frauen. Den Stein hatte Blasius 1624 gekauft. Er ist bis in unsere Tage erhalten geblieben, nur an den beiden Enden bei der Renovierung der Kirche im 19. Jahrhundert verkürzt worden[35]. Eine andere von ihm verfügte Schenkung seiner Erben zu seinem Gedächtnis hat dagegen die Jahrhunderte nicht überdauert. Bezeugt ist sie lediglich durch eine Eintragung des Kirchenvorstehers im Denkelbuch der St. Nikolaikirche vom Jahre 1634[36]:

---

[35] Nottbeck/Neumann II, S. 164. – Vgl. Abb. 2 auf S. 95.
[36] RStA, St. Nikolai-Kirchenarchiv, Denkelbuch (nach FG I).

Abb. 2:
Mittelfeld aus dem Grabstein des Blasius zur Mühlen († 1628) in der St. Nikolaikirche (nach Nottbeck/Neumann). Unter dem Wappen des Blasius die Hausmarken seiner beiden Frauen: Gertrud Kniper und Metke Boismann. Die Umschrift
lautete ursprünglich: DISSE STEN VND STETTE GEHORET BLASIVS ZVR
MVHLEN VND SEINEN ERBEN.

„Vertestamentiert hat er auch ein Licht mit neuen Fenstern zu beglasen in gemeldte Kirche von seinen Erben abzufordern verehret, welche Zusage die Witwe Medke Boismann nebst den Erben auf mein bittliches Ansuchen in dato auf ihre Unkosten mit etliche gemalte Fenster (erfüllt hat), darein (sie) auch des sel. Blasii zur Mühlen und seiner beiden Frauen Wappen und Namen (hat) setzen lassen. Der Vielbarmherzige Gott wolle diese Verehrung dessen seligen (des Blasius) Erben gedoppelt wieder vergelten.
Verzeichnis der 3 Namen, wie dieselbe in dem Fenster stehet: „Sel Gertrut Kniper, Blasius zur Mühlen, Metke Boismann".“

Die Schenkung ist im Testament des Blasius nicht enthalten und von der dort erwähnten, von den Erben zu stiftenden Messingkrone zu unterscheiden. Zu dieser hat der Kirchenvorsteher an der gleichen Stelle eingetragen:

„Um die Messingkrone hat die Kirche noch zu sprechen, weil bis dato nicht geliefert.“

Auf erneute Mahnung versprechen die Erben Simon, Paul und Hermann, der väterlichen Verfügung nachzukommen (1654). Es scheint beim Versprechen geblieben zu sein, in den Inventarlisten der Kirche ist unter den Kron- und Wandleuchtern kein von Blasius zur Mühlen gestifteter verzeichnet[37].

Als Blasius gestorben war, blieb Metke Boismann mit ihren drei kleinen Kindern und den Stiefkindern Sophia und Simon zurück. 1632 heiratete Simon Bela Luhr, die Tochter des Bürgermeisters Thomas Luhr, mit dem Blasius befreundet war. Paul wird als Junge zu seinem Lehrherrn gezogen sein, während die Stippelschen Söhne vermutlich volljährig waren und ihrer Wege gingen.

4. Die Theologen Helmold zur Mühlen und Heinrich Stahl

Als Helmold zur Mühlen 1614 sein Studium beendet hatte und als Magister der Philosophie[38] aus Rostock nach Reval zurückkehrte,

---

37 FG I.
38 Zu den Lebensdaten Helmolds, seinem Schul- und Kirchendienst s. Paukker, Geistlichkeit; nach Böthführ, Livländer, findet sich Helmboltus zur Mühlen Revaliensis Livonus 1614 im Album Ordinis Philosophorum der Universität Rostock. Ob er neben dem Theologiestudium auch ein Philosophiestudium absolvierte oder nur seine Magisterwürde dort erwarb, bleibt offen.

erhielt er die Stelle eines Schulcollega an der städtischen Schule. Bald darauf heiratete er die Witwe des am 11. Juni 1614 verstorbenen Pastors an St. Nikolai Franciscus Illyricus, Anna Wies, wahrscheinlich eine Tochter des Revaler Bürgers Jacob Wyß. 1616 wurde er, wie es bei Pastoren und anderen „Literaten" üblich war, Bruder der Großen Gilde.

Der Ehe entsproß eine Tochter Dorothea, die mit ihrer Halbschwester Gertrud aufwuchs und 1642 den Kaufmann, späteren Ältesten der Großen Gilde, Heinrich Römer (†1670) heiratete. Sie starb 1680[39].

1621 kaufte Helmold zur Mühlen vom Bürger zu Riga Jacob Wies, wohl einem Bruder oder Vetter seiner Frau, ein „Haus und Erbe" in der Königstraße nebst einem Garten vor der Karripforte und einem Holzraum. Der Wert des Hauses ist nicht angegeben; es war mit zwei Hypotheken belastet, und zwar 200 m. zu Gunsten des St. Johannis-Spitals und 100 m. zu Gunsten des Gemeinen Kastens (Hauptkasse) zu St. Nikolai[40].

In die Revaler Zeit Helmolds fallen Gustav Adolfs Reformen des Schul- und Kirchenwesens. Als der König 1626 in Reval weilte, setzte er eine Kommission zur Verbesserung der Schulverhältnisse ein. Auf ihre Empfehlung wurde 1630 zwischen Bürgerschaft und Ritterschaft ein Vertrag geschlossen, demzufolge alle Gebäude des früheren St. Michaelisklosters für ein Gymnasium, das Söhne des Adels und der Bürger aufnehmen sollte, und für Lehrerwohnungen bereitgestellt wurden. Für die bisher dort untergebrachte Mädchenschule wurde das Hl. Geist-Siechenhaus ausgebaut[41].

Gegenüber der Stadtschule hatte das Gymnasium ein weit umfangreicheres Programm: es galt als Gelehrtenschule. Ob Gustav Adolfs Bemühungen um die Hebung des Schulwesens im Lande und speziell in Reval auch die Verhältnisse in der städtischen Schule berührten, ist nicht bekannt. Für die Revaler Bürgersöhne blieb sie auch weiterhin die wichtigste Erziehungsanstalt. In Nachlässen[42] von Revaler Kauf-

---

[39] Helmolds Enkeltochter Dorothea Römer heiratete Mag. Casparus Cöster oder Köster, Pastor zu Haggers. Ihre Tochter Euphemia (oder Euphrosine?) ehelichte den Chronisten Kelch als seine zweite Frau (1696). Vgl. Adelheim, Ahnentafeln.
[40] RStA, A.a. 35b, S. 278a.
[41] Nottbeck/Neumann I, S. 180; Nottbeck, Immobilienbesitz, S. 59.
[42] Vgl. Mühlen, Besitz, S. 279.

leuten und sogar Handwerkern findet sich im 17. Jahrhundert so manches Exemplar des lateinischen Lehrbuches Donat neben lateinischen Schriftstellern.

1632 wurde Helmold zur Mühlen Konrektor der städtischen Schule, jedoch für nur zwei Jahre. Im Herbst 1634 erhielt er einen Ruf als Pastor nach Goldenbeck in der Wiek.

Neben der Schultätigkeit hatte Helmold seit 1626 auch die Pflichten eines Organisten an der St. Olaikirche wahrzunehmen. Welche Ausbildung er dazu hatte, ist nicht überliefert. Jedenfalls mußte er einiges von Musik verstehen. Als der Musikant Hinrich Luettkens 1628 um Bestallung nachsuchte und ein Zeugnis mit Siegel und Unterschrift des Fürsten Joachim Ernst, Erben von Norwegen und Herzog von Holstein vorlegte, beschloß der Rat folgenden Abschied[43]: *Man soll ihn durch H(errn) M(agistrum) Helmoldum auf der Orgell, mit der Zincken und Violen probiren, und da er richtig und fertig befunden, durch die Kämerherren angenommen werden.*

Helmold sollte also prüfen, ob das Zeugnis, das der Herzog von Holstein ausgestellt hatte, für die Anstellung in Reval ausreichte.

Mit den kirchlichen Verhältnissen war es seit den kriegerischen Ereignissen des 16. Jahrhunderts schlecht bestellt[44]. Eine Reform schien dringend geboten, doch die Bemühungen Gustaf Adolfs führten zu schweren Konflikten. Mit der Visitation des estländischen Kirchenwesens wurde der Bischof von Västerås, Johann Rudbeckius, betraut. Er unterrichtete sich 1627 persönlich vom Zustand der Gemeinden und der Beschaffenheit der Geistlichkeit, empfahl eine Kirchenordnung und setzte Sprengelpröpste ein, aus denen er ein vorläufiges Landeskonsistorium bildete. Dabei kam es zum Konflikt zwischen dem Bischof und der Ritterschaft, hauptsächlich wegen der Verletzung des Patronatsrechts des Adels und wegen der unterschiedlichen Beurteilung der Ursachen der katastrophalen Lage der Kirche.

An den schlimmen Zuständen im Kirchenwesen änderte sich infolge dieses Widerspruches nicht viel. Der 1638 in sein Amt eingeführte neue Bischof Joachim Ihering unternahm seinerseits eine Visitationsreise, stieß hierbei ebenfalls auf den Widerstand des Adels, der Landpastoren und – wegen der Inspektion des Gymnasiums – auch der Stadt Reval.

---

[43] RStA, A.b. 44, Bl. 415.
[44] A. Westrén-Doll, S. 86ff.

Ehe Ihering nach Schweden zurückkehrte, um sich dort beim Reichstag zu beschweren, ordnete er die Erneuerung des Konsistoriums an, das aus „ordinären" und „extraordinären" Mitgliedern bestand. Zu diesen zählten die Pröpste des Landes. 1639 gehörten zum estländischen Konsistorium, das nicht mit dem städtischen Konsistorium zu verwechseln ist, als Assessor primarius Heinrich Stahl, Dompastor und Propst, als weitere Assessoren Helmold zur Mühlen, Pastor zu Goldenbeck und Propst der Wiek (seit 1638), Johannes Eläi, Pastor zu St. Petri in Jerwen, und Peter Turdinus, schwedischer Prediger am Dom. Aber die Zusammensetzung des Konsistoriums blieb nicht lange so erhalten. 1641 wurde Stahl Superintendent für Ingermanland mit dem Sitz in Narva. Helmold zur Mühlen wurde Anfang 1642 an die St. Michaeliskirche zu Kegel (westlich von Reval) vociert und zum Propst von Harrien ernannt. In der Wiek gab es fortan wieder getrennte Propstbezirke Land-Wiek und Strand-Wiek. Über das Konsistorium fehlen weitere Nachrichten.

Spätestens in die Goldenbecker Zeit Helmolds fiel seine Zusammenarbeit mit Magister Heinrich Stahl, seinem um vieles jüngeren Neffen. Heinrich Stahl[45], Sohn des Ältermannes Hinrich Stahl und der Margaretha zur Mühlen, Helmolds Schwester, wurde vermutlich kurz vor der Jahrhundertwende geboren. Er bezog 1617 die Universität Rostock, um Theologie zu studieren, ging 1621 mit einem Stipendium der Stadt Reval, das 50 Taler betrug, nach Wittenberg, wo er mit einer Arbeit über die Frage, ob die Moscoviter Christen zu nennen seien, den Magistergrad erwarb (Ende 1622 oder Anfang 1623), kehrte von da nach Rostock zurück (25. März 1623) und ließ sich anschließend noch in Greifswald immatrikulieren. – Schon im gleichen Jahr taucht er wieder in der Heimat auf und wird Pastor zu St. Petri, zugleich zu St. Matthäi, beides im Kreis Jerwen. Noch nicht 30 Jahre alt, wird er 1627 Propst für Jerwen. Sechs Jahre später wechselt er seinen Platz mit St. Katharinen in Wierland und wird zugleich Propst von Wierland. Der nächste Ortswechsel führt ihn 1638 nach Reval, wo er Oberpastor am Dom und Assessor des Konsistoriums wird.

Auf seine Zeitgenossen muß der junge Heinrich Stahl einen sehr starken Eindruck gemacht haben, und zwar als eine Persönlichkeit, die ihn

---

[45] Zu Heinrich Stahl s. Paucker, Geistlichkeit; Weiss, Beiträge.

in so jungen Jahren schon für höhere Kirchenämter geeignet erscheinen
ließ, wie auch als Theologe und Seelsorger estnischer Gemeinden. Er
machte sich einen Namen durch sein für die Pfarrer geschriebenes
„Hand- und Haußbuch für das Fürstenthumb Ehsten in Liffland" und
durch seine „Anführung zu der Esthnischen Sprach, Auff Wohlgemein-
ten Rath und Bittliches Ersuchen publiciret". Schon 1630 war seine
Schrift „Kurtze und einfältige Fragen, die Grundstücke des Christen-
tums betreffend" in estnischer Sprache erschienen, die heute als verloren gilt. Das Hand- und Hausbuch, dessen erster Teil 1632 in Riga,
die Teile 2 bis 4 1637 und 1638 in Reval erschienen, enthält den Kate-
chismus, ein Gesangbuch, Evangelien und Episteln sowie die Psalmen
Davids, Gebete, Predigttexte usw., alles zweispaltig auf Deutsch und
Estnisch nebeneinander gedruckt. Stahls Verdienste auf sprachlichem
Gebiet wurden zu seiner Zeit überaus hoch geschätzt, doch gilt seine
Leistung heute als sehr umstritten, da er in seinen Schriften die estnische
Sprache der deutschen Grammatik anzupassen bestrebt war. Er vertrat
die Ansicht, daß die Bauern keine richtige Sprache zustandebrächten.
Es kam schon zu seiner Zeit zu heftigen Auseinandersetzungen, wobei
Stahl die livländischen Pastoren gegen sich hatte. Anklang und Unterstützung fand er im Norden des Landes und bei der schwedischen
Regierung[46]. Die treibende Kraft waren der Gouverneur Philipp Schei-
ding und die Stadt Reval. In der Vorrede zum dritten Teil seines Hand-
und Hausbuches spricht Stahl beiden seinen Dank aus und bezieht ihn
auch auf die Unterstützung, die ihm bei seinem Studium zuteil geworden. Unter den Namen der Wohltäter finden sich sein Oheim, der weiland Blasius zur Mühlen, Ältester der Großen Gilde, und sein in Gott
ruhender Vater, der Großen Gilde wohlverdienter Ältermann.

Stahl war nicht alleiniger Autor seines Hand- und Hausbuches, sondern hatte eine ganze Reihe von Mitarbeitern, unter ihnen auch Helmold zur Mühlen. Man weiß, daß die Übersetzung des Neuen Testa-
mentes ins Estnische dergestalt zustande kam, daß die estländischen
Pastoren verpflichtet wurden, einzelne Abschnitte zu übertragen, die
dann von einer Revisionskommission wie ein Mosaik zusammengesetzt
wurden. Ähnlich scheint Stahl bei der Zusammenstellung des Gesangbuches vorgegangen zu sein. Von 142 Chorälen sind 40 mit den Namen
der Übersetzer, insgesamt neun Pastoren versehen. Helmold zur Mühlen steuerte 13 Übersetzungen bei. Die unsignierten Übersetzungen

---

[46] Westrén-Doll, S. 107 ff.

stammen zum Teil wahrscheinlich von Stahl selbst, doch wird er auch estnische Liedertexte von Pastor Georg Müller übernommen haben, dessen Manuskripte nach seinem Tode (1608) über Stahls Frau, Dorothea Eckholt, eine Verwandte von Müller, in Stahls Hände gekommen sein sollen[47].

Müller hatte in seinen Predigten seine Gemeinde zum Hl. Geist in Reval ermahnt, die Lieder so zu singen, wie sie im Chor gesungen werden und wie sie im Buche stehen, also auf Deutsch, und nicht nach dem falschen und sinnlosen Text, wie die Bettler auf den Straßen singen, denen die Gemeinde nachblöke wie die Schafe[48]. Doch die estnischen Liedtexte, auch die von Helmold zur Mühlen übersetzten, konnten die Esten unmöglich singen, weil sie weder Reim noch Versmaß hatten. Sie waren keine Umdichtungen, sondern nur wortgetreue Wiedergabe im Estnischen, Zeile für Zeile. Die Übersetzungen dienten also nur dazu, die deutschen Texte verständlich zu machen, im Sinne Georg Müllers.

Das Gesangbuch stellte also keine überwältigende Leistung der Pastorenschaft dar, doch muß sie im Zusammenhang mit den kläglichen Zuständen der Kirche und dem Mangel an Pastoren gesehen werden, die in der Lage waren, estnisch zu predigen. Dieser Mangel hielt schon seit dem livländischen Kriege an.

Erst 1645 beauftragte der Bischof eine Kommission mit der Herstellung eines Gesangbuches mit gereimten Liedern, doch gehört dies nicht mehr in den Zusammenhang der Tätigkeit Stahls und seiner Mitarbeiter.

Über die Amtsführung Helmolds zur Mühlen in seinen Kirchspielen ist nichts bekannt. Sein Nachfolger in Kegel, Magister Morian, erwähnt nur, daß ihm das Prädikat eines „trew-fleißigen Seelenhirten" nicht entzogen worden sei. Doch hatte er einen besonderen Grund, diese Tatsache als Widerspruch zu den Verhältnissen zu betonen, die er bei seinem Amtsantritt vorfand. Morian beschreibt die Zustände dort wie folgt[49]:

„Ao. 1650 den 13. February bin Ich M. Eberhardus Morjan auff vorhergehende Vocation im Nahmen der heylig hochgelobten und unzertrenlichen Dreyfaltigkeit in das Kegelsche Pastoraht gezogen, aber schlechte Gelegenheit vor mir gefunden, indem die Wohnstube auff der einen seiten, wie einem jedweden

---

[47] Treumann, S. 42.
[48] Johansen/Mühlen, S. 355.
[49] Archiv IV, S. 333.

bewust, gantz abgedecket, die Scheune oder Riehe gantz eingerissen, und das
Stroh weggeführet, die Viehstallungen eingefallen und gantz verdorben, die Kleed
und Pferdestall abgedecket, die Stallungen verbrandt, die Badtstube und kleine
Herberge mit dem Viehe, weilen dieselbe darin gestallet, verdorben, in der Stu-
dierstuben Schweine gehalten, die Zäune gantz und gar niedergehawen und verbrandt, und von dem Pastorat biß an den Strom nicht 1 Faden Zaun vor mir gefunden. In Summa auß der rechten Wohnstuben habe Ich mit meinem Gesinde laßen
ausführen (welcheß fast unmöglich zu glauben) 40 halbe tonnen Mist. Hat also
mein Antecessor Seel. das Pastorath ärger bewohnet, alß wann der Feindt im
Lande gewehsen."

An anderer Stelle werden diese Zustände mit dem Namen des Vor-
gängers, ein „Herr M. Helmoldus Zur Muehlen", verbunden, dem –
auch bei „40 Tonnen Mist in dem Wohnzimmer" – das Prädikat eines
„trew-fleißigen Seelenhirten" nicht entzogen worden sei. Schon wenige
Wochen nach seiner Vocation hatte der ehemalige Feldprediger mit
eigenem Pferde nicht unbedeutende Strecken Zaunes wieder errichtet.
Kaum glaublich ist allerdings, daß sein Vorgänger, selbst bei Unterstel-
lung größter Lotterwirtschaft, die von ihm selbst genutzten Räume wie
Wohnstube und Studierzimmer in einem solchen Zustande verlassen
haben könnte. Eher ist anzunehmen, daß die Abwesenheit des Pastors
zu diesen Verhältnissen geführt hatte. Kegel war bei der Errichtung des
Konsistoriums zur Präbende des Bischofs bestimmt worden, die wirt-
schaftlich funktionieren mußte. Es mußte also auch in der Abwesenheit
des Pastors jemand für die Wirtschaft verantwortlich sein, doch ist
davon in der Kirchenbucheintragung Morians nicht die Rede. Das
Pastorat war nach dem Tode Helmolds über ein Jahr lang vakant.

Helmold zur Mühlen wurde am 11. Januar 1649 in Reval zu St. Nikolai begraben, „allhier mit allen Glocken beläutet". Im St. Olai-Kirchen-
buch heißt es zum Tode Helmolds[50]:

„Weil er aber vor Diesem in der grossen Schule Conrektor gewesen und der
Kirchen zu St. Olai etliche Jahre der Orgel aufgewartet, so haben ihm die Herrn
Vorsteher Alles frei gegeben."

5. Die Erbschichtung von 1634 und ihre Folgen

Als Vormund der Kinder seines Bruders Blasius bemühte sich Helmold zur Mühlen um gewissenhafte Pflichterfüllung. Dank trug sie ihm
nicht ein.

---

[50] RStA, St. Olai-Kirchenarchiv (nach FG I).

Sechs Jahre nach Blasius' Tod gab es erneut ein Familienereignis von einschneidender Bedeutung. Am 17. November 1634 vermählte sich die Witwe mit Thomas Luhr, dessen erste Frau, Margaretha Lanting, 1633 gestorben war. Dem Testament zufolge mußte Metke das Haus räumen. Sie überließ es ihrem Stiefsohn Simon und nahm ihre Kinder und die Stieftochter Sophia mit. Ihr drittes Eheglück währte nur wenig mehr als drei Jahre. Am 18. Januar 1638 wurde sie an der Seite der ersten Frau des Thomas Luhr in der Antoniuskapelle bei der St. Nikolaikirche begraben. Den Grabstein ziert nicht, wie den Stein des Blasius, die Boismannsche Hausmarke, sondern das Wappen – neben denen der Luhr und Lanting[51].

Im September 1636 vermählte sich Paul mit der Tochter des Ratsherrn Johann Thier, und nicht viel später heiratete seine Schwester Sophia den aus Lübeck eingewanderten Hinrich Fonne. In ihm erhielt Paul einen eifrigen Mitstreiter in seinen Bemühungen, gegen vermeintliche Übervorteilung durch seine Vormünder gerichtlich anzugehen.

Am 23. Oktober 1634, kurz vor Metke Boismanns Wiedervermählung, kam es in ihrem Hause zu einer Erbschichtung[52]. Zugegen waren Ratsherr Dierich Korbmacher und Bürgermeister Thomas Luhr, Magister Helmold zur Mühlen und die Erben Simon und Paul. Das Vermögen, das aufgeteilt werden mußte, bestand aus dem Hause in der Lehmstraße im Werte von 2000 Htl., umgerechnet 1143 Rtl., vorausbezahlten Anteilen der Erben und verschiedenen Ausständen. Es belief sich insgesamt auf 2633½ Rtl. Daraus ergaben sich für die Witwe und die sechs Kinder des Blasius aus beiden Ehen Anteile von rd. 376 Rtl., die mit Vorauszahlungen, Schulden usw. verrechnet wurden. So erhielt jeder der Erben mehr, als Blasius 1618 in seiner ersten testamentarischen Verfügung den drei Kindern aus erster Ehe gemeinsam zugesprochen hatte (600 Htl. oder 343 Rtl.). Sein Vermögen hatte sich in zehn Jahren fast auf das Achtfache vermehrt.

Bei der gleichen Gelegenheit wurde auch das Vermögen der Witwe Boismann unter ihren Kindern aus zwei Ehen geteilt, obwohl keiner der Stippel-Söhne anwesend war. Aus dem Erbteil der „alten Boismannschen", Metkes Mutter Wendula Hudde, die nicht mehr am Leben war, erhielten Hans und Hermann Stippel zusammen 600 Rtl.

---

[51] RR III, 332; Nottbeck/Neumann II, S. 168 Abb. 128.
[52] Erbschichtung und Erbstreit gegen Thomas Luhr und Helmold zur Mühlen RStA, B.m. 23 und Rstr. 60.

nebst Hausrat und Silber. Der gleiche Betrag wurde Anna und Hermann zur Mühlen zugesprochen, während die Tochter Metke *wegen
ihrer Schwachheit* 400 Rtl. nebst freier Kost erhalten sollte. Diese 1000
Rtl. für die drei Kinder zur Mühlen sollten bis zu ihrer Volljährigkeit
und bis zur Aussteuerung der Stieftochter Sophia rentefrei der Mutter
zur Verfügung stehen. Die Stippels erhielten außerdem ihr väterliches
Erbgut: ein Haus in der Stadt und das Landgut Karkus.

	Blasius zur Mühlens Vermögen 1143 Rtl. + 1490 Rtl.	von der „alten Boismannschen": 1600 Rtl., Hausr., Silber	Stippelsches Erbgut: 1 Stadthaus, Landgut Karkus	Σ
Simon zur Mühlen	rd. 376 Rtl.	–	–	376 Rtl.
Paul zur Mühlen	rd. 376 Rtl.	–	–	376 Rtl.
Sophia zur Mühlen	rd. 376 Rtl.	–	–	376 Rtl.
Metke Boismann	rd. 376 Rtl.	–	–	376 Rtl.
Anna zur Mühlen	rd. 376 Rtl.	300 Rtl.	–	676 Rtl.
Metke zur Mühlen	rd. 376 Rtl.	400 Rtl. + Kost	–	776 Rtl.
Herm. zur Mühlen	rd. 376 Rtl.	300 Rtl.	–	676 Rtl.
Herm. Stippel	–	300 Rtl.	} Stadthaus	300 Rtl.
Hans Stippel	–	300 Rtl.	u. Landgut	300 Rtl.

So schien also alles geregelt. Nur die Betroffenen selbst waren nicht
zufrieden. Vor allem Paul fühlte sich benachteiligt.

Die Eintreibung der Ausstände, die alle auf sein Erbteil angerechnet
wurden, war noch das geringste Problem. Es bestand darin, daß einer
der Schuldner, Urban Dehn, behauptete, von Blasius 100 Rtl. rentefrei
geliehen zu haben, was von Helmold bestritten wurde. Er könne es
bezeugen, hatte er aus Goldenbeck an den Gerichtsvogt Thieren
geschrieben, daß sein Bruder das Darlehen nicht rentefrei vergeben
habe, und es sei auch nicht üblich, unmündiger Kinder Geld zu verleihen, ohne daß es etwas einbringen solle, wie ja auch der Kaufmann seinen Gewinn suche. Bei der Erbschichtung scheint diese Frage noch
offen gewesen zu sein, doch bildete sie in der Folge keinen Streitpunkt.

Mehr Aufregung verursachte, daß die Vormünder verdächtigt wurden, nicht alle Vermögenswerte des Vaters berücksichtigt zu haben.
Zuerst ging Paul allein gegen Luhr vor, kam aber nicht zum Ziel. Dann
verband er sich mit seinem Schwager Hinrich Fonne. Der Rat bemühte
sich um eine gütliche Einigung und setzte eine Kommission ein, zu der
Bürgermeister Wangersen und Ratsherr Stampehl gehörten. Getagt

wurde in der Großen Gilde, wo Fonne dem Bürgermeister Luhr vor-
warf, daß er als Vormund den Kindern des Blasius, eines wohlhabenden
Mannes, *fast wenig oder nichts* habe zukommen lassen. Luhr protestierte dagegen: er sei nicht Vormund gewesen und daher nicht verantwortlich. Da die Kommission in wiederholten Sitzungen keine Einigung herbeiführen konnte, erhoben die Erben Klage beim Rat. Doch
zuvor holten sie Verstärkung und verbanden sich mit ihrem Miterben
Simon. Im Revaler Stadtarchiv ist ein Dokument erhalten, in dem die
Erben des seligen Blasius zur Mühlen bekennen, daß sie sich *untereinander vereiniget, verknüpfet und verbunden* haben, um den Nachlaß
des seligen Vaters von den Vormündern und der seligen Stiefmutter in
der Güte oder mit Hilfe des Rates zu fordern, und daß ein jeder alles,
was er erfährt und was der Sache dienlich, mitteilen werde; an Eides
statt erklären sie, im Leiden festzustehen und aneinander zu halten und
alle für einen und einer für alle stehen zu wollen. *Daß Solcheß in der
Warheit vnd in der dat muge fest von vnß gehalten werden, Haben
dieß untergeschrieben, Datum Revall Anno 1639, d. 6. May: Hinrich
Fonne, Mein Egen Handt; Simon thor mohlen, Mein Egen Handt; Paul
Zur Muhlen, Mein Egen Handt.*
 Mit diesem Rütlischwur wird ein Prozeß eingeleitet, in dem Paul zur
Mühlen und Sophias Mann Hinrich Fonne, ungeachtet der Zurückhal-
tung Simons, fast ein Jahrzehnt lang bis zum Tode der Vormünder ver-
bissen ihr Recht fordern; ein Prozeß, in dem Helmold zur Mühlen,
obwohl er anfangs nur als Zeuge der Kläger gegen Thomas Luhr mit-
wirkt, auf der Strecke bleibt, weil er, der pflichtbewußte Vormund, mit
seinen pastoralen Gewissensappellen hilflos dem in juristischen Forma-
lien bewanderten Bürgermeister ausgeliefert ist. Und dennoch gehen
die Erben schließlich leer aus.
 Ihnen geht es um eine neue Erbteilung. Sie bereiten sich gründlich
vor: erst 18 Monate nach ihrem feierlichen Bündnis legen sie dem Rat
ein umfassendes Schreiben vor (17. November 1640), in dem sie dar-
legen, warum der Kontrakt von 1634 nicht eingehalten werden dürfe:
1. Paul sei damals noch nicht volljährig gewesen. Sein Onkel und Vormund Helmold soll ihn wie einen Jungen behandelt und mit Schlägen bedroht haben; auch Jürgen Luhr, ein Sohn des Bürgermeisters,
   soll harte Drohworte an ihn gerichtet haben.
2. Die Vollmacht der Unterzeichner wird angezweifelt, man müsse fragen, ob der Kontrakt von Vormündern oder von Fremden gemacht
   sei.

3. Der Kontrakt sei kurz vor der Hochzeit des Thomas Luhr mit der
   Stiefmutter gemacht worden, woraus man entnehmen könne, daß
   er ihn nicht für die Erben, sondern für sich selbst gemacht habe.
4. Die Erben wollen über die große Summe Geldes informiert werden,
   die die Mutter dem Vater zugebracht, aber bei der Erbschichtung
   an sich genommen habe.
5. Der Kontrakt könne nicht als endgültige Entscheidung über Patri-
   und Matrimonium betrachtet werden. Derartiges könne nur auf die
   Regelung der Stippelschen Erbschaft bezogen werden.
6. Der Kontrakt sei heimlich, ohne Wissen der Erben, in das Ratsbuch
   gekommen. Nicht einmal der Ratssekretär hätte davon gewußt.
7. Die einzelnen Vermögenswerte, insbesondere der des Hauses, die
   dem Kontrakt zugrunde gelegt worden, werden als widersprüchlich
   und falsch bezeichnet.

In einem weiteren Schreiben wird auf Einzelheiten eingegangen.
Dabei geht es um den Verbleib der Bücher und Schriften des Vaters,
um 50 oder 60 Last Kornes, das der Vater auf dem Boden des Hauses
hinterlassen, um den Verbleib der Krambude, gemeint ist wohl ihr
Inhalt, um die Bauernschuld, für die Bürgermeister Luhr inzwischen
große Mengen Korn von den Bauern erhalten habe. Ferner wird auf
etliche Hundert Lot Silber verwiesen, über die im früheren Testament
verfügt worden sei, wovon die Erben nichts bekommen. Vermißt werden auch 30 oder 40 Schiffspfund – mehr als drei Zentner – Hanf und
Flachs, ein Stapel Kupferkessel, die große Braupfanne, die Bürgermeister Luhr sich ohne Recht zusammen mit großen und kleinen Kupfer-
und Messingkesseln für den eigenen Gebrauch angemaßt, desgleichen
sieben große Messingbecken, *Kron Taffel Krenße* (Tafelkronleuchter)
und anderes Hausgerät. Auch fehlen schöne flämische Decken, flämische *Becklaken* (Tuch) und aufgeschichtete (*vp stande*) Kissen. Schließlich haben die Erben von den 17 Paar Ochsen und den Kühen, die der
selige Vater *bey die Bauren auff der Bathe* gehabt, *nicht ein Haar
bekommen*.

Den Verlauf des Prozesses brauchen wir nicht in allen Einzelheiten
zu verfolgen. Von größerem Interesse sind die Argumente und die Haltung der Beteiligten.

Es stellte sich heraus, daß das Testament vom Rat gar nicht bestätigt
worden war. Nach geltendem Recht mußte ein schriftliches Testament
von zwei Ratsherren in den Rat eingebracht und von diesem ausdrücklich anerkannt werden; binnen Jahr und Tag konnten die Erben es

anfechten[53]. Bürgermeister Luhr bestritt jede Schuld an der fehlenden Testamentsbestätigung und lehnte auch die Verantwortung für die Erbschichtung mit der Begründung ab, er sei nicht Vormund gewesen; er verharrte bis zum Ende auf diesem Standpunkt. Über Paul sagt er, er sei damals *kein Kindl oder Junge,* welchen man mit Drohworten zwingen könne, sondern majorenn und Bräutigam gewesen.

Helmold zur Mühlen gibt in einem Schreiben aus Kegel zu, daß es billig und recht sei, daß das Testament seines Bruders hätte bestätigt werden müssen, er habe aber nicht gewußt, wie viel davon abhänge. Zur Frage der Vormundschaft schreibt er einige Tage später, der hochweise Herr Bürgermeister werde vor Gott dem Allerhöchsten, der in das Verborgene sieht, mit Wahrheit bekennen müssen, daß der gottselige Bruder Blasius ihn als einen in seinem Herzen lange gewünschten und vor allen anderen Freunden und Verwandten erwählten und endlich – da er es ihm abschlagen wollte – mit heißen, bitteren Tränen erbetenen Vormund seiner nachgelassenen Erben zu sich habe fordern lassen und mehr auf ihn als einen in Verwaltung der Vormundschaft Wohlgeübten und Erfahrenen als auf ihn, Helmold, den in solchen Händeln Unwissenden gebaut. Helmold schreibt weiter, er hätte sich daher ganz auf den Bürgermeister verlassen. Er erklärt damit auch die unterbliebene Bestätigung des Testaments durch den Rat, an die ihn der Bürgermeister hätte erinnern sollen. Dieser aber habe im Widerspruch zu den alten Statuten und zum Stadtgebrauch heimlich und ohne Wissen aller anderen dem Rat die Kalkulation mit einer nichtigen, unwahrhaften Aussage zugestellt. Er, Helmold, habe die ganze Abhandlung der Erbschichtung wie auch besonders die vorgelegten Rechnungen nicht gebührend verstanden, sondern sich auf den Bürgermeister als auf eine feste Mauer, als einen zu solchem Handel hoch verständigen, wohlgeübten und erfahrenen Herrn gänzlich verlassen. Nun müsse er das leider Gottes mehr, als es gut ist, *mit dem Comico beklagen.* Hoffnung und Zuversicht hätten ihn betrogen, den unmündigen Kindern sei kein geringer Schade erwachsen. Er bitte daher als unwürdiger Diener Christi *vmb Gotteß sowoll alß vmb des Newgebohrenen lieben Jesuleinß willen hertzfreuntlichst,* ohne Ansehen der Person *der lieben Justitia zu gut* zu entscheiden, wie sie es vor dem allerhöchsten Gott, der Herzen und Nieren prüft, zu verantworten wissen.

---

[53] Zur Revaler Rechtsgewohnheit RR III, S. 14.

Der Erfolg der Kläger beschränkt sich darauf, daß Luhr die Bücher des Blasius herausgeben muß. Nun hat in zweiter Instanz das Burggericht zu entscheiden, das Helmold am 19. November 1642 mündlich erneut als Zeugen befragt. Auf das Protokoll reagiert Luhr in aller Schärfe: alles, was von Herrn Magister Helmoldus gefolgert werde, beruhe auf *kundbarem Unwürden und Unwahrheit,* was er nun mit dem gleichen Recht negiere und *demselben mit Bestande der Wahrheit contradicire.* Dazu, daß Helmold sich ganz auf ihn verlassen hätte, schreibt er höhnisch, dieses Feigenblatt sei zu klein, um den Schaden zu decken, welchen er nach eigenem Bekenntnis verursacht. In der Frage der Bauernschulden habe er Helmold zur Mühlen gewarnt, es stünde bei ihm, was er tun wolle; nachher sei er, Luhr, nicht mehr zugegen gewesen.

Die Aussagen sind widersprüchlich: der Bürgermeister sei bei der Erbschichtung von Anfang bis zum Ende dabei gewesen und nach geendigtem Handel zur Mahlzeit geblieben, erinnert sich Helmold. Von den Mobilien des Blasius befände sich allerhand bei Luhr, während er selbst das geringste in seinen Händen hätte.

Am 14. März 1646 wurde Thomas Luhr vom Gericht freigesprochen: er sei nur Beirat, nicht Vormund gewesen. Damit fiel die Verantwortung auf Helmold. Folgerichtig verklagten ihn nun Paul und Fonne beim Rat auf Schadenersatz (26. August 1646) mit dem Erfolg, daß Helmold dazu verurteilt wurde, ein Inventar des Nachlasses aufzustellen, soweit er sich erinnern oder auf Dokumente stützen könne. Danach sollte eine neue Teilung vorgenommen werden.

Inzwischen war Thomas Luhr gestorben (begr. 29. Mai 1646). Paul und Fonne versuchten daher, sich mit Helmolds Unterstützung an Luhrs Erben schadlos zu halten. Kein Wunder, daß diese sich darüber entrüsteten, daß man ihren Vater *vnbilligerweise injuriret,* als hätte er *falsche Calculationes gemacht, die Güther mit Unrecht endwand.* Sie baten, den Kläger nicht nur abzuweisen, sondern ihm *ein perpetuum silentium solcher klaren abgehandelten Sache halber zu imponieren* (20. November 1646).

Es scheint, daß Luhrs Erben eine neue Erbteilung zu ihren Ungunsten zu verhindern wußten, während die Kläger weiter drängten. Am 7. Februar 1648 bittet Helmold den Rat, er wolle ihn in dieser so hellen und klaren Sache nicht länger aufhalten, aber damit er endlich sein hohes, schweres Amt ohne Vernachlässigung seiner anbefohlenen Schäflein infolge des vielfältigen Ab- und Zureisens nicht mit Seufzen, sondern mit Freuden wahrnehmen könne, erkenne er sich schuldig und erbiete sich auch willig, dasselbe mit seinem andächtigen Gebet und anderen möglichen Diensten zu verantworten und mit dem Psalm 94, Vers 15 aufzuwarten, in dem es heißt: Recht muß dennoch Recht bleiben, und dem werden alle frommen Herzen zufallen.

Paul und Fonne werden sich mit den Gebeten des Pastors begnügt haben müssen. Helmold starb ein Jahr später. Ein Prozeß gegen seine Erben hätte nicht viel eingebracht.

IV. DIE ZEIT DES BAROCK IN REVAL

Die Verwaltungs- und Gerichtsakten des Stadtarchivs vermitteln den Eindruck, als ob die Revaler Bürger neben ihren Handelsgeschäften nicht viel anderes im Sinne gehabt hätten, als zu prozessieren, als ob es nicht ein buntes städtisches Leben, die Drunken in den Gilden, die festlichen Umzüge, private und kirchliche Feiern gegeben hätte, als ob nicht Musik und Kunstsinn, Freude an Dichtkunst und Theater das gesellschaftliche Leben erfüllt hätten. Der Charakter der Quellen überschattet die Aufgeschlossenheit der bürgerlichen Gesellschaft, ohne die keine Tätigkeit der Musiker und Darsteller, keine Arbeit der Bildhauer und Goldschmiede hätte gedeihen können. Doch in Nachlässen Revaler Bürger findet man Zeugnisse der Kultur und Bildung, wie Musikinstrumente, kunstvolles Silbergerät, Gemälde, die man „Schildereien" nannte, und Bücher, die ihre Interessen und ihren seit Gustav Adolf ansteigenden Bildungsstand verraten. Nicht nur Literaten, das heißt akademisch Gebildete, sondern auch Kaufleute und Handwerker lasen neben Erbaulichem auch Vergnügliches, Unterhaltsames und Bildendes, vor allem historische Werke ihrer Zeit[1]. Zu Gedankenaustausch und Lektüre scharten sich einige Ratsherren wie Johann Müller und Heinrich Niehusen und andere Bürger mit Adeligen und Pastoren um die Mitglieder der holsteinischen Expedition, die sich nach der Rückkehr aus Persien in Reval niedergelassen hatten, unter ihnen der Dichter Paul Flemming, Adam Olearius, Philipp Crusius, der Arzt Hartmann Gramann und andere[2]. Das war die sichtbare Spitze einer abgestuften Bildungsschicht, nicht repräsentativ für die Bürgerschaft, aber auch nicht isolierte Erscheinung.

Dennoch ist auch die große Masse an Rechtsstreitigkeiten, die gerade das 17. Jahrhundert hervorgebracht hat, ein Ausdruck des Zeitgeistes, der die Menschen damals in ihrer hohen Selbstbewertung bewog, den Rechtsweg einzuschlagen, anstatt nach Kompromissen und Überbrückung ihrer Gegensätze zu suchen. Warum sollten sie in einer Zeit religiöser und geistiger Intoleranz, die sich in sinnlosen Kriegen wie dem

---

[1] Vgl. dazu Mühlen, Besitz.
[2] Nottbeck/Neumann I, S. 198 ff.

Dreißigjährigen erging, im Zeitalter des Absolutismus und der Omnipotenz des Staates, in der der Untertan vor dem Souverän, der Niedere vor dem Höheren in Demut erstarb, dem Untergebenen gegenüber aber den Herrn hervorkehrte, warum sollten sie im persönlichen Bereich sich anders verhalten! Streitigkeiten über Erbfälle und Schulden, Injurien und Schlägereien füllten die Akten. Etwas von diesem Geist des Barocks, mehr als nur Äußerlichkeiten der Mode, erfaßte auch die schwedischen Ostseeprovinzen. Die derben und lärmenden Formen des sogenannten „Pennalismus« der Studenten an der 1632 von Gustav Adolf gegründeten Universität Dorpat[3] sind ein Zeichen dieser Zeit; Leidenschaftlichkeit und Zügellosigkeit, der Hang zu Übertreibungen, Rauflust und Gewalttätigkeit sprengten oft die Grenzen hergebrachter Normen des gesellschaftlichen Lebens – auch des Bürgertums. Die Familiengeschichte bietet Kostproben davon.

1. Die ungleichen Brüder Simon und Paul

Ein besonderer Grund, warum hier Rechtsstreitigkeiten einen so breiten Raum einnehmen, ist in den Eigenschaften einiger Vertreter des Geschlechts zu sehen, dessen Geschichte hier geschrieben wird. Paul zum Beispiel zeigt, mehr noch als sein Großvater Blasius thor Moelen, einen verhängnisvollen Hang zu kleinlichen Auseinandersetzungen und zähem Festhalten an seinem vermeintlichen Recht. Seinen um vieles jüngeren Halbbruder Hermann werden wir dagegen als einen echten Vertreter barocker Lebensweise kennen lernen. Nicht von pedantischer Rechthaberei ist sein Charakter geprägt, sondern eher von pompösem Auftreten, das freilich auch dazu angetan ist, den Frieden mit dem lieben Nächsten zu stören.

Gemeinsam ist dieser Generation, daß ihre Kindheit durch den frühen Tod entweder der Mutter oder des Vaters überschattet ist. Simon, der älteste, ist noch der ruhigste und offenbar der vom Vater Bevorzugte. Im Prozeß, den Paul und der Schwager Fonne wegen der Erbschaft des Vaters gegen Thomas Luhr führten, hielt er sich zurück, teils weil er die Sinnlosigkeit des Streites erkannt haben mochte, teils weil Luhr sein Schwiegervater war. Doch auch er kam nicht ohne Gerichtsverhandlungen aus.

---

[3] G. v. Rauch, Leben; derselbe, Universität Dorpat, S. 65 ff.

Simon hatte acht Kinder, von denen vier in jungen Jahren starben.
Die Söhne Hermann, Hinrich, Simon und Johann wuchsen jedoch
heran. Im Hause Simons verlebte die Schwester seiner Frau Belcke,
Anna Luhr, Witwe des Thomas Kahl und des Thomas Bevermann, ihre
letzten Tage, nachdem sie das Haus ihrer Stiefsöhne Bevermann verlassen hatte. Diese waren vertraglich verpflichtet, ihr hierbei 500 Rtl. auszuzahlen. Einen gleich hohen Betrag vermachte Anna am 25. Juni 1668
ihrer Schwester Belcke zum Dank für die Pflege während ihrer Krankheit, „als sie von allen verlassen war", außerdem einen Garten vor der
Karripforte, Kleider und Unterpfühle. Ihr übriges Erbgut sollte ihre
Schwester mit den anderen Erben (Luhr) zur Hälfte teilen[4]. Kurz darauf starb die Frau. Um die 500 Rtl. aber mußte sich Simon erst bemühen. Vier Jahre später quittierten seine Söhne Hinrich und Simon jun.
den Empfang der Schuld, ausbezahlt von Hans Bevermann in Gestalt
von 12 Last Roggen, 5 Last 10 Tonnen Malz und 16 Rtl. in Silbermünze.

Dennoch kam es zum Prozeß[5], bei dem – wie im orientalischen Handel – auf der einen Seite Maximalforderungen erhoben, auf der anderen
jede Verbindlichkeit abgestritten wurde. Simon verlangte Zinsen für
vier Jahre. Er hatte für das Begräbnis seiner Schwägerin Geld gegen acht
Prozent aufnehmen müssen. Er forderte ferner die Erstattung von
Gerichtsgebühren und einen Währungsausgleich, den er damit begründete, daß die 500 Rtl. nicht in couranter Münze, sondern in Speziestalern hätten berechnet werden müssen. Insgesamt betrugen seine Forderungen 230 Rtl. Außerdem verlangte er unter Berufung auf den Waisengerichtssekretär Fortschius, der das Testament geschrieben hatte,
die Herausgabe verschiedener Gegenstände. Fortschius hatte zu Protokoll gegeben, Anna Luhr hätte ihm berichtet, daß sie im Hause Bevermann noch folgende *Persehlen* stehen hätte:

1. *3 Unterpfühle,*
2. *1 silberne Kanne, so sehl. Thomas Kahl ihr verehret,*
3. *1 Brandtweins Keßel ohne Kopff und Pfeiffe,*
4. *1 Sack mit Federn,*
5. *1 kupferne Pfanne,*
6. *die Helffte von einer Krohne* (Kronleuchter).

---

[4] RR III, 356.
[5] RStA, Rstr. 60, S. 185–198.

Die Bevermanns wandten dagegen ein, die 500 Rtl. seien keine Schuld, sondern ein Legat: Zinsen entfielen daher; Simon könne sie umso weniger fordern, *weilen die 500 Rtl. zu erwerben nicht schwer gefallen, sondern sint ihm ex testamento angestorben, wogegen er die gethane Begräbnüß nicht zu hoch zu rühmen hat, weilen ein jedweder dieser Stad weiß, waß eine solche Begräbnüß kostet, und kan man mit 70 oder 80 Rtl. viel außrichten, weswegen er nicht 500 Rtl. aufzunehmen nöhtig gehabt, zumahlen er ja der sehl. Verstorbenen Kinder und Gesinde, alß deren sie keine gehabt, mit Trauwerkleider zu versehen, sorgloß geblieben.* Im Vertrage stünde auch nichts von Species-Reichstalern. Selbst vom Vorhandensein der „Perselhen" wollten die Bevermanns nichts wissen: die selige Frau habe dem seligen Vater *nichts von Importanz* zugebracht.

Das Gericht entschied, daß die Gebrüder „Bevermänner" für die von Simon bezahlten Gerichtskosten aufzukommen und die „Perselhen" auszuhändigen hätten. Im übrigen wurde den Bevermännern recht gegeben.

Simon besaß außer dem väterlichen Hause und dem Garten, den Blasius hinterlassen hatte, und dem von Anna Luhr geerbten noch zwei weitere Gärten: den einen an der Brückstraße, heute der Anfang der Großen Dörptschen Straße, den anderen vor der Karri- und Schmiedepforte, „unterm Tönnisberge"[6]. Über ihn berichten die Quellen des Stadtarchivs nur wenig. Das läßt auf Friedfertigkeit und ein geordnetes Leben schließen, das sich von den Streitereien seines Bruders Paul wohltuend abhebt. Auch mit seinem jüngsten Bruder Hermann vertrug er sich anscheinend recht gut. Für sein Ansehen als Bürger spricht seine Zugehörigkeit zur Ältestenbank der Großen Gilde. Als er 1682 starb, hatte er ein für diese Zeit hohes Alter von mehr als 70 Jahren erreicht.

Pauls Streitigkeiten füllen Aktenberge im Revaler Stadtarchiv und spiegeln sich in seinen Handelsbüchern, wo er häufig seinem Zorn über Bekannte und Verwandte Luft macht: *Gott Lob,* schreibt er einmal, *das ich den unbeschedenen Renteln habe bezahlt, der liebe Gott bewahre mir ferner vor ihm* (1635)[7]. Auch mit Simon sucht er Streit. Eine Eintragung im Schuldbuch[8] ist voller Wut und Selbstgerechtigkeit: Simon hatte ihm eine Rechnung gesandt, *die er leigtfertich gepracticiret vnt*

---

[6] RStA, A.a. 35, S. 39a, 70, 92, 117.

[7] RStA, A.f. 78, S. 149.

[8] RStA, A.f. 79, S. 111.

ich solge perselen mein tage nicht habe entfangen, auch nicht dauon
wiße, er hat es aber auf seiner Sehlen Selikeit genommen, vnt ich ihm
darauf den Rest habe nach gegeben in beiwesen Ewert Museler vnt Elias
Hilner. Gott beware mir mehr Vor Simon Zur Mühlen, vnt gedencke
mein Lebetage nicht mit ihm zu handelen auf solge Manier, den er hat
nicht ehrlich noch Redlich bei mir hirein gehandelt, bei den Rest ...
Des habe ich nichtes von geschrieben, vnd weis auch dar nicht von
soviel die Stunde meines Todes. Dennoch wil ich an Gott nicht verzagen,
sondern ihm alles in seinen heiligen Henden befehlen, ich zweifele auch
nicht, der högste Gott wirt mir es wider zu geniesen lasen, vnt es auf
andere Art wider vorgelten, wil aber Simon Zur Mühlen hirbei sein
böbisch Hertz leren erkennen, dieses zur Nachrich geschrieben.

Viele Jahre später mußte der Rat entscheiden, wer das väterliche
Haus erben solle. Simon war nach dem Wunsche des Vaters bei der
Stiefmutter im Hause geblieben und fühlte sich als rechtmäßiger Erbe.
1652 verkaufte er eigenmächtig das dazugehörige Steinhaus an den
Nachbarn Bugislaus Rosen. Dagegen erhob Hermann Klage beim Rat
und verhinderte so die Zuzeichnung des Steinhauses an Rosen im städtischen Hauptbuch. Simon und Paul erklärten, daß Hermann als Stief-
bruder kein Anrecht am Hause hätte. Doch der Rat entschied, daß bei
Teilung von Immobilien nach altem Brauch die Option dem jüngsten
Sohn zukomme: ein bemerkenswertes Gewohnheitsrecht, das darauf
beruhte, daß der Jüngste am längsten auf die Eltern angewiesen war.

Nach Klärung der Rechtslage hatte Hermann nichts mehr gegen die
Zuzeichnung des Steinhauses an Rosen einzuwenden. Inzwischen hatte
er es sich anders überlegt: er verzichtete zugunsten seines Bruders
Simon ganz auf das Haus. Anders Paul: er protestierte beim Rat gegen
beide Brüder und erhob Einspruch gegen den Verkauf des Steinhauses
an Rosen, dem er ausrichten ließ, er solle sich des Kaufes ganz enthalten
und seine 1000 Rtl. – es waren aber nur 700! – wieder dort suchen, wo
er sie gelassen. Pauls Klage war zwar vergeblich, aber es dauerte noch
fast zwei Jahre, bis endlich das Gebäude an Bugislaus Rosen zugezeich-
net werden konnte (24. April 1654)[9].

Paul befand sich wegen seiner Erbansprüche seit 1637 in einem Dau-
erprozeß, der sich bald gegen Thomas Luhr, bald gegen Helmold zur
Mühlen und nach ihrem Tod gegen seine Brüder richtete. Er gab auch

---

[9] FG I; Rosen, Bogislaus, S. 525.

jetzt nicht Ruhe. Warum auch? In einem Schreiben an den Rat vom
13. Februar 1655 stellte er diesen unter Hinweis darauf, *wie ungern ich
sothane Emergentien suche* und was dieser achtzehnjährige Prozeß ihn
schon gekostet, vor die Alternative, ihm entweder die Appellation an
das königliche Hofgericht in Stockholm zu gestatten, oder hier zu entscheiden, daß das in Frage stehende Haus zwangsversteigert und der
Preis in gleichen Teilen mit den Mobilien ihm und seinen Brüdern überlassen werde. In diesem Falle wolle er auf alle übrigen Gravamina verzichten und mit seinen Kindern das verschmerzen, *waß alschon dahin;*
so wolle er von diesem beschwerlichen Prozeß einmal loskommen. Er
halte dies für den praktikabelsten Vorschlag[10].

Was sollten die Brüder auf ein so unrealistisches Ansinnen antworten, als zu betonen, daß sie den achtzehnjährigen, Geld fressenden Prozeß nicht verursacht hätten und dem *Gegenteil* keine fernere Aktion
mehr zugestehen, sondern sich an das halten wollten, was der Rat schon
lange verabschiedet hatte. Und weil das Gegenteil so kühn sei, mit ferneren Eingaben einen hochweisen Rat zu beunruhigen, bäten sie, ihren
Bruder Paul *deßwegen in gebührliche straffe zu ziehen, demselben ein
perpetuum Silentium* (zu) *imponieren* und sie von jeder Schadenserstat-
tung zu entbinden[11]. Damit scheinen die Streitigkeiten zwischen den
Brüdern tatsächlich ein Ende gefunden zu haben.

Doch Paul hatte stets auch anderweitig genügend Gelegenheit, seine
fast krankhafte Streitsucht zu befriedigen. Nicht immer gingen die
Händel von ihm aus. So verlangte ein gewisser Jost Schutte die Herausgabe von Schriften, die Paul nie in Händen gehabt haben wollte. Wider
Fug und Recht hatte Schutte Pauls Ehre und guten Namen touchiert,
worauf dieser zur *gebührlichen rechtlichen Defension, Ehren und guten
Leymund* protokollieren ließ, daß er Jost Schutte so lange für einen
leichtfertigen Schelm, Ehrenkränker und Ehrendieb halte, bis der ihm
beweise, daß er solche Schriften habe[12].

Viele Prozesse waren durch seine wirtschaftliche Misere motiviert.
Doch schuld daran war er selbst, nicht die Bosheit seiner Mitmenschen.
Von Paul nicht bezahlte Kapital- und Rentenschulden stellen ihn als
Geschäftsmann nicht in ein günstiges Licht[13]. So prozessierte er mit

---

10 RStA, Rstr. 60, S. 98.
11 Ebd., S. 99, ohne Datum.
12 Ebd., S. 82, ca. 1647.
13 Ebd., S. 80 (1655).

Geschäftsleuten in Hamburg und Amsterdam. Als die Erben eines Amsterdamer Geschäftsmannes namens Balthasar Jacotte eine Schuld von 500 Rtl. von ihm forderten (1650), kam es zu einem Vergleich. Doch Paul war gezwungen, eine Heukoppel, die vor der Großen Strandpforte lag, für 200 Rtl. anderweitig zu verpfänden und dem Gläubiger einen Wechsel auf 100 Rtl. einzuräumen. Bis zur völligen Bezahlung der Schuld blieb sein bewegliches und unbewegliches Vermögen mit Ausnahme der verpfändeten Koppel Unterpfand des Klägers[14]. Anscheinend bereitete die Vertragserfüllung große Schwierigkeiten. Kurz nach Einlösung der verpfändeten Koppel mußte Paul erneut eine Hypothek im gleichen Betrage aufnehmen, ohne sie bis zu seinem Tode einlösen zu können. Die Heukoppel fiel an die Erben seines neuen Gläubigers[15].

Die vielen Zivilprozesse dieser Zeit müssen für die Tätigkeit des Rates und der unteren Gerichtsorgane eine starke Belastung gewesen sein. Die Dauer der von Paul geführten Prozesse um das väterliche Erbe läßt, soweit es beim Rat lag, keinen großen Eifer erkennen, die Angelegenheit zu einem Ende zu bringen. Nach dem Zeugnis der Brüder war es ein geldfressender Prozeß. Im Laufe von 18 Jahren mögen beträchtliche Gebühren angefallen sein. Der Kläger durfte Zeit und Kosten nicht scheuen, wenn er zum Ziel gelangen wollte. Dabei konnten Prozesse ohne Zutun des Gerichts verschleppt werden, wenn die Beklagten es darauf ansetzten. Bedienten sich die Kläger, die im Prozeßrecht nicht genügend bewandert waren, eines Anwalts, so vermehrten sich die Unkosten. Aber auch in einfachen Fällen, wie bei Simons Prozeß gegen die Bevermanns, fielen verschiedene Gebühren an: den Löwenanteil erhielt mit 24 Rtl. der Sekretär Alberti dafür, *daß er die Sache vor mir geführet*. Das klingt fast nach Schmierung, doch war Alberti als redlicher Mann bekannt. Für den Vicesyndikus Fonne waren für zwei Abschiede 2 Rtl. vorgesehen, für den Kanzlisten 26 ß, für den Diener, der die Beklagten 12 Mal hatte zitieren müssen, 2 Rtl. Das sind zusammen über 28 Rtl. bei einem Streitwert von 230 Rtl., die Simon gefordert hatte.

---

[14] RStA, A.a. 35, S. 11a, 12.
[15] Ebd., S. 61a.

2. Handel und Lebensverhältnisse in der Mitte des 17. Jahrhunderts

Nach den Revaler Handelsbestimmungen war den Kaufleuten der Faktoreihandel mit ausländischem Kapital untersagt[16]. Sie waren auf ihr eigenes, meist bescheidenes Kapital angewiesen und daher nicht in der Lage, zum Aktivhandel überzugehen. Gelegentliche Handelsreisen dienten dazu, feste Verbindungen mit auswärtigen Fernhändlern zu schaffen. Am System des von den Fremden beherrschten Ostseehandels wurde damit nichts geändert.

Daß Paul zur Mühlen einmal in Hamburg war (1645), zeigt eine dort von ihm unterzeichnete Wechselschuld[17]. Hamburger Kaufleute waren es, die die Erben des erwähnten Jacotte einschalteten, um die Angelegenheit mit Pauls Schulden zu klären.

Paul hatte zu Jacottes Lebzeiten 32 Last Roggen zum Verkauf in Amsterdam eingeschifft. Mit dem Erlös sollten seine Schulden an Jacotte im Umfang von 1945 Gulden getilgt werden[18]. Unterwegs hatte die Ware, die *auff Gewin unt Verlust durch die Sehe* ging, Schaden erlitten. Paul war sich offenbar nicht darüber im klaren, auf wessen Rechnung und Risiko das Geschäft gemacht worden war. Ein gewisser Gödert Tier in Reval, vermutlich sein Schwager Gotthart Thier[19], hatte ihn zum Ankauf und zur Lieferung des Kornes bewogen, und von ihm fühlte er sich jetzt betrogen. Das Gut war offenbar erheblich unter dem Wert verkauft worden. Um keinen Rechtsanspruch zu verlieren, bat Paul in einem an Jacotte gerichteten Schreiben, die *Asseredors* – die Assekuradore – anzusprechen. Aber die Versicherer wollten wohl für den Verlust nicht aufkommen, und auch Jacotte sah keinen Anlaß, den Schaden mitzutragen[20]. So blieb die Schuld ungetilgt und führte zum erwähnten Vergleich zwischen Paul und den Erben Jacottes.

Roggen spielte beim Export Pauls und seiner Brüder keine wichtige Rolle. Das gleiche gilt für den Import von Salz, das die Kaufleute

---

16 Krusenstjern, S. 36.
17 RStA, Rstr. 60, S. 136. 1651 lieferte Paul an den Wechselaussteller Flachs, ebd. S. 133. – Vgl. Abb. 3 auf S. 119.
18 RR I, 662.
19 Nottbeck, Siegel, S. 61: Stammtafel Thier.
20 RStA, Rstr. 60, S. 67–73, 78–79, 83, 90. Laut Schuldbuch RStA, A.f. 82, stand Paul schon 1643 in Beziehungen zu Jacotte und Gödert Tier, dem er einen Wechsel auf 800 Rtl. ausstellte.

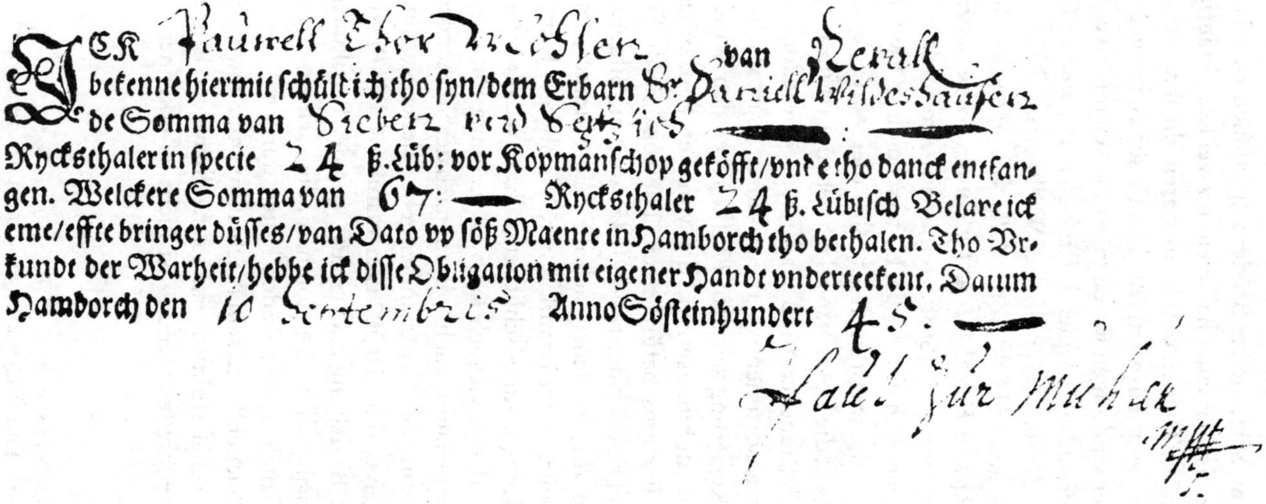

Ick Pauwell Thor Mohlen van […] bekenne hiermit schüldtich tho syn/dem Erbarn […] de Somma van […] Ryckßthaler in specie 24 ß. Lüb: vor Kopmanschop geköfft/vnde tho danck entfangen. Welckere Somma van 67: Ryckßthaler 24 ß. Lübisch Belare ick eme/effte bringer düsses/van Dato vp söß Maente in Hamborch tho bethalen. Tho Vrkundt der Warheit/hebbe ick disse Obligation mit eigener Handt vnderteeckent. Datum Hamborch den 10 Septembris Anno Söstein hundert 45.

Abb. 3: Schuldschein des Pauwell Thor Mohlen/Paul Zur Mühlen, ausgestellt 1645 in Hamburg.

gewöhnlich im Austausch gegen Korn von den fremden Schiffern bezogen. Die Mengen an Salz, die die Brüder zur Mühlen zu verzollen hatten, schwankten zwischen einer halben und zwei Last. Häufiger waren Einzelbestellungen an Tuchen und Kramwaren, die man bei andauernden Beziehungen von auswärtigen Handelshäusern gegen Kredit bezog[21]. Die Warensendungen waren meist Packen mit diversem Inhalt für einen Besteller, zum Beispiel *1 Packschn, darinnen 10 halbe st. Puecklaken, 2 stk. Dusinken* (englischer Wollstoff), *1 Tonne, darinnen 15 Pahr Pistolen* – aus Lübeck – oder *1 Packen, worinnen 8 St. halbe Pueck Laken, 1 Packen Kessel 130 ℔, 1 klein Päckchen, worinnen 2 st. grun rost und 1 st. bomosies* (Stoffarten) – aus Amsterdam[22].

Schon im Mittelalter hatte es die Unterscheidung zwischen Fernhändlern einerseits, die meist auch Großhändler waren, und Krämern andererseits gegeben, die Einzelhandel betrieben. Erst im 16. Jh. begannen diese, sich nach Branchen zu spezialisieren, ohne jedoch eine völlige Trennung der Warensortimente herbeizuführen. Eine solche versuchte die schwedische Regierung seit dem 17. Jh. gegen den Widerstand der meisten Kaufleute durchzusetzen, die von der Partikulierung eine Einengung ihres Erwerbs befürchteten. Die sogenannte Straßenordnung von 1641 und eine revidierte von 1645 sahen die Bildung von mehreren Kompanien vor, zu denen sich die Seidenkrämer, Laken- oder Tuchkrämer, Gewürz- oder Krautkrämer, Nürnberger Krämer, Höker und Bauernhändler zusammenschließen sollten. Weinhandel und Handel mit Getreide, das ja vielfach auch als Zahlungsmittel galt, wurde aber allen Krämern erlaubt, auch sollte es nach der Straßenordnung von 1645 keine Kompanie der Großhändler geben: jeder Kaufmann durfte Getreide aufkaufen und bis zu 300 Last ausführen. Die Praxis sah allerdings in mancher Beziehung anders aus. Von der Partikulierung wurden nur die Bauernhändler ausgenommen, die nach einem zeitweiligen Verbot seit 1645 auch wieder Buden halten durften[23].

Pauls Handelsbücher[24] und sein Nachlaßinventar gewähren Einblick in Handel und Geschäftsführung eines Einzelhändlers. Eine Partikulierung im Sinne der Straßenordnung ist nicht zu erkennen.

---

21 Soom, Handel Revals, S. 4–8.
22 RStA, A.g. 15–18. Empfänger war in beiden Fällen Hermann zur Mühlen.
23 Soom, a.a.O., S. 125 ff.
24 RStA, A.f. 78–84, Haupt- und Schuldbücher 1634–56.

Von 15 Büchern, die im Nachlaßverzeichnis genannt sind, weist das Stadtarchiv nur sieben aus. Mit der Einrichtung begann Paul 1634 als Kaufgeselle.

Den heutigen Leser dieser fast dreieinhalb Jahrhunderte alten Buchführung sprechen die Umständlichkeit der Anordnung und die Naivität der Ausdrucksweise des Urhebers in einer Weise persönlich an, wie es die Nüchternheit moderner Kontobücher nicht vermag. Zunächst findet man auf der Innenseite des Deckels des ersten Schuldbuches folgende treuherzige Eintragung:

Anno 1634 d. 22. Juli habe ich Paul zur Mühlen in Gottes nahme in diesen Buch angefangen, meine schulde hir ein zu schreiben. Der liebe Gott gebe alles zum gluckligen Ende.

Lust Vnt Liebe zum Dinge Machet Alle Arbeit gering(e).

Auf Gott fertraw, auch nicht Verzag, Dein Glück kompt noch Wol Alle Tach.

Ach Gott, hilf mich Allezeit Erwerben
Ein Erliches Leben Vnt sehliches sterben.

In manibus Domini Sorsque salusque mea.

Solche Sinnsprüche lernte wohl schon der Lehrling, sie gehörten wie Stammbuchverse zum Rüstzeug der Erziehung zu Ehrlichkeit und Gottergebenheit. In den weiteren Bänden wiederholen sie sich, doch tauchen auch neue auf:

Paul zur Mühlen bin ich genandt,
Mein Glück stehet in Gottes hant.

Ein anderes Buch beginnt mit der Einführung:

Anno 1638 d. 28. Januari
In Gottes Nam Angefangen hir Ein-
zuschreiben, Was ich an gut Vnt schult
meinen Jungen in d. buden habe Inuentirt,
der liebe Gott gebe zu gelücken.

1641 heißt es nach den einführenden Zeilen:

Gott hilf beiden
in Trübsahle Vnt in freuden.
Herr Hilff, Herr las Wolgelingen.

etc.

Auf anderen Buchdeckeln ergeht Paul sich in Bibelsprüchen. Es folgt in jedem Bande ein alphabetisches Register aller Kunden, das sich an

einer vorgedruckten Buchstabenskala am Rande orientiert. Bemerkenswert ist nur, daß für die alphabetische Ordnung die Vornamen herhal-
ten. Familiennamen, Beruf, manchmal auch die Wohnung – *wohnt bei
Thomas Ecke in der Koppel* – oder familiäre und sonstige Beziehungen
erscheinen nur als zusätzliche Unterscheidungen, wie sie die Häufigkeit
der Vornamen erforderte. Bei der alphabetischen Ordnung zählte nur
der Anfangsbuchstabe, die übrige Folge ergab sich aus der Paginierung:
*Adrian Olliricus folio 28 p.; Anken ein deutsch weib folio 76 p.; Anno,
Vnser gewesen Magett, der ein schlagter hat gehabt, folio 63 p., 143 p.;
Asmus thiese folio 141 p.; Anna Jacobs Dogter folio 154.* Man kann
Zweifel hegen, ob Paul sich in seinen Büchern schnell zurechtfand,
zumal es ihm nichts ausmachte, in einem der Bände den Buchstaben
H mit Johann Thier zu beginnen, dem er ein H. für Herr vorsetzte,
weil er Ratsherr war; unter D ordnete er nicht nur *Doctor Bolauw* ein,
sondern auch *Die grose gilde, Der Camerer* und *Die frauw Honerie-
gersche:* da gab es keine Vornamen, oder er kannte sie nicht.

Aus dem Register erschließt sich ein weiter Kundenkreis. Da finden
sich neben Verwandten – wie *Metken Boißman Mein Mutter* – viele
bekannte Revaler Kaufmannsnamen; zahlreich sind auch die Handwerker aus der Stadt und kleinere Leute wie *Matz Möller ein Mündrich*
(Leichterführer), *Hans Sißakas ein Karmans* (Karrenmann) *Knecht,
Adam Pampe ein Forman, Birrit ein schwedisch Weib; Erich Wirrikas,
ein schlagter* usw. Bauern fehlen dagegen fast ganz: *Jürgen zu Kottipoer*
(Kottiper in Harrien), *ein Bauer von des Adam Schraffer* (Gut) und *Tomas Sacko* oder *Sacko Tomas* sind Ausnahmen. Vereinzelt kommen
auch Handwerker, Müller oder Krüger vom Lande (aus Ampel, Möd-
ders, Paddas u.a.) vor; häufiger sind Bürger aus Dorpat, auch aus Riga
und Hapsal, sowie Pastoren und Adelige vom Lande. Einen nicht geringen Teil bilden schwedische Namen mit Herkunftsangaben aus
Finnland, meist aus *Inko* (Ingå) an der Südwestküste, aber auch weiter gelegene Orte von Åbo im Westen bis Perno im Osten Südfinn-
lands.

Im Mittelalter bildeten die südfinnischen Küstengebiete für den Handel Revals ein wichtiges Hinterland. Im 17. Jahrhundert versuchte
jedoch die schwedische Regierung, den Finnlandhandel der baltischen
Städte durch Verordnungen zugunsten von Stockholm einzudämmen
oder auf bestimmte Warensorten wie Lebensmittel, Holzwaren und
Brennholz zu beschränken. Trotzdem kauften die Bauern und Fischer
Handelsware in Südfinnland auf, brachten sie illegal nach Reval und

kehrten mit Getreide und Salz wieder zurück. Zu den beliebtesten Waren aus Finnland gehörte u. a. bis zur Mitte des 17. Jahrhunderts Teer, später Stangeneisen[25].

Nach Pauls Handelsbüchern kauften seine finnländischen Kunden meist Textilien in kleinen Mengen, ausnahmsweise auch Salz. Nur selten hatten sie Waren anzubieten. So bezahlte Eskel Anderson, *Perna-socken J. Möls bur,* die bei Paul erworbenen fünf Ellen schwarzen Tuches verschiedener Sorten mit 5½ Faden Holz.

Über die finnländische Kundschaft kam Paul auch mit einheimischen Schweden zusammen. Dies waren kleine Leute in der Stadt und in Fischermay, der von Schweden und Esten bewohnten Vorstadt am Meer. Die Schweden übten in Reval handwerkliche Berufe aus oder Hilfsberufe des Handels, versahen als Mündriche (Leichterführer) mit ihren Mündrichen (ihren Booten) den Warenverkehr zwischen Hafen und Reede oder verdingten sich als Bootsleute auf Segelschiffen.

Der gesellschaftliche Abstand, den Kaufleute zu den niederen sozialen Schichten zu wahren pflegten, schloß ein Vertrauensverhältnis nicht aus. So sehen wir Paul gemeinsam mit dem Pastor der schwedischen Gemeinde Sveno Gydebergius *alß gefolgte Freunde* und Zeugen der Beat Ewaltstochter, des sel. Simon Bues hinterlassene Witwe, bei ihrem Ehevertrag[26] mit Niels zur Beche, ebenfalls einem Schweden. In diesem Vertrage cediert Niels zur Beche seine von ihm bewohnte hölzerne Kate im Mönchhof in der Mönchstraße samt allen Pertinentien nebst einem Stall hinter dem Mönchhof an der Stadtmauer, seine Mündriche und anderen Boote und alle seine Habschaft seiner lieben Braut und setzt sie als seine Erbin, Herrin und Besitzerin Zeit ihres Lebens ein, wofür sie ihm in seinem jetzigen hohen Alter alle eheliche Liebe und Treue zu bezeigen, *Heg- und Pflegung zu thun* verspricht, auch soll sie ihm nach seinem Tode ein *ehrliche Begräbnus thun und mit gebührenden Ceremonien zur Erden bestettigen laßen.*

Es waren also kleine Leute. Niels zur Beche war offensichtlich Mündrich und gehörte wahrscheinlich zu Pauls Kundschaft.

Pauls Eintragungen im Schuldbuch waren die Grundlage seines Kreditsystems, wie es damals allgemein üblich war. Für Bargeld wurde selten etwas gekauft. Sowohl Laufkundschaft, die zur Deckung kurzfristiger persönlicher Bedürfnisse für kleine Beträge einkaufte, als auch

---

[25] Soom, a.a.O., S. 58 ff.
[26] RStA, A.a. 35, S. 41–42.

Kaufleute, die sich zur Ergänzung ihres Sortiments gegenseitig mit Waren aushalfen, handelten auf Kreditbasis. Das zeigt auch der Handel der Brüder zur Mühlen untereinander: *Ziel künftigen Vorjahr zu bezahlen*, heißt es z.B. in Pauls Schuldbuch auf einer seinem Bruder Simon geltenden Seite. Soll und Haben werden manchmal erst nach Jahren ausgeglichen. Ab 1645 tritt Hermann zur Mühlen, damals erst 20 Jahre alt, in den Büchern auf. Abgerechnet wird erst 1649, wobei es auf der einen Seite heißt: *Harman zur Muhlen sol mier*, auf der anderen *Harman Zur Muhlen sol haben*. Mit der Differenz beginnt Soll und Haben der Brüder in einem anderen Bande auf neue.

Nach ihrer Ware läßt sich weder Pauls noch Hermanns Handel einer bestimmten Branche zuordnen. In Pauls Nachlaß finden sich unter der Rubrik „Waren" rund 50 Positionen, darunter an Lebens- und Genußmitteln 3–4 Last spanisches Salz, je 8 Tonnen Roggenmehl und Malz, ein Achtel (Fäßchen) Honig, Branntwein für 417 Rtl. und 1 Lispfund (8,6 kg) *alt tobak*; an Metallen und Metallwaren: gehauenes Eisen und Eisenstangen, 50 gemeine Messer, Eisen- und Messingdraht, 1200 Nägel; verschiedene Kramwaren wie Spiegel, Nadeln in „Briefen", Schlüsselketten, vergoldete Kehrbürsten, *11 schnaub tobaks Zinnen Dosen*, 18 Bündel Harfensaiten; ferner Verschiedenes von Galanteriewaren bis zu Bauernbedarf wie Seiden- und Leinenband, Senkel in Bündeln, Knöpfe, Glasperlen – Korallen genannt, schwarze Hutschnüre, Bauernhutschnüre, Leibketten; auch Schafscheren waren für Bauern bestimmt. Andere Artikel werden für den Reiter und Jäger bereitgehalten: Stangengebiß und *gemeine Muntstek*, Sporen, Steigbügel, 2 Tönnchen mit 41 Pfund Pulver, 9 Bündel Lunte. Ganz aus dem Rahmen fallen gehauene Steine für Fensterschläge und ein halbes Faß Kreide. Wahrscheinlich befindet sich Handelsware auch unter den großen Mengen an Leinensachen und Tuchen, die unter den häuslichen Vorräten verzeichnet sind.

Wie Paul, so handelte auch Hermann mit Tuchen, Seidenstoffen, Leinwand und Kramwaren, was aus der gegenseitigen Belieferung hervorgeht. So verkaufte Paul seinem Bruder spanisches Laken, schwarzes Laken, Taft, Leinwand, *pudesoj* (peau de soie), roten Futterboi (englisches Wollfutter), grauen, roten und blauen Dosinken (englischer leichter Wollstoff) und noch andere Stoffe, meist in Mengen zwischen 20 und 70 Ellen (1646). Demgegenüber stand bei Paul im Jahre 1648 eine Schuld an Hermann zu Buche für Lieferung von *Gemein Pück Laken* in den Farben blau, schwarz und *fiolett* sowie für schlesisches

Laken und ein Ries Papier. Erinnern wir uns noch der von Hermann aus Lübeck und Amsterdam bestellten Pistolen und Kessel, so müssen wir auch ihn zunächst zum Gemischtwarenhändler abstempeln, der sich nicht auf eine bestimmte Warenbranche spezialisieren wollte.

Dieser Widerspruch zur geltenden Straßenordnung war indessen typisch für die Zeit. 1659 wurde eine verschärfte Straßenordnung erlassen, auf deren Grundlage 1661 gerichtlich gegen die vielen Übertretungen vorgegangen wurde. Bezeichnend ist, daß der vor den Rat zitierte Johann von Wehren zur Entschuldigung anführte, daß bislang noch keiner der Revaler Kaufleute sich zu einer Spezialisierung entschlossen hätte[27].

Im Unterschied zu seinen Brüdern scheint Simon Bauernhändler gewesen zu sein. Er belieferte Paul wiederholt mit Roggen und Malz. Die Kramwaren, die Paul an ihn verkaufte, dienten entweder seinem persönlichen Bedarf oder dem seiner Bauernkunden: es sind stets kleine Mengen, jeweils einige Ellen Band, an Stoffen höchstens vier Ellen. Im übrigen waren die Bauernhändler auch nach der Straßenordnung am wenigsten gehalten, sich zu spezialisieren. Daß Simon als ältester Sohn die Kundschaft seines Vaters übernahm und so der „Sebber", der Geschäftsfreund der „Lantsebbers" seines Vaters, wurde, erscheint ganz natürlich.

Pauls Nachlaß[28] sagt nichts über Schulden aus. An Bargeld hinterließ er 69 Rtl., 128 Dukaten und Rtl.sp., zwölf Htl. und *Christinenstücke*, allerhand kleine Münzen und Einzelstücke verschiedener Währung – das ist auch alles. An gewogenem Gold ist die Hinterlassenschaft im Vergleich zu den Nachlässen seiner Zeitgenossen beachtlicher: 23 Stück an Ringen, Ketten, Broschen usw. mit einem Gewicht von 50 Lot (650 g). Hinzu kommen Silberschmuck mit etwa dem gleichen Gewicht und Perlen. An Silbergeschirr werden aufgezählt: drei Kannen zwischen 80 und 100 Lot (1000 und 1300 g) schwer, davon eine vergoldet, sechs Becher, eine Konfektschale, eine *Kredenz* und 18 Löffel (72 Lot). Das übrige Gebrauchsgeschirr ist hauptsächlich aus Zinn: 40 große Spiegelschüsseln, 37 *gemeine* Schüsseln, jeweils vier oder drei Markpfund (rund 1700 und 1100 g) schwer, noch einige kleinere Schüsseln, Schalen

---

[27] Soom, a.a.O., S. 136.
[28] RStA, A.f. 11.

und Teller, 15 kleine Kannen und 34 *Salzerchen,* ferner *an allerhand
Zinnen* 40 ₰, wohl hauptsächlich Teller. Es folgen sieben Messingbecken, zehn größere Kessel und eine Pfanne, ein paar kleinere, etwa
2 Pfund schwere Kessel und Töpfe, zwei größere im Gewicht von 6
und 12 Pfund, ein Bettwärmer zu 7 Pfund und anderes mehr aus Messing. Dazu kommen noch Kupferkessel und -töpfe, vier Branntweinkessel, von denen zwei ausgeliehen sind, die beiden anderen zusammen
6 Lispfund 2 Markpfund wiegen, das sind mehr als 1 Zentner. An son-
stigem Hausgerät gibt es noch zwei (eiserne) Grapen, zwei Bratpfannen, einen Bratenwender, einen Bratspieß, drei Kesselhaken, eine Feu-
erzange.
  Alles in allem waren Tisch und Herd wohl versehen, wie es einem
bürgerlichen Haushalt zukam. Der Herd bestand, wie Kesselhaken und
Bratspieß verraten, aus einer offenen Feuerstelle unter dem Mantel-
schornstein im „Vorhaus"[29], wo auch das Küchengerät und Eßgeschirr
zumeist aufbewahrt wurde. Dort spielte sich das tägliche Leben großenteils ab. Daß das Eßgeschirr hauptsächlich aus Schüsseln und Löffeln bestand, verwundert uns nicht, denn Messer und Gabel waren noch
nicht im Gebrauch, man hielt das Stück Fleisch, das zugeteilt wurde,
in der Hand.
  Ein eigenes Haus besaß Paul wahrscheinlich nicht. Einiges vermißt
man im Haushalt, vor allem die Braupfanne, obwohl 19 Bier- und
Branntweinfässer vorhanden waren. Vielleicht war sie ausgeliehen, wie
zwei der Branntweinkessel. Mit je zwei Leuchtern und Tafelkränzen
war die Ausstattung mit Leuchtkörpern knapp bemessen. Das Mobiliar
wie Bettstellen, Schränke, Tische und Bänke hatte man gar nicht aufgenommen, damit war wohl kein Staat zu machen. Stühle waren kaum
gebräuchlich. Bilder und Bücher waren nicht vorhanden, im Unterschied zu manchen Nachlässen von Kaufleuten und sogar Handwerkern aus dieser Zeit. Schulbücher, vor allem lateinische Schriftsteller
und Lehrbücher (Donat)[30], die damals gebräuchlich waren, hatte Paul
wahrscheinlich von Simon übernommen und später seinem jüngeren
Bruder weitergegeben. Viel wird er nicht von ihnen profitiert haben.
Lesen war für Paul eher ein Luxus, wahrscheinlich auch mühsam. Was

---

[29] Vaga, S. 61, 65–70, 87f.
[30] Mühlen, Besitz, S. 279.

an Schulbildung haften geblieben war, scheint nicht viel gewesen zu sein. Sein Schriftdeutsch läßt keinen sprachlichen Schliff erkennen.

Wichtiger als Bildung waren für Paul und Kaufleute seines Schlages die äußerlichen Merkmale bürgerlichen Standes, wie vor allem die Kleidung. Unter der Überschrift *An Kleider und Wullen* werden an erster Stelle aufgezählt:

> *1 Seiden grobgrünen Mannes Mäntell*
> *1 Prokaden Manneskleidt*
> *2 laken- vndt 2 seiden frauen Mäntell*
> *3 Schnurleibchen, eines mit 10, das ander mit 11 silberne Mallchen, am dritten keine*
> *1 seiden tursenellen frauen Jakk vnd Rock*
> *1 seiden tursnellen wambs vndt Rock*
> *1 alt schwartz Kammlotten Rock*
> *1 schwartz turcksch grobgrünen Rock*
> *1 Isabellenfarb taften Rock*
> *1 haarfarb taften Rock*
> *1 verblümten taften Rock*
> *1 seiden grobgrünen Rock*
> *1 rohtt sammetten Rock*
> *1 kl. seiden turßnellen wambs* usw.

Unter 33 weiteren Positionen werden noch genannt: *1 Zobelne Mannes Mütze, 1 hohe Zobeln vndt 1 Both Mütze,* ferner sechs verschiedene Röcke, vier Wämse, Schnurleibchen, Blusenjacken, Kinderkleidung, Mägdemantel, Strohhüte, eine flämische und eine finnische Decke, Bettdecken, Stuhlkissen. Mitten darin wird verzeichnet *1 rohte vndt 1 bunte Kutsche,* weiter unten folgt *1 laken überzug zum wagen,* während man alles, was sonst zum Gespann gehört, vergeblich sucht. Doch unter dem Hausgerät fehlte nicht, was für den Bürger unerläßlich war: *1 Degen, 2 Musqveten vndt 1 Bändelier.*

Die Erhaltung der Handelsbücher und die Erstellung des Nachlaßverzeichnisses verdanken wir der Pest, die im Herbst 1657 wieder einmal ihre Opfer forderte. Auch Paul und seine Familie erkrankten. Als erster starb am 21. September ein Sohn, es folgten neun Tage später Pauls Frau Anna, am 8. und 16. Oktober zwei weitere Kinder, am 23. als letzter Paul selbst. Nicht einmal die Namen der Kinder sind überliefert, doch muß Paul, der einmal als Paul senior zeichnet, einen gleichnamigen Sohn gehabt haben.

3. Hermann zur Mühlens Immobilienbesitz und Handel

Hermann verlor seinen Vater als dreijähriges Kind. Seit dem zehnten Lebensjahr wuchs er mit seinen Schwestern im Hause seines Stiefvaters Thomas Luhr in der Karristraße auf. Seine Stiefbrüder waren Kaufgesellen, die Stiefschwestern zumeist verheiratet, unter ihnen Bela (Belcke) mit Simon zur Mühlen und Margaretha mit Thomas Eck. Die Mutter starb nach dreijähriger Ehe mit Luhr, der sich erneut vermählte.

Hermann war noch nicht 24 Jahre alt, als er am 17. Januar 1649 Margaretha Eck, die Tochter seiner Stiefschwester heiratete. Zur Hochzeit war, wie es im 16. Jahrhundert üblich gewesen war, der ganze Rat eingeladen. Im Ratsprotokoll[31] ist der lateinische Text der Einladung wiedergegeben: *Herman zur Mühlen invitat Amplissimum Senatum ad nuptias futura luna cum filia Thomae Eichen civis nostri. Celebrandus praestitit juramentum fidelitatis et oboedientiae solitae formae.* Der Stil paßt zu Hermann, der es als Stiefsohn eines Bürgermeisters schon in jungen Jahren verstand, sich durch sein Auftreten den Honoratioren der Stadt zu empfehlen und eine gute Schulbildung anzudeuten.

Noch im gleichen Jahr wurde ein Sohn geboren, der nach seinem Großvater auf den Namen Thomas getauft wurde. Der zweite Sohn erhielt den Namen des Vaters. Namensvorbild für Hermanns Sohn Hinrich kann nur Hinrich Luhr gewesen sein, der für ihn zugleich Großonkel und Stiefonkel war.

Nachdem Hermann auf das väterliche Haus verzichtet hatte, kaufte er für seinen Erbanteil das benachbarte Haus in der Karristraße. Der Handel wurde am 4. August 1654 abgeschlossen[32]. Es war das ehemals Simon Arenssche Haus, jetzt aber Cordt Meußler und Clauß Möllers Erben gehörig. Dazu kam noch ein wüster Garten vor der Karripforte. Als Kaufpreis waren 1100 Rtl. zu zahlen, wovon 100 Rtl. der Witwe des Simon Arens zustanden, die von früher her einen Anspruch hatte. Erst am 15. Oktober 1658 *verließ* der Gerichtsvogt laut Eintragung im neuen Hauptbuch dem Bürger Hermann zur Mühlen des seligen Simon Arens Haus *quit und frey erblich und eigen zu besitzen und zu gebrauchen, wie es vorhin aller freyst beseßen und genutzet worden,* wie es formelhaft heißt[33]. Wenige Wochen später wurde Hermann zur Mühlen

---

[31] RStA, RPr. 1649 Jan. 5.
[32] RStA, Rstr. 60, S. 160. – Vgl. auch Taf. 2.
[33] Ebd., S. 144.

von der Witwe Arens wegen der noch nicht bezahlten 100 Rtl. verklagt. Am 3. Dezember versprach Hermann, die Schuld innerhalb acht Tagen zu begleichen, und wurde vom Rat mit der Exekution – wohl einer Pfändung – bedroht, falls er sein Versprechen nicht einhalten sollte[34].

Fünf Jahre später wurde der Fall wieder aufgerollt. Die Erben des Simon Arens machten ihre Ansprüche geltend, als hätte Hermann seinem *den 3. Decembris des 1658sten Jahres gerichtlich geschehenen Compromiß kein Gnügen gethan*. Hermann bat den Rat, ihn in dieser seiner gerechten Sache gegen die *Fr. Arentsche* zu schützen, die bei ihrem *petito* verharrte. Er konnte durch Quittungen belegen, daß er den ganzen Kaufpreis beglichen hatte[35]. Eine Gefahr der Pfändung hatte im Ernst wohl nicht bestanden.

In den 70er Jahren sehen wir Hermann in einer ähnlichen Situation, jedoch diesmal in der Rolle des Gläubigers, der eine erheblich höhere Schuld zu fordern hatte. Der Schuldner, Jürgen Busch, führte das Gericht lange Zeit an der Nase herum, bis er schließlich doch daran glauben mußte. Es handelte sich auch hier um das vom Schuldner bewohnte Haus. Vor dem Niedergericht war die Verhandlung so weit gediehen, daß nur noch eine Depossession als letzte Möglichkeit übrig geblieben war. Hierzu mußte aber eine Entscheidung des Rates eingeholt werden. In der Ratssitzung am 22. Februar 1676 ließ Hermann, damals Ratsherr, sich durch den Advokaten Schilling vertreten. Busch erbat sich *eine kleine Dilation, wußte sonst nichts dawider zu sagen.* Wenn ein Zettel an seine Tür geschlagen würde, daß das Haus verkauft würde, wäre er zufrieden. Der Rat genehmigte einen Aufschub von sechs Wochen. Falls sich kein Käufer fand, sollte die Depossession vorgenommen werden[36].

Lange Zeit passierte nichts. Jürgen Busch hatte in der Zwischenzeit Familienzuwachs erhalten, die Gegenpartei übte Nachsicht. Erst am 24. Oktober kam der Fall wieder vor den Rat. Schilling warf dem Kontrahenten Unwahrheit vor: es hätte mit der mehrmals vorgeschützten *Ehehafft in rei veritate sich also nicht verhalten;* Busch habe nicht am gleichen Tage, wie er beantragt, taufen lassen, sondern erst vergangenen Sonntag. Nun bäte er, Schilling, die im Februar dekretierte Depossession durch den Gerichtsvogt eröffnen zu lassen und Busch wegen seiner

---

[34] Ebd., S. 143.

[35] Ebd., S. 152, Schreiben an den Rat von 1664 Jan. 27.

[36] RStA, RPr. 1676 Febr. 22.

Unwahrheiten, durch die er den Rat zu verleiten versucht habe, ernstlich zu strafen. Für Busch erbat Advokat Schmaltzius, weil sein Mandant mit den Seinigen bei Winterzeit nicht auf der Straße liegen könnte, erneut Aufschub, bis er sich um einen anderen Verbleib umgetan. Der Rat entschied, daß der Gerichtsvogt unfehlbar mit der Depossession verfahren solle, falls Busch das Haus nach abermals sechs Wochen nicht räumen oder zur Mühlen der Gebühr nach befriedigen würde. Der aufgrund gerichtlicher Taxation ermittelte Überschuß solle an ihn ausgekehrt werden[37].

Hermanns wachsender Wohlstand spiegelt sich in der Vermehrung seines Grundbesitzes wider: 1656 kaufte er von seiner Schwester, der verwitweten Anna Riesenkampff, einen Garten an der Süsternpforte, 1662 erwarb er einen Gartenplatz vor der Karripforte; im folgenden Jahr verkaufte er einen wüsten Gartenplatz vor der Schmiedepforte, dafür erweiterte er 1668 den Garten bei der Süsternpforte. Zwei Jahre später kaufte er von seinem Bruder Simon einen Gartenplatz vor der Großen Strandpforte[38], 1676 verkaufte Bürgermeister von Rosenkron ihm eine Krugstätte mit vier Steinbrüchen auf dem Steinberge (Laksberg) am „Wier- und Jerwischen Wege belegen mit aller Zubehör, Freiheit und Gerechtigkeit". Vor der Kleinen Strandpforte erwarb Hermann 1679 einen Garten mit Koppel von Andreas Stampehl, 1686 von Hinrich von Gellern einen Platz am Strande und zugleich einen Platz nebst daraufstehendem „Logement", ebenfalls am Strande[39]. Die Gärten dienten zum Anbau von Obst und Gemüse, auch als Wiese und Heuschlag für die Haustiere, die in den Ställen auf den städtischen Grundstücken gehalten wurden. Im 17. Jh. begannen Revaler Bürger mit der Anlage von „Höfchen" außerhalb der Stadt, auf denen sie im Sommer wohnen und ihre Sehnsucht nach Sonne und ländlicher Umgebung stillen konnten[40]. Das „Logement" am Strande war wohl ein solches Höfchen, das erste im Besitze der Familie zur Mühlen.

Der Krug und die Steinbrüche am Laksberge waren für Hermann zur Mühlen einträgliche Nebenerwerbsquellen, die er zu nutzen wußte. Der Kalkstein war das allgemein gebräuchliche Baumaterial in Reval, wo man Ziegel fast nur zum Dachdecken verwandte. Im 16. Jh. wurden

37 RStA, RPr. 1676 Okt. 24.
38 FG I.
39 FG I; RStA, A.a. 35, S. 73b, 80, 129, 139, 187.
40 Weiss, Höfchen, S. 116.

Fliesen, Grabsteine, Beischlagsteine, kurz fertig behauener Kalkstein aus Reval exportiert. Hermann scheint das Baumaterial aber nur auf den Binnenmarkt gebracht zu haben.

Im Steinbruch ließ er einen „Kerl" mit zwei Söhnen arbeiten. Dies ist einer Beschwerde an den Rat[41] über die Arbeiten für die Fortifikation zu entnehmen, die ihm ins Gehege kamen. Seitens der Krone hatte man nicht nur eine große Partie Steine in seinem Bereich gebrochen, sondern auch den Zugang dorthin versperrt, so daß seine drei Leute zur Renovierung des Bruches durch Beseitigung des angehäuften Erdreiches drei Wochen benötigten. Hermann bat den Rat um Wiedergutmachung des erlittenen Schadens.

Von seinem Handel in den ersten Jahren war schon die Rede. Geschickter und großzügiger als Paul, versuchte er, die engen Grenzen zu überschreiten, die einem Tuch- und Seidenhändler oder Krämer gezogen waren, verlegte sich zunehmend wieder auf den Import von Massenwaren wie Salz und Hering, gelegentlich auch auf Tabakhandel, und führte Roggen, Malz und Hanf aus. Er hatte Beziehungen nach dem westlichen Ausland, vor allem zu Handelspartnern in Amsterdam, aber auch in London, Hull und La Rochelle. Was fehlte, war das weite russische Hinterland, das den Handel seines Urgroßvaters so ergiebig gemacht hatte. Aber auch davon abgesehen, kann man sein System nicht mit dem auf Kommissionären und Faktoren aufgebauten Netz des Hermen thor Moelen vergleichen. Niederländer, Lübecker, Engländer und Danziger stellten den Schiffsraum, bestimmten Warenangebot und Nachfrage und überließen den Revaler Kaufleuten den Passivhandel, indem sie ihnen allenfalls die Rollen und Funktionen von Kommissionären und Faktoren überließen. Dies war seit 1663 möglich, nachdem die Stadt das Verbot von Faktoreien auf Anraten des Statthalters Philip Crusius aufgehoben hatte[42]. Hermann zur Mühlen suchte Kontakte nach allen Richtungen, auch zu Bauern, ohne der Gruppe der Bauernhändler anzugehören, und zu Russen, die nach Reval kamen. Zu einem nennenswerten Rußlandhandel brachte er es jedoch nicht. Sein System lag in der Vielfältigkeit des Handels mit hochwertigen Kramwaren, Salz und Getreide. Mit den wenigen Revaler Großhändlern konnte er es jedoch nicht aufnehmen.

---

[41] RStA, Suppliken 5, 1686 Juli 6.
[42] Krusenstjern, S. 42.

Das Salz, das aus den Niederlanden kam, wurde in Reval gegen Getreide getauscht. Bekamen die Schiffer kein Getreide, so segelten sie mit ihrem Salz wieder davon. Wer Salz haben wollte, mußte also in Getreide solvent sein. Bei den folgenden Szenen aus dem Revaler Handelsleben geht es um das Problem der Beschaffung und Lieferung von Getreide. Wie Hermann zur Mühlen in einer Anklageschrift gegen Hinrich Schlüter schreibt[43], hatte er seinen Handelsdiener *nach hiesiger Stadt und unter Kaufleuten bräuchlicher Gewohnheit* ausgeschickt. Als dieser in Erfüllung seines Auftrages mit drei Bauern zur Lehmpforte angefahren kam, wurde er vom Kaufgesellen Hinrich Schlüter angefallen. Laut Hermanns Anklage riß Schlüter dem einen Bauern die Peitsche aus der Hand und schlug *mit dero Stiel gedachten meinen Diener, unter dem Vorwand,* (als) *ob...er,* der Diener, *seiner Mutter Sebber ihm* (hätte) *abwendig machen wollen, ...dergestallt grausam unter die Augen und auf den Kopf,* daß der so Geprügelte um sein *Gesicht oder Leben* gekommen wäre, wenn er nicht die Arme und Hände *vorgeworffen* hätte. Schlüter habe *sein vergalletes Gemüthe genugsam zu erkennen gegeben, indem er hiebey auch auf den Bauern loß gegangen sei und dessen Pferd ebenmäßig geschlagen* (hätte), *daß das Auge aus dem Kopfe getreten* sei.

Aus Schlüters Sicht sieht die Szene etwas harmloser aus: *Als ich meine vorgehabte Reise nach Stockholm fortzustellen, eine Nacht auf der Schute gelegen und des folgenden Tages wegen contrar Wind wieder aufgekommen, habe ich mich, umb ein wenig zu schlaffen, auf die Banck geleget; da ist ein Kornmeßer nahmens Cleme(n)t, welcher bey H(errn) Henrich Schlütern zu meßen pfleget, in unser Hauß kommen und hat meiner Fr. Mutter kundt gethan, daß einige Pauren vor der Lehmpfordte wehren, welche zu ihr fahren wolten, Klägers Junge aber wolte ihnen solches nicht gestatten... Da weckte mich meine Fraw Mutter auf und sagte, ich solte doch dahin gehen und vernehmen, was es für Pauren wehren, sie möchten ihr wol schuldig seyn.* Als er dahin gekommen, hätte der Junge, auf dem vordersten Wagen sitzend, die Bauern bereits hinter die Mauer geführt. Er hätte ihm zugerufen, er solle stille halten, damit er mit den Bauern reden könne, *so er aber nicht gethan.* Und weil ihm inzwischen einer der Bauern gesagt hätte, er wäre gern gekommen, aber der Junge hätte ihn nicht gehen lassen, *als gab*

---

43 RStA, Rstr. 60, S. 181, 182, 207–209 (1667).

*ich denselben in Eifer mit einen Peitschenstiel etliche wenige Schläge
auf den Rücken, welchen er mir zukehrte.* Die Mißhandlung des Pferdes
bestreitet Schlüter, im übrigen gehe das den Kläger nichts an.

Bezeichnend ist die Vorgeschichte, die der Beklagte seiner Darstellung des Geschehens folgen läßt. Hermann zur Mühlen hätte schon öfter seiner Mutter Söbbers teils durch seine Leute, teils auch selber unbefugter Weise an sich zu bringen versucht. Vor zwei Jahren hätte er den Bauern des Majors von der Pahlen *Maul und Nase blutig* geschlagen, weil er nicht mit ihm fahren wollte, und vor einem Jahr wäre er *mit etlichen Laischen Pauren* – das heißt aus Lais – ähnlich verfahren, obwohl der damalige Gerichtsvogt diese Bauern seiner Mutter zuerkannt hätte. Diesmal sei er zum jetzigen Gerichtsvogt gegangen, doch der Kläger sei ihm, um *seiner Sache einen Schein zu geben,* mit seiner Klage zuvorgekommen. Als er den Kaufgesellen Schlüter eintreten sah, sei er *alsofort in diese schimpfliche Worte ausgebrochen: Siehe, da kompt der große Monsieur her, und kurz darauf: solch ein Broddieb, wil mir das Brodt für dem Maul wegnehmen, welchen ich geantwortet, er wehre auf solche Ahrt ein Broddieb und wolte meiner Fr. Mutter als einer Wittwen, die nicht ausgehen könte, ihr Brodt aus dem Mund nehmen.*

Die von den streitenden Parteien für die Zeugenvernehmung aufgesetzten Fragen bezogen sich ausschließlich auf die Beleidigung im Hause des Gerichtsvogtes: Hermann zur Mühlen wollte von den Zeugen bestätigt haben, daß Schlüter gesagt hätte, er wünschte nichts mehr, als daß zur Mühlen ihm selbst begegnet wäre, er wollte ihn besser als seinen Jungen mit Schlägen traktiert haben, und hätte ihn dann *Sacramentscher Hund, du Brodtdieb, ich will es dir ausführen,* geschimpft. Schlüter dagegen legte Wert darauf, als erster mit den Worten *großer Monsieur* und *Brotdieb* beleidigt worden zu sein. Der geprügelte Junge und die Bauern scheinen sie weniger interessiert zu haben.

Der Ausgang des Streites ist nicht bekannt. Es scheint, daß in der Abwerbung von Söbbern kein strafbares Vergehen lag, allenfalls eine Verletzung der Straßenordnung. Um so erbitterter konnte sich der Konkurrenzkampf austoben. Im Gegensatz zu Schlüter war Hermann zur Mühlen kein Bauernhändler. Er handelte nach dem Prinzip der freien Wahl seiner Kunden und Lieferanten. Und eben das führte zu Komplikationen.

Der andere Vorfall spielt mindestens sechs Jahre später während des dänisch-schwedischen Krieges (1675–1679), in dem auch die Niederländer gegen die nordische Großmacht fochten. Der Schiffer Jacob

Bose hatte sein Schiff „St. Johannis" in Amsterdam von Melchert Krumhaußen auf Rechnung zweier Danziger Kaufleute offensichtlich niederländischer Herkunft, Berent und Isaac van de Veere, mit Salz befrachten lassen und über Danzig nach Reval geführt, um dort von ihrem Faktor Hermann zur Mühlen Roggen als Rückfracht zu erhalten. Das Schiff muß Anfang Mai 1676 in Reval eingetroffen sein. Am 18. Mai beschwerte Bose sich beim Revaler Rat, daß in 14 Tagen erst vier Last Roggen angeliefert worden wären. Inzwischen hätte die schwedische Regierung die Roggenausfuhr nach den Niederlanden gesperrt[44].

Wahrscheinlich hatte Hermann nicht rechtzeitig die benötigten Mengen bereitstellen können. Seine Behauptung, Bose hätte sein Schiff schon mit Ballast befrachtet und den Befehl gegeben, die Takel zur Einhissung des Gutes abzunehmen, was Bose bestritt, kann wohl als Ausflucht bewertet werden. Bose erregte sich wegen der wachsenden Liegekosten und fürchtete überdies, seine Bootsleute könnten ihm davonlaufen. Er schlug Hermann daher vor, das Schiff mit Korn und Freigut für Schweden zu befrachten. Da Hermann darauf nicht einging, konnte er das Salz nicht bekommen. Aber den Vorschlag Boses konnte er nicht akzeptieren, weil er dann seinen Liefervertrag nicht hätte erfüllen können. Offenbar hatte er keine Aussicht, zusätzlich Getreide für die Niederländer zu beschaffen.

Das Geschäft Salz gegen Getreide war in einer Sackgasse, eine baldige Aufhebung der Sperre war nicht abzusehen. Am 11. Juni wurde auf Ersuchen des Statthalters Axel Rose eine Ratsdeputation zum Schloß geschickt. Sie bestand aus den Ratsherren Hermann zur Mühlen und Johann von Schoten und dem Sekretär Andreas Alberti. Der Statthalter teilte den Deputierten *gar schlechte und betrübliche Zeitung* aus Stockholm mit: die schwedische Flotte hätte gegen die Dänen und Holländer unglücklich gefochten, das „kapitalste" Schiff, die „Große Krone" genannt, sei gesunken, ein anderes großes Schiff, „Das Reichsschwert", von einem dänischen Brande angezündet, die übrigen 40 Schiffe seien in verschiedene Richtungen zerstreut worden. Der Statthalter ersuchte den Rat, Vorkehrungen zu treffen, daß keine Schuten von hinnen absegeln möchten, bevor die *Flotta repariret* sei und wieder in See ginge[45].

Inzwischen waren Proteste und Gegenproteste von Bose und Hermann zur Mühlen beim Rat eingegangen, aber wie so oft blieb die Sache

---

[44] RStA, RPr. 1676 Mai 18, 29, Juli 3.
[45] Ebd., Juli 11.

unerledigt, wurde von den Ereignissen überholt oder durch gütliche Einigung beendet. Vom politischen Hintergrund her hatte die Szene ihre eigene Beleuchtung erhalten. Aber wer waren die Darsteller und ihre Hintermänner? Hermann zur Mühlen kennen wir zur Genüge. Aber wie kam die Verbindung zu Bose aus Danzig und zu seinem Befrachter Melchert Krumhaußen in Amsterdam zustande? Wir werden an Hermanns Urgroßvater thor Moelen erinnern, dessen Kommissionär Evert Bose aus Narva in Deutschland meist in Lübeck saß und später sein Schwiegersohn wurde. War Jacob sein Enkel und somit Hermanns Vetter? Noch wahrscheinlicher ist die Annahme, daß Melchert Krumhaußen ein Nachkomme des Narvschen Ratsherrn Joachim Krumhusen war, der bald nach dem Fall Narvas (1558) mit seinen fünf Söhnen ein Handelsnetz knüpfte, das Lübeck mit den Niederlanden einerseits und mit Narva andererseits verband: einer dieser Söhne hieß Melchior, ein anderer war bis 1559 Hermen thor Moelens Faktor in Antwerpen[46] und arbeitete nachher mit seinem Vater zusammen. Die Vermutung liegt nahe, daß alte verwandtschaftliche und Handelsbeziehungen des 16. Jhs. fortgesetzt oder wiederbelebt wurden, ähnlich wie um 1600 Blasius d. Ä. die Geschäfte mit seinen Lübecker Vettern über alle trennenden Grenzen und politischen Barrieren hinweg betrieben hatte.

Hermann zur Mühlen hatte auch in England Handelspartner. Am 10. Juni 1676 wurde in Reval auf Wilhelm Kettelwels Rechnung in des Schiffers Oswald Westleys Schiff, die „Liebe von Londen", für England bestimmte Ware *wahrhaftig und aufrichtig Englisch gutt* eingeschifft, hauptsächlich Flachs und Hanf, zum Teil aus Dorpat. Die von Hermann zur Mühlen gelieferte Ware war packen- oder bundweise unterschiedlich gekennzeichnet, zum Teil mit verschiedenen Buchstaben, zum Teil mit der bekannten Marke des Hermen thor Moelen, mit der auch Paul siegelte[47]. Auch dies ist ein Zeichen für die Beständigkeit alter Gewohnheiten.

In den unvollständigen Angaben über Hermann zur Mühlens Sortimente sind russische Waren nicht nachzuweisen. Zu vermuten ist aber Flachs russischer Herkunft. Für direkte Kontakte mit russischen Kauf-

---

[46] Mühlen, Handel, S. 665; Jeannin, S. 27 ff.
[47] RStA, RPr. 1676 Juni 10. Paul siegelte mit der Hausmarke, Rstr. 60, S. 90, 1646 Mai 10, und mit dem Wappen (Hirschkopf), ebd. S. 116, 1637 Mai 23 und passim. – Vgl. Abb. 4 auf S. 137.

leuten gibt es nur einen Beleg: die Unterbringung des gost' Peter Mik-
kolaoff (Schreibweise für Mikolaev oder Nikolaev) im Hause Hermann
zur Mühlens (1659/60). Der Russe, wohl ein angesehener Mann aus der
Oberklasse der Kaufleute, der vom Zaren ernannten gosti, bemühte
sich in Reval um die Instandsetzung der russischen Kirche. Seinem
Quartierherrn lieferte er ein Paar Zobel, 20 Arschin *Grauw stergie*, 11
Arschin *schwartz seiden Grobgrün*, 57 Arschin Spitzen für zusammen
83 Speziestaler und 32 Rundstücke. Das waren russische Maße (1
Arschin = 71,12 cm), aber möglicherweise Waren westlicher Herkunft,
und hier als Zahlungsmittel verwandt: die Russen zahlten ungern mit
barem Gelde[48].

Erhalten sind zwei Rechnungen[49], die Hermann zur Mühlen 24 Jahre
später an den schwedischen Botschafter am russischen Hof, Freiherrn
Conrad Gyllenstierna, schickte. Für 1659 werden in Rechnung gestellt:
17 Wochen und 2 Tage Beköstigung, die Woche für 3 Rtl., 13 Wochen
Beheizung der Kammer, je 2 Wochen Beköstigung eines Russen Jacob
und des Bruders *Wasilie Mickolaoff* und 13 Wochen Beköstigung des
Translateurs Oloff, für mehrere Pferde Heu und Hafer und vier neue
Säcke, ferner Fleisch, Butter und Tabak für die Knechte Alesander und
Gryska und Bier und Branntwein für Mikolaev und *sein Volck* für mehr
als 22 Rtl., alles zusammen 206 Rtl. und 68 Rdst. Für das folgende Jahr
werden berechnet: 20 Wochen Beköstigung eines von Mikolaev mitgebrachten russischen Steinhauers, Bier, Branntwein und Aniswasser für
den Steinhauer, die Maurer, Zimmerleute und Handlanger, die bei der
Kirche arbeiten (22 Rtl. 111 Rdst.), Bretter und Balken für 12 Rtl., eine
Tonne Roggen usw., zusammen 95 Rtl. 127 Rdst. Nach Abzug der Lie-
ferungen des Russen bleiben insgesamt 219 Rtl. 17 Rdst. Als *Intresse*,
das heißt Zinsen, rechnet Hermann zur Mühlen nur das *altrum tantum*,
also den gleichen Betrag noch einmal, was einem jährlichen Zinssatz
von knapp 3 % entspricht, und kommt damit auf 438 Rtl. 28 Rdst.

Ob er das Geld je erhalten hat, ist ungewiß. Der Vorgang berührt
die Stellung der Russen in Reval, die dort kein Bürgerrecht besaßen,
aber als fremde Kaufleute in der russischen Kirche einen festen Mittelpunkt hatten. Auch der Rußlandhandel war Passivhandel, der damals

---

[48] Soom, Handel Revals, S. 97.
[49] StRA, Sammlung Muscovitica Bd. 11, Briefe an Frhr. Conrad Gyllenstierna
(1683 Okt. 18).

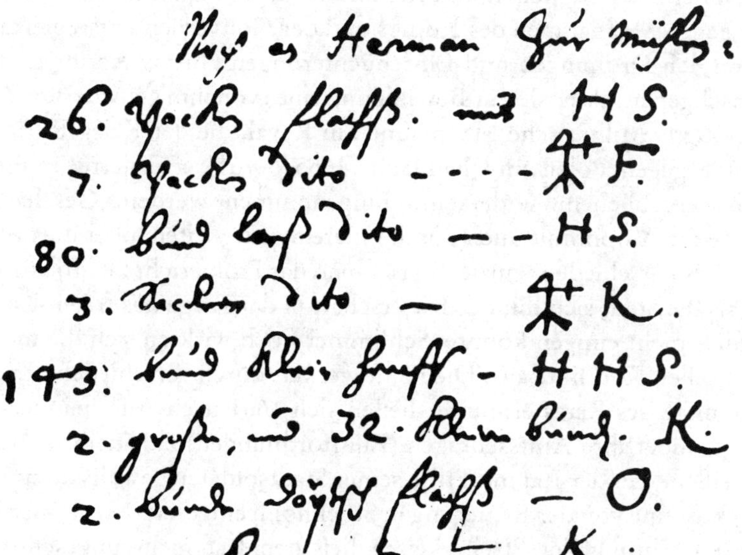

Abb. 4: Ausschnitt aus dem Ratsprotokoll von 1676, wo als Handelszeichen des Hermann zur Mühlen die von seinem Urgroßvater Hermen thor Moelen benutzte Hausmarke gezeigt wird.

zwischen russischen Händlern und Revaler Kaufleuten in Reval abgewickelt wurde[50].

4. Der Revaler Rat von den sechziger Jahren bis 1690

Nach der Einverleibung Livlands als schwedische Provinz und der äußeren Befriedung des Landes hatte für Reval eine bis zum Ende des 17. Jahrhunderts währende Periode der Gefährdung der Autonomie und innerer Streitigkeiten und Rivalitäten begonnen. Die Stadt wehrte sich gegen Maßnahmen des Königs und der Gouvernementsregierung. Schon den Drohungen und Einschüchterungen Gustav Adolfs mußte sie nachgeben, als er sie zur Bewilligung eines von ihm geforderten Zolles nötigte. Militärische Maßnahmen in Reval, die der Krieg Karls X. Gustav gegen Polen und Rußland (1655–60/61) erforderte, mußten nach vergeblichem Widerstand hingenommen werden. Geschädigt wurde die Autonomie auch durch innere Streitigkeiten, über die höheren Orts entschieden wurde. So rief man das Hofgericht zu Stockholm an, als die Stadt sich mit der Ritterschaft in der Frage des freien Kornhandels nicht einigen konnte. Schlimmer noch wirkten sich die innerstädtischen Konflikte aus. Die Handwerker, durch verschiedene Zugeständnisse des Rates ermutigt, ließen sich 1661 nach Auseinandersetzungen über ihre Amtsschragen (Zunftordnungen) zu einem Aufruhr hinreißen, den der Rat mit Hilfe seiner Stadtsoldaten gewaltsam unterdrückte; eine von der Regierung in Stockholm eingesetzte Kommission zur Schlichtung der Streitigkeiten ließ den Rat nicht ungeschoren, wobei auch Ratsurteile gegen Handwerker annulliert wurden. In gewisser Hinsicht erreichten die kleinen Gilden dabei Gleichstellung mit der Großen Gilde[51].

Als Hermann zur Mühlen 1667 in den Rat gewählt wurde, war die Autonomie der Stadt – mehr faktisch-politisch als rechtlich – bedroht. Der Rat hatte durch die erwähnten Vorgänge an Ansehen verloren, die Probleme zwischen den Gilden waren noch nicht gelöst und ließen heftige Auseinandersetzungen erwarten.

---

[50] Soom, a.a.O., S. 94.
[51] Nottbeck/Neumann I, S. 177 f., 181 f., 192.

Die Ratswahl fand am 8. Dezember statt[52]. Vier Ratsherren waren zu wählen. Als erstes Paar stellten die Bürgermeister Hinrich von Geldern und Ernst Hahn zur Wahl, wobei Geldern ausschied. Die folgenden Paare waren Hermann zur Mühlen und Hinrich Luhr, Caspar Stralborn und Wendel Hueck, schließlich die Vettern Caspar und Jobst Dunte. Der Rat entschied sich für Hermann zur Mühlen, Caspar Stralborn und Caspar Dunte. Es war nicht üblich, einen abgelehnten Kandidaten ein zweites Mal zur Wahl zu stellen. Dies konnte erst bei der nächsten Ratswahl geschehen. So wurden Hinrich von Geldern und Jobst Dunte 1670 in den Rat gewählt.

Bei diesem Wahlsystem gaben die Bürgermeister durch ihr Vorschlagsrecht den Ausschlag. Es war lediglich durch die Bestimmung eingeschränkt, daß Väter und Söhne sowie Brüder nicht gleichzeitig im Rat sitzen durften. Waren sie untereinander einig, so konnten sie einen von ihnen bevorzugten Kandidaten dadurch begünstigen, daß sie ihm einen Gegenkandidaten gegenüberstellten, dessen Ablehnung ihnen sicher schien.

Für Hermann zur Mühlen stimmten sieben von neun Ratsverwandten: die Bürgermeister Hilner und Paulsen und die Ratsherren von Schoten, Buchau, Witte, Krämer und Hetling. Für Luhr stimmten nur Bürgermeister und Syndikus Hinrich von Tunderfeld und Ratssekretär und Vicesyndikus Hinrich Fonne, der später, 1675 als von Rosenkron geadelt, eine für Reval verhängnisvolle Rolle spielen sollte.

Auf die Wahl hatte die Große Gilde keinerlei Einfluß. Nur Kritik konnte sie üben, und das tat sie. Der 1678 offiziell geäußerte Vorwurf, daß dem Rat mit einigen Ausnahmen Mitglieder zweier Familien – gemeint waren Schwäger und Schwiegersöhne – angehörten, bezog sich auf Rosenkron und Stralborn. Er galt aber in ähnlicher Weise schon ein Jahrzehnt früher. Hermann zur Mühlen hätte ein solcher Vorwurf nicht treffen können, er hatte im Rat nur einen Verwandten, seinen leiblichen Vetter Constans Korbmacher, Sohn der Catharina Boismann. Doch solche Verwandtschaften waren im Rat üblich. An der Wahl hatte Korbmacher nicht teilgenommen. 1670 wurde Thomas Eck, Hermanns Schwiegervater, in den Rat aufgenommen. Wegen seiner schlechten Gesundheit blieb er den Ratssitzungen jahrelang fern und wurde 1678 emeritiert[53]. Die Vorwürfe der Gilde zielten auf andere Verwandt-

---

[52] RStA, RPr. 1667 Dez. 8.
[53] Pezold, S. 178.

schaftsbeziehungen, die sich stark auswirkten. So war der Vicesyndikus
Fonne, alias Rosenkron, einerseits mit Bürgermeister von Tunderfeld,
andererseits mit Constans Korbmacher, Gottschalk Krämer und dem
1670 in den Rat aufgenommenen Hinrich von Geldern verschwägert.
Ebenso hatte Bürgermeister Stralborn zeitweise in Georg Witte, Dietrich Hetling und Hans von Schoten drei Schwäger im Rat, zu denen
sich 1675 sein Schwiegersohn Paul Struerus gesellte. Zeitweise bildeten
beide Familienklüngel zusammen die Hälfte des Rates[54].

Tunderfeld war Rechtsgelehrter und wußte das Amt eines Bürgermeisters mit dem des Syndikus zu vereinigen. Nach seinem Tode (1675)
folgte ihm Rosenkron, bis dahin Ratssekretär und Vicesyndikus, in beiden Ämtern. Auch er war Rechtsgelehrter, ebenso Stralborn, Witte und
Krämer, dann Struerus, Johann Dietrich Korbmacher (seit 1684) und
Calenus (1686). Sie alle gehörten den beiden Familienklüngeln an, mindestens als Neffe oder Großneffe von Rosenkron[55]. Ihnen gegenüber
waren Ratsmitglieder ohne Universitätsstudium in den Künsten der
Politik und Verwaltung benachteiligt. Welche Auswirkungen diese
Verhältnisse innerhalb des Rates haben sollten, wird am Schluß des
Kapitels dargestellt.

Weniger wichtig war juristische Vorbildung für die mit der Rechtsprechung beauftragten Ratsherren. Die obere Gerichtsbarkeit war
ohnehin dem Rat vorbehalten. Einzelrichter hatten sich vor allem auf
Tradition und Gewohnheitsrecht zu stützen. Als Wetteherr holte Hermann zur Mühlen in Zweifelsfällen das Votum des Rates ein. So trug
er vor (1677), daß *anitzo die Mägde- u. Ammenhochzeiten binnen der
Stadt häufig überhand nehmen u. daß noch heute Carsten Flügge seiner
Magd Hochzeit in seinem Hause halte.* Der Rat autorisierte die Wet-
teherren, *daß sie einen jeden, der zuwider der Ordnung Ammen- u.
Mägdehochzeit binnen der Stadt gehalten, mit 25 Rt. Straffe belegen
solen*[56].

Als Gerichtsvogt fragte Hermann einmal an, ob ein hochweiser Rat
nicht für gut befinde, die der Diebin Trino Nilstochter zugesprochene
Strafe zu moderieren. Der Rat hatte am Vortage sein Urteil gefällt, daß
sie in der Büttelei „gestrichen“, daß heißt mit Ruten geschlagen, und

---

[54] Pezold, S. 224, 295.
[55] Über Juristen im Rat: Pezold, S. 20; zur Verwandtschaft mit Rosenkron
S. 306.
[56] RStA, RPr. 1677 Nov. 13.

dann (aus der Stadt) verwiesen werden sollte. Es hatte sich aber heraus-
gestellt, daß Trino *ganz neuchlich ein Kind zur Welt gebracht, so kaum
5 Wochen alt.* Der Rat willigte ein und entschied, daß sie ausgewiesen
werden sollte, aber unter der Bedingung, *daß sie unfehlbar an den Pranger solte gestellet und gestrichen werden, wenn sie sich hier wieder ein-
finden würde* [57].

Als eines Morgens früh auf dem St. Nikolaikirchenhof ein kleines
Kind in einem feinen weißen Laken und Schafspelz gefunden wurde
und die Suche nach den Aussetzern vergeblich war, erhielt der
Gerichtsvogt zur Mühlen auf Anfrage vom Rat die Weisung, daß *so
woll der schwedischen alß estnischen Gemeine allhier solches der
Gemeine von der Cantzel kundt gethan* werden sollte. Zur Unterhaltung des Findlings sollten zwei Tonnen Roggen vom Kornkasten, einer
vom Rat und der Großen Gilde verwalteten Kasse zum Unterhalt von
Armen, abgeliefert werden (1680) [58]. Die Annahme, daß die Mutter des
Findlings eine Deutsche sei, wollte man entweder von vornherein aus-
schließen oder sah eine Ankündigung als zwecklos an [59].

Es gehörte nicht zu den Kompetenzen des Gerichtsvogtes, selbst
Todesurteile zu fällen. Das konnte nur der Rat als Ganzes, dann aber
in letzter Instanz. Als Untersuchungsrichter hatte der Gerichtsvogt
jedoch einigen Einfluß auf die Urteilsfindung. Zur Mühlen hatte einen
Dieb vernommen und ihm angedeutet, daß er sterben müsse; auf seine
Anordnung war der „Priester", Herr Kohsen [60], bei ihm gewesen, er
hätte sich aber durchaus nicht „bekehren" wollen, vorgebend, er sterbe
unschuldig, da alles, was er gestohlen, die Leute wiederbekommen hätten. Er wäre auch beständig dabei geblieben, daß der Pfortenfeger Jürgen bei der Karripforte die Goldsachen zu sich genommen hätte; er
wollte auch sterben und das Heilige Nachtmahl empfangen [61]. Das
Urteil ist im Ratsprotokoll nicht vermerkt, vermutlich wurde der Fall
dem Gerichtsvogt überlassen.

Im Laufe ihrer Amtszeit durchliefen die Ratsherren oft eine ganze
Stufenleiter verschiedener Ämter, wobei sie oft mehrere gleichzeitig

---

[57] RStA, RPr. 1680 März 10.
[58] RStA, ebd., S. 363. Zum Kornkasten Pezold, S. 39.
[59] Zu deutschen Bastarden im 16. Jh. vgl. Johansen/Mühlen, S. 418.
[60] Zu Kohsen s. u. Anm. 80.
[61] RStA, RPr. 1680 März 10.

wahrnehmen mußten. Insgesamt waren 63 Dienstposten zu verteilen[62], nicht gerechnet die „kleinen Ämter". Es kam vor, daß einzelne Ratsherren bis zu neun Funktionen gleichzeitig erhielten. Im Laufe von 22 Jahren wurde Hermann zur Mühlen eine ganze Reihe von großen Ämtern zugeteilt. Er begann als Wallherr (von der Süsternpforte bis an die Lehmpforte) und Quartierherr (Marktquartier, vor der Süsternpforte). Danach hatte er sich als „Scholarch" und „Gymnasiarch" viele Jahre mit der städtischen Schule und dem Gymnasium zu befassen, beaufsichtigte dann die „Straßenordnung", das heißt das Handelswesen, und verwaltete Akzise, Schoß und Gotteskasten: Teile der städtischen Finanzen. Als Wetteherr überwachte er die allgemeine städtische Ordnung, als Gerichtsvogt war er Strafrichter und Untersuchungsrichter. Schließlich gehörte er zum Vorstand des Gutes Johannishof und zum städtischen Konsistorium. Die Aufsicht über die Zünfte der Maler und Drechsler, der Kürschner, Semischgerber und Böttcher, der Fleischer und der Riemer und schließlich der Goldschmiede gehörte zu den „kleinen Ämtern" des Rates[63].

Bürgermeister wurde Hermann zur Mühlen nicht: bis zur Bürgermeisterwahl 1684 wurden dienstältere oder gleichaltrige Ratsherren gewählt, 1688 erstmals ein jüngerer: Jobst Dunte. Den Ausschlag bei der Wahl hatten die Bürgermeister durch ihr Vorschlagsrecht. Hermann scheint der dominierenden Clique mit Rosenkron an der Spitze unbequem gewesen zu sein. Seit 1684 war er der älteste Ratsherr und hatte damit innerhalb des Ratskollegiums gleich nach Bürgermeistern und Syndikus eine Art Ehrenstellung. In einer verschollenen Quelle im Familienarchiv wird er als „Oberratsherr" bezeichnet[64].

Wie eifersüchtig die Ratsherren auf ihren Dienstrang achteten, zeigt eine Episode, in der Hermann zur Mühlen eine Zurücksetzung erfuhr. Er gehörte einer Deputation an, die unter Führung des Bürgermeisters Korbmacher den neu ernannten schwedischen Generalgouverneur Graf Torstenson, der am 15. November 1675 in Reval eintraf[65], einzuholen hatte. Da befunden wurde, daß die Deputation nicht zahlreich genug war, wurde ihr im letzten Augenblick auch der Ratsherr Johann von Schoten zugeteilt. Lassen wir Hermann zur Mühlen selbst zu Wort

---

[62] StRA, Livonica II, 49.
[63] RStA, B.s. 33.
[64] FG I.
[65] Pezold, S. 130.

kommen:[66] *Und wie wir beiderseits nebst denen anderen Herren des Rats zu dem H. Bürgermeister Korbmacher auf Ansage des Rahtsdieners mit einem Mantel in sein Hauß gekommen und unter andern – wiewol mir unwißend und, da ich gleich aus der Stuben gegangen und vor der Haußthür gestanden – H. Johan von Schoten den H. Bürgermeister Korbmacher gefraget, wie es mit dem Fahren gehalten werde, und ob ich bey dem Herrn Bürgermeister Korbmacher, weilen ich eher denn H. von Geldern in den Rahtsstuhl gezogen, in seinem Wagen fahren solte, wolgedachter H. Bürgermeister Korbmacher mit Ja geantwortet.* Es folgt eine lädierte Stelle, aus der hervorgeht, daß Geldern sich zum Bürgermeister in den Wagen setzte.

Zur Mühlen fährt fort: *Unangesehen ich mich mit ihm* (von Schoten) *zu fahren nicht besprochen – und im Fal er mich nicht zu sich in seinen Wagen genötiget, ich zum Schimpf und Spott aller Leute auf der Gaßen müssen stehen bleiben – (habe ich) mich in seinen Wagen gesetzet. So balde mir nun diese Verachtung zu Ohren gekommen, habe ich deßfals dem H. von Geldern außer(halb) der Pforten zugeredet und ihm darümb besprochen, der mir aber gahr hönisch geantwortet, sagende, es wehre ein großer Unterscheid zwischen ihm und mir. Wan ich aber nicht wißen kan, worin ein solcher Unterscheid bestehe und worümb es mir nicht competirte, vor ihm bey dem H. Bürg.meister, als ich ein älters Glied des Rahtstuhls bin den er, im Wagen zu fahren.* So weit das Schreiben Hermann zur Mühlens an den Rat.

Auch Geldern reichte eine Klage ein. Zu dem vom Rat vorgeschlagenen gütlichen Vergleich wollte Geldern sich *gar nicht bequemen, weil er publice alzusehr geschimpfet* war. Ob er sich dabei über Gebühr verhalten hatte, wollte er einem hohen Rat zur Bestrafung anheimstellen[67]. Doch scheint es später zu einer gütlichen Einigung gekommen zu sein.

Ungeachtet solcher Rivalitäten und Streitereien im Rat war man sich im Prinzip darin einig, daß die Autorität des Rats und seine Privilegien nicht tangiert werden durften. Dies war jedoch der Fall, als die Große Gilde anläßlich einer auf sechs Wochen bemessenen Aktion zum Wallbau durch eine Eingabe den Rat ersuchte, sich ebenso wie die Gilden zu beteiligen, wenn auch nur zeitweise und aus gutem Willen und Liebe zum Vaterland (1673). Nur wenige, unter ihnen die Bürgermeister Paulsen und Tunderfeld und Syndikus Fonne, waren bereit, einen frei-

---

[66] RStA, Rstr. 60, S. 183, 184.
[67] RStA, RPr. 1676 Febr. 28.

willigen Beitrag zu leisten, sei es, daß der Bau nicht liegen bleibe, sei es zur Aufmunterung der Arbeit oder aus taktischen Gründen, um ein „Zusammenwachsen" der drei Gilden gegen den Rat zu verhüten. Aber sie alle betonten, damit keine künftigen Fälle präjudizieren zu wollen. Die übrigen Ratsherren vertraten entweder in mehr oder weniger drastischer Form den Rechtsstandpunkt oder lehnten eine Beteiligung ab, weil sie der Autorität des Rates abträglich sein würde.

So äußerte Hinrich Bade, Ratsherr seit 1658, die Beteiligung sei *ein Geringes, allein man sehe ja, wie man zu Sclawen gemachet würde, und weil solches für die Posterität nicht zu verantworten, so könne er darin nicht consentiren.* Hermann zur Mühlen meinte, es sei ein bloßer Frevel und *gesuchte sonderbare Autorität der Großen Gilde,* daß sie in allem dem Rate gleich sein und demselben allen Respekt und Freiheit nehmen wollte. Auch Ernst Hahn war der Ansicht, daß das Gesuch darauf ziele, daß die Große Gilde das Regiment führen und der Rat das Regiment quittieren sollte; es sei schon leider so weit gekommen, daß die Bürgerschaft ihren großen Übermut treibe und sich weder von der Wette noch vom Rate wolle strafen lassen. Ähnlich argumentierten die anderen Ratsherren. Sie alle berührten damit einen wunden Punkt in den gespannten Beziehungen zwischen dem Rat und der Großen Gilde[68].

Die Gilde beanstandete die verwandtschaftlichen Beziehungen innerhalb des Rates und die Verknüpfung des Bürgermeisteramtes mit dem des Syndikus. Beides mußte die Kontrolle erschweren. Die Gilde erreichte zwar Anfang 1672 durch ein Übereinkommen mit dem Rat ein größeres Mitspracherecht in einzelnen Sparten der städtischen Finanzwirtschaft. Die Ämterverbindung aber sollte erst nach dem Ausscheiden der Betroffenen nach Möglichkeit unterbleiben. Bei ihren Auseinandersetzungen bemühten sich beide Seiten – Rat und Gilde – darum, die Stellung der Stadt zur Krone nicht durch Anrufung einer höheren Schiedsstelle zu gefährden. Doch blieben schließlich gegenseitige Beschwerden in Stockholm nicht aus, nachdem Rosenkron 1675 im Widerspruch zu den Abmachungen von 1672 die Ämter eines Bürgermeisters und des Syndikus in seiner Hand vereinigt hatte.

Von einer Opposition gegen Rosenkron im Rat war nicht viel zu verspüren, wenn auch nicht alle auf ihn eingeschworen waren, jedenfalls nicht Hermann zur Mühlen. Aber Rosenkron gelang es, in der Großen

---

[68] RStA, RPr. 1673 Mai 30.

Gilde Anhänger zu gewinnen und die Gilde zu entzweien. Eine Minderheit von 41 Gildebrüdern, darunter Verwandte von Rosenkron, wie sein Schwager, Ältermann Joachim Reve, sein Onkel Hinrich Fonne d. Ä., der mit Sophia zur Mühlen verheiratet war, und Fonnes Schwager Simon zur Mühlen, versuchte, sich durch ein Schreiben an den Rat vom 10. September 1679 vom Vorgehen der Mehrheit zu distanzieren; nach ihrer Ansicht schickte die Gilde sich an, einen *gantz unnöthigen Proces bey diesen Troublen und nahrlosen Zeiten anzufangen.* Dennoch kam es auf Grund gegenseitiger Anklagen der Deputationen des Rates und der Gilde zu Verhandlungen vor dem Reichsrat. Rosenkron vertrat selbst in Stockholm seine und die Ratsinteressen. Er beschwerte sich über die Einmischung der Gilde in die Rechte des Rates. Die Gilde warf ihm fortdauernde Ämterverbindung, Korruption bei der Finanzverwaltung und sogar Fälschung von Ratsprotokollen vor, die Ratssekretär Alberti zutage gefördert hatte[69].

Der Prozeß nahm plötzlich eine unerwartete Wendung, als man in Reval erfahren hatte, daß Rosenkron heimlich seine Ernennung zum beamteten „Justizbürgermeister" nach schwedischem Muster und zugleich zum Assistenzrat in der Gouvernementsverwaltung – nach dem Statthalter der höchste Beamte – beim König betrieb. Dies hätte der Autonomie der Stadt einen schweren Schlag versetzt. Damit war Rosenkron entlarvt und zum Gegner des Rates geworden. Der Rat entzog ihm das Mandat und machte ihm nun selbst in Reval den Prozeß. Die Anklage lautete auf Fälschung von Protokollen und Dokumenten und Schädigung der Stadtkasse durch betrügerische Machenschaften. Am 12. Dezember 1682 wurde Rosenkron durch Ratsbeschluß amtsenthoben und auf sechs Jahre aus der Stadt verbannt. Darüber hinaus mußte er die Stadtkasse entschädigen und für die Gerichtskosten aufkommen. Nur die Verbannung wurde vom König nicht bestätigt[70].

Der Rat hatte sich jahrelang von Rosenkron beherrschen lassen. Aber die Trennung kam zu spät: zwangsläufig hatte er sich mitschuldig gemacht. Die Regierung befand, daß die Revaler Verhältnisse einer besseren Kontrolle bedürften. Doch was nun geschah, verschlug dem Rat die Sprache. 1687 wurde Rosenkron durch den König rehabilitiert und anschließend, am 16. April, zum Justizbürgermeister von Reval ernannt. Er erhielt den Auftrag, die Rechte und Interessen des Königs

---

[69] RStA, RPr. 1680 Jan. 1; Pezold, S. 207ff.
[70] Nottbeck/Neumann I, S. 188f.; Pezold, S. 251f., 271ff.

und der Krone Schwedens zu wahren, die Rechtspflege des Rates zu beaufsichtigen und im Rat das ständige Präsidium auszuüben[71].

Schlimmeres hätte dem Rat nicht passieren können, als diese Minderung der städtischen Privilegien, ausgerechnet durch Ernennung des nun so verhaßten Mannes, der sich in den Revaler Verhältnissen gut auskannte. Der Rat empfand die Maßnahme, die er gerade durch den Prozeß hatte verhüten wollen, als Bestrafung und verzichtete auf ernsthaften Widerstand.

Hermann zur Mühlens Rolle in dieser Affäre ist unklar. Er gehörte nicht zu den Familien, die den Rat beherrschten, und scheint sich zurückgehalten zu haben. Es gibt Hinweise auf eine eher oppositionelle Haltung. So erhob er Bedenken, als Rosenkron sich anschickte, wegen des Konfliktes mit der Gilde nach Stockholm zu reisen, und begründete sie mit den Kosten. Er riet dazu, nur zwei Deputierte zu bestimmen statt drei[72]. Zu diesem Zeitpunkt befanden sich Simon und Hermann zur Mühlen in entgegengesetzten Lagern. Eine wirkliche Opposition scheint im Rat nur Ratssekretär Alberti betrieben zu haben, der die Fälschungen aufdeckte. Rosenkron starb nach dreijähriger Amtszeit als Justizbürgermeister 1690. Kurz vor ihm war Hermann zur Mühlen im 65. Lebensjahr gestorben.

5. Prügelei auf einer Pastorenhochzeit (1677)

Die Lebensgeschichte des Ratsherrn Hermann zur Mühlen ist nicht arm an heftigen Auseinandersetzungen aus den verschiedensten Anlässen. Sein Selbstbewußtsein, sein ungestümer Charakter und der Stil der Zeit brachten außergewöhnliche Formen des Streites hervor. Allen bisher dargebotenen Begebenheiten aus Hermanns Leben setzen einige Dokumente[73] aus dem Jahre 1677 die Krone auf. Doch nicht jedes Wort ist wahr. Vielmehr zeigen die typisch barocken Machwerke, wie sehr damals Reputation und „Honnêteté" Wertmesser der Persönlichkeit waren und wie zugleich die servile Haltung gegenüber der Obrigkeit das gesellschaftliche Leben prägte. Verfehlungen in Gegenwart von

---

[71] Pezold, S. 348ff., 356f.
[72] Pezold, S. 209, 296, 345.
[73] RStA, B.j. 58. In den Niedergerichtsakten (RStA, A.a. 74) findet sich kein Bezug zu den hier folgenden Vorgängen.

Adel und Geistlichkeit, von Ratsverwandten und anderen „vornehmen" Bürgern werden von denjenigen gerügt, die sich selbst nicht zu diesen Vornehmen rechnen dürfen; das gilt sogar für „Literaten", die dafür wenigstens mit ihrer Bildung zu glänzen versuchen.

Der Inhalt der genannten Dokumente steht in einem seltsamen Gegensatz zur geschraubten Sprache und zur Anrede: *Wohl Edle, Gestrenge, Wohl Ehrenveste, Großachtbare, hoche und Wohlgelahrte, hoche und Wohlweiße Herren Bürgermeistere und Raht, Allerseits hoche und vielgeleehrte Herren!* Dichtung und Wahrheit sind nicht zu unterscheiden. Ebenso wie die Vorfälle auf der Hochzeit des Pastors Closius sind Klageschriften mit ihren Verzerrungen und Aufblähungen, mit der Übersteigerung alles Geschehens ins Monströse und Groteske Ausdruck des Barocks. Insofern sind sie dennoch wahre Quellen ihrer Zeit.

Martin Closius (1635–1703), aus Schlesien gebürtig, war Pastor in Jeglecht, einem Kirchspiel nicht weit von Reval, seit 1661 im wierländischen Luggenhusen, später auch Propst und seit 1698 Pastor in Haljall (Wierland). Als seine Frau wird eine Tochter des Pastors Heinrich Bartholin (Jeglecht) angegeben[74]. Hier dürfte es sich um eine zweite Vermählung handeln. Der Name der Braut wird nicht genannt.

Ort der Handlung ist das Haus des Melchior Lohmann[75] nahe der Nikolaikirche im Schmiedepfortenquartier. Den Gästen stehen die Stube, das sogenannte Vorhaus und eine Kammer zur Verfügung. Mehr als 20 männliche Festteilnehmer, die in den Berichten mit Namen genannt sind, darunter zwölf an Schlägereien beteiligte, bilden wohl nur einen kleinen Teil der ganzen Hochzeitsgesellschaft, die man durch „Umbitter" eingeladen hat.

Die Darstellung setzt zu einem Zeitpunkt ein, da die Mahlzeit, lange nach der kirchlichen Trauung, bereits einige Zeit andauert. Vier Stunden später kommt es zur ersten Schlägerei. Nach einer Pause von einer guten Stunde wird die zweite anscheinend vom Zaune gebrochen. Die ganze Dauer des Festes läßt sich jedoch nicht rekonstruieren. Die Gäste sitzen hauptsächlich in der Stube, die Musikanten haben einen eigenen Tisch und spielen vermutlich im Vorhaus zum Tanze auf.

---

[74] Paucker, Geistlichkeit, S. 36, 45, 121, 163, 176.
[75] Melchert Lohmann, d. Ä., Bürger 1658, hatte seine Wohnung im Schmiedepfortenquartier, nach StKA, Rullor före 1722, Musterung von 1688.

Doch lassen wir den Sekretär Salmuth[76] zu Wort kommen, der in seiner Klage gegen den Advokaten Derling vom 2. November 1677 berichtet, *welchergestalt ich mich am 25. verwichenen Monats Octobris nebst anderen eingeladenen Gästen bey des H. Pastoris Closii hochzeitlichen Ehrentage in Sr.* (= seigneur) *Melcher Lohmans Behausung eingefunden, und weilen man bey dergleichen Versamblungen in Lust und Frölichkeit, wie auch guten Discursen sich zu ergötzen pfleget, ich auch mit dem königl. Mannrichter H. Fabian von Örten[77] von allerhandt Sachen gerehdet und mich darauff zu Beklagten, Magnus Derling, gewendet, selbigen ümbarmet und mit ihme, als einem Literato, freündlich zu versiren undt zu discurriren vermeinet, hat derselbe sofort mit gar unziementlichen Rehden, als „laß mich zufrieden, was hastu Kerl mit mir zu thun!" mich angefahren und ferner, wie* (ich) *mit ihme lateinisch zu rehden und seinen wieder mich gefasten Unwillen ihn zu benehmen gedacht, auch zu dem Ende nur ein paar Worte angefangen, hat er strackerdinges die Kanne mit dem Bier (welches die umbsitzende Herren und Freunde ziemblich benetzet) mir in das Gesicht gestoßen und mich weiter nebst seinem Bruder, dem Apothecker, wie auch Clauß Habben und Aßmus Thiesen[78] in conspectu aller anwehsenden vornehmen Gäste dermaßen überfallen, daß sie mich beym Haaren zur Erden geworffen, er, Magnus Derling, mit der silbernen Kanne (welche dauon gantz plat worden und der Deckel abgesprungen) mich hart in den Kopff verwundet und sonsten nebst seinen complicibus das Gesichte sehr übel zugerichtet, also daß mir darüber eine kostbahre Perrücke zernichtet, eine Estocade (Degen) zerbrochen und die Kleyder vom Blute dergestalt besudelt seindt, daß ich sie nicht mehr anlegen kan; und hetten diese Freveler ohne allen Zweiffel mir endtweder gar das Leben genommen oder doch zum wenigsten mich ümb meine Gesundtheit gebracht, wann nicht wohlgeb. Herr Manrichter (deme darüber die Kleyder vom Blute gantz verdorben undt, welches zu beklagen! noch darzu der Armb auß dem Schulterblat gerücket, daß er deßfals unter des Artzten Handt sich befindet und unsägliche Schmertzen leidet) wie auch der Her Rahtsver-*

---

[76] Bei Bunge, Rathslinie, nicht erwähnt, wohl ein untergeordneter Sekretär. – Zur Identifizierung vgl. im folgenden auch das Personenregister.

[77] Nicht nachweisbar. Nach Familie Örten hat ein Gut in Wierland seinen Namen.

[78] Sohn des Aßmus Tiesen aus Stralsund, Bg. 1641, und der Anna Reimers, fehlt aber selbst im Bürgerbuch.

wandte Herman Zur Mühlen nebst seinem H. Sohn, in Ansehnung mei-
ner högsten Unschuldt, mich auß dero blutdürstige Hände gerettet.
Indem der Apothecker, mit dem ich die Tage meines Lebens meines
Wißens nicht ein Wort gesprochen, nicht vergnüget gewesen, daß sein
Bruder mich mit der Kanne so greülich an dem Kopfe verwundet und
er selbst Handt an mich geleget, sondern hat noch einen Zinnen Striek-
ker (wie es hier genennet wird) ergriffen und auff mich mit voller
Macht einschlagen wollen, welchen gefehrlichen Schlag der Her Rahts-
verwandte Zur Mühlen kaum (hat) *verwehren und daß für Augen*
schwebende große Unglück undt Todtschlag verhüten können; die übri-
gen aber, insonderheit Clauß Habbe und Aßmuß Thiesen (die ich doch
nie im geringsten beleidiget), da mir die Kleyder abgezogen, ich in eine
Kammer geführet und das Blut gestillet worden, (sind mir) *gantz leicht-*
fertiger Weise von hinten zu aufs neue in die Haare gefallen und (mich)
gantz unchristlich und recht barbarisch, will nicht sagen mörderisch,
tractieret und im übrigen sie sämptlich, die gantze Compagnie in
Unruhe, Confasion (sic) *und Wiederwillen gestürtzet und zerstöret*
haben.

Salmuth bezeichnet den Advokaten Magnus Derling als den Urheber
der Rauferei *(author rixæ)* und rechnet es ihm als zusätzliche Belastung
an, daß er – als Literat! – nebst seinen Complicen sich dergleichen
abscheuliche Dinge an eines Geistlichen Ehrentag und in Gegenwart
verschiedener Geistlicher und Mitglieder des wohledlen hochweisen
Rates nebst anderen vornehmen Bürgern begangen habe, wodurch
er, Salmuth, diese harte Schmach und Gewalt *ümb so viel mehr zu
ressentiren* habe. Er fordert von Derling ein Schmerzensgeld von tausend Reichstalern und die Erstattung der Kosten für zugefügten Schaden.

Dieser erste Akt erhält durch die Gegendarstellung Derlings eine
andere Beleuchtung. Der Advokat spricht von der Klage als von *uner-
weißlich und also fälschlich imputirten hochstraffbahren Beymeßungen
und Verleumdungen* Salmuths. Er bestreitet nicht, den Kläger mit der
Kanne geschlagen zu haben, aber er holt auch weit aus, um Salmuth
bloßzustellen. Wie von „Umbittern" zu erfahren, sei er kein gebetener
Gast gewesen, sondern habe sich nur eingefunden, um unnütze Händel
anzurichten. Es träfe nicht zu, daß er ihn, Derling, aus redlichem Herzen umarmt und sich mit ihm *als einem literato* habe unterhalten wollen, vielmehr habe Salmuth ihm vier Stunden gegenüber gesessen, ohne
das geringste Wort mit ihm zu reden. Als nach Beendigung der Mahlzeit

der Herr Magister Stecher[79] weggegangen, habe der Kläger sich an seine
Stelle gesetzt, woraufhin Pastor Kohsen[80], der sich darüber entrüstet,
aufgestanden sei und sich entfernt habe. *Darnach setzte sich Kläger
unweit von dem Breutigamb hinter den Hr. Mannrichter Fabian Ör-
then, sang zugleich ... mit vollem Halse, also wie die Musicanten vorher
spieleten, spielte dabey, als wan er seine Sinne nicht beysammen gehabt,
mit Händen und Füßen den Tact, ging darauf zum Tantze.* Nach dem
Tanze mit der Braut ergreift Salmuth – nach Derlings Darstellung –
ohne Wortwechsel von hinten beide Arme des Advokaten, der sich
befreien kann, aber den Gegner wegen seiner Trunkenheit, *womit er
ziemlich beladen gewesen,* zunächst schont. Erst nachdem Salmuth auf
ihn eingeredet und ihm *nahe an den Leib getreten,* habe Derling nach
der Kanne gegriffen.

Derling argumentiert, da er und Salmuth *keine so Hertzensfreunde
jemahlen gewesen,* hätte dieser ihn nicht von hinten umarmen dürfen,
und zieht daraus den Schluß, daß er *Fug und Uhrsach* gehabt, mit Schlägen zu reagieren. Daher sei nicht er der Urheber der Rauferei, sondern
Salmuth. Da niemand den Kläger mit einem „Striecker" bedroht habe,
habe auch niemand Ursache gehabt, solchen Totschlag abzuwehren.
Mannrichter Örten wird nicht erwähnt. Dagegen wird Hermann zur
Mühlen schwer belastet.

In seiner Klageschrift berichtet Aßmus Thießen dazu: Als der Advokat Derling mit Salmuth *a verbis ad verbera gerathen* und er, Thießen,
nebst anderen Gästen die beiden voneinander getrennt habe, sei Hermann zur Mühlen sofort hinter dem Tisch hervorgesprungen, habe sich
mitten in die Diele gestellt, seine Söhne zusammengerufen, auf Thießen
loszuschlagen animiert und allerhand Schelt- und Schmähworte wider
ihn *plenis buccis* (mit vollen Backen) ausgegossen.

Man kann sich vorstellen, daß um diese Zeit den meisten Hochzeits-
gästen die Stimmung vergangen war. Manche hielten die Zeit zum Aufbruch für gekommen. Es sollte aber im zweiten Akt noch schlimmer
kommen.

Thießen gibt sich in seiner Klageschrift als Opfer eines verabredeten
gemeinschaftlichen Überfalles. Zwar hätten die Söhne – das heißt Sohn

---

[79] Magister Gottfried Stecher, geb. in Meißen 1634, Pastor zu St. Nikolai 1671,
† 1710, vgl. P a u c k e r, Geistlichkeit, S. 25, 358, 365.
[80] Johann Kohsen, geb. Reval 1628, 1653 Pastor in Kusal, 1658 an der Hl. Geistkirche zu Reval, † 1680, vgl. P a u c k e r, Geistlichkeit, S. 114, 382.

und Schwiegersohn Hoyer – dem väterlichen Geheiß dieses Mal nicht zu folgen vermocht, doch sei man seitens des Beklagten, Hermann zur Mühlen, *auf eine andere Practique bedacht gewesen:*

Johann Hasenkrug[81] habe sich in der Kammer des Vorhauses zu Thießen gesellt und, ungeachtet Claus Habbe und Berend Hutfilter dabei gewesen, sich allein zu ihm gesetzt und *gahr vertraulich, und zwahr insgeheim,* daß niemand der anderen beiden ein Wort davon verstehen könne, geredet; und obwohl Thießen gleich habe weggehen wollen, habe Hasenkrug ihn immer mehr und mehr mit vertraulichen Discursen, *derer wir doch hiebevor niemahlen unter uns gepflogen,* eine Stunde aufgehalten, wobei er sich ihm gegenüber als sein bester und vertrauter Freund angestellt habe. *Wie wir nun annoch in unserem Gespraech begriffen, kombt Tomas Zur Mühlen und sein Schwager Hoyer[82], welche beyderseits ihre Peruquen abgeleget, die Haare aufgebunden und sich zum Streid angeschicket, nebst Ewert Müllern[83], Christian Burmeistern und Andreas Stampehl in die Kammer zu mir eingestürmet. Tomas Zur Mühlen fehret mich alsobald mit groben Injurien an, und da (ich) ihm dieselbe hinwieder zurück in seinen Busen geschoben, felt derselbe und mit ihm seine Helffershelffer nebst Ewerd Müllern, welchen Claus Habbe alsobald bey den Leibe ergriffen und ins Bett geworfen, mir in die Haare, werffen mich zu Boden und tractiren mich mit Hand und Füßen greulich und erschrecklich, da den niemand auf meiner Seiten als blos Claus Habbe sich befunden, welcher so viel möglich gewesen, Fleiß angewendet, mich aus ihren Henden zu retten.*

Als Thießen sich wieder erhoben, *stand bey uns in derselben Kammer Hr. Herman Zur Mühlen, rieff gleichfals überlaut: mein Sohn Tomas, noch einmahl daran, ich wil es verantworten.* So kommt es zu einem zweiten Überfall. Darauf beginnt Hermann zur Mühlen, seinen *Ehrenstand ... auszuschreyen: du Tiehs, du Bernheuter Schurck! ... Wiltu meinen Kindern dich vergleichen? und ... sich und seine Kinder durch Eigenlob gleichsahm biß an den Himmel erhoben, addendo: so, so, mein Sohn Tomas, du hast dich wol gehalten, sehet, so habe ich meine Kinder erzogen, so bin ich gewesen, so sollen auch meine Kinder sein!* seinen

---

81 Bürger 1663. Hasenkrug war durch seine Mutter, Christine Meuseler, ein Vetter von Thomas zur Mühlens Frau Margaretha Ratken.

82 Hartwig Hoyer, Bg. 1672, war mit Margaretha Elisabeth zur Mühlen, Tochter des Ratsherrn Hermann, verheiratet.

83 Bürger 1677, Schwager des Claus Habbe, vgl. Publ. 7, 937.

Sohn zum dritten Mahl animiret und aufgemuntert, das er noch eins wagen und auf mich losschlagen solte. Auf diesen Befehl sei Thomas sogleich *gehorsamb mit freudigem Muht* wieder auf Thießen zuge-sprungen, seine *Consorten* hätten, um Lob beim Vater zu erwerben, sofort wieder Hand mit angelegt und ihn ärger als zuvor mit Füßen und Absätzen in die Seite und ins Gesicht abscheulich gestoßen. Er hätte das Gesicht zur Erde gewandt, um es vor Schlägen und Stößen zu schützen.

Wie nun jederman nicht anders gemeinet, als das ich bereits von ihnen erschlagen gewesen, maßen niemand hinzutreten und mir aus Respeckt gegen Hr. Zur Mühlen, welcher in Person mit dabei gestanden und das Commando zu meinem Verderb geführt, Assistenz leisten dürffen, ist man nach meines Bruders[84] *Haus gelauffen, (hat dort) mit großer Hef-tigkeit angeschlagen, mich daselbst tod gesaget, da den mein kranker Bruder in seinen Unterkleidern aufs Hochzeitshaus gekommen und mich mehr einem Todten als lebendigen Menschen ehnlich vor sich gefunden.*

Und wie Her. Herman Zur Mühlen an diesem allen noch nicht erset-tiget gewesen, ... habe ich endlich in den Winkel mich retiriret und mein Messer ... in äußerster Noht ergreiffen müssen, sagende: „nun kan ich auch nicht mehr, der erste, der nur an mich kombt, sol mir das Leben nehmen, oder ich wil es ihm nehmen“. Durch das Hinzutreten von Arend Stippel sei er endlich zufrieden gelassen worden. Seine Perücke, Taftmantel und Hut aber hätte man ihm gewaltsam abgerissen, gleich-sam als Siegeszeichen hinweggebracht und bis zur Stunde vorsätzlich vorenthalten.

In Thießens Klageschrift wird Hermann zur Mühlen ausdrücklich als Glied des Rates der Vorwurf gemacht, wider die göttlichen und weltlichen Gesetze, wider die Nächstenliebe, wider seinen eigenen Respekt und des ganzen Rates Autorität gehandelt, statt Eintracht her-gestellt zu haben. Thießen bittet den Rat, die Beklagten zu einer dem Fiscus anheimfallenden Geldstrafe sowie zu einer Abbitte und zur Wie-dererstattung aller ihm verursachten Expensen usw. und Bezahlung des Mantels, der Perücke und des Hutes zu verurteilen.

Am 6. November 1677 wurde die Anklage vor dem Rat verlesen, doch der Fall wurde vertagt, weil der anwesende Sekretär Alberti, eine

---

[84] Thießens Bruder im Bürgerbuch nicht erwähnt.

integre Persönlichkeit von allgemein hoher Wertschätzung, sich weigerte, Protokoll zu führen[85]. Vielleicht fühlte er sich durch persönliche Beziehungen zu einem der Beteiligten befangen oder wollte nicht Zeuge falscher Aussagen der einen oder anderen Seite vor Gericht werden. Thießen selbst war nicht erschienen. Hermann zur Mühlen konnte als Beklagter lediglich eine Schrift übergeben, in der er von Thießen eine Kaution begehrte und von ihm und seinem Anwalt Derling eine eidliche Aussage verlangte, wer der *Concipient* der Anklageschrift sei. Daraus geht klar hervor, daß er die Darstellung der Vorgänge durch Thießen als Verleumdung betrachtete und Zweifel an der Urheberschaft des Klägers hatte. Mit der Kaution sollte eine Strafezahlung im Falle einer Verurteilung Thießens wegen Verleumdung sichergestellt werden.

Eine Gegendarstellung der zweiten Schlägerei durch Hermann zur Mühlen ist nicht erhalten, doch muß man aus dem Verlauf der Verhandlungen, die am 15. Januar 1678 erst richtig begonnen wurden, schließen, daß es der Kläger den Beklagten nicht allzu schwer gemacht hat, seine Behauptungen zu widerlegen, zumal er sich gar nicht um Beweise bemühte, sondern auf die ihm als Kläger zustehenden *Rechtswohldaten* hinwies, von *überflüssigen* Beweisen *unbeladen zu sein, die in einem so großen Tumult fast schwer fallen* würden. Mit anderen Worten: der Kläger behauptete, nicht unter Beweiszwang zu stehen, sondern sich auf die Offenkundigkeit des Faktischen gründen zu können.

Tatsächlich steht die Schrift aber auf schwachen Füßen. Erhalten ist die Einrede des Andreas Stampehl[86], der ja ebenfalls von Thießen beschuldigt wird. Stampehl führt aus, daß er mit seinem Schwager, dem Pastor Kohsen, das Hochzeitshaus verlassen habe und erst wiedergekehrt sei, als Salmuth schon blutig geschlagen war; er habe noch am Musikantentisch mit Thießen geredet und dann seine Schwester, die Pastorin Kohsen, bei der Hand genommen und nach Hause gebracht. Ins Hochzeitshaus sei er nicht wieder zurückgekehrt. Stampehl fordert daher vom Kläger Genugtuung und weist darauf hin, daß der Beklagte entschädigt werden müsse, wenn die Klage nicht bewiesen sei. Er bittet, dem Kläger eine „gehörige" Strafe beizumessen.

---

[85] Andreas Alberti, Ratssekretär 1673–78 und 1681–86, Ratsherr 1678–81, vgl. Bunge, S. 62, 76, und Pezold, S. 178ff., 270, 272. Die Verhandlungen sind den Ratsprotokollen 1677–79 entnommen und nach dem jeweils angegebenen Datum nachweisbar.

[86] RStA, B.j. 58, das einzige nicht polemische Dokument der Akte.

Salmuth sieht in Thießens Klage eine prozeßrechtliche Finesse, die dahin ziele, sich des wichtigen Zeugnisses des Ratsherrn Hermann zur Mühlen über den Verlauf der ersten Schlägerei zu entziehen, indem er ihn zum Beteiligten zu machen suche, dessen Aussage nicht als unparteiisch gewertet werden könne. In Wirklichkeit habe der Ratsherr nicht mehr getan, als was ihm *nomine officii* obgelegen. Solche Entziehungen von Zeugen seien aber verboten und stünden unter der Strafe des Verlustes des Prozesses.

So sollte also Thießens Klage als Verleumdung aus den Angeln gehoben und der Verleumder verurteilt werden; damit rechnete auch Hermann zur Mühlen mit seinen Forderungen. So wurde aus einer Verhandlung gegen den Ratsherrn eine Verhandlung gegen Thießen. Bezeichnend ist, daß im Ratsprotokoll vom 5. Februar die Überschrift zu diesem Thema *Aßmus Tieß contra Hr. Hermann Zur Mühlen* so mit den Ziffern 1 bis 7 überschrieben wurde, daß sich die Reihenfolge ergibt: Hr. Hermann zur Mühlen contra Aßmus Tieß.

Die Verhandlungen zogen sich hin. Thießen erschien nicht vor dem Rat, sondern wurde stets nur durch den Advokaten Derling vertreten. Zur Kautionsforderung meinte dieser, sein Mandant besäße zwar keine Immobilien, hätte sich aber im Handel *dermaßen festgesetzet, daß er dieses Prozesses halber nicht entlauffen würde.* Tießen würde den Verfasser gern nennen, wenn Hermann zur Mühlen sich zum *juramentum calumniae* bereit erklärte, das heißt zu einer eidesstattlichen Erklärung, daß er durch die Klage verleumdet worden.

Am 5. Februar sprach der Rat den Kläger als eines ehrlichen Bürgers Sohn, der mit dem Vater gleiches Recht genieße, von der Last einer Kaution frei, doch habe er eidlich zu bekennen, wer der Konzipient der Klage sei; *und hat dargegen das geforderte juramentum calumniae als an diesen Stadtgerichten nicht practicabel keine statt.* Damit blieb die Beweislast beim Kläger.

Am 1. März 1678 erschien Derling wieder allein und erklärte, daß er selbst die Schrift verfertigt habe, er sei keines anderen Briefträger. Der Rat bestand auf dem persönlichen Erscheinen Thießens und bedrohte ihn bei einer weiteren Verhandlung am 3. Mai sogar mit einer Strafe von 10 Rtl. Vermutlich war es Derling, der seinen Mandanten davon abhielt, vor dem Rat zu erscheinen; er fürchtete wohl, von ihm bloßgestellt zu werden.

Am 7. Mai endlich begnügte sich zur Mühlen mit der Vorlage eines von Thießen unterzeichneten schriftlichen Eides, den Derling übergab.

Das Schriftstück war unmittelbar nach der letzten Verhandlung von Thießen und Derling gemeinsam konzipiert worden. Es lautet:

Juramentum Asmi Tiesen, d. d. 3. May 1678. Demnach ein wolledler und hochweiser Rath auff Anhalten Herrn Herman zur Mühlen verabschiedet, daß ich, wer die Schrifft, so ich wieder H. Zur Mühlen eingegeben, gemachet, bey meinem Eyde außagen soll, alß bekenne hiemit öffentlich, daß der Advocatus H. Magnus Derling, alß der sie öffentlich beweisen, selber conciprret und unter der Abschrifft seines Handtschreibens mir zugesandt, und also ich außer ihm, Derlingen, von keinem anderen Concipienten weiß, so wahr mich Gott helff. Asmus Tiesen Junior.

Kläger und Anwalt standen nicht im besten Licht da. Die Verhandlungen über den Tatbestand der Verleumdung zogen sich noch lange hin. Am 16. November 1678 wurde eine Kommission mit Bürgermeister von Rosenkron an der Spitze, den Ratsherren Hinrich Stampehl, Ernst Hahn, Jobst Dunte und dem Sekretär Fortschius gebildet. Am 14. Januar 1679, als zum letzten Mal vor dem Rat in dieser Sache verhandelt wurde, drängte zur Mühlen auf Erledigung der Angelegenheit, während Derling, der wieder allein erschienen war, sie eher zu verzögern versuchte: wäre die Sache nicht an die Kommission verwiesen worden, so wäre er mit seinem Beweise schon längst *eingekommen,* behauptete er; nun erwarte er die Vorschläge der Kommission. Damit verliert sich der Prozeß in für uns nicht zugänglichen, vielleicht auch nicht mehr vorhandenen Aufzeichnungen der Kommission.

Der heutige Leser staunt zunächst über das Maß an Rohheit und Gewalt, dann über die Unverfrorenheit, mit der ein Advokat Erlebnisse seines Mandanten aufbauschte und ausschmückte, wenn nicht sogar erfand, vielleicht um seinen eigenen Kopf aus der Schlinge zu ziehen, in der er wegen der ersten Schlägerei steckte. Was Wahrheit, was Erfindung in dieser monströsen Klage ist, fragt man sich heute vergebens.

Tafel 1: Die Lehmstraße in Reval mit zur Mühlenschen Häusern. Vorn ganz links das Haus des Blasius thor Moelen (16. Jh.), zuletzt im Besitz des Eberhard zur Mühlen († 1763), gegenüber, gleich hinter den Giebeln, das Haus von Hermann Johann († 1789).

Tafel 2: Wetterfahne von 1666 mit Initialen HZM. Eine der typischen und zugleich eine der ältesten Revaler Wetterfahnen trägt die Initialen des Ratsherrn Hermann zur Mühlen. (Hier auf dem Hof des Museums der Estländischen Literärischen Gesellschaft.)

Tafel 3: Innenportal mit Allianzwappen von 1687. Portal im Innern des Hauses „Drei Kronen" in der Rußstraße, das Thomas zur Mühlen kaufte und umbauen ließ. Unter der Büste das Allianzwappen zur Mühlen/Ratken.

Tafel 4: Das Haus der Schwarzenhäupter in der Langstraße. Rechts davon das Haus der früheren Olaigilde mit den Wappen Burchart und zur Mühlen (ganz rechts).

Tafel 5: Das Wappen der Dorothea Elisabeth zur Mühlen, vermählt mit Gottlieb Burchart, am Burchartschen Hause in der Langstraße (früher Olaigilde) (1749).

Tafel 6: Wohnhaus und Nebengebäude des Bernhard Heinrich zur Mühlen, unmittelbar neben dem Hause der Großen Gilde (links, nicht im Bild), im Hintergrund der Turm der Hl. Geistkirche.

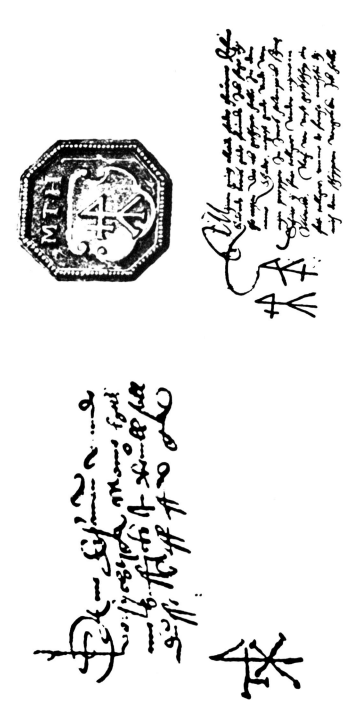

Tafel 7: Zum Gebrauch der Hausmarken im 16. Jahrhundert. Links: Briefadresse von Hermen thor Moelens Hand mit der Hausmarke des Adressaten Helmich Vicke, 1537 („Deme Ersamen vnde vorsychtigen Manne Hellmich Ffycke In Reuell soll dusse breff aff to geuen"). – Rechts oben: thor Moelens Hausmarke als Siegel auf einer Quittung für empfangene Pfahlgelder, 1547, stark vergrößert (nach Nottbeck, Siegel). – Rechts unten: Aus einem Brief Hermen thor Moelens an seinen Handelsdiener und Gesellschafter: Kennzeichnung der Warensendungen „vor myn propper" und „vor vnse geselschop" mit verschiedenen Hausmarken, 1553 (zeitgenössische Kopie, verkleinert).

V. DAS ENDE DER SCHWEDENZEIT

Die zu Ende gehende schwedische Epoche stand für Reval im Zeichen der Niederlage im Kampf gegen die absolute Herrschaft des schwedischen Königtums. Die Einführung des Justizbürgermeisters war nur eine, wenn auch die einschneidendste in einer Reihe von Maßnahmen des Königs. Die Güterreduktion, die in erster Linie den Adel betraf, indem mehr als ein Drittel seines Besitzes in Estland, weit mehr noch in Livland, als Eigentum der Krone erklärt wurde, fand auch gegenüber Reval Anwendung (1689). Darunter fielen die Inseln Nargen, Wulf und Karlos, die Halbinsel Ziegelskoppel und die von den Bürgern genutzten Ländereien in der Stadtmark außerhalb der Stadtmauer, einschließlich der von Königin Christina den Bürgern geschenkten, seitdem Christinental benannten Heuschläge. Dazu gehörte auch die Klosterkirche St. Michael. Nargen und Wulf gingen so für immer der Stadt verloren, während für die übrigen Ländereien ein Aufschub bewirkt wurde. Damit blieben den Bürgern ihre Besitzungen in der bisherigen Rechtsform erhalten.

Ein weiterer Eingriff des Königs, der nicht so sehr die Bürger wie die Stadt als Ganzes betraf, war die Einführung der neuen Kirchenordnung, durch die das städtische Episkopalrecht aufgehoben und Reval unter Auflösung des Stadtkonsistoriums dem lutherischen Bistum Estland einverleibt wurde[1].

Diese Vorgänge lösten große Verbitterung aus, wenn sie auch nicht den existenzbedrohenden Charakter hatten wie die Güterreduktion in Livland und die Aufhebung des livländischen Landesstaates durch den König (1694). Sie zeigen, daß auch Reval nicht verschont blieb in der Auseinandersetzung der alten Stände mit der jungen Macht des schwedischen absoluten Königtums, einer Auseinandersetzung, die schließlich in den Kampf der Großmächte Schweden und Rußland einmündete und mit dem Ende der schwedischen Herrschaft in Est- und Livland abgeschlosssen war.

---

[1] Nottbeck/Neumann I, S. 194f.; Wittram, Geschichte, S. 99ff.

1. Thomas zur Mühlen und seine Familie

Hermanns ältester Sohn Thomas ist ihm in mancher Hinsicht ähnlich. Als Kaufmann großzügig und unternehmend, erfolgreich bestrebt, seinen Besitz zu mehren, und auch im Temperament seines Vaters würdig, läßt er sich keine depressive Stimmung anmerken. Er wird Ratsherr zu einer Zeit, als die innenpolitische Auseinandersetzung schon lange zu Revals Ungunsten entschieden ist. Auf das private Leben seiner Familie wirkt sich erst der Ausbruch des Nordischen Krieges mit seinen Begleiterscheinungen und Einschränkungen spürbar aus.

Am 7. Oktober 1649 geboren, beendet Thomas 1670 seine Lehrzeit und bereist in den folgenden vier Jahren Schweden, Deutschland, Holland und England. Am 8. November 1675 vermählt er sich mit Jungfer Margaretha Ratken, Caspars Tochter. „Mit derselben lebte er bis Ao. 1687 den 27. September und zeugte mit ihr fünf Söhne und drei Töchter", heißt es in einer verlorenen Quelle des Familienarchivs[2]. Margaretha wurde am 6. Oktober 1687 begraben. Über sie schrieb Thomas einige Monate später: *Es hatt mier der gruntgütige Gott durch seinen vätterlichen Willen mit gaer großen Haußkreütze heimgesuchett vnt meinen aller edleste Freihde undt Schatz dieser Welt von meiner Seihte apgerufen, derer freyzeihtiges Apsterben ich nicht genugsahme beweihnen undt betrauwern kan, den die edle sahlige liebe Sehle eine Tugent unt Spiegel aller Frauen war, desen Apsterben auch von gaer Fremden hochbetrauwert wirt. Ich behte in meiner menschl. Schwackheit, das mein edle sahlige liebe Sehle sich viehl zu Gemüthe habe wegen den erhandelten Hauß gezogen; den wier als junge Leihte (haben) solchen schweren Haußbauw unt Kauf zu unsern Rujien auff uns gelahden in dieser gaer beschwerlichen, schlegten Zeiht ...*

Dieser Nachrut auf die betrauerte Frau – eine der wenigen Quellen über weibliche Gestalten in der Familiengeschichte – war ehrlich gemeint, doch sollte er auch den Empfänger des Schreibens und Verkäufer des erwähnten Hauses beeindrucken, den Grafen Bielke, dem Thomas noch einiges schuldig geblieben war[3].

Obwohl Thomas durch Handel und Erbschaften nach und nach zu Wohlstand kam, mag es ihm an flüssigen Mitteln gefehlt haben. Das väterliche Haus war noch bewohnt, ebenso ein Wohnhaus, das ihm aus

---

[2] FG I.
[3] StRA, Bielkesamlingen Bd. E 2098.

der Ratgenschen Erbschaft 1684 zufiel. Er wohnte also noch zur Miete. Seine Immobilienerwerbungen beschränkten sich vor dem Vertrag mit Bielke auf einige Gartengrundstücke, darunter zwei Gartenplätze an der Brückstraße mit den darauf befindlichen Gebäuden[4]. Heute verläuft dort die Große Dörptsche Straße.

Am 7. September 1685 schloß Thomas den Kontrakt mit den Bevollmächtigten des Grafen Nils Turesson Bielke, damals Feldmarschalleutnant, über den Kauf eines Hauses in der Mönchenstraße nebst zwei Steinhäusern bei der Stadtmauer und einem Garten vor der Lehmpforte. Das Haus mit dem schönen Namen „Die drei Kronen" bedurfte einer gründlichen Renovierung. Bielke hatte es wohl nie selbst bewohnt. Sein Amt als Generalgouverneur von Estland (seit 20. Januar 1687) trat er gar nicht an, da er schon im April zum Gouverneur von Pommern bestimmt wurde. In den Besitz des Hauses war er 1669 durch Vermählung mit Eva Horn, Tochter und Erbin des 1657 verstorbenen Feldmarschalls Grafen Horn gekommen. Dieser hatte es 1647 erworben und bis zu seiner Ernennung zum Generalgouverneur von Livland (1652) auch bewohnt. In dieser Zeit wurden mehrere seiner Kinder in Reval geboren. Den Namen hatte das Haus wohl von einem sichtbar angebrachten schwedischen Wappen[5].

Laut Kaufkontrakt mußte Thomas die erste Rate von 1000 Rtl. zu Michaelis 1686 bezahlen, ein Jahr später waren weitere 1000 Rtl. fällig. Ein Rest von 600 Rtl. blieb noch offen. An Bielke schrieb Thomas deshalb im erwähnten Brief vom 16. Februar 1688 nach Stettin. Er entschuldigte sich, er hätte in der Annahme, die Excellenz würde in Stockholm erwartet, dem damals mit einer Deputation des Rates in Schweden weilenden Dierich von Schoten, seinem Schwager, die Order gegeben, *Ewer Erl. Hochgeb. Excelenß auffzuwartten, darbey dienstlich unt unterthänig zu bitten, den Kauff weniger zu lasen unt die annoch rückständigen Termien was langer auszustellen, wie ich auch unterthänig unt demühtig ... in meiner gaer grosen Trauer unt Betrübtnis bitte, Ewer Hochgeb. Excelenß, desen Gühtigkeiht noch gerü(hmt) unt gepreisen würt, an mier es auch lasen spü(ren).*

Im lädierten Schreiben deutete Thomas an, daß außer ihm auch ein gewisser Grönewolt eine Anwartschaft auf das Haus gehabt hätte. Um

---

[4] FG I, wo auch die übrigen Immobilienkäufe und -verkäufe erwähnt sind.
[5] Zu Bielke und Horn s. Elgenstierna I, S. 366, und III, S. 667f., zu Bielke auch Schulmann, S. 38. Zum Kauf des Hauses RStA, A.a. 35c, S. 178, 178a. – Vgl. auch Abb. 5 auf S. 161 und Karte 5 vor S. 385.

Bielke seinem Anliegen geneigter zu machen, berichtete er, daß Grönewolt nicht einmal in der Lage wäre, sein eigenes Haus zu behalten, und wenn er bei dem Kauf geblieben wäre, würde *Ihre Erl. Hochgeb. Excelenß in weihtleiffigkeit sein können unt Ihr Gelt nicht erlanget haben.* Er fügte hinzu, daß er schon viel *Mühen, Gelt, Kosten, Herzeleiht* aufgewandt hätte, das Haus jedoch trotzdem in einem Jahr noch nicht bewohnen könne. Er habe es *alles bis auff den Grunt apnehmen unt wieder auffieren* lassen, *es waer nichts Gesundes daran.* Das habe er erst nachher erfahren.

Welchen Erfolg Thomas mit diesem Brief, einem zeitgemäßen Gemisch von geschraubtem Geschäftsstil und Umgangssprache, von Selbstmitleid, Schlauheit und Unterwürfigkeit, hatte, kann dahingestellt bleiben. Fest steht, daß er weiterhin in der Lage war, seine Aus- und Umbauten durchzuführen. Ende August 1688 waren die Bauarbeiten noch nicht beendet, jedoch nicht aus Mangel an Mitteln. Der Nachbar Philipp Conrad Kock, dessen nördlich angrenzendes Grundstück noch innerhalb des einst dem Dominikanerkloster gehörenden Areals lag und durch die frühere Klostermauer getrennt war, hatte Einspruch erhoben.

Philipp Kock und Thomas zur Mühlen wandten sich an den Rat mit der Bitte, ihren Baustreit zu schlichten. Am Nachmittag des 30. August 1688[6] erschien eine Kommission, bestehend aus den vier Ratsherren von Geldern, von Wielers, Baade und Reimers und dem Sekretär Gottschildt[7] im Hause „Die drei Kronen". Thomas bedankte sich für die Mühewaltung und führte die Herren auf den Hof. Dort zeigte er ihnen sein Vorhaben: links an der alten Klostermauer sollte ein Brauhaus entstehen. Den Schornstein hatte Thomas etwas weiter ab von der Mauer errichten lassen. Gegen den Bau des Brauhauses protestierte aber Kock, weil es ihn, besonders bei Südwind, in äußerste Gefahr bringen würde. Gegen Thomas' Absicht, das Dach des Brauhauses entsprechend höher hinaufziehen zu lassen, damit Kock von den Funken nichts zu befürchten habe, wandte Kock ein, dazu sei er von Amts wegen nicht befugt. Doch Thomas verwies auf ein Protokoll, das vor Beginn der Bauarbeiten von Sekretär Hetling aufgesetzt worden war.

---

[6] RStA, Rstr. 60, S. 223.
[7] Zur Identifizierung der genannten Personen vgl. das Personenregister, zu Reimers außerdem DBBL, S. 616.

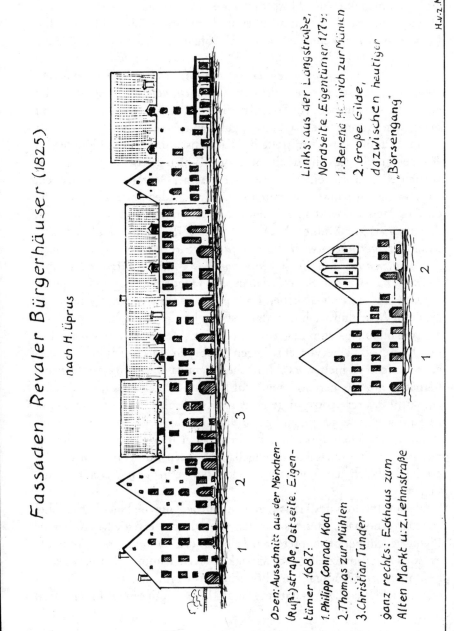

Fassaden Revaler Bürgerhäuser (1825)

nach H. Üprus

Oben: Ausschnitt aus der Mönchen-
(Ruß-)straße, Ostseite. Eigentümer 1687:
1. Philipp Conrad Koch
2. Thomas zur Mühlen
3. Christian Tunder

ganz rechts: Eckhaus zum
Alten Markt u. z. Lehmstraße

Links: aus der Langstraße,
Nordseite. Eigentümer 1774:
1. Berend Henrich zur Mühlen
2. Große Gilde,
dazwischen heutiger
"Börsengang"

H. z. M.

Abb. 5

So wude hin und her disputiert. Es ging auch um Kocks Absicht, eine Kammer über der Hofpforte zu erweitern, um Kocks Stall oder Scheuer, um Luftlöcher und Luken und um ihre Größe, schließlich um Mauern und Planken zwischen den Hofgärten: *Und weilen dieselbe verfallen, bitte er Kocken dahin zu halten, daß er selbige mit bauen mögte, damit nicht, wenn die Herren vom Adel, so bey Kocken einlägen, einkämen, von dero Gesinde ihm kein Schaden zugefüget werden könte.* Es scheint bei dem Streit friedlich hergegangen zu sein und mit sachlichen Argumenten. Über einiges konnten sich die beiden sofort einigen, im übrigen vermittelte die Kommission. Kock willigte in den Bau des Brauhauses ein, doch sollte zur Mühlen den Schornstein höher aufrichten und mit einer Fliese oder einem „Gewölbe" überdecken, darüber hinaus sollte er gehalten sein, für Schäden aufzukommen, die durch seinen Schornstein entstanden. Unter anderem wurde festgelegt, daß Thomas zur Mühlen *Kocken auch verstatten und zugeben wolte, seine Kammer über der Hoffpforte noch etwas weiter in den Hof aus-zubauen, jedoch daß Kock keine von zur Mühlen daselbst habende Lufft verbauen möge.* So schied man nach Handstreckung im Frieden.

Das Haus lag am westlichen Ende eines langgestreckten Grundstük-kes; den Abschluß nach der Mauerstraße hin, am östlichen Ende, bil-dete ein Steinhaus zum Lagern von Korn. Es war, wie aus einem späte-ren Kriminalfall hervorgeht, gegen Einbruch durch Traillen abgesi-chert. Jedoch sie hielten zwei Burschen nicht davon ab, in einer Dezem-bernacht einzusteigen und neun Lof Roggen zu stehlen, die ein dritter, ein vorbestrafter „rotse Jürgen", ein Schwede also, in Empfang nahm. Er kam wegen seiner Jugend glimpflich davon: laut Urteil sollte er am Pranger gestrichen und „zu zeitlichen Tagen aus der Stadt verwiesen" werden[8]. – Die übrigen Nebengebäude waren nur vom Hof aus zu erreichen. Nach dem Stadtgrundriß lehnten sie an der früheren Kloster-mauer.

Was im Inneren des Hauses gebaut wurde, ging die Nachbarn nichts an. Daß Thomas „alles bis auf den Grund" niederreißen ließ, wie er Bielke gegenüber behauptete, wird eine Übertreibung gewesen sein. Da er noch mit finanziellen Schwierigkeiten zu kämpfen hatte, wird er besonders aufwendige Verschönerungen vermieden haben. Um so erstaunlicher ist die Ausstattung seines Hauses mit einem Innenportal

---

[8] FG I. Der Einbruch fand im Dezember 1697 statt und wurde 1698 vor dem Rat verhandelt. Neun Lof sind ungefähr 350 Liter.

in kunstvoller Bildhauer- oder Stuckarbeit mit Stilmerkmalen des späten 17. Jahrhunderts, das in unseren Tagen noch vorhanden war (vgl.
Taf. 3). Seine Herkunft, vielleicht auch seine frühere Verwendung sind
unbekannt. Bemerkenswert sind die allegorischen Figuren zu beiden
Seiten und der Türsturz, der mit einem von zwei Putten gehaltenen und
von einer Büste gekrönten Wappenmedaillon überhöht ist. Es erinnert
an Portale, die damals in Narva geschaffen wurden. Zweifellos hat Thomas zur Mühlen die Jahreszahl 1687 – es war das Todesjahr seiner Frau
– und die Modellierung des zur Mühlen-Ratkenschen Allianzwappens
veranlaßt, doch das Portal selbst kann er vom Vorbesitzer übernommen
haben. Die Büste stellt einen mit Lorbeer bekränzten römischen (?)
Feldherrn dar und sollte wohl zu schwedischen Siegen des 17. Jahrhunderts einen allegorischen Bezug haben, den das später eingefügte
Allianzwappen hat vergessen lassen. Vielleicht befand sich dort
ursprünglich das schwedische Wappen mit den drei Kronen, das dem
Hause den Namen gegeben haben mag[9].

Schon vor seiner zweiten Eheschließung hatte Thomas einige Erbschaften antreten können. 1684 teilte er sich mit seinem Schwager Her-
mann Kahl in das Erbe seines verstorbenen Schwiegervaters Ratken.
Da war erstens das Gut Morras im Kirchspiel Kegel in Harrien, belastet
durch Forderungen von Landrat Fock und Mannrichter Schulmann im
Umfang von 1400 Rtl., dann das große, von Hermann Kahl bewohnte
Wohnhaus in der Mönchenstraße, Ecke Apothekerstraße, neben
Berendt von Thierens Weinkeller nebst einem kleinen Hause und dazu-
gehörigen Steinhäusern und einem sogenannten Holzraum vor der
Kleinen Strandpforte. Die größte Einheit bildete die Immission auf das
Gut Kattentack im Werte von 9100 Rtl., abzüglich 1300 Rtl. Schulden.
Die Schwäger einigten sich dahin, daß Kahl die Kattentack-Immission
erhielt, Thomas das Gut Morras und das von Kahl bewohnte Haus in
der Mönchenstraße. Bei einer Gleichsetzung der Teile ergibt sich für

---

[9] Den stilkritischen Hinweis verdanke ich der freundlichen Zuschrift von
Herrn Professor Sten Karling, Stockholm, der der Büste über dem Türsturz eher
dekorative Bedeutung ohne portraithafte Ähnlichkeit beimessen will. Bei einigem
„guten Willen" könnte man dennoch eine Ähnlichkeit mit König Karl X. Gustav
sehen. – Auf Anfrage in Reval wußte die verstorbene estnische Kunsthistorikerin
H. Üprus zu berichten, daß die Seitenteile des Portals sich auf dem Dachboden
des Schwarzenhäupterhauses befänden. – Die Bezeichnung „Die drei Kronen"
für das Haus kann nicht vom Wappen der Grafen Bielke oder Horn herrühren.

Morras und die städtischen Immobilien ein Bruttowert von 9200 Rtl.
Erst nachdem Kahl verstorben war und seine Witwe Christina Ratken
sich mit Elias Meyer wiedervermählt hatte, ließ dieser 1695 das „Sterb-
haus" Kahls auf den Namen Thomas zur Mühlen zuzeichnen[10].

Außer dem Ausbau des Hauses, in dem er wohnte, sehen wir bei
Thomas keine großen finanziellen Belastungen. 1689 kaufte er von Stippels Erben eine Parzelle im sogenannten „Christinen-Dahl", westlich
der Landstraße nach Pernau „am Scheidewege", in der Wachselbergschen Karte von 1688 als Stippels Hof zu erkennen[11] und später unter
dem Namen Springtal bekannt. 1690 trat er gleich zwei bedeutende
Erbschaften an, und zwar die von seinem Vater Hermann zur Mühlen
und vom Großvater seiner verstorbenen Frau Margaretha, Bürgermeister Konrad Meuseler.

Aus einem späteren Rechtsstreit[12] zwischen Thomas und seinem
jüngsten Bruder Hinrich ist zu entnehmen, daß dieser bei einer Teilung
des väterlichen „Sterbhauses", gemeint ist der ganze Nachlaß des
Vaters, ein Fünftel zu bekommen hatte. In einem beigefügten Konto
wird ein Betrag von 2469 Rtl. genannt. Der ganze Nachlaß belief sich
also auf einen Wert von 12345 Rtl., der auf die fünf Geschwister gleich-
mäßig aufgeteilt wurde.

Größer noch war die Hinterlassenschaft von Bürgermeister Meuseler
(1690)[13]. Sie bestand aus folgenden Immobilien:

---

[10] RStA, Rstr. 60, S. 244. Aus der Aufteilung der Erbschaft zu zwei gleichen
Teilen ergibt sich folgende Gleichung:

Hermann Kahl:	Thomas zur Mühlen:		
Kattentack – 9100 Rtl.	Haus in der Mönchenstraße	}	(9200 Rtl.)
	Morras		
Belastung – 1300 Rtl.	Belastung auf Morras		1400 Rtl.
7800 Rtl.			7800 Rtl.

[11] FG I; die Wachselbergsche Karte bei Nottbeck, Immobilienbesitz. Stippels
Hof ist dort zu weit nördlich eingezeichnet.
[12] FG I; RStA, Rstr. 60, S. 270.
[13] RStA, A.a. 35, S. 180aff. Cort Meuseler, auch Mühseler, Meusler usw., 1638
Bg., 1652 Rh. Vgl. Publ. 7 und Bunge, Rathslinie.

Das Gut Seinigal, nach ihm estn. Müüsleri môis genannt	10500 Rtl.
das Wohnhaus in der Lehmstraße mit dazugehörigen Steinhäusern in der Mönchenstraße, einem Holzraum vor der Lehmpforte und einem Garten vor der Karripforte, zusammen	4000 Rtl.
ein Steinhaus am Alten Markt	1000 Rtl.
ein Grundstück in Christinenthal mit Zubehör	1000 Rtl.
eine Obligation der Tochter Christina	400 Rtl.
Summa	16900 Rtl.

Davon waren auf dem Gut Seinigal lastende Schulden im Wert von 1000 Rtl. und eine auf dem Sterbhause lastende Kreditschuld von 900 Rtl. abzuziehen. Das Erbe Meuselers entsprach somit einem Wert von 15000 Rtl. Entsprechend der vom Erblasser bestimmten Dreiteilung seines Nachlasses auf seine Nachkommen entfielen auf Thomas zur Mühlen und seinen Schwager Hermann Kahl je ein Sechstel, auf die Witwe Hasenkrug und den verwitweten Albrecht Blanckenhagen je ein Drittel des gesamten Erbes:

Conrad Meuseler, 1690 †

Margaretha, 1690 †	Christina	Anna, 1690 †
⚭ Caspar Ratken	⚭ Johann Hasenkrug	⚭ Albrecht
† 1682	† 1683	Blanckenhagen

Margaretha Ratken,	Christine Ratken
† 1687	⚭ I Hermann Kahl,
⚭ Thomas	1692 †
zur Mühlen	⚭ II Elias Meyer

Das Gut Seinigal erhielten gemeinsam Thomas zur Mühlen und Albrecht Blanckenhagen. Da Thomas auf diese Weise weit mehr als ein Sechstel der Erbschaft erhielt, mußte er insgesamt 2750 Rtl. zur weiteren Aufteilung herausrücken. Hermann Kahl wurden städtische Immobilien zugesprochen, Christina Hasenkrug bekam von den Miterben bares Geld.

Thomas und Blanckenhagen vereinbarten über Seinigal, alle zwei bis drei Jahre „Kommando und Disposition" zu wechseln und die Einkünfte zu teilen: der Amtmann und die anderen Hofbedienten sollten unter beider Kommando stehen. Auf die Dauer konnte so ein Arrangement nicht funktionieren. Als jeder zwei Jahre lang das Kommando ausgeübt hatte, veräußerte Thomas seine Hälfte an den Mitbesitzer zum gleichen Wert. 4000 Rtl. sollten gleich ausgezahlt werden, für die restlichen 1250 Rtl. hatte Blanckenhagen Zinsen zu 6 Prozent zu zahlen. Doch Meinungsverschiedenheiten über die Abzahlung führten zu einem Prozeß, der sich durch viele Jahre hinzog.

Sowohl bei Seinigal wie bei Morras handelte es sich um unverzinslichen, erblichen Pfandbesitz an Rittergütern, der dem Besitzer nicht Sitz und Stimme auf dem Landtag verlieh, aber sonst dem erblichen Eigentum weitgehend entsprach, vor allem gestattete es dem Pfandherrn unumschränkte Disposition und Nutzung des Pfandgutes. Es war nur durch das Recht des Eigentümers auf Einlösung des Gutes nach Ablauf der Pfandjahre eingeschränkt. Die Verpfändung entsprach praktisch einem Verkauf, der Pfandschilling dem vollen Wert des Gutes. Nur so konnten Revaler Bürger zu Landbesitz kommen. Vom Eigentum an „adeligen Gütern" waren sie 1662 durch eine Resolution der schwedischen Vormundschaftsregierung ausdrücklich ausgeschlossen worden. Für die allein eigentumsberechtigten Edelleute hatte das Pfandbesitzrecht den Vorteil, daß sie ihren Besitz auch an Revaler Bürger veräußern konnten. Dies geschah durch Pfandkontrakt oder Immission. Doch konnten sie ihre Güter auch an Bürger „verarrendieren", das heißt verpachten[14].

Durch Immission erlangte Thomas zur Mühlen das Besitzrecht am Gute Kandel im Kirchspiel Haljall in Wierland (vor 1694) und an Koddil im Kirchspiel Rappel in Harrien (1693). Durch Pfandkontrakt erwarb er am 4. April 1700 das Gut Kattentack (im Kirchspiel Goldenbeck oder Haljall?) auf 15 Jahre. Auch die Güter Saximois im Kirchspiel Katharinen in Wierland und Kurrisal, Kirchspiel Matthäi in Jerwen, sollen in seinem Besitz gewesen sein[15].

In keinem Falle, abgesehen vom zweijährigen „Kommando" in Seinigal, befaßte Thomas sich längere Zeit mit der direkten Nutzung der Gutswirtschaft. Das Gut Kandel cedierte er 1694 seinem jüngsten Bruder Hinrich. Koddil wurde 1693, wenigstens zu einem Teil, an einen der Schuldner, Claus Taube, und Kattentack 1701 an den Major Georg Diedrich Paikul verarrendiert, und zwar einschließlich der bäuerlichen Dienste. Auf die Möglichkeit, als Erzeuger und Revaler Kaufmann

---

[14] Wistinghausen, Beiträge, S. XII, XIV.
[15] Nach FG I, dort ohne Nachweis.

direkt Getreide ohne Zwischenhandel in größerem Umfange zu exportieren, verzichtete Thomas, vermutlich weil die Eintreibung von Pachtschulden der einfachere Weg war, zu Geld oder Geldeswert zu kommen, also auch zu Getreide für den Export.

Über direkte Beziehungen der bürgerlichen Pfandherren zu ihren Besitzungen wissen wir wenig. Offenbar sahen sie diese nur als Ausbeutungsobjekte an. Claus Taube hatte mit einem Stück Land auch das Wohnhaus von Koddil bis Michaelis 1693 gepachtet. Als dieser Termin ablief, ließ Thomas, obschon Taube sich zur Räumung des Wohnhauses bereit erklärte, letzteres sofort abreißen und die darin befindlichen Sachen gewaltsam wegführen. Seinen Leuten soll er befohlen haben, Taube niederzuschießen, falls er sich widersetzen sollte. Taube verklagte ihn darauf beim Oberlandgericht, dem obersten Gerichtsorgan der Ritterschaft. Thomas erklärte vor Gericht, er habe das Haus niederreißen lassen, weil der Kläger es trotz mehrfacher Aufforderung nicht habe räumen wollen. Am 26. Mai 1694 verurteilte ihn das Oberlandgericht wegen geübter Gewalt zur Zahlung von 50 Rtl. Strafe und Restitution der weggeführten Sachen[16]. Es ist aber nichts bekannt von einer Absicht des Thomas, an Stelle des alten Wohnhauses ein neues zu errichten.

Seinem Vater nicht unähnlich, war Thomas zur Mühlen wiederholt in Prozesse verstrickt. Die eigene Verwandtschaft wurde bei seinen Rechtshändeln nicht ausgenommen, wenn es um Vermögensfragen ging. Über den Streit mit dem Rittmeister Hinrich werden wir noch hören. Auch mit der Frau seines Sohnes Conrad, der als schwedischer Offizier im Kriege war, gab es eine scharfe Auseinandersetzung. Ob die Abwesenheit der beiden Offiziere ihn zu besonders rücksichtslosem Verhalten verleitete und gütliche Regelungen erschwerte, ist den Akten nicht zu entnehmen.

Thomas' Schwiegertochter Katharina Korbmacher hatte eine „Protestatio" gegen eine gerichtliche Erklärung ihres Schwiegervaters beim Rat eingereicht, auf die Thomas in einem erbosten Schreiben an Bürgermeister und sämtliche Herren des Rates[17] reagierte: In diesem Schreiben hält Thomas sich zugute, daß er, obwohl seine väterliche Zuneigung gegenüber allen seinen Kindern gleich sei und er sich *deßfalß für sie alle sauer werden laße*, seinen Sohn, den Kapitän Conrad

---

[16] Greiffenhagen, S. 505.
[17] RStA, Rstr. 60, S. 228.

Hermann zur Mühlen weit mehr als die anderen und als ihm de jure zukomme, habe genießen lassen; er erkennt an, daß sein Sohn ihm stets Respekt erwiesen und niemals sein Recht gefordert habe. Es sei ihm aber befremdlich, daß *deßen Fr. Eheliebste* sich habe unterstehen dürfen, in einer eingegebenen Schrift nicht allein wider seine gerichtliche Erklärung zu protestieren, sondern von ihm auch „Recht und Beweis" zu fordern. *Dieses unfreundliche Verfahren ist nicht die rechte Mannier, seiner Eltern und Schwiegereltern Zuneigung zu unterhalten oder auch dieselbe zu erlangen. Ja, dennoch wil ich ihr diese Übereilung alß einer Frauensperson dieses Mahl zwar zugute halten und wäre eß mir leicht, ihr ... zu rechte zu helfen.* Er fühle sich aber nicht schuldig, erachte es auch als ganz unnötig, sich hierüber mit ihr einzulassen, *weilen rechtens nach einer Frauenspersohn nicht zustehet, ohne Vorwißen und Beystand ihres Mannes alß ehelichen Curatoris vor Gerichte zu agieren* (und noch) *weniger unter ihren Nahmen einen Schrifftwechsel anzufangen.* Da er nun ihre *unzimliche Protestation und Bitte schlechterdinges reprotestando abfertige und ihr keine Rede noch Antwort gestehe,* beantrage er, sie dahin anzuweisen, daß sie den Respekt, den sie sowohl gegen ihn als ihren Schwiegervater als auch gegen ihren Eheliebsten schuldig sei, forthin beobachte etc.

Ganz Kind seiner Zeit, beruft sich der Verfasser in seiner aufschlußreichen Reprotestatio auf herrschende gesellschaftliche Verhältnisse. Aber das Schreiben verrät auch einiges über die Persönlichkeit seines Verfassers, der sich durch das Vorgehen der Schwiegertochter so verletzt fühlt wie nur einer, der von seiner Würde durchdrungen ist.

Thomas ist ein erfolgreicher und wohlhabender Kaufmann und als Ratsherr, demnächst Bürgermeister, einer der Repräsentaten der Stadt. Auch er ist ein Vertreter des Barocks in Reval, wie schon sein gewaltsames Vorgehen in Koddil zeigt. Hier aber scheint ihm seine Reputation lädiert.

Erinnern wir uns der Hochzeit des Pastors Closius, wie viel auch immer in den Berichten darüber erlogen sein mag. „So bin ich gewesen, und so habe ich meine Söhne erzogen", soll Hermann ausgerufen und dabei seinen Sohn Thomas immer wieder zu Gewalttaten aufgehetzt haben. In der Lebensart und dem zur Schau getragenen Selbstgefühl waren sich Vater und Sohn ähnlich.

Es war wiederum eine Hochzeit, die Thomas zur Mühlen die Gelegenheit gab, sich zum Ärger anderer Gäste auszuleben. Nüchterner als jene übertriebenen Berichte über die Hochzeit des Pastors sind die Aussagen der Zeugen und das Protokoll des Niedergerichts über das Auftreten des vom Sekretär Nikolaus Hetling beklagten Gastes. Auf der Hochzeit des Sekretärs Johann Henrich Görner[18] erscheint Thomas *ohne Mantel, wohl bezecht.* Es seien *die Gesundheiten dahmahls schon getruncken geweßen und zu dantzen angefangen.* Thomas habe sich *– von dem damahligen Herrn Bräutigam beneventiret und zu sitzen genötiget –* bald bei diesem, bald bei jenem niedergesetzt und, als er den Stuhl beim Ratsverwandten Diedrich Rodde unbesetzt gefunden, sich darauf niedergelassen. Als er Rodde in seiner Nähe sitzen gesehen, sei er aufgestanden und habe sich zu Sekretär Nikolaus Hetling, Kläger in diesem Prozeß, gestellt, sei ihm um den Hals gefallen und habe in dieser Stellung länger, als zur Begrüßung erforderlich, verharrt. Auf Hetlings Nötigung, der Herr sei gebeten und setze sich nieder, habe Thomas mit der Faust nach ihm geschlagen, nach anderen Aussagen *ihm mit den Händen ins Gesicht gefahren und es sehr zerkratzet.* Dem Notar Habbe sei, als er Thomas von Hetling weggezogen, sein *Handblat zerrißen* worden. Thomas dagegen will vom Kläger mit Komplimenten bedacht worden sein und ihn dann mit Gebärden der Freundschaft begrüßt haben, anschließend habe er ihn nicht geschlagen, sondern nur von sich gewiesen oder nach einem Stuhl gegriffen, um sich zu setzen. Von der Behauptung des Beklagten, daß Hetling ihm mit den Händen ins Gesicht gefahren und es zerkratzt und ihn anschließend *auff sich gezogen und gehalten, biß gute Freunde ihn vom Produzenten* (Kläger) *befreyet* hätten, scheinen die Zeugen nichts zu wissen. Beide Seiten behaupten, vom Gegner *für einen Sacramentschen Kerl und Schurken gescholten* worden zu sein, doch lasten die Zeugen diese Verbalinjurien nur dem Beklagten an. Thomas will das Hochzeitshaus noch vor Hetling verlassen haben, doch nach Zeugenaussagen sei er zum andern Mal wieder hereingekommen und habe zu Hetling, der ein Glas Wein in der Hand hatte, gesagt, er sollte ihm das Glas ins Gesicht werfen. Darauf sei Hetling weggegangen.

Die Zeugenvernehmung ist mit dem 12. Dezember 1691 datiert. Drei Tage später wurde die Hochzeit des Thomas zur Mühlen mit der zwanzigjährigen Bürgermeisterstochter Agneta Hahn gefeiert. In der verschollenen Familienchronik heißt es im Anschluß an diese Mitteilung

---

[18] Ebd., S. 230–232; FG I.

nur kurz und bündig: „mit derselben hat er gezeugt 4 Söhne und 8 Töchter." Über den Verlauf der Hochzeit wird nichts berichtet.

Die Ankündigung[19] seiner Wiedervermählung zeigt Thomas von einer anderen Seite seines Charakters. Am 10. Dezember erschien er vor dem Rat in Begleitung seines Bruders Hermann und seines Schwagers Johann Hahn, um anläßlich seiner bevorstehenden Heirat eine Aussage zugunsten seiner Kinder aus erster Ehe zu machen:

Wiewohl ich, nachdem es dem höchsten Gott gefallen, mein sehl. Ehe-Frau, die viel ehr- und tugenreiche Fr. Margaretha Rattken, mir früh-zeitig von der Seiten zu reysen, mir fast gäntzlich vorgenommen, mein Hertz keiner mehr einzuräumen, sondern daßelbe auch nach ihrem Tode biß an mein sehl. Ende ihr zu widmen, auch solches, wie bekandt, eine geraume Zeit præstiret, so habe doch durch sonderbahre Schickung des höchsten Gottes in Betrachtung meines schweren Haußwesens und noch unerzogene Kindergens solchen Vorsatz ändern müßen und mich mit der wohledlen viel ehr- und tugendbegabten Jungfr. Agneta Hahn, des wohledlen, vesten, großacht- und hochw. Herrn Ernst Hahns, dieser Stadt wohlmeritteten BürgerMeisters Jungf. Tochter rechtmäßig verlobet und das christliche Werck zu vollentziehen entschlossen.

Den sechs Kindern bestimmt er ein Erbteil von je 1000 Rtl. sp., die den Söhnen ausgekehrt werden sollen, wenn sie mündig sind, den Töchtern bei ihrer Verheiratung. Bis dahin sollen die Kinder *nicht allein mit allem, daß zur Leibes Nothdurfft, sondern auch zur Gemüths excolirung oder der christlichen Aufferziehung gehöret, frey versehen werden.* Es folgen Bestimmungen über Aussteuer und freie Hochzeit der Töchter sowie Gold und Silber. Das Wohnhaus im Wert von 4000 Rtl. soll, wie in Reval üblich, der jüngste seiner vier Söhne erhalten, jedoch ohne die Steinhäuser. Mit der Versicherung, daß *mein vätterlich Hertz, wann erwehnte meine liebe Kinder sich, wie ich durch Gottes Gnade fästiglich hoffe, wohl comportiren werden, ihnen bis an mein sehl. Ende offen seyn soll,* werden sie am künftigen Zugewinn beteiligt.

2. Die Vettern und Brüder

Das häufige Vorkommen des Namens Hermann zur Mühlen im 17. und zu Beginn des 18. Jhs. macht genealogische Schwierigkeiten. Gesi-

---

[19] RStA, A.a. 35, S. 193–195.

chert ist die Stammreihe: Hermann III. (1625–1690), Ratsherr, und seine Nachkommenschaft, sein Sohn Hermann V. (ca. 1651–1708), Ältermann der Großen Gilde, und dessen Sohn Hermann VII. Johann (1682–1728). Es gibt aber noch einige Daten, die sich auf andere Träger gleichen Namens beziehen, aber nicht genau personifizierbar sind. 1669 wird die Frau eines Hermann zur Mühlen unter dem Grabstein des Schneidermeisters Hans Kämmerer beigesetzt; 1689 wird ein Hermann zur Mühlen unter dem zur Mühlenschen Grabstein in der St. Nikolaikirche begraben; unter den Pesttoten des Jahres 1710 findet sich wieder ein Hermann zur Mühlen mit dem Zusatz „Ältermeister der Kanutigilde". Ein genealogischer Zusammenhang der Genannten untereinander erscheint nach folgendem Schema plausibel:

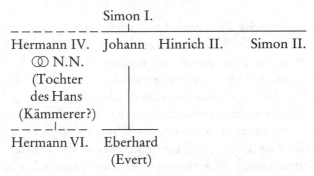

Die Annahme ist jedoch durch Quellen nicht zu belegen. Ungewiß ist auch, welches Sterbejahr dem Vater, welches dem Sohn zugeschrieben werden soll. Das Schweigen der Quellen darüber ist ein Rätsel für sich[20]. Familiengeschichtlich ist aber die Frage wichtiger, ob eine genealogische Verbindung mit dem Kaufmannsgeschlecht zur Mühlen besteht oder nicht. Dafür gibt es nur ein Argument, das allerdings ernst zu nehmen ist: ein Erbfall, der den Zusammenhang zwischen dem 1710 verstorbenen Hermann und dem Enkel Simons, Eberhard (Evert) zur Mühlen, herstellt.

Die Erbschaft besteht aus einem Garten, der in den Jahren 1656, 1667 und 1672 als Simons Besitz ausgewiesen ist, belegen unter dem Tönnis-

---

[20] Zu den genealogischen Daten vgl. Anh. III. Das Schweigen der Quellen über jung Verstorbene ist leichter verständlich. Es liegt daher nahe anzunehmen, daß Hermann VI. vor Hermann IV., also etwa im Alter von wenig mehr als 20 Jahren verstarb.

berge vor der Karripforte[21]. Die näher gelegene Schmiedepforte war wegen der Stadtbefestigung von 1538 bis 1767 zugemauert. 1723 wird dasselbe Grundstück als wüster Platz „vor der Karry Pforten in der Barbara Straßen" erwähnt, vormals im Besitz Hermann zur Mühlens, anitzo Eberh. zur Mühlen gehörig[22]. Die Barbarastraße, in unseren Tagen Große Rosenkranzstraße[23] genannt, bildete die östliche Begrenzung der am Tönnisberge gelegenen Gartengrundstücke. An der Identität des Erbes kann kein Zweifel bestehen, zumal das übernächste Grundstück 1656 und 1723 einem Angehörigen der Revaler Kaufmannsfamilie Meyer gehörte. Der genannte Hermann zur Mühlen bildet also ein genealogisches Zwischenglied zwischen Simon und seinem Enkel Eberhard: er war entweder Eberhards leiblicher Onkel oder Vetter.

Der genealogische Zusammenhang wirft neue Fragen auf: warum schweigen die Quellen? Welchen Beruf hatte Simons Sohn Hermann? Und was bedeutet Ältermeister der Kanutigilde?[24]

Nur eine hypothetische Antwort scheint mir auf die drei Fragen möglich. Der Kämmerersche Grabstein und die Bezeichnung Ältermeister weisen auf eine handwerkliche Betätigung; das Fehlen dieses Hermann zur Mühlen im Bruderbuch der Schwarzenhäupter, im Bürgerbuch und im Verzeichnis der Kanutigilde ebenso wie im Buch der Großen Gilde und schließlich in einer von der schwedischen Regierung veranlaßten Musterungsrolle vom Jahr 1688[25], wo die Kaufleute und Handwerker als „Wirte" mit Namen genannt werden, läßt die Annahme zu, daß er über den Stand eines Handwerksgesellen nicht hinausgekommen ist. Es gab sogenannte „Freimeister", verheiratete Handwerksgesellen, die mit ihrem Gesellenlohn ihre Angehörigen nicht unterhalten konnten und daher vom Rat und vom zuständigen Handwerksamt die Genehmigung erhielten, ihr Handwerk selbständig auszuüben. Sie gehörten weder zu Amt und Gilde, noch besaßen sie, da

---

[21] RStA, A.a. 35, S. 39a, 92, 117.
[22] RStA, B.s. 41, S. 72: 1723 März 22.
[23] Zur Schließung der Schmiedepforte und zum Namen der Straße: Kivi, S. 33, 65.
[24] Die Bezeichnung „Ältermeister" entstammt, laut FG I, dem Verzeichnis der Pesttoten von St. Nikolai 1710. Ein Irrtum ist jedoch nicht auszuschließen.
[25] StKA, Rullor före 1722, „MunsterRolle der Bürgerschafft", 1688.

sie den Meistertitel nicht hatten, Bürgerrecht[26]. Die Musterungsrolle führt bei jedem Haushalt die Anzahl der Gesellen und der „Söhne und Jungen" an. Bei „Sehl. Simon zur Mühlen Erben" sind drei Gesellen und zwei Jungen angegeben: wohl Hermanns Brüder, die Kaufgesellen Hinrich und Johann und er selbst mit zwei Söhnen, Hermann VI. und Johann Simon, die auf diese Weise genealogisch eingeordnet werden können.

Was Hermann dazu bewogen hatte, nicht der Tradition seiner Väter gemäß Kaufmann zu werden, bleibt rätselhaft. Er scheint es ja auch in seinem Handwerk nicht weit gebracht zu haben. Von keinem Stand anerkannt, gehörte er einer gesellschaftlichen Sphäre der Unbestimmtheit mit dem Makel des sozial Gesunkenen an. Der Brauerkompanie, deren Mitglieder allein berechtigt waren, Bier zum Verkauf zu brauen, konnte er nicht beitreten, weil er keine „Braupfanne" zur Frau hatte, wie man in abgekürztem Verfahren die erbberechtigten Töchter der Mitglieder nannte. Insofern teilte er das Schicksal der zünftigen Handwerker. Da er aber selbst keiner Zunft angehörte, konnte er an ihren gesellschaftlichen Gewohnheiten und Rechten nicht teilhaben. In die Reihenfolge der Handwerksämter, die vom Rat nach ihrer Vornehmheit festgelegt war und in der Kleiderordnung zum Ausdruck kam, paßte er nicht hinein. Bei den starken Ressentiments zwischen den Gilden der Kaufleute und Handwerker am Ende des 17. Jhs. blieb ihm wohl nur ein Platz zwischen den Stühlen, und man fragt sich, ob er an seinem Vater Simon und seinen Brüdern oder an Schneidermeister Kämmerer gesellschaftlichen Rückhalt hatte. Kämmerer war eine starke Persönlichkeit, Repräsentant der Kanutigilde und Rebell gegen den Rat (1661), dessen Nachkomme Salomo später in die Gesellschaft der Großen Gilde hineinheiraten und schließlich sogar Ratsherr werden sollte. Gereichte dem Außenseiter Hermann zur Mühlen das soziale Milieu zwischen den Gilden eher zum Schaden oder zum Nutzen? Es gibt viele Ungewißheiten und Fragen, verursacht durch eine hypothetische Annahme der gesellschaftlichen Stellung dieses Mannes.

Unter den Söhnen Simons ragt nur Hinrich durch seine Stellung in der Kompanie der Schwarzenhäupter über das Mittelmaß hinaus. Als Bruder wird er 1670 erstmalig genannt[27]. In der Gemäldesammlung die-

---

[26] Elias, S. 25, Anm. 73.
[27] SchwA, C 20.

ser Korporation – größtenteils von Brüdern gestiftete lebensgroße
Abbilder schwedischer Herrscher und anderer Persönlichkeiten –
befindet sich ein Porträt des Hochmeisters des Deutschen Ordens Wal-
ter von Grubenhagen, 1681 von Hinrich zur Mühlen und Hermann
Römer geschenkt[28]. Welchen Anlaß die beiden Freunde zu dieser
Schenkung hatten, ist nicht bekannt. Stiftungen dieser Art, besonders
wenn sie durch Inschriften mit dem Wappen der Stifter versehen wurden, brachten ihre Verbundenheit mit der Bruderschaft zum Ausdruck,
die bei Hinrich bis ans Ende seines Lebens andauerte.

Zum 28. Februar 1699 wurde im Protokollbuch der Schwarzenhäupter vermerkt, Generalgouverneur Axel Julius de La Gardie hätte das
Haus der Schwarzenhäupter ersuchen lassen, mit ihm in der Großen
Gilde-Stube auf seine zwei Pferde zu spielen, wobei ein Satz von 2 Rtl.
à 64 Weiße gelten sollte. Daraufhin hätte die Ältestenbank beschlossen,
daß die Erkorenen Ältesten Mewes und Johann Wriedt und die Ältesten
Hinrich zur Mühlen, Jakob Stampehl und Christian von Drenteln auf
des Hauses Kasse spielen sollten; den übrigen Brüdern wurde freige-
stellt, sich für ihr eigenes Geld nach Belieben zu beteiligen[29]. Offenbar
hatte de La Gardie unter den Brüdern der Großen Gilde keine große
Neigung zum Spiel gefunden und geglaubt, Junggesellen eher dazu verleiten zu können. Das gelang ihm, wenn auch nur dank der Nachhilfe
der Ältestenbank. Ob er auch gewann, wird nicht berichtet.

Die letzten Lebensjahre war Hinrich Erkorener Ältester. Er starb
1710 an der Pest. Ein großes Vermögen hinterließ er nicht. Für eine
Bude hatte er Miete an den Ältesten der Großen Gilde Michel Hahn
gezahlt. Als dieser den jährlich zu entrichtenden Betrag im Sommer
1710 von 20 auf 30 Rtl. steigern wollte, verwahrte Hinrich sich dagegen
durch eine Eingabe an den Rat: er könne nicht mehr als 20 Rtl. jährlich
für *sothane Bude geben*[30]. Nach seinem Tode bat einer seiner Kredito-

---

[28] Nottbeck/Neumann II, S. 207. Zu Römer heißt es im Ratsprotokoll im
November 1698 (nach FG I): vor dem Rat sei ein Attestat des Chirurgen Joh.
verlesen worden, „welches bezeuget, daß Kaufgesell Römer 5 Uhr abends am
Tage vorher in Hinrich zur Mühlens Bude vom Stuhl gefallen war, auf den er
sich kurz vorher gesetzt hatte, und bald darauf des Todes verblichen war. Der
Körper war visitiert worden, und es war keine Wunde gefunden noch sonst eine
Verletzung."
[29] Amelung/Wrangell, S. 247f.
[30] RStA, RPr. 1710 Juli 26.

ren den Rat, die verlassene *Krautbude* möge *eröffnet* werden. Der Rat machte aber zur Bedingung, daß vorher sämtliche Gläubiger beteiligt werden müßten. Es dauerte fast ein Jahr, bis Notar Brehm im Namen aller Kreditoren des seligen Gekorenen Ältesten Hinrich zur Mühlen die öffentliche Auktion der nachgelassenen Effekten des Verstorbenen, bestehend vor allem in Gewürzkram, beantragte und der Rat die Genehmigung erteilte[31].

Hinrichs jüngerer Bruder Simon wird 1671 als Schwarzenhäupterbruder erwähnt. Sein Name findet sich 1672 neben dem Hinrichs auf zwei Quittungen für den Empfang der Bevermannschen Schuld an die Mutter Behlke[32]. Sonst ist über ihn nur das Todesdatum bekannt (1686). 1679 war ihm die Mutter vorausgegangen, gefolgt vom Vater Simon. Kurz nacheinander starben Hermann (1689) und Johann Simon (1690), wohl Hermanns IV. Söhne.

Zehn Jahre nach Behlkes Tod zieht wieder eine Frau ein ins Männerhaus: Margaritha von Renteln, die sich am 5. Februar 1689 mit Simons Sohn Johann vermählt. Als achtzehnjährige bringt sie Leben in das Haus, das zumeist von Männern über vierzig und fünfzig bewohnt ist. In den wenigen Jahren dieser Ehe werden drei Söhne und eine Tochter geboren, zwei sterben als Kinder, der Sohn Eberhard überlebt, der Verbleib eines anderen Sohnes, Johann, ist unbekannt. Es ist nicht auszuschließen, daß er abgewandert ist. Über das Leben Johanns d. Ä. und über seinen Handel weiß man nichts. Er stirbt fünfzigjährig im Dezember 1696.

Die Nachkommen Simons standen im Schatten ihrer Vettern aus der Ratslinie. Doch an Thomas, die stärkste Persönlichkeit unter diesen und zugleich die wohlhabendste, reichten auch die Geschwister nicht heran. Als drittes der Kinder des Ratsherrn Hermann wurde um 1651 Hermann V. geboren.

Hermann war Tuchhändler, der seine Waren aus England, Holland und Deutschland bezog. Über ihn persönlich ist wenig bekannt. Aus dem Ratsprotokoll (1698)[33] weiß man, daß er einmal Opfer von Ausschreitungen einiger junger Herren vom Adel wurde, „unter denen der

---

[31] RStA, RPr. 1710 Nov. 18 und 1711 Nov. 13.
[32] RStA, Rstr. 60, S. 191, 192.
[33] Nach FG I.

junge Herr Üxküll von Meyendorff und Scheding sich am meisten her-
vortaten", indem sie einen großen Lärm in der Süsternstraße (Breitstraße) anstifteten und mit Steinen Th. Dünkerts und Hermann zur
Mühlens Stubenfenster einschmissen. Die Angelegenheit wurde dem
königlichen Offizial Drümmer[34] zur Untersuchung übergeben. Sie ist
ein Symptom für die gewandelten Beziehungen zwischen Adel und
Bürgertum: hundert Jahre zuvor hatten die Kriegsereignisse sie zu
Schicksalsgenossen gemacht. Revaler Bürger wie die Boismann und
Hogreve und andere mehr hatten sich mit Gütern belehnen lassen und
waren im Adel aufgegangen. Das war jetzt ohne Nobilitierung durch
den König nicht mehr möglich.

Hermann zur Mühlen wurde 1696 Ältester der Großen Gilde, 1703
wählte man ihn zum Ältermann. Eine Reise, die er am 3. Juni 1706 mit
den jüngeren Kaufleuten Joachim Warneck und Christoffer Krechter
nach Stockholm unternahm[35], wird seinem Handel gedient haben. Er
starb 1708 in schwerer Zeit, aber noch vor dem Ausbruch der Pest. Seinem Sohn hinterließ er das vom Vater ererbte Haus in der Karristraße
und ein weiteres in der Süsternstraße.

Der jüngste Sohn des Ratsherrn Hermann war Hinrich, geboren
1653. Wie seine Brüder wurde er Kaufmann. *Ao. 1683 den 11. May bin
ich von der hochlöblichen Compagnie der Schwartzen Häupter gewür-
diget worden, zum Bruder dießes Haüßes*[36], heißt es im Bruderbuch,
in dem er als *Henrich Zur Mühlen Junior* zeichnet, um sich von seinem
gleichnamigen Vetter zu unterscheiden. Er war damals 30 Jahre alt. Für
diesen späten Eintritt eines Gesellen kann man nur Vermutungen
anstellen: vielleicht hatte er sich im Auslande aufgehalten oder in der
Armee gedient, zu der er während des Nordischen Krieges als Rittmeister zurückkehrte.

In kaufmännischen Angelegenheiten scheint Hinrich keine allzu
glückliche Hand gehabt zu haben. Man weiß nicht, womit er Handel
trieb. In den Portorienbüchern finden sich nur Importe seines gleich-

---

34 Der Offizial, auch Fiscal genannt, hatte die Aufgaben eines Staatsanwalts.
Drümmer wird seit 1688 in diesem Amt genannt. Schulmann, S. 129f. – Thomas
Duncker, Kaufgeselle aus Neustadt in Holstein, Bürger 1688, Publ. 7, Nr. 1247.
Hermann zur Mühlen besaß ein Haus in der Breitstraße, das 1723 von Landrat
Pahlen erworben wurde, RPr. 1723 April 30.
35 Amburger/Paulsen, S. 239.
36 SchwA, C 11, S. 19.

namigen Vetters. Zu einem eigenen Hause brachte er es nicht. Wie manche jüngere und weniger wohlhabende Kaufleute wohnte er zur Miete. Erhalten ist der Mietvertrag[37] über ein baufälliges Haus in der Breitstraße mit einem Moskauer Kaufmann Hinrich Münter, der nicht nur wegen der Beschreibung eines Bürgerhauses und seiner Baufälligkeit Beachtung verdient, sondern auch als seltenes Beispiel eines solchen Vertrages überhaupt. Als „*Locator*" vermietet der Moskauer dem Revaler Bürger, der als „*Conductor*" bezeichnet wird, das Haus mit allen Gebäuden und dabei befindlichen *Gehöfften und allem Zubehör in Wehrender Zeidt* auf acht Jahre von 1692 bis 1700, *ohne einige Hinderniß zu gebrauchen und nach seinem Belieben zu nutzen* für 80 Rtl. sp. jährlich. Die Miete ist für vier Jahre vorauszuzahlen, von da an jährlich nach Ablauf eines jeden Jahres. Die während der Mietjahre anfallenden Reparaturen, insbesondere:

1. Beischläge und das *Vorgerichte* vor der Haustüre,
2. die *unter Vorhaußlage*, d.h. die Decke im Vorhaus,
3. Öfen und Fenster in Stube und Beikammern, einige *Kammer-Dhielen und -Fenstern in anderen Kammern* (Diele heißt Fußboden),
4. Küche, Backofen und Schornstein,
5. das Dach *woll Beworffen und mit Benöhtigten neuen Stein neu beleget,*
6. *den Stall gantz abgerißen und Eine Neue Holtzern Stall hinter dem Brauhauß aufsetzen, wie auch Badstube undt daferne sonst waß Baufellig zu Repariren sein Möchte,*

sollen vom Mieter auf Kosten des Vermieters veranlaßt werden, der sie jährlich in barem Gelde zu bezahlen verspricht. Nach acht Jahren behält der Mieter im Falle der weiteren Vermietung die Vorhand, jedoch nicht unter dem Preisangebot sonstiger Interessenten. Schließlich wird noch festgelegt, wer im Unglücksfall wie bei Brandschäden – *welches der allmächtige Gott in Gnaden verhüte* – aufzukommen habe: entsteht der Schaden durch Dienstboten, Mägde oder Knechte oder wer sonst im Hause logieren sollte, so hat der Mieter ihn zu tragen, was aber durch schweres Wetter oder benachbarte Häuser verursacht werde, soll dem Vermieter zur Last fallen.

Daß es schon 1693 zu Streitigkeiten kam, wen will das verwundern bei einem Vertrage, in dem der Mieter die Freiheit hatte, die Repara-

---

[37] RStA, Rstr. 60, S. 226, 235–237.

turen weitgehend nach seinen Bedürfnissen vornehmen zu lassen. Nach umfangreichen, im einzelnen nicht bekannten Instandsetzungsarbeiten legte Hinrich am 26. Januar 1693 dem Bevollmächtigten Münters, Johann Lanting[38], eine Rechnung für verauslagte Baukosten vor. Sie betrug 1187 Rtl. sp. und 54 Weiße. Als er sein Geld nicht erhielt, legte er im Juli beim Rat Protest ein: zur Bevorschussung hätte er neben der Verwendung von Barmitteln 30 Last Roggen für 490 Rtl. verkaufen müssen. Da er das Seine nicht entbehren könne, habe er nun das Recht am Hause einem Herrn Jochim Warneck übertragen. Sein Offizialanwalt beantragte beim Rat, die Baukosten *auf das Haus zu verwissern*, also wohl in eine Grundschuld umzuwandeln. Dies mußte der Rat jedoch ablehnen, weil laut Hauptbuch andere Belastungen auf dem Hause ruhten, unter anderem sei die Sache *für I. K. M. Troß pendent*, das heißt, auch der Krone oder dem schwedischen Militär waren Rechte eingeräumt worden.

Warum Lanting als Bevollmächtigter des „Locators" die Baukosten nicht bezahlen wollte oder konnte, und wie der „Conductor" schließlich zu seinem Recht kam, geht aus den Akten nicht hervor.

Bald darauf sehen wir Hinrich als Gutsherrn, dann als Offizier in schwedischen Diensten. Mit den ländlichen Erzeugnissen seiner Gutswirtschaft versuchte er, seine Einkünfte zu mehren, wobei er vor bedenklichen Mitteln nicht zurückscheute. Vielleicht war der Militärdienst für ihn ein Ausweg aus einer prekären wirtschaftlichen Lage.

1694 überließ Thomas ihm das Strandgut Kandel[39]. Hinrich verstand es, sich bei seinen Strandbauern im höchsten Grade unbeliebt zu machen, so daß sie sich veranlaßt sahen, an den Generalgouverneur eine Klage und Bittschrift zu richten, um zu erreichen, daß der Gutsherr sie bei ihren vorigen Freiheiten belasse. Der Klage zufolge hatte er die Bauern angehalten, während der schwersten Arbeitszeit des Jahres statt zwei oder drei Tage, wie bisher, die ganze Woche für den Hof zu arbeiten, und ihnen, obwohl sie kein Land besaßen und nur von der Fischerei lebten, die gleiche Hofgerechtigkeit auferlegt wie den Landbauern. Als sie diese Zahlung nicht leisten konnten, pfändete der Gutsherr ihr Vieh und ihre Habe. Zudem nötigte er sie, in der Nacht zu einer für den Fischfang günstigen Zeit am Hofe Wache zu halten. Wieweit die

---

[38] Johann Lanting, Bg. 1680; Jochim Warneke aus Gadebusch, Bg. 1689, Publ. 7, Nr. 1005 und 1268.
[39] Urteil des kgl. Oberlandgerichts 1702, nach FG I.

Beschwerde der Strandbauern berechtigt war und wie darüber entschieden wurde, läßt sich nicht mehr feststellen[40].

Wegen des Gutes Kandel und damit zusammenhängender Obligationen geriet Hinrich mit seinem Bruder in Streit. Thomas hatte das Besitzrecht am Gut durch Immission erhalten und am 17. Oktober 1694 seinem Bruder zediert. Den „Kaufschilling" von 3333 Rtl. 24 Weiße blieb dieser ihm offenbar längere Zeit schuldig. Eine gerichtliche Klage, die Thomas gegen ihn erhob, führte zu jahrelangen Auseinandersetzungen. Hinrich stand damals mit seinem Regiment als Rittmeister in Finnland. 1702 erhielt er wegen dieses Streites, nachdem er, wie er selbst schrieb, *so lange Jahre in königl. Dienste gestanden,* auf eine kurze Zeit die Erlaubnis, sich nach Reval zu verfügen. Bitter beklagte er sich über den erlittenen Ruin[41]. Wie der Streit ausging, bleibt wie so oft unklar.

Hinrichs Familie scheint die ganze Zeit über in Reval verblieben zu sein. Die Kinder, geboren zwischen 1689 und 1700, wurden in Reval getauft, die Frau am 31. Dezember 1708 in Reval begraben. Von Hinrichs Schicksal wird noch die Rede sein.

3. Der Handel am Ende des 17. Jahrhunderts

Der Revaler Handel im 17. Jh. wurde in großen Zügen schon dargestellt und mit Vorgängen, an denen vor allem Paul und Hermann zur Mühlen beteiligt waren, illustriert. Bis zum Ende des Jahrhunderts änderte sich an seiner Struktur nicht viel. Er blieb im wesentlichen Passivhandel und hinsichtlich der Waren von der Nachfrage nach livländischen Exportgütern im Westen abhängig. In dieser Beziehung trat allerdings seit 1679 ein Wandel ein: in Spanien und Amsterdam fielen die Getreidepreise, abgesehen von einem vorübergehenden Wiederansteigen 1684/85, und führten zu Verlusten im Roggenhandel. Revaler Exporteure erhielten seit den achtziger Jahren Anweisung aus Lübeck, keinen Roggen mehr zu schicken. Hauptabnehmer des Getreides wurde seitdem bis 1710 Schweden.

Hinzu kamen die Auswirkungen der Güterreduktion in Livland und Estland, durch die viele Adelige betroffen wurden. Um den befürch-

---

[40] Im zur Mühlenschen Familienarchiv, Piersal, nach FG I.
[41] Ebd.; RStA, Rstr. 60, S. 270, 274.

teten Rückgang der Nachfrage nach westlichen Importen an Seide und ähnlichen Gütern gehobenen Bedarfs aufzufangen, begannen die Revaler Kaufleute, sich in Rußland nach Abnehmern solcher Waren umzusehen. Das Interesse am russischen Markt nahm zu[42].

Über den Handel einzelner Kaufleute geben die Revaler Portorienbücher allein keinen zuverlässigen Aufschluß; Einzelhändler waren am Export und Import großenteils nur indirekt über Grossisten und Fremde beteiligt. Doch während Krämer und Bauernhändler nach der Straßenordnung von 1679 gehalten waren, ihren Kram nur von Großhändlern zu beziehen, konnten Tuch- und Seidenhändler auch direkt von ihren ausländischen Handelspartnern Ware bestellen, die sie dann selbst zu verzollen hatten. Salzimport stand dagegen allen Einzelhändlern frei.

Bis 1689 erscheinen in den Schiffslisten[43] noch die Angehörigen der älteren Generation, vor allem Ratsherr Hermann zur Mühlen, mit Importen von Salz und Tabak und Exporten von Malz, Roggen, Wachs und Hanf. Ganz selten ist Simon zur Mühlen verzeichnet. An die Stelle der Alten treten immer mehr drei Namen: Thomas und Hermann junior und Simons Sohn Hinrich.

Hermann zur Mühlen junior spezialisierte sich ganz auf Textilhandel. Er bezog, wie die Portorienbücher ausweisen, aus Amsterdam holländisches Tuch (Laken), aus Lübeck schlesisches und englisches Tuch und leichtere englische Wollstoffe wie Dosinken und Boy sowie Futterfrees. Ein Beispiel vom Jahr 1687[44]: der Revaler Schiffer Anthoni Knack kommt von London, will weiter nach Narva. Für Hermann junior sind verzeichnet: *1 Packen, darinnen 6 Stück ordinarie engelsche Laken, halten 102⅔ Ellen, 6 Stück gemeine dito, halten 98 Ellen, 6 Stück Norder Laken, halten 105 Ellen, 4 Stück gemeiner, halten 65⅔ Ellen; 1 Packen, darinnen 6 Stück ordinarie engl. Lakens, lang 102⅓ Ele* usw., ähnlich wie im ersten Packen. Es kam auch vor, daß Hermann – ebenso wie sein Bruder Thomas – Äpfel zu verzollen hatte, die tonnenweise transportiert wurden. Solche Sendungen dienten wohl hauptsächlich dem eigenen Konsum.

---

42 Soom, Handel Revals, S. 92f.
43 Durchgesehen wurden die Schiffslisten oder Portorienbücher der Jahre 1670, 1671, 1675, 1678, 1680, 1681, 1684, 1685, 1687, 1688, 1689, 1693, 1697, 1698, 1700.
44 RStA, A.g. 83, Nr. 96. Vgl. auch Anhang II, Nr. 13–15.

An Exportwaren werden auf Hermanns Namen Roggen, Malz, Hanf, Flachs, Saaten und Wachs notiert. Malz führte er wiederholt nach Stockholm aus, wohin er auch Reisen unternahm.

Der Erkorene Älteste Hinrich hatte sich auf „Gewürze" eingestellt. Dazu zählten aber nicht nur Kaneel, Kardamom, Ingwer, Muskatblüten und Muskatnüsse, Safran, Lakritze und Lakritzensaft, Mandeln, Kapern, Sukkade, Nelken *(Negelken, Nägel)*, Pfeffer, Fenchel, Anis usw., sondern auch Zucker verschiedener Arten und Kolonialwaren wie Rosinen, Korinthen, Pflaumen, Feigen, Oliven, *Drogisterien,* Terpentin, Seife, Medikamente wie überhaupt Apothekerware. Bei günstiger Gelegenheit beteiligte Hinrich sich an Geschäften, die mit seiner Branche nichts zu tun hatten. So nahm er am Roggenexport teil (1685 10 Last, 1688 20 Last) oder führte Leinsamen (1688 50 Tonnen) oder schwedische *Breder* (Bretter) aus. Laut Portorienbuch erhielt er einmal zwei Tonnen mit 23 großen Tabakpfeifen, und wiederholt wurde auch Tabak aus London für ihn verzollt. Der hohe Zoll, der für Tabak erhoben wurde, läßt vermuten, daß sich mit dieser Ware gute Gewinne erzielen ließen. Eines dieser Gelegenheitsgeschäfte führte zu einem Rechtsstreit[45] mit dem schon genannten Revaler Schiffer Anthoni Knack und dem Narvaer Kaufmann Thomas Daucher. Dieser hatte acht Fässer Tabak bestellt, von denen Hinrich laut Abmachung vier auf eigene Rechnung verkaufen sollte. Der Preis dafür ist nicht angegeben, doch wurde ausgemacht, daß 400 Rtl. sofort nach Erhalt der Ware beglichen werden sollten („contante Auszahlung"), während für den Rest eine Frist von vier bis fünf Monaten gesetzt wurde. Die anderen vier Fässer sollte Hinrich in Kommission nehmen.

Es war leichtfertig von ihm, für die ersten vier Fässer einen auf ihn gezogenen Wechsel zu honorieren und von den in Kommission genommenen Fässern 2000 Pfund (1 Revaler Pfund = 430 Gramm) „auf Lieferung" zu verkaufen, ehe er die Ware erhalten hatte. Als das Schiff mit der Ware in Reval eingetroffen war und Hinrich die acht Fässer zur Verzollung bei der königlichen Licentkammer angegeben hatte, weigerte sich der Schiffer, mehr als vier Fässer herauszugeben: Daucher hatte es sich inzwischen anders überlegt und Knack *contramandiret.* Dazu schreibt Hinrich: *Also habe ich dieserwegen nicht stille schweigen und die mir erwiesene Beschimpfung auf mich ersitzen laßen könne.* Er

---

[45] RStA, Rstr. 60, S. 204 (1689 Nov. 23).

protestierte beim Rat gegen den Schiffer Knack und gegen Daucher wegen des *mir unverdient erwiesenen Schimpffs, Miscredit, entzogener Provision, Schaden und Kosten, so immer dieserwegen, insonderheit auch von dem Käuffer der 2000 Pfund Taback auf Liefferung und der Königl. Licentkammer wegen völlig angegebener Tonnen Taback, mir zuwachsen solte.* In der Schiffsliste vom Jahre 1689 heißt es zum 14. Dezember unter Nr. 2: *Anthoni Knack von Reval kompt von London auf hiesige Reyde vnd ist weiter nacher Narva gestiniret, wegen einfallenden Winters aber hatt er in hiesiger Haven einlegen, vnd den Winter über löschen müßen... Hinrich Zur Mühlen: 4 Fäßer mit 4350 ℔ Taback*[46]. Der Handelswert des Tabaks wird nirgends angegeben, doch muß er beträchtlich gewesen sein. Für die vier Fässer wurden mehr als 30 Rtl. Zoll erhoben, fast das Vierfache des Betrages, den Hermann für seine zwei Packen mit Textilien zu bezahlen hatte, und ein Mehrfaches des von Hinrich üblicherweise gezahlten Zolles für Gewürzkram[47].

Am meisten berichten die Schiffslisten über den Handel des Thomas zur Mühlen. Er versucht es mit verschiedenen Waren. 1670 ist er noch Kaufgeselle. Unter der Rubrik der *einkommenden inländischen Schuten und Bööthe in anno 1670* werden am 16. Juli für Thomas 168 Stück *24-Thalers Kupferplaten* aus Wiborg als zollfreier Import eingetragen. Aus Amsterdam bezieht er im gleichen Jahr Textilien, Gewürze und Kolonialwaren[48]. Seine Reisen in den Westen ab 1670 überzeugen ihn offenbar von den besseren Möglichkeiten mit den dortigen Waren, die er ab 1671 in größeren Mengen einführt, darunter jetzt auch Tabak, späterhin neben Kolonialwaren und Gewürzen Blattgold und -silber und Kram. Dazu kommen Massenwaren wie Hering und Salz. Im Warensortiment scheint er sich kaum an geltende Einschränkungen zu halten, als wäre er Großhändler, denen dies zustand. Tatsächlich ist er seinem Bruder Hermann und Vetter Hinrich hinsichtlich der eingeführten Mengen weit überlegen. Es scheint, daß er den Sprung zum Großhändler versucht hat. Besonders seine Exporte an Roggen – den

---

[46] RStA, A.g. 93, Nr. 2. Da bei den Eintragungen keine Unterschiede zwischen verschiedenen Hinrich zur Mühlen gemacht werden, muß es sich stets um den gleichen Kaufmann handeln: Hinrich, Simons Sohn, der schon 1670 vorkommt. Sein Vetter Hinrich ist dann erst 17 Jahre alt.

[47] Am Nettogewicht gemessen wurde für Tabak ungefähr das Fünffache des durchschnittlichen Zolles für Gewürze und Kolonialwaren erhoben.

[48] RStA, A.g. 50, S. 51 und 96.

er neben Malz, Roggenmehl und Gerstengrütze, Hanf, Schweine- und Schafsfleisch, Butter, Juchten und Fellen, persischer Seide und Kaviar ausführt – lassen die Tendenz zum Großhandel erkennen. In den siebziger und achtziger Jahren erreicht er Mengen von 119, 132, 197 und 242 Last Roggen und liegt damit über dem Durchschnitt der am Roggenexport beteiligten Revaler Kaufleute.

Um Aktivhandel zu treiben, hätte es eigenen Schiffsraumes bedurft. Gegen die Konkurrenz der Niederländer aufzukommen, war aber kaum möglich. Mit ihren großen Schiffen beherrschten sie den Seetransport nach dem Westen. Nur der Seeweg nach schwedischen und finnländischen Häfen wurde hauptsächlich von „inländischen", das heißt zumeist schwedischen Schiffen befahren. Den Revaler Kaufleuten fehlte es an Kapital für eigene Schiffe. Einige taten sich zur Partenreederei zusammen. Bei großen Schiffen, wie die 250 Last fassende „Carolus XI.", gab es Anteile von Achteln, Sechzehnteln und Zweiunddreißigsteln[49]. Die seit jeher übliche Partenreederei hatte auch den Vorteil der Risikominderung. Bei diesen Gewohnheiten überrascht es, von Schiffen zu hören, die nur zwei Partenreedern gehörten. Dies war bei einem Schiff mit dem stolzen Namen „Das Wappen von Reval" der Fall. Es gehörte Thomas zur Mühlen und seinem Schwager Johann Hahn. Größe und Schiffstyp sind nicht überliefert. Es spricht für die Kapitalkraft der Eigentümer, daß es durch keinerlei Hypotheken belastet war.

Es muß um 1698 gewesen sein, daß die Reeder mit dem Amsterdamer Kaufmann Abraham Houtman in Reval einen Vertrag schlossen, wonach diesem die Befrachtung und Nutzung des unter dem Schiffer Claus Jacobsen, einem Revaler Bürger, segelnden Schiffes auf zwei Jahre für Englandfahrten überlassen wurde. Diese Übertragung war an „gewisse Order" gebunden, an die Houtman sich „wie jeder Coomis nach Kauffmanns usance" strikt zu halten hatte. Nur unter Einhaltung der Anweisungen sollte er sich dem Kommittenten gegenüber verantworten „und allen bösen Folgen entgehen" können.

Es kam aber anders, als die Reeder erwartet hatten. Houtman verfuhr den Ordern und brieflichen Korrespondenzen zuwider, vernachlässigte das Interesse der Schiffseigner und verursachte dabei nicht geringen Schaden. Er stellte große „Ungelder und Kosten wegen des Schiffers" in Rechnung, ließ vom Gericht eine Kalkulation mit einem Saldo zu

---

49 Hartmann, Reval im Nordischen Krieg, S. 91.

Lasten der Reeder übersenden und das Schiff selbst im Hafen von Rotterdam in „gerichtlichen Arrest" nehmen. Als Gerichtstermin wurde der 27. Juli 1699 festgesetzt.

Thomas zur Mühlen und Johann Hahn beschwerten sich beim Rat über dieses unbillige Verhalten und machten geltend, daß sie als geschädigte Eigentümer viel mehr Anlaß zur Klage über die Nichteinhaltung der Order hätten und daß der Kontrakt an ihrem Wohnort abgeschlossen worden sei, weswegen sie als Untertanen durch Vermittlung des Rates den Schutz der königlichen Gerechtigkeit suchten, um nicht ohne ihr Verschulden in fremden Gerichtszwang gezogen zu werden. Der Rat wurde gebeten, bei der Stadt Rotterdam um Befreiung des Schiffes aus dem Arrest nachzusuchen. Wenn eine gütliche Einigung mit Houtman nicht möglich sei, müsse er „alhier Forum suchen und das Recht dermaßen abwarten". Die Anschrift von Abraham Houtman wird mit „Amsterdamsch Handelsm." angegeben[50]. Vermutlich hatte Thomas schon früher Amsterdamer und Londoner Geschäfte über ihn abgewickelt.

Das Bild vom Handelssystem, das Thomas sich mit großer Energie aufgebaut hatte, wird durch andere Rechtsfälle vervollständigt. In Stockholm hatte er schon als junger Kaufmann einen Faktor, der für ihn Geschäfte abwickelte. Dies geht aus einem Wechselprotest[51] hervor. Thomas hatte eine Handelsschuld bei einem Hamburger Kaufmann Hans Kock mit einem Wechsel auf 410 Rtl. bezahlt (1676). Als ihm dieser Wechsel vom Revaler Bürger Jobst Hueck präsentiert wurde, verweigerte er die Annahme, weil er inzwischen seinem Faktor in Stockholm die Order erteilt hatte, „von seinen alda seyenden Mitteln" die Schuld in Hamburg zu löschen; er hätte von seinem Faktor lange Zeit mit der Post keine Nachrichten erhalten, ob die Schuld in Hamburg nicht schon bezahlt sei. Nur wenn sich herausstellen sollte, daß der Faktor wider Verhoffen mit der „Übermachung der Mittel nicht angekommen sei", wollte Thomas den Wechsel aus anderen Mitteln honorieren. Eine billige Ausflucht! Daß Hueck sich darauf nicht einlassen konnte, „weilen ihm dieße Sache im geringsten nicht anginge, sondern er die Gelder laut Wechsells alhie haben müste," versteht sich. Bei der Langsamkeit, mit der Nachrichten oder Sendungen jeder Art

---

50 RR II, 241; RStA, Suppliken XVII. Jh. Mappe 5: 1699 Juni 27.
51 RStA, RPr. 1677 März 14.

ihr Ziel erreichten, hätte er noch Wochen und Monate auf sein Geld warten können. Der Wechselprotest wurde angenommen, Thomas zur Mühlen mußte für alle Unkosten etc. aufkommen.

Über seine Roggenlieferungen nach Stockholm erfährt man aus einer Beschwerde[52], die Thomas zur Mühlen gemeinsam mit zwei anderen Revaler Kaufleuten im Dezember 1695 an den Revaler Rat richtete: der Schiffer Peter Hammel hatte es übernommen, eine Schiffsladung Roggen für die drei Kaufleute nach Stockholm zu bringen, sobald Wind und Wetter es erlauben würden. Das Schiff war schon vor etlichen Wochen mit Korn beladen worden. Obwohl *„der Wind gut worden, auch daß Wetter und Mondschein ihm zur Reiße gefüget, so müßen wir dennoch erfahren, daß er solchen guten Windt über den Kopf streichen laßen und nicht allein die geringste Anstalt zu seiner Abreise gemachet, sondern auch sogar gesinnet sey, sein Winterlager alhir zu halten".* Die Beschuldigung zielte auf die *„noch habende Intention"*, den Vorsatz des Schiffers; gegen ihn und seinen Reeder behielten sich die Geschädigten ausdrücklich Regreßansprüche für alle bereits verursachten und noch zuwachsenden Schäden und Kosten vor, für die sie ihn verantwortlich machten. Nur das Risiko schlechten Wetters hätten sie selbst tragen müssen.

Trotz der Zunahme des Handels mit Russen war an eine Wiederbelebung im Umfange früherer Zeiten nicht zu denken, obwohl die schwedische Regierung ihn zu fördern suchte. Ein vorübergehender Aufschwung des Transithandels über Narva und Reval in der Mitte der fünfziger Jahre war hauptsächlich auf den englisch-niederländischen Krieg (1652–54) zurückzuführen, der den Handelsverkehr über Archangelsk beeinträchtigte. Aber der schwedisch-russische Krieg (1656–61) wirkte in entgegengesetzter Richtung. Außerdem hatten die Russen schon 1654 den Zoll erhöht[53]. Der Handel vollzog sich hier auch nicht in den Formen wie der Westhandel. Wer in Narva, Pleskau, Novgorod usw. Geschäfte machte, fuhr selbst hin oder bediente sich deutscher Agenten oder dort ansässiger Deutscher. In der Regel aber wurden Handelsgeschäfte mit Russen in Reval abgeschlossen. Die russischen Kaufleute brachten ihre Ware mit oder offerierten ihr dort

---

[52] RStA, Rstr. 60, S. 242.
[53] Die Maßnahmen der schwedischen Regierung zur Förderung des Handels gingen zum Teil auf Anregungen von Philip v. Krusenstiern, des späteren Statthalters von Reval, zurück. Krusenstjern, S. 32ff., 51.

lagerndes Gut – im Tausch gegen Ware Revaler Kaufleute. Stets lieferten sie mehr, als sie mitnahmen, und ließen sich die Differenz mit Gold
und Silber bezahlen, um so ihren großen Bedarf an Edelmetall zu dek-
ken. In schriftlichen Verträgen, die in zwei Sprachen abgefaßt und aus-
getauscht wurden, legte man Termin und Ort der nächsten Lieferung
fest. Dabei konnte die Mitwirkung eines Dolmetschers und die oft fehlende genaue Übereinstimmung beider Texte leicht zu Mißverständnis-
sen führen[54].

Nach dieser Methode handelte auch Thomas zur Mühlen mit Russen.
Ob er in Rußland über Faktoren verfügte, ist zweifelhaft. Erhalten ist
ein undatierter Brief (um 1680) des Burggrafen von Narva Christoffer
Koch an König Karl XI.[55], in dem ein Handelsgeschäft zwischen Thomas zur Mühlen und einem Pleskauer Russen, Semen Fomin syn Menšikov, erwähnt wird, das zu langen Auseinandersetzungen vor Gericht
geführt hatte. Menšikov und Thomas zur Mühlen hatten einen Kontrakt in Reval abgeschlossen, demzufolge die Ware in Narva ausgeliefert werden sollte. Um welche Waren es sich handelte und inwiefern
und durch wessen Schuld der Kontrakt nicht oder nur unzureichend
erfüllt wurde, geht aus dem Schreiben nicht hervor. Es kann sich ebenso
um Qualitätsmängel wie um Quantitätsrelationen oder Fragen des Zah-
lungsmodus gehandelt haben. Menšikov wandte sich, da eine gütliche
Einigung nicht zustande kam, an das zuständige Gericht, das Stadtge-
richt zu Narva unter dem Vorsitz des Burggrafen. Hier glaubte er, vor
dem rechten Forum zu stehen, doch nach der Entscheidung in Narva
gelangte die Angelegenheit an das Hofgericht zu Dorpat. Dieses verwies den Fall schließlich zur erneuten Aufnahme nach Reval, wo der
Kontrakt geschlossen worden war. Daraufhin muß Menšikov sich beim
Burggericht beschwert haben. In seinem Schreiben an König Karl XI.
beruft sich Koch auf 26 Jahre Rußlanderfahrung und schlägt vor zu
beseitigen, was der Handelsfreiheit zuwiderläuft. Insbesondere gibt er
die Beschwerde Menšikovs weiter und übt Kritik am mühseligen
Instanzenweg bei ordentlichen Prozessen, der *auff des Gegentheils
Anhalten* von einer Stadt zum Obergericht in einer anderen, weiter
gelegenen führe. Dies habe die Folge, daß die Betroffenen sich eher

---

[54] Soom, Handel Revals, S. 93 ff.
[55] StRA, Muscovitica 604. Zu Koch, 1683 als von Kochen nobiliert, vgl. Nottbeck, Siegel, S. 19.

ihres Rechts begeben, als solche geldfressenden, ihnen ungewöhnlichen Weitläufigkeiten abzuwarten.

Thomas zur Mühlens Handel mit Waren aus Rußland, wie Hanf, Juchten, Felle, Persische Seide und Kaviar, spricht dafür, daß sein Kontrakt mit Menšikov kein einmaliges Geschäft mit einem russischen Kaufmann war. Wie alle in diesem Kapitel erwähnten Rechtsfälle repräsentiert auch dieser Vorfall nur einen Sektor in einem System von Geschäftsbeziehungen, das im einzelnen leider nicht deutlich genug erkennbar wird.

Der Ausbruch des Nordischen Krieges (1700) führte zu einem schmerzlichen Rückgang des Handels. Er konzentrierte sich nun stärker auf schwedische und finnländische Häfen[56]. Ihren Wohlstand konnten die Kaufleute unter den erschwerten Verhältnissen des Krieges nicht mehren. Thomas zur Mühlen gehörte damals zu den wohlhabendsten Bürgern Revals. Unter den Kaufleuten im Rat stand er im Jahre 1706 an dritter Stelle, wenn man die Höhe des von ihm entrichteten Wallgeldes, einer kriegsbedingten Sondersteuer, zum Maßstab nimmt[57]. Über seine Umsätze und Einkünfte gibt es keine Aufstellungen. Der Handel bildete auch nur zum Teil den Ursprung seines Besitzes; zum anderen Teil waren es Erbschaften. Doch als materielle Belastung stand dem Wohlstand die große Zahl von Kindern gegenüber, die versorgt und ausgesteuert werden mußten.

Thomas zur Mühlen war sich seiner sozialen Stellung und seiner Rolle im städtischen Leben sehr bewußt. Seiner Selbsteinschätzung entsprach es, wenn er, der letzte Vertreter des Barocks in der Familie, sein Porträt in Gold fassen und mit 21 Juwelen besetzen ließ. So hinterließ er es seinen Nachkommen[58].

4. Unter den Belastungen des Nordischen Krieges

Schon vor Ausbruch des Krieges (1700–1721)[59], in dem Schweden sich einer Koalition zwischen Rußland, Sachsen-Polen und Dänemark

---

[56] Soom, Getreidehandel, S. 292f.; Hartmann, Reval im Nordischen Krieg, S. 96ff.

[57] Hartmann, a.a.O., S. 131.

[58] FG I.

[59] Zu Reval im Nordischen Krieg, seiner wirtschaftlichen und militärischen Lage sowie zur Pest und ihren Folgen vgl. Hartmann, a.a.O.

gegenüber sah, wurde Reval durch die Verpflichtung zum Ausbau der Befestigung schweren finanziellen Belastungen ausgesetzt. Gesuche der Stadt um Rückgabe ihres durch die Güterreduktion eingezogenen Besitzes, um Rückzahlung von Schulden der Krone aus der Zeit der Königin Christine und um Verschonung von der sogenannten Akzise-Rekognition, einer Abgabe der Stadt aus ihren Akziseeinnahmen, wurden abgewiesen. Infolge mehrerer Mißernten am Ende des 17. Jhs. brach im Lande eine Hungersnot aus, die viele Menschenleben forderte und Landbewohner veranlaßte, in der Stadt Nahrung und Obdach zu suchen. Die Getreideausfuhr nach Westen wurde daher von der Regierung verboten.

Dies waren erst die Vorboten. Als der Krieg begonnen hatte, wurden die Belastungen durch Erhebung von Kopf- und Vermögenssteuern, Erhöhung des Wallgeldes, Werbung zur Truppe, Einquartierung, Back- und Braupflichten zugunsten der Garnison ständig vermehrt. Alles das lastete auf dem Beutel oder auf dem persönlichen Freiraum des Bürgers. Die Getreideausfuhrsperre blieb Dauererscheinung, darüber hinaus wurde jetzt auch der sonstige Schiffsverkehr nach dem Westen, das heißt vor allem nach den Niederlanden, weitgehend unterbrochen. Wenn auch weder der Seehandel noch der Landhandel ganz zum Stillstand kamen, so gingen die Portorienerträge während des Krieges bis zum Jahr 1711 auf etwa den achten Teil des letzten Friedensjahres zurück.

Hinzu kam bei den Bürgern das Gefühl drohender Gefahr. Man sehnte sich, so sehr man König Karl XII. Bewunderung zollte, nach Frieden. Von der Hand des Ältermannes Hermann zur Mühlen finden sich im Diarium der Großen Gilde 1707–08 folgende Verse:

> *Gott, der Du uns hast erschaffen,*
> *zerbrich und dempff der Feinde Waffen*
> *und laß doch einst in unsern Grentzen*
> *den edlen Frieden wieder gläntzen.*[60]

Der stagnierende Handel und die kriegsbedingten finanziellen Belastungen ließen den Kaufmann auf jede, insbesondere auf unerlaubte Konkurrenz empfindlich reagieren. Übertretungen der geltenden Straßenordnung wurden nicht nur stärker empfunden, sondern auch häufiger praktiziert. Den Bauern war es untersagt, Waren von der Stadt

---

[60] RStA, SGA 38, S. 1.

zu kaufen, aber daran hatten sich auch die Kaufleute selbst zu halten.
Sie nahmen es selbst nicht immer so genau, sahen aber ihre Rechte verletzt, wenn Fleischer von den Bauern Vieh oder wenn Soldatenweiber
Getreide vor der Stadt aufkauften, oder wenn ausländische Schiffer ihre
Ware bereits auf ihren Schiffen abzusetzen versuchten, was nach der
Straßenordnung ebenfalls verboten war. Gegen solche Ungesetzlich-
keiten beschwerten sich Rat und Gilden beim Gouverneur. 1707 wurden die Bauernhändler erstmalig zu einer Kompanie zusammengeschlossen. Nur ihre Mitglieder sollten mit den Bauern Handel treiben
dürfen[61].

Thomas zur Mühlen war 1693 in den Rat kooptiert worden. 1703
wurde er zum Bürgermeister gewählt. Als solcher hatte er 1707 das Amt
des „Herrn der Straßenordnung" inne[62] und mußte sich mit den dargestellten Mißständen in der Stadt in amtlicher Funktion befassen. Wir
sehen ihn seines Amtes walten, wie es die Ratsprotokolle wiedergeben.

Dem Rat erstattete er Bericht über einen holländischen Schiffer, der
an Bord Gewürz verkauft und auf Vorhaltungen des Bürgermeisters
sich beim Gouverneur beschwert hatte, von dem er die gewünschte
Freiheit zum Handel mit seiner Ware zu erhalten hoffte. Erkundigun-
gen ergaben, daß der Gouverneur – vielleicht in mangelnder Kenntnis
der Straßenordnung – geneigt schien, dem Niederländer den Verkauf
der Ware zu gestatten. Hier zeigte sich, wieweit Privilegien der Stadt
unterlaufen werden konnten. Der Rat bestand auf einer nochmaligen
Vorladung des Schiffers durch den Bürgermeister, der ihm klarmachen
sollte, daß Kleinverkauf von Gewürz durch Ausländer nur in der Stadt
und „zur rechten Zeit" – vierzehn Tage lang im Mai[63] – erlaubt sei. Es
war aber erst Anfang April. Der Ausländer hätte nach der Straßenordnung sein Gewürz an Kaufleute der Großen Gilde verkaufen müssen.

In einer anderen Angelegenheit wurde Bürgermeister zur Mühlen
Anfang April 1706 in Begleitung des Ratssekretärs Gernet beim Gou-

---

[61] Hartmann, Reval im Nordischen Krieg, S. 109.
[62] Thomas zur Mühlen bekleidete zum zweiten Mal dieses Amt. An kleinen
Ämtern verwaltete er bis 1699 die Angelegenheiten der Sämischgerber, Kürschner
und Böttcher, 1697 auch die der Uhrmacher, Schlosser, Huf- und Waffen-
schmiede sowie der Handschuhmacher und Zinngießer, 1698 der Barbiere, 1702–
1706 der Töpfer, Schuster, Reifschläger und Müller, 1706 auch der Leineweber,
Steinhauer, Maurer, Zimmerleute und Karleute (Karrenmänner).
[63] RStA, RPr. 1707 April 3; Hartmann, a.a.O., S. 105.

verneur vorstellig[64]. Es ging um die Bierakzise. Ihren Rückgang führte er darauf zurück, daß viel Bier vom Lande in die Stadt „einpraktiziert" würde; seit Juli 1705 hätten 949 Faß Bier die Stadttore akzisefrei passiert, nicht gerechnet die Mengen, die durch die Dompforte gekommen seien. Man brauche sich nicht zu wundern, daß die Akzise der Stadt viel weniger eintrage als in den vorigen Jahren, obgleich die Garnison verstärkt worden sei. Auch auf den in die Stadt eingeführten Branntwein vom Lande sollte nach dem Wunsche des Rates Akzise erhoben werden. Der Gouverneur wünschte demgegenüber, daß *die Herren Edelleute, welche Bier vom Lande einbringen ließen, allemal einen Zettel von dem Herrn Bürgermeister wegen ihres angegebenen Biers nehmen solten, damit das Bier frey und ungehindert eingebracht würde durch die Stadtspforten, aber auf das frembde Bier solte eine accies gesezet werden.* Unter fremdem Bier wurde ausländisches verstanden, im Gegensatz zu dem auf den Gütern gebrauten. Wegen der Branntweinakzise wollte der Gouverneur beim königlichen Kammerkollegium in Stockholm nachfragen.

Begreiflicherweise war dem Rat mit dieser Antwort wenig gedient. Immerhin erreichte er später eine geringfügige Erhöhung der Akzise für Bier aus Lübeck, französischen Wein und einige andere ausländische Artikel. Für die Kontrolle des Bierschmuggels in die Stadt traf er selbst Vorkehrungen an den Straßen nach Reval und den Stadttoren. Wegen des Branntweines aber blieb eine Antwort aus Stockholm aus[65].

Thomas zur Mühlen hatte sich nur zum Teil gegenüber den Interessen der Garnison und des Adels durchsetzen können. Geschädigt waren durch die akzisefreie Einfuhr die Stadt und die Angehörigen der Brauerkompanie.

Vor dem düsteren Hintergrunde wirtschaftlicher und moralischer Belastungen der Bürger und Einwohner Revals während des Krieges wog korruptes Verhalten besonders schwer. Besonders schlimm war es, wenn Behörden von Korruption beschlichen wurden. Das Wirken Rosenkrons mußte damals noch im Gedächtnis der Bürger lebendig sein. Unter ihm hatte auch die Sauberkeit der städtischen Finanzverwaltung gelitten, und die Stadt als Ganzes hatte den größten Schaden getragen. Die Folge war letztlich die Einsetzung eines königlichen Justizbür-

---

64 RStA, RPr. 1707 April 2.
65 Hartmann, a.a.O., S. 125.

germeisters gewesen. Jede Unregelmäßigkeit in der Verwaltung rief die
Gefahr der Präjudizierung größerer Rechte des Justizbürgermeisters
und damit der Krone auf Kosten einzelner Privilegien des Rates und
der Stadt hervor.

Das Kirchenregiment der Stadt war bisher kaum eingeschränkt worden, obwohl es schon zur Zeit der Vormundschaftsregierung Karls XI.
Versuche gegeben hatte, es zu beschneiden. Streitigkeiten zwischen Rat
und Geistlichkeit hätten genügend Anlaß dazu geboten. Seitdem waren
Jahrzehnte vergangen. Zu Beginn des 18. Jhs. wurden mißliche Verhältnisse im Kirchenkonvent zu St. Nikolai aufgedeckt. Vielleicht war es
nur dem für Schweden unglücklichen Verlaufe des Krieges zu verdanken, daß keine Maßnahmen gegen das Kirchenregiment des Rates eingeleitet wurden.

Präses des St. Nikolaikirchenkonvents war 1706 Bürgermeister Thomas zur Mühlen. Außer ihm gehörten dem Konvent die beiden Geistlichen, ein Ratsherr als Oberkirchenvorsteher und einige von den beiden Gilden verordnete Vorsteher an. Der Konvent unterhielt das Kir-
chengebäude, verwaltete das Kirchenvermögen, besoldete die Kirchen-
diener, revidierte die von den Kirchenvorstehern vorgelegten Rechnungen[66].

Aus den Protokollen des Konvents[67] ergibt sich, daß die Verwaltung
des Kirchenvermögens seit 1702 sträflich vernachlässigt worden war.
Als Thomas zur Mühlen sich seit 1706 als neuer Präses des Konvents
darum bemühte, Ordnung in die verfahrene Wirtschaft zu bringen,
scheint er besten Willens gewesen zu sein, wenn auch nur mit mäßigem
Erfolg. Ein Haupthindernis für ein energisches Durchgreifen lag offenbar in der Persönlichkeit seines Schwagers, des Ratsherrn und Ober-
kirchenvorstehers Johann Hahn.

Wiederholt verlangte der Bürgermeister die Einsicht in die Rechnungen. Hahn suchte stets Ausflüchte, berief sich entweder auf den Buch-

---

[66] Elias, S. 18. Die Aufhebung des Episkopalrechts und die Überführung der
geistlichen Glieder des Stadtkonsistoriums in das Landeskonsistorium durch Karl
XI. (1692), vgl. Nottbeck/Neumann I, S. 195, scheint eine Maßnahme von
begrenzter Dauer gewesen zu sein, da Reval später wieder sein eigenes Konsistorium besaß, vgl. Lenz, S. 111. Die Wiederherstellung dürfte auf die Privilegienbestätigung durch Peter den Großen zurückzuführen sein.
[67] FG I.

halter Busch oder entschuldigte sich, er könne wegen seiner „schweren Brust" und Hustens nicht ausgehen, insbesondere nicht „unter das Gewölbe der Kirche". Dies sei auch der Grund dafür, daß die Rechnungen noch nicht vorlägen.

Im Konvent wurde die Ansicht geäußert, es ginge nicht mit rechten Dingen zu. Am 20. Mai 1707 war es laut Oberkirchenvorsteher Hahn der Küster, mit dem er „nicht zur Richtigkeit habe gelangen können, wesmaßen die Liquidation immer trainieret werde". Dem Küster wurde ein Termin bis „morgen mittag Glock 1" zur Liquidation mit dem Oberkirchenvorsteher gewährt, aber noch am 12. August war die Angelegenheit nicht zu Ende gebracht und schien, trotz Strafandrohung, gar einschlafen zu wollen. Ob es zu einer endgültigen Bereinigung kam, bleibt im Dunkeln.

Die Rechnungen waren nicht der einzige Grund zu Beschwerden. Zur Befriedigung von Gläubigern mußte einmal die alte Monstranz versetzt werden. Unwiederbringlich verloren war das Geld, das durch die Hände des Küsters Jobst Lübken gegangen war. Hahn meinte, wenn er den Küster riefe, so käme er nicht; er wäre „seiner selbst allemal nicht mächtig": er trank also!

Als 1710, anderthalb Jahre nach dem Tode des Bürgermeisters zur Mühlen, die Pest den ganzen Kirchenvorstand hinwegraffte, überlebte Lübken alle seine Vorgesetzten. Erst als ein neuer Kirchenvorstand gewählt wurde, ereilte ihn sein Geschick. Man konnte ihm nachweisen, daß ein Abendmahlskelch fehlte. Lübken redete sich auf den bekannten Kirchendieb Adam heraus, der vor Jahren den Kelch gestohlen hätte. Adam war aber schon sechs Jahre zuvor gehängt worden, vor vier Jahren war der Kelch aber noch vorhanden gewesen. Nun blieb Lübken die Antwort schuldig und wurde seines Amtes enthoben. Mit den Worten: „Ich habe gesündigt" verließ er den Schauplatz seiner langjährigen Tätigkeit.

Man fragt sich, warum der Bürgermeister seine Drohung nicht wahrmachte, die Angelegenheit vor den Rat zu bringen, was der Kirchenkonvent befürwortet hätte. Offenbar schonte er seinen Schwager, der Zeit gewinnen wollte, um Unredlichkeiten entweder bereinigen oder überspielen zu können. Ein anderer Grund könnte die Befürchtung gewesen sein, der Justizbürgermeister würde die korrupten Verhältnisse im Kirchenregiment zum Anlaß nehmen, die städtischen Rechte zugunsten der Krone einzuschränken. Ohnehin gab es Reibungen zwischen der Stadt und der Krone, die mit Ungnade und Exekution drohte, um die unter den Kriegslasten stöhnende Stadt zur Erfüllung ihrer Pflichten zu gewinnen[68].

Das beengte Zusammenwohnen in der mit Soldaten vollgestopften Garnisonsstadt verschlimmerte die gereizte Stimmung. Es gab zahlreiche Zwischenfälle infolge des Mutwillens der Militärs, deren Verhalten gegenüber Bürgern und Einwohnern zu den unerfreulichsten Auswirkungen des Krieges gehörte. Die Offiziere entstammten zum großen Teil den Adels- und Bürgerfamilien des Landes. Auf die Zivilisten sahen sie herab und behandelten sie entsprechend. Es war nach dem Tode des Bürgermeisters, einige Wochen vor dem Ende der schwedischen Herrschaft, als sein Sohn, der Kaufgeselle Hinrich zur Mühlen, am hellichten Tage in der Langstraße von einem Kornett von Essen mit dem Degen überfallen und in ein fremdes Haus getrieben wurde. Ältermann Lanting, der des Weges kam, beobachtete, daß auch einige Soldaten sich am Überfall beteiligten. Als er sie fragte, was sie mit Hinrich zu tun hätten, holte einer zu einem Hieb aus, den der Ältermann mit dem spanischen Rohr parierte, das er in der Hand hatte. Die Gilden nahmen sich des Vorfalles an und baten den Rat, deswegen auf dem Schloß vorstellig zu werden, *weil ein jeder auf der öffentlichen Gasse sicher gehen müsse*[69]. Ob der Rat etwas erreichte, ist zweifelhaft. Schließlich gab es weit schlimmere Vorfälle, über die Beschwerde geführt wurde.

Das Wehklagen der Bürger über die finanziellen Opfer für den Ausbau der Stadtbefestigung verrät ihr geringes Vertrauen in die Verteidigungskraft der Festung, die trotz aller Anstrengungen nicht vollendet wurde[70]. Arbeitskräfte waren durch erfolgreiche Werbungen zur Truppe rar geworden. Es war ein Glück für die Stadt, daß sie bis 1710 nicht unmittelbar bedroht war. Die althergebrachte Wehrhaftigkeit der Bürgerschaft wurde nicht ernstlich auf die Probe gestellt wie einst im Kriege gegen Moskau. Im Ernstfall wäre die geringe militärische Bedeutung der Bürgerkompanien bei der Verteidigung der Wälle zutage getreten. Die Bürger, die selbst für ihr „Ober- und Untergewehr" aufkommen mußten, waren hinter der Entwicklung der Waffen- und Kriegstechnik zurückgeblieben.

---

[68] Nottbeck/Neumann I, S. 203.

[69] RStA, RPr. 1710 Juli 16, Ziffer 8. Zu anderen Vorfällen vgl. Hartmann, Reval im Nordischen Krieg, S. 47.

[70] Hartmann, a.a.O., S. 28f.

Bürgerkompanien gab es schon in Friedenszeiten. Eine „Munsterrolle" von 1688[71] enthält die Namen von 730 Bürgern, an der Spitze die vier Quartierherren, alles jüngere Ratsherren. Jedes Quartier verfügte über zwei Kompanien, insgesamt waren es acht Kompanien, mit durchschnittlich etwa 90 Mann. Diese bestanden aus je drei Korporalschaften zu zwei Rotten. Die Offiziersstellen, je Kompanie ein Kapitän, ein Leutnant und ein Fähnrich, waren mit wenigen Ausnahmen von Kaufleuten besetzt, auch die Korporale waren in der Mehrzahl Kaufleute, während unter den Rottmeistern auch Handwerker waren. Thomas zur Mühlen war 1688 Leutnant der 1. Kompanie des Lehmpfortenquartiers, sein Bruder Hermann Korporal im Marktquartier.

Die Bürgerkompanien waren zum Wachdienst verpflichtet. Bei drohender Gefahr mußten auch Bürgermeister und Ratsherren ihren Mann stellen, die sonst davon befreit waren. Doch jeder Bürger konnte von seinem Recht Gebrauch machen, „einen guten wehrhaften Kerl mit gutem fertigen Ober- und Untergewehr an seiner Stelle zu substituieren", wie es in der Bürgerwehrordnung hieß. In Kriegszeiten sollte der Wachdienst verstärkt werden, so daß die Bürger mehrere Leute abstellen mußten, je nach Anzahl ihrer Gesellen, Jungen und Knechte. Mit diesen zusammen betrug die „wehrfähige" Einwohnerschaft über 1900 Mann.

Während des Krieges waren die Bürgerkompanien anders organisiert. Eine Aufstellung von 1705 weist ebenfalls acht Kompanien auf, doch mit einem Stamm von insgesamt nur 626 Bürgern. Jede Kompanie bestand aus zwei Rotten mit Rottmeistern an der Spitze[72]. Einer der Rottmeister war Caspar zur Mühlen, Thomas' Sohn; wenig später war er Kapitän einer Bürgerkompanie[73].

Man kann sich vorstellen, daß auch der Dienst der Bürgerkompanien als Belastung empfunden wurde. Erstaunlich ist nur, daß trotz allem Begeisterung und Verehrung für den Helden des Krieges, König Karl XII., herrschte. Von Kriegshandlungen, Beschießungen und Belagerung verschont, bewahrten die Revaler sie dem Sieger von Narva. Seinem jüngsten Sohn, der am 2. September 1708 getauft wurde, gab Thomas den Namen Carol, wohl nach dem König. Es war sein zwanzigstes Kind.

---

[71] StKA, Rullar före 1722.
[72] Hartmann, Reval im Nordischen Krieg, S. 34 f.
[73] RStA, B.a. 67 II, S. 92 u. 106.

Der älteste Sohn des Bürgermeisters befand sich damals bei der Truppe. Wann er Soldat geworden, ist nicht bekannt. Bei Beginn des Krieges diente er als Kapitän im Livländischen Infanterieregiment unter Axel de La Gardie, später in einem anderen Infanterieregiment als Oberstleutnant bei Tavastehus in Finnland[74]. Er nannte sich selbst Conrad Hermann von Mühlen, doch ist über eine Nobilitierung durch seinen Kriegsherrn nichts bekannt.

Auch Thomas' jüngster Bruder Hinrich war schwedischer Offizier. Seine militärische Laufbahn hatte er, soweit bekannt, als Freiwilliger bei der „englischen Leibgarde" Karls XII. begonnen. Am 18. März 1701 ist er Leutnant beim Wierischen Landmilizregiment und am 9. Mai desselben Jahres Rittmeister beim Livländischen Regiment, das unter Magnus Wilhelm v. Nieroth gegen die Russen kämpfte[75]. Im Mai 1708 kommt er zu der 150 Mann starken Truppe der Leibtrabanten des Königs und befindet sich demnach in seiner unmittelbaren Umgebung. In der Schlacht bei Holowczyn in Weißrußland, die in einer dunklen Regennacht vom 3. zum 4. Juli mit einer Überquerung des Flüßchens Vabitj unter der persönlichen Führung Karls XII. beginnt und mit einem glänzenden Sieg über die Russen, dem letzten vor Poltava, endet, läßt Hinrich zur Mühlen sein Leben[76], seines Alters 55 Jahre.

Mit der Niederlage Karls XII. bei Poltava im folgenden Jahr und der Erneuerung des Bündnisses des Zaren mit Sachsen-Polen und Dänemark trat die entscheidende Kriegswende ein. Thomas zur Mühlen und seine Brüder erlebten sie nicht mehr. Hermann war 1708 gestorben, Hinrich gefallen, und am 26. April 1709 starb Thomas.

Für Reval wurde es ernst im Juni 1710, als russische Truppen sich näherten, um die Stadt einzuschließen. Damals war die Pest im Anmarsch. Man hatte sie schon seit 1708 in Livland erwartet. Durch Sperrung von Hafen und Straßen für Schiffe und Leute aus verseuchten Gebieten hatte man versucht, ihr vorzubeugen. Im Juli erreichte die Seuche Dorpat. Am 11. August wurde der erste Pestfall in Reval bekannt. Damit begann das große Sterben, mit dem die Beisetzung der Leichen und ihre Registrierung nicht Schritt halten konnte.

---

[74] Lewenhaupt, S. 464.
[75] Lewenhaupt, a.a.O. Zu Nieroth: DBBL, S. 547f.
[76] Zum Verlauf der Schlacht: Haintz I, S. 237f.

Inzwischen hatten die Russen den Ring um Reval enger gezogen. Angesichts dieser aussichtslosen Lage sah der Rat, ebenso wie die Estländische Ritterschaft und die Garnison, sich gezwungen, auf ein Kapitulationsangebot der Russen einzugehen. Zar Peter sagte der Stadt in einem „Universal" am 16. August die Bestätigung aller ihrer alten Privilegien in vollem Umfange zu. Am 28. September wurde die Festung übergeben, die schwedische Besatzung, infolge der Pest nur noch 400 Mann stark, erhielt freien Abzug. Am folgenden Tage unterzeichneten Ritterschaft und Stadt die Kapitulation. Sie war nicht durch eine militärische Niederlage, sondern durch Hunger, Pest und Tod erzwungen[77].

5. Die Folgen von Hunger und Pest

Die Pest dauerte noch bis Anfang Dezember 1710 an. Ihre Auswirkungen auf die Einwohnerschaft waren verheerend. Eine Einwohnerliste vom Oktober 1711 verzeichnete nur noch 1732 Personen in der Altstadt gegenüber 5122 Ende 1708. Es gab kaum eine bürgerliche Familie, die keine Pesttoten zu beklagen hätte, manche Geschlechter wurden gänzlich ausgelöscht. Noch schlimmer wütete die Seuche in den Vorstädten, wo die Leute in primitiven Verhältnissen eng beieinander wohnten. Dort überlebte nicht einmal der zehnte Teil der Einwohnerschaft[78].

Schon vor der Pest erstellte Einwohnerlisten zeigen durch den Krieg veränderte Verhältnisse. Reval war voller Flüchtlinge vom Lande, die in der Stadt Schutz und Unterkommen suchten. Friedensmäßige Zustände läßt noch die Musterungsrolle vom Jahr 1688 erkennen. Die wehrfähige Bevölkerung Revals wurde bei diesem Anlaß nicht nur nach militärischen Gesichtspunkten erfaßt und eingeteilt, sondern – in einer besonderen Liste – auch häuserweise registriert. Dabei wurden die Namen der als „Wirte" bezeichneten Hausbesitzer oder Mieter, nach Stadtquartieren gegliedert, niedergeschrieben und die Anzahl ihrer Gesellen, Jungen und Knechte vermerkt[79].

---

[77] Hartmann, a.a.O., S. 10f.; Nottbeck/Neumann I, S. 204f.
[78] Hartmann, a.a.O., S. 84.
[79] StKA, Rullor före 1722, MunsterRolle der Bürgerschaft 1688.

So wurden 637 Haushaltungen aufgenommen. Jedes Bürgerhaus wurde berücksichtigt, ebenso die „kleinen Häuser" auf den Grundstükken der Kaufleute mit ihren Mietern. Einige Häuser waren „wüst", andere von Adeligen bewohnt. Zahlreiche Haushalte wurden von Bürgerwitwen geführt, von denen einige mit Hilfe eines oder mehrerer Gesellen oder Söhne weiterhin ihre bürgerliche Nahrung – Handel oder Handwerk – betrieben; anderen Witwen stand nur noch ein Knecht für die häuslichen Arbeiten zur Verfügung. Insgesamt erhält man von der Einwohnerschaft ein intaktes Bild. Der Unterschied zwischen Kaufleuten und Handwerkern fällt gleich in die Augen. Die meisten Handwerker hatten einen Gesellen oder mehr und in der Regel einen oder zwei Jungen, aber nur die wohlhabenderen unter ihnen auch einen Hausknecht. Anders die Kaufleute, die nach Anzahl ihrer Gesellen und sonstigen Hilfskräfte eine große Vielfalt zeigten.

Sehen wir von den Haushalten der Witwen ab, so können wir die Kaufmannshaushalte in fünf Gruppen unterteilen. Die Anzahl der Hilfskräfte mag ein ungefähres Bild vom wirtschaftlichen und sozialen Zuschnitt ihrer Handelsbetriebe geben.

Die Kaufleute und ihre Hilfskräfte 1688

	Anzahl der Kaufleute	Gesellen je Haushalt	sonstige Hilfskräfte je Haushalt
Gruppe I	20	2–4	3–6
Gruppe II	63	1	2–3
Gruppe III	66	–	2
Gruppe IV	35	–	1
Gruppe V	15	–	–

Ratsherr Hermann zur Mühlen hatte einen Gesellen, einen Jungen und zwei Knechte und ist somit zur Gruppe II zu zählen. Seine drei Söhne Thomas, Hermann jun. und Hinrich gehörten mit je einem Jungen und einem Hausknecht zur Gruppe III. Von Simon zur Mühlens Erben war in einem anderen Zusammenhang schon die Rede.

30 Jahre später ist der Bestand an männlichen Hilfskräften durch den Krieg stark reduziert. Kamen 1688 auf hundert Kaufleute noch 97 Hausknechte, so sind es 1708[80] nur noch 19. Die Zahl der männlichen

---

[80] RStA, B.K. 18. Zum Landesaufgebot gehörten neben der Landbevölkerung offensichtlich auch zahlreiche städtische Esten und Bürger. Sie wurden zur Verteidigung des Landes eingesetzt. Vgl. Wittram, Peter I., Bd. 1 S. 247.

Hilfskräfte insgesamt ist in der gleichen Zeit von 253 auf 48 je hundert Kaufleute gesunken, doch sind hierbei die im väterlichen Betrieb mitarbeitenden leiblichen Kinder nicht mitgezählt. Ein genauer Vergleich der Einwohnerliste von 1708 mit der Musterungsrolle von 1688 ist nicht möglich, weil sie unvollständig und nach anderen Prinzipien aufgebaut ist. Immerhin sind Ähnlichkeiten in der Gruppierung nicht zu übersehen.

Die Kaufleute und ihre Hilfskräfte 1708

	Anzahl der Kaufleute	Gesellen, Jungen und Knechte je Haushalt
Gruppe I	12	4
Gruppe II	20	3
Gruppe III	26	2
Gruppe IV	35	1
Gruppe V	48	–

Mit zwei Hausknechten gehörte Thomas zur Mühlen zur Gruppe III, doch lebten damals bei ihm im Hause auch seine Söhne Hinrich und Dietrich, der eine Kaufgeselle, der andere sechzehnjähriger Lehrjunge. Dies geht aus der Kinderzahl laut Liste eindeutig hervor. Wenn man sie als Hilfskräfte mitzählt, kommt man auf eine höhere Gruppe.

Die vielen „Fremden" und „Einlogierten" erschweren die Auswertung der Einwohnerliste von 1708, in der überdies die Namen aus dem Marktquartier fehlen. Ersatzweise kann eine andere Liste herangezogen werden, die der Erhebung des Kopfgeldes diente (1705)[81]. Auch sie läßt die Abwesenheit vieler Männer erkennen, wie der Vergleich mit der Musterungsrolle zeigt. Auf je 100 Haushalte beider Listen entfallen:

	Wirte	Gesellen	Jungen	Knechte	Männer insg.
1688	89	75	93	52	309
1705	78	35	44	22	179

Gegenüber 1688 zeigt die Liste von 1705 einen Fehlbetrag von 11 Wirten, 40 Gesellen, 49 Jungen und 30 Knechten, insgesamt von 130 Männern in 100 Haushalten. Auch hier ist bei Gesellen und Jungen der wirkliche Fehlbetrag geringer, weil die eigenen Söhne bei den Kindern mitgezählt wurden, soweit sie zuhause lebten. Das geht aus den Angaben zu den Familien des Thomas zur Mühlen und seines Bruders Her-

---

[81] RStA, B.a. 67 II, S. 6–24.

mann hervor. Die Hausgemeinschaften der zur Mühlen hatten 1705 folgende Zusammensetzung, einschließlich der Kinder, Ammen und Mägde[82]:

	Kinder	Gesellen	Jungen	Ammen	Mägde	Knechte	Personal insg.
Thomas	9	–	–	1	2	1	4
Hermann	3	–	–	–	2	1	3
Caspar	2	1	–	–	2	1	4

Unter den Kindern des Thomas ist der neunzehnjährige Hinrich als Lehrjunge, unter denen Hermanns der dreiundzwanzigjährige Hermann Johann als Kaufgeselle zu berücksichtigen.

Militärs zahlten kein Kopfgeld und wurden daher mit ihren Familien nicht registriert. Rittmeister Hinrich zur Mühlen und Kapitän Conrad Hermann hielten sich bei der Truppe auf, während ihre Angehörigen in Reval lebten. Einschließlich dieser beiden Familien und der Nachkommenschaft der Nebenlinie des Simon zur Mühlen, die in der Kopfliste irgendwo unter Gesellen verborgen sein müßten, hatte das Geschlecht damals einen Bestand von 34 Personen. Das war der Höchststand seit seinem Auftreten in Reval und blieb es bis zur nächsten Jahrhundertwende. Als über die mit Flüchtlingen und Soldaten überfüllte Stadt die Katastrophe hereinbrach, begann auch für die Familie zur Mühlen das große Sterben, das hier wieder mit den Verlusten der städtischen Bevölkerung verglichen werden möge.

Für 1711 liegen zwei Zählungen vor. Im März überprüfte man den Bestand der Bürgerkompanien[83], im Oktober zählte man erneut die Einwohner[84]. Beide Listen erfassen wieder Frauen, Kinder und Dienstpersonal. Laut Verzeichnis der Bürgerkompanie wohnten Anfang 1711 in Reval 1358 Personen. Leere Häuser wurden nicht notiert, nur hier und da vermerkte man Abwesenheit der Besitzer, z.B. wenn sie mit Frau und Kind Reval verlassen hatten. In zahlreichen Häusern lebten nur einzelne Personen, meist Frauen, andere waren von Knechten und Mägden bewohnt, die verwaiste Bürgerkinder betreuten. In 86 von insgesamt 360 Häusern oder Haushalten gab es weder Hauswirte noch

---

[82] Vgl. dazu die genealogischen Angaben im Anhang III, woraus sich ergibt, daß Hinrich, geb. 1686, und Hermann Johann, geb. 1682, mitgezählt worden sind. Bei Caspar zur Mühlen, der noch keine eigenen Kinder hatte, sind die zwei Stiefkinder angegeben, vgl. dazu RStA, A.a. 35, S. 267.

[83] RStA, B.a. 67 II, S. 171–182.

[84] Hartmann, Reval im Nordischen Krieg, S. 84.

Hausfrauen, in 34 Häusern residierten verwitwete Bürger, in 129 Bürgerwitwen, in 111 lebten Ehepaare oder der Hauswirt mit seiner Mutter. Komplett waren nur wenige Haushalte.

Bis zum Herbst 1711 hatte die Zahl der Einwohner sich auf 1732 vermehrt. Zahlreiche Abwesende waren inzwischen zurückgekehrt. Es mag auch sein, daß die erneute Zählung vollständiger war. Ein Vergleich der beiden Listen von 1711 mit der von 1705 zeigt die von Pest und Abwesenheit verursachten Lücken. Die Zahlen sind stets auf je 100 der 1705 bewohnten Häuser bezogen.

Verluste einzelner Bevölkerungsgruppen

	Be-wohnte Häuser	Haus-wirte	Haus-frauen	Jung-frauen	Gesel-len u. Jungen	Kinder	Knech-te	Mägde u. Ammen	Lose Kerle	Weiber
1705	100	78	74	6	79	141	22	87	–	–
März 1711	71	29	49	19	19	43	19	51	16	30
Okt. 1711	?	46	82		33	62	37	90	–	–
Verände-rung März bis Okt.		+17	+14		+14	+19	+18	+39	−16	−30

Am größten waren die Verluste bei Kindern und wehrfähigen deutschen Männern. Als Ursachen kommen neben Hunger und Pest besonders bei jüngeren Männern auch Kriegseinwirkungen und Abwanderung in Frage. Der Vergleich zeigt ferner, daß das weibliche Geschlecht die Katastrophe besser überstand als das männliche. Der Bestand an Knechten und Mägden wird sich durch Zuwanderung erhalten haben: die „Losen Kerle" und „Losen Weiber" kamen entweder vom Lande oder aus der Vorstadt, um sich bei Bürgern als Dienstpersonal zu verdingen.

Den Verlusten in der Altstadt entsprach ungefähr die Sterbequote bei der Familie zur Mühlen. Dabei wird deutlich, daß die Sterblichkeit schon vor Ausbruch der Seuche anstieg. Aus anderen Ursachen starben 1708 bis August 1710 vier Erwachsene und drei Kleinkinder. Die seit Jahren herrschende Knappheit an Lebensmitteln und schlechte sanitäre Verhältnisse taten ihre Wirkung. Die Reihe begann mit dem Ältermann Hermann, ihm folgten die Frau des Rittmeisters Hinrich, Elisabeth Korbmacher, und der viermonatige Carol. Im März 1709 starb ein Enkel von Thomas, im April er selbst, damals im sechzigsten Lebensjahr. Noch vor der Pest starben 1710 ein weiterer Enkel von Thomas und – erst 39 Jahre alt – seine Witwe Agneta. Soweit die Daten bekannt sind, setzte die Reihe der Pesttoten am 19. September mit einem vierjährigen Mädchen ein und schloß am 22. Oktober mit Caspar, Thomas' Sohn, 32 Jahre alt. Allein im Nikolaikirchenbuch findet man 1710 zwölf an der Pest verstorbene Familienangehörige: drei Erwachsene und neun Kinder[84]. Die Eintragungen im Kirchenbuch von St. Olai sind unvollständig, daher sind weit mehr Pesttote anzunehmen, als registriert wurden. Von vielen Kindern der Familie zur Mühlen weiß man nur den Vornamen und das Taufdatum, das zugleich die letzte Nachricht über sie blieb.

Zwölf Familienglieder überlebten die Katastrophe. Diese Zahl entspricht etwa dem Anteil, der für die Innenstadt errechnet worden ist (33 Prozent)[85]. Wachstum und Verlust von 1688 bis 1710 werden durch die folgende Tabelle veranschaulicht.

Bestand der Familie zur Mühlen 1688 bis 1710
(in Klammern: unter 21 Jahren)

	1688	1708	1710
männlich	14 (7)	18 (9)	6 (2)
weiblich	6 (3)	16 (12)	6 (4)
zusammen	20 (10)	34 (21)	12 (6)

Die große Sterblichkeit der letzten Jahre wird deutlich, wenn man die Zahlen für die 20 Jahre von 1688 bis 1708 mit denen der zwei Jahre von 1708 bis Ende 1710 miteinander vergleicht:

Geburtenüberschuß und -defizit 1688 bis 1710

	1688–1708			1708–1710		
	Geburten	Sterbefälle	Überschuß	Geburten	Sterbefälle	Defizit
männlich	12	8	+ 4	1	13	−12
weiblich	16	7	+ 9	2	12	−10
zusammen	28	15	+13	3	25	−22

Der zahlreiche Nachwuchs seit 1688 hätte ein ungewöhnliches Anwachsen der Familie erwarten lassen. Doch Ende 1710 waren die älteren Leute, vor allem aber alle Kleinkinder und viele Halbwüchsige

---

[84] Hartmann, Reval im Nordischen Krieg, S. 84.
[85] Hartmann, a.a.O., S. 85.

dem Hunger und der Pest erlegen. Unter den Überlebenden gab es nur drei Mädchen zwischen 10 und 12 Jahren. Alle übrigen waren zwischen 18 und 33 Jahre alt. Der am Anfang des 18. Jhs. erreichte Bestand wurde, solange das Geschlecht in Reval ansässig blieb, nicht wieder erreicht. Es war von je her klein an Zahl gewesen und sollte es noch ein Jahrhundert lang bleiben.

VI. DIE ERSTEN JAHRZEHNTE
UNTER RUSSISCHER HERRSCHAFT

Mit der Bestätigung der Privilegien durch Peter I. hatte die völlig erschöpfte, durch Hunger und Pest dezimierte Stadt einen Erfolg erzielt, der den wirklichen Machtverhältnissen in keiner Weise entsprach: Peter wollte die Stadt für sich gewinnen und kam ihr weit entgegen.

Einst waren die Privilegien das Rechtsgefüge für die Autonomie Revals im Ordensland gewesen. Unter der Herrschaft der schwedischen Könige war sie nicht mehr voll ausgefüllt worden. Die erneute Anerkennung ihrer Rechte bedeutete daher zunächst grundsätzlich eine Verbesserung der Stellung der Stadt. Seit 1710 gab es nicht mehr das Amt eines von der Krone eingesetzten Justizbürgermeisters. Am wichtigsten waren im Hinblick auf die Zugehörigkeit zu Rußland die Rechte auf das evangelische Glaubensbekenntnis und auf die deutsche Amts- und Gerichtssprache, die auch im Verkehr mit dem Gouverneur gelten sollte. Das Recht auf freie Ämterwahl und eigene Gerichtsbarkeit war ebenfalls wesentlicher Bestandteil der Autonomie. Dazu kamen Besitzrechte und Einkünfte der Stadt sowie Freiheit von verschiedenen Abgaben und Pflichten, wie sie Schweden zuletzt verlangt hatte, das Recht der Bürger, Waffen zu tragen, und die Freiheit von Einquartierung in der Innenstadt. Schweden hatte viele dieser städtischen Rechte – teils im Zusammenhang mit der Güterreduktion, teils aus kriegsbedingten Gründen – verletzt.

Mit der Anerkennung der alten Vorrechte der Stadt blieb dem bevorzugten Stand der Kaufmannschaft die wirtschaftliche Vorzugsstellung erhalten. Darin lag in den Augen der Kaufleute der Wert der Privilegien. Ihre Erhaltung bewahrte Reval aber nicht davor, als Handelsstadt auf das Niveau einer Provinzstadt herabzusinken. Ausschlaggebend war dafür die Konkurrenz des neugegründeten St. Petersburg.

Für das Russische Reich lag die Bedeutung der Stadt in erster Linie in ihrer strategischen Lage, zumal man damit rechnen mußte, daß Schweden sich mit der im Frieden zu Nystad vereinbarten Abtretung der Ostseeprovinzen nicht für immer zufrieden geben würde. Der russisch-schwedische Krieg 1743–45 sollte solchen Vermutungen recht geben. Reval war Verwaltungszentrum für die Provinz Estland, doch der Dom als Sitz des Gouverneurs und der Estländischen Ritterschaft blieb weiterhin von der Verwaltung der Unterstadt unabhängig. Der Versuch Revals, zusätzliche Rechte zu erhalten, wie sie Peter der Große ursprünglich in seinem „Universal" vom 16. August 1710 zugesagt hatte, schlug fehl: die Ausdehnung der Gerichtsbarkeit auf den Dom wurde nicht gewährt.

1. Zwischen Kapitulation und Friedensschluß (1710–1721)

Für die Bürger Revals war es enttäuschend, daß mit der neuen Herrschaft nicht zugleich auch der Frieden einzog. Sie bekamen es zu spüren, daß die Wirklichkeit dem Inhalt der Privilegien nicht voll entsprach. Das ausdrückliche Recht, im Verkehr mit den russischen Behörden auf dem Schloß die deutsche Sprache zu verwenden, mußte erst mühsam erkämpft werden. Der Krieg war Anlaß für den Zaren und seine Beauftragten, sich über manche Privilegien hinwegzusetzen. Natürlich gab es für Rechtsverletzungen militärische oder politische Motive und Notwendigkeiten. Aber es wurde von der herrschenden Macht nicht der Versuch gemacht, die Stadt durch Verhandlungen zu freiwilligem oder einstweiligem Verzicht auf verbrieftes Recht zu bewegen. So wurde der Wert der Privilegien durch obrigkeitliches Beharren auf mancherlei Besitz und Recht relativiert[1].

Solange der Krieg währte, konnte der Außenhandel nicht florieren. Die Zollerträge erreichten 1711 mit 12,5 Prozent des letzten Friedensjahres den Tiefpunkt und stiegen nur langsam und ungleichmäßig wieder an. Am Ende des Krieges waren 50 Prozent noch nicht erreicht. Der Handel litt weniger durch die Seeblockade, die Schweden am 2. Mai 1711 über alle Häfen Est- und Livlands verhängte, als durch russische Ausfuhrverbote und durch die von den Russen geforderten Getreidelieferungen an die Truppe. Außerdem begannen russische Händler, den deutschen Kaufleuten Konkurrenz zu machen. Die Mitglieder der stark dezimierten Großen Gilde waren meistenteils verarmt. Der deutsche Kaufmann mußte sich „kümmerlich mit Hausnahrung, Bier verschenken etc. ernähren"[2].

---

[1] Zur Frage der Privilegien: Hartmann, a.a.O., S. 13; Etzold, Seehandel, S. 13–19.

[2] Hartmann, a.a.O., S. 103. Zum Handel Revals in dieser Zeit ebd. S. 95–105.

Trotz der Erlebnisse von 1710 regte sich bei der Einwohnerschaft Revals bald wieder neuer Lebensmut. Im folgenden Jahr wurden 48 Neubürger registriert, unter ihnen waren 46 in Reval gebürtig[3]. Immer mehr Bürger, die während des Krieges die Stadt verlassen hatten, kehrten wieder zurück. Nach einer Aufstellung vom 27. August 1718[4] lebten allein in der Altstadt 2341 Einwohner; das war gegenüber dem Oktober 1711 eine Zunahme um 35 Prozent. Besonders die Zahl der Kinder (70 Prozent), Jungen und Gesellen (72 Prozent) wuchs schnell wieder an. Dazu kamen 777 Vorstadtbewohner.

Der Bevölkerungsvermehrung durch Heimkehr, Eheschließungen und Geburten stand eine Verminderung durch Abwanderung gegenüber. Zahlen sind dafür nicht zu ermitteln, sondern nur Einzelfälle. Wenn die Abwandernden insgesamt dem Anteil der Reval verlassenden Söhne der Familie zur Mühlen entsprachen, muß die zentrifugale Bewegung beträchtlich gewesen sein. Von sechs – oder gar sieben – Männern, die 1710 im Alter zwischen 18 und 33 Jahren standen, blieben nur drei bis zu ihrem Lebensende der Stadt erhalten: Hinrich, Ernst und Eberhard. Auf dem Lande ließen sich nieder Conrad Hermann und Thomas, später auch Hermann Johann. Es kamen auch Abwanderungen ins Ausland vor, zum Beispiel nach Amsterdam, denn immer noch orientierten sich Handel und verwandtschaftliche Beziehungen aneinander[5].

Einer der ersten Söhne der Stadt, die nach Abklingen der Pest die Ehe schlossen und Bürger wurden, war Hinrich zur Mühlen, des Bürgermeisters Thomas vierter Sohn aus erster Ehe. Er selbst trug später in das von ihm angelegte Familiendenkelbuch seine Lebensdaten ein: „Ao. 1686 den 2. Juni bin ich, Hinrich zur Mühlen, in der Nacht zwischen 2 und 3 Uhr zwischen Mittwochen und Donnerstag im Anfang des letzten Viertel geboren, am 5. hujus in der Nikolaikirche durch Herrn Mag. Stecher getauft worden. – Ao. 1711 den 24. Januarii habe ich mit Jungfer Anna Sophia VerMeer Hochzeit gehalten. Der Höchste Gott gebe mir seine Genade und Seegen in unsern Ehestand."[6] Anna

---

[3] Vgl. dazu das Revaler Bürgerbuch 1710–1786, Beitr. Bd. 19.

[4] RStA, B.K. 1.

[5] W. Blanckenhagen heiratet 1713, J. Strösling 1719 in Amsterdam, vgl. Hart, S. 5.

[6] FG I. Mag. Gottfried Stecher, Pastor zu St. Nikolai 1692–1710, geb. Mittweida 1634, † Reval 1710.

Sophia war die Tochter des aus Utrecht eingewanderten Kaufmanns Cornelis Vermeer(en) und der Anna Blanckenhagen aus Reval.

Noch im gleichen Jahr folgte am 19. April seinem Beispiel sein leiblicher Vetter Hermann Johann, Sohn des Ältermannes Hermann. Der dritte in der Reihe war Hinrichs älterer Bruder Thomas (1715), gefolgt von Eberhard aus der Linie des Simon (1718) und Hinrichs Halbbruder Ernst (1721). Noch während des Krieges wurden, soweit feststellbar, wenigstens sieben Kinder geboren.

Zu den drückendsten Kriegslasten gehörten die Einquartierungen, die mit Back- und Braupflichten und mit Beheizung und Beleuchtung einhergingen. Dabei wurde sehr willkürlich vorgegangen. Der Festungskommandant Zotov ließ seine Soldaten nicht durch die städtischen Organe auf leerstehende Quartiere verteilen, sondern brachte sie gruppenweise in bewohnten Häusern unter. Es kam sogar zu Ausquartierungen und unerfreulichen Übergriffen. Die Beschwerden der Bürger waren im Grunde die gleichen wie vor 1710: Rücksichtslosigkeit der schwedischen wie der russischen Besatzer und Demütigung einzelner Zivilisten[7].

Hinrich zur Mühlen war 1713 junger Familienvater mit zwei Töchtern im Alter von einem halben und knapp zwei Jahren, als er Einquartierung erhielt. Anlaß war die Anreise eines russischen Kapitäns Sinjavin aus St. Petersburg. Am 22. Juni erschienen vor dem Rat der wortführende Ältermann der Großen Gilde Michel Hahn, der Älteste Johann Hueck, Hinrich zur Mühlen, sein Schwager Christian Magnus Schröder, Jürgen Schultz und Dierich Vermeeren, ebenfalls ein Schwager von Hinrich. Hahn trug vor, dem Kapitän seien nacheinander Quartiere in der Stadt bei Christian Magnus Schröder, bei Johann Wulfert und endlich bei Hinrich zur Mühlen angewiesen worden. Die beiden ersten Quartiere hatten dem Russen offenbar nicht behagt; als auch das dritte seinen Ansprüchen nicht genügte, *ob nun zwar gedachter zur Mühlen dem Herrn Capitain eine honette und wol meublirte Kammer, woselbsten neuligst der Herr Commandeur Rees logiret und ehemaln Generals-Personen habe paßen können*, anbot, habe der Kapitän höchst verächtlich die Kammer angespien, habe sie nicht beziehen wollen, den Wirt mit seiner Frau mit entblößtem Degen zur Stube hinausgetrieben, der Frau den Degen auf die Brust gesetzt, die Amme nebst den Kin-

---

7 Hartmann, Reval im Nordischen Krieg, S. 15, 44; zu Zotov ebd., passim.

derchen aus der Wiege und zur Stube hinausgetrieben, des Wirts Perücke zerrissen und den Herrn Kapitän Stahl, welcher dieser Affäre wegen hinzugekommen war, über Hals und Kopf hinausgestoßen, und *sonsten sehr canailleus tractiret*. Die Gildevertreter baten namens der Stadtgemeinde den Rat, beim Brigadier Zotov und beim Vicegouverneur, Landrat von Löwen, vorstellig zu werden, um zu erreichen, daß der Kapitän entweder sein erstes Quartier beziehe oder sich in seinem jetzigen friedlich verhalte[8].

Die Bemühungen des Rates gingen jedoch ins Leere. Der Festungskommandant Zotov scheint den Rat keiner Antwort gewürdigt zu haben, und Vicegouverneur von Löwen konnte entweder nicht gegen ihn aufkommen oder wollte es nicht mit ihm verderben, denn der Kommandant besaß offenbar das Wohlwollen Peters I. Der Rat hatte schon im November 1711 den Zaren um seine Abberufung gebeten, weil er die „Retablierung" der Stadt mit seinen Maßnahmen verhindere und Ratsherren oder Bürgermeister, die in städtischen Angelegenheiten zu ihm kommen wollten, gar nicht vorlasse, sondern von seiner Wache mittels Musketenstößen von seiner Türe abweisen lasse. Zotov war es auch, der durch unbeantwortete Rücksendungen seiner Schreiben in russischer Sprache dazu bewogen werden mußte, die Korrespondenz mit dem Rat in deutscher Sprache zu führen, wie es die Privilegien vorsahen. Erst Anfang 1714 wurde er durch van Delden abgelöst[9].

Die Affäre mit dem russischen Kapitän hatte noch ein Nachspiel, wobei wieder Hinrich zur Mühlen der Geschädigte war. Dies geht aus einem Schreiben Hinrichs an den Rat hervor, das undatiert ist, aber dem Inhalt zufolge bald nach der Ablösung Zotov's verfaßt worden sein muß[10].

Das Schreiben zielt auf Schadenersatz für Ausgaben, die durch die Unterbringung des Obersten Vasilij Ivanovič Potošin, des späteren Oberkommandanten in Petersburg und Kronstadt, entstanden waren, der *blos und allein der Stadts wegen, und damit er der Stadt gravamina*

---

[8] RStA, RPr. 1713 Juni 22. – Kapitän Stahl vermutlich Jürgen v. Staal, 1684 nobilitiert, auf Linnapäh und zeitweise Tois, vgl. Nottbeck, Siegel, S. 62, u. Schilling, S. 29, 45. Friedrich v. Löwen (1654–1744), estl. Landrat, Vicegouverneur 1711–30, Gouverneur 1730–36, DBBL, S. 468.

[9] Hartmann, Reval im Nordischen Krieg, S. 14f., 47. Wilhelm von Delden, 1713–33 Oberkommandant von Reval, vgl. Hartmann, passim.

[10] RStA, Suppl. 18. Jh., Mappe 2, S. 198. Potošin war 1714 bei Hinrich zur Mühlen einquartiert, RStA, B.a. 65 I, S. 238r.

wieder den Hrn. Brigadier Sotow untersuchen möge, hir lieget. Hinrich schreibt, er hätte sich *aus willfährigem Gemüt* zur Aufnahme von Potošin von vielen Herren des Rates überreden lassen, die ihm ausreichende Satisfaktion versprochen hätten. Er hätte ihn *honnetement bis hiezu bewirthet, sintemahl er einen schönen Saal, etliche Cämmer und andere Bequemlichkeiten bis in den 9ten Monaht besessen,* und hätte den Oberst größtenteils mit kostbarem Holz versorgt. Er könnte es ihm zwar nicht zuschreiben, daß seine Bedienten ihm einen Schaden von 40 Rtl. angetan, indem sie ihm Bier und Branntwein fässerweise entwandt hätten, wofür sie den verdienten Lohn bekommen hätten, aber er, Hinrich, hätte *dadurch keine Vergnügung erhalten.* Was er sonst für Ungemach, Schaden und Verdruß besonders von den Bedienten des Obersten erlitten, könnte er nicht erwähnen, sondern wollte nur vorbringen, daß ihm die Last gar zu schwer werden wollte, da der Oberst außer dem großen Saal noch etliche Kammern für seine Bedienten zu heizen begänne. Dafür müßte ihm das Brennholz geliefert und dazu noch seine Küche mit Holz versehen werden. *Da die gantze Stadt fast frey von der Einquartierung gewesen, habe ich sonsten auch dergleichen Last tragen müssen, indem der Commandeur Resh 10 Wochen und der Herr Capitain Synewin 6 Wochen bey mir logiret und grosse depensen veruhrsachet, ohne was mir an Hausgeräht bey der Sinawen Zeit entwantt worden.* Hinrich zur Mühlen bezeichnet sich als einen jungen Anfänger, der sich nicht *zu rahten noch Hülffe zu schaffen* wisse, und bittet den Rat, ihm sein Holz *ex publico* zu ersetzen und die Versicherung zu geben, daß ihm auch seine Unkosten von wenigstens 50 Rtl. erstattet werden, von der verlorenen Miete von jährlich 40 Rtl. ganz abgesehen.

Vermutlich war dieses Schreiben Anlaß für den Rat, noch einmal den Vicegouverneur und den Festungskommandanten van Delden an die Beschwerde vom vergangenen Jahr zu erinnern, die nun von beiden endgültig dahin beschieden wurde, daß sie ihm in dieser Angelegenheit (*in hoc passu*) nicht Schutz noch Hilfe gewähren könnten. Ob der Rat dem jungen Gildebruder die Unkosten erstattete, ist nicht bekannt. Ungewiß ist auch, ob die Untersuchungen des Obersten Potošin mehr als eine bloße Augenwischerei waren, auf die der Rat und der junge Hinrich zur Mühlen gutgläubig hereinfielen.

Die Einquartierung wurde für die Stadt zu einer immer schwereren Belastung. Während in den ersten Jahren nach der Kapitulation in der Innenstadt nur Stabsoffiziere untergebracht wurden, reichten ab 1714 die Vorstädte für die wachsende Zahl der Soldaten nicht mehr aus. Über 1000 Mann wurden auf die vier Quartiere der Stadt verteilt, wobei das Lehmpfortenquartier fast die Hälfte aufnehmen mußte. Der Rat erreichte lediglich, daß Soldaten mit Weibern und Kindern nicht in der Innenstadt einquartiert wurden. Aber Übergriffe und Eigentumsdelikte vermehrten sich, wie Beschwerden in den Ratsprotokollen zeigen. Die Verluste, die die städtische Wirtschaft schon in den ersten Jahren seit der Kapitulation durch Abholzung der Wälder und sogar durch Verheizung von 200 leerstehenden Holzhäusern der Vorstadt, durch Schädigung des Handels und Beschlagnahme von Getreidezufuhren vor der Stadt sowie durch Beschädigung der Mühlen erlitt, wurden vom Rat auf mehr als 200 000 Rtl. geschätzt[11].

Die Einquartierung blieb als Dauerbelastung während des Krieges bestehen. Reval hatte zwar das Glück, von Beschießung und Kampfhandlungen auch im zweiten Kriegsjahrzehnt verschont zu bleiben; eine englisch-schwedische Kriegsflotte, die im Mai 1720 vor Reval erschien, zog nach wenigen Tagen wieder ab, aber das veranlaßte den Kommandanten, die Einquartierungspraxis zu verschärfen. Selbst der Friede von Nystad führte in dieser Frage keine Erleichterung herbei, obwohl der Kaiser entsprechend den Zusicherungen des Friedensvertrages am 9. November 1721 erneut das Versprechen gab, die Stadt bei allen ihren alten Rechten etc. zu belassen.

Über Hinrichs ältesten Bruder, Conrad Hermann, ist wenig bekannt. Während des Krieges war er meist abwesend. Was man von ihm hört, betrifft Erbsachen. Als er sich 1709 einmal in Reval aufhielt, beschwerte er sich beim Rat, daß die Kreditoren seines 1702 verstorbenen Schwiegervaters, des Justizbürgermeisters Korbmacher, ihm den „Berliner Wagen" vorenthielten. Korbmacher hätte ihm den Wagen bei der Heirat verehrt, was er und seine Frau beschwören könnten[12]. Von seinem Schwiegervater erbte er das Gut Terrefer in Wierland, vom Vater das Gut Kandel. Über seine Entlassung aus der schwedischen Armee liegen keine Daten vor. In schwedischen Quellen wird er zuletzt als Oberstleutnant in einem Infanterieregiment bei Tavastehus erwähnt. Nach der Kapitulation sollten auf russischen Befehl die Liv- und Estländer bei Strafe des Vermögensverlustes aus dem schwedischen Dienst ausscheiden und dem Kaiser huldigen. Im Nystader Frieden wurde denen, die

---

11 Hartmann, Reval im Nordischen Krieg, S. 15.
12 RStA, RPr. 1709 Okt. 15.

nicht huldigen wollten, eine Frist für die Liquidation ihres Eigentums gewährt[13]. Jedenfalls war er 1741 nicht mehr am Leben, seine Frau starb 1745. Möglicherweise lebten sie nach dem Kriege in Terrefer.

Noch weniger weiß man über seinen Bruder Thomas, der ebenfalls nie Kaufmann noch Mitglied der Großen Gilde war. Vermutlich hatte ihn der Vater schon frühzeitig dazu bestimmt, das Gut Morras zu bewirtschaften, das ihm dann als Erbschaft zufiel[13a]. Nach seinem Tode erbte sein Bruder Hinrich das Gut (1721).

Besser läßt sich der Lebensweg seines Vetters Hermann Johann verfolgen. Er war der Sohn des Ältermannes der Großen Gilde Hermann. 1711 heißt es in einer Einwohnerliste im Marktquartier: *Herman Zur Mühlen Haus, worin der Sohn.* Weitere Einwohner sind eine Jungfer – seine Schwester Dorothea Elisabeth –, ein Knecht und eine Magd[14]. Im selben Jahr heiratete Hermann Johann Gerdrutha Schopp, Witwe des Pastors Sellius und Tochter des 1710 verstorbenen Propstes Johann Schopp[15]. Womit er handelte, ist nicht bekannt, als Importeur tritt er in den Schiffslisten nicht in Erscheinung. In der Großen Gilde saß er auf der Ältestenbank[16]. Auf Grund einer Obligation der Erben des Bürgermeisters Thomas zur Mühlen beanspruchte Hermann Johann Anteile von Einkünften aus dem Gute Kattentack, die er 1713 mit Erfolg einklagte[17]. Anrechte auf das Gut selbst hatte er nicht. Für kurze Zeit wurde er aber in den Besitz des Gutes Seinigall eingewiesen, das schon einmal im Gemeinschaftsbesitz von Thomas zur Mühlen und Albrecht Blanckenhagen gewesen war, bis Thomas es ganz seinem Mitbesitzer überließ. Hermann Johanns Anrechte auf Seinigall beruhten auf einer Forderung seines Schwiegervaters Schopp[18].

Über die Verhältnisse auf dem Lande und die Beziehungen Stadt–Land sind Hermann Johanns Konflikte mit seinen Toisschen Nachbarn recht aufschlußreich. 1714 pachtete er das städtische Gut Tois in Jerwen, ein kleines Gut mit nur acht Bauern, deren Zahl 1710 auf zwei

---

[13] Wittram, Geschichte, S. 107.
[13a] RStA, B.r. 55, S. 115 f.: Attest über das im Harrischen Districte und Kirchspiele Kegel belegene Guht Morras oder Kurbe, 1720 Dez. 2, für die Erben des Bürgermeisters Thomas zur Mühlen.
[14] RStA, B.a. 67 II, S. 177.
[15] Paucker, S. 235.
[16] RStA, RPr. 1728 Apr. 3, 1729 Febr. 28.
[17] RStA, Rstr. 60, S. 273, 278.
[18] FG I und danach Schilling, S. 119.

herabgesunken war[19]. Auf dem Nachbargut Linnapäh war seit den achtziger Jahren Kapitän Jürgen v. Stahl ansässig, ein Nachkomme der Revaler Familie dieses Namens und Stammvater der heutigen Familie von Staal. Er scheint arg verschuldet gewesen zu sein, 1700 erließ das Oberlandgericht ein Konkursurteil gegen ihn, wobei auch Tois unter seinen Besitzungen genannt wurde. Später besaß es der Ratsherr Paulsen[20], ehe Hermann Johann es „arrendierte".

Daß er sich selbst um das Gut und die vom Gut abhängigen Bauern kümmerte, beweisen mehrere Dokumente. Es gab Streit mit Stahl über die Gutsgrenzen im *Siccaschen Busch,* der zu Tois gehörte. Stahl hatte Holz fällen und wegführen lassen. Das Gut würde *deteriorisiert,* klagte Hermann Johann, mit den wenigen Leuten wäre es unmöglich, diese Gewalttätigkeiten zu verhüten. Wenige Jahre später hatte Stahl 15 Fuder Heu geschlagen und weggeführt. Der Rat strebte eine gütliche Einigung an: 11 Fuder sollte Stahl sogleich zurückgeben, wegen der übrigen vier Fuder sollte im Frühling untersucht werden, wem das Stück Land gehörte und wem das Hölzungsrecht im benachbarten Walde eigentlich zukäme[21].

Ein anderes Mal mußte der Rat erneut wegen gewaltsamen Einschlages auf dem Heuschlag des Stadtbauern Rebbase Adam gegen Stahl einschreiten: er wurde ersucht, den Stadtbauern in *quieta possessione* seines Landes zu lassen, widrigenfalls beim Generalgouverneur Klage erhoben werden sollte. Schließlich versuchte Stahl wider obrigkeitliches Verbot die Toisschen Bauern zu zwingen, ihre Onera nach dem benachbarten Gut Linnapäh zu liefern, was aber nicht ganz gelang, weil die Bauern schon begonnen hatten, ihre Balken auf dem Winterwege in die Stadt zu führen. Sobald das aber nicht mehr ginge, fürchtete Hermann Johann, würde der Major Stahl mit seinen Dragonern die Toisschen und andere benachbarte Bauern nötigen, ihre Balken nach Linnapäh zu bringen. Der Petent bat den Rat unter Berufung auf den Kontrakt um Sicherheit und Schutz und um Anklage an *behörigen Ohrte* gegen Major von Stahl wegen verübter Gewalt, damit dieser gebührend bestraft würde[22].

---

[19] RStA, RPr. 1714 Apr. 6; Hartmann, Reval im Nordischen Krieg, S. 116ff.
[20] Schilling, S. 30, 45; Hartmann, a.a.O., S. 117.
[21] RStA, Suppl. 18. Jh., Mappe 2, S. 254; RPr. 1720 Jan. 19, 26.
[22] RStA, RPr. 1723 Okt. 23; Suppl. 18. u. 19. Jh., Mappe 33, S. 292f.

In einem weiteren, ebenfalls nicht datierten Schreiben teilte Hermann Johann zur Mühlen dem Rat mit, daß das ritterschaftliche Oberland-gericht ihn zum Hakenrichteradjunkten ernannt hätte. Zur Bekleidung dieses Amtes war die Zugehörigkeit zur Ritterschaft nicht erforderlich. In seinem Schreiben versuchte er klarzulegen, daß er als Bürger der städtischen Jurisdiktion unterstehe und auch die bürgerlichen Lasten zu tragen habe, daß er *in der arbeitszeit nach Lande reisen* (müsse), *umb meine arbeit zu übersehen,* darum aber nicht vom Lande *dependire* und als Bürger nicht schuldig sei, Landesdienste zu verrichten. Den Rat bat er, *sich dero Bürgers hochgeneigt anzunehmen, daß ich je ehr je lieber davon abkomme, so lange noch das Collegium derer Herren Landrähte zusammen ist.* Als Hakenrichteradjunkt mit seinen polizeilichen Auf-gaben hätte er in eine heikle Situation kommen können, sobald er Anlaß gehabt hätte, gegen Stahls Leute in eigener Sache und zugleich in offi-zieller Funktion einzuschreiten. Ein direkter Zusammenhang zwischen beiden Beschwerdesachen ist gleichwohl nicht zu erkennen[23]. Der Aus-gang der Angelegenheit ist nicht bekannt. Hermann Johann starb bald darauf im März 1728.

Kurz darauf lag beim Rat ein *sogenanntes wehmütiges Schutz- und hülffs-Gesuch* der Witwe vor, in dem sie auf Grund des Abwohnungs-kontraktes über das Gut Tois um Erstattung von Meliorationskosten bat. Der Rat lehnte ab, weil sie unerwiesen seien und die Gebäude von den Toisschen Bauern umsonst hätten aufgeführt werden können. Da die Witwe jedoch ihren Pachtbesitz vorzeitig wieder abtreten müßte, sollten ihr *ex aequo et bono* mit dem eingezahlten Kapital zusätzlich 50 Rtl. ausgekehrt werden. Aus dem Ratsprotokoll erfährt man, daß die Witwe ihr Exemplar des Kontraktes auf dem Lande hatte[24]. Daraus geht hervor, daß Hermann Johann sein Domizil aus der Stadt nach Tois verlegte hatte. In der Großen Gilde wurde er schon seit einigen Jahren nicht mehr geführt[25]. Das väterliche Haus in der Breitstraße hatte er 1723 an den Landrat Pahlen verkauft[26], geblieben war ihm nur das Haus in der Karristraße, das einst Ratsherr Hermann zur Mühlen gekauft hatte.

---

23 RStA, Suppl. 33, S. 296 f.
24 RStA, RPr. 1728 Apr. 3, 4.
25 RStA, RPr. 1726 Dez. 20.
26 RStA, RPr. 1723 April 30.

Von sechs überlebenden Brüdern und Vettern hatten drei die Stadt verlassen, darunter einer, der von Hause aus Kaufmann war und die Vor- und Nachteile des Handels gegenüber dem Landbesitz abzuwägen wußte. Die zahlreichen Verpfändungen seit dem Ende des 17. Jhs. waren die Folge der Verarmung und Verschuldung des Adels nach der Güterreduktion. Im Falle des städtischen Gutes Tois ging der Anstoß von einem Revaler Kaufmann aus: der Handel lag darnieder. Doch die Erfahrungen, die Hermann Johann zur Mühlen in Tois machte, vor allem die Lage seiner Nachbarn, waren nicht ermutigend.

Es ist ein einfaches Verfahren, das Fehlen von Familienangehörigen nach 1710 der Pest anzulasten. Die Wahrscheinlichkeit spricht für diese Ursache. Doch solange das Gegenteil nicht bewiesen ist, muß auch mit der Möglichkeit der Abwanderung gerechnet werden. Anlaß dazu gab es für junge Kaufmannssöhne genügend, vor und nach der Kapitulation. Mit Abwanderung aus Reval könnte erklärt werden, daß eine der in Deutschland lebenden Familien zur Mühlen das Wappen der Revaler führt: den Hirschkopf im Schilde und auf dem Helm. Der Stammvater dieses Geschlechts ist Johann Heinrich zur Mühlen, geboren 1747, verehelicht 1781 in Altendorf bei Hattingen an der Ruhr mit einer gebürtigen Altendorferin. Der Vorname Johann Heinrich läßt an Simons Söhne Johann und Heinrich denken. Heinrich (Hinrich) war unvermählt, Johann hatte zwei Söhne: Eberhard und Johann. Eberhard war einer der drei in Reval überlebenden Kaufleute, von ihm wird noch die Rede sein. Der Verbleib von Johann, geboren 1690, ist ungewiß. Doch ihn trennen zwei Generationen vom Altendorfer Johann Heinrich. Ob ein Zusammenhang besteht, muß vorerst als ungeklärt angesehen werden. Zu häufig sind die Vornamen Johann und Heinrich, und sicher ist auch nicht, ob schon Johann Heinrich das Wappen geführt hat oder ob es später von seinen Nachkommen adaptiert wurde[27].

2. Kolonialwaren- und Seidenhändler

Der Revaler Handel konnte sich nie ganz vom Nordischen Kriege erholen. Obwohl nach dem Frieden von Nystad die Ausfuhr von Reval

---

[27] Aus einem Schreiben des Herrn F. zur Mühlen an Frau Wanda Gmelin, geb. v. zur Mühlen, 1929 Febr. 4, geht hervor, daß sich in der Sammlung seines Urgroßvaters Heinrich zur Mühlen Siegelabzüge, darunter einer mit dem Hirschkopf, befunden hätten. Das klingt nach einer recht späten Adaption des Wappens.

nach Schweden wieder möglich war, verspürte man auf Jahrzehnte hinaus den Niedergang. „Nunmehro aber ist alles leider dahin, Handel und Wandel von dieser guten Stadt und Bürgerschaft abgekehrt und selbige in kundbarer höchsten Dürftigkeit versetzt, daß sie auch, bevor noch wenige Jahre verstrichen, die miserableste unter allen, ja einem Bauernhof mehr als einer Stadt ähnlich werden dürfte." So hieß es 1729 in einem Schreiben des Rates an den kaiserlichen Senat in St. Petersburg[28].

Bis zur Mitte des Jahrhunderts wurde der Wert der aus- und eingehenden Waren des letzten Vorkriegsjahres nur ausnahmsweise erreicht, in der Regel blieben die Außenhandelsumsätze erheblich darunter und betrugen im Durchschnitt bei nur leicht steigender Tendenz ungefähr 60 Prozent jenes Wertes. Als Importhafen stand Reval unter den russischen Ostseehäfen an dritter Stelle, während die Exporte nicht nur von St. Petersburg und Riga, sondern auch von Pernau und Narva überflügelt wurden. Sie machten kaum ein Drittel der Importe aus. Ein gewisser Ausgleich kam aber auch durch den Verbrauch der Garnison zustande[29].

a. Bürgermeister Hinrich zur Mühlen

Hinrich zur Mühlens Import läßt sich seit 1718 verfolgen: er bestand in diesem Jahr in 3½ Last Salz, hauptsächlich aus Amsterdam, teilweise aus Lübeck. Bald darauf verlegte er sich ganz auf Kolonialwaren, Wein, Branntwein und Zucker. In geringeren Mengen führte er Textilien und den stets teuer verzollten Tabak ein. Eisen- und Kramwaren fehlten gänzlich. Seine Ausfuhr beschränkte sich auf Flachs, Wachs, Hanf und Felle. Nur selten, dann aber in großen Mengen, exportierte er Roggen. Aus der Höhe des Zolles kann in einem Fall auf 25 Last, in einem anderen auf 100 Last geschlossen werden. Beide Male war das Korn für Amsterdam bestimmt. Nach Schweden wurden einmal 30 Last ausgeführt[30]. Das war jedes Mal ein Vielfaches von den geringen Mengen, wie sie die Bauernhändler zu verzollen hatten. Ungeachtet seines Sortiments, das ihn als Kolonialwarenhändler auswies, gehörte Hinrich der Kompanie der Nürnberger Krämer und Bauernhändler an.

---

[28] Hartmann, Reval im Nordischen Krieg, S. 21.
[29] Etzold, Seehandel, S. 135–137 (Tabellen und Diagramme); Elias, S. 41 f.
[30] Die Auszüge aus den Portorienbüchern wurden mir freundlicherweise von Herrn Dr. Gottfried Etzold zur Verfügung gestellt.

Hinrichs Außenhandelsumsatz lag über dem Durchschnitt der Revaler Im- und Exporteure. Die Mehrzahl der Revaler Kaufleute hatte überhaupt keinen eigenen Außenhandel, sie waren auf die Einfuhren der wenigen Großhändler angewiesen[31]. Der Anteil am Außenhandel ist ein wichtiger, aber sicher nicht der einzige Maßstab für den Handel eines Kaufmannes. Doch für den Binnenhandel versagen die Quellen.

Hinrich sah sich bald nach dem Friedensschluß in der Lage, seinen städtischen Grundbesitz zu mehren und seine Miterben auszuzahlen. Nach dem Tode seines Bruders Thomas (1721) war ihm das väterliche Gut Morras zugefallen; 1722 und 1726 zedierten ihm die Miterben das Haus in der Mönchenstraße mit dem dazugehörigen „Hofgarten" und einem gegenüber der Stadtmauer belegenen Steinhause, 1729 das Grundstück in den „Christinentälern", Springtal genannt, nebst der angrenzenden Hetlingschen Heukoppel. Im gleichen Jahr verpachtete er Morras an Hermann Johanns Witwe auf drei Jahre. Offenbar sah er sich nicht in der Lage, das Gut selbst zu bewirtschaften. Später verkaufte er es an Georg Johann von Albedyl, von dem sich in Hinrichs Nachlaß eine Zessionsschrift vom Jahre 1741 wegen eines Morrasschen Erbjungen, des Moisa Hans Sohnes Hinrich, fand. 1735 kaufte er ein weiteres Grundstück in den Christinentaler Wiesen[32].

Hinrich stand damals in Erwartung einer Erbschaft von 18000 holländischen Gulden, die ihm ausgehändigt werden sollten, sobald nur die juristischen Formalitäten des Magistrats von Amsterdam eine Transferierung zuließen. Diesen Betrag hatte der selige Kauf- und Handelsmann zu Amsterdam Hinrich Blanckenhagen seiner Nichte, Hinrichs *Frau Liebste*, testamentarisch vermacht[33].

So mehrte sich das Vermögen in seiner Hand, zu gleicher Zeit auch sein Ansehen in der Bürgerschaft. Er selbst schrieb: „1722 d. 9. Martii bin ich zum Eltesten der Großen Gilde erwählet und habe 4 Jahre vorjüngst bei der Gildekassa gesessen. 1727 d. 10. October bin ich durch öffentliche Wahl zum Ratsherren nominieret worden. 1730 d. 17. Martii bin ich von Reval als Deputierter nach Muscau gegangen, umb die

---

[31] Dies ergibt sich aus den Tabellen bei Etzold, Seehandel, S. 219–224. Der Umsatz der zehn als Großhändler bezeichneten Kaufleute beläuft sich auf 43 Prozent des gesamten Außenhandelsumsatzes.

[32] Proclam über den Verkauf des Gutes Morras, 1742 April 5, RStA, B.r. 55, S. 117f. – Zessionsschrift: FG I.

[33] RStA, RPr. 1735 März 11, 1736 Jan. 10.

Crönung von Ihro Kayserl. Maytt. Anna beyzuwohnen, und d. 27. Augustii bin wieder (Gott Dank) woll nach Haus gekommen." Über diese Reise wird noch ausführlich zu berichten sein. Zur Amtstätigkeit Hinrichs im Rat seien hier nur kurz die Daten genannt: 1741 wurde er Münsterherr, 1742 Oberkämmerer, 1745 Bürgermeister. Im Januar 1749 wählte man ihn zum präsidierenden Bürgermeister.

Über die Wahl zum Bürgermeister wird ausführlich im Ratsprotokoll berichtet. Wie immer wurden vom Collegium consulum – den Bürgermeistern nebst dem Syndikus – zwei Kandidaten vorgeschlagen: Hinrich zur Mühlen und Thomas Clayhills. Beide hatten Verwandte unter den Bürgermeistern. Um die Form zu wahren, mußte einer der Bürgermeister dem Rat präsidieren, der mit keinem der Kandidaten verschwägert oder verwandt war. Bürgermeister Becke war Hinrichs Schwiegersohn, Vermeeren sein Schwager. Als einziger kam Bürgermeister Oom in Frage, der nacheinander mit Schwestern beider Kandidaten verheiratet gewesen, durch seine dritte Ehe aber mit keinem von beiden mehr verschwägert war. Nach Lübischem Recht, an das man sich in solchen Angelegenheiten immer noch hielt, durfte ein Mann nach dem Tode seiner Frau in seines Schwagers Sache sitzen. Dieses Votum der Bürgermeister wurde von den Ratsherren gebilligt, und die Wahl konnte stattfinden. Sie fiel auf Hinrich. Anschließend wurde *derselbe in pleno dazu gratuliret, anbey in Procession des gantzen Magistrats nach Hause begleitet.* Der Weg vom Rathaus in die Münchstraße war nicht weit. Ob Anna Sophia, die neue Bürgermeistersfrau, darauf vorbereitet war, ob es eine Feier im Hause gab, erfährt man nicht. Trotz vielfältig verflochtener Verwandtschaft und Verschwägerung ging es in der Gesellschaft oft recht formell zu, innerhalb des Rates sogar beim jährlichen Wechsel des Amtes des worthabenden Bürgermeisters. Am 10. Januar 1749 wird protokolliert: *Eodem hat der seithcrige praesidirende Herr Bürgermeister Jac. Friedr. Becke nach gehaltener kurtzer Rede das Präsidium an seinen Herrn Schwiegervater, den Herrn Bürgermeister Henr. Zur Mühlen abgetreten, welcher letzterer denn auch nach vorgängiger kleinen Sermon die gewöhnl. Stelle des worthabenden Herrn Bürgermeisters einnahm, mithin von sämtl. dazu gratuliret wurde.*[34]

---

[34] RStA, RPr. 1749 Jan. 10.

In die letzten Lebensjahre Hinrichs fiel der Besuch der Kaiserin Elisabeth, der an anderer Stelle beschrieben wird. Nur vier Jahre lang übte er das Amt eines Bürgermeisters aus. Im Februar 1750 legte er es nieder, wohl schon von Krankheit gezeichnet.

Wenig erfährt man über Hinrichs Familienleben. Sein geräumiges Haus mit Hof und Garten hatte neben vielen „Kammern" einen großen Saal, der mit seinem barocken Innenportal, dem in Gold und Juwelen gefaßten Porträt des Vaters und reichlichem Silbergerät mit einem Gewicht von 1453 Lot (ca. 19 kg) geeignet war, Festlichkeiten repräsentativen Glanz zu verleihen. „30 Teil von dem Universallexikon" lassen vermuten, daß der Hausherr bemüht war, mit dem Wissen seiner Zeit, soweit es Handel, Amtsgeschäfte und Gesellschaft erforderten, Schritt zu halten. An Büchern werden in der lückenhaften Abschrift des Nachlaßinventars sonst nur noch „die Nürnberger Bibel v. 1652 und 1690" erwähnt[35]. Die Bibel fehlte wohl in keinem Bürgerhause der streng lutherischen Stadt.

Fragen nach der häuslichen Kultur wirft die von Hinrich hinterlassene Viola da Gamba auf: wann hatte er das Gambespiel erlernt? Übte er es noch als alter Herr aus? Und mit wem tat er sich zusammen, um – in der Zeit Bachs und Händels – Hausmusik zu pflegen? Das Interesse an Musik war in Reval zu allen Zeiten groß. Auch in anderen Nachlässen findet man hier ein Clavicord, dort eine Zither oder Laute, und Harfensaiten wurden unter anderem Kram als Handelsware geführt[36].

Das Höfchen Springtal, von der Stadt aus bequem in einer Viertelstunde mit Pferden erreichbar (ca. 4 km)[37], muß für das Familienleben von großer Bedeutung gewesen sein. Man konnte von dort aus täglich zur Verrichtung der Handelsgeschäfte, zum Rathaus oder zur Schule fahren. Zehn Wagen und zwölf Schlitten, die Hinrich hinterließ, waren immerhin ein ansehnlicher Bestand. Das Heu für die Pferde lieferten die Christinentaler Wiesen. Für die Ernährung der großen Familie – Hinrich hatte, von frühverstorbenen abgesehen, neun Kinder zu versorgen – nebst Dienstpersonal im Stadthause und in Springtal waren

---

[35] Nachlaßinventar nach FG I.
[36] Mühlen, Besitz, S. 276.
[37] Vgl. die „Karte von Ehstland" von J. H. Schmidt von 1871, reprod. bei H. Hinkel, hinter S. 216. In der bei Nottbeck, Immobilienbesitz, abgedruckten Wachselbergschen Karte von 1689 wird Springtal noch als „Stippels Hof" bezeichnet.

mehrere Kühe erforderlich. Eine Kuh, eine rote, ließ er sich aus Amsterdam kommen[38].

Es gab oft Pannen und Unglücksfälle im Leben dieses sonst erfolgreichen Mannes. Zu seinen unerfreulichen Begegnungen mit schwedischen und russischen Offizieren kamen trübe Erfahrungen mit Revaler Stadtsoldaten, die während ihres Wachdienstes einen Einbruch in seinem Hause begingen. Sie brachen eine in Hinrichs Vorhause, oben im Vorgemach stehende Zuckerkiste auf und entnahmen ihr 20 Töpfe Zucker. Claes Spoon, zweimal wegen Diebstahls vorbestraft, gab zu, einen Topf Zucker gestohlen und in einer russischen Bude für 30 Kopeken versetzt zu haben. Er wurde, da er *völlig überführt* war, anderen zur Abschreckung *öffentlich am Pranger mit 12 paar Ruhten* und mit Verweisung aus dem Bereich der Stadtjurisdiktion *auf ewig* bestraft. Ungeachtet aller Vermahnungen und ausgestandener Tortur ersten Grades war er zu weiteren Eingeständnissen nicht bereit. Man drohte sogar mit Tortur *anderen Grades*. Es war jedoch noch ein weiterer Stadtsoldat, Johann Jürgens, beteiligt, doch mehr erfährt man aus dem Ratsprotokoll nicht[39].

Härter wurde Hinrich zur Mühlen durch einen Feuerschaden getroffen, der seine Einrichtung 1740 ruinierte. Den Schicksalsschlag trug er mit Gottergebenheit. In sein Denkelbuch trug er dazu folgendes ein:

„Ao. 1740 d. 12. Febr. in der Nacht zwischen 1 und 2 hat der höchste Got mich mit einem starken Brand heimgesucht, dergestalt, daß das Dach von der Schauer bis zum Dach von meinem großen Saal über mein Wohnstube alles in Rauch aufgegangen ist. Wie sehr nun dieser Unfall mich und meine liebe Frau bestürzt gemacht, ist leicht zu erachten, aber nicht wohl zu beschreiben. Denn durch diese Feuersbrunst sind mir viele Möbel und Güter teils in Rauch aufgegangen, teils weggekommen, so daß ich einen unüberwindlichen Schaden erlitten. Jedoch küsse ich die Hand des Herrn, welcher mich nach seinem unerforschlichen Rat gedrückt, wird solches widerum ersetzen. Denn der Herr hat es gegeben, der Herr hat es genommen, der Name des Herrn sei gelobet."

Hinrichs letzte Eintragung in sein Denkelbuch lautet:

---

[38] Nach Auszügen aus den Portorienbüchern, 1729. 1731 wurden drei holländische Kühe und ein Kalb für zusammen 50 Rtl. importiert, nach Etzold, Seehandel, S. 111, zu Zuchtzwecken.
[39] RStA, RPr. 1725 März 1, 5, 9, 16.

„Am 15. Mai 1749 starb Anna Sophie. Den 19. Mai ist sie nachmittag mit einem Leichenpredigt von Hrn. Pastor Kellner in der St. Nikolaikirche begraben worden. – Als habe (ich) durch Gottes Gnade mit der 38 Jahr und 4 Monat meiner vergnügten Ehe gelebet. Der höchste Gott gebe der die ewige Freude und Ruhe und verleihe mir eine baldige selige Nachfolge."

Dieser Wunsch ging in Erfüllung. Sein Sohn Cornelius schrieb im Anschluß daran:

„1750 d. 6. Okt. gefiel es Gott, meinen lieben Hrn. Vater von dieser Welt abzufordern und die Seele in seinen Himmel einzunehmen. Gott gönne ihm seine himmlische Erbschaft, um ewige Freude und Wonne zu genießen um Jesu willen. – Seine Hauptkrankheit war – da er zuvor die Gesundheit vorstellte: er bekam die blinden G: Adern; die kamen zum Aufbruch. Da keine Kuhr da war, wurde es eine Fistel. Es stellte sich ein schleichend Fieber ein, und er verging wie ein Licht. Die Leiche wurde durch einer Gefolge auf ein Totenschlitten, welches mit 4 grauen Pferden bespannt, welche die Mähnen mit Schwarzband beflochten waren, nach der Kirche zu St. Nikolai begleitet. Sein Sarg war mit seinen Waffen. Die Leichenpredigt wurde von Pastor Kellner gehalten und die Orgell sehr angenehm dabei gespielet."[40]

Hinrichs Leben ist durch seinen Handel, wachsendes Besitztum und lange Zugehörigkeit zum Rat geprägt. Mit der robusten Persönlichkeit seines Vaters Thomas ist er kaum zu vergleichen. Die Zeiten waren andere. Die Erlebnisse während einer schweren Zeit hatten die Mentalität der Bürger geändert oder beeinflußt. In Hinrichs persönlichem Denkelbuch sind Äußerungen der Gottergebenheit und pietistischen Frömmigkeit enthalten, wie sie damals verbreitet waren. Den Pietismus in Reval werden wir noch näher kennen lernen. Hinrich sah seinen vom Vater ererbten und durch Handel vermehrten Wohlstand als von Gott gegeben an, Selbstgefälligkeit und Prahlerei, Streitsucht und Rechthaberei waren ihm fremd.

b. Ältermann Ernst zur Mühlen

Von Hinrichs jüngerem Halbbruder Ernst sind Zeugnisse dieser Art nicht überliefert. Auch er war ein erfolgreicher Kaufmann und kam zu Besitz und Ansehen. Über persönliche Beziehungen zwischen den Brüdern erfährt man aber nichts.

---

[40] FG I. – Gustav Heinrich Kelner (1715–1772), 1738 Diaconus an St. Olai, 1753 Titulair-Pastor, 1764 Superintendent; Paucker, Geistlichkeit, S. 342, 353.

Ernst heiratete 1721 die Ratsherrntochter Margaretha Elisabeth Dunt aus einem seit der Mitte des 16. Jhs. in Reval ansässigen Geschlecht. Aus der Ehe gingen vier Töchter und zwei Söhne hervor, die beide unvermählt blieben.

Seit 1725 gehörte Ernst der Kompanie der Seiden- und Lakenhändler an[41], deren Zusammenschluß (1708) der Regelung des Wettbewerbs untereinander, der Erhaltung des Monopols für ihre Ware und der Einhaltung guter Ordnung diente. In den zwanziger Jahren gehörten der Kompanie wenig mehr als 20 Kaufleute an. Sie bildeten also eine Minderheit gegenüber der etwa 50 Mitglieder umfassenden Kompanie der Nürnberger Krämer und Bauernhändler und den noch zahlreicheren Nichtorganisierten. Die von den Seiden- und Lakenhändlern entrichteten Zölle – und damit in der Regel der Wert ihres Außenhandels – lagen im Durchschnitt wesentlich über dem Niveau, das die Nürnberger Krämer und Bauernhändler mit ihren Im- und Exporten erreichten[42].

Ernst zur Mühlens Außenhandelsumsatz entsprach mit 2933 Rtl. fast genau dem Durchschnitt der Kompanie[43]. Sein Sortiment beschränkte sich indessen nicht auf die Waren seiner Branche. Man nahm es damit nicht so genau. Neben Textilien aus Amsterdam, Lübeck und Danzig führte er auch Kolonialwaren und Tabak ein, ebenfalls aus Amsterdam und Lübeck. In kleineren Mengen findet man bei ihm alle möglichen Waren von Medikamenten und Chemikalien über Saaten und Hopfen, Papier und Karten bis zu Perücken, die er 1725 zweimal aus Lübeck bezog. Die Revaler Perückenmacher schienen mit der Herstellung der damals gebräuchlichen Allongeperücke dem örtlichen Bedarf entweder quantitativ oder qualitativ nicht nachzukommen. Noch ungewöhnlicher für einen Textilhändler ist der Import von Hering, den Ernst, wenn auch vermutlich stets in kleinen Mengen, aus Amsterdam bezog.

Während der Revaler Textilimport aus Amsterdam, wie die Schiffslisten zeigen, ziemlich konstant blieb, nahm die Einfuhr aus Lübeck erheblich zu. Dieser Wandel spiegelt sich auch im Außenhandel von Ernst zur Mühlen wider: seit 1735 überwogen bei ihm die aus Lübeck kommenden Textilien. Dagegen hatte sein Import aus Amsterdam sogar eine rückläufige Tendenz. Der Grund für diese Entwicklung im Revaler Handel wird darin gesehen, daß aus Amsterdam hochwertige

---

[41] RStA, A.f. 179, Bl. 19.
[42] Etzold, Seehandel, S. 28 ff.
[43] Etzold, a.a.O., S. 26, 28 f., Tabellen S. 219–224.

Stoffe kamen, die nur einen begrenzten Kundenkreis befriedigten, während aus Lübeck Leinen und Wollstoffe für einen allgemeineren Bedarf eingeführt wurden[44].

Ernst kaufte sich zwei Buden nebst gewölbten Kellern, die eine in der Langstraße, die andere *in der kleinen Gaße von der Langstraße nach dem Markt.* Ebenfalls in der Langstraße ließ er sich 1732 ein Wohnhaus zuzeichnen. In den „Christinentälern" besaß er ein Höfchen und nahe Fischermay zwei Krüge, von denen der eine auf Stadtgrund lag, während er den anderen von seinem Vetter Eberhard zur Mühlen erworben hatte (1737)[45].

Der Schankbetrieb muß, wie überall in und um Reval, sehr einträglich gewesen sein. Der Erwerb des zweiten Kruges wurde nötig, seitdem Ernst selbst brennen ließ und mehr Branntwein umzusetzen hatte, als in einem Kruge an den Mann zu bringen war. An den Rat richtete er 1735 die folgende Bittschrift:

Da ich zu Conservation meines Viehes auff meinem unweit der Stadt belegenen Höffgen eine Brandtweins Brennerey anzulegen entschloßen bin, so habe keinen Umgang nehmen können, einen hoch Edlen und hochweisen Raht hiemittelst anzugehen und gehorsambst zu bitten, mir sothane freyheit, welche einige meiner Nachbahren hiebevor schon erhalten, gleichfalß hochgeneigt zu verstatten. Ich werde mich nicht entbrechen, alles dasjenige, so ich der Accis dafür zu entrichten schuldig bin, prompt abzutragen.[46] Der Rat kam seinem Wunsch entgegen, doch mit der Auflage, *seinem Erbiethen gemäß* alles Korn in den Stadtmühlen vermahlen zu lassen, *folgl. dem Stadts Publico im geringsten nichts zu verkürzen.* Das abweichende Votum eines Ratsherrn, das Gesuch müsse abgelehnt werden, weil es den hiesigen Stadtrechten und anderen Verträgen zuwider wäre, wurde ebenfalls festgehalten[47]. Es gab aber wohl schon genügend Präzedenzfälle.

Daß auch schon früher in der Stadt gebrannt wurde, geht aus Nachlässen verstorbener Kaufleute hervor. Neu war, daß Revaler Kaufleute, seitdem sie auf ihren Höfchen Vieh halten konnten, die Rückstände landwirtschaftlich verwerten konnten. Seitdem waren auch größere

---

[44] Etzold, a.a.O. S. 91f.
[45] RStA, RPr. 1727 Apr. 21 (Zuzeichnung der Buden), 1732 Apr. 25; A.a. 35a, S. 21a, 99a, 100 (1737 Okt. 21); Suppl. 18. u. 19. Jh., Mappe 35, S. 28–33.
[46] RStA, Suppl. ebd., Mappe 34, S. 51.
[47] RStA, RPr. 1735 Okt. 28.

Mengen zu erwarten, über deren Absatz man sich in Reval wohl keine
Sorgen zu machen brauchte. Der Magistrat aber mußte sich die Akzise
sichern, die bei Einfuhr von Branntwein in die Stadt, vor allem von den
Gutsherren, erhoben wurde. Gegenüber den Bürgern, die sich ständig
im Stadtbereich bewegten, schienen dazu andere Vorkehrungen geeig-
neter.

1744 wurde Ernst zur Mühlen zum Ältermann der Großen Gilde
gewählt[48]. Wenig später trat der worthabende Ältermann Spiel an ihn
das Wort *mit den gewöhnlichen Ceremonien* ab[49]. Ernst starb am 2.
November 1750, nachdem ihm Hinrich zur Mühlen, Erkorener Ältester der Schwarzenhäupter, und dessen Vater Hinrich, der Bürgermeister, im gleichen Jahr vorausgegangen waren.

3. Reise nach Moskau zur Krönung der Kaiserin Anna (1730)

Die Erwartung, daß die Beendigung des Krieges bald wieder zu nor-
malen Verhältnissen zurückführen würde, blieb nicht nur in wirtschaftlicher, sondern auch in politischer Hinsicht unerfüllt. Die Privilegien
sollten zwar gelten, aber schon beim Regierungsantritt der Kaiserin
Katharina I. zeigte es sich, daß ihre Gültigkeit von der Gnade des Sou-
veräns abhängig war. Die Kaiserin bestätigte sie, „jedoch Unsere und
Unseres Reiches Hoheit und Recht vorbehaltend ohne Präjudiz und
Nachteil"[50]. Damit war, auch wenn diese Klausel beim Regierungsantritt Peters II. 1728 nicht wieder auflebte, ein Präjudiz zum Nachteil
für Reval geschaffen.

Am 18. Januar 1730 starb Zar Peter II. Unter scheinbarem Verzicht
auf autokratische Rechte ließ sich Anna Ivanovna, eine Nichte Peters
des Großen, bisher Herzogin von Kurland, vom Obersten Geheimen
Rat auf den Thron erheben. Sie wurde von russischen Würdenträgern
aus Mitau abgeholt, wobei sie in Riga Station machte. Wenig später
stellte Anna die alten kaiserlichen Rechte wieder her und löste den
Obersten Geheimen Rat auf.

Für die Revaler Bürgerschaft machte der Herrscherwechsel, wie
immer in solchen Fällen, eine Huldigung notwendig. Diese war

---

[48] RStA, RPr. 1744 März 13.
[49] RStA, SGA 55, S. 97r.
[50] Nottbeck/Neumann I, S. 206.

zunächst für den 6. März geplant, die Gilden sollten sich um 9 Uhr in ihren Gildestuben versammeln und von dort aus gemeinsam zur St. Olaikirche ziehen. Auch die Schwarzenhäupter sollten teilnehmen. Superintendent Husen[51] wurde ersucht, in Gegenwart der Professoren der Schule und der Schul- und Kirchenbedienten, d. h. Lehrer und Pastoren, vor der versammelten Stadtgemeinde eine kleine Rede zu halten. Den Eid sollte der Gouvernementssekretär im Beisein des Vicegouverneurs von Löwen abnehmen. In einer Besprechung mit einem Abgesandten des Rates bat der Vicegouverneur, darauf zu achten, daß beim Eid die Finger gestreckt und die Worte nachgesprochen werden, und legte Wert darauf, daß in der Kirche keine Stühle aufgestellt werden, weil dies *wider den untertänigsten Respekt gegenüber der Kaiserlichen Majestät zu laufen schiene*[52].

Ob solcherart Vorbereitungen oder andere Ursachen zur Verschiebung der Huldigung bis zum 17. März führten, geht aus den Ratsprotokollen der folgenden Tage nicht hervor. In der Zwischenzeit galt es außerdem, eine Deputation der Stadt für eine Reise nach Moskau zu bestimmen und vorzubereiten, um der Kaiserin die Reverenz zu erweisen und um Bestätigung der Privilegien der Stadt nachzusuchen. Hierfür mußten Instruktionen ausgearbeitet werden, da es eine ganze Reihe von Fragen gab, die entweder schon bei den Ministerien anhängig waren oder erstmals zur Sprache gebracht werden sollten.

Zunächst aber mußte entschieden werden, wer reisen sollte. Präsidierender Bürgermeister war Jobst Heinrich von Willen[53]. Es hätte nahe gelegen, eine möglichst repräsentative und kompetente Deputation zur Krönung und zu Verhandlungen nach Moskau zu entsenden. Aber es zeigte sich bald, daß keiner sich nach der Ehre drängte. Bürgermeister von Willen, geboren 1674, betonte seinen guten Willen, nach Moskau zu reisen, aber dem Rat sei zur Genüge bekannt, daß er von einer schwachen und kränklichen Leibeskonstitution sei und daß die Stadt keinen Vorteil davon habe, wenn er krank nach Moskau geschleppt würde. In seine Bitte, ihn zu dispensieren, schloß er, um das Verfahren abzukürzen, gleich die anderen Bürgermeister – Heinrich Frese, Jahr-

[51] Arend von Husen, Pastor an St. Nikolai, seit 1720 an St. Olai, Superintendent, † 1734, Hartmann, Reval im Nordischen Krieg, S. 140; Hoyningen-Huene, Kirchenbuchauszüge St. Nikolai.
[52] RStA, RPr. 1730 März 5.
[53] Jobst Heinrich von Willen, 1674–1742, Bm. 1727, DBBL, S. 866.

gang 1663, Adolph Oom, demnächst 60 Jahre alt, und Christian von Thieren[54] – *alters- und unvermögenshalber* mit ein und schlug vor, zwei Ratsherren zu entsenden. Die Bürgermeister hatten sich also abgesprochen. In der Diskussion wurde er von diesen denn auch bereitwillig unterstützt, aber auch fünf Ratsherren stimmten zu, während neun Ratsherren sich für die Entsendung eines Bürgermeisters aussprachen, weil es um die Bestätigung der Privilegien ginge. Wir werden noch sehen, wie recht die älteren Herren taten, die Strapazen der Reise nicht zu riskieren. Einer der Ratsherren forderte zwar Rücksichtnahme, aber auf Gefahr des ganzen Kollegiums der Bürgermeister – also auf ihr politisches Risiko! Gegen Alter und Krankheit gab es schließlich keine Argumente.

Zur Wahl gestellt wurden nach dem üblichen Verfahren zunächst zwei Ratsherren, und zwar Peter von Glehn und Johann Andreas Wilcken. Nachdem auch Glehn gebeten hatte, auf seinen kränklichen Zustand Rücksicht zu nehmen, und beide abgetreten waren, traf die Wahl Wilcken. Er nahm die Wahl an, mußte sie nun annehmen, brachte aber unmißverständlich zum Ausdruck, daß er sich außer alle Verantwortung stelle gegenüber Einwänden seitens der Kaiserin oder auch der Revaler Bürgerschaft. Er sah sich schon zwischen den Stühlen sitzen. Alsdann wurden die Ratsherren Hinrich zur Mühlen und Christian Besser zur Wahl gestellt: gewählt wurde zur Mühlen[55].

Probleme entstanden in den nächsten Tagen durch die Frage, ob und in welchem Umfang die Gilden beteiligt werden sollten. Weil die Stadtkasse erschöpft wäre und weil auch die Ritterschaft nur zwei Deputierte schickte, auch die Nachbarstädte trotz besserer Einkünfte ihre Deputationen nach Möglichkeit einschränkten, wollte der Rat nur die zwei Ratsherren nach Moskau schicken. Doch beide Gilden wünschten sich zu beteiligen. Sie übten Kritik daran, daß kein Bürgermeister mitreisen sollte, und legten dagegen Verwahrung ein für den Fall, daß dadurch *der Stadt eine Verantwortung zuwachse.* Man einigte sich auf die Teilnahme eines Deputierten aus der Großen Gilde, doch sollte die Nichtbeteiligung der Kanutigilde nicht ihre Privilegien präjudizieren. Die

54 Heinrich Frese, 1663–1742, Bm. 1721, DBBL, S. 224; Adolph Oom, 1670–1753, Bm. 1727, DBBL, S. 562; Christian von Thieren, Bg. 1698, Bm. 1729–39, Bunge, Rathslinie.
55 RStA, RPr. 1730 März 4, 5. Zur Identifizierung der Personen s. Personenregister.

Wahl fiel schließlich auf Bendix von Schoten, der für die Reise willig gemacht werden konnte, denn auch hier wiederholte sich das Spiel der Bürgermeister. Außerdem wurde der Stadttranslateur Johann Friedrich Mentz der Deputation beigegeben[56].

Wegen der Huldigung, die mit der Abreise der Deputation auf einen Tag fiel, mußte noch am Tage zuvor auf Anfrage des Ältermannes der Großen Gilde geklärt werden, daß beide Gilden präzise um acht Uhr mit *Couleur-Kleidern* in der St. Olaikirche zu erscheinen hätten[57]. Aus der ausführlichen Beschreibung der Huldigung im Ratsprotokoll vom 17. März ersieht man, wie wichtig man solche feierlichen Formalitäten nahm. Für die Stadt bedeuteten sie ein Ereignis. Im Anschluß heißt es im Ratsprotokoll kurz, daß am Nachmittag die Deputierten, nachdem ihnen zuvor das Creditiv und die Instruktion nebst den dazu gehörigen Schriften und Dokumenten zugestellt worden, *im Namen Gottes* ihre Reise nach Moskau antraten, *zu deren Verrichtung der Höchste Seine Gnade und Segen verleihen wolle.*

In einem Verzeichnis der mitgegebenen Schriften werden u. a. aufgezählt: die Kapitulationsurkunde vom 29. September 1710 nebst Konfirmation von 1712, die Konfirmation der Privilegien durch Peter II. vom 11. September 1728 und mehrere Schreiben, teils noch aus schwedischer Zeit, zu den in der Instruktion behandelten Verhandlungsgegenständen. Die Instruktion weist die Deputierten zunächst an, sich nach der Ankunft beim Reichsvizekanzler Ostermann zu melden und ihn um Vorstellung und Audienz bei der Kaiserin zu bitten, um ihr zu kondolieren und zugleich zu gratulieren und die arme Stadt der mildtätigen Kaiserlichen Gnade zu empfehlen. Anschließend soll bei den Ministerien die Cour gemacht werden. Es folgen die Anweisungen zu den einzelnen Traktanden[58].

In der Begleitung der Deputierten befand sich Hinrich zur Mühlens zweiter Sohn Hinrich, damals noch nicht 12 Jahre alt[59]. Ihm fiel wahrscheinlich die Rolle eines persönlichen Dieners seines Vaters zu. Ob auch Wilcken einen Verwandten oder Bediensteten mit hatte, ist nicht bekannt. Die Deputierten müssen mit mehreren Fahrzeugen gereist sein, begleitet von Fuhrleuten für das Gepäck. Über den Verlauf von

---

[56] RStA, RPr. 1730 März 9, 11, 13, 14.
[57] RStA, RPr. 1730 März 16.
[58] RStA, B.L. 14.
[59] FG I.

Reise und Aufenthalt in Moskau erfahren wir aus Hinrich zur Mühlens Denkelbuch keine Einzelheiten. Ausführlich sind dagegen die Berichte der Deputierten an den Rat[60], jeweils unterzeichnet von „E. HochEdl. und Hochw. Raths ergebenste Diener J. A. Wilcken, H. Z. Mühlen, Bendix von Schoten". Sowohl diese Briefe als auch die Antworten von Bürgermeistern und Rat an „WohlEdle, GrosAchtb. Wohlgelehrte und Wohlweiße, WohlEhrenvollste unsere vielgeEhrte Herren Deputirten" quellen über von Schwulst und Devotion gegeneinander wie auch gegenüber dem Kaiserlichen Hof. Dennoch läßt der Stil der Zeit die wechselnden Stimmungen in Moskau durchschimmern, obwohl die Erlebnisse meist nur kurz mitgeteilt werden.

Der erste Bericht wird schon in Narva geschrieben, wo die Deputierten nach drei Übernachtungen unterwegs in der Nacht zum 21. März bei Schneefall ankamen. Zweimal mußten die Schlitten erneuert werden und, wie aus einem späteren Bericht hervorgeht, *wegen Verreckung der Pferde* neue rekrutiert werden. Einer der Fuhrleute war schon 14 Meilen von Reval heimlich umgekehrt, seine Fuhre im Stich lassend. Für die Fortsetzung der Reise wird mit noch mehr Ungemach gerechnet, *indem nach dem gestrigen Schnee das Thauwetter sich ziemlich starck eingefunden. Dahero wir dann auch, so viel ... unsere Abreise anlangt, annoch heute, dafern es nur möglich und wir von unserem so liebwehrten als gar zu gütigen Wirth Dispensation erhalten können, annoch anzutreten gedenken.* Bei dem dortzulande üblichen Verlauf von Wetterumschlägen im Winter wird man aus dem Tauwetter auf vorangegangenen Schneesturm – oder Stühm, wie man es nannte – mit kräftigen Schneeverwehungen schließen müssen, was die mehrtägige Schlittenfahrt bis Narva, ungefähr 200 Werst, und die Ereignisse unterwegs erklären würde.

Am 21. März machten die Deputierten dem Generalmajor Baron J. L. Lübras v. Pott, der am gleichen Tage aus Petersburg angekommen war, ihre Aufwartung und erfuhren, daß *die hohe Cröhnung primo aprilis* vor sich gehen sollte: ein Termin, den die Reisenden kaum hätten einhalten können. Bis zur Aufklärung des Irrtums werden sie sich also beeilt haben. Sie kommen nach elf Tagen – am 1. April – in Moskau an, lassen durch Mentz ihr bestelltes Quartier *ausforschen*, das ihnen dann im Hause eines Fürsten Urusov in der *Juste Prut* (Cistyi Prud,

---

[60] RStA, B.L. 14, S. 5–7, 62–116, im folgenden nach Datum im Text zitiert.

Moskauer Ortsteil) angewiesen wird. Da dieses aber *dermaßen unleydlich conditioniret* war, sehen sie sich genötigt, sich *unumbgänglich wegen des einfließenden Waßers umb ein anderes zu befleißigen,* bis sie endlich am späten Abend *nach langem Herumwallen bey der verwitweten Frau Baronne von Habichtsthal in der Teutschen Slabodde einkehren*[61].

Was unsere überstandene Reise anlanget, so ist selbige mit nicht geringem Ungemach und Beschwerde gewesen, welches jedoch uns noch lange nicht so verdrießlich als der gestrige Tag gefallen, sintemahlen wir noch alle mit gebundenen Köpfen in allen Winkeln unsres Quartiers des überflüssigen Dunstes halber uns aufhalten müssen. Wannenhero dann auch E. Hoch Edl. und Hochw. Rath nicht ungütig dieses unsres Schreibens Unordnung zu deuten geruhen wollen. (2. 4.)

Der Ärger über die Beschwerlichkeiten macht bald dem Glücksgefühl über die zuvorkommende Behandlung durch die russischen Offiziellen Platz, wobei manchmal auch der anderen Delegationen mit gemischten Gefühlen, sei es mit Triumph oder mit Neid, gedacht wird. Seit ihrem Schreiben vom 2. April haben sie die Zeit mit täglichen Aufwartungen bei den hohen Ministern, welche sie mit besonderer Gnade aufgenommen, zubringen müssen, insbesondere bei den Generalfeldmarschällen Fürst Golizyn, Fürst Dolgorukij, Fürst Trubeckoj und Graf Bruce, bei Kanzler Golovkin und Vizekanzler Ostermann, bei Oberstallmeister Grafen Jaguzinskij und Oberhofmeister Grafen Saltikov[62]. Diesen Aufwartungen schreiben sie es zu, daß – gleich nachdem die deputierten estländischen Landräte Jakob Johann v. Berg und Gotthard Wilhelm v. Essen[63] sich ohne ihr Wissen *durch ihre Helffers-*

---

[61] Johann Ludwig Baron Lübras v. Pott, † 1752, war seit 1721 Oberdirektor der Bauarbeiten in Rogerwiek, Mitt. Amburger.

[62] Fürst Michail Michajlovič Golizyn, Generalfeldmarschall, war Präses des Kriegskollegiums, 1730 Mitglied des Obersten Geheimen Rates (OGR); Fürst Vasilij Vladimirovič Dolgorukij, Generalfeldmarschall, 1730 Mitgl. des OGR, 1731–41 verbannt; Fürst Ivan Jurjevič Trubeckoj, Generalfeldmarschall; Jakob Bruce, 1721 Graf, 1726 Generalfeldmarschall; Gavriil Ivanovič Golovkin, 1707 Graf, 1709–34 Kanzler, seit 1731 auch Kabinettsminister; Heinrich Johann Friedrich Ostermann, 1730 Graf, Kabinettsminister, Generaladmiral; Pavel Ivanovič Jaguzinskij, 1731 Graf, Oberstallmeister; Semen Andrejevič Saltikov, 1733 Graf, Oberhofmeister. Mitt. Amburger.

[63] Über Jakob Johann v. Berg und Gotthard Wilhelm v. Essen vgl. Wrangell/Krusenstjern, S. 352f.

helffer am Hoffe am Sonntag den 12. April Audienz bei der Kaiserin verschafft hatten – auch sie durch Vermittlung des Kanzlers Golovkin *zu einer noch gnädigeren audience bey unserer Allergnädigsten Kayserin admittiret wurden, indem Höchstgedachte Maytt. sich allbereits von dero Trohn abge(setzt) hatten und nach ihro Cabinet verfügen wollten, sich aufs Neue gefallen liesen, dero Kayserl. Trohn zu betreten und zur audience und allergnädigsten Handkuß uns admittirten.* Dies hätte so großes Aufsehen erregt, daß teils den Deputierten diese Glückseligkeit mißgönnt wurde, Wohlgesinnte aber, worunter hauptsächlich seine hochfürstliche Durchlaucht Feldmarschall Golizyn und sein Bruder, Senateur Demitrij Michajlovic Golizyn, ihnen herzlich gratulierten, *worauf wir dann umso viel vergnügter uns vom Hofe retirirten und bey sr. Exzellence d. H. General von Bohn*[64] *zu mittag speiseten* (13. 4.).

Um sich weiterhin in der Sonne dieser Gunst wärmen zu können, regen die Deputierten, deren scharfer Beobachtung nicht entgangen ist, wie gnädig ein Empfehlungsschreiben der Landräte von allen Ministern aufgenommen worden, ein Dankesschreiben des Rates an und begründen es damit, daß ihnen von einigen der Genannten viel Gnade erwiesen worden sei.

Der Termin der Krönung sei noch ungewiß, heißt es, aber die Vorbereitungen ließen derartige Pracht erwarten, wie noch nie dergleichen in Rußland, geschweige denn in anderen europäischen Königreichen gesehen worden sei. Die Revaler beschleicht das Gefühl, daß sie angesichts der erwarteten Pracht und der großen Beteiligung der getreuen Untertanen die Elendesten sein werden. Vielleicht befürchten sie auch, einige ihrer Gönner zu verlieren, seitdem von großen Veränderungen am Hofe zu hören ist, *so daß man auch denen, welche ohnlängst hoch angesehen gewesen, nicht weiter zu verehren nöthig hat.* Gemeint ist die vom Hofe weit weg verbannte Familie Dolgorukij. Dies sehen sie als Kennzeichen für die *überaus gnädige, dabey aber sehr gerechte Kayserin.* Am 20. April heißt es: *Sonsten ist seit unserer letzten Zuschrift nichtes weiter paßiret, außer daß die Dolgoruckische Familie bis auf den Feldmarschall, und von dessen Flor man auch nichts determiniren kan, mittelß eines öffentl. Edicts exstirpiret worden.* Eine Wohltat bedeutet ihnen angesichts solcher „Ausrottung" die Gnade, die ihnen am

---

[64] Jens Hermann Bohn, dänischer Herkunft, 1725 General en chef, Mitt. Amburger.

18. April die Schwester der Kaiserin, Herzogin Katharina von Mecklenburg, und die Prinzessin Elisabeth erweisen, denen sie ihre Reverenz machen dürfen: *und ist von ersterer, ohngeachtet Ihre Kayserl. Hoheit sich nicht woll befanden, unsere Aufwartung sehr gnädig auf- und angenommen, auch zugleich versichert worden, daß sie uns nicht nur bey unserer allergnädigesten Kayserin als dero Frau Schwester allerbestens rühmen und recommendiren, sondern auch beförderl. seyn wollte, nicht minder ist solches auch von der gnädigsten Prinzeßin geschehen.*

Immer wieder neue Krönungstermine werden bekannt, schließlich wird mitgeteilt, die Krönung sei auf den 28. April verschoben worden. Ob sie wirklich verschoben war, oder ob es den Revalern nur an den richtigen Kontakten fehlte? Riga hatte der Neugewählten schon auf ihrer Durchreise zujubeln dürfen[65]. Die Rigaer Deputierten scheinen von vornherein besser informiert und auf einen späteren Krönungstermin eingestellt gewesen zu sein. Man hörte, sie seien erst am 6. April abgereist; ihre Ankunft in Moskau verzögerte sich wegen des schlechten Wetters sogar bis zum 25. April. Allerdings hatte Riga im Ratsherrn Caspari einen ständigen Vertreter bei der Regierung, der zu den Abgesandten seiner Stadt stoßen sollte. Im Notfall hätte er die Repräsentierung Rigas bei den Feierlichkeiten allein wahrnehmen können.

Am 25. April erscheinen aus Riga Bürgermeister Widau[66], der Obersekretär der Stadt und je zwei Vertreter beider Gilden. Mit Caspari, der am Tage vor der Ankunft der Deputierten auf einem goldenen Teller ein *Carmen gratulatorium* im Namen der Stadt übergeben hatte, waren es also sieben Mann, geführt von einem Bürgermeister, die auf diese Weise ihre Überlegenheit zu Schau zu tragen schienen.

Armes Reval! Kein Wunder, wenn nun die Deputierten sich um die Wirkung ihres Auftretens ängstigten: sie sahen sich genötigt, dem Rat mitzuteilen, wie die Deputierten von Riga und Narva, welche durch ihre ständigen Vertreter vor den Revalern einen Schritt voraus zu sein versuchten, ihnen auch beim Krönungsakt vorangehen wollten. Sie hofften aber, ihnen den Streich zu vereiteln und auf eine ersprießliche Art die *Ober- und Vorhand* zu behaupten. Also auch Narva, einst von Reval abhängig und jetzt zum Gouvernement St. Petersburg gehörig,

---

[65] Widau, S. 340.
[66] Melchior Widau d. Ä. (Wiedau, 1679–1740, der Vater des Autors in Anm. 65), Bm. von Riga, DBBL, S. 864; Melchior Caspari, † 1743, seit 1735 von Caspari, war jahrelang Vertreter Rigas in St. Petersburg, vgl. Gadebusch I, S. 143.

war ständig bei der Regierung präsent, während Revals Bevollmächtigter, der Translateur Chripunov, von den Deputierten charakterisiert wird als *ein civilisirter Ruße und ehrlicher, dabei aber sehr furchtsamer Mann*, der nirgends seine Sache ihrer Beschaffenheit nach und den Umständen entsprechend vorbringen könne. Sie wollen sich daher um einen *besseren, geschickteren und dreusteren*, zugleich auch aufrichtigen Bevollmächtigten umtun, jedoch unter der Hand und in aller Stille, damit nach Ende ihrer Expedition ständig jemand für die Stadt anwesend sein könne, der bei dem häufigen Wandel der Verhältnisse am Hofe alle Stadtangelegenheiten besorgen und *das Böse verkehren könne* (27. 4.). Diese Rolle sollte später dem Dolmetscher Mentz zufallen.

Wie jämmerlich waren die Revaler Vorbereitungen! Mit Freude und *süßem Dank* erkennen die Deputierten die Ankündigung von ausländischen Früchten aus Reval an und wünschen sehnlich, daß sie noch vor der Krönung unversehrt eintreffen, *damit uns selbige die schlüpferige Stuffen unserer bevorstehenden Sollicitationen beßer als Goldblech oder anderes Gewand verdecken mögen!* Die Hoffnung auf rechtzeitiges Eintreffen sollte leider trügen.

Endlich nahte der 28. April, ein Dienstag, der als Krönungstermin vier Tage zuvor publiziert worden war, feierlich mit Pauken und Trompeten und unter Begleitung von fünf der schönsten Gardeoffiziere und 30 Grenadieren zu Pferde. Die Beschreibung der Krönung ist knapp gehalten und beschränkt sich auf die Ereignisse, an denen die Deputierten beteiligt sind.

Was nun höchst gedachte Cröhnung betrift, so war dieselbe in der allergrößesten magnificense, und waren Ihro Kayserl. Maytt. mit einer Crohne, dergleichen noch nie in Rußland weder am Werthe noch Größe gewesen, gezieret. Ja es gläntzeten Hoch und Niedrige von lauter Gold und Silber, so daß, ob wir gleich unserer Meinung nach zierlich angekleidet waren, wir dennoch die allerschlechtesten von allen conquerirten Provincien waren. Nachdem nun Ihro Kayserl. Maytt. dero Glaubens-Bekäntnis publice gegen den Ertz-Bischoff von Novogorod Theophanes abgeleget und gesalbet waren, wurde die gantze Suite durch 2 Ceremonien-Meistern hinwiederumb in den großen audience-Saal geführet und nach eingenommener Mittagsmahlzeit, zu welcher wir mit zugleich admittiret wurden, legten die einheimischen Ministri und Grandes ihre unterthänigste Gratulation ab.

Am 30. April nachmittags, nachdem die Deputierten von 7 Uhr morgens bis 4 Uhr hatten warten müssen, wurden die Städte Reval, Riga und Narva zur Audienz berufen. Hierbei hielt Bürgermeister Widau nach vorheriger Vereinbarung eine kurze *wollgefaßte* Rede, worauf die Deputierten im Namen der Kaiserin von dem nunmehrigen Grafen Ostermann der kaiserlichen hohen Gnade versichert und entlassen wurden.

Am folgenden Tage wurde allen fremden Ministern Audienz gewährt, worauf endlich am 2. Mai die Kaiserin sich mit dem ganzen Hof und allen Ministern *nach des ehemaligen Menzikoffs Hauß, woselbst S. Kayserl. Maytt. Petrus I. et II. Saison gehalten, unter Begleitung von mehr als 100 mit 6 Pferden bespanneten Caroßen begaben, durch allerley Illuminations in dem daran gelegenen sehr angenehmen Garten sich divertirten, und bis in die späte Nacht Ball hielten. Kurtz, das Tractement war dergestalt überflüßig, daß Hohe und Niedrige ihr Vergnügen hatten, und die Pracht dermaasen groß, daß alle ausländischen Ministri selbige admiriren musten.* (4. 5.)

Nach dem ausgedehnten offiziellen Krönungsfest müssen sich die Deputierten täglich mit Visiten bei den Senatoren plagen, derweil *die hohe Herrschaft mit allerhand ersinnlichen und prächtigen Lustbarkeiten sich zu unterhalten geruhen wollen* (11. 5.).

Obwohl, wie der Bericht zeigt, Reval gemeinsam mit Riga und Narva unter Anführung Widaus auftrat, hatte es gegenüber Riga doch das Nachsehen, da die Rigaer schon am 30. April der Kaiserin mit verschiedenen ihnen zugeschickten *refraigirungen* wie *citronen, apel China* (Apfelsinen) *und frische Austern* aufwarteten. Die Revaler beklagten sich über den *hinkenden Bothen* aus Reval, von dem der Adressat, ein Herr Bodisco[67], noch nicht die geringste Nachricht über die Früchte erhalten hatte, und beschwerten sich über den Hausschließer des Rathauses in Reval, der die allerschlechtesten Fuhrleute besorgt habe, und das schon bei ihrer Abreise aus Reval: *Die übersandten 2 Kasten mit Frucht, welche nunmehro in die 4te Woche sich unter Weges befinden, dürfften woll bey ihrer noch gantz ungewißen Ankunft ganz verweset seyn, und dahero der Fuhrmann um so viel desto eher nachdrückliche Straffe verdienet* (4. 5.). Sie sollten vergeblich warten, bis sie Mitte Mai durch Schreiben aus Reval (7. 5.) erfuhren, daß die Früchte von Narva aus, weil keine Fuhren nach Moskau gingen, nach

---

[67] Vermutlich Heinrich Bodisco aus den Niederlanden, 1740 russischer Kapitän und Architekt, Stammvater der bei der Estländischen Ritterschaft 1848 immatrikulierten Familie v. Bodisco. Mühlendahl/Huene, S. 75.

Petersburg geschickt wurden und vom dortigen Adressaten, da er ebenfalls keine Gelegenheit zum Transport nach Moskau hatte, an Ort und Stelle verkauft wurden: *Wir beklagen uns*, schreiben die Deputierten am 21. Mai, *am aller meisten, daß wir der versprochenen Früchte halber, welche wir gantz gewis gehoffet, bey vielen das praedicat grober Lügener uns acquiriret haben.*

Unterdessen waren auch in Reval die Krönungsfeierlichkeiten *in guter Ordnung unter Pauken und Trompenschall sowohl in Kirchen als Rathhauß feyerlichst wohl und glückl. vonstatten gegangen, wie den morgendes Tages in unserm Gymnasio der actus oratorius deshalben weiter angestellet* (Rat an Deputierte, 30. 4.).

Im Widerspruch zur Feststimmung steht in Reval wie auch in Moskau die Trauer um den verstorbenen Peter II. Auf Anfrage des Rates teilten die Deputierten am 11. Mai mit, daß in Reval mit dem Trauergeläute der Kirchen, das in Moskau gar nicht üblich sei, nun wohl aufgehört werden könne, und am 15. Juni hieß es, daß die Kirchen in Moskau die Trauer eingestellt und die Orgel schon vor etlichen Wochen gespielt worden sei, weswegen nun auch in den Revaler Kirchen die Musik wieder freigegeben werden könne. Die Vornehmen in Moskau trügen aber noch meist schwarzes Tuch, außer an Tagen, an denen sie bei Hofe erscheinen müßten, wo sie sich in *couleur* einstellten.

4. Verhandlungen in Moskau

Der Stand der Deputierten in Moskau wird immer unleidlicher, die Kasse leert sich, was den Unwillen des Rates hervorruft, ihre Geduld wird auf die Probe gestellt. Sie hoffen auf ihre baldige Rückkehr, da *es uns allbereits ekelt, daß wir uns in der Frembde aufhalten, und mit continuirlichen reverencen unsere Zeit zubringen müssen* (4. 6.).

Ihr wichtigstes Anliegen war die Privilegienbestätigung. Das Corpus Privilegiorum, das den Deputierten in Abschrift vorlag, bestand aus einer großen Zahl von Urkunden. Es stellte sich indessen bald heraus, daß die Unterlagen nicht komplett waren. Eine Deklaration Gustav Adolfs vom Jahre 1629 fehlte, und je weiter die Deputierten, die auf Wunsch des Senats ein Register zum Corpus Privilegiorum erstellten, mit ihrer Arbeit fortschritten, desto mehr *Gebrechen* mußten sie in der Abschrift feststellen. So viel sie auch bemüht waren, dem Senat diese Mängel zu erklären, einen Rest seines Argwohnes glaubten sie nicht beseitigt zu haben.

12. Zu S. 271: Wilhelm Johann (E IX 1), 1811 Offizier, 1813 Leutnant im Quartiermeisterstab, Pour le Mérite, Oberst und Kommandeur des Gluchow-Kürassierregiments, 1837–47 Kommandeur der 1. Brigade der 1. Kürassier-Division. (A)

13. Zu S. 273: Friedrich Johann (E IX 3), ⚭ auf Schloß Leal am 29. 12. 1823 Caroline Wistinghausen. (W)

14. Zu S. 276: Friedrich Theodor (E X 6), russ. Fedor Fedorovic, besuchte das Institut der Ingenieure der Wegekommunikation, 1846 Fähnrich, diente im III. Bezirk der Verkehrswege, 1880–81 als Staatsrat Gehilfe des Chefs des VII. Bezirks, 1881 desgl. im Bezirk Mohilev. Daß er als Generalmajor a. D. gestorben sei, aus russischen Quellen nicht zu belegen. – Tochter Elisabeth, ⚭ Gunevic, gest. Warschau 24. 11. 1912 (Novoje Vremja Nr. 13188). (A)

15. Zu S. 277: Alexander Friedrich (E X 7), ⚭ Charlotte Sophie Amalie von Wistinghausen, T. des Eduard und der Anna Peirce (nicht Pears) Martin, Zusatz «of Belloway» zweifelhaft. (W)

16. Zu S. 295: Cornelius (F VIII), gest. 1. 5. 1815 (nicht 13. 3.), laut Todesanzeige in den Revalschen Wöchentlichen Nachrichten vom 10. 5. 1815. (W)

17. Zu S. 297: Alexander Thomas (F IX 2), gefallen in der Schlacht bei Bautzen (21. 5. 1813), laut Todesanzeige des Vaters in den Revalschen Wöchentlichen Nachrichten vom 18. 7. 1813. (W)

NACHTRÄGE UND BERICHTIGUNGEN

zu: Heinrich v. zur Mühlen, Die Familie v. zur Mühlen 1792–1980, Bonn 1981, auf Grund von Mitteilungen von E. Amburger (A) und H. v. Wistinghausen (W).

1. Zu S. 185: Hermann (A IX 1), ⚭ Margarethe Elisabeth Behm, T. d. Samuel Gottlieb und der Anna Dorothea geb. Wilcken. (A)

2. Zu S. 186: Moritz (A X 1), Tarutino, nicht Tarutma. (A)

3. Zu S. 195: Sergej August (A XI 5), bei Heirat noch lutherisch, 1903–11 Kreismilitärchef in Petrosawodsk, 1911–13 in Wologda, 1913 Generalmajor, ab 1914 Kommandeur der lokalen Brigade des Militärbezirks Turkestan. (A)

4. Zu S. 222: Hermann Alfred (B IX 1), Promotion 1828, 1845–52 Arzt des II. Kadetten-Korps. (A)

5. Zu S. 228: Heinrich (C VIII), ⚭ Henriette Wistinghausen, gest. Reval 15. (nicht 11.) 1. 1817, begr. ebd. am 17. 1. 1817. In zweiter Ehe war sie mit Dr. Philipp Heinrich Kraak (nicht Craack) vermählt. (W)

6. Zu S. 229: Heinrich Ferdinand (C IX 2), 1833 Oberst, 1845–62 Ingenieurchef der Garde und des Grenadierkorps, 1852 Generalleutnant, 1862 zur Reserve. (A)

7. Zu S. 232: Wilhelm (C X 2), 1877–78 Oberst, Kommandeur des 153. Res. Infanteriebataillons, 1880–83 Kreismilitärchef in Grodno. (A)

8. Zu S. 233: Alexander (C X 3), 1886 Generalmajor, 1888–99 Kommandeur der 2. Brigade der 41. Infanterie-Division. (A)

9. Zu S. 239: Andrej (C XI 3), war 1914 ständiges Mitglied der Landeinrichtungskommission Cholm. Kollegienrat.
Michael (C XI 4), Landhauptmann im Krs. Cholm mit Sitz in Niemkowo. (A)

10. Zu S. 243: Kaspar (D VIII), ⚭ Margarethe Wistinghausen, geschieden von Christian von Glehn nach dem 29. 3. 1793. (W)

11. Zu S. 261: Hermann (D XI 10), gest. in Kopenhagen als Konsul a. D. am 20. 6. 1936. (A)

Die Verzögerung ihrer Angelegenheiten rührte daher, daß die Privilegien der Städte sowie Est- und Livlands alle gleichzeitig vorgelegt und auch in der gleichen Form behandelt werden sollten. Außerdem hatte die Kaiserin sich schon am 24. Mai mit ihrem ganzen Hofstaat nach Ismailov, einem ihrer Lusthöfchen, begeben und sollte von dort zum Kloster Troiza, 60 Werst von Moskau, weiterreisen und erst nach etlichen Wochen wieder zurückkehren. Und schließlich begannen Ende Juni die Hundstagsferien, die von vielen Mitgliedern des Senats auf ihren Gütern verlebt wurden. Die Deputierten baten daher den Rat, da von ihrer Seite nach Eingabe der Petitionen nichts mehr gebessert noch gemindert werden könne, sie zurückzurufen und Herrn Mentz allein die Angelegenheit der Stadt wahrnehmen zu lassen.

Der Aufenthalt in Moskau wurde durch das örtliche Geschehen nicht angenehmer: *Hiernächst berichten wir, daß ohnlängst hier eine grose Feuersbrunst gewesen, wodurch 3 Kirchen und 475 Häußer eingeäschert worden, derer Victualien-Buden ungerechnet; an eben demselben Tage, wie daß Gewitter in Reval eingeschlagen, welches doch der Große Gott gnädiglich abgewendet hat, hat es allhier unbeschreibl. geraset, doch dem Höchsten sey gedanket, ohne Schaden.* (29. 6.)

Mitte Juni wird den Deputierten versichert, daß die Privilegien nun der Kaiserin vorgelegt würden. Doch bis zum Ende des Monats geschieht nichts. Mitte Juli endlich gibt es nach endlosem Hinhalten einen Lichtblick: *Inzwischen wird die Zeit lehren, ob das an dem gestrigen Tage bey unserer allergnädigsten Kayserin gehaltene senatus consilium auch uns erspries- und nützlich gewesen, indem der allgemeinen Rede nach die Herrn Senatores eben dieser unserer Confirmation halber nach Ismailoff sollen seyn beruffen gewesen; und dieses machet uns umso viel mehr in unseren Gedanken gewis, weilen verschiedene aus des Senats Cantzeley und die hauptsächl. die Feder in unsern Angelegenheiten führen, ebenfalls so gegenwärtig gewesen seyn. – Sonsten leben wir in groser Sorge und Gefahr derer sich täglich äußernden Feuersbrünste.* (20. 7.)

Aber es gab noch ein Hindernis: ein Plan am russischen Hofe, der darin bestand, die Privilegien nur mit der Klausel zu bestätigen: *soweit sie Ihrer Kaiserlichen Majestät Reichshoheit und Regalien nicht präjudizieren.* Das entsprach dem Vorbehalt Katharinas I. Die Deputierten glaubten zu wissen, wer dahinter stand: der Generaladjutant der Kaiserin, Generalmajor Karl Gustav Graf von Löwenwolde, der, wie man vermutete, auf eigenes Ansuchen das „Projekt" verfertigt hätte. Sie berichteten am 20. Juli nach Reval, die *Ehstnischen H. Landräthe* hätten, nachdem man sie vertraulich um ihr Einverständnis gebeten hätte, Einspruch erhoben, das Vorgehen Löwenwoldes mißbilligt und um eine unverklausulierte Confirmation der Privilegien gebeten, so wie sie von Peter I. dem Herzogtum Estland und der Stadt Reval gegeben worden war. Diesem Schritt der Ritterschaft beizutreten, weigerten sich die Deputierten Revals aus drei Gründen, die ihnen nicht gerade zur Ehre gereichten, aber mit dem jämmerlichen Zustande der Stadt seit dem Nordischen Kriege und mit ihrer geringen Stellung innerhalb des Revaler Rates, schließlich mit ihrem zermürbenden Aufenthalt in Moskau zu erklären sind: 1. Es sei verboten, der Kaiserin etwas Schriftliches zu übergeben. 2. Die „neu ersonnene" Klausel stamme vielleicht von einem vornehmen Herrn, wobei sie wohl an Ostermann dachten, der strikt für eine Begrenzung der Privilegien eintrat. 3. Sie hätten sich verabredet, *auf erhaltener verclausulirter Confirmation eine Declaration der hohen Maytt. dieserhalben zu übergeben.*

Welches war der wirkliche Sachverhalt? Löwenwolde kann als livländischer Landrat kein Interesse an einer Benachteiligung von irgend einem der Beteiligten gehabt haben. Wenn er tatsächlich mit der Verfertigung der Konfirmationsurkunde betraut war, die für alle den gleichen Wortlaut haben sollte, so ist es naheliegend anzunehmen, daß er sich an das livländische Muster hielt und die Abweichung, wie sie für Estland und Reval gegolten hatte, einfach übersah. Die Einwände der Estländischen Ritterschaft wird er sich aber rasch zunutze gemacht und im livländischen Interesse unterstützt haben. Nicht er war also der Urheber der Streichung der Klausel, wie bisher in der Geschichtsschreibung behauptet, sondern die estländischen Landräte Berg und Essen[68].

Am 3. August endlich können die Deputierten schreiben: *Hiernächst haben auch Ihro Kayserl. Maytt. gestern allergnädigst resolviret, daß uns die General-Confirmation aller unserer Privilegien, so wie es Petrus I. et Petrus II. verliehen haben, ertheilet werden solle und also ledigl. auf die reine Abschrift und Ihro Kayserl. Maytt. eigenhändige Unterschrifft beruhet.* Das aber, schätzten sie, könnte noch zwei bis drei

---

[68] Stählin, S. 227 u. a., zuletzt DBBL, S. 470. Nach Ansicht des lettischen Historikers Zutis soll Löwenwolde sich dabei des Oberstallmeisters Jagužinskij bedient haben, doch bei seinen guten Beziehungen zur Kaiserin ist nicht einzusehen, warum er dieses Mittlers bedurft hätte. Zutis, S. 164 ff.

Wochen dauern. Dies traf zu: Kaiserin Anna unterzeichnete die Privilegien am 23. August.

Darüber hinaus hatten die Deputierten auch erfahren, daß in einer anderen Sache die Entscheidung im Reichskammerkollegium wunschgemäß gefallen war und nur noch der Billigung durch den Senat bedurfte. Es handelte sich um die Gewährung des „Armenkornes" zur Unterhaltung des „allgemeinen Wesens" der Stadt, eines Anteiles am Zoll vom Getreideexport nach Schweden, die die Regierung bisher der Stadt streitig gemacht hatte (3. 8.). Obwohl eine ganze Menge von Fragen offen geblieben war, stand jetzt der Rückkehr nach Reval nichts mehr im Wege. Inzwischen war entschieden worden, daß Mentz zurückbleiben und eine Vollmacht aus Reval erhalten sollte, um die städtischen Angelegenheiten weiter vertreten zu können[69].

Offen geblieben war die Frage der Befreiung Revals vom Wallbau, einer Pflicht seit den Zeiten Gustav Adolfs, für deren Erfüllung die Stadt die Hälfte der Portorienzölle einbehalten durfte. Schon vor Abreise der Deputierten aus Reval war ein Gesuch des Rates beim Reichskriegskollegium anhängig, von dieser Pflicht unter Beibehaltung des halben Portorienzolles befreit zu werden. Erfolg hatte die Stadt erst 1734, als durch Ukas die Befreiung für eine Reihe von Jahren verfügt wurde[70]. Nur zur Hälfte gediehen war ein wichtiges Anliegen Revals: die Wiederherstellung der Straßenordnung von 1679, das heißt die Forderung, den Handel russischer Kaufleute in ihren Buden in Reval auf russische Waren zu beschränken und ihnen zu untersagen, mit „Nürnberger Waren" auf dem Lande herumzufahren, die Produkte der Bauern auf dem Lande aufzukaufen oder gegen ihre Waren einzutauschen und sie in der Stadt teuer zu verkaufen; damit verbunden war die Forderung, daß die russischen Kaufleute, die in Reval frei handelten und damit der Bürgerschaft „Brot und Nahrung" entzogen, ohne die Lasten der Stadt wie Einquartierung und andere Leistungen mit zu tragen, unter die Jurisdiktion der Stadt gestellt würden und „Unpflichten" mit zu übernehmen hätten. Auch die Bönhaserei, das nichtzünftige und somit illegale Handwerk der Russen, sollte auf Wunsch der Kanutigilde untersagt werden; den russischen Offizieren, Soldaten und ihren Weibern schließlich sollten der Handel und der Ausschank von Bier und

---

[69] Zu den weiteren Verhandlungen von Mentz in Moskau und dem Gegensatz zwischen ihm und der Großen Gilde: Etzold, Seehandel, S. 49 ff.

[70] Nottbeck/Neumann I, S. 211.

Branntwein gänzlich verboten werden. Auf russischen Wunsch hatten die Deputierten sich aus Reval eine Liste der russischen Krämerbuden kommen lassen, aus der hervorgeht, daß die Russen in der Stadt 52 Buden und 18 Verkaufstische, in der Vorstadt weitere 26 Buden und 16, die „ganz fest sind", sowie 15 Tische, insgesamt – nach fehlerhafter Addition – 116 Verkaufsstellen hielten. Am dichtesten standen sie auf dem Großen Markt (14 Buden und 18 Tische), auf dem Alten Markt (13 Buden) und in *rusche straße*, wie schon damals die Mönchenstraße genannt wurde (18 Buden). Sie mußten den Ratsherrn Hinrich zur Mühlen, der ja dort wohnte, täglich an die unerwünschte Konkurrenz erinnern. Unter allen Angelegenheiten, die in Moskau behandelt werden sollten, berührt diese die wirtschaftlichen Interessen der verarmten Revaler Kaufleute und damit auch die persönlichen der Deputierten am unmittelbarsten. Doch erst nach ihrer Abreise erreichte der Bevollmächtigte Mentz nach weiteren Bemühungen einen Ukas des Senats vom 27. November 1730, der den russischen Kaufleuten in Reval befahl, sich bei der städtischen Zollbehörde registrieren zu lassen, die Zölle zu entrichten und Stadtabgaben und Kontributionen gleich den Einwohnern der Stadt zu entrichten[71].

Wie sehr das Handelsinteresse die Haltung der Deputierten bestimmte, macht ihre Stellungnahme zum Wunsche des Rates nach Auswechslung der Garnisonsregimenter deutlich. Es zeigte sich bald, daß dies hauptsächlich aus Kostengründen, aber auch weil zwei in Moskau anwesende Obristen dies hintertreiben würden, nicht zu verwirklichen war. Die Deputierten hatten zusätzliche Bedenken: sie fürchteten, daß den Kaufleuten mit dem Abzug der jetzigen Regimenter der Bier- und Branntweinhandel mit der Garnison verloren gehen und an die zum Dom gehörigen Bewohner des Tönnisberges fallen könnte, deren Tätigkeit ohnehin gegen die städtischen Privilegien verstieß und daher unter den Traktanden der Deputation einen Platz hatte. Die Deputierten erhielten aus Reval die Anweisung, die Frage des Wechsels der Garnisonsregimenter nicht weiter zu verfolgen (Rat an Deputierte, 30. 4.).

Weitere Fragen, die auch das unmittelbare Interesse der Bürger berührten, waren die Befreiung der Stadt von Einquartierung gemäß Kapitulation und das erneute Verbot der Inanspruchnahme mietfreien

---

[71] Etzold, Seehandel, S. 50.

Quartiers mit Holz und Licht durch russische Seeoffiziere, wie es übrigens einer kaiserlichen Resolution entsprach, sowie die Forderung nach rückwirkenden Mietzahlungen an die Bürger. Auch diese Frage war beim Senat bereits anhängig. Die Deputierten hielten es jedoch für opportun, dieses Anliegen erst nach der Entscheidung über den Wallbau zur Sprache zu bringen, weil sie fürchteten, sonst in beiden Fragen eine negative Entscheidung zu provozieren. Der wahre Grund für die Zurückstellung des Anliegens lag vielleicht im Verhalten des für diese Frage zuständigen Staatsrats Massiloff: *Weilen er sehr misvergnügt sich anfänglich gegen uns bezeiget hat,* wollten die Deputierten ihm *ein Stück von 18 archin Drap d'or* übergeben, um *ersprießliche* Entscheidungen ihrer Gesuche zu erreichen. Mit dieser Absicht begründeten sie auch die Höhe ihrer Geldforderungen an den Rat. Dazu kam, was an die Obersekretäre, Sekretäre, Kanzlisten, Kopisten, Registratoren bis herab auf den Wachtmeister, ja gar den *Ofenhitzer* noch gegeben werden mußte, weil diese alle sich für Geld bereit fänden, *prompte Expedition* zu geben (15. 6.).

Die Aufgabe der Deputation war sicher keine einfache. Aus einer verarmten, heruntergekommenen Stadt waren sie in eine ihnen ganz fremde Umwelt gekommen, sahen sich verschwenderischer Prachtentfaltung gegenüber, deren Kosten – allein zur Unterhaltung des Publikums, wie sie feststellten (21. 5.) – in keinem Verhältnis zu den Wünschen und Forderungen standen, die sie für ihre Stadt vorbrachten. Auch mußten sie die Erfahrung machen, daß diese Maschinerie geölt werden mußte, wenn sie für sie funktionieren sollte.

Am 4. oder 5. August brachen die Deputierten in Moskau auf. Mentz ließen sie dort zurück. Warum sie, laut Denkelbuch Hinrich zur Mühlens, erst am 27. August in Reval anlangten, erfährt man nicht. Am 1. September nahmen beide Ratsherren wieder an der Ratssitzung teil. Am 4. traf die Confirmation der Stadtprivilegien ein, am gleichen Tage erstattete Wilcken Bericht vor dem Rat und den Vertretern der Gilden. Er sprach die Hoffnung aus, Rat und Gemeinde würden an der Verrichtung Gefallen finden, besonders da die vielfältigen Versicherungen, die den Deputierten gegeben worden, mit der Zeit vorteilhafte Entscheidungen in den offen gebliebenen Fragen erwarten ließen[72].

So erhebend die Krönungsfeierlichkeiten in Moskau für die Revaler Deputation gewesen waren, es hatte für sie doch einige Anlässe zur

---

[72] RStA, RPr. 1730 Sept. 4.

Beschämung und Verärgerung gegeben. Sie hatten zu spüren bekommen, welchen Rang Reval neben der Estländischen Ritterschaft, ja auch neben Riga einnahm. Selbst die kleine Stadt Narva schien als Rivalin auftreten zu wollen. Solche Erfahrungen schmerzten sie vielleicht mehr als die Mühsal der Reise, ihre zunehmenden materiellen Sorgen während des Aufenthaltes und die schwierigen Verhandlungen, die im Grunde genommen keine waren, sondern nur der Versuch, den Russen den Standpunkt Revals und die Bedeutung ihrer Wünsche im einzelnen zu erläutern.

5. Eberhard zur Mühlen und der Pietismus in Reval

Eberhard zur Mühlen, ursprünglich meist Evert genannt, war der letzte männliche Sproß der älteren Linie zur Mühlen, ein Enkel Simons. Im Jahre 1692 geboren, hatte er den Krieg und die Katastrophe von 1710 mit vollem Bewußtsein miterlebt. Er wuchs auf im Hause seines Stiefvaters Thomas Paulsen. Mit 25 Jahren heiratete er 1718 Anna Christina Graff, Tochter des Revaler Kaufmannes Wolmar Graff und der aus Wesenberg gebürtigen Anna Christina Röpsdorf.

Im „Journal von Einkommenden Schiffen et Böhten"[73] von 1717 erscheint Eberhard zur Mühlen erstmalig unter den Importeuren. Nach seinen Außenhandelsumsätzen der Jahre 1727–1729 gehörte er zu den „Nürnberger Krämern und Bauernhändlern" mit den größten Im- und Exporten, übertroffen nur noch von Reinhold Johann Hetling und Berthold Strahlborn und von Kaufleuten, die als Seiden- und Tuchhändler oder Grossisten mehr vom Außenhandel lebten als die Krämer und Bauernhändler[74]. Unter seinen Waren findet man vor allem „Cramerey", Armkörbe, Hüte, „Pampier" und Makulatur, einmal *45 doßin Cahrten*, Dachpfannen, Stangeneisen, Bleche, Draht, Nägel, Wollkratzen und anderes aus Eisen und Stahl, ferner Grapen, Bratpfannen, Schüsseln, Siebe, Messingkessel, Kupfergeschirr, darunter Braupfannen und Destillierkessel zum Schnapsbrennen, auch allerhand Halbzeug und Werkzeug sowie feinmechanische Fertigprodukte. Die Kramwaren kamen zumeist aus Lübeck, zum geringeren Teil aus Stockholm.

---

[73] RStA, A.g. 166.
[74] Etzold, Seehandel, S. 219–224.

Dorthin führte Eberhard auch zum größten Teil bäuerliche Massenartikel aus wie vor allem Flachs, Wachs, Hanf, Roggen, auch Leder und Felle; nur ein kleiner Teil davon ging nach Amsterdam. Außerdem bezog er Waren, die für Bauernhändler oder Krämer nicht typisch waren, für die aber um so höhere Zölle entrichtet wurden, nämlich aus Amsterdam Tabak, von dort und aus Lübeck Kolonialwaren und Textilien[75].

In der Großen Gilde hatte Eberhard zur Mühlen einen Konflikt durchzustehen, als diese sich gegen die Ausbreitung des Pietismus in ihren Reihen zur Wehr setzte.

Das orthodoxe Luthertum der schwedischen Zeit war aus dem Nordischen Kriege geschwächt hervorgegangen. Pfarren waren vakant, das Schulwesen verwahrlost, das Land war auf Geistliche aus Deutschland angewiesen. Mit ihnen faßte der Pietismus in Liv- und Estland Wurzel. Besonderes Anliegen des Pietismus war die individuelle Seelsorge; Hausandachten und Bibelstunden waren Ausdruck persönlicher Frömmigkeit[76]. Für Reval erlangte Christoph Friedrich Mickwitz, ein Schüler von August Hermann Francke in Halle, als Oberpastor auf dem Dom einige Bedeutung, zumal er auch in der Unterstadt Anhänger besaß. Mickwitz war durch seine dritte Frau, Anna Christina Nottbeck, mit Familien der Großen Gilde versippt[77].

Die lutherische Orthodoxie begegnete dem Pietismus mit Mißtrauen, das sich noch steigerte, als in seinem Gefolge die Herrnhuter Bewegung in Est- und Livland Fuß faßte. 1736 kam Zinzendorf persönlich nach Reval. Bald darauf entstand in der Stadt eine Gemeinde der Erweckungsbewegung, zu der auch namhafte Bürger gehörten. Einer der eifrigsten, Justus Johann Nottbeck, ein leiblicher Vetter von Anna Christina, schreibt darüber in seinem „Geheimbuch"[78]: „Von Ao. 1738 bis 1742 hielten sich allhier einige Mährische oder sogenannte Herrnhuthsche Brüder auf, predigten das Evangelium mit vieler Kraft und gewannen durch die Gnade Gottes dadurch viele Seelen, daß sie sich zum Herrn bekehrten. In dieser Zeit besuchte auch die Barmherzigkeit Gottes unser gantzes Hauß, so daß wir von seiner Gnade angeflammt

---

[75] Vgl. Anm. 30.

[76] Zum Pietismus und zur Herrnhuter Bewegung im folgenden Webermann, S. 152ff.

[77] Christoph Friedrich Mickwitz (1696–1748) war seit 1724 Oberpastor an der Domkirche. DBBL, S. 519.

[78] Geheymbuch, S. 27.

wurden. Der Heyland sey für diese unaussprechliche Seelen-Wohlthat in Ewigkeit gepriesen und laße diesen Schatz in uns allen beständig ruhen bis vor seinen Thron!"

Nottbecks Brüder reisten zu dieser Zeit nach Herrnhut, einer von ihnen wurde Missionar der Brudergemeinde in Algier. In Reval aber wurden die Herrnhuter zum Ärgernis. Der Begründer der Revaler Brüdergemeinde, der Prediger Biefer, unterstellte sie dem Brüderzentrum Brinkenhof in Nord-Livland und erregte damit bei Konsistorium, Geistlichen und Laien Widerspruch in hohem Maße. Es kam im Juli 1742 sogar zu einem Straßenauflauf, der zur Folge hatte, daß Biefer aus Reval ausgewiesen wurde. Man war der Auffassung, daß Lehre und Ordnung der Herrnhuter im Widerspruch zur lutherischen Landeskirche stünde und die Autorität der Geistlichkeit beeinträchtigte, ja, man befürchtete sogar einen negativen Einfluß auf das moralische und geistliche Leben des Volkes.

Oberpastor Mickwitz gehörte nicht der Herrnhuter Bewegung an, lehnte aber ihre gewaltsame Unterdrückung ab. Dennoch warfen die Gegner der Herrnhuter und des Pietismus beides zusammen.

Wie sehr die lutherische Kirche damals noch als ein Element der verfassungsmäßigen Ordnung sowohl des Landes wie Revals angesehen wurde, zeigt das Verhalten der Großen Gilde gegenüber der Herrnhuter Bewegung. Am 4. Mai 1742 befaßte sich die Ältestenbank mit diesem Thema. Dem Protokoll[79] zufolge mußte die Jüngstenbank mit ihrem Wortführer abtreten. Bald darauf wurde der Wortführer allein „eingefordert" und mit dem von der Ältestenbank wegen der Herrnhuter gefaßten Beschluß bekannt gemacht, *daß diejenigen, die sich zu der Herrnhutschen Seite und Versammlungen hielten, nachmahlen solten befraget werden, ob sie von dem Herrenhutschen Wesen und Versammlungen ablassen oder wiedrigenfalls gewärtig seyn wolten, daß die Ehrhafte Gemeine nach dem hiebevor bereits gemachten Schluß mit ihnen verführe, nemlich sie aus der Gilde wiese und des Bruderrechts unfähig erklärte.* Anschließend traten die Gildebrüder wieder ein und beschlossen gemeinschaftlich, *die von der Herrenhutschen Parthey,* die man erneut abtreten ließ, nochmals *freund- und ernstlich* zu warnen, damit die Gilde nicht genötigt würde, sie des Bruderrechts verlustig zu erkennen und den Rat dahin zu bringen, *daß ihnen Maß und Gewicht*

---

[79] RStA, SGA 55, S. 9r–10r.

geleget werden müste. Die Betroffenen, es werden fünf Namen von anwesenden Gildebrüdern genannt, wollten dazu keine Erklärung abgeben, weil ihrer Ansicht nach die Religionssachen nicht vor die Gilde gehörten, worauf der Ältermann im Namen der ganzen Gilde sie der Bruderschaft verlustig erklärte. Gegen dieses Verfahren, das übrigens pauschal auch nicht Anwesende erfaßte, protestierten die von der „Herrnhutschen Parthey".

Eberhard zur Mühlen war ebenfalls nicht zugegen, als die Ältestenbank, deren Mitglied er war, diese Entschließung faßte, er war aber von ihr betroffen: man hatte ihn ungefragt ebenfalls ausgeschlossen, zugleich aber versprochen, ihn wieder in die Gilde aufzunehmen, falls er erklären würde, daß er *von dem Herrnhutschen Wesen nunmehro gäntzlich abstehen, keine Stunden und Versammlungen mit denen Herrenhutern weiter halten und dieses auch seiner Frau und Kindern untersagen wolte.*

Der so Überrumpelte wandte sich jedoch gleich an den Rat. Von der Gilde deswegen vorgeladen, erkärte er am 24. August 1742[80], daß er durch das *unordentliche* Verfahren der Gilde, die ihn ohne Anhörung ausgeschlossen hätte, genötigt worden sei, seine Zuflucht beim Rat zu suchen. Zur Sache selbst führte er aus, daß er kein Herrnhuter und auch *derselben Seite nicht zugethan* wäre, auch keine Stunden und Versammlungen mit den Herrnhutern gehalten hätte, es auch in Zukunft nicht tun wolle, sondern der lutherischen Lehre und den Symbolischen Büchern *zugethan* verbleibe; er hätte nur eine Stunde in der Woche bei Pastor Mickwitz in seinem Hause beigewohnt, und diese Stunde gedächte er weiterhin einzuhalten.

Man sollte wohl annehmen, daß die Gilde sich damit hätte zufrieden geben können. Sie aber beschloß, daß er zur Vermeidung aller Ärgernisse von dieser einen Stunde ablassen und sich zu seinem Beichtvater und *unserer Kirche* halten müsse. Eberhard zur Mühlen erbat sich Bedenkzeit.

Am 6. September teilte Ältermann Hermann Clayhills der Ältestenbank mit[81], Eberhard zur Mühlen hätte ihm erklärt, daß er die eine Stunde bei Pastor Mickwitz, an der er sich seit Beginn der Amtszeit des Dompastors beteiligt, zu *continuieren* gedächte. Er hätte auch versichert, daß er der lutherischen Religion und der Augsburger Konfes-

---

80 Ebd., S. 24.
81 Ebd., S. 27.

sion treu bleiben wolle. Wenn aber die Ehrhafte Gemeine nicht einwilligen wolle, so müsse er die Sache gerichtlich einklagen. Die Gilde beschloß darauf, daß man ihm die Stunde bei Pastor Mickwitz um so weniger gestatten könne, als der Rat demselben Pastor *anbefohlen* habe, die städtische Gemeinde *vom Domlaufen abzumahnen:* Eberhard zur Mühlen wäre daher schuldig, diese Stunde zu *quittieren,* da *unsere Kirche* mit guten Predigern versehen wäre.

Es lag der Großen Gilde daran, sich dem Rat gegenüber ins rechte Licht zu setzen. Seit der Ausweisung von Prediger Biefer aus Reval waren erst zwei Monate vergangen.

Am 1. Oktober 1742[82] faßte der Rat in dieser Angelegenheit eine Resolution. Vermutlich vom rechtsgelehrten Syndicus konzipiert, gleicht sie einer Gratwanderung zwischen Politik und Recht, indem sie das Bestreben verrät, die Stadt bei der reinen lutherischen Lehre zu halten, ohne zugleich den Anhängern der Herrnhuter Erweckungsbewegung Unrecht zu tun.

Zunächst wird das Ansuchen der Gilden als unbegründet abgelehnt, daß diejenigen Mitglieder, deren Familien zur Herrnhutschen Seite halten, in dieser Sache *ihrer votorum sich enthalten möchten.* Gemeint ist wohl, daß sie ihr Stimmrecht in der Gilde nicht verlieren sollen. Allerdings schränkt der Rat ein: soweit sie *reiner und untadelicher Religion, mithin keinem wiedrigen Verdacht unterworffen, besondern vielmehr auf Ambt, Eid und Gewissen sitzen.* Für den Rat muß also erst der Nachweis erbracht sein, daß die so inkriminierten Bürger schon von der Irrlehre besessen sind.

Sodann aber befindet er, daß das Herrnhutsche Wesen, nachdem es vom Stadtministerium, der Geistlichkeit, als irrig verworfen worden, *nunmehro nachdrücklich abzuschaffen sey.* Bezeichnend ist die Begründung dieser Entscheidung mit den Privilegien der Stadt, welchen die evangelisch-lutherische Religion zu Grunde lage: abweichende Sektiererei könne daher in der Stadt nicht geduldet werden. Mit diesem Argument wird einerseits auf die Rückenstärkung durch die hinter dem Rat stehende staatliche Gewalt angespielt, andererseits wird die Befürchtung ausgedrückt, eine Duldung der Herrnhuter könne der Staatsgewalt zum Vorwand für eine Beschneidung der Privilegien, zumindest hinsichtlich der Erhaltung des Luthertums und des stadteigenen Kirchenregiments, dienen.

---

[82] RStA, RPr. 1742 Okt. 1.

Aus dem Votum für Abschaffung des „Herrnhutschen Wesens" wird sodann die Folgerung gezogen, daß alle Bürger und Einwohner der Stadt bei Verlust des Bürgerrechts, *der Stadt-Wohnung und aller davon dependirenden Freiheit- und Gerechtigkeiten* von der Herrnhuter Bewegung und ihren verdächtigen Versammlungen, und was dazu gehört, abzulassen schuldig seien und die Pflicht hätten, sich nach der Kirchenverfassung zu ihren Beichtvätern und städtischen Gemeinden zu halten, ihre Seligkeit *in behöriger Gott-wohlgefälliger Ordnung* zu suchen und sich allen selbst erwählten Gottesdienstes und nichtiger äußerlicher Einrichtungen zu enthalten. Die Hausväter werden obrigkeitlich verwarnt, Frauen, Kinder und Gesinde von *Herrnhuthschen Unordnungen und irrigen Bezeigen* sorgfältig abzuhalten. Wenn die Gilden die Namen der verdächtigen Personen angeben, will der Rat dem Stadtkonsistorium die genaue Unterstützung wider selbige anbefehlen, das heißt wohl ihre Examinierung anordnen.

Zur *Grundhebung*, das heißt Aushebung, Entwurzelung der Herrnhuter Bewegung behält sich der Rat vor, beim Generalgouvernement, ohne vorherige Rücksprache mit der Ritterschaft, mündlich vorstellig zu werden, daß den Predigern auf dem Dom angedeutet werden möge, daß sie sich nicht mit den städtischen Gemeinden zu befassen hätten.

In der Diskussion über die Resolution trat der worthabende Bürgermeister von Willen dafür ein, mittels eines von den Kanzeln zu publizierenden Plakats das Treiben der Herrnhuter bei 100 Rtl. Strafe zu inhibieren, während Bürgermeister Oom vorschlug, den Stadteinwohnern das Besuchen der Domkirche, deren Prediger *Ertz-Herrnhuter* wären, zu untersagen. Dagegen votierte Ratsherr Riesenkampff dafür, die Untersuchung des Herrnhutschen Wesens auf dem Dom zunächst abzuwarten und inzwischen die verdächtigen Personen vor dem Konsistorium zu examinieren. Bürgermeister Krechter trat für die erforderliche Behutsamkeit in dieser Religionssache ein und bevorzugte eine Examinierung durch die Beichtväter.

Schließlich nominierten die Bürgermeister die Ratsherren Wilcken und Becke dazu, die Resolution – offensichtlich ohne jegliche Zusätze – mit einem entsprechenden Antrag dem Generalgouvernement zu eröffnen. Die Große Gilde konnte sich dadurch teils bestätigt, teils aber auch in ihren Entschlüssen gehemmt sehen.

Die vom Rat gewünschte Namenliste ließ nicht lange auf sich warten. Die Gilden teilten am 2. Oktober die Namen derjenigen mit, die man der Zugehörigkeit zur Herrnhuter Bewegung verdächtigte. Auch

Eberhard zur Mühlen wird dabei genannt, obwohl er sich ausdrücklich von den Herrnhutern distanziert hatte. Es ist eine lange Liste[83]. Sie enthält mehr Namen von Frauen als von Männern. Allen voran stehen die Nottbecks mit *Frau Sekretärin Nottbeckin* an der Spitze, gefolgt von ihren Söhnen Justus Johann und Christian und weiteren Verwandten, einschließlich Kindern, ferner die Gernet, Dehn, Hippius, Burchart, Meyer und andere mehr, insgesamt mit Bedienten und Gesellen 34 Erwachsene von der Großen Gilde, außerdem sechs von der Kanutigilde.

Am 2. November[84] erkundigte sich der Rat beim Ältermann der Großen Gilde, ob der Älteste Eberhard zur Mühlen dieser Resolution zufolge wieder in die Gilde *restituiert* sei, worauf man in der Gilde darüber beriet, ob man den Ausgeschlossenen zur Befragung vorladen oder warten solle, bis er selbst erschiene. Man kam zum Schluß, daß man nach ihm senden und ihm seinen *Unfug und unfreundliches Verfahren* vorhalten wolle, das darin bestand, daß er nach der Resolution des Rates nicht gleich mit der Gilde in Verbindung getreten sei, sondern sich zum zweiten Mal ohne Not an den Rat gewandt und damit dessen Anfrage veranlaßt hatte. Außerdem aber sei man gewillt, ihn wieder aufzunehmen, sofern er sich der Resolution des Rats konform verhalten wolle. Vom „Domlaufen" war nicht mehr ausdrücklich die Rede.

Der vor die Gilde Zitierte versprach es, worauf er seinen Platz auf der Ältestenbank wieder einnehmen durfte. Dem Ältermann der Brauerkompanie wurde bedeutet, die nötigen Schritte bei der Akzisekammer einzuleiten, um die *dem Eltesten E. Zur Mühlen gelegte Brauerey wieder zu relaxiren.* Man hatte also in dieser Hinsicht schon Druck ausgeübt, indem man ihm das Brauen für den Verkauf verboten hatte – kein schlechtes Druckmittel für einen Bürger, der in der Stadt etwa fünf Krüge besaß[85].

Wörtlich genommen, bedeutete die Resolution vom Oktober 1742 für Eberhard zur Mühlen weder eine Falle noch ein Hinderniß, seine wöchentliche Stunde bei Pastor Mickwitz zu besuchen. Anders wäre es gewesen, wenn sie ein ausdrückliches Verbot, wie Bürgermeister Oom es vorschlug, enthalten hätte. So aber konnte er sich an seinen Beichtvater in der Unterstadt halten, die Examinierung überstehen und

[83] RStA, SGA 55, S. 31r.
[84] Ebd., S. 33r.
[85] RStA, B.K. 18.

weiterhin am „Domlaufen" teilnehmen. Vermutlich hatte man diese Lücke bewußt offen gelassen.

Ein im Vergleich zur Großen Gilde nachsichtigeres Verhalten legte der Rat auch gegenüber der verwitweten Sekretärin Nottbeck an den Tag: da ihr bis zum 1. Oktober die Unterlassung der Herrnhuter Versammlungen nicht ausdrücklich anbefohlen worden sei, so sollte sie ebenso wie ihr Schwiegersohn Carl Christian Höppener nicht mit Strafe belegt werden, doch habe sie sich nunmehr nach der Resolution zu richten. Gleichzeitig distanzierte sich der Rat von einer Demonstration, einem *vor einiger Zeit vorgegangenen Lermen* vor der Nottbeckschen Haustür, das sich wohl gegen die Herrnhuter gerichtet hatte, und behielt sich vor, den Urheber zur Verantwortung zu ziehen[86].

Schlimmer als Eberhard zur Mühlen erging es den anderen Ausgeschlossenen. Bis zum September 1743 hatte sich noch nichts gerührt. Inzwischen hatte die Kaiserin Elisabeth einen Ukas erlassen (16. April 1743), der die Lehre und die Versammlungen der Herrnhuter verbot und die Schließung der Bethäuser anordnete. Herrnhutische Literatur sollte konfisziert werden, mehrere Brüder aus Deutschland wurden ausgewiesen. Allerdings wurde das Verbot in Estland nicht sehr konsequent durchgeführt[87]. Es begann die Zeit des sogenannten „stillen Ganges". So schreibt Nottbeck in seinem Geheimbuch: „Ao. 1743 entschloß ich mich, weil es wegen der Bekehrungssache viel Unruhe gab, in die Stille zu begeben." Auf Anraten einiger Freunde zog er sich auf das Gut Palms zurück, um die von der Pahlenschen Kinder zu erziehen.

Am 6. September 1743 ersuchte die Gilde den Rat, das Konsistorium gemäß Resolution zur Examinierung der bereits aufgegebenen Personen anzuhalten, damit die Gilde wisse, wie sie mit den Ausgeschlossenen sich verhalten solle, und *damit das Dohm-Gehen und -Fahren nebst dem Herrnhutschen Wesen ... einmahl abgeschaffet werden* könne. Nach und nach konnten einige wieder aufgenommen werden. Im März 1744 beschlossen Ältestenbank und gesamte Gilde erneut, daß die Ausgeschlossenen, *wenn sie nunmehro diesem Wesen gäntzlich abgesaget hätten,* wieder angenommen werden sollten, sobald sie sich beim worthabenden Ältermann melden würden[88].

---

86 RStA, RPr. 1742 Okt. 1.
87 Webermann, S. 162.
88 RStA, SGA 55, S. 67r.

Das Urteil, daß den wieder aufgenommenen Kaufleuten der Friede mit den Standesgenossen und die ungehinderte Berufsausübung wertvoller war als die Wahrnehmung freier Religionsausübung[89], scheint mir nicht differenziert genug zu sein. Neben Opportunismus kann auch Ernüchterung ein Motiv gewesen sein, eine Ernüchterung hinsichtlich der Form der Gemeinschaftsbildung, nicht aber des Glaubensinhaltes. Dafür spricht, daß pietistische Frömmigkeit auch außerhalb des Kreises der Herrnhuter in Reval anzutreffen war. Man denke z.B. an die Eintragungen Hinrich zur Mühlens in seinem Denkelbuch. Auch muß man sich fragen, welchen Einfluß die Geistlichen bei der Examinierung nicht nur auf die Entschlüsse, sondern auch auf die Überzeugung der Befragten ausgeübt haben mögen.

Johann Justus Nottbeck kehrte nach drei Jahren aus Palms zurück und wurde von der Stadt zum Aktuar bei der Stadtkanzlei bestellt. An seiner Gesinnung hatte sich aber nichts geändert. Das zeigt die Ausdrucksweise, in der er 1750 seine Segenswünsche für den Täufling, seinen ältesten Sohn, in seinem Geheimbuch niederschrieb. Unter den Taufzeugen werden mehrere Namen genannt, die auch in der erwähnten Liste der Großen Gilde verzeichnet sind. Auch Carl Nottbeck findet sich unter den Taufzeugen: er hielt sich damals in Herrnhut auf[90]. Aus der Gesinnung machte man kein Hehl mehr, aber man wurde bei denen, die anderer Auffassung waren, nicht mehr zum Ärgernis.

Daß auch Elias Dehn und Jungfer Christina zur Mühlen, Eberhards Tochter, unter den Taufzeugen genannt sind, ist wohl kein Zufall. Wenig später wurden sie miteinander vermählt.

Die Erweckungsbewegung hatte einige Bürger wie ein ansteckendes Fieber erfaßt und die Umgebung in Unruhe versetzt. Nachdem wieder Beruhigung eingetreten war, hing keinem der Beteiligten mehr etwas an. Wilhelm Hinrich Gernet wurde in den Rat gewählt, andere nahmen ihren Platz auf der Ältestenbank wieder ein und wurden mit Funktionen betraut. Eberhard zur Mühlen wurde 1743 nach der Neukonstituierung der Kompanie der Nürnberger Krämer und Bauernhändler zu ihrem ersten Ältermann gewählt[91].

---

[89] Etzold, Seehandel, S. 188.
[90] Geheymbuch, S. 28f.
[91] Zum folgenden Etzold, Nürnberger Krämer, S. 315, und derselbe, Seehandel, S. 62f.

Schon 1707 hatte der Magistrat den Zusammenschluß aller Bauernhändler zu einer Kompanie angeordnet. Unter Führung eines Kom-
panieältermannes sollte sie über die Aufrechterhaltung der Handelsordnung wachen, nur ihren Mitgliedern wurde der Handel mit der
Landbevölkerung erlaubt[92].

Die Maßnahme blieb auf die Dauer wirkungslos. Als unter russischer
Herrschaft die in größerer Anzahl in Reval lebenden Russen, vor allem
russische Händler, aber auch Offiziere und Soldaten und ihre „Weiber", ungeachtet geltender Ratsverordnungen, die bürgerliche Nahrung der Kaufleute durch ihre Vorkäuferei immer mehr schädigten,
beriet man in der Großen Gilde erneut über Satzungen für die „Zunft"
der Bauernhändler. Die Gründung von 1707 scheint also noch in Form
eines losen Zusammenhaltes bestanden zu haben. Doch das genügte der
Gilde nicht. Erst 1743 kam eine Neukonstituierung der Kompanie
zustande, in der Bauernhändler mit „Nürnberger Krämern" zusammengefaßt waren. Die vom Rat genehmigte Satzung diente der Regelung des Handels mit den Bauern im einzelnen und enthielt zahlreiche
Strafbestimmungen.

Wegen der richterlichen Funktionen des Ältermannes mußte seine
Wahl vom Rat bestätigt werden. Der Erwählte ließ sich vom worthabenden Ältermann der Großen Gilde beim Rat vorstellen und leistete
diesem bei seiner Einführung in einer feierlichen Zeremonie „Handstreckung".

Die Versammlungen der Kompanie, die etwa 50 Mitglieder hatte,
waren nie vollzählig. Sie fanden in der Regel in der Wohnung des Ältermannes statt, also bei Eberhard in der Lehmstraße. Der Ältermann
hatte mit vier Beisitzern oder Assessoren Übertretungen der Handelsordnung durch die Mitglieder der Kompanie zu untersuchen und abzu-
urteilen und Strafgelder einzutreiben. Eberhard zur Mühlen empfand
diese Tätigkeit bald als unzumutbare Last und versuchte schon nach
zwei Jahren vergeblich, sein Amt niederzulegen. 1748 forderte er vom
Rat eine Exekutionsordnung, „weilen das führnehmste Stück der
Justice, die Exekution, ermangelt". Der Rat kam ihm entgegen, indem
er in bestimmten Fällen die Amtshilfe des Gerichtsvogtes zuließ. Aus
den sorgfältigen Aufzeichnungen des Ältermannes geht hervor, daß
von 156 Fällen aus seiner zehnjährigen Amtstätigkeit 124 – also vier

---

[92] Hartmann, Reval im Nordischen Krieg, S. 109.

Fünftel – die Abwerbung von Bauern betrafen; in 15 Fällen waren Preisabsprachen unterboten, in sieben Fällen Bauern über die in der Satzung festgesetzte Zeit hinaus beherbergt worden.

1753 konnte Eberhard zur Mühlen das Amt des Ältermannes der Kompanie der Nürnberger Krämer und Bauernhändler nach zehnjähriger Amtsführung altershalber endlich abgeben.

Am 25. Oktober 1763 verfügten sich – laut Ratsprotokoll dieses Tages – nachmittags nach 4 Uhr auf Anordnung des worthabenden Bürgermeisters Johann Hermann Haecks der Ratsherr Carl Johann Schonert und der Ratsherr Caspar Höppener zusammen mit dem Sekretär Jacob Gottfried Hippius zum Ältesten Eberhard zur Mühlen *auf sein gethanes Ansuchen nach seinem in der Lehmstraße belegenen Wohnhauße, seinen letzten Willen von ihm zu vernehmen.* Die Abgesandten trafen ihn in seiner Stuben-Beikammer auf dem Bette liegend, *bey voller Vernunft.* Er bedankte sich für die übernommene Mühewaltung, worauf er seinen schriftlich abgefaßten Willen in einem unter seinem Petschaft versiegelten Couvert dem Ratsherrn Schonert übergab mit gehorsamster Bitte, *denselben bey einem Hochedlen und Hochweißen Raht geneigtigst zu insinuiren.*

Der Herr Rahtsverwandter fragte ihn hierauf, ob das abgefaßte ein etwan von ihm selbst überlesenes und eigenhändig unterschriebenes Testament wäre. Er bejahete beides, worüber die hiezu Verordnete nach einer Weile unter der Versicherung, daß es behörig ad acta gebracht werden solte, von ihm schieden, der Herr Rahtsverwandter Schonert aber das Testament zu sich nahm.

Am 17. November wurde Eberhard zur Mühlen zu St. Nikolai begraben. Er hatte das für diese Zeit hohe Alter von 71 Jahren erreicht. Seine Frau Anna Christina Graff folgte ihm zehn Jahre später, begraben ebenda Weihnachten 1773.

VII. VON ELISABETH ZU KATHARINA II.

Die hohe Verehrung, die dem Kaiserhause in Reval zuteil wurde, hatte ihre Wurzel in der Beliebtheit Peters des Großen, der während seiner Regierungszeit elf Mal die Stadt besucht und dabei auch persönlich in Revaler Bürgerhäusern wie auch im Hause der Schwarzenhäupter verkehrt hatte. Schon mit den Kapitulationsbedingungen hatte er die Stadt für sich gewinnen wollen. 1718 ließ er durch den italienischen Architekten Michetti für seine Gemahlin das schöne Rokokoschloß Katharinental am Fuße des Laksberges erbauen. Es war zugleich ein Zeichen seiner Vorliebe für Reval.

Katharina I. hat das nach ihr benannte Schloß als Kaiserin nie besucht, und auch ihre nächsten Nachfolger waren nie in Reval. Die so „überaus gerechte Kaiserin" Anna, wie die Revaler Deputierten sie anläßlich der Krönung bezeichnet hatten, beraubte das Schloß sogar einer besonderen Zierde, der vom Wasser des Oberen Sees gespeisten „Wasserkunst" mit Kaskaden, Springbrunnen und Figurengruppen, die nach Peterhof entführt wurden[1]. Erst Elisabeth bewies der Stadt durch ihren Besuch ihre Huld, 21 Jahre nach dem Tode ihres Vaters, Peters des Großen, und 18 Jahre später konnten die Bürger sich schmeicheln, daß Reval das erste Ziel war, das Katharina II. auf ihrer Informationsreise durch Est- und Livland ansteuerte.

Ein anderer Grund für die Verehrung des kaiserlichen Hauses lag im Bedürfnis der heruntergekommenen und verarmten Stadt nach herrschaftlichem Wohlwollen und Gnade, das gerade bei solchen Anlässen zum Ausdruck kam und reichlich befriedigt wurde. Längst waren die Zeiten einer durch die Landeshoheit des Ordensmeisters kaum eingeschränkten politischen Autonomie der Hansestadt in der Erinnerung an eine stolze Vergangenheit versunken. Die von Schweden verletzten, von Peter wiederhergestellten Privilegien schützten den Revaler Rat nicht vor der Rolle eines Befehlsempfängers der Gouvernementsregierung. So ist der Wunsch nach huldvoller Herablassung einer höheren Gerechtigkeit in Gestalt der beiden Monarchinnen verständlich.

---

[1] Nottbeck/Neumann I, S. 209f., II, S. 226.

An politischen Entscheidungen und Gesprächen anläßlich der Besuche wurde Reval nicht beteiligt. Solche Erwartungen hegte man nicht gegenüber einer „absoluten" Herrschaft. Rat und Stände, die nur zu repräsentieren hatten, konnten aber nicht ahnen, daß sie Opfer einer „aufgeklärten" Herrschaft werden und das Ende ihrer traditionsreichen Eigenständigkeit und Privilegierung – auch nach innen – in wenigen Jahrzehnten selbst erleben würden.

1. Kaiserin Elisabeth in Reval (1746)

Im Schloß auf dem Domberg residierte damals als Gouverneur der Provinz Estland Prinz Peter von Holstein-Beck (1743–53 und 1758–75), ein Verwandter des Thronfolgers, des späteren Kaisers Peter III. Er genoß in Estland hohes Ansehen und war auch in St. Petersburg am Hofe gut angeschrieben – zum Glück für Reval und für die Provinz zu einer Zeit der Günstlingswirtschaft, wie sie bis zum Regierungsantritt Katharinas II. bestand.

Worthabender Bürgermeister war zu dieser Zeit Jakob Friedrich Becke, Hinrich zur Mühlens Schwiegersohn. Am 29. März 1746 richtete die Gouvernementsregierung ein Schreiben an den Revaler Rat, den sie aufforderte, wegen der Ankunft der Zarin die Wege und Brücken um die Stadt herum, insbesondere von der Lehmpforte bis Katharinental, in guten Stand zu setzen und die Häuser der Stadt, soweit sie nach dem Kriege noch nicht renoviert waren, weiß und gelb anzustreichen. Als der Rat diesen Brief am 8. April der Gemeinde weitergab, machten ihre Vertreter Einwände: es sei bei der jetzigen Jahreszeit und bei dem großen Mangel an Arbeitskräften unmöglich, alle Häuser instand zu setzen. Offenbar gab es einen Termin im Schreiben, das auch Strafen androhte, die von Kronssoldaten exekutiert werden sollten. In dieser Befürchtung baten die Gilden: den Termin zu prologieren; die Jurisdiktion nicht Kronssoldaten zu überlassen, sondern der Stadtobrigkeit; „Domsche" Maurer für die Taxe der Stadtmaurer arbeiten zu lassen, diesen zu verbieten, auf das Land zu reisen, und abgereiste in die Stadt zurückzuholen; wegen der rationelleren Verwendung der Gerüste die Arbeiten straßenweise verrichten zu lassen; und schließlich die Taxen der Maurer einzuhalten[2].

---

[2] RStA, RPr. 1746 Apr. 8.

Die Remonstrationen der Gilden waren zum Teil wohl unüberwindlich. Im Ratsprotokoll wird die Angelegenheit nicht weiter erwähnt. Vielleicht hatte die Regierung ein Einsehen.

Über den Verlauf des Besuches berichten zwei Quellen, die einander ergänzen: die Protokolle des Rates und der Schwarzenhäupter[3]. Als am 9. Juli 1746 „die lange sehnlichst gewünschte Nachricht" bekannt wurde, daß an diesem Tage „I. Kais. Maytt. unsere allerteuerste Landesmutter" in Begleitung des Thronfolgers Peter und seiner Gemahlin Katharina in Reval eintreffen würde, wurde die ganze Bruderschaft der Schwarzenhäupter „vermittelst Trompetenschall" um 10 Uhr vormittags davon in Kenntnis gesetzt, worauf sie sich versammelte und „von dem Erk. Ältesten und Leutnant Hinrich zur Mühlen zu der bevorstehenden Einholung bis zwei Uhr nachmittags „exerziert und praepariert" wurde. Gleich anschließend fuhr der Magistrat nebst den Älterleuten, einigen Ältesten und dem Wortführer der Jüngstenbank der Großen Gilde „unter gewöhnlichem Vorritt der Schwartzen Häupter Compagnie" in schöner Ordnung und „Mondur", 117 Pferde stark, bis zum Fätschen oder Duntenschen Krug. Da sich die Ankunft der Zarin noch um einige Stunden verzögerte, erwartete das Korps sie „bei ziemlich schlechtem Wetter zu Pferde sitzend". „Um 11 Uhr in der Nacht langten Ihro Majestäten an und wurden von dem Korps, welches sich just vor dem kaiserl. Wagen geschwenket hatte", und *von Sr. Hochfürstl. Durchl. unserem hochverordneten Herrn Gouverneuren nebst verschiedenen von hiesiger Ritterschaft, dem Magistrat und seinem Gefolge bis nach Katharinental alleruntertänigst begleitet.*

Nachdem also Ihro Kayserl. Maytt. gegen halb 1 Uhr daselbst angelanget und in den großen Saal eingetreten waren, wurden höchst Dieselben von dem Worthabenden Herrn Bürgermeister Jacob Friedrich Becke nomine der Stadt zu Dero hohen Ankunft alleruntertänigst gratuliret, wogegen Ihre Kayserl. Maytt. durch des Herrn Reichs-Cantzlers Bestuschew Riumins hochgräfl. Excellence sich allergnädigst bedancken und der Stadt Dero hohen Gnade versichern ließen, auch hierauf die Anwesende von der Stadt zum Handkuß allermildest admittirten.

Im Protokoll der Schwarzenhäupter heißt es weiter: „Hierselbst hatten die damals anwesenden Offiziers dieser Kompagnie, namentlich

---

[3] Amelung/Wrangell, S. 269ff. Textauszüge in der dort gedruckten, der heutigen Schreibweise angepaßten Form, hier in Anführungszeichen. Das Ratsprotokoll von 1746 Juli 9 in Kursivdruck. – Das Haus der Schwarzenhäupter s. Taf. 4.

Rittm. Karl Wilhelm Schneider und die beiden Leutnants Jürgen Schlüter und Hinrich zur Mühlen die hohe Gnade, nicht allein zum allerun-
tertänigsten Handkuß admittiert zu werden, sondern der Rittmeister
empfing auch auf seine untertänigste Anfrage, ob die Kompagnie ihre
devoteste Freude über diese hohe Ankunft durch ein Salve-Schießen
an den Tag zu legen sich unterstehen dürfte, die allergnädigste Antwort,
daß es geschehen könnte." *Diesemnächst wurden die Canonen drey
mahlen um die Stadt gelöset, die Glocken in der Stadt geläutet und von
der Schwartzen-Häupter-Compagnie zu 3en Mahlen Salve gegeben,*
erfährt man aus dem Ratsprotokoll, und das „mit vollkommener Akku-
ratesse und allergnädigstem Gefallen Ihro Maj.", lobt der Berichterstat-
ter der Schwarzenhäupter. Er fügt hinzu, daß das Korps wieder nach
der Stadt in Parade zurückritt, „um die Estandarte in dem Schwarzenhäupterhause verwahrlich abzulegen"[4].

Offensichtlich hatte also bei der Ankunft alles geklappt, und wie
fröhliche Kinder nach gelungener Aufführung hatten die Revaler den
wohlwollenden Beifall ihrer Landesmutter einheimsen können. So
lesen sich heute die Protokolle über den Besuch, insbesondere das der
Schwarzenhäupter.

Alles was Amt und Rang hatte, wirkte in irgendeiner Form mit.
Wenn das Korps der Schwarzenhäupter vollzählig beisammen war, wie
der Bericht vermuten läßt, so waren außer Hinrich zur Mühlen auch
seine jüngeren Brüder Hermann Johann und Cornelius dabei, während
auf seiten des Rates Bürgermeister Hinrich zur Mühlen, als Ältermann
der Großen Gilde vermutlich sein Bruder Ernst und vielleicht auch der
Älteste Eberhard zur Mühlen beteiligt waren.

Man war ganz mit der Repräsentation beschäftigt und ahnte nichts
davon, daß in Katharinental in Anwesenheit der Kaiserin der – schon
ausgehandelte Allianzvertrag zwischen Rußland und Österreich
durch Bestužev und den Gesandten Brettlach unterzeichnet wurde, der
zehn Jahre später zur Teilnahme Rußlands am Kriege gegen Preußen
führen sollte[5]. Der Rat hatte andere Probleme. Am folgenden Tage
wurde das Amt der Rademacher vorgefordert und *denselben allen Ernstes nochmahlen angedeutet, daß sie mit denen zum Behuf Ihro Kayserl.
Maytt. von dem Hofstall-Contoir verlangten Rädern nicht länger zau-*

---

[4] Erkorene Älteste waren August Carl Wilhelm Schneider aus Anhalt,
Bg. 1734, † 1757; Jürgen Schlüter, Bg. 1749, † 1754; Hinrich zur Mühlen, † 1750.
[5] Nottbeck/Neumann I, S. 210; Neuschäffer, S. 51 ff.

dern sollten. Sie wurden ermahnt, den Auftrag schleunigst auszuführen und *keine Verantwortung auf sich* (zu) *laden.* Die Rademacher entschuldigten sich mit dem Mangel an dem benötigten Holz, versprachen aber, da sie es nun erhalten hätten, die bestellten Wagenräder zu liefern[6].

Am selben Tage wurden einige Vertreter beider Gilden vorgeladen, denen eröffnet wurde, daß der Rat es für notwendig erachte, die Kaiserin und die kaiserlichen Hoheiten, *sobald es sich thun ließ, der allerunterthänigsten Pflicht gemäß zu tractiren und hiernächst Ihre Hochfürstl. Durchlt. unsern hochverordneten Herrn Gouverneur zu dero neulichen Retour von St. Petersburg ein Present zu machen.* Die Gemeinde zeigte sich zu beidem willig, doch erfahren wir nicht, worin das „Tractement" und das Präsent für den Gouverneur bestehen sollten.

Eine weitere Sorge des Rates war die Sicherheit der hohen Gäste, die dem Kapitän der Stadtkompanie, Stöberg, der ebenfalls vorgefordert wurde, anvertraut wurde: solange die Kaiserin sich in Reval aufhielte, sollte er selbst mit seinen Stadtsoldaten Wache halten und mit aller Sorgfalt Vorsorge treffen, *daß keine Desordres bey seiner Compagnie vorgingen.*

Schließlich wurde auf eine Verfügung des Generalgouverneurs, wonach die Bürgerschaft täglich *tourweise 10 Kutschen mit Geschirr und Knechten* bei Katharinental für die hohen kaiserlichen Minister zur Verfügung halten solle, beschlossen, daß jede der vier Bürgerkompanien täglich zwei Kutschen wechselweise nach Katharinental zu schikken hätte.

Auch am folgenden Tage lagen Schreiben des Generalgouverneurs vor, die den Magistrat auf Trab hielten. So sollte dafür gesorgt werden, daß gegen Morgen um 6 Uhr *30 gute Reitklepper bei Ihro Kayserl. Maytt. Hof* in Katharinental gestellt, daß die Materialien für die kaiserliche Bagage bereit stünden, wobei nochmals die Stellmacher und Schmiede wegen der Wagenräder gemahnt werden sollten. Der Oberhofmarschall Šepelev[7] sorgte sich darum, daß die Wäsche, *so laut beigefügter Spezification bei Hofe unrein geworden,* gewaschen und die Unkosten angegeben würden. Der Rat konnte vermelden, daß die benötigten Waschweiber bereits besorgt worden seien[8].

---

[6] RStA, RPr. 1746 Juli 10.
[7] Dmitrij Andrejevič Šepelev, 1681–1759, Mitt. Amburger.
[8] RStA, RPr. 1746 Juli 11.

Am 10. und 11. Juli gab es für den Rat und die Schwarzenhäupter offenbar keine repräsentativen Verpflichtungen. Den 12. Juli, berichtet das Protokoll der Schwarzenhäupter, „waren der Rittmeister Schneider und die beiden Leutnants Schlüter und zur Mühlen en suite E. hochedlen Magistrats bei den Kaiserl. Hoheiten und wurden nebst gnädigster Admittierung zum Handkuß sehr gnädig angesehen". Aus dem Ratsprotokoll erfährt man darüber nichts, obwohl anzunehmen ist, daß wieder Rat und Älterleute der Gilden zum Empfang geladen waren.

Am 13. Juli wurde die ganze Bürgerschaft auf die Beine gebracht. Der Bürgermeister gab zu verstehen, berichtet das Protokoll der Schwarzenhäupter, daß die Kaiserin ihre Andacht in der Klosterkirche, die seit 1710 russische Garnisonskirche war, halten würde. Die ganze Bürgerschaft sollte auf dem Markt, zu Fuß, doch „in aller Mondur", das Korps der Schwarzenhäupter vor der Klosterkirche „paradieren". Der gleichen Quelle zufolge „hat einige Tage nacheinander allezeit ein Offizier der Schwarzenhäupter, von einigen Brüdern begleitet, bei Hofe seine untertänigste Aufwartung gemacht".

Der Rat hatte unterdessen alle Hände voll zu tun. Noch am gleichen Tage[9] lag ein Schreiben des Generalgouverneurs vor, in dem anbefohlen wurde, den Weg zwischen der Stadt und dem Stadtgut Habers im Kirchspiel Kegel *in continenti noch heute, so viel möglich* ausbessern und planieren zu lassen. Um dem Befehl Nachdruck zu verleihen, wurde hinzugefügt: *damit bei Ihro Kaiserl. Maytt. baldigen Durchreise daher keine Verantwortung entstehe.* Der Stadthausschließer wurde vorgefordert und vom Rat mit den nötigen Vorkehrungen beauftragt.

Die Reise der kaiserlichen Hoheiten sollte nach Rogerwiek gehen. So hieß damals das 50 km westlich von Reval gelegene Städtchen Baltischport, das von Peter dem Großen als Kriegshafen angelegt worden war. Für diese Reise mußten insgesamt über 300 Pferde herbeigeschafft werden[10], nicht gerechnet die für die Verbindung nach Katharinental gestellten Kutschen und Pferde.

Bei der Gestellung der Kutschen für Katharinental gab es Schwierigkeiten. Am 16. Juli beschwerten sich Abgesandte der Gemeinde beim Rat über die Art und Weise, wie die Pferde und Kutschen requiriert wurden, und baten darum, beim Generalgouverneur zu bewirken, daß *nicht einem jedweden Soldaten und Unteroffizier, wie bisher geschehen,*

---

⁹ RStA, RPr. 1746 Juli 13.
¹⁰ RStA, RPr. 1746 Juli 15.

verstattet werden möchte, die Pferde und Kutschen mit Gewalt aus den Häusern und von den Gassen zu nehmen. Tatsächlich erreichte eine Deputation des Rates, zu der die Ratsverwandten Balthasar Hinrich Lado und Wilhelm Hinrich Gernet[11] gehörten, gegen die Zusage, daß der Magistrat selbst in gehöriger Ordnung die Pferde nach Katharinental liefern werde, ein dahingehendes an die *Soldatesque* gerichtetes Verbot. Am nächsten Tage wurden die Quartierherren beauftragt, die Anzahl der zu liefernden Pferde und Kutschen zu bestimmen und gegen diejenigen, die sich weigerten, mit Strafen vorzugehen[12].

An die Bürger hatte der Generalgouverneur schon in einem Schreiben vom 10. Juli appellieren lassen, daß alle Abend, wenn die Kaiserin in der Stadt sei, die Fenster überall illuminiert werden sollten, und in einem Schreiben vom 13. Juli wurde dem Magistrat anheimgestellt, *zu veranstalten, daß diejenigen, so Morellen, Kirschen und rare Gartenfrüchte hätten, solche zum hohen Wohlgefallen Ihro Kayserl. Maytt. hergeben und auf das Schloß liefern.* Laut Ratsprotokoll[12] wurde diese Anregung indessen für überflüssig gehalten, weil jeder, der Früchte hätte, schon nach Katharinental geliefert hätte und noch liefern würde.

Die Protokolle, aus denen wir schöpfen, berichten über den Aufenthalt der Kaiserin lückenhaft: die Schwarzenhäupter pflegten nur die Ereignisse festzuhalten, an denen sie beteiligt waren, das Ratsprotokoll beschränkte sich auf Vorkommnisse, die Ratsbeschlüsse, Weisungen oder Bekanntmachungen erforderten. Offenbar gab es keine größeren Empfänge mit Beteiligung von Vertretern der Schwarzenhäupter. Ob die Spitzen der Ritterschaft und des Rates zu Banketten geladen waren, kann dem Ratsprotokoll nicht entnommen werden. Selbst über die Verabschiedung der Kaiserin am 24. Juli weiß es nur zu berichten, daß der Generalgouverneur die Stellung von *60 Stück gute städtische Pferde* für die Abreise verlangt hätte.

Ausführlicher heißt es im Protokoll der Schwarzenhäupter, daß an diesem Tage dem Rittmeister Schneider und dem Worthabenden Bürgermeister Becke hinterbracht worden sei, daß die Kompanie sich wegen des Aufbruches der Kaiserin gegen ein Uhr mittags parat halten sollte. Als sie sich bei ihrem Hause versammelte, sei die Nachricht eingetroffen, daß der Rat und die Deputierten der Bürgerschaft bereits in

---

[11] RStA, RPr. 1746 Juli 16 und 17.
[12] RStA, RPr. 1746 Juli 11 und 15.

corpore ausgefahren seien, ohne die Schwarzenhäupter zu erwarten. Die Kompanie sei daher „zwar in voller Ordnung und Uniform, 104 Pferde stark, jedennoch ohne den Magistrat" nach Katharinental geritten, um dort auf weitere Anweisungen zu warten. Kurz darauf wurde der Rittmeister in das im Garten aufgeschlagene Zelt befohlen, „woselbst er die hohe Ordre empfing, die Kompagnie absitzen und sich vor dem Zelte stellen zu lassen, weil Ihre Kaiserl. Maytt. alle fernere Begleitung sowohl von der Stadt als von dem Lande verboten hatte. Ungefähr um 3 Uhr verfügte sich I. Kaisl. Maytt. aus den hinteren Zimmern des Gezeltes in das Vorgemach desselben und erteilten zur Bezeugung dero huldreichster Gnade und Wohlgefallen über alle Aufführung des Landes und der Stadt, den Deputierten aus der Ritterschaft, des Magistrats und der Bürgerschaft einen Handkuß, zu welchem Handkuß auch die ganze Kompagnie admittieret wurde."

Kurz darauf verfügten sich die hohen Gäste zu dem vor dem Palais stehenden Wagen und fuhren, nachdem sie durch den Reichs-Großkanzler Grafen Bestužev-Rjumin alle Anwesenden „deroselben hohen Gnade hatten versichern lassen, von dero Lustschlosse Katharinental nach St. Petersburg zurück, worauf gleich alle Kanonen von der Festung und 30 hier damals befindlichen großen Schiffen gelöst wurden". Die Kompanie wurde beordert aufzusitzen und verfügte sich „in gewöhnlicher Ordnung vor dem Magistrat herreitend, wieder in die Stadt zurück".

Der Besuch der Kaiserin war ein Gunstbeweis, den Reval um so höher veranschlagen konnte, als sie die vorgesehene Weiterreise nach Riga und Livland plötzlich absagte und auch später nie nachholte. Vierzehn Tage lang hat Reval sich in kaiserlicher Huld gewußt, vierzehn Tage lang hatte der Rat sich durch den hohen Besuch in Aufregung versetzen lassen. Es hatte Befehle und Mahnungen von seiten der Gouvernementsregierung gegeben, die der Magistrat beflissentlich befolgte oder weitergab. Zu Pannen und Beanstandungen scheint es nicht gekommen zu sein. Die Stadt hatte erfolgreich ihre Reputation gewahrt.

2. Zwischen Amsterdam und St. Petersburg

Die Namen Amsterdam und St. Petersburg sind für Reval im 18. Jh. von symbolhafter Bedeutung. Amsterdam steht für Fernhandel, Schiffahrt und Westeuropa, Petersburg für den kaiserlichen Hof, für Regierung und Armee und für die Weite des russischen Reiches. Beide vertreten zeitlich sich überschneidende Epochen, eine mit dem Jahrhundert zu Ende gehende und die andere, die mit dem Anschluß an Rußland erst begonnen hat.

Gegenüber Amsterdam auf der einen und St. Petersburg auf der anderen Seite ist Reval ein Symbol der Bewahrung des Althergebrachten. Seine konservative und konservierende Verfassung läßt keinen Gedanken an Weltoffenheit aufkommen. Das Neue, Fortschrittliche ruft nicht Umwälzung hervor, sondern Anpassung, sei es an westliche Handelstechnik und Handelsprinzipien, sei es an Erfordernisse der russischen Politik und Verwaltung in den Ostseeprovinzen: Anpassung soweit als nötig. Der auf Erhaltung seines ideellen und rechtlichen Besitzstandes bedachte Revaler Kaufmann verwahrt sich gegen Einbrüche in ständische Vorrechte. Die mittelalterliche Gesellschaftsstruktur bleibt daher über Reformation und schwedische Herrschaft, über Kriege und Katastrophen hinaus erhalten und wird bis zur Aufklärung uneingeschränkt durch Rat und ständische Korporationen verkörpert.

Wie zu keiner Zeit haben die zur Mühlen der siebenten Generation in ihrem Werdegang entgegengesetzte Wege eingeschlagen. Von sechs Brüdern und Vettern entsprechen nur zwei durch erfolgreichen Handel, zunehmenden Immobilienbesitz, Verehelichung mit Revaler Töchtern und Familiengründung dem traditionellen Typus des wohlhabenden Revaler „Kaufhändlers": Hermann Johann und Cornelius. Von ihnen, den Stammvätern der est- und livländischen Familie zur Mühlen bis heute, wird in den nächsten Kapiteln die Rede sein.

Die übrigen vier entsprechen diesem Typus nicht. Der eine wird Kaufmann in Amsterdam, ein anderer bringt sein Leben als Offizier der kaiserlichen Garde in St. Petersburg zu. Zwei Vettern werden zwar Revaler Kaufleute, bleiben aber unvermählt und daher bis zu ihrem Lebensende in besonderer Weise der Schwarzenhäupterbruderschaft verbunden.

Damals war Ehelosigkeit nicht mehr Voraussetzung für die Zugehörigkeit zur Kompanie der Schwarzenhäupter. Es gab verheiratete Kaufleute unter den Brüdern, die – aus welchen Gründen auch immer – der Großen Gilde nicht angehörten. Doch mußten sie bei Verehelichung ihre Ämter niederlegen, die den Unverheirateten vorbehalten waren[13].

---

[13] Amelung/Wrangell, S. 212, 300; Etzold, Seehandel, S. 174 ff.; Elias, S. 53 f.

Die Repräsentationsaufgaben der Bruderschaft, ihr Ansehen als berittene, uniformierte Truppe der Bürgerwehr, führten zu einem spezifischen Eigenleben geselligen und quasimilitärischen Charakters. Ihre Ausritte unter wehender Standarte mit Pauken- und Trompetenschall, ihre bunten Uniformen – blauer Rock und gelbe Weste, Hose und Handschuhe, breitrandige Stiefel –, der rote Bänderschmuck ihrer Pferde, die Bewaffnung mit Degen und Pistolen, das Salutschießen mit Pistolen zur Begrüßung hoher Gäste: das alles ist Ausdruck besonderer Traditionspflege und ebenso ausgeprägten Selbstbewußtseins.

Der hohe Rang der Tradition mag bei manchen das Interesse am Handel an die zweite Stelle verdrängt haben. Dies scheint bei Hinrich und besonders Thomas Johann zur Mühlen der Fall gewesen zu sein, die als Kaufleute nicht allzu viel Erfolg hatten, als Erkorene Älteste aber an die höchste Stelle der Bruderschaft gelangten.

Hinrich V. hatte als Zwölfjähriger im Gefolge einer Revaler Deputation einen Blick in die prunkvolle Welt des Zarenhofes in Moskau werfen können. Von einer Reise in den Westen, wie sie seine Brüder zur Ausbildung und zur Erweiterung des Horizonts unternahmen, ist nichts bekannt. Schon in jungen Jahren wurde er 1745 zum Erkorenen Ältesten gewählt[14]. Beim Empfang der Zarin Elisabeth in Reval 1746 war er knapp 28 Jahre alt.

In den Revaler Schiffslisten wird Hinrich erstmals im November 1741 genannt. Neben Textilien aus Lübeck und Amsterdam führte er anfangs auch Kramwaren, darunter *ledern Reißbeutel*, Wein, einmal 12 Tonnen *Tohn zu der hiesigen Glaß Hütte* und Glasofensteine ein (1742), alles aus Lübeck. Im gleichen Jahr exportierte er Fensterglas nach St. Petersburg. Aber auf die Dauer legte er sich auf Textilien fest, gleich seinem Onkel Ernst zur Mühlen, bei dem er in die Lehre gegangen war[15]. Ende 1742 wurde er Mitglied der Kompanie der Seiden- und Lakenhändler und mußte dabei eine Eintrittsgebühr von 5 Rtl. entrichten[16]. Seine eigenen Importe nahmen keine großen Ausmaße an[17]. Vermutlich verdiente er hauptsächlich am Platzhandel. 1748 ließ er sich im Gange an der Hl. Geistkirche, dem Weckengang, eine Krambude zuzeichnen. Am 27. Januar 1750 starb er, erst 31 Jahre alt, plötzlich

---

[14] Amelung/Wrangell, S. 421.
[15] FG I; über importierte Waren nach Mitt. Etzold (aus RStA, A.g. 218 ff.).
[16] RStA, A.f. 178, S. 63 (1742 Dez. 14).
[17] Etzold, Seehandel, S. 111.

auf dem Jahrmarkt in Dorpat, den er als seltener Gast aus Reval
besuchte. Solche Reisen zu Treffen mit Kaufleuten aus Riga, die dort
ihre Seiden- und andere Waren von Epiphanias an einige Wochen lang
anzubieten pflegten, mit Russen und Adeligen und Kaufleuten aus den
„benachbarten Städten" waren für Revaler eher ungewöhnlich und sollten vielleicht Abwechslung in Hinrichs Sortiment bringen. Zur Erwerbung großer Reichtümer hatte die knappe Zeit, die seinem Leben
bemessen war, nicht ausgereicht[18]. Sein *Lakenkrahm* wurde auf
Wunsch der Erben unter den Mitgliedern der Kompanie meistbietend
versteigert: so streng waren die Regeln, daß nicht einmal sein Bruder
als Seidenhändler Hinrichs Tuchwaren verkaufen durfte[19].

Auch Hinrichs Vetter, Thomas Johann zur Mühlen, Ernsts Sohn, der
ebenfalls mit Textilien Handel trieb, wurde 1759 Mitglied der Kompanie der Seiden- und Lakenkrämer[20]. Wie Hinrich hatte auch er bei festlichen Anlässen als Charge der Schwarzenhäupterbruderschaft zu
repräsentieren. Im März 1758 wurde Generalgouverneur Dolgorukov
– obwohl er sich in Reval höchst unbeliebt gemacht hatte – durch ein
Ehrengeleit verabschiedet, an dem außer dem Magistrat und einer
Abordnung der Großen Gilde auch die Kanutigilde mit einigen Deputierten teilnehmen sollte. Dies wurde jedoch durch den Erkorenen
Ältesten der Schwarzenhäupter, Rodde, und Thomas Johann zur Mühlen, damals Quartiermeister, verhindert. Sie protestierten dagegen, weil
eine Teilnahme der Handwerker dem alten Herkommen zuwider wäre.
Der Rat entschied für dieses Mal gegen die Kanutigilde in der Absicht,
die Frage später grundsätzlich klären zu lassen. Doch konnten die
Handwerker sich auch später nicht durchsetzen[21].

1760 wurde Thomas Johann Erkorener Ältester[22]. Anläßlich des
Besuches der Kaiserin Katharina II. in Reval 1764 fielen ihm ähnliche
Funktionen zu wie seinem Vetter Hinrich beim Besuch Elisabeths.
Doch davon später.

Nach dem Tode der Mutter (November 1770) bemühten die Erben
sich gemeinsam um die Regelung des Nachlasses. Thomas Johann zur
Mühlen und die Bevollmächtigten der verwaisten Kinder seiner

---

[18] FG I; über Jahrmärkte in Dorpat vgl. Nachrichten, S. 461.
[19] RStA, A.f. 178, S. 68 (1751 Jan. 3).
[20] Ebd., S. 77r, 78 (1759 April 22).
[21] Hartmann, Reval im Siebenjährigen Krieg, S. 341.
[22] Amelung/Wrangell, S. 421.

Schwester Dorothea Müller sowie des abwesenden Gardeleutnants Caspar Ernst zur Mühlen baten den Rat[23], alle, die Forderungen an die Verstorbene zu haben glaubten, mittels öffentlicher Proklamation unter Bekanntgabe *der gewöhnlichen praeclusivischen Frist zur Angabe und ohnfehlbaren Justification ihrer etwanigen pretensiorum hochgeneigtest zu convociren.* Das Schreiben ist nicht datiert, doch eine beigefügte Vollmacht mit der Unterschrift des abwesenden Bruders Caspar Ernst trägt das Datum des 7. März 1771. In einem weiteren Schreiben bitten die Erben den Rat, den Subhastationsherren den Auftrag zu erteilen, die folgenden Immobilien zu veräußern:
– das Wohnhaus in der Langstraße nebst Appertinentien,
– zwei vermietete Buden nebst gewölbten Kellern,
– einen auf der Reeperbahn auf Erbgrund belegenen Krug,
– einen daselbst *auf publiquem Stadtgrunde* belegenen Krug und, falls dies alles zur Bezahlung der Schulden nicht reichen sollte,
– das Höfchen in den Christinentälern mit Appertinentien.

Offensichtlich konnten die Erben angesichts der Schulden der Mutter nicht mit großen Vermögenswerten rechnen. Sie hatte in letzter Zeit wohl keinen Handel mehr getrieben und deswegen die Buden vermietet. Auch Thomas Johann benötigte Buden und Keller nicht. Über seinen Handel ist aufschlußreich, was im Jahre darauf nach seinem Tode die Erben an den Rat schreiben[24]: *Nachdem der von den sl. Herrn Erk. Eltesten Thomas zur Mühlen verbliebene und zur gerichtlichen Inventur gebrachte Nachlaß öffentlich verkauft worden, so zeigt sichs, von welcher geringen Erheblichkeit der aktive Zustand des Vermögens sey.* Wie nach dem Tode der Mutter wurde der Rat von den Erben gebeten, durch öffentliche Proklamation die Gläubiger zur Anmeldung ihrer Ansprüche bis zu einer bestimmten Frist zu veranlassen. Thomas Johann hatte, wie es dort heißt, *vor einiger Zeit eine Handlung geführet.* Als Erben unterzeichneten die Bevollmächtigten des Garde-Kapitänleutnants Caspar Ernst zur Mühlen, der nachgelassenen Müllerschen Kinder und des *Fräuleins von Polanskoj,* der Tochter des Kaiserlich russischen Admirals Poljanskij und der Justina zur Mühlen, einer Schwester von Thomas Johann.

Von den beiden Vettern, die Reval verließen, war der älteste aus dieser Generation als Kaufgeselle jahrhundertealten hansischen Handels-

---

[23] RStA, Suppliken 18. u. 19. Jh., Mappe 35, S. 19–22.
[24] Ebd., S. 63.

verbindungen der Revaler Kaufmannschaft gefolgt, die die Zeit des Deutschen Ordens und der schwedischen Könige überdauert hatten. Thomas zur Mühlen (geb. 1714) trat mit vierzehn Jahren als Lehrling in den Dienst bei seinem Vater Hinrich. 1732 schickte dieser ihn nach Amsterdam, wo er sich im Kontor des Jonas Stroßling (Strösling) für seinen kaufmännischen Beruf weiter ausbilden sollte[25]. Hinrich hatte selbst Handelsbeziehungen nach Amsterdam. Nirgends konnte ein junger Kaufmann so gute Kenntnisse für seinen Beruf erwerben, wie in den Niederlanden. Die Entscheidung für Amsterdam wurde durch verwandtschaftliche Beziehungen erleichtert.

Thomas war ein Glied einer ganzen Reihe von Revaler Kaufleuten in den Niederlanden. Die ersten nach dem Ende der schwedischen Zeit waren Heinrich und Wilhelm Blanckenhagen, Enkel des Revaler Predigers Simon Blanckenhagen. Wilhelm heiratete 1713 eine Niederländerin und scheint das Amsterdamer Handels- und Bankiershaus „S. J. & A. W. Blankenhagen" gegründet zu haben. Zweites Glied der Kette war Jonas Strösling. Dessen gleichnamiger Vater war aus Västerbotten (Schweden) in Reval eingewandert und 1689 in Reval Bürger geworden, verehelicht mit Gerdrutha Blanckenhagen, einer nahen Verwandten von Wilhelm. Jonas Strösling junior, bei dem Thomas diente, war zugleich auch ein naher Verwandter der Anna Sophia zur Mühlen, Tochter des Cornelius Vermeeren aus Utrecht und der Anna Blanckenhagen[26].

Diese Beziehungen nach den Niederlanden waren keine Einzelfälle, sondern wurden von verschiedenen Revaler Kaufleuten gepflegt. Eberhard zur Mühlen selbst schrieb in holländischer Sprache Geschäftsbriefe[27].

1738 verlobte sich Thomas mit Katharina Elisabeth Common. Im Ratsprotokoll heißt es, daß Hinrich zur Mühlen seinen Konsens dazu erteilte, „daß beide Personen miteinander proclamiret und diese Heirat nach dem dasigen Brauch unter ihnen vollzogen werden möge". Die Hochzeit fand am 12. September 1738 in Amsterdam statt[28].

---

[25] FG I.
[26] Über die Vermeeren (Ver Meer, Vermehr) vgl. RR III 348, 423; über Strösling ebd. 378 und S. Hart, S. 5; über die Blanckenhagen ebd. und RR III 327.
[27] RStA, Suppliken 35, S. 3 (1749 Juli 1).
[28] RStA, RPr. 1738, nach FG I.

Thomas zur Mühlens Niederlassung in weiter Ferne von Reval ist
ein Beispiel für die Wanderungsbewegung der Kaufleute, die sich noch
im 18. Jh. nach den Handelsverbindungen orientierte. Die immer wieder aufs neue angeknüpften verwandtschaftlichen Beziehungen kamen
wiederum dem Handel mit den Partnerstädten zugute. Thomas ließ
diese Verbindung nicht abreißen. Mit Verwandten und anderen Revaler
Geschäftsfreunden trieb er Handel, wobei er sich mit Berend Common,
vermutlich seinem Schwager, zusammentat. Unter ihren Handelspartnern finden wir Caspar Höppener, der seit 1733 mit Christiane Charlotte zur Mühlen, einer Schwester des Thomas, verheiratet war, und
den „Kaufhändler" Rydenius. Bei Höppener hatten Thomas und sein
Kompagnon 1782 offenbar seit langem Schulden anstehen. Höppener
bewirkte daher beim Rat einen Arrest auf die bei Rydenius liegenden,
den beiden Amsterdamer Kaufleuten gehörigen Gelder[29]. Thomas
selbst war schon 1772 verstorben. Ob sein Sohn Barend (geb. 1739) das
väterliche Geschäft weitergeführt hat, ist nicht bekannt. Jedenfalls
pflegte auch er die Beziehungen zu Reval.

Einer der Handelspartner von Barend zur Mühlen war Gottlieb Burchart, ein Revaler Kaufmann, verheiratet mit der vierten und jüngsten
Tochter des Bürgermeisters Hinrich, Dorothea Elisabeth. In diesem
Falle hören wir von einem umgekehrten Schuldverhältnis, bei dem die
Revaler die Schuldner waren. Die Burcharts lebten vielleicht zu auf-
wendig oder hatten Pech in ihren Handelsunternehmungen. Die von
ihnen gestifteten schönen steinernen Wappen mit der Jahreszahl 1749
und den Buchstaben GB und DEZM sind noch heute an dem zum
Hause der Schwarzenhäupter gehörigen früheren Gebäude der Olaigilde zu sehen, das damals den Burcharts gehörte[30]. Der Aufwand entsprach offenbar nicht ihren Verhältnissen. Gottlieb starb 1759 als junger Mann und ließ eine dreiunddreißigjährige Witwe zurück. Das
Geschäft ging in Konkurs. Zu den Gäubigern zählte der „Amsterdam-
sche Kaufmann" Barend zur Mühlen, der sich deswegen an seinen
Onkel, Hermann Johann zur Mühlen, damals Ratsherr, wandte. Auf
sein Ansuchen verfügte der Rat aufgrund eines schon vorher rechtskräftig gewordenen Urteils, daß bis zur Repartition der gesamten

---

[29] RStA, RPr. 1782, Juni 9, 23, Juli 7.
[30] Üprus, Mustpeade Hoone, S. 24. Die abweichende Wappenzeichnung auf
der Lithographie von Gehlhaar um 1860 beruht wohl auf Willkür. – Vgl. Taf. 5.

Forderungen aus den bei der Stadtkämmerei liegenden Konkursgeldern 500 Rb. auf Abschlag ausgezahlt werden sollen (1767)[31].

1772 hatte Barend zur Mühlen einen Gerichtsstreit mit Johann Hermann Haecks, Kapitän der Revaler Stadt-Infanteriekompanie[32]. Ob er Reval je besucht hat, ist nicht bekannt, doch scheint er die Beziehungen zur Stadt seiner Väter intensiv gepflegt zu haben. Diese Beziehungen wurden endgültig wohl erst durch die Napoleonischen Kriege unterbrochen.

Schon zu Zeiten der Kaiserin Anna, als Graf Münnich für das Heerwesen Rußlands verantwortlich war, traten junge Deutsche aus Liv- und Estland in russische Kriegsdienste. Manche zog es zu den neuen Garderegimentern, darunter zum Izmajlovschen. Die wirtschaftlichen Zustände nach dem Nordischen Kriege mögen zum Entschluß beigetragen haben, in der Armee eine gesicherte Zukunft zu suchen. Auch bei Caspar Ernst zur Mühlen werden ähnliche Erwägungen eine Rolle gespielt haben. Er war neun Jahre alt, als sein Vater starb. Die Mutter, Margaretha Elisabeth Dunt, führte das Geschäft weiter, so gut sie konnte, aber nicht allzu erfolgreich, wie wir sahen. Die Entscheidung für den Eintritt in die Armee muß wohl auf den Einfluß der nächsten Verwandten zurückgeführt werden, unter ihnen Gottlieb Tunzelmann, durch seine Mutter ein leiblicher Vetter von Caspar Ernst, seit 1741 bei der Armee[33]. Ein anderer, einflußreicherer Offizier in der Verwandtschaft war Admiral Poljanskij, der mit Caspar Ernsts Schwester Justina verheiratet war.

Andrej Ivanovič Poljanskij[34] hatte auf Veranlassung von Peter dem Großen seine Ausbildung in Frankreichs Flotte erhalten und wurde 1726 russischer Flottenleutnant. 1757 wurde er zum Vizeadmiral und Kommandeur des Revaler Geschwaders, bald danach zum Oberkommandierenden des Revaler Kriegshafens ernannt. In dieser Zeit wird Poljanskij, vielleicht durch Einquartierung, seine Frau, die erheblich jüngere Justina zur Mühlen (geb. 1738) kennen gelernt haben. Mit ihr hatte er, wie erwähnt, eine Tochter. Er blieb, mit einer Unterbrechung von 1759 bis 1761, als er die Ostseeflotte im Siebenjährigen Kriege

---

31 RStA, RPr. 1767 Nov. 28.
32 RStA, RPr. 1772 Jan. 13.
33 Zu Tunzelmann und Caspar Ernst zur Mühlen: Amburger, Abwanderung, S. 359 f.
34 Zu Poljanskij: Russkij biogr. slovar', Bd. 14, S. 488.

befehligte, in Reval, zuletzt als Admiral und Kommandeur der Baltischen Flotte.

Für den Eintritt in die Armee hatte Caspar Ernst also guten Zuspruch, wenn nicht Vermittlung. Wann er seinen Dienst antrat, ist ohne Dienstliste nicht festzustellen. 1762 diente er als Fourier, also noch nicht im Offiziersrang, im Izmajlovschen Garderegiment, dessen Haltung für den Ausgang des Staatsstreiches Katharinas II. von großer Bedeutung war. Die Kaiserin belohnte damals die Beteiligten[35]. Aus Revaler Akten geht hervor, daß Caspar Ernst 1771 Gardeleutnant, 1772 oder 1773 bereits Garde-Kapitänleutnant war. In dieser Zeit nahm er in St. Petersburg am Leben des Englischen Clubs teil. 1780 war er zeitweise Ältermann des Clubs[36].

Wann Caspar Ernst zur Mühlen aus der Garde ausschied und ob er danach noch Dienst in einem Linienregiment getan hat, ist nicht bekannt. Als Brigadier wurde er entlassen, vermutlich zur Zeit Pauls I. Im Ratsprotokoll[37] findet sich folgender Vermerk: *Eodem* (d. h. am 9. August 1799) *wurde vorgetragen das Notifications-Schreiben an den Herrn Brigadir Caspar zur Mühlen und nach erhaltenem Beyfall die Ausfertigung dessen mit umgehender Post verordnet.* Das Schreiben selbst liegt nicht vor. Es war möglicherweise ein Glückwunschschreiben. In den Augen des Rates war ein Brigadier, der unterste Generalsrang, eine hochgestellte Persönlichkeit, die in der russischen Rangliste über einem Bürgermeister stand.

Caspar Ernst starb 1810 im Alter von 69 Jahren[38]. Wo er zuletzt gelebt hatte, ist nicht bekannt.

Der Gardeoffizier im Izmajlovschen Regiment hat seinen um Jahrzehnte älteren Vetter Thomas, Kaufmann in Amsterdam, wahrscheinlich nie gesehen, doch werden beide voneinander gewußt haben. Was verband sie noch miteinander außer der nächsten Verwandtschaft in Reval? Räumlich weit voneinander getrennt, lebten sie in gänzlich verschiedenen Welten. Nicht einmal ihre Erinnerungen an Reval deckten sich, sondern klafften um das Zeitmaß einer Generation auseinander. Gemeinsam war ihnen, daß sie der verarmten Stadt den Rücken gekehrt

---

[35] Mitt. Amburger an den Verf. aus Bil'basov, Katharina II. (russ. Ausgabe.)

[36] Mitt. Amburger aus: Stoletie S. Peterburgskago Angliskago Sobranija 1770–1870, S. 4 und 49.

[37] RStA, RPr. 1799 Aug. 9.

[38] FG I.

hatten. Beide waren als Auswanderer für Revaler Verhältnisse keine Einzelerscheinungen. Aber im Gegensatz zum Stammvater der niederländischen zur Mühlen blieb Caspar Ernst in der Familiengeschichte eine Randerscheinung. Er hatte keine Nachkommen. Aber seinem Beispiel sind später viele Söhne der Familie zur Mühlen gefolgt, indem sie in russische Dienste traten.

3. Die soziale Umwelt Revaler Kaufleute

Im Bestreben, ihren Familien eine möglichst solide Lebensgrundlage zu schaffen, legten wohlhabende Kaufleute einen Teil ihres Gewinns in Immobilien an. Ein geräumiges Wohnhaus mit Hof und Nebengebäuden, ein sogenanntes „Höfchen" weit draußen vor der Stadt, meist mit den erforderlichen Heuschlägen, oft zusätzliche Vorstadtgärten, ein „Steinhaus" oder gar mehrere für die Warenlagerung, Buden und Keller für den Einzelverkauf stellten für Revaler Verhältnisse ein beachtliches Vermögen dar. Um den Gewinn aus dem streng reglementierten Handel durch Einnahmen aus der Schankwirtschaft zu ergänzen, bemühte man sich mehr und mehr um Erwerb oder Errichtung von Krügen in der Stadt oder außerhalb.

Das Leben spielte sich in verschiedenen Lebenskreisen ab, die sich teils überschnitten, teils nur lose berührten. Den häuslichen Kreis bildete die eigene Familie; dazu gehörten auch die im Hause lebenden Gesellen und Lehrjungen, Knechte, Mägde und Ammen. Ein weiterer Kreis, die Geschäftswelt, umfaßt die Mitglieder der Kompanie, der man als Kaufmann angehörte, die Hilfskräfte im Geschäft, städtisches Hilfsgewerbe des Handels, Beamte von Zoll und Waage und die Handelspartner aus dem städtischen und außerstädtischen Bereich bis hin zu den Bauern vom Lande und den russischen Kaufleuten. Abseits davon stellten die Krüge mit den Schankwirten und sonstigen Einwohnern und ihren wechselnden Gästen aus Stadt und Land einen eigenen Lebenskreis dar, an dem auch die Besitzer der Krüge ihren Anteil hatten. Als vierten Kreis können – je nach Zugehörigkeit des Kaufmannes – Rat oder Gilde als Stadtobrigkeit oder Stadtgemeinde im politischen Sinne bezeichnet werden.

Diese Lebenskreise bildeten die Umwelt des Kaufmannes, der gegenüber er jeweils in bestimmter Weise in Pflicht und Verantwortung stand. Dieses Kapitel ist der häuslichen und der geschäftlichen Umwelt der zur Mühlen in der Mitte des Jahrhunderts gewidmet.

a. Familie, Besitz und Hausgemeinschaft

Hermann Johann zur Mühlen wurde 1719, sein Bruder Cornelius 1721 geboren. Der Vater pflegte Familienereignisse gewissenhaft in seinem Denkelbuch festzuhalten und meist mit guten Wünschen zu begleiten. Zur Geburt seines vierten Sohnes, Cornelius, schrieb er: „Anno 1721 d. 24. Oktober hat der höchste Gott (dafür Ihm ewig Lob, Preis und Dank sey gesagt) meine liebe Frau von ihren Leibes Bürde entbunden und uns mit einem jungen Söhnlein erfreuet, und zwar am Dinstag Morgen zwischen 3 und 4 Uhr in der vollen Mohnt im Zeigen des Stiers. Der liebe Gott lasse Ihm in allen christlichen Tugenden aufwachsen, zu Gottes Ehr und zur Freude. D. 26. Oktbr. hab ihm lassen in der Kirchen zu St. Nicolay durch Herrn Pastor Tunzelmann tauffen." Tunzelmann gehörte durch seine Ehe mit einer Halbschwester Hinrichs zur nächsten Verwandtschaft. Die Namen der Gevatter, die Hinrich hier anfügte, sind in der Familiengeschichte leider nicht überliefert. Es folgt nur noch der Satz: „Das Kindgen ist genandt: Cornelius" – nach dem Großvater Cornelius Vermeeren[39].

Als die Brüder zur Schule gingen, hatte das Revaler Schulwesen sich vom Nordischen Kriege schon einigermaßen wieder erholt. Das Lehrerkollegium der Stadtschule hatte die Pest überlebt, das Gymnasium benötigte einige Jahre, um zu regenerieren[40]. Mit fünfzehn Jahren hatte Hermann Johann die für einen Revaler Kaufmann übliche Schulbildung erreicht, in welcher Schule, ist nicht überliefert. Sein Beruf als Seidenhändler stand fest, seitdem er 1734 bei seinem Schwager, dem Seidenhändler Caspar Höppener, seinen Dienst als Lehrling antrat. Dazu schrieb sein Vater ins Denkelbuch: „Der höchste Gott wolle ihm vor bösen Gesellschaft und allem Unglück bewahren." Mit Erreichung der Volljährigkeit hatte er eine sechsjährige Lehrzeit absolviert. Am 15. Oktober 1740 wurde dem Kaufgesellen, seinem Eintrag zufolge, die Ehre zuteil, auf das Schwarzenhäupterhaus „beordert" zu werden, wo er einen Dukaten Eintrittsgeld „offerierte"[41]. Vermutlich tat er weiterhin Dienst bei Höppener. 1744 reiste er über Land nach Deutschland und besuchte dabei seinen Bruder in Amsterdam. Im Herbst 1745 kehrte er „per mare mit Schiffer Krümelin wieder heim und hat seiden

---

39 FG II.
40 Tallinna ajalugu, S. 367.
41 SchwA, C 13, S. 202.

Crahm mitgebracht, als wolle der liebe Gott sein angefangenen Handel gesegnen". Wieder in Reval, wurde er Mitglied der Kompanie der Seiden- und Lakenhändler[42]. Mit einem der ersten Schiffe des folgenden Jahres trafen Waren für ihn aus Lübeck ein. Seitdem steht sein Name in den Schiffslisten unter den Importeuren.

Sein Bruder Cornelius war ursprünglich für etwas Höheres bestimmt: in einem Alter, in dem seine Brüder als Lehrlinge ihren Dienst begannen, standen ihm noch mehrere Jahre Gymnasium bevor. Vielleicht hatte Hinrich, der den Einfluß der Juristen im Rat aus eigener Erfahrung kannte, seinen vierten Sohn für ein Universitätsstudium bestimmt, aber wie so oft wurde der ehrgeizige Plan des Vaters durch die Unlust des Sohnes durchkreuzt: „1735 d. 31. Marty ist Cornelius in Secunda Klass gesetzt", schrieb er hoffnungsvoll. Die folgenden Sätze klingen wie Resignation: „Ao 1738 Mai habe ihn aus dem Gymnasium ausnehmen müssen, weil er keine Lust zu studieren gehabt. Als habe ihm bei mir in Dienst genommen. Der liebe Gott wolle ihn regieren und mit seinem heiligen Geiste beistehn."

So trat Cornelius seine Lehrstelle erst im siebzehnten Lebensjahr an. Offensichtlich aber waren die letzten Schuljahre keine verlorene Zeit. Obwohl Textilkaufleute und Bauernhändler damals eine Lehrzeit von sieben bis acht Jahren für einheimische Jungen, für auswärtige sogar noch ein Jahr mehr verlangten, woran sich in der Regel zwei bis vier Gesellenjahre im Dienste des Lehrherrn schlossen[43], erreichte Cornelius schon nach viereinhalbjähriger Lehrzeit mit 21 Jahren den Gesellenstand: „1742 d. 19. Dec. habe meinen Sohn Cornelius zum Gesell gemacht. Der liebe Gott wolle ihm sein Vornehmen lassen gesegnet sein", schrieb der Vater, und einige Jahre später: „1747 d. 28. April ist er von hier nach Lübeck mit Schiffer Kyen abgegangen. Der Herr nehme ihm in sein Schutz und stehe ihm in Nöthen bey."

Die beiden jungen Kaufleute machten sich bald selbständig und vermählten sich kurz hintereinander: Hermann Johann am 15. August 1749 mit Justina Charlotta von Wehren, einer Tochter des Ratsherrn Berend Johann und der Anna Dorothea Kämmerer. Das Geschlecht von Wehren gehörte zu den ältesten damals noch blühenden Revaler Ratsfamilien. Justinas Mutter war ebenfalls Ratsherrntochter, doch ihr

---

42 RStA, A.f. 179, S. 66r.
43 Etzold, Seehandel, S. 170.

Vater Salomo war Sohn oder naher Verwandter des Schneidermeisters Hans Kämmerer[44], den wir schon kennen gelernt haben.

Cornelius heiratete 1751 Agneta Elisabeth Gebauer, Tochter des Johann David Gebauer, Professor und Rektor am Revaler Gymnasium. Durch ihre Abstammung mütterlicherseits verkörperte Agneta Gebauer Revaler Tradition: der Großvater Joachim Warnecke war aus Schwerin eingewandert und in Reval Ratsherr geworden, die „Braupfanne" hatte er sich aus dem Hause von Glehn geholt. Agnetas Vater stammte väterlicherseits von Handwerkern in Waltershausen, Thüringen, ab. Er selbst knüpfte aber an die Berufstradition seines Großvaters mütterlicherseits an. Dieser war Konrektor und Kantor der Stadtschule zu Waltershausen. Er hieß Heinrich Gänsehals. Im Hause Gebauer dominierte sein Erbteil[45].

Als Professor und Rektor des Revaler Gymnasiums gehörte Johann David Gebauer dem sogenannten „Ministerium" an, das aus Geistlichen und Professoren bestand. Zusammen mit den Rechtsgelehrten und studierten Ärzten zählten sie zu den Literaten, die zum großen Teil mit Revaler Kaufleuten verschwägert oder aus dem Kaufmannsstande hervorgegangen waren.

Seinen Schwiegervater hatte Cornelius zur Mühlen schon kennen gelernt, als er Mitte der dreißiger Jahre mit mäßigem Erfolg das Gymnasium besucht hatte. Seine künftige Frau war damals erst ein Kind. Wie später der Kontakt der jungen Leute zustande kam, ist nicht überliefert, nur über die Verlobung wird in der Gebauerschen Familienchronik berichtet:

„1751 den 28. martii hat des Hrn. Bürgermeisters zur Mühlen jüngster Sohn Cornelius selbsten um meine älteste Tochter Agneta Elisabeth in den zärtlichsten Ausdrücken angehalten und den 11. April hat meine Tochter seinem Abgeordneten, dem Herrn Ratsverwandten Herm. Joh. Haecks, ihre Gegeninclination versichern lassen, darauf der Herr Cornelius als Bräutigam denselben Abend das Ja-Wort von seiner Braut selbst empfing und den 22. ejusd. wurde im Namen Gottes die öffentliche Verlobung celebriert. Von Seiten des Herrn Bräutigams hielt die

---

[44] Salomo Kämmerer war Apotheker, Gerichtsvogt und Akziseverwalter in Wesenberg, bevor er Bürger in Reval wurde, vgl. RR III, 386. Nach Adelheim war er der Sohn des Schneiders Hans Kämmerer, vgl. Adelheim, Ahnentafeln. Nach Nottbeck/Neumann II, S. 147, liegen einige früh verstorbene Geschwister der Anna Dorothea unter dem Grabstein des Schneiders begraben.

[45] Zur Genealogie der Gebauer vgl. Paulsen, S. 20–29.

Anrede der Herr Bgm. Becke und zum Gefolge waren mit ihm: der Herr Bürgm. Vermeer, Hr. Gottlieb Burchard, Hr. Thomas Höppener, Hr. Ratsverw. Haecks.

Von Seiten der Braut gab ich als Vater auf geschehene öffentliche Anwerbung die verlangte Versicherung. Mit Anwünschung allen Segens und Wohlergehn wurden von beiden Teilen die Ringe zum Unterpfand ewiger Treue übergeben, und die Freunde der Brautseite waren: Hr. Simon Blankenhagen, Hr. Postmeister Hoffmann, Hr. Prof. Cramer, Hr. Prof. Crause, Hr. Prof. de Thur, Hr. Carl Dehn, Hr. Arend Dehn, Hr. Adrian Glehn, Hr. Adr. Joach. Dehn, Hr. Peter von Glehn. – Der Herr, nach dessen direction diese Verbindung durch geschehene öffentliche Verlobung festgesetzt, überschütte die beiden Verlobten mit Gnade, Segen und Wohlergehen und lasse sie Beide auf die spätesten Jahre in Vergnügen mit einander die Früchte einer gottgefälligen und gesegneten Ehe zu ihrer beiderseitigen Blutsverwandten vollkommener Zufriedenheit geniessen."

Die Hochzeit feierte man am 27. Juni im Hause des Bräutigams „nebst einer zahlreichen Gesellschaft und unter vielen Vergnügungen"[46]. Leider würdigte der Professor sie nicht eines ausführlicheren Berichtes.

In beiden Familien wurden in kurzen Abständen mehrere Töchter und Söhne geboren. Im Sommer 1756 raffte eine Epidemie drei Kinder des Hermann Johann und den einzigen Sohn des Cornelius sowie diesen selbst dahin. Er hinterließ eine junge Witwe mit zwei Töchtern. Durch den posthum geborenen Sohn, der nach dem Vater Cornelius genannt wurde, blieb sein Stamm erhalten[47]. Von Hermann Johanns

---

[46] Nach FG II. Hermann Johann Haecks (1707–1783), 1753 Bm.; Dierich Vermeer (1684–1761), Cornelius' Onkel, 1742 Bm.; Thomas Hoeppener, Bg. 1727, † 1773; Simon Blanckenhagen (1690–1753); Johann Andreas Hoffmann († 1763), ⚭ Dorothea Elisabeth zur Mühlen, Tochter des Ältermannes Hermann; Peter Sixtus Crause (1710–1764), Professor am Gymnasium, Pastor an St. Olai; Arend (Arnold) Dehn (1712–1798), Bg. 1740, Rh. 1760, Stammvater des Hauses v. Dehn-Selliküll; Carl Dehn (1708–1772), Bg. 1734, Älterm. d. Gr. Gilde; Adrian von Glehn (1708–1788), Bg. 1744, Ältermann d. Gr. Gilde; Peter von Glehn, Bg. 1757, † 1808; zu Prof. Cramer und Prof. de Thur keine Angaben. Quellen: Bunge, Rathslinie; Adelheim, Bürgerbuch; RR III; Geheymbuch; Riesenkampff, Geschichte; Essen, Stammtafeln Dehn; zu Becke und Burchart vgl. die Stammtafel zur Mühlen im Anhang.

[47] Kenéz, S. 13–17, vermeidet es wegen Abweichungen in der Zählung von 1763, den Rückgang der Bevölkerung in Prozenten auszudrücken. Aus seinen Tabellen ergibt sich bei der Bürgerschaft ein Rückgang von 2 Prozent, bei der Gesamteinwohnerschaft von 12,5 Prozent.

Kindern überlebte nur ein Sohn: Berend Heinrich. Doch in der Folge wurden den Eltern noch zahlreiche Kinder geboren, darunter fünf Söhne.

Wie in Reval üblich, behielt Cornelius als der jüngere Sohn das väterliche Wohnhaus nebst Steinhaus in der Mönchenstraße. Hermann Johann erwarb für sein Erbteil ein großes Haus in der Lehmstraße, unweit des väterlichen Besitzes, dazu vor der Lehmpforte einen Krug mit Stall und Wagenschauer. Auch ein eigenes Höfchen ließ er sich errichten, unmittelbar neben Springtal, das ebenfalls der Bruder geerbt hatte. Mit der Grenze seines Grundstückes nahm der Bauherr es nicht allzu genau, so daß der Rat sich zum Eingreifen veranlaßt sah[48]. Um sich dort einen Heuschlag anzulegen, beantragte er Jahre später die Überlassung unbebauten städtischen Landes gegen Erbzins[49], doch bald darauf entstand dort ein neuer Krug, für den er Wasser aus dem benachbarten „Rackerso" abgrub, das eigentlich für die Revaler Wasserleitung bestimmt, aber unbenutzt geblieben war: der städtische Graben war gänzlich verwachsen. Auch hier mußte der Rat sich einschalten und Vermessungen und Regulierungen veranlassen[50]. Hermann Johann hatte noch nicht genug. Im April 1781 schrieb er an den Rat, seine „großmütige Willfährigkeit" vor einigen Jahren, als ihm ein Stück Landes am Raudalschen Wege eingeräumt worden, mache ihn gegenwärtig so kühn, um ein weiteres Stück dort anzusuchen. Der Rat erteilte jedoch eine abschlägige Antwort: der Platz sei am sogenannten Rackerso gelegen und gehörte nebst den noch übrigen leeren Plätzen zur Viehweide für die dort gelegenen Lusthöfchen[51]. Den Namen Springtal hatten die beiden Höfe der Brüder zur Mühlen vermutlich von der Quelle im Rackerso.

1783 bereiste der Präsident des Kommerzkollegiums, Graf Voroncov, in Begleitung des Oberzolldirektors Hermann Dahl die Provinzen, um die Handels- und Finanzverhältnisse persönlich kennen zu lernen.

---

[48] RStA, RPr. 1753 März 30.
[49] RStA, Suppl. 35 (VIII), S. 164.
[50] RStA, RPr. 1775 Aug. 11.
[51] RStA, Suppl. 36 (IX), S. 24; RPr. 1781 April 28; Suppl. 18. Jh., Mappe 3, S. 96: in der Eingabe der Witwe vom 12. Juli 1789 wird auf die ablehnende Antwort Bezug genommen. – Beim Rackerso (estn. soo = Sumpf) handelte es sich wohl um eine frühere Schinderkuhle, vielleicht identisch mit der im 16. Jh. genannten meddeyerffe (estn. mädajärv = Moddersee), vgl. Johansen/Mühlen, S. 239. – Vgl. auch Karte 2 auf S. 271.

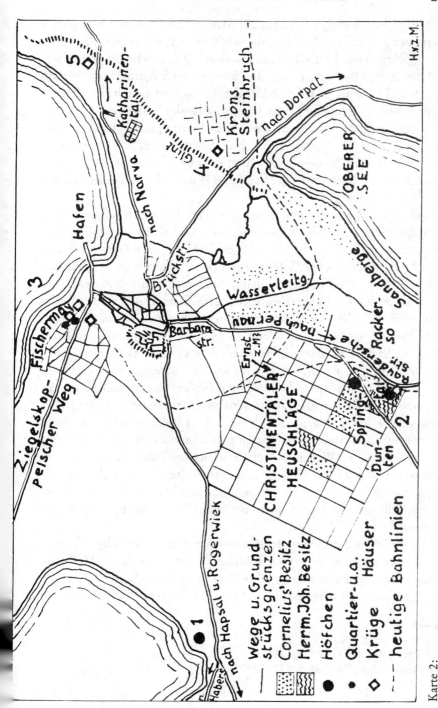

Karte 2:
Zur Mühlensche Höfchen, Häuser und Krüge in Vorstädten und Umgebung Revals. – 1. „Logement" am Strande, Lage ungewiß (Hermann, 1686). – 2. Springtal: oben altes Höfchen, unten Hermann Joh.' neues Höfchen mit Krug. – 3. Zwei Häuser Cornelius' d. J., zwei Krüge an der Reperbahn (Ernst), darunter Hinrichs Krug. – 4. Hermanns Krug (1676). 5. Eberhards Krug, Lage unsicher.

Von Riga kommend, traf er am 20. Mai in Reval ein und wurde von Hermann Johann zur Mühlen, damals Ratsherr, auf seiner „Gelegenheit" Springtal mit Erfrischungen erwartet[52]. Für solche Empfänge war der Besitz repräsentativ genug. In einer späteren Aufzählung werden Höfchen, Heuschläge, Krug, Badstube, Heuscheune, Ställe und andere Appertinentien genannt[53]. Das benachbarte alte Springtaler Höfchen war noch reicher ausgestattet: Wohnhaus, Herberge, Kleeten, das heißt landwirtschaftliche Vorratsräume, Eiskeller, Schauer, Ställe, Badstube, Stecklisfabrik (?), Windmühle, Quartierhaus – vielleicht für die Einquartierung von Soldaten –, Pflamken (?) usw. Auch Teiche werden erwähnt[54].

Wie verschiedene Einrichtungen, vor allem Hermann Johanns Krug oder die früher erwähnte Brennerei seines Onkels Ernst zur Mühlen, verraten, bemühte man sich, aus den Besitzungen auch Gewinn zu ziehen. Andererseits mußte Geld und Arbeit investiert werden. Eine florierende Firma wie Hermann Johanns Seidenhandlung warf genügend ab. Schwieriger war es für seine Schwägerin, ihren ausgedehnten Besitz nach dem Tode des Cornelius ständig in Ordnung zu halten. Der noch nicht 25-jährigen Frau war auf einmal eine große Verantwortung zugefallen. Es hätte nahe gelegen, Hilfe von ihrem um vieles älteren Schwager Hermann Johann anzunehmen, doch sie wollte um jeden Preis ihre Selbständigkeit erhalten. Als er einmal auf ihrem Grundstück in Springtal einen kleinen Zaun hatte ausbessern lassen, auf seine Rechnung, aber ohne sie vorher zu fragen, schrieb sie in das Denkelbuch: „Es ist wohl auf mein Grund ohne mein Wissen gemacht worden. Friede ernährt, Unfriede verzehrt. Wegen meiner Kränklichkeit habe ich gar nicht mit ihm wegen der Pforte oder Brücke gesprochen." Vielleicht war die Reparatur anders ausgefallen, als sie es gewünscht hatte. Es widersprach ihrem Selbstgefühl, wenn man ihr nicht die schuldige Rücksicht zeigte[55].

Die Familien der beiden Brüder waren auf ein zahlreiches Gesinde angewiesen. Allein in seinem städtischen Anwesen hatte Hermann Johann nach einer Zählung im Jahre 1754 einen beachtlichen Hausstand mit Gesellen und Lehrlingen, Knechten und Mägden. Nicht viel anders

---

[52] Bienemann, S. 129.
[53] RStA, B.s. 10 (1792 Aug. 14).
[54] RStA, Suppl. 36 (XI), S. 172 (1797 Febr. 25).
[55] FG II.

sah es im Hause seines Bruders Cornelius und bei den sonst noch vorhandenen zur Mühlen aus. In der folgenden Tabelle werden ihre Haushalte denen der Bürgerschaft insgesamt und des Rates gegenübergestellt[56]:

	Haus-väter	Haus-mütter	Kinder u. deutsche Bediente u. Pflegebefohlene männl. weibl.		Undeutsches Gesinde Knech-te	Mägde	Dienst-boten je Haush.	Alte Leute und Einwohner männl.	weibl.
Hermann Johann	1	1	6 (3 Söhne, 1 T.)	1	2	4	6	–	–
Corne-lius	1	1	4 (1 Sohn, 1 T.)	2	3	3	6	6	11
Eberhard	1	1	4 (keine Kinder)	–	4	5	9	2	1
Witwe v. Ernst	–	1	3 (2 Söhne, 1 T.)	1	2	2	4	–	–
Rat	23	18	89	67	41	73	5	36	47
Bürger-schaft in 426 Haush.	361	387	1052	593	236	628	2	168	179

Die Angehörigen des Rates repräsentierten mit einer durchschnittlichen Anzahl von fünf Dienstboten je Haushalt die Oberschicht der Bürgerschaft. Auf den bürgerlichen Durchschnittshaushalt entfielen zwei Dienstboten. Die zur Mühlen mit sechs bis neun Dienstboten je Haushalt entsprachen den Wohlhabenderen unter den Ratsverwandten. Nur Ernst zur Mühlens Witwe waltete über einem reduzierten Haushalt. Es gab aber auch zahlreiche Kaufleute in der Stadt, die sich mit nur einer Magd im Haushalt begnügen mußten. Bei anderen lag die Zahl der Dienstboten erheblich über dem Durchschnitt der Ratsangehörigen.

Unter „Einwohnern" sind Mieter, unter „alten Leuten" ausgediente Knechte und Mägde zu vermuten, die ihr Gnadenbrot – Unterkunft und Nahrung – vom Dienstherrn erhielten.

Über das persönliche Verhältnis zwischen Bürgern und ihren Dienstboten erfahren wir wenig. Positives bedurfte keiner schriftlichen Über-

---

[56] RStA, B.K. 18: Bevölkerungszählung von 1754; zur Bewertung insgesamt vgl. Kenéz, S. 13ff.

lieferung. Aktenkundig wurde nur Negatives. Der Hausvater hatte für die Versorgung seines Gesindes aufzukommen, wenn es nicht mehr dienstfähig war. Hermann Johann zur Mühlen wurde vom Rat angehalten, sich darum zu kümmern, daß der ihm erblich gehörende Seppa Nicola Marti Jürri – im Klartext: der Sohn des Mart des Sohnes von Nicola vom Bauernhof Seppa –, der in seinem Dienst unvermögend geworden war, irgendwo untergebracht und für seinen Unterhalt gesorgt werde. Der Dienstherr konnte allerdings dagegen geltend machen, daß Jürri ihm nicht gehörte. Er hatte ihn an Stelle eines anderen von Baron v. Bielski aus Ruil erhalten[57]. Man bezog seine Dienstboten meist vom Lande aus der unfreien Bevölkerung und behielt sie in Erbhörigkeit oder schenkte ihnen die Freiheit. Die Kehrseite der Erbhörigkeit war die Sorgepflicht des Hausvaters.

Das Gesinde war in das häusliche Leben einbezogen. Knechte und Mägde versahen Hof und Stall, Haus und Küche unter Aufsicht der Hausmutter. In die Ordnung und Sitte des Hauses hatten sie sich einzufügen. Im Falle von Ungehorsam und kleinen Vergehen lag die Hauszucht im Ermessen des Hausvaters, die Verabfolgung von Schlägen sicher nicht ausgenommen. Eberhard zur Mühlen wurde einmal beschuldigt, seinen Erbjungen Mart so geschlagen zu haben, daß er daran gestorben sei. Es war nur ein Gerücht, von den Schwestern des Toten in Umlauf gesetzt. Um dieser Beschuldigung rechtzeitig zu begegnen, forderte Eberhard vom Rat eine genaue Untersuchung. Er selbst berichtete, Mart sei *vorgestern Abend ganz besoffen gewesen* und so unglücklich von einer Treppe gefallen, daß er gleich daran verstorben sei[58].

Sein Erbbauernweib Madle zeigte Eberhard wegen eines Diebstahls beim Gericht an. Sie erhängte sich in der Büttelei an ihrem Gürtel. Ihre Komplizen saßen lange Zeit in Untersuchungshaft, bis Eberhard den Rat um ihre Freilassung bat, weil sie von der Hauptdiebin angestiftet worden wären. Ihre Diebereien, die nicht *capital* gewesen seien, hätte er ihnen vergeben[59].

Hermann Johann zur Mühlens Magd Anna Matthis Tochter kam wegen des Verdachts, ihr Kind ermordet zu haben, ins Gefängnis. Sie gab an, der Körper des Kindes läge im Mühlenschen Hause in einem

[57] RStA, RPr. 1763 Dez. 30.
[58] RStA, RPr. 1758 Juli 24.
[59] RStA, RPr. 1752 Nov. 27.

Apartement, das daraufhin von den Knechten des Nachrichters durch-
sucht und *fast gänzlich gereinigt* werden mußte, ehe die Leiche gefunden werden konnte. Die Kosten dieser Aktion wurden Hermann
Johann auferlegt. Doch die Sorgepflicht war er losgeworden: ein Jahr
später wurde auf Ratsbeschluß seine gewesene Magd zur Erleichterung
ihres Unterhalts nach dem Spinnhause – wohl ein Irrenhaus – gebracht
und daselbst *verwahrlich aufbehalten*[60].

Kindsmord kam so häufig vor, daß Bürgermeister und Rat, unter
Berufung auf das Reichsjustizkollegium, allen Bürgern und Einwohnern der Stadt zur Pflicht machten, bei Vermeidung schwerer Strafe
unverehelichte Frauenspersonen, die einer Schwangerschaft „verdächtig" seien, dem Gerichtsvogt „zu hinterbringen und anzuzeigen", damit
sie von einer heimlichen Niederkunft abgehalten werden können[61].

Um sein Ansehen zu schützen, war der Hausvater selbst daran interessiert, in seinem Hause begangene Verbrechen anzuzeigen. Die Verletzung der Moral mußte gesühnt werden. Es war wieder Eberhard zur
Mühlen, der sein Haus vor einem besonders üblen Makel zu bewahren
hatte. Einer seiner Knechte hatte sich mit einer Kuh eingelassen. Eberhard machte dem Gerichtsvogt Mitteilung über die Sodomie. Der
Knecht wurde verhaftet und auf Veranlassung des Rats dem Gerichtsvogt zum Verhör überwiesen. Die Kuh, so berichtet das Ratsprotokoll,
wurde sofort vom anderen Vieh abgesondert und dem Scharfrichter
übergeben. Was dann mit ihr geschah, geht aus den Akten nicht hervor.
Im Mittelalter mußten solcher Unmoral überführte Kühe öffentlich
verbrannt werden. Allzuweit war man in Reval im aufgeklärten 18. Jh.
vom Mittelalter nicht entfernt[62].

b. Die Geschäftswelt der Kaufleute

1746 taten sich die beiden Kaufgesellen Hermann Johann und Cornelius zur Mühlen als Kompagnons zusammen und verfügten gemeinsam über ein größeres Betriebskapital. In der Tat waren sie seitdem in
der Lage, erheblich mehr Ware einzuführen als zuvor. 1751 liefen die
gemeinsamen Bestellungen wieder aus, aber ihr Handel war nun in
Schwung gekommen, wie die Tabelle zeigt[63]:

---

[60] RStA, RPr. 1757 Febr. 25; 1758 Apr. 3.
[61] RStA, B.c. 10, S. 131: Publicatum 1772 Sept. 11.
[62] RStA, RPr. 1763 Juli 1; vgl. dazu Johansen/Mühlen, S. 239.
[63] Mitt. Etzold aus RStA, A.g. 218–229.

Jahr	Hermann Johann Rtl.	ß	Cornelius Rtl.	ß	gemeinsam Rtl.	ß
1742	–	–	2	16	–	–
1744	–	–	20	–	–	–
1746	4	14	8	17	112	38
1747	–	–	–	–	181	14
1750	–	–	–	–	276	14
1751	94	32	8	–	34	23
1752	144	40	183	46	–	–
1753	189	37	144	16	–	–

Obwohl Cornelius mit seinem Bruder zeitweise gemeinsam Textilhandel betrieb, hielt er es nicht für nötig, der Kompanie der Seiden-
und Lakenhändler beizutreten. Die Kompanie begann zu drängen. Am
17. November 1750 heißt es in ihrem Diarium: *da der Herr Cornelius*
Zur Mühlen sich bishero mit der Compagnie nicht abgefunden, ohn-
erachtet derselbe bereits 3–4 Jahr . . . mit seinem Bruhder in Compagnie
gegründet, so offerirte dessen Bruhder in dessen Abwehsenheit, das der-
selbe die nach unseren Schragen gesetzte 50 Rbl. 80 Kop. nunmehro zah-
len wolte. Hermann Johann entrichtete für Cornelius einige Rubel als
Anzahlung, doch Cornelius blieb der Kompanie weiterhin fern[64]. Er
übernahm den Kolonialwarenhandel seines Vaters, der gerade gestorben war, und trat 1754, seinem Beispiel folgend, der Kompanie der
Nürnberger Krämer und Bauernhändler bei[65]. Eine besondere Kompanie für die Gewürzhändler gab es nicht.

Hermann Johann betrieb seinen Seidenhandel bis 1766 in zwei
gemieteten „Seidenbuden" am Markt. Als ihm die Buden vom Eigentümer aufgekündigt wurden, konnte er *bei aller ersinnlichen Mühe*
keine anderweitige Gelegenheit finden. Zu dieser Zeit gab es in Reval
insgesamt etwa 150 Buden, die Hälfte davon Gemischtwarenhandlun-
gen der Bauernhändler. Die meisten befanden sich im Zentrum, etwa
vom Alten Markt bis zur Langstraße. Hermann Johann, damals schon
Ratsherr, wandte sich an den Rat mit der Bitte, ihm die am Markt belegene unbewohnte sogenannte Stadtschreiberei zur Miete zu überlassen.
Der Rat vermietete ihm das unterste Zimmer auf zwölf Jahre unter der
Bedingung, daß er es dann auf Erfordern in den vorigen Stand setze[66].

---

[64] RStA, A.f. 178, S. 68; A.f. 179, S. 32, 33.
[65] RStA, SGA 20, 1754 Nov. 16.
[66] RStA, Suppl. 35 (VII), S. 128 (1766 Mai 5); RPr. 1766 Mai 26.

In der Langstraße erwarb Hermann Johann außerdem ein Steinhaus[67]. Das Unternehmen scheint zu den bedeutendsten dieser Art in Reval gehört zu haben. Hermann Johann hatte bis zu drei Gesellen und Lehrlinge in seinem Betrieb. Einer seiner Gesellen war Johann Gottlieb Gernet. Ihm stellte er das folgende Zeugnis aus:

Kraft dieses bezeuge, daß d. H. Joh: Gottl. Gernett nicht nur die contrahirte Dienst Jahre bey meiner Handlung ausgedienet, sondern auch ausserdem fünff Jahren als Gesell bey mir conditioniret, und sich während dieser gantzen Zeit getreu, fleyßig und rechtschaffen bewießen, weshalb ihm alle Beförderung und göttlichen Seegen zu seinen ferneren Unternehmungen von Herzen anwünsche und ausbitte. Zur Steuer der Wahrheit habe dieses Atestatum eigenhändig unterschrieben und mit meinen Petschaft bestärcket. Reval d. 5. May 1768. Hermañ Johañ Zur Mühlen[68]. Später bildete er seine Söhne aus, von denen er einen als Kompagnon annahm, bis er sich ganz aus der Handlung zurückzog, um sie seinen Söhnen zu überlassen (1784).

Hermann Johann hatte Lieferanten in Lübeck und in Amsterdam. Dort konnte er die Verbindungen zu seinem Bruder Thomas und dessen Sohn Barend nutzen. Seine Handelsbeziehungen reichten weiter bis nach Frankreich: in Lyon machte er Geschäfte mit der Firma „Lombard Berthier et Compagnie"[69].

Das Problem des Revaler Handels lag weniger in der Einfuhr als im Absatz der Ware.. Die russischen Kaufleute machten den Deutschen immer mehr Konkurrenz. Sie waren für die Garnison zwar unentbehrlich, mußten sich nach dem Reglement vom 15. März 1731 einschreiben und durften nur mit 16 verschiedenen Waren handeln. Dennoch brachten sie rechtmäßig verzollte Ware aus dem Westen in den Revaler Einzelhandel, sehr zum Ärger der deutschen Kaufleute, und fuhren auf dem Lande herum, um den Bauern außerhalb jeder Kontrolle Waren aller Art billig anzubieten. Auch die Zollgrenze zwischen den Provinzen Est- und Livland und dem Russischen Reich schien sie nicht zu stören, wenn sie in Reval erworbene Importware dorthin ausführten, besonders nachdem jenseits dieser Grenze die Binnenzölle 1753 aufgehoben worden waren[70]. Nun brachten sie auch noch persische Seide auf den Revaler Markt, obwohl sie laut Reglement nicht zugelassen war.

---

[67] RStA, RPr. 1767 Apr. 24.
[68] Original im Privatbesitz (Frau Charlotte v. Gernet).
[69] RStA, RPr. 1783 Okt. 10: Forderungen der französischen Kaufleute.
[70] Etzold, Seehandel, S. 54, 83.

Rat und Gilde taten alles, um die Privilegien und einschränkenden Bestimmungen zur Geltung zu bringen. In einer Eingabe an das Kommerzkollegium in St. Petersburg behaupteten die Revaler Kaufleute 1768, daß die „enrollirte Reußische Kaufleute zum totalen Ruin der Bürgerschaft denen Stadtprivilegien, Rechten und denen der Reußischen Kaufmannschaft vorgeschriebenen Verordnungen zuwider allen Handel und Nahrung an sich gezogen" hätten; sie befürchteten daher, daß „nicht nur die Bürgerschaft erstickt, sondern auch der Zuwachs gehemmt und supprimiret" werde; die Anzahl der Revalschen Stadtbürger und Kaufmannschaft habe seit etlichen 20 Jahren dermaßen abgenommen, daß man beinahe den Schluß ziehen könne, daß nach 20 Jahren kaum noch etwas übrig sein werde[71].

Diese übertriebene Klage kann gleichwohl als Symptom für die reduzierte Autonomie der Stadt in Handelsangelegenheiten wie auch für die Stimmung in der Kaufmannschaft angesehen werden. Das Revaler Kommerziengericht, ein Untergericht des Rates, kam seiner Aufgabe, Übertretungen der Handelsordnung zu ahnden, nicht genügend nach, konnte es wohl gar nicht, denn die Handelsordnung entsprach nicht den Anforderungen der Zeit, sondern hemmte die freie Handelstätigkeit und wurde daher auch von deutschen Kaufleuten übertreten.

Das Verhältnis zur russischen Konkurrenz war zwiespältig. Konnte man den Russen etwas verkaufen, war man zufrieden. Schuldforderungen und Wechselproteste in Quellen des Stadtarchivs lassen erkennen, daß auch Hermann Johann mit Revaler und mit auswärtigen russischen Kaufleuten Handel trieb. Der erste Beleg für russische Kundschaft geht auf das Jahr 1755 zurück. 1770 schrieb er an den Rat[72]:

Es sind schon fast mehr als 15 Jahre, daß ich von dem Russen Otto Heinrich Muranzoff 18 Rubl. 6 Kop. für empfangene Waren zu fordern habe. Bis hieher aber aller angewandten Mühe ungeachtet zu meiner Befriedigung nicht gelangen können. Da er aber nun erfahren habe, setzte er fort, daß nach dem Tode des Schuldners und seines Eheweibes sein Nachlaß, weil keine Erben vorhanden gewesen, *hieselbst* deponiert worden sei, ersuche er den Rat, ihm seine Forderung gerichtlich aus-

---

[71] Elias, S. 43. Die Einwohnerlisten von 1754 und 1763 zeigen einen Rückgang der Hausväter in der Bürgerschaft von 311 auf 285. Daraus ist aber nicht auf den Bestand der Großen Gilde zu schließen.

[72] RStA, Suppl. 35 (VIII), S. 1–3.

zahlen zu lassen. In Rubel und Kopeken rechnete er die Schulden Muranzoffs wie folgt auf:

1755 März 8:	An wegen 3 Bauren Rest	1.—
	10 ell Rasdecilje 120 kop.	12.—
	3 halbseydene Tücher à 60 kop.	1.80
	¼ ell cor(m)oisin Sammit g(?)	—.60
April 2:	1 Lein Tuch	—.65
April 15:	5 dock Seide g(arn)	—.13
	4 arschin Sitz à 47 kop.	1.88
		18: 6 kop.

Unter Rasdecilje könnte ein Kleiderstoff (russ. razd'etj = auskleiden) verstanden werden.

Aus späteren Jahren sind zahlreiche Wechselproteste gegen russische Kunden überliefert, unter ihnen neben örtlichen auch *hieselbst enrollirte* russische Kaufleute aus St. Petersburg oder Tichwin. Wiederholt ließ Hermann Johann von dem *Desätskoy der hiesigen Reussischen Kaufmannschaft, Michaila Tefelow,* ausgestellte Wechsel in Protest gehen. Erstaunlich ist dabei, daß er immer wieder aufs neue denselben Kaufleuten solche Wechselkredite gewährte. Immerhin waren es Summen von 253 Rb., 177 Rb. und 130 Rb. Doch vermutlich war man froh über jeden Abnehmer, und Wechsel konnten als sicher gelten, solange der Schuldner oder sein Bürge zu den in Reval „enrollierten" russischen Kaufleuten gehörte. Mit einer Wechselschuld von 100 Rb. wird auch der Postillion des St. Petersburger Postamtes, Ivan Galtšin genannt, als sein Bürge ein in Reval enrollierter St. Petersburger Kaufmann[73]. Die Wechselkredite zeigen, wie sehr die deutschen Kaufleute bereits auf ihre unerwünschte Konkurrenz angewiesen waren. Den Rußlandhandel hätten sie lieber in die eigenen Hände genommen.

Ein Handelszweig blieb vorläufig von der russischen Konkurrenz noch verschont: die Schankwirtschaft. Von ihrer Einträglichkeit war schon die Rede. Sie nahm mit dem Wachstum der Vorstädte – auch dies mit Hilfe des russischen Elements – zu. Am Ende der achtziger Jahre gab es in Reval, vermutlich mit Einschluß von „Quartierhäusern", rund 200 Krüge, deren Mehrzahl sich im Besitz weniger Kaufleute befand: bis zu 22 in einer Hand. In den Vorstädten war jedes fünfte Haus eine

---

[73] RStA, RPr. 1774 Dez. 27; 1776 Sept. 16; 1777 Febr. 10; 1778 Mai 10; 1779 Mai 17; Dez. 31; 1780 März 10; Juli 24; 1781 Aug. 10.

Schenke[74]. 1754 hatte Eberhard zur Mühlen etwa sechs Krüge in der Stadt[75], davon zwei in der Neugasse, Ernsts Witwe hatte einen in der Breitstraße und zwei in Fischermay, Hermann Johann einen bei der Lehmpforte und einen in der Nähe seines Höfchens, Cornelius erbte den Krug seines Vaters in Fischermay, später erwarb seine Witwe dort ein Wohnhaus, das als „Quartierhaus" genutzt wurde, und auch in Springtal befand sich ein zum Höfchen gehöriges Quartierhaus.

Die Krüger waren teils Deutsche, teils Esten. Das zeigen Namen wie Johann Anton Müller und Evert Christian Eeck, Johann Tönnisson und Martin Jürgenson. Im Verzeichnis bezeichnete man sie als „Hausväter" und „Hausmütter"; zum Teil hatten sie auch Hausgesinde und meist „Einwohner" zur Miete. In welchem Geschäftsverhältnis die Krüger zu den Besitzern der Krüge standen, ist nicht festzustellen. Für die Einhaltung der geltenden Ordnung waren sie jedenfalls verantwortlich. Handwerksburschen, die man eines Abends nach neun Uhr in den Krügen von Hermann Johann und Cornelius zur Mühlen antraf, wurden von einer Patrouille des Gouverneurs ergriffen und zur Hauptwache abgeführt, dann aber gegen Zahlung von 120 Kopeken wieder auf freien Fuß gesetzt, während die Krügerinnen noch „gehörig abgestraft" werden sollten. Vom Rat forderte der Gouverneur, in Stadt und Vorstadt von Haus zu Haus erneut bekannt zu machen, daß niemand nach neun Uhr „Tränkerei" halten dürfe[76]. Es ist anzunehmen, daß auch die Besitzer der Krüge dafür mitverantwortlich waren, auch wenn sie mit dem Ausschank selbst nichts zu tun hatten. Ihr Name war mit dem Ruf des Kruges verbunden.

Nach Revaler Verhältnissen besaß Cornelius zur Mühlen einen mittelgroßen Betrieb mit drei Hilfskräften, unter ihnen der „Kommis" Höppener, vermutlich ein Neffe, und als Lehrling den Schwager Johann Christian Gebauer. Die auswärtigen Beziehungen konzentrierten sich auf Lübeck und Amsterdam, schlossen aber auch Helsingfors, Danzig, London und Bordeaux mit ein[77]. Ob der Handel mit Wein und Kolonialwaren florierte, ist unsicher. Ein Wechsel über 1228 holländische Gulden 10 Stüver, den Stephan Christian Haecks in Protest gehen ließ, läßt eher Schlimmes vermuten. Hinsichtlich des Warensortiments

---

[74] Tallinna ajalugu, S. 328; Elias, S. 155.
[75] RStA, B.K. 18, S. 114ff., 124.
[76] RStA, RPr. 1753 Okt. 15.
[77] Vgl. Anm. 63.

war Cornelius nicht kleinlich, auch Textilien tauchten gelegentlich in seinem Geschäft auf.

Mehr als drei Hilfskräfte hätte der Betrieb wohl nicht getragen. Doch es kam vor, daß für eilige Verrichtungen weitere Arbeitskräfte benötigt wurden, wenn auch nur stundenweise. Aber woher sollte man sie nehmen? Die städtische Gesellschaft als Ganzes bildete einen Organismus, in dem fast jede Arbeitskraft im Rahmen bestimmter Ämter und Berufsgruppen ihre Funktion hatte. Zum Hilfsgewerbe des Handels gehörten die Ämter der „Waage Kerls", der Fuhrleute und der Mündriche und Aufschläger. Mit Angehörigen anderer „Gemeiner Ämter" und den nicht organisierten sogenannten „Loskerls", Krügern usw. bevölkerten sie die Vorstädte und waren zum größeren Teil Esten, zum Teil auch Schweden. Für ihren Tage- oder Stücklohn galten vom Rat verordnete Taxen. Auch die „Loskerls" standen keineswegs jedermann nach Belieben zur Verfügung, sondern waren öffentlichen Arbeitsvorhaben oder dem Handel vorbehalten[78]. Dennoch gab es eine Bevölkerungsgruppe, auf die ein Kaufmann im Notfall zurückgreifen konnte: die Soldaten der Garnison. Ihre Arbeitsverwendung ad hoc war sicher nicht die Regel, doch wurde sie ermöglicht durch die mangelnde Kasernierung, die ihnen die Verfügung über ihre freie Zeit erleichterte.

Der Soldat Martin Nedorossew vom Kommando des Leutnants Rudolfi schien aus Erfahrung zu wissen, wie teuer er seine Arbeitskraft verkaufen konnte. Doch bei Cornelius zur Mühlen war er offensichtlich an den falschen geraten. Wohl von der Straße hereingeholt, wurde er angestellt, Leinenzeug zusammenzurollen. Als er entlohnt wurde, war er mit der erhaltenen Summe unzufrieden und verlangte eine Kopeke mehr. Cornelius ließ nicht mit sich handeln, sondern warf den Soldaten auf die Straße. Was dann passierte, wird von beiden Seiten verschieden dargestellt. In dem von Nedorossew angestrengten Prozeß behauptete er, Cornelius habe nachher noch mit einem Stein oder Holzklotz nach ihm geworfen. Der Kommis Höppener sagte als Zeuge aus, er sei hinzugekommen, als der Kläger bereits auf der Straße gewesen, und habe selbst nichts anderes getan, als den Soldaten zurückgehalten, der sich auf seinen Prinzipal stürzen wollte. Der Zeuge des Klägers, ein Soldat, wollte gesehen haben, daß Cornelius auf einen scheltenden Soldaten losgestürzt sei und auf ihn losgeschlagen, ihn, zusammen mit Höppener, mit Füßen und Fäusten gestoßen und zur Erde gezogen

---

[78] Vgl. dazu Elias, S. 38.

habe. Cornelius sagte aus, daß er den schimpfenden Soldaten nur am Arm gefaßt und aus der Tür gestoßen habe.

Die Affäre hatte ein Nachspiel: Leutnant Rudolfi wandte sich an den Rat und ersuchte ihn, dafür zu sorgen, daß die Stadteinwohner, falls sie durch einen von seinem Kommando angefallen würden, sich „hinfüro" nicht selbst rächen, sondern sich gleich an ihn wenden möchten, da sie sodann „prompteste Satisfaction" gewärtigen könnten. Auch der Gouverneur, Prinz von Holstein-Beck, hörte von der Angelegenheit und fragte beim Rat an, wie sie verlaufen und welcher Strafe der schuldige Teil unterzogen worden sei. Offenbar rechnete er mit einer Bestrafung des Cornelius. Doch die Streitenden hatten sich gütlich abgefunden. Anschließend wurde auch ein Streit beigelegt, der zwischen dem Rat und der Garnison in diesem Zusammenhang ausgebrochen war. Der Rat erreichte, daß der Oberstleutnant Michelson, der sich *verschiedener harten Expressionen wider den Magistrat bedient* hatte, einen Verweis *wegen seiner Unvorsichtigkeit* erhielt[79].

Der eigenwillige Cornelius provozierte wiederholt Prozesse. Jedem Kaufmann und jedem Kaufgesellen war die Verpflichtung geläufig, gegen eine Gebühr die öffentliche Waage zu benutzen, nach deren Anzeige der Zoll berechnet wurde. Cornelius ließ eine Sendung Stockfische durch seinen Gesellen auf der eigenen Waage auswiegen und wurde vom Offizial Harpe beim Kommerziengericht verklagt. Das Gericht verurteilte ihn zu einer Strafe von 10 Rb., falls er nicht eidlich aussagen könne, daß seines Wissens der „eingeklagte Stockfisch" nicht auf der „in seinem Hause habenden Waage" ausgewiesen worden sei; andernfalls habe er nur die Gerichtskosten mit 4,40 Rb. zu erlegen. Erschwerend kam hinzu, daß Cornelius den Offizial bei der Ausübung seines Amtes schwer beleidigt hatte. Das zog ihm eine scharfe Rüge seitens des Gerichts zu: „Und weil endlich Beklagter sich nicht entblödet, Klägern, dem gleichwohl alle Gelegenheit und Ursach zu dieser Klage gegeben worden, mit empfindlichen, ganz unanständigen Vorrückungen zu begegnen und mit Hintansetzung des richterlichen schuldigen Respekts in seinem offizio . . . zu insultieren, so wird er hiermittelst zugleich zu künftigen mehreren Bescheidenheit und anständigen Betragen bei verschärfter Strafe alles Ernstes angewiesen." Gegen das Urteil des Kommerziengerichts appellierte Cornelius, doch konnte die

---

[79] RStA, Niedergerichtsprotokoll 1752 Juli, nach FG II; RPr. 1752 Aug. 14; Nov. 27; Dez. 1, 4, 15.

Angelegenheit nicht mehr entschieden werden, da der Appellant an einem hitzigen Fieber erkrankte und sechs Tage später, am 18. Mai 1756, starb[80] – seines Alters erst 34 Jahre.

Zu seiner Beisetzung heißt es im Denkelbuch: „Er wurde in der Nikolaikirche vormittags öffentlich unter dem Geläut aller Glocken begraben und sein entseelter Leib im Grab unter der Tauffe der Aufsicht Gottes anvertraut."

Cornelius war es nicht leicht gefallen, sich den Konventionen anzupassen oder Autoritäten zu fügen. Hatte er schon dem Wunsche des Vaters nicht entsprochen, das Gymnasium bis zu Ende zu besuchen, und sich später geweigert, der Kompanie der Laken- und Seidenhändler beizutreten, so zeigen die zuletzt dargestellten Vorfälle, daß er zu Heftigkeit und Gewalttätigkeit neigte. Andererseits lassen seine Denkelbucheintragung über den Tod des Vaters und der Bericht seines Schwiegervaters über die Verlobung einen gefühlsbetonten Charakter vermuten. Sein hitziges Temperament verrät cholerische Züge.

Mit der Übernahme des Geschäfts fiel der Witwe eine schwere Aufgabe zu. Sie hatte Rückhalt bei ihrem jüngeren Bruder Johann Christian Gebauer, der ihr näher stand als der Schwager Hermann Johann zur Mühlen. Doch Gebauer war erst 20 Jahre alt und noch in Ausbildung. In dieser Zeit wurde einiges vernachlässigt, ob nun durch einen anderen Gesellen oder durch die Witwe selbst, die bei ihrer Unerfahrenheit der Verantwortung nicht gewachsen war. Als Gebauer die Führung des Handelshauses übernahm, stand es „schlecht bis zum Aufgeben", schrieb er. Doch der Sohn des Literaten erwies sich bald als tüchtiger Kaufmann und brachte das Geschäft wieder hoch. Dazu wird auch der Handel mit Schnaps beigetragen haben. Einen Antrag, auf ein halbes Jahr den Keller unter dem Rathaus zu mieten, um dort Branntwein „aufzulegen", beschied der Rat allerdings ablehnend, weil er ihn nur als Weinkeller vermietete[81].

Als Anzeichen für den Wiederaufstieg kann der Erwerb eines auf Stadtgrund gelegenen Wohnhauses nebst Badstube, Kellern, Wagenschauer, Stall und allen übrigen *Dependentien, Freyheit und Gerechtigkeiten* in Fischermay unweit des Ziegelskoppelschen Weges, also nahe

---

[80] RStA, Niedergerichtsprotokoll 1756, nach FG II. Offizial Harpe ist vermutlich der spätere Waisengerichtssekretär, Ratssekretär, Syndikus und Bürgermeister Carl Gottschalk Harpe, vgl. B u n g e, S. 68, 74, 78 f.

[81] RStA, RPr. 1763 Febr. 8.

der Süsternpforte, durch Agneta zur Mühlen (1764) gesehen werden. Vorbesitzer war Kapitänleutnant Panteleev. Mit anderen Russen knüpfte Agneta durch den Handel Beziehungen an. In ihrem Hause hatte ein ehemaliger Zöllner des Revaler Zollhauses, Leontij Dmitriev syn Faluev, „Mobilien" stehen. Zur Sicherung eines protestierten Wechsels ließ der Kaufhändler Peter Lohmann sie durch den Rat unter Sequestur setzen. Agneta zur Mühlen mußte versprechen, *sothane Mobilien* ohne obrigkeitliche Verfügung an niemanden zu verabfolgen. Man fürchtete wohl, Faluev könnte sein Eigentum verkaufen oder abholen, um der Pfändung zu entgehen.

Agneta zur Mühlen starb 1781. Im Kirchenbuch der St. Nikolaikirche findet sich nachstehende Eintragung von der Hand ihres Bruders, des Pastors Johann David Gebauer:

„Den 10. Juni Nm. wurde meine Schwester, des seligen Herrn Cornelius zur Mühlens – gewesenen Bürgers und Kaufhändlers der Großen Gilde – Witwe, geborene Agneta Elisabeth Gebauer öffentlich bei einem ungewöhnlich zahlreichen Gefolge, worunter viele Vornehme und Adliche waren, nach einer im Hause gehaltenen netten Standrede des Herrn Rectoris und Proffesoris gymnasii Gehe über Hiob XVII V. 1 von dem Herrn Superintendent Jaeger[82] mit einer Parentation vor dem Altar über Joh. XVII V. 24 in der St. Olaikirche beerdigt. Nach der Beerdigung ging das ganze Gefolge bis zum Stadttore und die Mehreren fuhren auch bis dem St. Olai-Gottesacker, wo ihre Leiche in des Herrn Ratsverwandten H. J. Zur Mühlen Capelle beigesetzt wurde . . . Nach einem christlich geführten Wandel beschloss sie ihr Leben, welches sie nach vielen standhaft ausgehaltenen Leiden bis auf 49 Jahre und 6 Monate gebracht, wobei sie 6 Jahre an einer auszehrenden Krankheit viel Not erduldet, im Glauben an ihren Erlöser den 4. Juni 1781 morgens um 7 Uhr."

In der Gebauerschen Familienchronik schreibt ihr Bruder über sie: „die beste rechtschaffendste gute Frau"[83]. Ihr Ansehen in den Kreisen des Revaler Bürgertums, abei offenbar auch in Kreisen des in Reval verkehrenden Adels beruhte nicht nur auf ihrer Beharrlichkeit als Inhaberin des kaufmännischen Betriebes, dem sie 25 Jahre lang nach dem Tode des Cornelius vorstand, sondern wohl auch auf der Bildung, die sie als Literatentochter im väterlichen Hause mitbekommen hatte, und auf ihren persönlichen Eigenschaften, wie sie ihre und ihres Bruders Eintragungen erkennen lassen.

---

82 Zu Heinrich Christian Gehe (1772–1807) RR III, 452; Gotthard Johann Jaeger, 1772 Pastor an St. Olai und Superintendent, † 1792, P a u c k e r, S. 342.
83 Beide Eintragungen nach FG II.

4. Katharina II. in Reval (1764)

Zwei Jahre nach ihrer Thronbesteigung unternahm Katharina eine Rundreise durch die Provinzen Estland und Livland, die sie zuerst nach Reval führte. Wie vor 18 Jahren erfreute sich die Revaler Bürgerschaft der kaiserlichen Huld. Unter den Angehörigen der damals ziemlich reduzierten Familie zur Mühlen begegnen uns zwei in offizieller Funktion: Hermann Johann zur Mühlen, seit kurzem Ratsherr, und der Erkorene Älteste der Schwarzenhäupter Thomas Johann zur Mühlen. Unter den nicht genannten Teilnehmern der Empfänge vermutet man die „Ratsherrin" Justina Charlotta und Justina Poljanskaja, geb. zur Mühlen, als Frau des Flottenadmirals sowie ihren Bruder Caspar Ernst zur Mühlen in der Begleitung der Zarin als Offizier des Izmajlovschen Garderegiments.

Über die Ankunft und den Aufenthalt der Kaiserin in Reval liegen drei Berichte vor: einer aus der Feder von Heinrich Benjamin Heßler vom Revaler Gymnasium, niedergeschrieben im Rektoratsbuch (Quelle G), eine Aufzeichnung aus dem Archiv der Schwarzenhäupter, von einem Mitglied verfaßt (S), und eine besonders ausführliche Darstellung aus dem sogenannten „Denkelbuch des weil. Bürgermeisters Hermann Johann zur Mühlen", deren Verfasser im Magistrat zu suchen ist (D)[84]. Alle drei Berichte sind im Druck erschienen, aber mit Ausnahme der Quelle S schwer zugänglich. Sie decken oder ergänzen sich weitgehend und ergeben zusammengefaßt folgenden Hergang der Ereignisse dieser Junitage des Jahres 1764.

Das Korps der Schwarzenhäupter begann schon viele Wochen vor dem Besuch mit den Vorbereitungen; genaue Vorschriften über die Uniformierung mußten ausgearbeitet, die Einholung der Gäste und die Besetzung der Offiziers- und Unteroffiziersstellen usw. festgelegt werden. Als Rittmeister wurde der Erkorene Älteste Johann Berend Stein eingeteilt, als Kornett der Erkorene Älteste Thomas Johann zur Mühlen und als Vizekornett der Älteste Joachim Gregory. Am 16. Mai wurde ein Übungsritt der Kompanie nach dem Stadtgut Habers unternommen, und unter Steins Kommando Salut mit „Degen aus!" und „Degen ein!" wie auch Salvenschießen mit Pistolen geprobt. Am 24. Juni gegen

---

[84] Quelle G – Heßler, in: Das Inland 1860, Nr. 44, Sp. 793f.; Quelle S, geringfügig gekürzt abgedruckt in: Amelung/Wrangell, S. 291–294; Quelle D in: Das Inland 1860, Nr. 48, Sp. 864–868; zum Autor vgl. unten Anm. 89.

2 Uhr nachmittags wurde die Kompanie durch Trompetenschall zum
Aufsitzen versammelt (S). Auf dem Markt nahmen Aufstellung das
Korps der Schwarzenhäupter „in blau und Palje gekleidet"[85], die vier
Bürgerkompanien in grüner Kleidung mit Ober- und Untergewehr und
der ganze Magistrat nebst einem Ausschuß der Großen Gilde und der
Kanutigilde (D). Wie bei solchen Anlässen üblich, wurde die meiste
Zeit mit stundenlangem Warten zugebracht. Doch endlich war es so
weit: „Da nun alle in gehöriger Ordnung fertig waren und die Nach-
richt von der letzten Station einlief, daß Ihro Kayserliche Majestät auf
Jegelecht angekommen waren, so fuhr der Magistrat um 6 Uhr Nachmittag, deren Gefolgten aus der Gilde mit Vorreitung des Schwartzen
Häupter-Corps nebst Trompeten und Paukenschall wie auch entblöß-
ten Degens bis nach dem Faethschen Kruge, als wo wir uns aufhielten
und den Abend speißten." (D) In Begleitung einer Truppe mit entblößtem Degen zum Abendessen: Das konnte sich der Rat leisten! Viel mehr
Platz wird der anderthalb Stunden entfernte Krug wohl nicht geboten
haben. Wie weit die Bürgerkompanien der Kaiserin entgegen mar-
schierten, wird in keinem Bericht erwähnt.

Die Schwarzenhäupter stellten sich bei der Ankunft „in Fronte" auf,
eine Abteilung Chevaliergarde[86] unter dem Kommando des General-
majors Grafen Orlov war schon eingetroffen und abgesessen. Um halb
neun Uhr abends kam der Oberhofmarschall Graf v. Sievers angefahren. Als auch Generalgouverneur Prinz von Holstein-Beck in Begleitung des Oberkommandanten Tiesenhausen[87] erschienen war, eröffnete Sievers ihm die Befehle der Kaiserin: „Da Ihro Kayserliche Majestät von der Reiße ganz ermüdet, so verlangte Sie gantz in der Stille
ihren Einzug zu thun." (D) Dem Rittmeister Stein erklärte der Prinz,
die Schwarzenhäupter hätten nur Honneur mit Pauken und Trompeten
sowie Degensalut der Offiziere abzugeben und den Wagen der Kaiserin
nicht zu begleiten. Alle Berufungen Steins auf das alte Vorrecht der

---

[85] Palje von französ. paille, strohfarben.

[86] Die Chevaliergarde bestand aus 60 Leutnants. Von ihr zu unterscheiden: die
Garde zu Pferde, ein Regiment, das ebenfalls unter dem Kommando von Grigorij
Orlov stand. Neuschäffer, S. 263.

[87] Carl v. Sievers (1710–1774), seit 1760 Graf, unter Kaiserin Elisabeth Kam-
merherr und Hofmarschall, 1762 Oberhofmarschall und General en chef, DBBL,
S. 730; Fabian Georg v. Tiesenhausen (1725–1769), Generalleutnant, 1762 Kommandant von Reval, DBBL, S. 796.

Schwarzenhäupter blieben erfolglos (S). Während der Generalgouverneur mit seiner Begleitung und die Vertreter der Ritterschaft – „mehrentheils alle zu Pferde" – sich nach der Stadt zurückzogen, beschloß der Magistrat, „die Vorbeifahrt der Monarchin zu erwarten, da denn solches in der Nacht um halb Eilf Uhr geschahe und wir die Gnade hatten, Sie zu grüßen. Gleich hinter Ihro Majestät rückten die Garden zu Pferde nach, neben Ihrer Majestät der Cammerherr Orloff und der Generalmajor Orloff, noch verschiedene andere Generalspersonen." (D)

Laut Denkelbuchbericht befanden sich in Katharinas Begleitung Kiril Razumovski, Feldmarschall Buturlin, die Brüder Orlov und zahlreiche hohe Würdenträger, mit ihren Frauen zusammen 24 Personen. Nicht genannt sind die Gardeoffiziere niederer Ränge.

Die Kompanie der Schwarzenhäupter durfte nicht von der Stelle rükken, „sie tat ihre Pflicht durch Senkung der Standarte, ließ Trompeten und Pauken erschallen, und die Offiziere grüßten mit dem Degen. I. K. Maytt. waren kaum 50 Schritt von unserm Korps, als der Herr (General-)Major und Ritter Graf Orloff, der bei I. K. M. Wagen beiher ritten, auf unser Korps zugeritten kam . . . und den Herrn Rittmeister also anredete: Im Namen Ihro Kayserl. Maytt. habe ich Sie zu befehlen, daß Sie mit Ihrem Korps heranrücken und Allerhöchst dero Wagen folgen sollen, jedoch (sollen) sie nicht vorreiten, weil der Staub gar zu groß ist. – Die Kompanie ritte also neben dem Wagen Ihro Kayserl. Maytt. bis Katharinental" (S), am nächsten natürlich die Offiziere; vielleicht hatte der eine oder andere das hohe Glück, ein Lächeln der Kaiserin zu erhaschen, doch vermutlich nicht der Schreiber selbst, der es nicht unerwähnt gelassen hätte. – Der Magistrat folgte sogleich den Schwarzenhäuptern (D).

„Da nun Ihro Majestät auf dem Laks Berge kahm, wurden die Canonen von der Festung um der gantzen Stadt abgefeuert und ein stark taub Feuer von 7 Regimentern nebst Canonade, wie auch von allen Kriegsschiffen abgefeuert, und dauerte so lange, biß Ihro Majestät auf Catharinendahl ankahmen. Alle die Glocken, welche in der Stadt waren, wurden geläutet und die gantze Stadt war mit Licht beleuchtet." (D)

An der Katharinentalschen Abzweigung von der Heerstraße aber „waren zwei Guardiers mit aufgepflanzten Bajonetten, die sagten, es ist verboten, nicht weiter! Die Ritterschaft hatte sich allda gleichfalls neben dem Wagen postiert; sie sagten, es würde keiner eingelassen, wir stehen deswegen ebenfalls allhier." (S) Auch der Magistrat und die Schwarzenhäupter wurden wegen Ermüdung der Kaiserin angewiesen, nach der Stadt weiterzufahren (D).

Eine Schwadron Kürassiere und Karabiniers war ebenfalls auf dem Wege postiert. Da sie sahen, daß keiner eingelassen wurde, zogen sie am Korps der Schwarzenhäupter mit eingestecktem Degen vorbei. Als das der Rittmeister Stein sah, kommandierte er sogleich „Degen aus!" und mit entblößtem Degen rückten sowohl er als die Karabiniers am Korps, das solange stille stand, vorbei. „Die Herren Offiziere aber grüßten auf den ihnen getanen Gruß mit dem Degen entgegen, und dergestalt geschah sowohl ihnen als uns alle militärische Ehrenbezeugung." (S) Die drohende Gefahr, nicht beachtet zu werden, war abgewendet. Es muß eine Genugtuung gewesen sein, durch echte Militärs in aller Form anerkannt zu werden.

Für den 25. Juni wurden die jüngsten Ratsherren, Hermann Johann zur Mühlen und Hermann Johann Clayhills, nominiert, bei Hofe zu dejourieren, um alles herbeizuschaffen, was der Hof verlangte. Am Morgen früh fuhren sie zum Oberhofmarschall von Sievers, der auf dem Laksberge logierte, gratulierten ihm zu seiner Ankunft im Namen der Stadt und stellten sich ihm zur Verfügung, worauf Sievers ihnen auftrug, was benötigt wurde.

„Da nun Seine Exzellenz kein Pferd und Wagen hatten, so wurde er von den Herrn Rathsverw. zur Mühlen und Clayhills in ihrem neuen Wagen nach Catharinendahl begleitet." (D)

Nach 11 Uhr erschien die Kaiserin im großen Audienzsaal des Schlosses, wo alle Stände, auch die Professoren und die Offiziere der Schwarzenhäupter, die Gnade hatten, „daselbst zum Handkuß gelassen zu werden. Der Herr Oberpastor vom Dom, Harpe[88], hielt unter andern daselbst die beste Bewillkommnungsrede. Übrigens durften die Pastores nicht mit Callotten erscheinen." (S, G)

Nach Mittag ließ die Kaiserin sich an die See fahren und von einer neuen Brücke aus in Schaluppen zum Hafen hinübersetzen, während die Kanonen von allen Kriegsschiffen Salut schossen. Die Kutschen waren inzwischen zum Hafen dirigiert worden. Unter erneutem Salutschießen der ganzen Festung fuhr die Kaiserin durch die Große Strand-

---

[88] Wilhelm Christian Harpe (1723–1767), 1756 Oberpastor und Scholarch, DBBL, S. 299.

pforte die Langstraße entlang auf den Markt, wo man für sie eine Ehrenpforte errichtet hatte. Von Musikanten der Stadt und der Garnison, die
oben auf der Pforte standen, mit Pauken und Trompeten bewillkomm-
net, fuhr die Kaiserin durch die Lehmpforte wiederum nach Katharinental zurück (D).

26. Juni: eine sechsköpfige Deputation des Magistrats begibt sich
nach Katharinental, um „Ihro Majestät und die übrigen alle Vornehmen" auf den 27. Juni zu bitten, auf dem Rathause zu speisen. Zu dieser
Deputation gehören die Bürgermeister Haecks und Wistinghausen und
die Ratsherren Carl Hetling, Arnold Dehn, Hermann Johann zur Mühlen und Sekretär Joachim Dehn. „Nachdem wir[89] die Gnade hatten, bey
Ihro Majesté vorzukommen, und da unsere Bitte kundt vor Ihr
geschahe, gab Sie mit der freundlichsten Miene Antwort: Soll ich auch
incommodiren?" – Welche bestrickende Herablassung und welche
Beglückung für die Deputierten, daß die Kaiserin zu kommen versprach (D).

„Den 27. hatten wir die Gnade, daß Ihro Majestät auf dem Rath Hauß zu Mittag
speistten. Gegen 10 Uhr Vormittag war die gantze Bürgerschaft auf dem Markte
aufgestellt, der gantze Magistrat und mehre von der Großen Gilde, mit Vorreitung
des Schwartzen Häupter Corps, und fuhren so nach Cathrindahl . . . Um 11 Uhr
. . . nachdem Ihro Majestät sich in Ihro Kutsche begaben, hatten die Schwartzen
Häupter die Gnade, Ihro Majestät bis nach der Klosterkirche zu begleiten . . .
Wie Ihro Majesté über den Markt gefahren kahmen, so praesentirete die Bürgerschafft ihr Gewehr und riefen dabey ein 3mahliges Vivat, und auf der Ehrenpforte
waren die Stadtmusicanten, und in Durchfahrt von Ihro Majestät wurden die
Trompeten und Paucken gerühret; da das Schwartzenhäupter Corps Ihro Majestät biß an die Kirche im Kloster begleitete und einen Schwenk-um vor der Cister-
pforte machte, und wandte sich sodann wieder um nach der Breitgaße hin und
stellte sich da in 2 Gliedern bis Endigung des Gottesdienstes", um der Kaiserin
dann bis vor das Rathaus vorauszureiten (D).

Auf dem Markt empfing sie der ganze Rat. Sechs Bürgermeister- und
Ratsherrenfrauen hatten sich auf beiden Seiten der Rathaustreppe auf-

---

[89] Der Verfasser des Berichts ist demnach unter den obengenannten sechs Per-
sonen zu suchen. Für die Autorschaft von Hermann Johann zur Mühlen spricht
die Erwähnung seiner eher belanglosen Fahrt auf den Laksberg am 25. Juni. Zu
Haecks s. o. Anm. 46; Christian Wistinghausen (1701–1766), Rh. 1742, Bm. 1762;
Carl Nicolaus Hetling (1707–1781), Rh. 1748, Bm.1767; Arnold Dehn, s. o.
Anm. 46; Joachim Dehn (1722–1796), Synd. 1779, Bm. 1783. Quellen: DBBL;
Bunge, Rathslinie; Essen, Stammtafeln Dehn; Wistinghausen, Beiträge.

gestellt, „und man sahe es, wie zärtl. gerührt Ihr Hertz war, als verschiedene anwachsende schöne Jungfern" (16 acht- bis zehnjährige Mädchen, nach D), „die als Schäferinnen gekleidet und deren Häupter mit Blumenkräntzen umwunden waren, Blumen vor Ihren Füßen streueten" (G). Während die Monarchin hinaufging, gaben die Stadtkanonen, 17 Stück, die auf dem Markt „gepflanzet" waren, 101 Schuß ab. Auch die „Gesundheiten" wurden an der Tafel unter Abfeuerung der Kanonen getrunken, während 12 Schwarzenhäupterbrüder mit dem Kornets-Vicekorporal Ältesten Lohmann an der Spitze unten und oben vor dem Rathause „die Wache mit dem Degen in der Faust vor Ihro Majestät hielten". Eine Garde-Eskadron hatte die Kaiserin abmarschieren lassen (D, S): offenbar eine besondere Geste des Vertrauens zu den Schwarzenhäuptern.

„Die Speisen auf die Kayserl. Tafel wurden von Ratsherren aufgetragen, hinter dem Stuhle aber warteten 2 Bürgermeisterfrauen und 2 Ratsherrin(nen) auf" (G), oder gar drei Bürgermeisterfrauen (D). Wer denn bei solcher Devotion an der Seite der Kaiserin saß, wird verschwiegen. Doch wird wohl der worthabende Bürgermeister die „Gesundheiten" ausgebracht haben.

„Nach aufgehobener Tafel wurde getantzet, und dauerte biß halb 6 Uhr" (D), vielleicht sogar bis 6 (G) oder nur bis 5 Uhr (S). Daß auch die Kaiserin getanzt hätte, wird nicht erwähnt, vermutlich sah sie bloß zu. Wieder ritten die Schwarzenhäupter vor dem Wagen der Kaiserin her, gefolgt von den Deputierten der Stadt, wieder Senkung der Standarte und Rührung der Trompeten und Pauken in tiefster Demut! „I. K. M. waren so gnädig, daß sie sich in dem Wagen bückten." (S)

28. Juni, Gedenktag der Thronbesteigung: Rittmeister Stein wird mit seinen Offizieren zur Gratulation befohlen.

„Gegen Glock zehn fuhr er also mit den Herren Erkor. Ältesten und Kornet Thomas Johann zur Mühlen und den Herren Ältesten und Vicekornet Joachim Gregory nach Hofe. Nachdem I. K. M. zuförderst den Gottesdienst in der russischen Kirche in der Stadt beigewohnet, ließen Allerhöchst dieselben alle Stände vor sich kommen und hatten die hohe Gnade, alle zum Handkuß zu lassen. Wir verfügten uns also, nachdem wir mit dem innigsten Dank die hohe Gnade gleichfalls genossen, nach der Stadt." (S)

Eine Enttäuschung erlebte Heßler, der auf höheren Befehl im Gymnasium eine Lob- und Glückwunschrede zu halten hatte, „was auch geschahe. Die Rede handelte kürtzl. von der wahren Größe eines

Monarchen. Wir hatten aber nicht die hohe Gnade, die Kayserin in unserem Auditorio zu sehen, weil vermuthlich die Adresse nicht an rechtem Ort genommen." (G)

Dagegen kam am selben Tage der Generalgouverneur, Prinz von Holstein-Beck, durchaus auf seine Kosten. Er veranstaltete abends einen „Ball en Masque, da Ihro Majestät zweymahl selbst getantzet haben" (G, D).

29. Juni: Die Ritterschaft hatte „die hohe Gnade, Ihro Majestät auf dem Ritterhauße zu bewirthen"; Dauer bis 6 oder 8 Uhr abends (D, G). 30. Juni: Alle Stände nehmen um 10 Uhr Abschied von der Kaiserin. Vor der Brücke in Katharinental wartet die Kompanie der Schwarzen-häupter „en fronte . . . I. K. M. erschienen kurz nachhero reitens (in der Uniform der Garde zu Pferde, G) und hatten die nie genug zu prei-sende Gnade, daß sie die ganze Kompagnie mit dem Hut in der Hand vorbeiritten" (S). Von dort aus unternahm Katharina einen Ritt um die Festungswerke, um diese zu besichtigen. Von der Großen Strandpforte aus ritt sie alsdann zum Hafen, begleitet von einigen Tausend Menschen (D). „An der Hafenbrücke geruhten I. K. M. auch die Erlaubnis zu geben, daß die Kompagnie der Schwarzenhäupter Salve geben könnte; sogleich kommandierte der Herr Rittmeister und gab die Kompagnie ein dreimaliges Feuer aus ihren Pistolen." (S)

Endlich ließ die Monarchin sich auf das Schiff des Admirals Poljan-skij übersetzen, genannt „Clement" (richtig Kliment papa Rimskij). Die kaiserlichen gelben Wimpel wurden aufgesetzt und das Kommando der Kaiserin übergeben. Doch es war Flaute, und das Schiff kam nicht von der Stelle. Katharina ließ sich auf die kaiserliche Jacht bringen und von zehn Schaluppen im Schlepp „biß an den Baltischen Port" rudern, wo sie um ein Uhr nachts eintraf. Nach Besichtigung der militärischen Anlagen von Baltischport setzte sie die Reise durchs Land nach Pernau, Riga und Mitau fort und kehrte über Dorpat und Narva nach St. Peters-burg zurück (D).

Eine Woche lang hatten sich die Repräsentanten der Stadt, die Bürger und Einwohner Revals vom ebenso gewinnenden wie berechnenden Charme Katharinas II. gefangen nehmen lassen. In gehobener Stim-mung hatte jeder sich von seiner besten Seite gezeigt und sich gemüht, den Erwartungen in aller Form gerecht zu werden. Doch die Stadt hatte sich auf Repräsentation zu beschränken. Politik blieb ausgeklammert.

Zweifellos diente die Reise Katharinas der Informierung über die politischen Verhältnisse des Landes, aus deren Kenntnis sie später

Anregungen für ihre Reformpläne schöpfte. Der harmonische Verlauf des Besuches und die Devotion der Repräsentanten der Stadt konnten die Herrscherin nicht über die Reformbedürftigkeit der städtischen Verfassung täuschen. Es hatte in ihrer Absicht gelegen, sich mit dem Besuch der orthodoxen Kirche der Öffentlichkeit als Russin zu zeigen. Man kann sich allerdings fragen, ob es in Reval dieser Demonstration bedurfte[90].

5. Die letzten Jahrzehnte des Revaler Rates

Hermann Johann zur Mühlen wurde im Jahre 1760 Mitglied der Ältestenbank der Großen Gilde[91]. Bei der nächsten Ratswahl, Ende 1762, als für fünf Verstorbene die Nachfolger gewählt werden mußten, hatte er gute Aussichten: sein Schwager Jacob Friedrich Becke war Bürgermeister. Im Rat saßen ferner der Schwiegervater von Wehren und Caspar Hoeppener, ebenfalls sein Schwager. Außer Hermann Johann zur Mühlen wurden gewählt: Nicolaus Johann Nottbeck, Johann Friedrich Hippius, Johann Reinhold Hetling und Hermann Johann Clayhills, alles Herren in den Vierzigern und Söhne oder nahe Verwandte von verstorbenen Bürgermeistern oder Ratsherren, zum Teil auch verwandt oder verschwägert mit amtierenden Ratsverwandten[92]. Wie die Wahlvorschläge der Bürgermeister zustandekamen, wurde nicht protokolliert, aber man kann annehmen, daß bei Befangenheit durch Verwandtschaft eine Hand die andere wusch. Als ein Nachfolger für den verstorbenen Bürgermeister Haecks zu wählen war (Mai 1783), hatte Hermann Johann zur Mühlen in Caspar Hoeppener wieder einen Schwager unter den Bürgermeistern – und wurde gewählt. Allerdings waren infolge der begrenzten Zahl vermögender und somit ratsfähiger Gildebrüder verwandtschaftliche Beziehungen innerhalb des Rates kaum zu vermeiden. Damit drohte aber stets die Gefahr der Vettern-

---

90 Vgl. dazu Neuschäffer, S. 383 ff.
91 RStA, SGA 25.
92 Bunge, Rathslinie, S. 64; Haecks war durch seine Frau mit dem Ratsherrn Hippius verwandt. In den letzten Jahrzehnten saßen stets zwei Hetlings, zeitweise zwei Nottbecks und zwei Dehns gleichzeitig im Rat. Die Hetling waren mit den Duborg, Wistinghausen (über Buchau) und Pfützner, Gernet mit Schreve, Hueck mit Nottbeck verwandt usw. Vgl. dazu das Bürgerbuch, Beitrr. Bd. 19.

wirtschaft und Korruption. Der Rat unterschied sich dadurch vom Landratskollegium der Estländischen Ritterschaft, das aus zwölf Landräten bestand und bei der Kooptation auf die Eigentümer von etwa 500 Rittergütern zurückgreifen konnte.

Die Ämterlisten des Rates liegen für diese Zeit nicht vor. Nach der Ratslinie war Hermann Johann zur Mühlen von 1771 bis 1783 Kämmerer. Im ersten Jahr seiner Tätigkeit als Ratsherr scheint er das Amt des Tänzerherrn verwaltet zu haben. Der Gouverneur, Prinz von Holstein-Beck, verwöhnt vom höfischen Leben in St. Petersburg, muß sich in Reval tödlich gelangweilt haben, wo offensichtlich in Hinsicht gesellschaftlicher Unterhaltung nichts los war. Als er einen Tanzmeister zur Organisierung von Maskenbällen und Redouten veranlassen wollte, stieß er auf wenig Gegenliebe beim Rat, der davon „Unordnung" befürchtete und auf die „Dürftigkeit" der Stadt verwies. Schon erregten sich die Gemüter der Bürgerschaft, als im Rat ein Kompromiß gefunden wurde, wonach im Schwarzenhäupterhause Redouten und Bälle, aber ohne Masken, bis zur Fastenzeit erlaubt sein sollten. Unterhändler des Rates waren die Ratsherren Nottbeck und zur Mühlen, die Mitte Januar 1763 berichten konnten, daß der Gouverneur den Entschluß gnädig aufgenommen hätte [93]. Man versteht, daß er bald darauf für Katharina einen Ball en Masque auf dem Schloß veranstaltete.

Der Alltag des Rates war erfüllt von kleinlichen Dingen, wie sie uns schon begegnet sind, von Wechselprotesten, Grundstückszeichnungen und Erbschaftsangelegenheiten, die stets einzelne Bürger betrafen, von Querelen der Gilden, von den leidigen Handelsfragen, in denen der Rat die Interessen seines Standes wahrnahm, von Kriminalfällen, von der allgemeinen Verwaltung und von verschiedenen Tagesfragen des städtischen Lebens. Hinzu kamen die Amtsgeschäfte der einzelnen Ratsherren als Verwaltungsbeauftragte und Kontrollorgane des Rates. Immerhin blieb ihnen Zeit, ihre Handelsgeschäfte nebenbei zu betreiben, soweit sie nicht Rechtsgelehrte waren, die weit mehr in Anspruch genommen wurden.

Die Mühsale des Ratsherrn wurden mit 141 Rubeln im Jahr (1786) und mit Ehre und Glanz entgolten, den Bürgermeistern wurden 297 Rubel [94] und entsprechend mehr Ehre und Glanz zuteil. Doch offiziell galt ihr Rang wenig genug: In der russischen Rangordnung stand der

[93] Hartmann, Reval im Siebenjährigen Krieg, S. 345 f.
[94] Elias, S. 209.

Ratsherr neben dem Leutnant auf Stufe XII, der Bürgermeister neben
dem Oberstleutnant auf Stufe VII. Er war somit einige Stufen vom
Landrat und vom Ritterschaftshauptmann getrennt, die beide der
Rangstufe IV entsprachen[95]. Am russischen Pomp gemessen, verblaßte
der Glanz der Ratsherren und ihrer Frauen, der sich nach bürgerlicher
Tradition in bescheidenen Grenzen hielt. Die abgestufte Kleiderordnung früherer Jahrhunderte war durch den Wandel der Mode überholt.
Nur der Rat und die Spitzen der Gilden demonstrierten bei bestimmten
Gelegenheiten, vor allem bei offiziellen Feiern des Kaiserhauses, durch
ihr geschlossenes Auftreten ihre herausgehobene Stellung, indem sie
sich von den Bürgerkompanien durch die Stadt geleiten ließen. Der Rat
trat dann wie die gesamte Bürgerschaft in bunter Kleidung auf, das
Schwarz des Alltages wurde nicht gestattet[96].

Aber was half der bescheidene Glanz, wenn die Standesprivilegien
und die städtische Autonomie von oben her in Frage gestellt wurden!
Schon 1767 wurde der ahnungslose Rat zum ersten Spatenstich für sein
eigenes Grab eingeladen, als Katharina eine „Große Gesetzeskommis-
sion" nach Moskau einberief. Auch Reval schickte neben Riga, Dorpat
und einigen kleineren Städten und den Ritterschaften von Liv- und Estland Deputierte nach Moskau, die dort mit ihren Arbeiten zu Katharinas Reformwerk beitragen sollten. Bald erkannten die Deputierten,
daß sie sich auf die Verteidigung ihrer althergebrachten Rechte verlegen
mußten. Es war kein Trost, daß die Vertreter Revals anläßlich eines
Gottesdienstes vor denen Rigas rangierten und ihren Platz trotz rigischen Protests behielten[97].

Nach der Unterbrechung der Kommissionsarbeit durch den Türken-
krieg und den Aufstand Pugačovs griff Katharina ohne Beteiligung der
Kommission auf ihre Vorarbeiten zurück. Für Rußland bedeutete die
neue, sogenannte Statthalterschaftsverfassung, die ab 1775 nach und
nach in den Gouvernements, zunächst unter Aussparung von Liv- und
Estland, eingeführt wurde, einen großen Fortschritt. Das Neue an ihr
war der Grundsatz der Gewaltenteilung, auch wurde manches von der
Verfassung in den Ostseeprovinzen übernommen. Sie zielte zugleich
auf Zentralisation und Bürokratisierung.

---

[95] Wedel, S. 94.
[96] Hartmann, a.a.O., S. 341, 345.
[97] Wittram, Geschichte, S. 130 f.

Für Liv- und Estland mußte dies alles einen Bruch mit alten ständischen Privilegien bedeuten. Die Ritterschaften und Städte lehnten die neue Verfassung für sich im wesentlichen ab und taten der Regierung nicht den Gefallen, selbst um ihre Einführung nachzusuchen. Ungeachtet der von ihr bestätigten Privilegien entschloß sich Katharina daher, die Statthalterschaftsverfassung in den Provinzen gegen den Willen der Ritterschaften und Städte einzuführen. Eine „Harmonisierung" der alten und neuen Formen sollte lediglich den Übergang erleichtern[98].

Die Ausgangslage des Rates für eine politische Auseinandersetzung mit der Regierung über die Privilegien der Stadt war denkbar ungünstig. Er war Exponent des Standes, der den größten Nutzen von ihnen hatte, und darüber hinaus durch das Kooptationsrecht und die lebenslängliche Amtsdauer seiner Mitglieder bevorzugt. Damit wurde mehr Autorität vorausgesetzt, als die städtische Obrigkeit damals faktisch noch besaß.

Unglücklicherweise wurde der Rat auf Grund von Gerüchten unredlicher Kassenverwaltung verdächtigt. Im Juni 1783 beschwerte sich eine Delegation beider Gilden über Eigenmächtigkeiten der Ratsherren bei der Verwendung öffentlicher Gelder. Seit Jahren war die Überprüfung der Kassen, an der auch die Gilden zu beteiligen waren, unterblieben. Mehrere Mitglieder des Rates hatten entweder Konkurs gemacht oder bei ihrem Tode ungeordnete finanzielle Verhältnisse hinterlassen. Im Falle des im Mai 1783 verstorbenen Bürgermeisters Haecks hatte der Rat es unterlassen, sein Vermögen einzuziehen, wie es das Justizkollegium in Petersburg gefordert hatte. Einige Ratsherren hatten städtische Kassen ohne die erforderlichen Sicherheiten beliehen und in den Strudel ihres Bankrottes mit hineingezogen.

Es fand sich offenbar keiner im Rat, der entschlossen gewesen wäre, mit unsauberen Machenschaften aufzuräumen, einen Trennungsstrich zwischen dem Magistrat und einigen korrupten Mitgliedern zu ziehen. Jeder war um das Ansehen des ganzen Rates besorgt und daher bereit, die Kollegen zu decken. Hermann Johann zur Mühlen scheint sich keinerlei Unregelmäßigkeiten schuldig gemacht zu haben. Als Kämmerer hatte er viele Jahre die Aufsicht über städtische Gebäude, die Mühlen, die Stadtwaage, die Flachs-, Tabaks- und Heringswrake, die Wasserleitung, über städtische Wege und das Bauwesen. Er hatte somit Einnah-

---

[98] Zur Einführung der Statthalterschaftsverfassung in Reval vgl. die ausführliche Darstellung bei Elias, S. 67–112.

men und Ausgaben der Stadt zu verwalten. Seine Firma florierte, und
es ist nichts anderes bekannt, als daß sein Vermögen in guter Ordnung
war. Dagegen steckte sein Schwager Caspar Hoeppener tief in Schulden. Als er 1785 im Alter von 83 Jahren starb, beliefen sich die Forderungen seiner Gläubiger auf 10 000 Rubel. Auch städtische Kassen hatte
er beliehen. Sein Fall war noch nicht einmal der schlimmste.

Untersuchungen waren schließlich nicht mehr zu umgehen. In welchem Umfang Schulden gemacht und der Stadt gehörige Gelder verun-
treut worden waren, wurde erst nach und nach bekannt, doch schon
die Tatsache von Bankrotten unter den Ratsherren hatte das Vertrauen
der Gilden zum Rat unterhöhlt, der jetzt zwischen Bürgerschaft und
Regierung isoliert dastand.

Die Statthalterschaftsverfassung wurde durch kaiserlichen Ukas für
1783 angekündigt, aber die Reformen wurden nur schrittweise eingeführt. Der alte Rat blieb noch erhalten, doch ihm wurde die obere
Gerichtsbarkeit genommen. Seine Verwaltungstätigkeit wurde durch
Einführung staatlicher Behörden eingeschränkt, wobei die Scheidung
der Kompetenzen unklar blieb. Bei Wahlen zu neuen Ämtern, z. B.
städtischen Beisitzern bei den neu eingeführten Gerichten – dem Gouvernementsmagistrat und dem Gewissensgericht –, behielten die vier
Bürgermeister, zu denen nun auch Hermann Johann zur Mühlen
gehörte, das Vorschlagsrecht, aber das aktive und passive Wahlrecht
hatten die Bürger.

Schon sah der Rat seine Tätigkeit durch Regierungsbeamte eingeengt,
vor allem durch die Prokureure, und das waren Russen. In dieser Situation bewährte sich nicht einmal die Solidarität des Rates. Im Alleingang
versuchten zwei Rechtsgelehrte, Syndikus Joachim Dehn und Ratsherr
Johann Christian Wistinghausen, ihre Beziehungen zum Generalgouverneur zu nutzen, um einerseits mit seiner Hilfe eine Schonung des
Magistrats, andererseits zugleich die Stärkung der Rolle der Juristen in
ihm zu erreichen. Als Bürgermeister Hoeppener sich wegen seines
Bankrottes emeritieren ließ, wurde Syndikus Joachim Dehn an seine
Stelle gewählt. Man kam damit der insgeheim vom Generalgouverneur
Browne erbetenen und schriftlich erteilten Anweisung nach, in Zukunft
von den vier Bürgermeisterposten zwei mit Juristen zu besetzen. Seitdem hatten die Rechtskundigen, zusammen mit dem neu gewählten
Syndikus Carl Gottschalk Harpe, im collegium consulum das Überge-
wicht gegenüber den Kaufleuten Johann Reinhold Hetling und Hermann Johann zur Mühlen. Der Vorgang zeigt, daß der Rat seinen

Lebensfaden an Bedingungen knüpfte, die er eher als Bedrohung seiner Existenzgrundlage hätte ansehen müssen: er schien zu übersehen, daß Anweisungen, wer zu wählen sei, seinen Privilegien und dem Verständnis städtischer Autonomie klar widersprachen. In Wirklichkeit war damit für seine Lebensdauer nichts gewonnen, auch nicht für die „Literaten" im Rat.

Das Ende folgte mit wenigen Schritten. 1785 wurde die neue Repräsentation der Stadtgemeinde, der „Allgemeine Stadtrat", ins Leben gerufen. Aus seiner Mitte wurde das neue Verwaltungsorgan, der „Sechsstimmige Stadtrat", gewählt, und Anfang April wählten die Kaufleute einen aus ihren Reihen zum Stadthaupt. Die Wahl fiel auf Wilhelm Hetling, Bruder eines Ratsherrn.

Immer noch sah sich der Rat mit dem Worthabenden Bürgermeister Joachim Dehn an der Spitze der Stadtobrigkeit und glaubte, auf Grund von Harmonisierungszusagen, noch an seine Machtvollkommenheit. Es kam zu unerfreulichen Rivalitäten zwischen Dehn und Hetling und zu Beschimpfungen des Magistrats in der Öffentlichkeit. So weit war sein Ansehen gesunken. Schließlich schritt die Prokuratur ein, um die gesetzesmäßigen Änderungen voranzutreiben. Die Große Gilde und die Kanutigilde wurden für aufgehoben erklärt. Am 31. Dezember 1786 endlich löste der alte Rat sich offiziell auf, Anfang Januar übergab er die Geschäfte dem neuen sogenannten Stadtmagistrat, seinem Nachfolger – nicht als Verwaltungsbehörde, sondern als Gericht. Die Verwaltung wurde schon vorher weitgehend vom „Sechsstimmigen Stadtrat" wahrgenommen.

Nach dem sang- und klanglosen Ende des alten Rates trauerte ihm niemand nach außer seinen Mitgliedern selbst. Einige von ihnen verstanden es, sich in neue Institutionen hinüberzuretten. Die beiden Bürgermeister Hermann Johann zur Mühlen und Johann Reinhold Hetling sowie zwei Ratsherren hatten von vornherein ausdrücklich verzichtet. War es Resignation angesichts so unerfreulicher Vorgänge, oder war es fortgeschrittenes Alter?

Als August Kotzebue, damals Präsident im Zivildepartement des Gouvernementsmagistrats, Gründer des Revaler Liebhabertheaters, drei Wochen vor der Auflösung des alten Rates die Posse „Das Liebhabertheater vor dem Parlament" aufführte[99], wußte man, daß er den

---

[99] Elias, S. 177f.

Rat lächerlich machen wollte. Der Rat als Ganzes mußte sich geschmäht fühlen: Parlamentspräsident Güldenkalb, dessen Name an Korruption denken läßt, die Parlamentsräte Jaja und Weibermund, die keine eigene Meinung haben, Olim, der alles mit dem Maßstabe des Einstigen und Vergangenen beurteilt, und der oberflächliche Klatschsieb verurteilen in einer Gerichtsszene das Liebhabertheater als Unfug und Skandal, ohne das Für und Wider anzuhören. Zwei Räte mit den bezeichnenden Namen Selten und Herz protestieren dagegen, werden aber überstimmt[100]. Kotzebue läßt immerhin die Vorstellung gelten, daß im „Parlament" neben Korruption und Jasagerei auch Opposition und Vernunft zu Wort kommen können, wenn auch nur in seltenen Fällen und dann ohne Wirkung. Wie tröstlich für einzelne Betroffene des Rates, daß das Theaterstück ihnen wenigstens dieses Schlupfloch aus der Lächerlichkeit ließ.

Daß Kotzebue bestimmte Persönlichkeiten des alten Rates schmähen wollte, ist nicht erweislich. Das Stück ist zu banal, die Gestalten zu wenig differenziert, um zu treffen. Den Vorwurf, lebende Personen verspotten zu wollen, hat er denn auch zurückgewiesen. Dennoch ist die Frage berechtigt: war dieser oder jener ein Güldenkalb, ein Jaja oder Olim, ein Selten oder Herz? In bestimmten Fällen trifft der eine oder andere Vorwurf wahrscheinlich zu.

Über Hermann Johann zur Mühlen ein Urteil zu fällen, eine zusammenfassende Wertung seiner Persönlichkeit zu versuchen, fällt schwer. Nach allem, was die Quellen erkennen lassen, war er ein redlicher Kaufmann, ein hilfsbereiter Schwager, nicht so impulsiv oder eigenwillig wie sein Bruder Cornelius, ein treuer Bürger seiner Stadt, ein pflichtbewußter Kollege im Rat, der den Respekt vor der Institution nicht missen ließ. Eine überragende Persönlichkeit kann man in ihm nicht sehen, doch wer ragte denn im damaligen Reval überhaupt aus dem Kreise der führenden Kaufleute und Juristen heraus, wenn nicht einige Bürgermeister, Ratsherren oder Bürger durch Bankrott oder Korruption. Allenfalls wäre das neue Stadthaupt Wilhelm Hetling als ein Mann zu nennen, der, selbst einem alten Ratsgeschlecht entsprossen, die politischen Kräfte seiner Zeit zu ermessen wußte, vom Vertrauen beider Gilden getragen, tatkräftig handelte und als ein „geschickter Mann zu diesem Amt" galt[101]. Hermann Johann zur Mühlen hatte man in verhältnis-

---

[100] Kotzebue, S. 219ff.
[101] Elias, S. 110.

mäßig jungen Jahren zum Ratsherrn erkoren. Reichlich 20 Jahre später wurde er, damals ältester Ratsherr, zum Bürgermeister gewählt. Im Rat tat er sich weder durch löbliche noch üble Taten hervor, von besonderem Ehrgeiz scheint er nicht getrieben worden zu sein. Aber dem alten Rat, unter dessen lädiertem Ansehen so mancher Ratsverwandte gelitten haben wird, gehörte er nun einmal an. Ein Versuch, aus dieser Institution auszusteigen, hätte jedem den Vorwurf der Pflichtvergessenheit eingetragen. So etwas wäre unvorstellbar gewesen.

Ein Güldenkalb war Hermann Johann zur Mühlen nicht. War er ein Jaja? Wohl kaum, vielleicht aber ein Olim, ein Konservativer, der zu halten versuchte, was althergebracht war. Ob er ein Selten oder Herz war, dafür fehlt es an Belegen.

VIII. DIE ZEIT DER STATTHALTERSCHAFT UND DANACH

Wiederholt ist darauf hingewiesen worden, daß zu keiner Zeit das Geistesleben der Ostseeprovinzen mit dem des übrigen Europa so eng verbunden war wie im 18. Jahrhundert[1]. Wenn das auch für Reval gelten sollte, dann wohl nur mit Einschränkung. Die Ideen der Aufklärung, die hier gemeint sind, haben in Reval nicht einen Boden gefunden, der sich mit dem des weltoffeneren Riga vergleichen ließe, und – soweit überhaupt – erst spät Wurzeln geschlagen. Die mit der Autonomie der Vernunft begründete Befreiung von Traditionen und Konventionen fand in Reval starke Widerstände. Gewiß ist die Wirkung Kotzebues auf das literarische und gesellschaftliche Leben in Reval nicht zu übersehen, wie immer man ihn beurteilen mag. Aber sie fand ihre Grenzen im Einfluß der immer noch vorwiegend orthodoxen lutherischen Kirche und in der Einstellung der an der Erhaltung der bestehenden Verhältnisse interessierten ständischen Oberschicht. Ein Außenstehender wie der „Aufklärer" Johann Christoph Petri, der sich von 1785 bis 1797 als „Hofmeister" in Estland aufhielt, sah wohl mit kritischem Auge die Standesunterschiede, wagte aber einen Tadel erst nach seiner Rückkehr nach Deutschland[2].

Die Aufklärung über die bestehenden politischen und sozialen Verhältnisse mußte der Stadt erst in Form einer neuen Verfassung aufgezwungen werden. Sie hatte vielleicht – trotz ihrer mangelnden Konsequenz und ihrer kurzen Geltungsdauer – keine geringere Wirkung auf die Geisteshaltung der Revaler Bürger als die geistigen Verbindungen zu den anderen Städten, vor allem zu Riga, und zum deutschen Mutterlande, die durch sogenannte Hofmeister und durch das Studium von Bürgersöhnen an deutschen Universitäten am Leben erhalten wurden.

---

[1] Wittram, Geschichte, S. 147; Neander, S. 149.
[2] Elias, S. 181.

1. Statthalterschaft und Bürgerschaft

Nach drei Übergangsjahren begann für Reval mit der Auflösung des alten Rates im Januar 1787 die eigentliche Statthalterschaftszeit. Die neue Stadtordnung, die für das ganze Reich galt, war am 21. April 1785 veröffentlicht worden. Die Städte hatten als berufsständische Einwohnergemeinden, als Orte „bürgerlich-gewerblicher Betätigung" zu gelten. Das Bürgerrecht wurde als „lokal und ständisch definiertes Staatsbürgerrecht" aufgefaßt[3]. Das korporative Element der Ratsverfassungen der Städte Est- und Livlands war der neuen Ordnung fremd.

Das bedeutete das Ende der Aristokratie der Ratsgeschlechter und den Anfang vom Ende ihres Einflusses, den sie bisher durch Rat und Große Gilde auf das städtische Leben ausgeübt hatten. Die Kaufleute, die nach ihrer Steuererklärung der 1. und 2. Gilde angehörten, hatten zwar mehr politische Rechte als andere Bürger, doch diese neuen Gilden waren grundsätzlich offen für den Aufstieg aus anderen Bürgergruppen. Dazu zählten die meist „undeutschen" Beisassen in den Vorstädten, russische Kaufleute, Kronsbeamte und Offiziere, Fremde und Gäste, die sich nur vorübergehend in Reval aufhielten. Die ständischen Schranken waren aufgehoben, nur nicht gegenüber dem Adel. An die Stelle der alten Privilegien trat als Maßstab für die Klassifizierung der Bürger das Kapital, das sie versteuerten.

Damit war auch die wirtschaftliche Vorzugsstellung der deutschen Kaufleute bedroht. Handel treiben durfte jetzt jeder, wenn er entsprechende Steuern deklarierte. Die russischen Kaufleute, die schon lange die Gemüter der um ihre Handelsprivilegien besorgten Deutschen erregt und Anlaß zu Eingaben an die Regierung gegeben hatten, waren nun gleichberechtigt. Mit ihrer Anspruchslosigkeit und ihren geringen Gewinnspannen, ihrer Beweglichkeit und angeblichen Gerissenheit drohten sie zu einer ernsthaften Konkurrenz zu werden. Die Beschränkung ihrer Waren auf solche russischer Herkunft war aufgehoben, immer mehr nahmen sie auch den Handel mit den Bauern in ihre Hände, vom Bedarf der Garnison und von der Aufhebung der Zollgrenzen zu Rußland (1782) profitierten sie in erster Linie. Dennoch behielten in der bunt gemischten Bürgerschaft die deutschen Kaufleute dank ihrer alten Handelsverbindungen, ihrer Bildung und ihrer politischen Erfahrung vorerst noch die Oberhand.

---

[3] Elias, S. 101ff.

Die Bürgerschaft wurde in der Stadtverwaltung durch den „Allgemeinen Stadtrat" repräsentiert. Er setzte sich aus jeweils mehreren Vertretern folgender Bürgerkategorien zusammen: Hausbesitzer, Angehörige der Gilden, Zunftgenossen, „nahmhafte Bürger" und Beisassen. Die außerdem vorgesehenen „Fremden und Gäste" waren nicht vertreten, Tagelöhner und Bedienstete vom Bürgerrecht ausgeschlossen[4]. Die Bedeutung des „Allgemeinen Stadtrates" war gering. Die oberste Exekutive der Verwaltung bildete ein Ausschuß, der „Sechsstimmige Stadtrat" mit je einem Stimmhaber der Bürgerkategorien. An der Spitze stand das von den Kaufleuten gewählte Stadthaupt. Im Unterschied zur geschlossenen Verwaltung der Ratsverfassung, wo die meisten Ämter auf die vier Bürgermeister und 14 Ratsherren verteilt und einige an die Gilden delegiert waren, konnte der „Sechsstimmige Stadtrat" nur als koordinierende und überwachende Verwaltungsbehörde wirken. Ihm waren einzelne Bürgerkommissionen und Verwaltungsämter, denen sich die Bürger zur Verfügung stellen mußten, unterstellt. Nur die Polizei unterstand direkt der Statthalterschaftsregierung. Außerdem war die Autonomie der Stadtverwaltung durch Weisungen der Regierung noch weiter eingeschränkt als zuvor die des Rates.

Wie sehr die Bürgerschaft und ihre Repräsentanten sich bewußt geworden waren, daß die Verantwortung von der Stadt auf den Staat übergegangen war, zeigte sich, als Reval während des schwedisch-russischen Krieges (1788–1790) zeitweilig bedroht schien. Die Bürger beschränkten sich auf die passive Rolle, Quartierlasten für 10 000 Soldaten zu tragen. Gegenüber dem Befehl des Gouverneurs, sich bei einem Angriff auf Reval zur Verteidigung auf die Wälle zu begeben, vertrat die Stadt die Ansicht, daß – anders als früher – die Bürgerkompanien zum militärischen Einsatz nicht zu gebrauchen seien. Selbst die Schwarzenhäupter zeigten keinen Ehrgeiz und wünschten, nötigenfalls auf die Bürgerschaft verteilt zu werden.

Stadthaupt Wilhelm Hetling, selbst aus altem Ratsgeschlecht, versuchte in geschickter Weise, den Interessen aller Schichten gerecht zu werden. Vor Auflösung des alten Rates hatte er sich auf Männer gestützt, die wie die Kaufleute Friedrich Jürgens und Johann Christian Gebauer nicht den alten Geschlechtern angehörten. Bei den Wahlen zu den städtischen Ämtern hatten allein die Kaufleute der 1. und 2. Gilde

---

[4] Elias, S. 126ff.

aktives und passives Wahlrecht. Da die Angehörigen der Ratsfamilien zumeist in eine dieser Gilden eingestuft waren, bedeutete die Mitwirkung an der Stadtverwaltung und Rechtsprechung für sie die Gelegenheit, auch ohne die alten Privilegien persönlich hervorragende Stellungen einzunehmen. Der alte Bürgermeister Hermann Johann zur Mühlen hatte sich zurückgezogen. Doch einige aus der jüngeren Generation wirkten an verschiedenen Ämtern mit.

Eine der erwähnten Bürgerkommissionen, die noch aus Deputierten der alten Gilden zusammengesetzt war, hatte zur Ausfertigung des neuen Bürgerbuches alle Einwohner beider Stadtteile – Altstadt mit Dom und Vorstädte – zu registrieren, denen nach der neuen Ordnung das Bürgerrecht zustand. Ältester der Kommission war Cornelius zur Mühlen (1756–1815), Sohn des früh verstorbenen gleichnamigen Vaters. Sein Vetter Berend Heinrich, der älteste Sohn des Bürgermeisters, war unter den Deputierten der Großen Gilde[5]. Cornelius wirkte außerdem als Beisitzer in der Brauereikommission mit und war Vorsitzender der neuen Steuereintreibungskommission (1789). Sein Vetter Carl war Schlüsselherr beim Gotteskasten, der dem Unterhalt der Kirchen diente und bisher vom Rat verwaltet worden war. Außerdem war er Handelsaufseher im 2. Stadtteil (Vorstadt).

Doch es gab wichtigere Ämter. Die Funktionen des alten Rates als Obergericht waren schon 1783 an den neu eingerichteten Gouvernementsmagistrat übergegangen. Nach der Auflösung des Rates gingen die Funktionen des Untergerichts in Zivil- und Kriminalsachen auf den neu geschaffenen „Stadtmagistrat" über, der aus Wahlrichtern bestand: zwei Bürgermeister und sechs Ratmänner; von diesen wurden zwei als Beisitzer ins Polizeiamt delegiert, zwei weitere saßen im Waisengericht. Mit den Ratsherren des alten Rates waren die Ratmänner der Statthalterschaftszeit kaum zu vergleichen: sie waren lediglich Richter. Ein wichtiger Unterschied war ferner, daß sie nicht auf Lebenszeit, sondern auf drei Jahre gewählt wurden. Für Bagatellfälle der Zivilgerichtsbarkeit gab es in den Stadtteilen als unterste Instanz die „Mündlichen Gerichte", deren drei Mitglieder jährlich wechselten. Für diese Gerichte war der Stadtmagistrat zweite Instanz.

Als eines der wenigen Untergerichte des früheren Rates war seinem Charakter nach das Stadtwaisengericht erhalten geblieben. Doch es war

---

[5] Die Ämter nach Mitt. von Elias und Kenéz aus RStA, SHZ 124, S. 40; SHZ 107 (1789 Juli 30); Elias, S. 121.

dem Stadtmagistrat jetzt gleichgeordnet. Den Vorsitz hatte das Stadthaupt, Beisitzer waren zwei Ratmänner. Die Interessen der Waisen
wurden vom „Stadtältesten" vertreten, der ebenfalls auf drei Jahre
gewählt wurde. Wie in Zeiten der alten Ratsverfassung behandelte das
Waisengericht Vormundschaftssachen.

Unter den Ratmännern der ersten Periode (4. Dezember 1786 bis 5.
Dezember 1789) finden wir Berend Heinrich zur Mühlen, der als solcher zugleich Richter im Waisengericht war. Zu gleicher Zeit war Cornelius Stadtältester. In der zweiten Periode schied Berend Heinrich aus
dem Stadtmagistrat aus, während Cornelius zum Ratmann gewählt
wurde (1789), jedoch ohne Sitz im Waisengericht. Er blieb auch im dritten Triennium als Ratmann im Amt, bis er auf Befehl der Statthalterschaftsregierung an den Sechsstimmigen Stadtrat vom 29. Dezember
1793 aus dem Dienst entlassen wurde[6]. Er hatte selbst darum nachge-
sucht, weil er die Absicht hatte, sich auf dem Lande niederzulassen.
Nach ihm hatte im letzten Jahr der Statthalterschaftsverfassung Berend
Heinrichs Bruder Hermann das Amt eines Ratmanns. Zuvor war er
1792 Beisitzer im Mündlichen Gericht, ab 1793 Mündlicher Richter –
zuerst im zweiten, dann im ersten Stadtteil – gewesen. Bevor er zum
Ratmann gewählt wurde, war er noch einige Monate lang Stadtältester.

Der Amtsführung der Ratmänner brauchen wir keine Aufmerksamkeit zuzuwenden. Interessanter ist die Tätigkeit des Stadtältesten, dessen Kompetenz über bloße Vormundschaftsangelegenheiten hinaus-
ging. Dieses Amt, für das es in der alten Ratsverfassung nichts Ver-
gleichbares gegeben hatte, diente allgemeinen Bedürfnissen, *sie mögen
bestanden haben, worin sie wollen,* wie sich Cornelius in einer „Unterlegung" an den „Sechsstimmigen Stadtrat" vom 22. März 1787 aus-
drückte[7]. In diesem Schreiben ist die Rede von Maßnahmen der Stadt,
*welche die Verbeßerung und Aufsicht des Schulwesens zum Vornehm-
sten Gegenstande haben, ein dem Publico um so nothwendigeres
bedürfniß, als imselbigen die künftigen Bürger des Staats gebildet werden, und mithin erfordert ebendiese Anstalt nicht geringe Aufmerksamkeit.* Da der Stadtrat das für die Aufsicht über die Schulen und das
Gymnasium bestimmte Kollegium schon besetzt hatte, gab er zu
bedenken, ob er als Stadtältester *diesem Collegio ebenfalls beyzuwesen,
nicht befucht und verpflichtet sey!* Offenbar fühlte Cornelius sich durch

---

[6] RStA, B.r. 55, S. 145.
[7] RStA, Suppl. 18. Jh., Mappe 3 (Supplikanten alphabetisch).

den Sechsstimmigen Stadtrat übergangen. Doch kann man der „Unterlegung" auch entnehmen, daß die Statthalterschaftsverfassung noch nicht in allen Einzelheiten des kommunalen Lebens funktionierte, da es keine althergebrachten Gewohnheiten gab, auf die die neuen Verwaltungs- und Aufsichtsbehörden sich hätten berufen können. Für die Leitung des Gymnasialwesens hatte es in früherer Zeit im Rat ein Collegium Gymnasiarcharum gegeben, für das übrige Schulwesen das Collegium Scholarchiarum.

Was außer Schulangelegenheiten zum „allgemeinen Bedürfnis" zu rechnen war, überließ die Statthalterschaftsverfassung dem Stadtältesten. Es scheint sich bei diesem Amt um eine Art Anwalt für Beschwerden der Bürger gehandelt zu haben, ein Amt also, dessen Bedeutung und Wirksamkeit von seinem Träger abhing, und ein Baustein einer neuen demokratischen Ordnung.

Die Eingabe zeigt schließlich, daß Cornelius als Stadtältester sein Amt so ernst nahm, wie es seit eh und je von jedem Ratsverwandten erwartet worden war: *damit ich soweinig in Absicht meiner Persohn als meiner Nachfolger etwas verabsäume, machte* (ich) *mir diese Unterlegungen zur Pflicht; daherho ich mir hirüber eine gerechte beserung und Vorschrift erbitte.*

Von einer echten demokratischen Verfassung war die neue Stadtordnung durch die Privilegierung der Wohlhabenden und Ausschließung der Tagelöhner und Bediensteten weit entfernt. Darüber hinaus gab es auch Inkonsequenzen in der Praxis. Ein Beispiel dafür ist die Wahl des Protokollisten beim Estländischen Oberlandgericht Hermann zur Mühlen in den Stadtmagistrat als Ratmann. Um in den Kommunalbehörden tätig werden zu können, nebenberuflich wie die Kaufleute auch, ließ er sich am 12. Oktober 1792 ins Bürgerbuch eintragen und deklarierte sich als der 3. Steuergilde zugehörig, der sonst nur Kleinhändler angehörten. Dies tat er wohl pro forma: im Kaufleuteverzeichnis von 1797 heißt es von ihm: treibt keinen Handel[8]. Nach dem Buchstaben der Stadtordnung hätte er auch jetzt weder das aktive noch das passive Wahlrecht gehabt, das nur den Kaufleuten der 1. und 2. Gilde zukam. Vielleicht hatte man ihn gedrängt, um einen Juristen in den Stadtmagistrat zu bekommen, und hatte sich daher mit einem niedrigeren Steuerbeitrag begnügt. Sein jüngerer Bruder Caspar, der ebenfalls Jurist war

---

[8] Mitt. Elias aus RStA, B.h. 65.

und am Niederlandgericht arbeitete, wurde im Unterschied zu Hermann nicht Bürger.

Von Gleichmacherei war die Stadtordnung weit entfernt. Ihr Demokratieverständnis beschränkte sich auf die Durchlässigkeit zwischen den verschiedenen Bürgerkategorien vom Beisassen bis zum „namhaften Bürger". In der Theorie konnte der Beisasse es zu etwas bringen, doch solange er das blieb, was er war, nämlich Arbeiter, Fuhrmann, Mündrich, Pelzschneider, Maurer, Kleinhändler usw., hatte er nur die gewerblichen Rechte, die von der Stadtordnung für ihn vorgesehen waren.

Das andere Extrem auf der sozialen Stufenleiter bildeten die „namhaften Bürger". Zu ihnen zählten Gelehrte, Künstler, Kapitalisten, Bankiers, Großkaufleute, Reeder und Wahlrichter nach zwei Amtsperioden, falls sie ein Steueraufkommen von mehr als 500 Rubel hatten. Mit den Kaufleuten der 1. und 2. Gilde waren sie von Leibesstrafen befreit, sie unterschieden sich aber von ihnen durch das Recht, mit vier Pferden zu fahren, während jene nur mit zweispänniger Kalesche, die Kaufleute der 3. Gilde gar nur einspännig fahren durften. Wieweit diese in der Stadtordnung festgelegten Vorrechte in Reval praktische Bedeutung hatten, mag dahingestellt sein. Zu den namhaften Bürgern zählte jedenfalls kein zur Mühlen. Diese Kategorie blieb eine seltene Erscheinung. Weder besondere politische Rechte noch Handelsvorteile zeichneten sie aus[9], die zu einer höheren Vermögens- und Steuerdeklaration hätten verlocken können. Wer sollte auch Wert darauf legen, mit dem gerissenen Elizar Popov aus Tichvin, Heereslieferant, Bauunternehmer und Reeder, der gleichen Gruppierung anzugehören.

Der Statthalterschaftsverfassung war durch den Tod der Kaiserin (7. November 1796) ein baldiges Ende beschieden. Kaiser Paul I. stellte mittels Ukas vom 28. November die alte Ratsverfassung mit Einschränkungen wieder her. Die alten Gilden wurden restauriert. Im Zusammenwirken mit dem Gouverneur wurde der Rat neu gebildet. Als präsidierender Bürgermeister blieb Wilhelm Hetling an der Spitze, die übrigen Bürgermeister wurden aus dem alten Rat entnommen, die meisten Ratsherren waren in der Statthalterschaftszeit als Beisitzer im Gouvernementsmagistrat oder im Gewissensgericht und als Ratmänner im Stadtmagistrat tätig gewesen. Unter den Ratsherren war der Kaufmann Jürgens aus der Sicht der alten Geschlechter ein Außenseiter.

---

[9] Vgl. das Schema bei Elias, am Schluß seines Buches.

Die Statthalterschaftszeit blieb nicht bloß Episode in der Geschichte Revals. Sie hatte vielmehr Dauerfolgen. Die Autorität des Rates hatte gegenüber den wiederhergestellten Gilden und vor allem der Bürgerschaft gelitten, die durch die Statthalterschaftsverfassung in den Genuß größerer politischer Rechte gekommen war. Verschiedene Behörden und Einrichtungen blieben erhalten, u. a. das Steuer- und Handelsrecht. Mit der Einführung eines neuen Polizeireglements büßte der Rat im Jahre 1800 die Polizeiautonomie ein, die ihm 1797 wieder gewährt worden war. Er mußte sich außerdem die Kontrolle der städtischen Finanzen durch den Kameralhof gefallen lassen. 1803 wurde dem Rat auch die Verwaltung des Quartierwesens durch Einsetzung einer besonderen Kommission genommen, der die Verteilung der besonders drückenden Quartierlasten oblag[10].

In die städtischen Angelegenheiten regierten der Kriegsgouverneur Spiridov, der Generalgouverneur Paul Friedrich August von Holstein-Oldenburg und der Senat in St. Petersburg hinein. So wurden beispielsweise nach einem Ukas von 1809 für neue Häuser nur noch amtlich vorgeschriebene Fassadentypen zugelassen, und 1814 mußten alle Buden im Weckengang, in der Rußstraße, am Alten Markt, in der Schmiedestraße, der Nikolaistraße und bei der Süsternpforte auf Befehl des Generalgouverneurs abgebrochen werden[11].

Dem Rat fehlte es also nicht nur an Autonomie nach außen gegenüber der staatlichen Gewalt, er hatte auch Funktionen der inneren Verwaltung verloren. Hinzu kam, daß die Stadt immer mehr in die militärischen Bedürfnisse des Reiches einbezogen wurde. Die Errichtung von Kasernen seit dem Ende des 18. Jhs., die Entstehung neuer Vorstädte durch Ansiedlung von Familien russischer Offiziere und Seeleute, die Anlage eines Kriegshafens nach 1806[12] relativierten die Bedeutung der städtischen Selbstverwaltung und veränderten nicht nur das äußere Stadtbild, sondern auch die Gesellschaft der Stadt als Siedlungseinheit.

1817 wurde Hermann zur Mühlen, der in Reval geblieben war, während alle Brüder und der Vetter Cornelius aufs Land gezogen waren, zum Ratsherrn gewählt, genau 150 Jahre nach der ersten Wahl eines Familienangehörigen, der ebenfalls Hermann hieß. Aber welcher Unterschied zwischen dem Rat 1667 und 1817: die Geschichtsschrei-

10 Elias, S. 185ff.; Nottbeck/Neumann I, S. 216.
11 Tallinna ajalugu, S. 357f.
12 Ebd., S. 355f.

bung hat sich mit der Tätigkeit des Revaler Rates am Anfang des 19. Jhs., die sich in der inneren Verwaltung erschöpfte, nicht näher befaßt, es war wohl kaum der Mühe wert. Und welcher Unterschied zwischen dem Reval von 1817 und der autonomen Hansestadt vor dreihundert Jahren, als die Geschichte des Geschlechts thor Moelen in Reval begann. Auf allen Gebieten wären nur hinkende Vergleiche möglich.

2. Die Seidenhändler und ihre Handelshäuser

Die Zeit der Statthalterschaft bedeutete für den Handel Revals einen Anstieg der Konjunktur. Man kann sie an den Rubelbeträgen der Importstatistiken ablesen. Die Tendenz ist, trotz starken Verfalls des Papierrubels, in den Jahren um 1790 deutlich erkennbar, nicht zuletzt auch am wachsenden Anteil Revals am Gesamtimport des Russischen Reiches. Die Gewinner waren besonders die Seiden- und Lakenhändler, aber auch die Wein- und Gewürzkrämer, während der Export, von denen die Grossisten lebten, zur gleichen Zeit eher zurückging. Die Gründe für den Anstieg der Importe sind teils auf größere Handelsfreiheit, teils auf besondere zollpolitische Maßnahmen der russischen Regierung zurückzuführen, die hier nicht zu erörtern sind. 1793 trat ein gewisser Rückschlag ein, da die Kaiserin auf die Hinrichtung Ludwigs XVI. mit einem Importverbot für französische Waren reagierte. Einbezogen wurden auch bestimmte Luxusartikel, gleich welcher Herkunft[13].

Benachteiligt waren in Reval die Nürnberger Krämer und Bauernhändler, und das weniger infolge ihrer Abhängigkeit vom Außenhandel der Grossisten, als durch die Konkurrenz der russischen Kaufleute. Ihre Zahl war seit Beginn der russischen Herrschaft ständig gewachsen. Die überlieferten Angaben sind allerdings schwer miteinander zu vergleichen. 1730 hatte man über 100 Buden und Verkaufsstände in Stadt und Vorstadt gezählt, doch die Mehrzahl der Händler wird aus Marketendern, Offiziersburschen, Soldaten, Matrosen, Weibern und so fort[14] bestanden haben. Nach „Enrollierung" der russischen Kaufleute im folgenden Jahr betrug ihre Zahl immerhin etwa 20[15]. 1770 wurden in Reval 68 russische Kaufleute registriert, die in der Altstadt, auf dem

---

[13] Ebd., S. 333; Elias, S. 144, 196ff.
[14] Etzold, Seehandel, S. 50.
[15] Ebd., S. 53.

Russischen Markt und in den Vorstädten Handel trieben, dazu kamen 15 russische Handwerker, die ihre Produkte verkauften[16]. Während der Statthalterschaftszeit stieg die Zahl der Russen in den drei Steuergilden von 42 (1787) auf 53 (1797), gleichzeitig verringerte sich die Gesamtzahl der Kaufleute von 240 auf 222. Wie viele Kleinhandel treibende Russen es unter den Beisassen in dieser Zeit gab, ist aus der Literatur nicht zu ermitteln. Fest steht nur, daß die Zahl russischer Beisassen die der russischen Kaufleute um ein Mehrfaches übertraf und durch Zuwanderung auch schneller anstieg[17]. Doch auch sie trieben ja Handel.

Für die Deutschen bedeuteten die russischen Händler mit ihren geringen Gewinnspannen und ihrer Anspruchslosigkeit eine ernsthafte Konkurrenz. Ihr Wanderhandel machte das Söbbersystem der Bauernhändler zunichte, und da sie seit der Statthalterschaftszeit auch mit Importwaren aus dem Westen Handel treiben durften, fühlten sich auch Kaufleute aus anderen Branchen betroffen. Durch die Aufhebung der Zollgrenze zwischen dem Gouvernement und dem übrigen Rußland (1782) wurden dank ihrer Beziehungen in erster Linie die Russen begünstigt, während die einst Privilegierten in der Entwicklung am Ende des Jahrhunderts einen Niedergang des Revaler Handels sahen, womit sie allerdings an ihren eigenen Handel dachten.

Die Privilegien hatten den deutschen Kaufmann in Reval allzu lange vom Konkurrenzkampf und damit vom Zwang befreit, den Handelsbetrieb zu modernisieren. Nur eine Neuerung hatte das 18. Jh. gebracht: die Gründung von Handelshäusern einiger Familien zwecks Kapitalvermehrung und Verringerung des Arbeitsaufwandes. Angefangen hatten die Grossisten Thomas Clayhills & Sohn und Adolph Oom & Söhne. Die Firmen überdauerten den Tod eines einzelnen, dessen Waren daher nicht mehr öffentlich verkauft oder versteigert werden mußten. Auch Hermann Johann zur Mühlen hatte als junger Seidenhändler seinen Bruder als Kompagnon angenommen, der sich aber bald selbständig machte. Als Firmeninhaber werden wir nochmals ihm selbst sowie seinen Söhnen begegnen.

Was wir über die Jugend und Ausbildung der sechs Söhne Hermann Johanns wissen, ist Stückwerk aus verschiedenen Quellen. Berend Heinrich, geboren 1751, muß eine schwere Kindheit durchlebt haben. 1755/56 starben seine vier kleinen Geschwister. Es war für ganz Reval

---

16 Tallinna ajalugu, S. 327.
17 Elias, S. 128f., 130, 134.

eine sorgenvolle Zeit. In den folgenden Jahren stöhnte die Stadt unter der Einquartierung und anderen Belastungen, die der Siebenjährige Krieg mit sich brachte[18]. Von sieben Kindern, die seit dieser Zeit geboren wurden, überlebten fünf: Hermann (geb. 1758), Heinrich (1762), Caspar (1763), Carl (1764) und Friedrich Johann (1768). Bis 1768 herrschte Teuerung, von Krankheiten begleitet. Erst in den siebziger Jahren trat eine Besserung der Lebensverhältnisse in Est- und Livland ein, die sich von den vorangegangenen Jahrzehnten und zugleich von Mittel- und Nordeuropa vorteilhaft abhoben[19].

Nach dem Schulbesuch dienten die Söhne als Lehrlinge und Gesellen beim Vater[20], soweit er sie nicht studieren ließ.

1779 vermählte sich Berend Heinrich mit Sophia Striecker, Tochter des Ältesten der Großen Gilde Samuel Striecker und der Anna Christina Wistinghausen. Kurz davor war er Teilhaber des Handelshauses Hermann Johann zur Mühlen & Sohn geworden[21]. Der Kauf eines Hauses in der Langstraße, unmittelbar neben der Großen Gilde gelegen (1783)[22], läßt auf gut gehende Geschäfte schließen. Es sollte so bleiben, auch nachdem Berend Heinrich sich von der Firma seines Vaters gelöst hatte. 1785 hielt er Ausschau nach einem Grundstück außerhalb der Stadt. In einem an die Kaiserin gerichteten Schreiben *flehte* er sie an, ihm *ein mit Sand bedecktes Stück Land* auf 12 Jahre zinsfrei, danach gegen den dafür bestimmten Grundzins zu überlassen. Der „*allerunterthänigste Knecht*" mußte 1786 sein Gesuch erneuern[23], mit welchem Erfolge, wird nicht ersichtlich. Vermutlich hatte er die Absicht, wie es damals in Reval üblich war, ein „Lusthöfgen" auf dem Grundstück errichten zu lassen.

Spätestens im Herbst 1784 tat Berend Heinrich sich mit seinem leiblichen Vetter Peter Leopold Riesenkampff zusammen[24]. Ungefähr gleichzeitig etablierten sich seine Brüder Heinrich und Carl als Seidenhändler in Reval. Laut Vorschrift der Seidenhändlerkompanie hatten sie

---

[18] Vgl. dazu Hartmann, Reval im Siebenjährigen Krieg, S. 329 ff.
[19] Kenéz, S. 22.
[20] Mühlen, Familie, S. 148.
[21] RStA, RPr. 1779 Mai 17.
[22] RStA, RPr. 1783 Mai 12. Laut Familienverzeichnis von 1786 (RStA, SHZ 123, S. 294 f.) Haus Nr. 82, das von der Großen Gilde durch den Börsengang getrennt war. – Vgl. Taf. 6, Abb. 5 auf S. 161 und Karte 5 vor S. 385.
[23] RStA, Suppl. 36 (IX), S. 152 u. 212.
[24] RStA, A.f. 178, S. 152.

die erhöhte Eintrittsgebühr von 12 Rb. zu entrichten, weil sie ihre Zeit als Kaufgesellen noch nicht ausgedient hatten. Heinrich war 1781, Carl erst 1783 der Bruderschaft der Schwarzenhäupter beigetreten. Nun nahm Heinrich mit 22 Jahren – das war das Mindestalter – das Vorrecht der Bürgersöhne in Anspruch, sich schon vor Erwerbung des Bürgerrechts selbständig zu machen, und gründete mit dem zwanzigjährigen Carl die Firma „Gebrüder zur Mühlen"[25]. Die Gleichzeitigkeit der beiden Firmengründungen läßt vermuten, daß der Vater sich damals entschlossen hatte, sich aus dem Geschäftsleben zurückzuziehen und die Firma aufzulösen oder aufzuteilen, so daß die beiden frei werdenden Kaufgesellen sich zusammentaten. Der Zeitpunkt wurde anscheinend vom Lebensalter Heinrichs bestimmt.

Die väterliche Firma wird zuletzt im März 1784 erwähnt, doch die Geschäfte wurden wohl damals schon von den Söhnen wahrgenommen. Als Kommerzbürgermeister hätte Hermann Johann sich nicht erlauben können, was damals seinem Handelshause angelastet wurde. In der Seiden- und Lakenhändlerkompanie gingen Klagen gegen verschiedene Mitglieder über unerlaubtes Handeln mit Waren ein, *„die ihnen nicht zukämen"*. Es wurde beschlossen, die Angeschuldigten gütlich zu ermahnen. Caspar Hoeppener junior, ein Neffe von Hermann Johann, nahm es auf sich, *mit den Herrn Bürgermeister zur Mühlen & Sohn ... zu sprechen*. Sollte das nicht fruchten, so wollte man die Angelegenheit dem Offizial auftragen[26]. Ein halbes Jahr später wandte man sich in der gleichen Angelegenheit an Hermann Johann zur Mühlen als Kommerzbürgermeister, er möge den Kommerzienoffizial beauftragen, die Angelegenheit gerichtlich zu regeln. Es scheint aber nicht mehr dazu gekommen zu sein. Jedenfalls versprachen die Herren zur Mühlen & Riesenkampff, sich künftig an die Verkaufsvorschriften zu halten. Die Übertretung hatte im Verkauf von *2 Kleider fein Tuch* bestanden, die allerdings vorher vergeblich den Tuchhändlern angeboten worden waren[27]. Diese Ware durfte also nicht von den Seidenhändlern im Einzelhandel verkauft werden. Der Vorfall zeigt, wie notwendig die bald darauf mit der Statthalterschaft einziehende Handelsfreiheit war, wie überlebt und engstirnig die noch geltenden Handelsvorschriften.

---

25 SchwA, C 15, S. 113, 118; RStA, A.f. 178, S. 149; Etzold, Seehandel, S. 173.
26 RStA, A.f. 178, S. 147r.
27 RStA, A.f. 178, S. 152.

Das Handelshaus „zur Mühlen & Riesenkampff", Seidenhandel und Spedition, lebte wie alle Seiden- und Lakenhändler vom Import von Waren, die überwiegend aus Lübeck kamen. Erhalten ist eine Verlustanzeige, in der es heißt: *Nach Anleitung des beyfolgenden Connossements ist an uns eine emballierte Kiste, gezeichnet KR, in dem Schiffe Mathias Heinrich, geführt von dem Schiffer Zacharias Stahl, verladen gewesen. Bey der an dem hiesigen Zollamt geschehenen Eröffnung dieser Kiste fand sich, daß an derselben 24 Paar seidene Strümpfe fehlten, worüber wir das erforderliche Attestat beyzubringen vorbehalten.* Die Strümpfe seien entweder in Lübeck oder auf dem Schiffe oder in Reval verloren gegangen oder entwendet worden[28].

1790 trennten sich die Vettern und traten mit eigenen Firmen auf. Riesenkampff starb am Ende des Jahres[29]. Berend Heinrich zur Mühlen nahm seinen Bruder Carl in sein Handelshaus auf, das jetzt unter „zur Mühlen & Co." firmierte. An Carls Stelle trat vermutlich der jüngste Bruder Friedrich Johann als Teilhaber in Heinrichs Firma ein, die weiterhin den Namen „Gebrüder zur Mühlen" behielt.

Berend Heinrich war zeitweilig sehr erfolgreich. 1792 versteuerte seine Firma ein geschätztes Vermögen von 35 000 Rb. und erreichte einen Import im Werte von 315 000 Rb. Allerdings machte sie auch Geschäfte mit fremdem Kapital, was aus Berend Heinrichs Berufsbezeichnung „Kontorist und Kommissionär" zu schließen ist. An der Spitze der Importeure stand vor ihm nur noch der aus Windau gebürtige Johann Friedrich Jürgens, dessen Einfuhren im Wert von 1 184 000 Rb. (1792) rund 40 Prozent des Revaler Gesamtimports ausmachten[30]. Doch Jürgens, der sich zugleich als Heereslieferant, Bauunternehmer, Bankier, Reeder und Fabrikant betätigte und seit der Statthalterschaftszeit besonders am Rußlandhandel verdiente, bildete für die Revaler Kaufleute keinen Maßstab, vielleicht eher eine unerwünschte Konkurrenz; er stand überdies, obwohl Mitglied der Großen Gilde, durch seine Heirat in zweiter Ehe mit einer gebürtigen Estin, die von einem Deutschen adoptiert worden war, am Rande der Revaler Gesellschaft[31].

---

[28] RStA, Suppl. 36 (IX), S. 226.
[29] Elias, S. 131; Riesenkampff, S. 18.
[30] Zu den Firmen Elias, S. 131 f. und Mitt. Elias aus RStA, B.f. 120, 126; B.h. 64; SHZ 123, 126, 127.
[31] Elias, S. 132 f.

Gleich nach „zur Mühlen & Co." rangierte mit Importen für
283000 Rb. die Firma des verstorbenen Vetters: Riesenkampff & Co.
Aber beide Firmen und auch Jürgens verschwanden kurz darauf von
der Spitze. An ihrer Stelle standen 1796 Firmen von Großhändlern und
solche, die in das Rußlandgeschäft eingestiegen waren. Die Napoleonischen Kriege und das erwähnte Importverbot für französische Waren
taten ihre Wirkung. Man kontrollierte genau und durchsuchte sämtliche „Buden" nach Warenvorräten. In einer Liste mit den Namen von
43 deutschen und 18 russischen Kaufleuten, bei denen verbotene französische Waren im Wert von rd. 267000 Rb. gefunden wurden, kam
der Name zur Mühlen nicht vor. Vielleicht war die „Konterbande"
schon in den Händen der Einzelhändler. Jedenfalls gingen die Importe
insgesamt zurück.

Für die Firma „zur Mühlen & Co." war indessen ein anderer Grund
entscheidend für den Ausklang. Nachdem ein leiblicher Vetter der
Inhaber, Thomas Johann von Wehren, als dritter Teilhaber eingetreten
war, kehrte Berend Heinrich selbst Reval den Rücken und ließ sich auf
seinem neu erworbenen Gut Habbat nieder. Ob er damit ausschied
oder stiller Teilhaber blieb, ist nicht bekannt. In einem „Verschlag von
der Kaufmannschaft der Kayserlichen Stadt Reval" (1797) wird Wehren
für die Firma von zur Mühlen mit einem Kapital von 16050 Rb. und
einem Umsatz von 58899 Rb. genannt: er treibt den Handel mit allen
ausländischen und einheimischen Waren vermöge seines Kapitals und
auswärtigen, auch einheimischen Kredits[32]. Auch Carl verließ Reval:
1799 erwarb er das Pfandrecht am Gute Kollo, wohin er mit seiner Frau
Dorothea, geb. Müller, übersiedelte. Spätestens 1804 wird die Firma
aufgelöst worden sein, als auch Wehren auf dem Lande ansässig
wurde[33].

Im erwähnten „Verschlag" wird das Handelshaus „Gebrüder zur
Mühlen" nicht erwähnt, doch bestand es vermutlich noch 1799, und
noch 1800 traten die Gebrüder zur Mühlen in einer Wechselsache gegen
Jürgens auf, dessen Firma 1802 zusammenbrach. Der Chef des Hauses,
Heinrich zur Mühlen, hatte 1791 die Ratsherrntochter Henriette
Wistinghausen geheiratet. Obwohl er Revaler Kaufmann blieb, hielt er
sich viel auf dem Lande auf. Drei seiner Kinder wurden in Eigstfer

---

[32] RStA, B.h. 65.
[33] Elias, S. 186; Nottbeck/Neumann I, S. 217; Tallinna ajalugu, S. 333f.
und Tabelle, S. 328.

geboren, dem Gut, das sein Bruder Caspar 1791 vielleicht mit seiner Unterstützung gepfändet hatte. In den Verzeichnissen der Großen Gilde fehlt sein Name, und im Gegensatz zu seinen Brüdern Hermann und Friedrich ist er auch im Buch der Brauergesellschaft nicht verzeichnet, die während der Statthalterschaftszeit an die Stelle der Großen Gilde und der Brauerkompanie getreten war. Daß er als Ältermann der Großen Gilde bezeichnet wird, könnte daher auf einem Irrtum beruhen.

Kaum vierzigjährig, starb Heinrich am 20. Januar 1802 in Eigstfer. Die Todesanzeige in den Revalschen Wöchentlichen Nachrichten lautet: „Am 20sten Januar d. J. starb an den Folgen eines hitzigen Fiebers mein innigstgeliebter Gatte, Heinrich zur Mühlen, in seinem 41sten (sic!) Jahre. Wer das Glück eines häuslichen Lebens kennt und wem das ununterbrochene Beysammenseyn in dem Kreise der Seinigen Bedürfniß geworden ist, das sich nach und nach mit unserm ganzen Daseyn verwebt, der wird meinem bittern Grame bey dieser Trennung eine mitleidsvolle Thräne weinen. Möchte ich auf lange, lange Zeit die einzige Dulderin dieser Art seyn! Eyestfer den 20sten Januar 1802. Henriette zur Mühlen, geb. Wistinghausen."[34]

Heinrichs Kompagnon, sein Bruder Friedrich Johann, war etwa 22 Jahre alt, als er, wie wir annehmen, an Carls Stelle Mitinhaber der Firma „Gebrüder zur Mühlen" wurde (1790). Doch das gemeinsame Geschäft währte nicht lange. Schon 1792 oder 1793 erwarb er das Gut Sellie in Wierland. Dorthin zog er schon bald mit seiner jungen Frau: sein zweiter Sohn wurde im Oktober 1793 in Sellie geboren.

Friedrich Johann hatte sich Anfang 1792 im Alter von 24 Jahren mit Margaretha Hetling vermählt, einer Tochter des Stadthauptes Wilhelm Hetling und der Maria Elisabeth Buchau. Hetling stand in besonders gutem Verhältnis zur Schwarzenhäupterkompanie. Zur Hochzeit seiner Tochter wurde ihm das Schwarzenhäupterhaus eingeräumt, obwohl das nicht ganz den Bestimmungen der Bruderschaft entsprach. Zur Hochzeitsfeier wurden 22 vergoldete Becher und der Pokal „Hänschen im Keller" leihweise herausgegeben[35], eine besondere Ehrung für das verdiente Stadthaupt Hetling. Vermutlich war Friedrich Johann zur Mühlen selbst Angehöriger der Bruderschaft.

Die Firmen „zur Mühlen & Co." und „Gebrüder zur Mühlen" waren die letzten Handelshäuser dieses Namens in Reval. Schon vor ihnen

---

[34] Wistinghausen, Beiträge, S. 43, 98 und Stammtafel ebd.
[35] Amelung/Wrangell, S. 342.

hatte der Vetter Cornelius seine Firma aufgelöst. In einem Alter zwischen 25 und 40 Jahren waren die letzten zur Mühlen in Reval alle noch jung genug, um auf dem Lande als Gutsbesitzer einen neuen Anfang zu machen.

3. Die Juristen

Wer an der Universität studieren wollte, benötigte eine höhere Bildung, als sie üblicherweise von Revaler Kaufleuten vorausgesetzt wurde. Es muß daher angenommen werden, daß Hermann und Caspar zur Mühlen das Revaler Gymnasium beendet haben. Man erwartete von dieser Schule eine Ausbildung, die ausreichte, den Landeskindern den kostspieligen Besuch einer ausländischen Universität zu kürzen. Auf dem Lehrplan standen Philosophie, Geschichte, Rede- und Dichtkunst, Musik, Dogmatik, Jura, Mathematik, Geographie und Naturlehre sowie drei alte und drei neue Sprachen[36].

Seit dem Theologen Helmold zur Mühlen war Hermann der erste Familienangehörige mit Universitätsbildung. Das Studium der Rechte verhieß einem Revaler Kaufmannssohn zwar nicht den Segen materieller Güter durch ein blühendes Geschäft, aber dafür die Möglichkeit eines Aufstiegs zu den einflußreichsten Positionen im städtischen Leben. War ein Jurist einmal Waisengerichtssekretär geworden, so konnte ihn der nächste Schritt in der Zeit der alten Ratsverfassung auf den Posten des Ratssekretärs führen, das Sprungbrett für einen künftigen Syndikus. Unter den Bürgermeistern hatten stets die rechtsgelehrten den größten Einfluß. So gesehen, konnte ein Jurastudium den Beginn einer Karriere bedeuten. Andererseits öffnete die Universitätsbildung den Zugang zu den Literaten, die zwar keinen Stand bildeten, aber doch einen Gesellschaftskreis von zunehmendem Einfluß im städtischen Leben.

Am 23. Oktober 1775 trat Hermann – gleichzeitig mit seinem leiblichen Vetter Justus Johann Riesenkampff – der Schwarzenhäupterbruderschaft bei. Im Bruderbuch heißt es: „Für die Ehre, unter der Bruderschaft dieses loblichen Schwarzenhäubter Hauses aufgenommen zu

---

[36] Elias, S. 56.

werden, schreibe ich zur ergebendsten Dankbarkeit 3 Rubel ein."[37]
Bald darauf gingen beide nach Deutschland studieren. Am 24. August
1776 wurden sie in Leipzig immatrikuliert[38]. Wann Hermann heim-
kehrte und welche Tätigkeit er anfangs als fertiger Jurist aufnahm, ist
nicht bekannt.

Erst für die Jahre von 1783 bis 1796, also für die ganze Statthalterschaftszeit, weiß das Familienarchiv zu berichten, daß Hermann zur
Mühlen Protokollist beim Departement für peinliche Sachen des Estländischen Oberlandgerichts gewesen sei. Eine Bestätigung für das Jahr
1787 findet sich im Revaler Stadtarchiv[39]. Dieses Gericht des estländischen Adels bestand nach Aufhebung der Statthalterschaftsverfassung
unter dem gleichen Namen in seiner ursprünglichen Form, nachdem
man das Landratskollegium wieder ins Leben gerufen hatte, doch ist
nicht bekannt, ob Hermann zur Mühlen weiterhin Justizbeamter bei
der Ritterschaft blieb. Jedenfalls trieb er keinen Handel.

1790 heiratete er eine entfernte Verwandte, die sechzehnjährige
Tochter Catharina des früheren Revaler Ratsherren Gottfried Müller.
Catharinas Mutter, Gerdrutha Dorothea von Huene aus dem Revaler
Zweig dieses Geschlechts, war als Enkelin des Bürgermeisters Dierich
Vermeeren eine Cousine zweiten Grades von Hermann zur Mühlen[40].

Nach dem Tode des Vaters erbte Hermann das Haus in der Lehmstraße und ein Grundstück an der Pernauschen Straße im „Christinen-
dahl". Als einziger unter den Brüdern legte er sein Geld ausschließlich
in städtischem Grundbesitz an: 1796 besaß er zwei Häuser und ein
Holzhaus[41]. Später kam noch das Höfchen Springtal in seinen Besitz,
das er von seinen Miterben kaufte[42]. Um Gutsbesitz auf dem Lande
bemühte er sich nicht. Er blieb in Reval bis ans Ende seines Lebens.
Von seiner Beteiligung an der kommunalen Selbstverwaltung während
der Statthalterschaftszeit und danach war in anderem Zusammenhang

---

[37] SchwA, C 15, S. 99. Gleichzeitig trat Hermanns leiblicher Vetter Justus
Johann Riesenkampff der Bruderschaft bei und ging anschließend mit ihm nach
Leipzig studieren.

[38] Erler, Matrikel.

[39] RStA, RPr. 1787 Okt. 7 (SHZ 106), nach Mitt. Elias.

[40] Catharinas Mutter G. D. von Huene war die Tochter von Karl Johann von
Huene, Rh. 1733, und der Dorothea Elisabeth Vermeer (Vermehren), einer leiblichen Cousine von Bm. Hermann Joh. zur Mühlen. Vgl. RR III, 423, 526.

[41] RStA, B.h. 65 (Mitt. Elias).

[42] RStA, Suppl. 36 (XI), S. 297; B.s. 10, S. 220.

die Rede. 1827 starb er in seiner Vaterstadt, die vor drei Jahrhunderten
sein Vorfahre Hermen thor Moelen als erster seines Geschlechts in jungen Jahren als Kaufgeselle betreten hatte. Mit ihm endete die Ansässigkeit der zur Mühlen in Reval. Die Söhne zogen dem Handel ein Studium an der 1802 gegründeten Universität Dorpat und die Niederlassung als Arzt in St. Petersburg oder als Gutsbesitzer auf dem Lande vor.

In Caspars Schulzeit fällt eines jener Ereignisse, deren feierliches
Gepränge alt und jung, Bürger und Einwohner beeindruckte: die Beisetzung des langjährigen Estländischen Generalgouverneurs, Herzog
Peter Friedrich August von Holstein-Beck. In einer Aufzeichnung von
unbekannter Hand[43] wird Caspar zur Mühlen als Beteiligter erwähnt.

Der Herzog von Holstein-Beck war am 25. Februar 1775 im 80.
Lebensjahr verstorben. Seine vornehme Gesinnung und sein Verständnis für die Provinz und ihre Hauptstadt hatten ihm viel Hochachtung
und Liebe in Stadt und Land eingetragen. Drei Wochen später erwiesen
ihm die Körperschaften der Provinz und der Stadt Reval nebst Garnison und Bevölkerung die letzte Ehre. In der Aufzeichnung wird berichtet:

„Den 18. dieses, als am Mittwoch, im März 1775 geschahe das fey-
erliche Leichen-Begräbnis unseres Hochseeligen Hrn. General-Gou-
verneurs und wurde mit derjenigen Ordnung und Pracht vollzogen, wie
es von den vortrefflichen Veranstaltungen Sr. Excellenz, des Hrn.
General-Lieutn., Ritter und Vice-Gouverneur von Sievers[44] zu erwarten war. Nachmittags zwischen 1 und 2 Uhr versammelten sich auf dem
Schloße die sich hier befindliche Hohe Generalitaet, die Herren Landräthe und sämtliche Ritterschaft, der Magistrat dieser Stadt, alle Krons-
Officianten, die große Kaufmanns-Gilde, die Schwarzen-Häupter-
Gesellschaft, die St. Canut-Gilde und die sämmtliche Domsche Bürgerschaft, alle mit schwarzen Mänteln und weißen Handschuhen und bis
an die Knie herabhängenden Flöhren. Der außerordentlich zahlreiche
Zusammen-Fluß aus allen Ständen zeugte von der beynahe kindlichen
Liebe, die der Hochseelige Herr in den Hertzen aller hiesigen Bürger
zurückgelassen hatte."

„Die Procession selbst nahm um 2 Uhr den Anfang, und zwar unter
der Direction des von Sr. Excellence dem Hrn. Vice Gouverneur von

---

[43] Aus dem Denkelbuch des H. J. zur Mühlen, in: Das Inland 1860, Nr. 42,
Sp. 767f.
[44] Johann Christian Frh. v. Sievers (1719–1778, später Graf), Generalleutn.,
1773 Vizegouverneur u. stellv. Gouverneur. DBBL, S. 732.

Sievers dazu bestellten Ceremonien-Meisters, des Hrn. Baron von Stackelberg[45], in folgender Ordnung:

1) Ritten von dem Löblichen Corps der Schwartzen-Häupter einige dreißig Brüder in ihren Uniformen mit Trompeten- und Paucken-Schall und unter Anführung ihrer Officiere, des Hrn. erkohrenen äeltesten Martin Heinrich Gebauer . . ." (Es folgen fünf weitere Namen.)

„2) Folgten die Schul-Kinder, angeführt von einem aus ihrer Mitte erwählten Pristaw, Caspar zur Mühlen, alle in schwartzen Mänteln, herunter geschlagenen runden Hüthen und weißen Handschuhen.

3) Die Geistlichkeit aus der Stadt und vom Dohm . . ."

An vierter Stelle folgten die Träger der Orden des Verstorbenen, dann „die hohe Leiche, von Stabs-Officieren umgeben". Hinter der Leiche schritten, alle ihrem „Pristaw", dem Anführer, folgend, die hohe Generalität, die Ritterschaft, der Magistrat der Stadt mit den städtischen Beamten, die Große Gilde, die Schwarzenhäupter, die Kanutigilde, „die sämmtliche Domische Bürgerschaft, Pristaw Hr. Eltester Frese, Schustermeister". Den Abschluß bildeten wieder 30 berittene Schwarzenhäupterbrüder.

„Auf beyden Seiten des Zuges, vom Schloß bis zur St. Olay Kirche, als dem Orte der Beerdigung, waren die Regimenter in Ordnunge gestellt."

Von einer von Kantor Lehmann „verfertigten" und dem Organisten Agte „in Musik gesetzten" Kantate wird gesagt: „War sehr schön", die Leichenpredigt des Superintendenten Jaeger[46] „war sehr gut vorgetragen".

„Den andern Tag wurde die hohe Leiche Abends mit Fackeln nach der St. Nicolay Kirche (gebracht), auf dem Kirchhofe, wo seine Capelle[47] von Stein aufgebauet stehet und 600 Rbl. kosten soll, eingesenkt und der erhabene Stein zugemauert."

Für Beteiligte und Zuschauer war ein Leichenbegräbnis dieser Art ein erhebendes Erlebnis. Wie mußte sich erst ein zwölfjähriger Gymnasiast in der Rolle eines Pristaw aller Schüler vorkommen!

Am 4. Januar 1779 ließ Caspar sich zum Studium der Rechte in Leipzig immatrikulieren[48], wo er zusammen mit seinem Bruder Heinrich,

---

[45] Vielleicht Otto Magnus v. St. (1736–1800), 1775 Botschafter. DBBL, S. 752.
[46] Zu Jaeger vgl. Anm. 82 in Teil VII.
[47] Über die Kapelle vgl. Nottbeck/Neumann II, S. 70f. In der Kirche wurde dem Generalgouverneur ein Epitaph gesetzt, ebd. S. 85.
[48] Erler, Matrikel.

der sich aus unbekanntem Anlaß ebenfalls dort aufhielt, mit Lands-leuten aus Liv-, Est- und Kurland freundschaftlich verkehrte. Im Stammbuch des Carl von Manteuffel-Szöge aus Platon in Kurland fin-den sich 46 Eintragungen, darunter folgende von Caspars Hand: *Bester Manteufel, so kurz die Zeit ist, daß ich Sie kenne, so ist . . .* (unleserliche Einfügung) *sie doch hinreichend, um in Ihnen den Man und den Menschen vereinigt zu finden. Mein Wunsch ist, da mir das Schicksal die Möglichkeit raubt, noch länger mit Ihnen einige Zeit auf der Academie zu verkehren, daß Sie sich oft erinnern Ihres aufrichtigen Freundes zur Mühlen aus Reval.*

Von anderer Hand ist hinzugefügt: *Er reiste den 11t. Julius 1783 von Leipzig nach sein Vaterland ab.* Daneben, auf der Rückseite des vorigen Stammbuchblattes, heißt es im Anschluß an ein schwärmerisches Gedicht auf die Freundschaft: *Erinnern Sie sich hiebey stets Ihres Sie nie vergessenden Freundes Heinrich zur Mühlen.* Links daneben: *Leip-zig den 8ten July 1783, beym Abschiede.*

Unter den übrigen Eintragungen findet sich neben anderen bekann-ten Namen *Eugen Baron de Rosen, Livonien* (1783 April 11), später Besitzer des Gutes Mehntack in Estland und estländischer Landrat[48a].

Nach Reval heimgekehrt, bat Caspar den Rat um die „venia patro-cinandi". Im Protokoll heißt es, daß Bürgermeister zur Mühlen abtrat, woraufhin der Kandidat vom Rat die Erlaubnis erhielt, „vor dem Ober-gericht und Untergericht dieser Stadt zu advocieren". Anschließend wurde von Caspar der „gewöhnl. Advocateneid cörperlich prästie-ret"[49]. Nur kurze Zeit war Caspar Offizial beim Kommerziengericht, einem der Untergerichte des Rates. Schon im Januar 1784 ließ er sich von diesem Posten entbinden, um bei der Regierung Aktuar zu wer-den[50]. 1787 wird er als Protokollist beim Gewissensgericht erwähnt, anschließend als Assessor beim Niederlandgericht[51]. So wechselte der Jurist aus städtischen Diensten über das für die ganze Statthalterschaft zuständige Gewissensgericht zu einer Instanz der Rechtsprechung des Adels.

[48a] Zum Stammbuch (Geheimes Staatsarchiv Berlin, VIII C, Nr. 57/7, Stamm-buch C. Manteuffel) vgl. JbGHS, 1905/06, S. 293f., zu Manteuffel DBBL, S. 485, zu Rosen ebd., S. 644.

[49] RStA, RPr. 1783 Sept. 15.

[50] RStA, RPr. 1783 Dez. 4; 1784 Jan. 12, 16.

[51] Adressbuch der Revalischen Statthalterschaft 1787, S. 10, nach Wisting-hausen, Vor 200 Jahren, S. 8.

Sehr bald wird Caspar – dienstlich oder außerdienstlich – auf August Kotzebue[52] gestoßen sein, der Ende 1783, von St. Petersburg kommend, zum Assessor beim Gerichtshof der Revalschen Statthalterschaft ernannt wurde und zwei Jahre später Präsident des Zivildepartements des Gouvernementsmagistrats wurde. Als Juristen fanden beide ihren Verkehrskreis im Literatentum, genauer unter den Herren vom „Ministerium" und den beamteten und freien Juristen Revals. Kotzebue hat die Statthalterschaftszeit in Reval stark mitgeprägt. Beides, die neue Verfassung und sein Wirken als Theaterdichter, wurzelte in der Aufklärung, die sonst keinen allzu reichlichen Niederschlag in Estland fand. Kotzebue wurde bald zu einem gesellschaftlichen Mittelpunkt der Stadt und übte eine starke Anziehung auf seine Umgebung, besonders auf Frauen aus. Bald nach seinem Erscheinen in Reval gründete er ein Liebhabertheater, das im Saal der Großen Gilde Aufführungen veranstaltete. Doch „tausend Vorurteile waren zu bekämpfen, tausend Albernheiten zu widerlegen", schrieb Kotzebue in einem Bericht. Als eine der ersten Mitglieder der Theatertruppe meldete sich Margarethe Wistinghausen, Tochter des Ratsherrn Johann Christian Wistinghausen und Schwester von Henriette zur Mühlen. Sie hatte ein großes Talent zum Schauspielen und wurde wiederholt mit hervorragenden Kritiken in den Revalschen Wöchentlichen Nachrichten bedacht. Hier verdient sie als Caspar zur Mühlens spätere Frau unsere Aufmerksamkeit[53].

Ihr Auftreten als Schauspielerin war eine emanzipatorische Tat, die in der Stadt Anstoß erregte. Kotzebue reagierte mit einem Epilog, den die siebzehnjährige Margarethe am 20. Dezember 1784 deklamierte:

> Zitternd trat ich auf die Bühne
> als Thaliens jüngste Schülerin.
> Schuf der Himmel denn die Männer nur allein,
> um den Bau der Welt durch ihren Arm zu schützen?
> Sollten denn die Damen nur geschaffen sein,
> bei der Spindel und beim Näherahm zu sitzen?
> Freilich giebt es unter unserem Geschlecht
> seit den Amazonen keine Helden;

---

[52] Zu Kotzebue s. Elias, S. 173–178; Rosen, Rückblicke, S. 87ff.
[53] Wistinghausen, Vor 200 Jahren, S. 3ff., dort auch Näheres über Margarethe Wistinghausen.

wir erobern keine neuen Welten
und entscheiden nicht im Tribunal das Recht:
Doch wir haben, ohne Ruhm zu melden,
Herzen fühlbar, sanft und gut:
Es lodert auch in uns des edlen Mitleids Glut,
und wenn wir gleich oft flüchtig scheinen,
so können wir doch auch dem Elend Thränen weinen.

Nach Margarethe Wistinghausen meldeten sich noch 20 weitere
Damen aus der bürgerlichen Gesellschaft und dem Adel, während die
Schauspieler zumeist von Beamten und Literaten gestellt wurden.
Besonders zahlreich waren unter ihnen Angehörige der Familie Nott-
beck[54]. Caspar zur Mühlen gehörte jedoch der Truppe nicht an.

Kotzebues liberales Moralverständnis und seine Theaterstücke wurden von Pastoren, Bürgern und auch Schriftstellern wie Johann Christoph Petri als anstößig empfunden und hinterließen ihre Spuren in der
bisher so gesitteten Welt des Revaler Bürgertums. Es kam zu Ehekon-
flikten, die – anders als Eheskandale in Kotzebues Theaterstücken – mit
Scheidung ausgingen[55]. Auch Margarethe Wistinghausen, die seit 1785
mit Christian von Glehn verheiratet war, wurde 1793 geschieden. In
einem Befehl des Zivildepartements des Gerichtshofes der Revalschen
Statthalterschaft wurde das Konsistorium am 29. März 1793 angewiesen, Margarethe von Glehn, die sich in ihrer Ehescheidungsklage auf
„unversöhnlichen Haß" berufen hatte, von einem persönlichen
Erscheinen zu dispensieren[56].

Am 22. September 1793 heiratete Margarethe Wistinghausen in zwei-
ter Ehe Caspar zur Mühlen. Sie hatten sich vermutlich im Hause ihrer
Geschwister Heinrich und Henriette näher kennen gelernt. Aus der
Theatergesellschaft war Margarethe schon im Mai 1791 ausgetreten.

Als Ort der Eheschließung wird Eigstfer angegeben. Caspar hatte das
im Kirchspiel Pillistfer, Kreis Fellin, gelegene Gut im Sommer 1791
erworben und damit Reval für immer den Rücken gekehrt. Offenbar
sah er als Jurist in den veränderten Verhältnissen unter der Statthalterschaft nicht so reizvolle Möglichkeiten, wie sie ihm wohl vorgeschwebt
hatten. Wir kommen auf ihn noch zurück.

---

[54] Die Liste der 55 Mitglieder bei Rosen, Rückblicke, S. 239 f.
[55] Elias, S. 177.
[56] RStA, SHZ 102, S. 43; Mitt. Wistinghausen.

4. Der Lebensweg eines Weinhändlers

Cornelius zur Mühlen wurde am 26. Juli 1756 geboren, zwei Monate nach dem Tode seines Vaters, Cornelius des Älteren. Um die Erziehung der Kinder mühte sich die Mutter, Agneta geborene Gebauer, die dazu auch noch die Leitung der Handlung zu verkraften hatte. Unter die Taufnotiz im Familiendenkelbuch trug der erst zwanzigjährige Johann Christian Gebauer ein: „Gott lasse diesen meinen lieben Schwestersohn unter Leitung und Führung seines Geistes aufwachsen und rüste ihn aus mit Verstand und Redlichkeit, damit er dereinst seiner Vaterstadt zu Ehren und Nutzen gereiche. Er schenke ihm dabei eine zarte Liebe zu seinem Heilande und aller christlichen Tugend, auf dass es ihm in der Welt wohlergehe, auf dass er die Tugend und das Ansehen seiner Vorfahren auf seine Nachkommen fortpflanze und er mit Freudigkeit nach vollbrachtem Laufe, wenn er lebenssatt aus der vergänglichen Glückseligkeit gehet, in der unvergänglichen die Offenbarung Jesu Christi, des Richters aller Welt, erwarte, um Jesu willen. Amen."[57] Dem Pietismus stand, wer so schrieb, jedenfalls näher als der Aufklärung.

Cornelius besuchte das Revaler Gymnasium bis Sekunda: mehr Bildung wäre für einen Kaufmann nicht vonnöten gewesen. 1772 trat er mit sechzehn Jahren als Lehrling in das Geschäft seiner Mutter ein und avancierte am 15. Februar 1777 zum Gesellen. Aus dieser Veranlassung erbat er sich von der weisen „Vorsehung" Gesundheit, Weisheit und Verstand, „damit ich einst meinem Vaterland nützen möge als ein vernünftiger Bürger, und solches wolle er (sic) geschehen lassen um Jesu willen".

Zur Fortbildung ließ man Gesellen damals wie früher nach Möglichkeit ins Ausland reisen. Auch Rußland sollte der junge Kaufmann kennen lernen, das von den Ostseeprovinzen zwar nicht durch eine politische Grenze getrennt war, aber doch jenseits einer Kulturgrenze lag. Seine erste Reise tritt Cornelius in Gesellschaft seines Schwagers, des Professors Johann Christian Dreyer, an. Das Ziel ist St. Petersburg. Am 16. Dezember 1778 brechen die beiden Schwäger mit dem Fuhrmann Stahl von Reval auf, kehren in Narva bei Herrn Dankwart – vermutlich

---

[57] FG II, wo auf Gebauers und Cornelius' Aufzeichnungen Bezug genommen wird. Soweit nicht anders belegt, beruht das folgende auf FG II.

dem Weinhändler Jakob Dankwart – ein, verweilen dort einen Tag und
kommen am 24. Dezember in St. Petersburg an. Von dort macht Cornelius mit einem Bekannten einen Abstecher nach Schlüsselburg, wo
er bei dem Zitzfabrikanten Christian Liemann logiert[58] und einen Ball
mitmacht. Bei seiner Rückkehr findet er seinen Schwager Dreyer an
einer hitzigen Krankheit darnieder liegend vor. Wenige Tage darauf,
am 7. Januar, stirbt dieser zu Cornelius' äußerster Bestürzung. Sein
Leichnam wird mit allen Zeremonien in der Petrikirche in St. Petersburg beigesetzt und am folgenden Tage auf dem Friedhof bestattet. Am
19. Januar kehrt Cornelius allein in die Heimat zurück: „Am 28. bin
ich in meiner Mutter Haus gesund angekommen."

Noch im gleichen Jahr, am 29. Dezember 1779, unternimmt Cornelius seine zweite Reise. Sie führt ihn über Narva, wo er wiederum bei
Dankwart logiert, und St. Petersburg nach Moskau. Dieses Mal fährt
er zusammen mit seinem Onkel Martin Heinrich Gebauer[59], dem
zweitältesten Bruder seiner Mutter. Unterwegs werden mehrere Städte,
darunter Nowgorod und Twer, besucht. Twer gefällt ihm besonders
gut, „weil es sehr schön angelegt und mit allen zu einer Stadt gehörenden Gebäuden aufs beste versehen, auch sehr schöne Buden hat". Am
15. Januar 1780 treffen sie in Moskau ein. Mit einem jungen italienischen Kaufmann macht er einen Abstecher in das Kloster Neu-Jerusa-
lem oder Voskresenskij, „welches sehr schön zu sehen". Vermutlich
meint er die Neubauten Rastrellis. Damit schließen die kurzen Aufzeichnungen über Cornelius' zweite Bildungsreise.

Im Jahr darauf, am 4. Juni 1781, starb Agneta zur Mühlen. Cornelius
mußte das Geschäft übernehmen. Doch hierfür fehlte eine Voraussetzung: die Vollendung des 25. Lebensjahres. Gleich nach dem Tode der
Mutter suchte Cornelius daher beim Rat um vorzeitige Erteilung der
venia aetatis nach, weil er befürchtete, daß „der Mangel der gesetzmä-
sigen Volljährigkeit den Credit bey den auswärtigen Kaufleuten schwächen und meine Handlung dabei sehr leiden könnte". Er fügte seinem
Gesuch ein Attest von Johann Christian Gebauer bei, in dem dieser
bezeugte, daß Cornelius die Handlung seiner Mutter übernommen und
hinlängliche Kenntnisse erlangt hätte. Gebauer unterzeichnete das
Schreiben als bisheriger Vorsteher und Verwalter der Handlung.

---

[58] Mitt. Amburger.
[59] Zur Familie Gebauer vgl. Paulsen, S. 24 f.

Die Mutter hatte bei ihrem Tode eine beachtliche Erbschaft hinterlassen. Auf jedes der drei Geschwister – Sophie Elisabeth Dreyer, Agneta Margaretha Hetling und Cornelius – entfielen 12 000 Rb. Die Gebauersche Familienchronik bemerkt hierzu, daß Johann Christian Gebauer seinem Neffen große Dienste geleistet hätte; dieser verdanke ihm das Glück, welches er im Übermaß genieße. Cornelius muß sich sehr wohl dessen bewußt gewesen sein, was Gebauer für die Firma bedeutete. Offenbar aber war der Onkel zur weiteren Zusammenarbeit nur als Teilhaber und nicht als erster Angestellter seines Neffen bereit. Die Firma wurde nach dem Tode der Inhaberin als „J. Chr. Gebauer und Corn. zur Mühlen" fortgeführt. Die Nennung Gebauers an erster Stelle sollte wohl seinem Rang in der Firma Ausdruck geben.

Im folgenden Jahr geht Cornelius erneut auf Reisen, das Geschäft seinem Onkel überlassend. Die dritte Reise führt ihn nach Deutschland, den Niederlanden und Frankreich. Am 1. Mai 1782 schifft Cornelius sich in Reval ein und kommt am 19. Mai nach achtzehntägiger Seereise in Lübeck an. Dort wird nach Gregorianischem Kalender der 30. Mai geschrieben. Täglich trägt der Reisende die Route in sein Tagebuch ein. Auf dem Wege nach Kiel bemerkt er: „Den 9. (Juni) in Bordesholm und schlief die Nacht bei dem alten Pastor Dreyer." Ihm, dem Vater seines in St. Petersburg in seinem Beisein verstorbenen Schwagers, gilt wohl der Abstecher nach Holstein. Von dort begibt er sich nach Hamburg und über Osnabrück nach Amsterdam.

Es gab genügend geschäftliche Gründe, Amsterdam aufzusuchen. Aber die Vermutung liegt nahe, daß Cornelius auch seine Verwandten kennen lernen wollte, die ja noch Geschäftsbeziehungen nach Reval unterhielten. Inzwischen waren 50 Jahre seit der Niederlassung Thomas zur Mühlens in Amsterdam vergangen, zehn Jahre seit seinem Tode. Die Verwandtschaft bestand aus dem leiblichen Vetter Barend (geb. 1739), seiner Frau Anna Maria Poullês und drei Kindern, die dem Alter nach Cornelius näher standen als Barend. In Amsterdam hielt Cornelius sich vom 28. Juni bis zum 8. Juli auf. Von dort reiste er nach Paris und gelangte, nach zehntägigem Aufenthalt, am 7. August in Frankfurt am Main an. Längere Zeit hielt er sich zwischendurch in Schwabach auf, brach dann am 30. August wieder von Frankfurt auf und verbrachte einige Tage in Eisenach. Nach zehn Tagen in Leipzig, wo damals sein Vetter Caspar studierte, kehrte er endlich über Dresden, Berlin, Danzig, Königsberg, Memel in die Heimat zurück. Über Riga und Pernau traf er am 1./12. Oktober wieder in Reval ein. Über die Ankunft notierte er:

„Den 12. Oktober morgens um 11 Uhr auf Springtal glücklich und gesund angekommen und Mittag den 21. X. n. St. (neuen Stils) in Reval bei meinem Schwiegervater, Herrn Wilhelm Ohm, wo ich meine herzlich geliebte Braut umarmte."

Das also war der Grund dafür, daß Cornelius sich nicht mehr Muße für die Reise gegönnt hatte! Im Dezember 1782 heiratete er die achtzehnjährige Gerdrutha Elisabeth Oom.

Das Gedeihen der Handelsfirma in den folgenden Jahren ist nicht nur auf die persönliche Tüchtigkeit der Kompagnons zurückzuführen, sondern auch auf die günstige Konjunktur in den achtziger Jahren. 1789 stellte das Handelshaus „Gebauer & zur Mühlen" zwei Gehilfen ein: Jacob Grahl und Diedrich Johann Julien[60]. Nach dem Familienverzeichnis im Stadtarchiv (1786)[61] trieb Cornelius zur Mühlen „verschiedene Handlung" und gehörte der 1. Steuergilde an. Andere Quellen geben „Weine und andere Kramwaren", auch „Kommissionen" oder „Wein-, Gewürz- und Kommissionshandel" an. Nach der Steuerliste von 1792, also zur Zeit der höchsten Importkonjunktur (1790–1792), hatte die Firma ein Vermögen von 30 000 Rb. zu versteuern und stand mit einer Einfuhr von 40 824 Rb. an neunter Stelle unter den Revaler Firmen. Die Ausfuhr belief sich allerdings nur auf lächerliche 30 Rb.[62]

Als Cornelius sich Anfang 1794, dem Beispiel seiner Vettern folgend, auf dem Lande niederlassen wollte, trennte er sich von der Firma, die bis zum Tode ihres Inhabers den Namen „Joh. Christ. Gebauer & Co." führte. Über seinen Neffen und Kompagnon urteilt Gebauer in seiner Familienchronik, die gemeinsame Handlung sei so gesegnet gewesen, daß er ein Vermögen von 40 000 Rb. Silbermünze und 22 000 Rb. Banco herausgezogen, sich 1794 das Gut Piersal gekauft habe und in bestem Wohlstande auf seinem Gute lebe und Kapitalia außerdem auf Zinsen besitze. – Nach Abzug des Kaufpreises für das Gut nebst Inventar blieben ihm 16 500 Rb. Banco und der ganze Revaler Immobilienbesitz, der nach dem erwähnten Familienverzeichnis folgende Einheiten umfaßte:

1. Das Wohnhaus nebst Kornspeicher in der Rußstraße, Nr. 240,
2. Ein Kornspeicher Nr. 236, Rußstraße Ecke Apothekerstraße,

[60] RR III, 498.
[61] RStA, SHZ 124, Familienverzeichnis, S. 40 (Mitt. Kenéz).
[62] Elias, S. 133; RStA, B.h. 64 und SHZ 127 (Mitt. Elias).

3. „Lusthöfgen in den Christinenthälern" nebst Heulotte Nr. 1167 und Appertinentie; darauf eine Wind- und Straßenmühle,

4. Heulotte Nr. 1168,

5. ein Haus vor der Süsternpforte zur Einquartierung, Nr. 184,

6. ein Haus und Platz ebenda, Nr. 75,

7. ein wüster Gartenplatz ebenda, Nr. 31.

Dieser Besitz reichte Cornelius noch nicht. Wie er in einer Supplik schreibt, „liegt meinem Christinenthal gegenüber hinter meiner Badstube am Rigischen Wege ein bis zur Raudjalischen Straße sich erstrekkender wüster, vom Publico hiebevor nie benutzter, ganz unbrauchbarer sandiger Platz", acht bis zehn Tausend Quadrat-Eisenfaden groß. Er bittet, ihm das Grundstück auf 12 Freijahre und dann gegen Erbgrundzins zu überlassen[63]. Solche Gesuche waren nicht immer von Erfolg, weil die Stadt oder die Gouvernementsregierung manchmal andere Verwendungen für unbebautes Land vorhatten. In echter Händlertradition wußte Cornelius den Wert des Handelsgegenstandes herunterzuspielen, um den Kontrahenten zum Handel geneigter zu machen, mit welchem Erfolg, geht aus den vorliegenden Akten nicht hervor.

Es war alles in allem ein recht schöner Besitz, den Cornelius nach und nach aufgab, nachdem er sich in Piersal eingerichtet hatte. Nur das Wohnhaus in der Rußstraße, das noch sein Urgroßvater gekauft hatte, behielt er, wohl als Absteigequartier. Es wurde erst viel später von seiner Schwiegertochter verkauft. Den Kornspeicher gegenüber kauften nebst Inventar für 5400 Rb. die früheren Angestellten der Firma, Grahl und Julien (1801)[64]. Das Höfchen Springtal wurde laut Kontrakt vom 25. Februar 1797 mit allen Appertinentien auf sechs Jahre gegen einen jährlichen Pachtzins von 350 Rb. an den Assessor Lorentz Gustav v. Vietinghoff vermietet, wobei der Mieter verpflichtet war, alle in Springtal befindlichen Gebäude wie Wohnhaus, Herberge, Kleeten, Eiskeller, Schauer, Ställe, Badstube, Stecklisfabrik (?), Windmühle, Quartierhaus, Pflamken (?) usw. wie auch die Dämme der Teiche, Schrenke (Schranken, Zäune?) „für seine eignen Kosten in steter brauchbarer Reparatur zu erhalten" und unter Verpfändung seines Vermögens den Ersatz aller Schäden, der aus unterlassener Meliorierung, Repariierung usw. erfolgen würde, zu übernehmen. Vietinghoff aber

---

[63] RStA, Suppl. 36 (IX), S. 201–204 (1786 Aug. 25).
[64] RR III, 49.

überließ Springtal während der Arrendejahre dem Militärgouverneur
Spiridov und ließ bei der Rückgabe einige Pflichten unerfüllt. Cornelius
wandte sich nach Ablauf der sechs Jahre an den Rat mit der Bitte um
gerichtliche Untersuchung und Protokollierung des Befundes[65].
Springtal, das den estnischen Namen Mülnamois führte, und die zwischen der Süstern- und der Großen Strandpforte gelegenen Grundstücke trat Cornelius gegen eine Entschädigung an seine Schwestern
ab[66].

Seinen weiteren Lebensweg in Piersal, der ihn wohl räumlich von
Reval entfernte, ohne jedoch alle alten Beziehungen zu zerstören, werden wir noch verfolgen.

5. Nobilitierung, Gütererwerb und Landleben

Im Jahr des Friedensschlusses Rußlands mit Schweden (1790) entschloß sich Berend Heinrich zur Mühlen zu einer Eingabe an die
„Allerhöchst verordnete Adels-Commission der Revalschen Statthalterschaft", in der er – ein Jahr nach dem Tode des Bürgermeisters Hermann Johann – für sich, seine fünf Brüder und seinen Vetter Cornelius
um Beglaubigung der Abstammung seiner Familie und ihrer sozialen
Stellung nachsuchte, ausgewiesen durch Ahnenreihe, Grundbesitz und
städtische Ämter. Er versicherte, daß seine „Oberälterväter" und alle
ihre Abkömmlinge „zum Teil richterliche Personen, zum Teil angesehene Militärbediente" gewesen seien. „Zwar könnte ich meine ächte
adelige Abkunft aus den entferntesten Zeiten des grauen Altertums
beweisen", schreibt er, doch tritt er den Beweis gar nicht an, sondern
verweist nur auf eine „angesehene adelige Familie von Mühlen im Auslande" mit gleichem Wappen und behauptet, einer seiner Ahnen hätte
in Zeiten der Empörung und Verfolgung sein Vaterland verlassen und
Zuflucht zu „dieser ruhigern Gegend" genommen und, ohne auf seinen
angeborenen Adel zu verzichten, sich dem Handel zugewandt[67].

Die willkürliche Darstellung beruhte offenbar lediglich auf Familien-
tradition. In einer beigefügten Stammtafel fehlt der jüngere Blasius,
Hermen thor Moelen erscheint als Pastor in Narva, vielleicht infolge

---

65 RStA, Suppl. 36 (XI), S. 172.
66 FG II.
67 FG I.

einer Verwechslung seines Amtes im Rat als Kirchenvorsteher, und als
sein Vater wird fälschlich „Marquard zur Mühlen, RathsHerr in Reval",
geboren 1465, angeführt. Nicht zu ergründen ist, auf welche Familie
„im Auslande" mit gleichem Wappen Bezug genommen wird. In den
Akten des Revaler Stadtarchivs finden sich zwischen Einwohnerlisten
einige Notizen unter der Überschrift: „Von alten Familien und
Geschlechtern der Stadt Reval", die nach Handschrift und Fundort in
die zwanziger Jahre des 18. Jahrhunderts einzuordnen sind. Zur Familie
zur Mühlen heißt es: „besiehe Mülhens Genealogie, ubi einer von Mühlen. Sollen alte von Adel aus Westphalen sein, genant de mila."[68]

Der Revaler Gouvernementsmagistrat attestierte dem Antragsteller
die Abstammung von der „zur Mühlen- oder thor Moehlenschen"
Familie, ihre Ansässigkeit in Reval über mehr als 200 Jahre, ihren
beachtlichen Grundbesitz und ihre Ehrenstellung durch angesehene
Ämter in Vergangenheit und Gegenwart und verlieh Bernhard Heinrichs Angaben über Wappen und Stammtafel, Ämter und Würden
„gesetzliche Glaubwürdigkeit", mit Datum vom 2. Januar 1792[69].

So ausgerüstet, richtete Bernhard Heinrich ein Gesuch um Bestätigung von Stammbaum und Wappen und um Erhebung in des Heiligen
Römischen Reiches Adelsstand an den Römischen Kaiser, damals Leopold II.[70]: Dem in ähnlichem Tenor gehaltenen Text fügte er den
Stammbaum und Bescheinigungen des Gouvernementsmagistrats bei.
Den Beweis adeliger Abstammung blieb er auch hier schuldig,
behauptete aber, Kriege, Verwüstungen und Revolutionen hätten die
Vorfahren um viele Besitzungen, verschiedene Urkunden und Diplome
gebracht. In der Zeit der verhaßten Französischen Revolution glaubte
er vielleicht, den kaiserlichen Beamten in Wien damit einen zugkräfti-
gen Ersatz eines Beweises liefern zu können. Daß auch die Einführung
der Statthalterschaftsverfassung in Reval von manchen als „Revolution" empfunden wurde, mag hier mit anklingen[71], obwohl die Familie
durch sie keine Besitzungen oder Diplome verloren hatte. Alles übrige,
wie die Versicherung, in den löblichen Fußstapfen der Voreltern fort-
zuwandeln, die sich durch Tugend und Rechtschaffenheit ausgezeich-

---

[68] RStA, B.K. 1. Gemeint ist vielleicht Conrad Hermann, Thomas' Sohn, der
wiederholt von Mühlen genannt wird.
[69] Mühlen, Familie, S. 1 f.
[70] Ebd., S. 3.
[71] Elias, S. 191.

net hätten, den Wunsch, auf Kinder und Nachkommen dauerhaften Glanz fortzupflanzen, und die Absicht, diese dazu aufzumuntern, „sich gleich unseren VorEltern um Sr. Kaiserlichen Majestät und das Heil. Röm. Reich und allerhöchst Dero durchlauchtigstes Erzhaus nach Kräften verdient zu machen", kann man als Phrase abtun.

Nach Eingang der Gebühren in Höhe von 6000 Gulden[72] wurde das Diplom am 15. Februar 1792 abgefertigt und von Kaiser Leopold II. unterzeichnet. Es berechtigte Bernhard Heinrich, seine fünf Brüder Hermann, Heinrich, Caspar, Carl und Friedrich Johann und ihren Vetter Cornelius sowie ihre ehelichen Leibeserben und Nachkommen beiderlei Geschlechts, sich von Zurmühlen und nach ihren jeweiligen Gütern zu nennen, bestätigte ihnen das ererbte Wappen und gestattete, es als adeliges Wappen zu gebrauchen.

Die schwülstige Eingabe an den Kaiser erweckt den Eindruck, als sei es ihren Urhebern lediglich um die Vermehrung ihres Ansehens durch einen adeligen Namen und durch Zugehörigkeit zu einem höheren Stande gegangen. Dieses Motiv mag in der Tat eine Rolle gespielt haben, besonders da es in Rußland nie ein so selbstbewußtes Bürgertum gegeben hatte wie in den Hansestädten. Im russischen gesellschaftlichen System und in der Rangordnung des Reiches[73] gab es für die Revaler Kaufmannschaft alten Schlages und ihre Führung keinen angemessenen Platz.

Doch es ging ihnen nicht allein um das Ansehen, sondern um ganz konkrete Vorteile. Wer nicht zum Adel gehörte, konnte kein Eigentum an Rittergütern erwerben. Er mußte sich mit zeitlich begrenztem Pfandbesitz oder Arrende (Pacht) begnügen. Politische Rechte konnten nur dem adeligen Gutsbesitzer durch Aufnahme in die Ritterschaft zuteil werden: erst damit gewann er Sitz und Stimme im Landtag, wo über die Politik der Ritterschaft und die Verwaltung des Landes entschieden wurde[74].

Rittergutsbesitzer, die nicht der Ritterschaft angehörten, nannte man Landsassen, gleichgültig ob sie adeligen oder bürgerlichen Standes waren. Unter den Landsassen in Estland finden sich im 17. und 18. Jh.

---

72 Auszugsweise bei Mühlen, Familie S. 1ff.; dort auch die Angabe über die Gebühren, die vermutlich von den sechs Brüdern gezahlt wurden. Cornelius dürfte getrennt 1000 Gulden gezahlt haben.
73 Amburger, Behördenorganisation, S. 55; Wedel, S. 94.
74 Wistinghausen, Quellen, S. XV-XVIII und Anm. 23.

zahlreiche Angehörige von Revaler Bürgerfamilien, darunter die
Buchau, Dehn, Dellingshausen, Gernet, Hahn, Hueck, Pfützner, von
Renteln und andere[75]. Seit dem Ende des 17. Jhs. hatten einige Jahr-
zehnte lang auch die zur Mühlen Pfandbesitz an einer Anzahl von
Rittergütern: Kandel, Kattentack, Koddil, Morras (auch Korps
genannt), Seinigal und Terrefer, in Arrende das Stadtgut Tois.

Kein Revaler Bürger wurde im Laufe des 18. Jhs. von der Estländischen Ritterschaft aufgenommen, ungeachtet der Verleihung des
Reichsadels oder des russischen Adels an mehrere Familien oder einzelne ihrer Angehörigen. Ein Antrag von Karl Gottlieb v. Gernet fand
bei der Ritterschaft kein Gehör[76]. Andere Revaler Familien scheinen
sich in Estland damals nicht um Aufnahme bemüht zu haben.

Mit Einführung der neuen Adelsordnung, die zur Zeit der Statthalterschaft in Est- und Livland galt, wurde das Indigenat aufgehoben, die
Matrikel hatte offiziell keine Gültigkeit mehr, der Adel unter sich war
gleichberechtigt. Allerdings schien er seine politische Rolle weitgehend
ausgespielt zu haben: es gab kein Landratskollegium mehr, die Adels-
versammlungen in den Kreisen und in Reval waren zu Wahlgremien
herabgestuft, die gewählten Beamten übten staatliche Funktionen aus[77].

In diese Zeit fiel die Nobilitierung der Familie zur Mühlen, die ihr
das Recht verleihen sollte, Rittergüter als Eigentum zu erwerben. Und
darauf hatten die Antragsteller es abgesehen. Dieses Vorrecht des Adels
war in der Statthalterschaftszeit erhalten geblieben. Der Pfandbesitz an
Rittergütern, die Berend Heinrich und seine Brüder inzwischen erworben hatten, konnte nach der Nobilitierung in Eigentum umgewandelt
werden, was einige Jahre später auch geschah. Cornelius konnte 1794
das Gut Piersal gleich zu Eigentum erwerben.

Was war damit gewonnen? Es gab kaum einen Unterschied zwischen
den beiden Besitzformen, auch das Pfandbriefrecht konnte vererbt oder
zediert werden, es schloß das volle Recht auf wirtschaftliche Nutzung
ein, die Pfandsumme entsprach daher dem Kaufpreis. Eingeschränkt
wurde es lediglich durch das Einlösungsrecht des Verpfänders und
durch eine zeitliche Begrenzung. Doch diese konnte immerhin bis zu
99 Jahren ausgedehnt sein. Insofern schien der Rechtsvorteil, den die

---

[75] Wedel, S. 37f.
[76] Wedel, a.a.O.; Mühlendahl/Huene, S. IX, 14f., 30f.
[77] Wrangell/Krusenstjern, S. 57f.

Nobilitierung mit sich brachte, unerheblich. Doch es drohten gerade damals Einschränkungen des Pfandrechts, die es geraten sein ließen, Eigentumsrechte zu erstreben.

1783 wurde eine staatliche Steuer eingeführt, die sogenannte Krepostposchlin, die bei allen Immobilienverkäufen entrichtet werden mußte, nicht aber bei Pfandbriefverträgen. Seitdem mehrten sich die Verpfändungen von Rittergütern sprunghaft auf Kosten der Verkäufe. Die Folge davon war, daß die russischen Behörden sich beim Senat darum bemühten, die Verpfändungsdauer stärker einzuschränken, um dem Mißbrauch des Pfandrechts zu begegnen. Nach mehrmaligen Anläufen seit 1788 wurde schließlich das Ziel mit einer Senatsunterlegung erreicht, derzufolge Pfandverträge nur auf höchstens zehn Jahre abgeschlossen werden durften. Kaiser Alexander I. bestätigte das Gesetz 1802. Seitdem mußte, wer dauerhaften Besitz haben wollte, das Eigentum am Rittergut erstreben, wofür die Anerkennung adeligen Standes Voraussetzung war[78].

Die Einschränkung der Pfandbesitzdauer drohte also schon, als Berend Heinrich zur Mühlen den Pfandbesitz von Habbat erwarb (1790). Für einen Nichtadeligen war die Unsicherheit des Pfandrechts während des letzten Jahrzehnts des 18. Jhs. geradezu ein zwingender Grund nicht nur für einen alsbaldigen Pfandkauf, sondern mehr noch für ein Ansuchen um Nobilitierung; es war nicht einmal sicher, ob die befürchtete Änderung mit rückwirkender Kraft eingeführt würde: so mußte der Ukas von 1802 später dahin präzisiert werden, daß die vor diesem Termin wirksam gewordenen Pfandverträge unverändert in Kraft bleiben durften.

Mit dieser Klärung der Rechtslage ist noch nicht die Frage nach dem Motiv beantwortet; sie zeigt nur, daß der Zeitpunkt günstig gewählt war. Zu fragen aber ist, welche Vorteile Landbesitz gegenüber dem Handel brachte, und ob es außer wirtschaftlichen auch andere zeitbedingte Gründe gab, das Stadtleben aufzugeben.

Die Konjunktur um 1790 scheint zunächst gegen eine wirtschaftliche Motivierung zu sprechen. Gerade Bernhard Heinrich und Cornelius zur Mühlen waren Nutznießer dieser Konjunktur. Doch wie die spätere Entwicklung zeigen sollte, war es nur eine Scheinblüte des Handels, die sich in diesem Ausmaß auf Reval beschränkte. Die Impor-

---

[78] Wistinghausen, Quellen, S. XVIIf.

teure werden es gespürt haben. Auf Export überzuwechseln und den wenigen Großhändlern Konkurrenz zu machen, war aussichtslos – zumindest so lange, wie das Getreideausfuhrverbot bestand (1785–1795). Da mußte schon eher die Landwirtschaft und mit ihr die Produktion von Getreide und Branntwein verlocken, mit dem die Gutsbesitzer die Krone belieferten.

Ein weiterer Grund war das Bestreben, den Gewinn aus dem Handel dauerhaft anzulegen. Das war gegenüber früheren Pfändungen zu schwedischer und russischer Zeit eine Neuerung. Das Interesse am Pfandbesitz scheint bei den Vorfahren vor und nach dem Nordischen Kriege nicht groß gewesen zu sein. Es hatte sich entweder um ererbte Pfandrechte gehandelt, die bald wieder veräußert oder gegen andere Werte eingehandelt wurden, oder um Immissionen, bei denen so viel aus dem unbeweglichen Vermögen eines Schuldners gerichtlich dem Gläubiger zur Nutzung zugewiesen wurde, wie zur Deckung der Schuldzinsen erforderlich war[79]. Die Erwerbsquelle blieb die „bürgerliche Nahrung", obwohl der Handel sich nach dem Nordischen Kriege nur sehr langsam erholte. Aber die zahlreichen Pfändungen zeigen, daß damals auch und gerade die Landwirtschaft in Estland schwere Zeiten durchmachte. Jetzt aber strebten Revaler Kaufleute wie die zur Mühlen selbst aufs Land.

Einen zeitbedingten Grund von entscheidender Bedeutung darf man wohl im Wandel der rechtlichen Ordnung und in der Entwicklung der inneren Verhältnisse der Stadt sehen, insbesondere seit der Einführung der Statthalterschaftsverfassung. Was in früheren Kapiteln gesagt wurde, kann hier nur kurz zusammengefaßt werden.

Die Wurzeln der Veränderung gehen bis in die ersten Jahrzehnte der russischen Herrschaft zurück. Vielleicht reichten die politischen und rechtlichen Vorgänge, einzeln gesehen, nicht aus für einen so weitgehenden Familienbeschluß. Sie hingen aber alle miteinander zusammen und bewirkten eine Stimmung, die als Ganzes erklärlich macht, warum diese Generation nahezu geschlossen die Stadt der Väter nach 300 Jahren aufgab.

1. Das Ende der ständischen Vorzugsstellung der Ratsgeschlechter war der Anfang vom Ende ihres Einflusses, den sie bis dahin durch Rat und Gilde auf das städtische Leben ausgeübt hatten. Beisassen,

---

[79] Ebd., S. XXV.

gleich welcher Nationalität, waren ihnen rechtlich gleichgestellt. Dagegen bildete der Adel auch nach Einführung der neuen Adelsordnung einen bevorrechteten Stand.

2. Die Autonomie der Stadt war einem Schrumpfungsprozeß ausgesetzt und wurde mit Einführung der Statthalterschaftsverfassung auf ein Minimum reduziert. Hinter lebenswichtigen Interessen des Staates an Hafen und Garnison mußten die Belange deutscher Bürger zurückstehen.

3. Es gab kein exklusives Recht der Bürger auf Immobilienbesitz mehr im ganzen ausgedehnten Stadtgebiet. Der besiedelte Raum um die Altstadt hatte sich immer mehr ausgedehnt, unbebautes Land in angemessener Nähe war kaum mehr verfügbar, man mußte sein Kapital woanders anlegen.

4. Die Gleichberechtigung der russischen Kaufleute hatte zunehmenden Konkurrenzdruck auf die deutschen Kaufleute zur Folge. Wenn auch die Seidenhändler noch nicht direkt betroffen wurden, so war für die Söhne des Bürgermeisters Hermann Johann die Zunahme der russischen Kaufleute sichtbare Folge einer Verfassung, deren Einführung mit einem für viele deprimierenden Vorgang, der Absetzung des alten Rates, verbunden war.

Das Beispiel der Kaufleute Jürgens und Popov zeigt, daß man es in der Zeit der Statthalterschaft zu etwas bringen konnte. Für die Zeitgenossen war aber weder der eine noch der andere ein Exponent des Revaler Kaufmannsstandes im alten Sinne. Sie werden ihnen eher als Symbolfiguren einer künftigen Revaler Gesellschaft vorgekommen sein, als Geschäftemacher ohne Verantwortungsgefühl für Stadt und Stand. Daß Jürgens, bevor sein Handelshaus 1802 in Konkurs ging, nach Wiedereinführung der alten Ratsverfassung gar noch Ratsherr wurde[80], spricht nicht gegen die Annahme einer solchen Denkungsart, gleichgültig ob er in Wirklichkeit diese Bewertung verdiente oder nicht. Hier geht es nur um den Versuch, die Mentalität derjenigen nachzuzeichnen, die der Stadt für immer den Rücken kehrten. Viele mögen ähnlich gedacht haben, aber den meisten blieb nichts anderes übrig, als sich den Verhältnissen anzupassen.

Im Verlaufe des letzten Jahrzehnts des 18. Jhs. trennen sich Familiengeschichte und Stadtgeschichte. Auf dem Lande ansässig geworden,

---

[80] Elias, S. 186; Bunge.

waren die zur Mühlen kein „Revaler Geschlecht" mehr. Doch solange die achte Generation seit Hermen thor Moelen noch lebte und wirkte, blieb ein loser Zusammenhang mit der Stadt erhalten. Es waren die gleichen Menschen, sie nahmen mehr als nur die Erinnerung mit, lebten trotz veränderter Umgebung in den Anschauungen Revaler Bürger und waren noch geprägt von einer in Jahrhunderten gewachsenen Gemeinschaft ihres früheren Standes.

Welche Empfindungen sie bei ihresgleichen zurückließen, die nicht die Möglichkeit hatten wie sie, ist mangels zeitgenössischer Wertungen nur indirekt zu erschließen. Die zur Mühlen waren nicht die erste Revaler Familie, die sich auf dem Lande niederließ, sie folgte dem Beispiel anderer Geschlechter und sollte auch nicht die letzte bleiben. Dieser Vorgang galt schon in schwedischer Zeit als etwas ganz Normales. Ungewöhnlich war nur die Geschlossenheit, in der – mit einer Ausnahme – eine ganze Generation sich dem Lande zukehrte. Frohlockten die zurückbleibenden Revaler Kaufleute nun über den Abzug einer Konkurrenz? Oder machten sie den Abziehenden Flucht aus der Verantwortung zum Vorwurf? Beides ist auszuschließen, weil es einer Überschätzung des Vorganges aus der Sicht Revals gleichkäme und nicht der Mentalität der Bürger entspräche, die an ständige Fluktuation gewöhnt waren. Um Nachwuchs und Zuwanderung brauchte man nicht besorgt zu sein; andererseits blieb Konkurrenz, und wenn es nun die Russen waren, nie aus. Das Verschwinden einiger Kaufleute konnte an den Verhältnissen in Reval nichts ändern.

Schließlich dürfen auch die Gegensätze zwischen Stadt und Land nicht überschätzt werden. Sie wurden überbrückt durch die in sich uneinheitliche Schicht der Landsassen, die aus nicht immatrikuliertem Adel und Nichtadeligen verschiedener Herkunft bestand. In diese Schicht, aus der sich der indigene Adel zum Teil rekrutierte, traten nun die Nachkommen Revaler Ratsherren und Bürgermeister ein.

Die zur Mühlen erwarben in den letzten zehn Jahren des 18. Jhs. folgende Rittergüter in Est- und Livland[81]:

---

[81] Zu Estland entstammen die Daten Wistinghausen, Quellen. Zu Livland vgl. Stryk, Beiträge. Für Ninigall gibt Stryk, S. 344, zum Jahr 1805 51 000 Rb. S. an. Dies ist vermutlich ein Druckfehler, denn 1803 war das Gut für 32 193 Rb. 80 Cop. verpfändet worden und wurde 1820 für 31 550 Rb. S. zurückgekauft. Gemeint ist für 1805 wohl 31000 Rb. S. – Vgl. Karte 3 auf S. 337.

Jahr	Erwerber	Gut	Kreis	Kaufpreis	Besitzart/Jahre
1790	Berend Heinr.	Habbat	Harrien	37 000 Rb.	Pfandbesitz auf 80 J.
1791	Caspar	Eigstfer	Fellin	49 000 Rb.S.	Pfandbesitz auf 30 J.
1793	Friedr. Joh.	Sellie	Wierland	28 000 Rb.	Pfandbesitz auf 65 J.
1794	Cornelius	Piersal	Wiek	40 000 Rb.S.	Eigentum
		Inventar		5 500 Rb.	
1799	Carl	Kollo	Jerwen	30 000 Rb.S.	Pfandbesitz auf 60 J.

Carl zedierte das Gut Kollo schon 1804 an seinen Vetter und Kompagnon Thomas Johann von Wehren. Dafür kamen 1804/05 folgende Güter in Livland in zur Mühlenschen Familienbesitz:

1804	Carl	Neu-	Fellin	60 000 Rb.	Pfandbesitz auf 60 J.
		Tennasilm		Banco	
1805	Caspar	Ninigall	Fellin	31 000 Rb.S.	Pfandbesitz auf 10 J.

Wer aus der Stadt aufs Land zog, tauschte auch die Vor- und Nachteile. Der Städter hatte einiges aufzugeben: einen funktionierenden Geschäftsbetrieb, den gesellschaftlichen Verkehr mit seinesgleichen, die unmittelbare Nähe von Kirche und Schule und den Anschluß an das Geschehen in Reval, in der Provinz und in der weiteren Welt. Die Lektüre der „Revalschen Wöchentlichen Nachrichten" konnte man freilich verspätet nachholen, und man tat dies um so gründlicher[82]. Die Entfernung zur Kirche nahm man in Kauf. Sonntags ließ man anspannen und war meist eine oder auch mehrere Stunden unterwegs. Eigstfer und Ninigall waren nur sechs Werst, Kollo, Neu-Tennasilm und Habbat zehn Werst, Piersal gar gute 20 Werst von der Kirchspielskirche entfernt. Dort hatte man deswegen schon am Ende des 16. Jhs. eine Kapelle für die umliegenden Dörfer errichtet, eine Werst vom Gutshof Piersal entfernt[83]. Um an der Unterbringung der Schulkinder in der Stadt zu sparen, pflegte man junge Akademiker als Hauslehrer anzustellen, mehr um die Kinder auf das Gymnasium vorzubereiten, als es zu ersetzen. Dies waren Probleme, die für den Adel auf dem Lande alltäglich waren. Daß aber das Leben auf dem Lande als Vorzug empfunden wurde, bezeugt August Wilhelm Hupel mit folgenden Worten: „Die herrschende Neigung zum Landleben veranlaßt viele gute Folgen . . . und hat selbst in die Kindererziehung einen merklichen wohlthätigen Einfluß: man findet auf dem Lande die angenehmsten

---

[82] Einige sorgfältig eingebundene Jahrgänge der „Revalschen Wöchentlichen Nachrichten" befanden sich vor dem Zweiten Weltkrieg im Piersalschen Nachlaß.

[83] Angaben aus dem in Vorbereitung befindlichen Baltischen Historischen Ortslexikon, Bd. I.

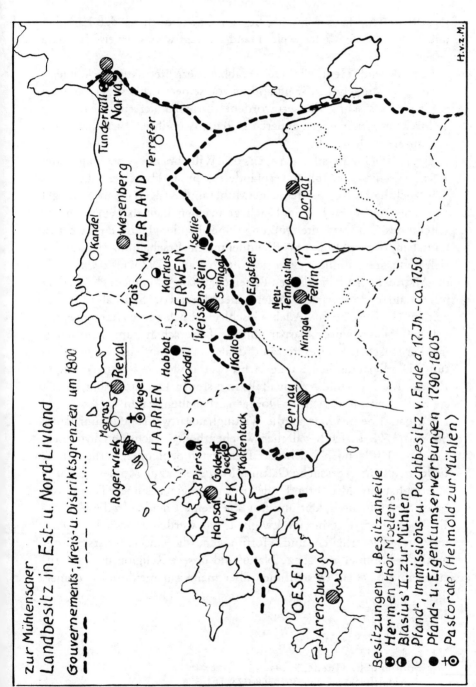

zur Mühlenschen
Landbesitz in Est- u. Nord-Livland

Gouvernements-, Kreis-u. Distriktsgrenzen um 1800

Besitzungen u. Besitzanteile
Hermen thor Moelens
Blasius' II. zur Mühlen
Pfand-, Immissions- u. Pachtbesitz v. Ende d. 17. Jh. – ca. 1750
Pfand- u. Eigentumserwerbungen 1790–1805
Pastorate (Helmold zur Mühlen)

Karte 3

H. v. z. M.

Gesellschaften, da es von jeher bey uns gewöhnlich ist, daß Familien und Fremde viele Meilen weit einander öfters wechselsweise Besuche geben."[84]

Von Berend Heinrichs Gut Habbat berichtet August Wilhelm Hupel, es hätte schönen Wald und sei von seinem Erbbesitzer, Kapitän v. Pistohlkors, sehr verbessert worden[85]. Offenbar lieferten die Besitzer waldreicher Güter neben anderen Erzeugnissen ihrer Wirtschaft auch Brennholz nach Reval.

Über das Gut Eigstfer dagegen, das Wilhelm Zoege v. Manteuffel 1791 an Caspar zur Mühlen verpfändete, schreibt Hupel, es habe ziemlich fruchtbaren Kornboden, eine Mühle und Krügerei, „aber Mangel an Steinen und an Holz"; der Hof liege an einem kleinen Bach[86]. Caspar scheint das Gut mit Unterstützung seines Bruders Heinrich erworben zu haben, obwohl nur er als Pfandnehmer in Erscheinung tritt. Heinrich und seine Familie hielten sich oft dort auf. 1797 wurde Caspar in die Matrikel der Livländischen Ritterschaft aufgenommen, gleichzeitig mit 62 anderen Rittergutsbesitzern, die während der Statthalterschaftszeit im Gouvernements-Adels-Geschlechtsbuch verzeichnet gewesen waren[87]. Später wurde Caspar von der Ritterschaft zum Landrichter des Pernauschen Kreises gewählt, damals noch mit lebenslanger Geltung. Die livländischen Landgerichte waren wie die Manngerichte in Estland für Zivil- und Kriminalfälle in erster Instanz zuständig, soweit sie nicht dem Hofgericht in Dorpat vorbehalten waren[88].

Caspars Ehe mit Margarethe Wistinghausen währte nur fünf Jahre. Sie starb 1798. In den Revalschen Wöchentlichen Nachrichten widmete Caspar ihr folgenden Nachruf: „Den ersten September verliess diese Erde meine unvergessliche Gattinn, Margaretha zur Mühlen, geborne Wistinghausen. Mit Ihrer Hülle trug ich meinen süssen Traum von häuslicher Glückseligkeit und fast alle meine Freuden in die Gruft. – Es ist ein Gott, es gibt eine Ewigkeit, wir werden uns wiedersehen – nur diese Wahrheiten und Hoffnungen, die unser Innerstes, der gestirnte Himmel, die ganze Natur und unsere Religion uns laut zurufen und beleben, trösten mich über meinen namenlosen Kummer.

---

[84] Hupel II, S. 52.
[85] Hupel III, S. 435f.
[86] Ebd., S. 312.
[87] Mühlendahl/Huene, S. 14f.
[88] Provinzialrecht I § 356–360, 368–373, II § 386.

Meinen nahen und entfernten Freunden mache ich diesen mir unersetzlichen Verlust hiedurch bekannt. Überzeugt von Ihrer Theilname, bitte ich Sie jedoch, durch Beyleidsbezeugungen nicht eine Wunde noch mehr aufzureissen, die ohnehin unheilbar ist. Reval den 4. September 1798. Caspar zur Mühlen."[89]

Der Witwer blieb mit zwei kleinen Kindern zurück. Mit dem Tode seines Bruders Heinrich schrumpfte der Familienkreis noch mehr zusammen. Die Witwe heiratete 1810 in Reval den Hauslehrer Dr. Philipp Heinrich Kraak. Heinrichs Söhne sollten später die Stammväter der Häuser Brunnen (Kurland) und Arrohof (Livland) werden. Für Caspar scheint Eigstfer nach dem Tode des Bruders eine zu große Belastung geworden zu sein. Nachdem er den Pfandbesitz Anfang 1808 in Eigentum umgewandelt hatte, trat er das Gut seinem Bruder Berend Heinrich für dessen ältesten Sohn ab[90]. 1805 hatte er von Carl Ludwig v. Bock pfandweise das erheblich kleinere Gut Ninigall in unmittelbarer Nähe von Fellin erworben. 1808 heiratete er Charlotte v. Vogt, mit der er sich auf seiner neuen Erwerbung niederließ. Dort wurden ihm vier Kinder geboren, und dort starb er selbst am 18. Januar 1817. Da er Konkurs angemeldet hatte, wurde das Gut zwangsversteigert (1820). Es fiel an den Bruder seines früheren Besitzers, Berend Johann von Bock. Caspars Söhne begründeten später die Häuser Alt-Bornhusen, Groß-Kongota und Neu-Tennasilm (Livland).

Das Gut Kollo hatte nach Hupel „ziemlich guten Wald und reichliche Heuschläge"[91]. Aus unbekannten Gründen zedierte Carl den Besitz an seinen Vetter von Wehren und erwarb statt dessen von Carl von Taube Neu-Tennasilm, „ein sehr angenehm liegendes" Gut an einem Bach, ebenfalls mit ziemlich viel Wald[92]. Es war nahe bei Ninigall gelegen. Carl wurde vom Adel des Pernauschen Kreises zum Ordnungsrichter im Fellinschen Distrikt gewählt, womit ihm die öffentliche Sicherheit und Wohlfahrt und verschiedene sonstige polizeiliche sowie auf die Rechtspflege und das Militärwesen bezogene Aufgaben zufielen[93]. Das Gut kam später in den Besitz der Nachkommen seines Bruders Caspar.

---

[89] Wistinghausen, Vor 200 Jahren, S. 8.
[90] Bei Stryk nicht erwähnt, der Zeitpunkt ist nicht bekannt.
[91] Hupel III, S. 524.
[92] Ebd., S. 323.
[93] Provinzialrecht I § 397, 402, 411, II § 390.

Ebenfalls nur kurze Zeit war das Gut Sellie im Kirchspiel Simonis in Wierland in zur Mühlenschem Besitz. Friedrich Johann ließ sich bald nach seiner Vermählung mit Margarethe Hetling auf dem von Graf Douglas erworbenen Pfandbesitz nieder. Sellie hatte Anteil an einem zum Gute Kardis gehörenden See und, wie fast alle bisher erwähnten Güter, „ziemlich viel Wald". Eine besonders einträgliche Einnahmequelle war ein an der Straße nach Reval gelegener Krug, dessen nächste Konkurrenz, der Krug zu Kardis, jenseits der nahen Provinzgrenze lag. Bei Hupel heißt es dazu: „Da in Livland vermöge der ergangenen obrigkeitlichen Verordnungen kein Stoof Brantewein unter 14 Kopek darf verkauft werden, so wendet sich der gemeine Mann gern zu den angränzenden ehstländischen Gütern und Krügen, wo er dieß ihm unentbehrliche Getränk wohlfeiler bekommt. Daher findet der hier angränzende zu Liefland gehörende kardische Krug wenig Absatz, desto mehr aber der daneben liegende sellische."[94]

Nach kurzer Ehe starb Margarethe Hetling. Zwei ihrer Söhne, die in Sellie zur Welt gekommen waren, wurden später die Stammväter der Häuser Odenkat (Estland) und Ledis (Livland). Friedrich Johann vermählte sich mit Henriette Jencken aus Reval. Auch dieser Ehe war nur eine kurze Frist gegönnt: am zweiten Jahrestag der Heirat starb Friedrich Johann in Reval am 13. März 1798. Die Witwe scheint das Gut nach ihrer Wiedervermählung bald verlassen zu haben. Es wurde 1810 öffentlich versteigert[96]. Um den Nachlaß des Verstorbenen kümmerten sich die Vormünder der Kinder, Berend Heinrich und Carl zur Mühlen, der damals noch in Reval lebte[96].

Besonders reich an Wald war Piersal im Kirchspiel Goldenbeck in der Wiek, das Cornelius mittels Kaufvertrag vom 3. März 1794 von Dettloff August von Schulmann erwarb. Zum Gut gehörte noch eine sogenannte Hoflage Annenhof. In den Piersalschen Wäldern soll im 18. Jh. Glas fabriziert und Pottasche gewonnen worden sein[97].

Über das einsame Leben auf Piersal in den ersten Jahren berichtet Christian Klee in seinen Erinnerungen[98], aus denen hier einiges zitiert

---

[94] Hupel III, S. 495, 498.
[95] Wistinghausen, Quellen, S. 145. Henriettes Mutter Sophie Elis. Burchart war eine Tochter von Dorothea Elis. zur Mühlen, Schwester von Hermann Johann zur Mühlen.
[96] RStA, Suppl. 36 (XI), S. 100, 102.
[97] Vgl. Anm. 83.
[98] Klee, Pilgerschaft, S. 46, 49.

sei. Klee übernahm im Februar 1794 die Stelle eines Hauslehrers bei der Familie des Cornelius, mit der er im März nach Piersal umsiedelte.

„Die einsame Lage dieses Landgutes machte, daß wir in den ersten Jahren sehr wenig Besuch hatten. Ich bewohnte hier einige freundliche Zimmer in der sogenannten Herberge, von Gärten, Feld und Wald dicht umgeben, und führte eine Art von Anachoretenleben, dessen ich mich noch immer mit lebhaftem Vergnügen erinnere . . . In der Bibliothek des Gutsherrn fanden sich mehrere Werke über Ökonomie, Technologie, Naturgeschichte und Naturlehre. Ich beschäftigte mich gern mit diesen Gegenständen, damals besonders in der Hinsicht, um Stoff zu einer Unterhaltung zu haben, für die sich der Herr des Hauses, nächst der Politik, am meisten interessierte. Dieser beschäftigte sich besonders in den ersten Jahren sehr mit der Verschönerung seines neuen Besitztums. Er legte einen kleinen Park an, ließ einen graden Weg nach einem Vorwerke (dort Hoflage genannt) durch den Wald hauen, baute ein Treibhaus, grub Teiche, schuf hier ein schattiges Ruheplätzchen, dort eine freie Aussicht usw."

Nach Klees Fortgang scheinen die Söhne die Schule in Reval besucht zu haben. Dort starb am 30. Januar 1799 der älteste, Wilhelm Cornelius, an einer Kohlenoxydvergiftung. Der „unglückliche Vorfall" wurde vom Gerichtsvogt untersucht und am 1. Februar vom Magistrat verhandelt, doch wurde niemand für schuldig befunden[99].

Tägliche Kalendereintragungen des Gutsherrn, hauptsächlich vom Jahr 1801, lassen eine andere Seite des Lebens auf Piersal erkennen. Mit Nachbarn und Freunden wird ein reger Besuchsaustausch gepflogen, es sind die Besitzer der Güter in den Kirchspielen Goldenbeck und Poenal, aber auch Gäste von weither, selbst aus dem fernen Wierland. Im Laufe des Jahres wird neun Mal Besuch aus der Nachbarschaft notiert, meist Angehörige der Familien Maydell, Aderkas, Buxhoeveden u. a. Im gleichen Jahr wird die einzige Tochter Emilie mit Johann Gottlieb von Maydell vermählt.

Die regelmäßige Beschäftigung mit der Landwirtschaft veranlaßte den Gutsherrn zu genauen Wetterbeobachtungen. Die meteorologischen Eintragungen wechselten täglich mehrmals mit anderen Notizen. Die von Klee erwähnten Interessen des Cornelius kamen seinem neuen Beruf zugute. Seine Liebe galt u. a. der Fischzucht, die er schon auf Springtal betrieben hatte. Auch bedeutsame Ereignisse aus der Politik hielt er im Kalender fest: „Am 17. März gegen Abend erhielten wir die Nachricht, dass Kaiser Paul I. den Elften dieses, vom Schlage gerührt,

---

[99] RStA, RPr. 1799 Febr. 1; FG II.

mit dem Tode abgegangen. Den 12ten m. 0 (Grad), Sonnenschein, und erhielten die frohe Nachricht von der Thronbesteigung Alexander des I.ten, der gleich alle Missbräuche von Paul abgestellt hat. "

Abwechslung brachte der Durchzug russischer Truppen, deren Offiziere oft Mittagsgäste auf dem Gute waren, während die Mannschaften im Dorf untergebracht wurden. Über den Krieg gegen Napoleon wurde Cornelius durch seine Söhne auf dem laufenden gehalten. Ferdinands Briefe an den Vater sind von Begeisterung für die Sache des Freiheitskrieges und für Kaiser Alexander I. diktiert, eine Einstellung, die auch die Todesanzeige für den bei Bautzen gefallenen Sohn Alexander verspüren läßt, in der Cornelius beginnt: „Im Kampfe für die gerechte Sache fiel mein geliebter Sohn Alexander."

Cornelius starb am 1. Mai 1815 an „Wassersucht". Sein Lebenslauf und die seiner Vettern sind durch den Bruch mit einer Jahrhunderte alten Tradition Revaler Kaufleute aus altem Ratsgeschlecht gekennzeichnet. Doch mit dem Versuch, auf dem Lande Wurzeln zu schlagen, war das Band, das sie an Reval gefesselt hatte, noch nicht zerschnitten. Selbst die junge Generation sprach von der „guten Vaterstadt". Aber sie blieb Mittelpunkt auf die Dauer nur für die Nachkommenschaft in Estland, und man verkehrte nicht wie einst in den Bürgerhäusern, sondern in den Häusern des Adels und in der „Actienclube", wie Ferdinand aus Reval an seinen Vater schrieb, und versammelte sich nicht im Saal der Großen Gilde, sondern im Rittersaal auf dem Dom.

Die Mehrheit der Nachkommenschaft wurde in Livland ansässig, einige auch auf Ösel und vorübergehend in Kurland, im Gouvernement Pleskau oder in Finnland. Bei ihnen ging die Verbundenheit mit Reval verloren. Einige Zweige stellten dem Russischen Reich Offiziere und Beamte und gingen infolge von Eheverbindungen mit Russinnen in ihrer russisch-orthodoxen Umgebung auf. So büßte das Geschlecht mit der Aufgabe Revals die äußere Einheit ein und verlor weithin auch seinen inneren Zusammenhalt: eine Erfahrung, die schon früher einige abgewanderte Familienangehörige gemacht hatten.

RÜCKBLICK

Stadtgeschichte und Familiengeschichte

Das Leben und Erleben von acht Generationen ist Bestandteil von dreihundert Jahren Revaler Geschichte. Es ist die Geschichte des Niederganges der einstigen Hansestadt, die fast unabhängig vom Ordensmeister in Krieg und Frieden ihr Schicksal selbst bestimmen konnte, unter schwedischer Herrschaft ihre anfängliche Sonderstellung einbüßte und nach Wiederherstellung ihrer Privilegien durch Peter den Großen ihre erneute Aushöhlung und Aufhebung hinzunehmen hatte. Der Rat verwaltete nur noch und bemühte sich um die Erhaltung der Vorrechte des führenden Standes. Am Ende der Ordenszeit eine wehrhafte Stadt, die sich selbst unter Aufopferung zu verteidigen wußte, mobilisierte Reval im 17. Jh. seine Bürgerschaft im Auftrage der Krone nur noch zur Verteidigung der Stadtwälle und erklärte am Ende des 18. Jhs. die Bürgerkompanien für militärisch bedeutungslos, um sie vor solchen Belästigungen zu bewahren.

Vom blühenden Außen- und Transithandel der Hansezeit zwischen Ost und West blieb unter Schweden ein immerhin noch erheblicher Passivhandel. Nach dem Nordischen Kriege war vom Revaler Außenhandel nicht viel mehr übrig, als das Überlebensbemühen der Revaler Kaufmannschaft gegen die mächtige Konkurrenz der Nachbarn, vor allem St. Petersburgs, und sogar gegen die Russen in der Stadt.

Offenkundig ist die Wandlung des äußeren Stadtbildes durch Ausbau von Festung und Hafen, durch Errichtung von Gewerbebetrieben und Verpflanzung der Angehörigen der niederen Ämter aus der Altstadt in das weite Areal der Vorstädte, durch Anlage von Gärten und Höfchen der reicheren Bürger und durch Ansiedlung von Familien russischer Soldaten, Händler und Kleingewerbler. Die Ausdehnung des Weichbildes führte weder zur Stärkung des Stadtregiments noch der Bürgerschaft, sondern zur Entstehung neuer Bevölkerungsgruppen und zur Begünstigung stadtfremder Einflüsse.

In der Darstellung dieser Familiengeschichte mag die Stadtgeschichte eigene Akzente erhalten haben. Aus der Blickrichtung anderer Geschlechter, anderer Stände und Schichten würden andere Schattierun-

gen sichtbar werden, die Konturen der Stadt im Niedergang, gemessen
an ihrer einstigen politischen Eigenständigkeit und wirtschaftlichen
Blüte, wären die gleichen.

Auf dem schrumpfenden Wirkungsfeld gediehen wohl tüchtige Han-
delsherren, Ratsherren und Bürgermeister, aber keine überragende
Gestalten. Eine Ausnahme bildete nur Heinrich von Rosenkron, alias
Fonne, wie man auch über ihn urteilen mag. Aber sein Wirkungsfeld
war nicht auf Reval beschränkt, sondern erstreckte sich auch auf Stockholm, wo er sich als Werkzeug des Königs im eigenen Interesse miß-
brauchen ließ. Außer ihm gab es seit den Tagen der Verteidigung Revals
gegen Ivan IV. keinen, der dem Schicksal der Stadt eine entscheidende
Wendung in positivem oder negativem Sinne hätte geben können, auch
Stadthaupt Hetling nicht. Die Geschichte Revals wurde – wie hätte es
anders sein können! – zunehmend durch äußere Ereignisse und übergeordnete Mächte bestimmt: durch den Ausgang des livländischen
Krieges, das Eingreifen Schwedens, die absolutistischen Ansprüche seiner Könige, durch den Nordischen Krieg mit seinen für die Stadt so
bitteren Auswirkungen, durch die Interessen der Herrscher Rußlands
bis zu den Reformen Katharinas II. und ihrer Aufhebung durch Kaiser
Paul I. Das äußere Geschehen ließ den Repräsentanten der Ratsgeschlechter einen begrenzten Spielraum für politische Entscheidungen.

Jedes Geschlecht besitzt seine eigene, unverwechselbare Individualität. Das Erscheinen Hermen thor Moelens in Reval und Narva fällt
in eine Zeit letzter wirtschaftlicher Blüte. Nach seiner Flucht und Niederlassung in Lübeck taucht sein Sohn Blasius in Reval auf, um unter
erschwerten Verhältnissen von vorn anzufangen. Seine Nachkommen,
insbesondere Hermann und Thomas zur Mühlen, schaffen den wirtschaftlichen Aufstieg im letzten Drittel des 17. Jhs. Seitdem gehören
sie zur Schicht der führenden Geschlechter Revals. Der Nordische
Krieg bringt auch die reichsten Kaufleute in wirtschaftliche Not. Nur
langsam kann der Handel sich erholen. Von der Welle der letzten Han-
delskonjunktur am Ende des 18. Jhs. getragen, gelingt es einigen der
Nachkommen, ihre Handelshäuser zu den bedeutendsten der Stadt aus-
zubauen.

Es gibt nicht viele Geschlechter, die in der Neuzeit länger als zwei-
hundert Jahre als Bürger in Reval ansässig waren. Knüpfen wir beim
Ausgangspunkt dieser Familiengeschichte wieder an, so sehen wir, daß
die meisten seit dem 15. und seit Anfang des 16. Jhs. ansässigen
Geschlechter, wie etwa die Bretholt, von der Heyde und Rotert, die

Vegesack, Boismann oder Luhr, in schwedischer Zeit, einige von ihnen schon im Laufe des 16. Jhs., im Mannesstamm in Reval ausstarben oder sich auf dem Lande niederließen. Nur wenige, wie die Dellingshausen, erhielten sich bis zur Mitte des 18. Jhs. in Reval und kehrten dann der Stadt den Rücken. Ähnlich war es mit den Renteln. Die einzige Ratsfamilie, die sich vom Mittelalter an bis ins 19. Jh. in Reval hielt, waren die von Wehren, die erst 1843 mit dem letzten Ratsherrn dieses Namens ausstarben.

Auch die Drenteln, Korbmacher, Dunte, Lanting, Stampehl und andere Familien, die im Laufe der zweiten Hälfte des 16. Jhs. in Reval auftauchten, starben aus oder verschwanden wieder aus Reval. Die zur Mühlen gehören zu den wenigen Geschlechtern aus dieser Zeit, die bis zum Ende des 18. Jhs. in Reval ansässig blieben. Länger hielten sich nur die Riesenkampff und Hetling, deren Nachkommen die zur Mühlen in Reval überdauerten. Wieder neue Namen tauchten im 17. Jh. auf. Unter ihnen haben sich die Nottbeck, Wistinghausen und Hueck über die Statthalterschaftszeit hinaus, teilweise bis ins 20. Jh., in Reval erhalten. Mit der Änderung des Namenbestandes der Revaler Bürgerschaft setzt sich nur fort, was im Mittelalter begonnen hat.

Man fragt sich bei dieser Fluktuation, was die Gründe dafür waren, daß die hohe Sterblichkeit, wie sie in den Städten herrschte, sich so ungleich auf die verschiedenen Geschlechter auswirkte, oder warum von der Möglichkeit der Abwanderung und Veränderung der Lebensgrundlage so unterschiedlich Gebrauch gemacht wurde.

Sieht man von allen möglichen Zufällen und individuellen Ursachen ab, so bleiben biologische und wirtschaftliche Gründe für das Überleben und Verbleiben als die wichtigsten, für das Verbleiben auch politische und soziale. Bei den zur Mühlen boten Kinderreichtum und Wohlstand gute Voraussetzungen, wobei zu beobachten ist, daß Familienzweige mit geringerem Wohlstand und weniger Kindern in der zweiten oder dritten Generation ausstarben, wie die Nachkommen von Simon und Ernst.

Hundert Jahre lang blieb die Familie klein an Zahl. Erst im letzten Viertel des 17. Jhs. begann ein erheblicher Anstieg, der um 1700 einen Personenstand von mehr als 30 Namensträgern erreichte. Sie verteilten sich auf vier oder fünf Einzelfamilien. Im Nordischen Kriege schmolz die Zahl wieder dahin. Hunger und Pest suchten sich ihre Opfer vorwiegend unter den Jüngsten und den Alten. Von der jüngeren Generation überlebten 1710 immerhin sechs Männer und Jungen im Alter von 15 bis 33 Jahren, darunter waren vier Söhne des Bürgermeisters Thomas, des wohlhabendsten und kinderreichsten Familienvaters. Gewiß spielte gerade bei Seuchen der Zufall eine große Rolle, aber daß die Pest unter den Ärmsten am schlimmsten gehaust hat, ist für Reval erwiesen.

Auf den biologischen Fortbestand der Familie mögen sich im 17. Jh. die Besitzungen in der Umgebung der Altstadt, die Gärten und Lusthäuschen, im 18. Jh. die großen „Höfchen" in Springtal und die dort herrschenden Lebensumstände günstig ausgewirkt haben. Der Besitz von Springtal und der Handel werden die Bürgermeister Thomas und Hinrich davon abgehalten haben, sich ganz auf den Rittergütern niederzulassen, die damals in ihrem Besitz waren. Die achte Generation wandte sich – mit einer Ausnahme – von der traditionellen „bürgerlichen Nahrung" ab, obwohl ihr Handel zuletzt florierte: die Gründe waren nicht nur wirtschaftlicher, sondern auch politischer und sozialer Natur.

Trotz der Fluktuation der Kaufmannsgeschlechter, die vom Wechsel der Handwerkergeschlechter noch übertroffen wurde, und trotz des politischen und wirtschaftlichen Niederganges Revals hielten sich die alten Strukturen durch die Jahrhunderte. Die Revaler Führungsschicht, die sich durch Zuwanderung stets erneuerte, pflegt man als die „Ratsfamilien" zu bezeichnen. Aus Bunges Revaler Ratslinie, die von Fehlern und Unklarheiten nicht frei ist, ergibt sich für die Zeit von 1500 bis 1786 eine Zahl von annähernd 400 Ratsverwandten. Sie gehören rund 240 verschiedenen Geschlechtern an. Aber nur ein reichliches Drittel dieser Familien hat zwei oder mehr Ratsverwandte gestellt. Die übrigen sind jeweils nur durch einen Ratsherrn, Syndikus oder Bürgermeister vertreten. Die Anwendung der Bezeichnung „Ratsfamilie" auf diese erscheint daher recht fragwürdig. Der Begriff setzt, im Grunde genommen, einen geschlossenen Kreis voraus, in den eine Familie aufgenommen werden müßte. Ein solcher bestand aber nicht, auch fehlte es an sozialer Abgrenzung gegenüber nicht im Rat vertretenen Geschlechtern der Großen Gilde. Infolge vielfältiger Verschwägerung gab es fließende Übergänge.

Der Fluktuation der Bürgerschaft entspricht eine ähnliche Bewegung im Rat. Von rund 85 Geschlechtern, die zwei oder mehr Ratsverwandte gestellt haben, saßen 35 schon in der Ordenszeit, 15 sogar schon vor 1500 im Rat. Von diesen 35 Familien schieden bis 1561 durch Abwanderung oder Aussterben vierzehn Ratsgeschlechter, bis zum Pestjahr

1603 weitere zehn, bis 1657 (Pestjahr) sechs, bis 1710 (Pestjahr) drei, bis zum Beginn der Statthalterschaftszeit ein Geschlecht für immer aus dem Rat aus. Nur die von Wehren überlebten auch diesen Einschnitt. In den gleichen Zeitabschnitten wurde der Bestand an „Ratsfamilien" aus anderen Geschlechtern wieder aufgestockt, so daß ihre Zahl, um 20 schwankend, einigermaßen konstant blieb. So kam eine ständige Erneuerung auch dieser Schicht zustande.

Nur 17 Geschlechter haben bis 1786 vier oder mehr Ratsverwandte gestellt. Aber auch sie unterscheiden sich durch die Dauer der „Amtszeiten" und durch die Zahl der Bürgermeister. Die folgende Tabelle zeigt sie in der Reihenfolge ihrer Anciennität als Revaler Bürgerfamilien.

Ratsfamilien mit mehr als drei Ratsverwandten im Zeitraum 1500–1786[1]

1 Rats- familie	2 Bürger seit	3 im Rat von bis	4 Amts- jahre	5 Ratsverw. insg./Bm.	6 Statthaltersch.- zeit 1787–1796	7 Wieder im Rat seit/Anzahl
Rotert	1445	1480–1646	94	5 / 3		
von Wehren	1452	1455–1764	79	6 / 1		1802 / 2
Dellingshausen	1483	1525–1648	60	4 / –		
Vegesack	1492	1502–1661	68	4 / 2		
Luhr	1503	1511–1646	88+	5 / 2		
Korbmacher	1551	1561–1702	131	5 / 4		
Stampehl	1555	1601–1686	83	4 / 2		
Dunt(en)	1563	1604–1710	60	4 / 2		
von Schoten	1563	1627–1710	52+	6 / –		
zur Mühlen	1574	1667–1786	86	4 / 3	3 Ratmänner 2 Stadtälteste	1817 / 1
Hetling	1581	1640–1786	123	7 / 4	1 Stadthaupt 1 Bürgermeister	1797 / 1
Lanting	1581	1623–1720	50	4 / 1		
Strahlborn	1584	1584–1760	93	7 / 1		1797 / 2
Nottbeck	1625	1726–1780	38	4 / –		1800 / 1
Haecks	1630	1642–1783	81	4 / 1		1823 / 1
Hueck	1661	1684–1786	60	5 / 2		1811 / 1
Clayhills	1697	1700–1770	56+	4 / 1		

[1] Spalte 2 nach den Revaler Bürgerbüchern (Publ. 6 und 7); Spalten 3–5 und 7 nach Bunges Ratslinie, berichtigt und ergänzt nach Nottbeck, Siegel, S. 47 ff., und RR III; Spalte 6 nach Elias, S. 119 ff. Die Amtsjahre der Familien beziehen sich, wie die Zahl der Ratsverwandten, nicht auf die Zeit vor 1500, sie ergeben sich aus der Summe der Amtsjahre der einzelnen Ratsverwandten. + bedeutet Mindestzahl an Amtsjahren.

Andere Ratsfamilien erlangten in der Statthalterschaftszeit und danach größere Bedeutung:

1	2	3		4	5	6	7
Rats-familie	Bürger seit	im Rat von	bis	Amts-jahre	Ratsverw. insg./Bm.	Statthaltersch.-zeit 1787–1796	Wieder im Rat seit/Anzahl
Riesenkampff 1578		1696–1769		79	3 / 1		1800 / 4
Rodde	1613	1687–1786		33	3 / –	1 Bürgermeister	1797 / 2
Frese	1698	1710–1786		45	3 / 2	1 Ratmann	1797 / 2
						1 Beisitzer im Gouvern.magistrat	

Wie ein Vergleich der Spalten 2 und 3 zeigt, ist der Zeitabstand zwischen der Niederlassung in Reval und der Aufnahme in den Rat bei allen Geschlechtern verschieden. Die zur Mühlen waren fast hundert Jahre in Reval ansässig, bevor Hermann gewählt wurde. Der Begründer der „Ratslinie" war der jüngere, zugleich aber der energischere von zwei Brüdern. Fortan aber wurde unter den jeweils in Betracht kommenden Söhnen und Enkeln stets der ältere in den Rat aufgenommen; er war jeweils auch der wohlhabendere. Jüngere Brüder wie Hermann V. und Ernst wurden Ältermänner der Großen Gilde, während Ebert von der Nebenlinie Ältermann der Kompanie der Nürnberger Krämer und Bauernhändler wurde.

Daß bei der Ratswahl neben der traditionellen Ratszugehörigkeit der Familie und der Versippung mit Ratsangehörigen auch der Wohlstand eine große Rolle spielte, wurde schon mehrfach hervorgehoben.

In der Statthalterschaftszeit galten dreijährige Perioden. Infolgedessen konnten nacheinander mehrere Familienangehörige zu Ratmännern oder Stadtältesten gewählt werden. Außer den zur Mühlen haben die Hetling, Frese und Höppener zwischen 1787 und 1796 mehr als einen Amtsträger gestellt. Doch in dieser Zeit galten die alten Bindungen nicht mehr im gewohnten Maße.

Ob auch bei der Wahl der Ältermänner der Großen Gilde der Wohlstand eine Rolle spielte und nach welchen Kriterien die Erkorenen Ältesten der Schwarzenhäupter gewählt wurden, bedürfte noch einer eingehenden Untersuchung des sozialen und wirtschaftlichen Gefälles in der Kaufmannschaft. Von den drei Erkorenen Ältesten der Schwarzenhäupter war nur einer Ratsherrnsohn, die beiden anderen gehörten Seitenzweigen an. Alle drei zählten jedenfalls nicht zu den wohlhabenden in der Familie. Vermutlich galten in der Bruderschaft stärker als bei Rat und Gilde Maßstäbe der Persönlichkeit.

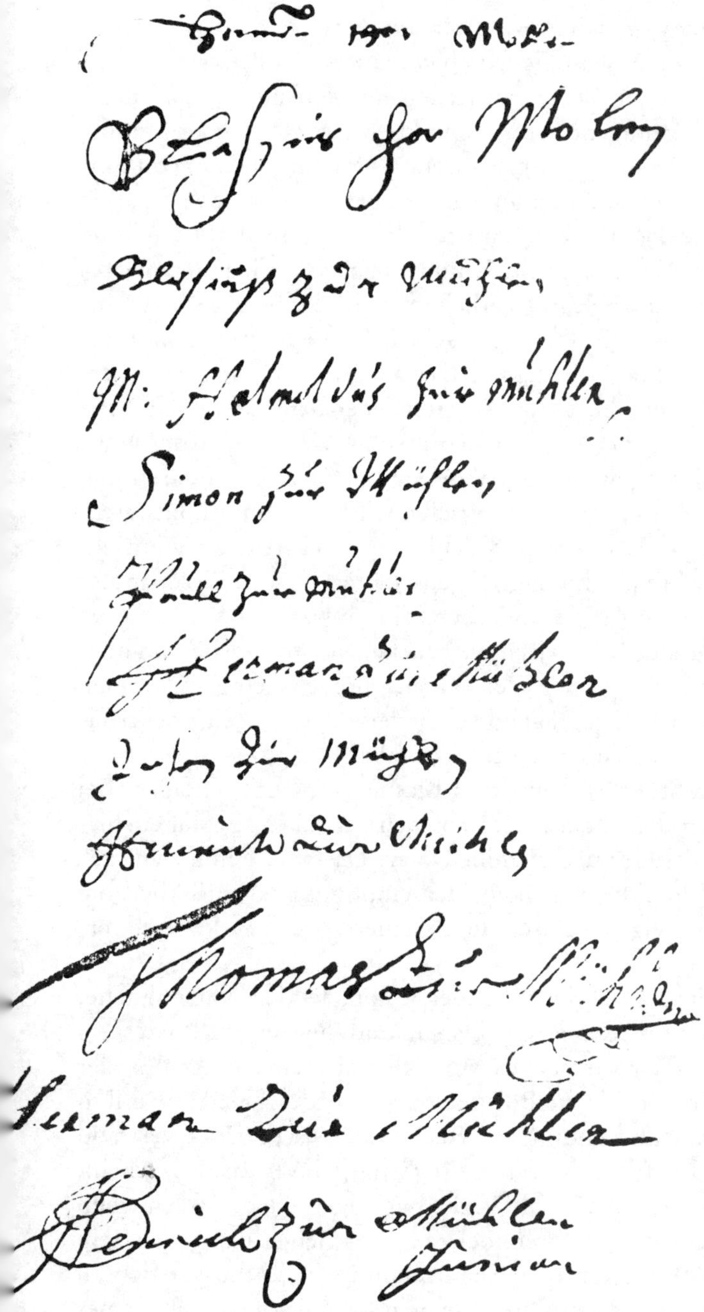

I. **Generation:**
Hermen I.
ca. 1505–1559,
Bürgermeister von Narva

II. **Generation:**
Blasius I.
ca. 1546–1605

III. **Generation:**
Blasius II.
ca. 1575–1628

Helmold
vor 1590–1649,
Magister, Propst

IV. **Generation:**
Blasius' Söhne:
Simon I.
ca. 1609–1682

Paul
ca. 1613–1657

Hermann III.
1625–90, Ratsherr

V. **Generation:**
Simons Söhne:
Johann I.
1646–96

Hinrich II.
ca. 1649–1710,
Erkorener Ältester

Hermanns Söhne:
Thomas I.
1649–1709,
Bürgermeister

Hermann V.
ca. 1651–1708,
Ältermann

Heinrich III.
1653–1708,
Rittmeister

Abb. 6: Faksimile-Unterschriften: Generationen I bis V (1537–ca. 1700).

Mit diesem Stichwort wird eine Thematik berührt, die geradezu als roter Faden durch jede Familiengeschichte ziehen sollte. Es versteht sich zugleich, daß man dieser Forderung nur gerecht werden kann, wenn die Quellen genügend Anhaltspunkte bieten. Hinzu kommt die Schwierigkeit, daß Urteile über historische Gestalten genau so von subjektiven Standpunkten und Meinungen, von Sympathie und Antipathie abhängig sind, wie die über Zeitgenossen. Im Verlaufe der Darstellung wurden mehrfach Urteile gefällt. Knüpft man sie aneinander, wie es einem der Rückblick nahelegt, so erhebt sich die Frage, wie sie zusammenpassen und ob sie ein Ganzes ergeben. Im Falle der Stammreihe der zur Mühlen und der wichtigsten Gestalten findet man sehr unterschiedliche Charaktere, bei deren Wechsel neben dem väterlichen Erbe stets auch die mütterlichen Anlagen, darüber hinaus aber auch der Wandel des Zeitgeistes mitgewirkt haben. Bei einer vorsichtigen Beurteilung Hermen thor Moelens nach seinen Briefen wird man ihm Impulsivität, Heftigkeit, Energie, Umsicht und Schläue, vielleicht auch Weitsicht und Klugheit zuschreiben können, Eigenschaften, die dem Fernhändler und Bürgermeister von Narva nützlich sein mußten.

Seinen Sohn Blasius I. erweisen die Quellen als streitlustig und über das Durchschnittsmaß seiner Zeit hinaus prozeßsüchtig, als einen „unruhigen Menschen", geprägt von einer verworrenen Zeit, aber befähigt zu zähem Festhalten an seinem Vorhaben.

Heftigkeit und Streitlust kann man Blasius II. nicht nachsagen. Bei ihm vermutet man eher einen ausgeglichenen Charakter. Er war ein fürsorglicher Sohn, Bruder und Familienvater. Das wußte ihm sein jüngerer Bruder Helmold zu danken, der empfindsame, musikbegabte Theologe, der ohne eigenes Zutun durch seinen Neffen in Prozesse verwickelt wurde.

Ganz im Gegensatz zu seinem Bruder Simon, der dem Vater ähnelte, zeigte Paul die Unruhe seines Großvaters und die Lust zu Prozessen. Seiner Rechthaberei haftet etwas von Kleinlichkeit an. Anders der Halbbruder Hermann, Metke Boismanns Sohn. Kleinlichkeit war ihm fremd, aber auch bei Beachtung von Recht und Gesetz. Doch verstand er es, sich ins rechte Licht zu setzen. Großspurig im Auftreten, scheint er zu Heftigkeit oder gar Gewalttätigkeit geneigt zu haben, auch wenn sein Verhalten auf der Pastorenhochzeit übertrieben dargestellt sein mag. Mit seinem Eintreten oder Schutz konnte rechnen, wer sich zu ihm hielt. Vielleicht paarten sich in seinem Charakter Anlagen seines Groß- und Urgroßvaters mit dem Erbe der Boismanns, die in der

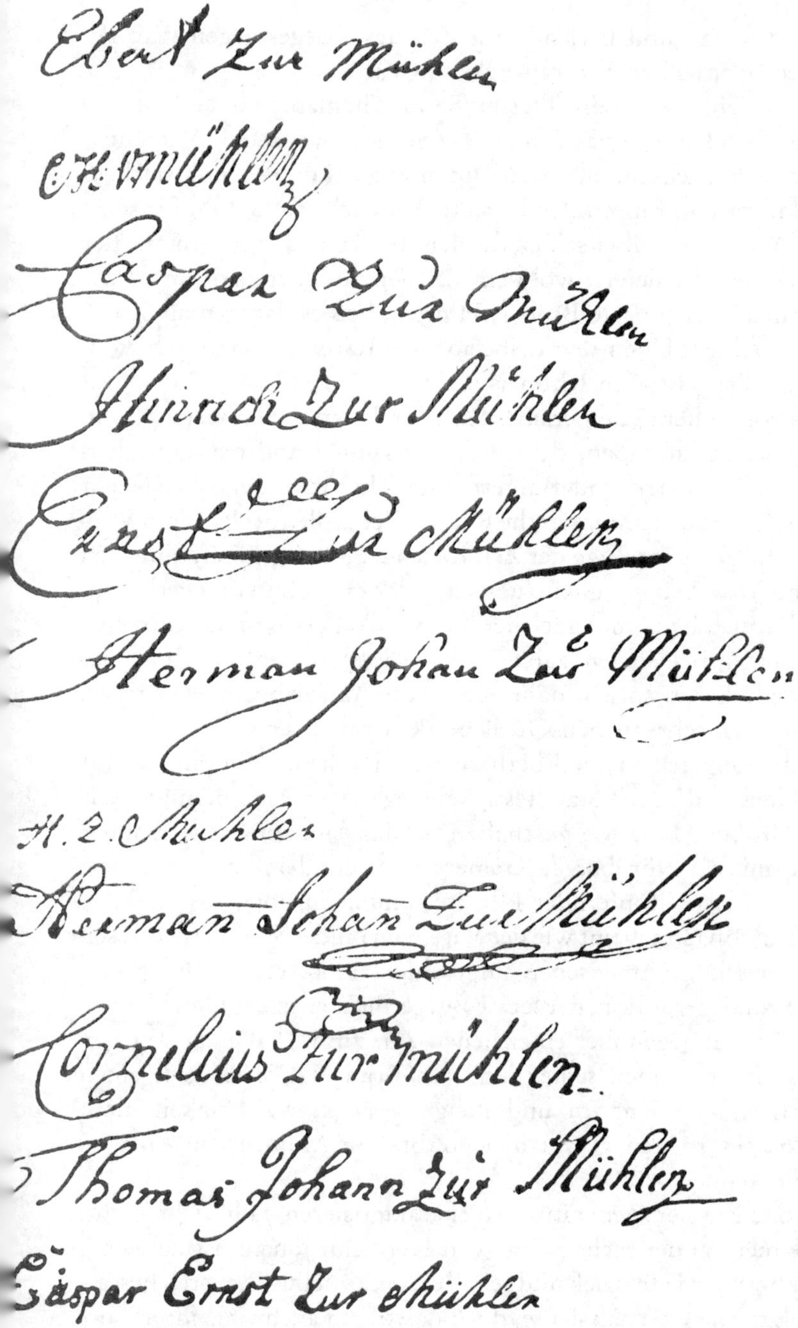

VI. Generation:
Johanns Sohn:
Eberhard II.
1692–1763

Thomas' Söhne:
Conrad Hermann
1677–vor 1741,
Oberstleutnant

Caspar I.
1678–1710

Hinrich IV.
1686–1750,
Bürgermeister

Ernst
1692–1750,
Ältermann

Hermanns (V.) Sohn
Hermann VII. Johann
1682–1728

VII. Generation:
Hinrichs (IV.) Söhne:
Hinrich V.
1718–50,
Erkorener Ältester

Hermann VIII. Johann
1719–89,
Bürgermeister

Cornelius I.
1721–56

Ernsts Söhne:
Thomas IV. Johann
1726–72,
Erkorener Ältester

Caspar II. Ernst
1741–1810,
Brigadier

Abb. 7: Faksimile-Unterschriften: Generationen VI und VII (ca. 1710–1770).

Geschichte Revals und Livlands zur Zeit des Krieges gegen Ivan IV. durch ihre eigenwillige Tatkraft bekannt wurden.

Wie Hermann war sein ältester Sohn Thomas eine Gestalt des Barock. Er ließ kaum etwas von dem vermissen, was seinen Vater auszeichnete: ein Mensch, der sich durchsetzen konnte, mit starkem Gefühl und zartem Empfinden begabt, aber auch mit Gefühl für seine Würde. – Weniger ist über seinen Bruder Hermann, den Ältermann der Großen Gilde, überliefert: wohl ein Zeichen von Stetigkeit und Ausgeglichenheit. Der jüngste Bruder, Hinrich, ließ es dagegen an Streitsucht nicht fehlen. Unter den Leibtrabanten Karls XII. fand sich wohl der richtige Platz für den Rittmeister.

Nichts von seinem Temperament scheint Thomas dem vierten Sohn Hinrich vererbt zu haben, dem pflichtbewußten und der Obrigkeit gehorsamen Ratsherrn und Bürgermeister. Bei ihm kamen vielleicht Anlagen seiner Mutter Margarethe Ratken, der „edlen Seele", zum Vorschein. Er neigte, dem Zuge der Zeit folgend, zu Religiosität, ohne den Pfad orthodoxer Frömmigkeit zugunsten der Herrnhuter zu verlassen. Man findet auch bei ihm Anzeichen für Musikalität, und die Tatsache, daß sie später bei seinen zahlreichen Nachkommen verschiedener Linien wiederkehrt, spricht dafür, daß diese Anlage bedeutender war, als die wenigen schriftlichen Quellen erkennen lassen.

Hinrichs jüngerer Vetter Eberhard war durch sein Empfinden für Rechtlichkeit und durch Standfestigkeit gegenüber Anfeindungen seitens der Großen Gilde wie geschaffen für das Amt eines Ältermannes der Kompanie der Nürnberger Krämer und Bauernhändler, das er viele Jahre lang in fast aufopfernder Pflichterfüllung ausübte.

Hermann Johann scheint wie der Vater von milder Sinnesart gewesen zu sein: für seine Mitmenschen aufgeschlossen, korrekt in der Nachbarschaft von Korruption, der letzte Bürgermeister seines Geschlechts, konservativ und gegenüber einer neuen Zeit zurückhaltend. Dagegen verrät das kurze Leben seines jüngeren Bruders Cornelius I. einen eigenwilligen, von Jähzorn und Neigung zu Gewalttätigkeit nicht freien Charakter. Man glaubt hier erbte zur Mühlensche Anlagen wiederzuerkennen.

Die letzte Revaler Generation zu charakterisieren, fällt nicht leicht. Über die meisten der sechs Söhne von Hermann Johann ist zu wenig bekannt. Bernhard Heinrich und sein Vetter Cornelius II. waren besonders erfolgreiche Geschäftsleute, doch das waren auch viele ihrer Vorfahren. Der Handel verlief seit Generationen nach vorgegebenen

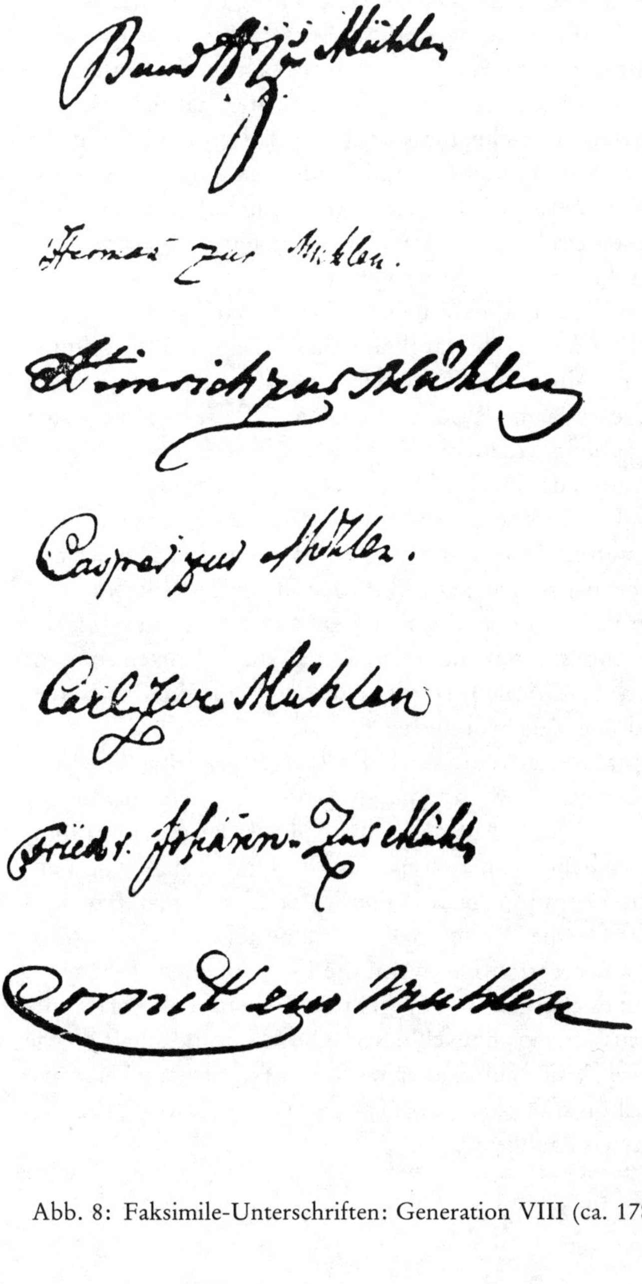

VIII. Generation:
Hermann Johanns Söhne:
Berend Heinrich
1751–1826,
auf Habbat

Hermann IX.
1758–1827,
Ratsherr

Heinrich VI.
1762–1802

Caspar III.
1763–1817,
auf Eigstfer
und Ninigal

Carl
1764–1837,
auf Kollo und
Neu-Tennasilm

Friedrich Johann
1768–98,
auf Sellie

Cornelius' I. Sohn:
Cornelius II.
1756–1815,
auf Piersal

Abb. 8: Faksimile-Unterschriften: Generation VIII (ca. 1780–1800).

Mustern: kaum, daß man Hermen thor Moelen noch als „wagenden Kaufmann" der Hansezeit bezeichnen könnte, wenn auch das Risiko zu seiner Zeit noch beträchtlich war. Die letzten Revaler zur Mühlen waren Söhne einer aufgeklärten Zeit, in welcher die menschliche Vernunft zur höchsten Norm erhoben und für Ausschweifungen barocker Naturen wenig Raum war. Sie handelten mit Bedacht und Überlegung, ob es um ihre Handelshäuser, um ihren Dienst bei der Statthalterschaft, um die folgenschwere Entscheidung über die Zukunft oder um die gewohnte Tätigkeit eines Gutsherrn und Landwirts ging. Die Genauigkeit, beinahe Pedanterie, die man bei Cornelius II. zu erkennen glaubt, lassen ihn seinem Vater unähnlich erscheinen. Vielleicht schlug hier das Gebauersche Erbe der Mutter durch.

Einiges ist hier noch über die Frauen der Familie zu sagen. Zunächst Allgemeines: die Ehefrauen der Kaufleute, ihre Mütter und Großmütter mit ihren weiteren Vorfahren in weiblicher Aszendenz entstammten überwiegend eingesessenen Revaler Familien; die Zugewanderten waren auf Einheirat bedacht, um die Mitgliedschaft bei der Brauerkompanie und das Braurecht durch die Ehe mit einer „Braupfanne" zu erwerben. Bei den Handwerkern bewirkten Wanderungssitte und Vererbung der Werkstätten durch Einheirat Entsprechendes. Der weibliche Teil der Familie war seßhaft. Die Fluktuation der Geschlechter tritt daher nach außen viel mehr in Erscheinung, als es dem tatsächlichen Wandel des Familienbestandes entsprach. Die Frauen wahrten so nicht nur die häuslichen Traditionen, sondern waren Bindeglied zwischen Altansässigen und neu Zugewanderten.

Dank der Braupfannen erfreuten sich die Revaler Kaufmannstöchter besonderer Beliebtheit, denn mit dieser Erbgewohnheit hielten sie einen Trumpf in der Hand. Auf das Selbstbewußtsein der Frau muß sie sich ausgewirkt haben, auch wenn sie als Unmündige vor dem Gesetz stets einen Vormund hatte – den Vater, den Ehegatten oder einen vom Gericht für die Waise oder Witwe bestellten.

Der Vormund war erforderlich, wenn die Frau an einem Rechtsakt beteiligt war, wenn es also galt, vor Gericht im Zivilstreit als Partei aufzutreten oder einen Vertrag abzuschließen. Die Vormundschaft diente dem Schutz der Frau[2], sie schloß aber weder wirtschaftliche Selbständigkeit noch Handlungsfähigkeit als Bürgerin aus. Den Bürgerpflichten mußten auch Witwen nachkommen.

---

[2] Vgl. dazu Ennen, S. 21.

Beispiele für selbständiges Handeln der Frau begegnen uns mehrfach. Sophia Louwe, die Witwe des Blasius thor Moelen, beklagt sich in einer Supplik an den Rat, daß sie viele Jahre als Mitbürgerin die Lasten der Stadt, Landsknechte zu halten und anderes mehr, zu tragen gehabt, und bittet um einen Nachlaß der Erbschaftssteuer; Helmold zur Mühlens Tochter Dorothea wendet sich an den Rat mit einer Bittschrift, um zu erreichen, daß ihre Stiefschwester die bei ihr deponierten Gegenstände herausrückt[3]; Katharina Korbmacher protestiert in Abwesenheit ihres Mannes, Conrad Hermann zur Mühlen, gegen eine Entscheidung ihres Schwiegervaters Thomas, der ihr daraufhin empört die Berechtigung zu einer solchen Eingabe zu bestreiten versucht. Die Reaktion des Rates erfährt man leider nicht. Hermann Johanns Witwe Justina von Wehren richtet ein Schreiben[4] wegen einer Grundstücksangelegenheit direkt an die Kaiserin. Die Eingaben unterscheiden sich in der Form in nichts von solchen der Männer.

Die Revaler Musterungsliste vom Jahre 1688 zeigt zahlreiche von Witwen repräsentierte Haushalte, häufig mit einem oder gar mehreren Gesellen. Einige zur Mühlensche Witwen wirken jahrelang als Kauffrauen, vom Sohn oder Bruder unterstützt: Sophia Louwe, für kurze Zeit Metke Boismann, Elisabeth Dunte und vor allem Agneta Gebauer. Andere vermählen sich nach dem Tode ihres Mannes aufs neue, teils in kürzester Frist: eine wohltuende Auswirkung des Braurechts auf die beiderseitige Befriedigung der Interessen.

War die Frau als „Eheliebste" rechtlich dem Manne unterworfen, seinem Schutz anheimgestellt, so bildete das Haus mit Ausnahme des Kontors ihr Imperium; hier sorgte sie für die Familie und gebot über Knechte, Mägde und Ammen. Den Ausgleich in diesem Spannungsverhältnis zwischen den Bereichen von Mann und Frau schuf das Ideal harmonischen Zusammenlebens, wie es in einigen Todesanzeigen zum Ausdruck kam: „Das Glück eines häuslichen Lebens und das ununterbrochene Beisammensein", „der süße Traum von häuslicher Glückseligkeit". Die Ehe galt als unlöslich.

Nach außen hin repräsentierte die Frau an der Seite ihres Mannes. Das öffentliche Auftreten ohne seine Begleitung, etwa bei festlichen Anlässen, war ungewöhnlich. Aber als Kaufhändlerin gebot sie über

---

[3] RStA, RStr. 60, S. 210, 1668 Febr. 28.
[4] RStA, Suppl. 18. Jh., Mappe 3, S. 96.

ihre Gesellen, auch wenn diese in Sachen des Handels über die bessere
Fertigkeit verfügten.

Es war wohl eines der bedeutungsvollsten Anzeichen für den
Anbruch einer neuen Zeit, als junge Frauen und Mädchen, als erste
Margarethe Wistinghausen, Caspar zur Mühlens spätere Frau, sich zur
Mitwirkung am Revaler Liebhabertheater hergaben, und als vor allem
infolge des von diesem Theater ausgehenden Einflusses Ehen in die
Brüche gingen und geschieden wurden.

Hier wurde über Gestalten und Generationen eines Geschlechts
zusammenhängend und doch lückenhaft berichtet, über ihre Eigenheiten und Schwächen, ihr persönliches Handeln für die übergeordnete
Gemeinschaft und im privaten Bereich. Sie alle waren aktiv oder unbewußt an der Stadtgeschichte und am gesellschaftlichen Geschehen im
Zeitraum von 300 Jahren beteiligt. Was familienspezifisch, was stadt-
typisch und was zeitbedingt war, wurde nach Möglichkeit unterschieden. Dies ganz zu entflechten, würde kaum gelingen: zu sehr sind die
Menschen Kinder ihrer Zeit und Umgebung. Wie bei einem jeden Indi-
viduum sind bei einer Familie ererbte Veranlagungen, Sitten und
Gewohnheiten, Einflüsse von Umwelt und Geschichte miteinander zu
einem Ganzen verwoben. Es sind dies die inneren und äußeren Kräfte,
die aus jedem Geschlecht – ebenso wie aus jeder Körperschaft, jedem
Stande, jeder Stadt – eine einmalige historische Individualität formen.
Dies im Rahmen der Stadtgeschichte sichtbar zu machen, war Anliegen
dieses Buches.

ANHANG I

Zur Frage der Herkunft der Familie thor Moelen/zur Mühlen

Mit der Frage der Herkunft der Familie zur Mühlen hat man sich spätestens seit dem 18. Jh. beschäftigt. Doch zu diesem Zeitpunkt waren auch die letzten gesicherten Überlieferungen der Vergessenheit anheimgefallen. Die alten Behauptungen über die Abstammung, einschließlich der genealogischen Verbindung der zur Mühlen mit dem Revaler Ratsherrn Marquard van der Molen, sind bloße Kombinationen, an denen man allerdings lange festgehalten hat. Ernst zu nehmende Forscher haben die Identität der Familien van der Molen und thor Moelen angenommen, ohne einen Nachweis zu versuchen. Georg Friedrich Bunge sah in einem Ratsherrn in Narva Hermen van der Molen (1499/1517) das Bindeglied zwischen den Revaler van der Molen und dem späteren Bürgermeister von Narva Hermen thor Moelen. Auch Heinrich v. zur Mühlen hält in seiner Untersuchung alter Revaler Geschlechter (1933) an dieser Version fest und verweist darauf, daß der um 1517 verstorbene Ratsherr Hermen van der Molen in einem Prozeß um seinen Nachlaß thor Möle genannt wird (1530). Doch gegen eine nahe Verwandtschaft unseres Hermen thor Moelen mit dem Erblasser spricht schon die Tatsache, daß er im Prozeß gar nicht erwähnt wird[1].

Der Historiker Heinrich Laakmann vermutete eine Verwandtschaft zwischen Hermen thor Moelen und dem Gesandten Wilhelm von Melen oder Mylen, für den der livländische Ordensmeister Plettenberg den Hochmeister in Preußen 1515 um ein Adelszeugnis bat: auch Hermen thor Moelen hatte einen Sohn mit dem nicht allzu häufigen Vornamen Wilhelm. Doch der Gesandte gehörte aller Wahrscheinlichkeit nach einem Geschlecht von Melen, Mellen etc. an, dessen Ansässigkeit im preußischen Ordensgebiet wohl der Grund für die Bitte an den

---

[1] Bunge, Rathslinie; Mühlen, Studien, S. 103f.; nach Süvalep, S. 263, wird der Schwiegersohn Rugesberg genannt.

Hochmeister war[2]. Die Verschiedenheit der Familiennamen bei sonst
fehlenden Übereinstimmungen scheint mir eher gegen eine Verwandtschaft zu sprechen.

Paul Johansen vermutete eine Verbindung mit den in Riga ansässigen
tor Molen[3]. Dort kommen folgende Träger des Namens vor: Gert
1492/1502 †; Hermen 1503/1544, Ratsherr; sein Sohn Thomas 1531/63,
Ratsherr. Dem Alter nach könnte unser Hermen thor Moelen Sohn
Hermens und Bruder von Thomas sein. Er selbst hatte jedoch, soweit
bekannt, nur einen jüngeren Halbbruder Henrich, der später auch Handelsverbindungen mit Rigaer Bürgern hatte (1563), im übrigen aber
beschränkten sich die Beziehungen der Rigaschen tor Molen mit Reval
auf amtliche Schreiben des Ratsherrn Hermen[4].

Im Kapitel über Hermen thor Moelens Gesellenzeit ist von zwei miteinander konkurrierenden Herkunftsgebieten die Rede, auf die hier
näher einzugehen ist: der Raum zwischen Weser und Ems und die niederländischen Provinzen Geldern und Overijssel[4a].

Aus dem Weser-Ems-Gebiet stammte ein anderer Gert thor Moelen,
Bürger zu Reval 1561–1591. Mit ihm befaßte sich Konrad v. zur Mühlen
in seiner Familiengeschichte (FG I). In einem Prozeß[5] um den Nachlaß
des 1560 bei Reval gefallenen Ratsherrn Luetke van Oyten machte Gert
seine Verwandtschaft mit dem Erblasser geltend: Luetke sei sein ille-
gitimer Bruder, der gemeinsame Vater sei Herman thor Molen in Friesoythe im Oldenburgischen. Gerts Brüder hießen Kaspar und Dietrich,
seine Söhne Dietrich, Jasper und Hermann. Unser Hermen thor Moelen hatte nur den Halbbruder Henrich. Die Vornamenreihen decken
sich also nicht, woraus der Schluß gezogen werden muß, daß sie jedenfalls allesamt nicht leibliche Geschwister waren. Immerhin bleibt die
Möglichkeit, daß sie Halbbrüder oder Vettern waren. Für ein ver-
wandtschaftliches Verhältnis könnte die Tatsache herangezogen werden, daß Hermen thor Moelens Sohn Evert in Lübeck 1597 von den

---

[2] Mündliche Äußerung von Laakmann; vgl. das Namenregister bei Joachim/
Hubatsch: Mellen, Mellyn, Melyn, Meyle, Meylen, Milen, Myle, Mylen; dort
auch Wilhelm von Melen.
[3] Mündliche Äußerung von Johansen; LUB 2. Abt. Bd. 1 Nr. 121, 377, Bd.
2 Nr. 360, 464, Bd. 3 Nr. 265, 273, 275; HR Bd. 3, 6 Nr. 585, Bd. 3, 7 Nr. 39;
Böthführ, Rathslinie, Nr. 424, 463.
[4] RStA, B.D. 2 II, Riga an Reval 1563 März 13.
[4a] Vgl. Karte 4 auf S. 359.
[5] RStA, B.i. 107.

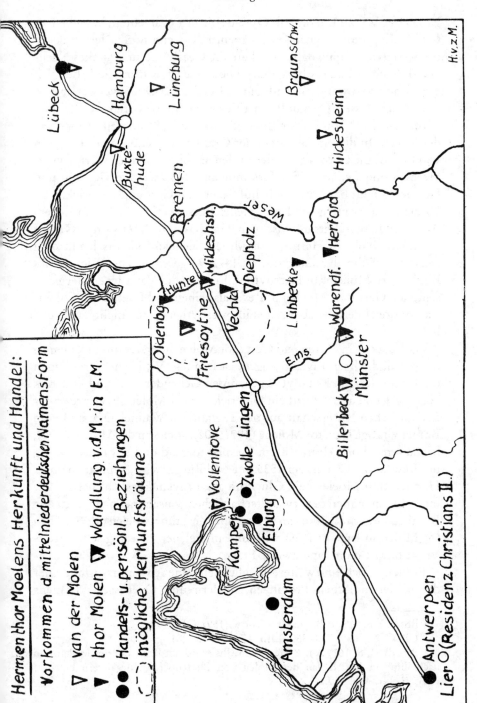

Hermen thor Moelens Herkunft und Handel:

Vorkommen d. mittelniederdeutschen Namensform

▽ van der Molen
▼ thor Molen ▼ Wandlung v.d.M. in t.M.
● Handels- u. persönl. Beziehungen
⟍ mögliche Herkunftsräume

Lübeck
Hamburg
Lüneburg
Braunschw.
Hildesheim
Buxte-hude
Bremen
Weser
Wildeshsn.
Diepholz
Herford
Hunte
Oldenbg.
Friesoythe
Vechta
Lübbecke
Warendf.
Ems.
Münster
Billerbeck
Lingen
Vollenhove
Kampen
Zwolle
Elburg
Amsterdam
Antwerpen
Lier ○ (Residenz Christians II.)

H. v. z. M.

Karte 4

Erben der Witwe Luetke van Oytens, die in Reval lebten, bevollmächtigt wurde, die Erbschaft zu erheben und, wenn nötig, deswegen zu
prozessieren. Es ging dabei wohl um die Geschütze aus Luetkes Nachlaß, die sich in Lübeck befanden[6]. Die Frage ist, warum die Erben sich
gerade an Evert wandten. Falls er mit Luetke van Oyten verwandt war,
müßte uns dessen Herkunftsort Friesoythe interessieren.

Im „Umfeld" von Friesoythe stößt man ab 1439 auf den Namen van
der Molen. In diesem Jahr stellt der Graf von Oldenburg der Bürgerin
von Friesoythe Gerburg van der Molen und ihren Söhnen Gert, Eylert,
Hermen und Diderick eine Urkunde aus. 1452 werden Gerburg und
Hermen erneut belehnt, „zu behuf" auch von Gert und Diderick. Von
Eylert ist nicht mehr die Rede, vielleicht ist er nicht mehr am Leben.
Aber seit diesem Zeitpunkt ist auch von Gert und Diderick nichts mehr
zu hören. Nur ein Hermen tor Molen, vielleicht identisch mit dem
genannten Sohn der Gerburg, ist 1472/98 geschworener Richter des
Bischofs zu Münster in Friesoythe[7]. Er kann der Vater jenes Hermann
sein, den Gert thor Moelen in Reval als seinen und Luetke van Oytens
Vater bezeichnet, der aber selbst in Friesoyther Akten nicht nachweisbar ist.

Ob Luetke van Oyten und Gert thor Molen die ersten aus ihrer Familie waren, die nach Livland zogen, ist fraglich. Vielleicht waren ihnen
die 1452 zuletzt in Friesoythe genannten Gebrüder Gert und Diderick
vorausgegangen: 1482 tritt ein Diderick van der Molen als Vertreter der
Livländischen Ritterschaft auf der Tagfahrt zu Waimel auf[8], und vom
Bürger zu Riga Gert tor Molen (1492/1502), auch van der Molen (1496),
haben wir schon gehört. Ihrem Beispiel folgend und etwa gleichzeitig
mit Luetke van Oyten, der 1533 in Reval Bürger wird, kann auch unser
Hermen thor Moelen sein Glück im alten Livland gesucht haben. Ob
man ihn in näheren verwandtschaftlichen Zusammenhang mit den
Revaler Bürgern Luetke van Oyten und Gert thor Moelen oder mit den
tor Molen in Riga bringen will, und in welcher genealogischen Kon-
struktion, ist dann eine zweite Frage.

Es bleibt noch eine weitere Möglichkeit: eine Abstammung aus einer
der niederländischen Provinzen Geldern und Overijssel. Hermens

---

[6] RStA, B.o. 1, sub Balthasar Rüssow (1597 Okt. 19).

[7] UBSO Nr. 689, 738, 860; OJb. 17 (1909) S. 281.

[8] Arndt II, S. 161. Am Ende des 15. Jhs. wird ein Brun van der Molen und
nach ihm ein Dirich van der Molen von Plettenbergs Vorgängern belehnt:
LGU II, Nr. 416, 529.

Halbbruder Henrich wird 1550 als Bürger zu Elburg erwähnt, wohnhaft in Kampen[9]. Die Frage ist, was ihn dorthin führte. Die Gebrüder Michels, mit denen Hermen thor Moelen freundschaftlich verbunden war, hatten Verwandte in Kampen. Waren die Brüder thor Moelen dort beheimatet und rührte daher die enge Verbundenheit mit den Brüdern Michels? Anfragen in niederländischen Archiven haben ergeben, daß der Name thor Moelen in Kampen nicht zu ermitteln sei und daß das Elburger Archiv für diese Zeit keine Nachrichten über Personen und Familien enthalte. Der Name van der Molen, ter Moelen usw. komme jedoch mehrfach in der Provinz Overijssel vor[10]. Die Möglichkeiten in niederländischen Archiven sind wohl noch nicht ausgeschöpft.

Dies ist der heutige Stand der Herkunftsforschung, soweit sie mit personenkundlichen Mitteln betrieben wurde. Damit sind unsere Wege aber noch nicht erschöpft. Zunächst müssen Hausmarken und Wappen nach ihrer genealogischen Aussage befragt werden. Eine Hausmarke des Hermen thor Moelen ist als Siegel seit 1547, ein heraldisches Wappen seit 1620 überliefert.

Der Ursprung der Hausmarke ist die bäuerliche Hofmarke, die in den Städten von den Kaufleuten vor allem zur Bezeichnung von Warensendungen übernommen wurde. Ihr Zweck ist also der eines Besitzzeichens. Für die Genealogie ist zunächst die Frage der Beständigkeit und Erblichkeit der Hausmarke wichtig. Otto Haller[11] hat am Beispiel Revals diese Frage untersucht und ist zum Ergebnis gekommen, daß Gleichheit der Hausmarken zweier gleichnamiger Personen für ihre nahe Verwandtschaft, Ähnlichkeit für ihre Zugehörigkeit zur gleichen Sippe spricht, daß aber Verschiedenheit der Hausmarken gleichnamiger Personen nicht unbedingt ihre nahe Verwandtschaft ausschließt. Dies gilt für Reval und dürfte sich in anderen Städten nicht anders verhalten. Aber gilt der erste Satz auch dann, wenn ähnliche Zeichen in weit auseinander liegenden Städten auftreten, zumal wenn es Zeichen von einfacher, häufig wiederkehrender Gestalt sind? Die Hausmarke, mit der Hermen thor Moelen 1547 siegelt, findet sich in Verbindung mit anderen Namen mehrfach an anderen Orten, z. B. in Lübeck (1613 Hesse), Hamburg (1593 Voß, 1647 Magelsen, 1668 Blixen), in Burg auf Fehmarn (1633 Siever) und mit geringfügigen Abwandlungen auch ander-

---

[9] Siehe Anh. II, Nr. 3.

[10] Gemeentearchivaris van Kampen an Dr. P. Johansen (Reval), Kampen 1934 Jan. 30.

[11] Haller, S. 7ff.

wärts[12]. Die gleiche Hausmarke in Verbindung mit dem Namen tor Molen habe ich nicht gefunden. Mit einer ähnlichen siegelt 1439/53 Alert tor Molen, Rat von Wildeshausen[13]: die Annahme einer direkten genealogischen Verbindung hätte daher etwas für sich, wäre aber nicht zwingend.

Die Ähnlichkeit von Hausmarken kann leicht in die Irre führen. Erstaunlich ist zum Beispiel, daß Hermen thor Moelen zwei seiner Briefe an seinen Geschäftsfreund Helmich Vicke[14] mit einer Marke kennzeichnet, die der des Alert tor Molen in Wildeshausen noch näher kommt, ja ihr fast gleicht. Doch es erweist sich, daß es nicht die eigene Hausmarke ist, sondern die des Empfängers, die auch auf Schreiben von anderen Absendern an Vicke wiederkehrt[15]. Sie sollte hier dem Überbringer und dem Empfänger des Briefes als Kontrollzeichen dienen und fehlte daher auf einem Brief, den Hermen thor Moelen dem abwesenden Empfänger in Reval hinterließ. Die Ähnlichkeit der Marke mit der des Alert erweist sich als Zufall und für den Forscher geradezu als Falle.

Rätsel gibt auch das Wappen auf. Soweit bekannt, siegelt Helmold zur Mühlen als erster 1620[16] mit dem Hirschkopf. 1628 erscheint es auf dem Grabstein des Blasius[17]. Die Frage ist, ob es ein angestammtes zur Mühlensches Wappen oder eine Errungenschaft der beiden Brüder war. Eine reine „Erfindung" Helmolds ist nicht anzunehmen, er hätte eher ein redendes Wappen gewählt. Gegen die Vermutung eines angestammten Wappens ist eingewandt worden, daß Hermen thor Moelen mit der Hausmarke siegelte, während der Hirschkopf erst im 17. Jh. nachweisbar sei. Unter Berufung auf Hauptmanns Wappenkunde wird im Genealogischen Handbuch der baltischen Ritterschaften, Teil Livland[18], darauf hingewiesen, daß im 17. Jh. das Siegel immer mehr seine Eigenschaft als persönliches Kennzeichen verlor, Schriftstücke mit fremden Siegeln untersiegelt wurden und sogar Fälle der unberechtigten Annahme fremder Wappen sich mehrten, wobei der 1604 erstmalig erschienene Siebmacher meist als Vorlage gedient habe. Dieser Hinweis suggeriert die Annahme eines fremden Wappens.

---

12 Körner, Bd. 1, S. 284, Bd. 2, S. 265f.
13 UBSO Nr. 681, 740.
14 RStA, A.f. 34, A.a. 11e. – Vgl. Taf. 7.
15 Haller, S. 45.
16 Nottbeck, Siegel.
17 Nottbeck/Neumann II, S. 145ff.
18 GHLivl. Bd. I, S. 571.

Überzeugend ist die Vermutung einer mehr oder weniger willkürlichen Übernahme eines fremden Wappens nicht. Sollte Helmold zur Mühlen dies bis 1620 wirklich getan haben, so hätte er sich schon frühzeitig als Schrittmacher einer Unsitte betätigt, die sich – nach Hauptmann – im 17. Jh. mehrte, und das noch in Reval, das den Sitten und Unsitten in Deutschland in der Regel nachzuhinken pflegte. Magister Helmoldus hätte sich das zu einer Zeit nicht leisten können, als Adels- und Wappenverleihungen und -bestätigungen durch den Souverän üblich waren. Eine „legale" Entlehnung hätte entsprechende Beziehungen zu einer Familie vorausgesetzt, die dieses Wappen führte, und eine Bestätigung erstrebt, durch wen auch immer[19].

Methodisch falsch wäre es auch, aus dem Fehlen eines älteren Siegelabdruckes mit dem Hirschkopf auf das Nichtvorhandensein des Wappens zu schließen. Die Eignung der Hausmarke zur Signierung von Waren und Briefen kann ein heraldisches Wappen – auch als Siegel – zeitweise verdrängt haben. Manches Wappen kann auf diesem Wege ganz in Vergessenheit geraten sein. Bei anderen Revaler Familien, wie den Kegeler und Hamer im 14. Jh., den Gripenberg und van der Molen im 15., den Bocholt im 16. Jh., ist das Vorhandensein von Hausmarke und Wappen zugleich belegt. Im 17. Jh. ist das auch bei den Boismann der Fall[20]. Bei den zur Mühlen siegelt Paul in der Mitte des 17. Jhs. nach Belieben mit dem Hirschkopf oder mit der Hausmarke[21].

Damit ist zwar nichts bewiesen und nichts widerlegt. Es bleibt die Suche nach älteren Vorkommen des Wappens mit dem Hirschkopf. Folgt man dem Siebmacher, so erweist es sich als ein altes Wappen, das im ganzen norddeutschen Raum bei wenigen Familien zu finden ist: bei den 1434 erloschenen Ghonte in Pommern (was wohl ein verlesenes Ghoute und daher mit Guten identisch ist, einer Familie, die ebenfalls den Hirschkopf führte), bei den Trampe, die 1273 in Pommern, später auch in Niedersachsen, Dänemark und Oldenburg vorkommen, bei

---

[19] Die Vermutung in FG I, die Annahme des Oldenburgschen Wappens mit dem Hirschkopf habe etwas mit dem Ankauf eines Grabsteines (1624) zu tun, auf dem das Wappen eingemeißelt ist, geht fehl, weil Helmold schon 1620 mit diesem Wappen siegelt, der Grabstein speziell für Blasius und seine zwei Frauen hergerichtet ist und der frühere Besitzer – Oldendorff – trotz häufiger Namensverwechslungen nichts mit den in Estland ansässigen Oldenburg zu tun hat.

[20] Nottbeck, Siegel.

[21] RStA, Rstr. 60, passim.

den aus dem Oldenburgischen stammenden Oldenburg (Ende des 13. Jhs.), die auch in Mecklenburg und im 16. Jh. in Estland auftauchen[22], und 1415/26 bei den westfälischen Suythusen genannt Dölberg[22a]. Es gibt zahlreiche andere Geschlechter, die ebenfalls einen Hirsch im Schilde und auf dem Helm führen, aber als wachsend, springend oder schreitend oder in Verbindung mit anderen Figuren dargestellt[23]. Die ältere Wappenfigur ist jedenfalls der alleinige Hirschkopf, der im 15. Jh. und schon früher auftritt.

Die Verbindung eines Hirsches mit dem Namen zur Mühlen ergibt keinen Sinn. Der Name thor Moelen, so gesprochen, aber auch tor Molen, Mollen, Molenn, Mollenn, Mölen geschrieben und in der Form to der Molen, Termoelen usw. überliefert, läßt – ebenso wie der häufigere Name van der Molen und seine Varianten sowie die lateinische Namensform de Molendino – zunächst vom Wortinhalt her eine nicht näher definierte Beziehung zu einer Mühle erkennen.

Träger des Namens van der Molen sind im Mittelalter nicht Müller, sondern Inhaber des Nutzungsrechts an einer Mühle. Das Recht zur Anlegung und zum Betrieb von Mühlen war an öffentlichen Gewässern als Mühlenregal allein dem König, an kleineren Gewässern den Grundherren vorbehalten. Häufig wurde dieses Recht veräußert und vererbt oder als Lehen übertragen, sei es in Verbindung mit einem Amt oder gegen Entrichtung eines Mühlenzinses[24]. Auch der Zins konnte losgelöst vom Nutzungsrecht an dritte weiterverliehen werden. Noch im 13. Jh. sind die Träger des Namens van der Molen häufig als Inhaber eines Mühlenlehens zu erkennen. Oft werden sie mit Zusätzen wie miles, famulus, armiger, dapifer, in deutschsprachigen Urkunden als

---

[22] Siebmacher III, 6. Abt., S. 16; VI, 9. Abt., S. 65; 10. Abt., S. 39. 1797 wird ein Oldenburg in die Matrikel der Livländischen Ritterschaft aufgenommen, Mühlendahl/Huene, S. 15.

[22a] Fahne, Geschichte der Westphälischen Geschlechter.

[23] Albert von der Myle, 1619 zum Bürgerkapitän im Kirchspiel St. Jakobi in Hamburg ernannt, siegelte 1619/25 mit einem (natürlichen) Hirsch auf goldenem Grund, Helmzier: zwei gold-rot und rot-gold geteilte Hörner; der Name wird auch Mile, Milen geschrieben. Nach Ansicht des Archivrats Dr. Schmidt hat der Kaufmann sich das Wappen bei der Ernennung zum Bürgerkapitän zugelegt. Staatsarchiv Hamburg an Verf., 1961 Juli 20, Az. 33-61/1. – Die entfernte Ähnlichkeit von Wappen und Namen dürfte Zufall sein.

[24] Vgl. den Artikel Mühlen in: Wörterbuch d. deutschen Staats- und Verwaltungsrechts. 2. Aufl. Bd. 2 (Tübingen 1913) S. 904–908.

Ritter oder Knappe, gelegentlich auch als edler Herr gekennzeichnet oder mit solchen Leuten in einer Reihe als Zeugen genannt[25]. Die so Titulierten gehören also dem Adel, meist wohl dem niederen, aus hörigen Dienstmannen hervorgegangenen Ministerialenadel an.

Den Vorgang des Festwerdens der Familiennamen spiegeln Beifügungen wie „dictus de molendino" oder „geheyten van der moelen" in Urkunden des 13. und beginnenden 14. Jhs. wider. Nicht immer setzt sich dieses auf die Mühle bezogene Appellativum durch. Am Beispiel eines Zweiges der Plettenberg: Plettenberg de molendino, auch genannt van der Möhlen[26], sieht man, daß der ältere Name Bestand hatte. In anderen Fällen dominierte der Name van der Molen, so bei Gerhard von Billerbeck genannt van der Molen (1478 †), dessen Sohn van der Molen oder tor Molen hieß: hier war die Bezugnahme auf den bei Münster gelegenen Ort Billerbeck weggefallen. Es handelt sich um ein altes bischöflich Münstersches Mühlenherrengeschlecht, dessen Vertreter in der Mehrzahl in Warendorf ansässig waren. Zu den Warendorfer Mühlenherren gehörten auch Gerhardus de Molendino, iudex (1280/1302), und Johannes de Molendino, famulus (1339), deren genealogischer Zusammenhang mit den erwähnten späteren Mühlenherren von Billerbeck und Warendorf jedoch nicht gesichert ist[27].

Ein weiteres Beispiel bilden die Soester Patrizier van der Molen. Sie waren mit den Epping eines Stammes und nach F. v. Klocke altfreier Abstammung. Seit 1285 lebten beide Zweige des Geschlechts – Epping und van der Molen – in Soest unter verschiedenen Namen nebeneinander und führten beide das alte Eppingsche Wappen mit zwei einander zugekehrten Vogelfängen im Schilde[28]. Das Mühlenrecht war also bei diesem Geschlecht, wenn es edelfreier Herkunft war, sogar ein angestammtes. Die Mühle als Lehnsbesitz begegnet bei den Lüneburger und Hildesheimer van der Molen. Die Lüneburger Bürger und Ratsherren dieses Namens ließen sich im 14. Jh. von den Herzögen mit einer Mühle

---

[25] Berücksichtigt wurden außer den zitierten Quellen rund 100 Bände Urkundenbücher aus Gebieten von Mecklenburg bis zum Niederrhein. Die Durchsicht besorgte schon 1912 im Auftrage des Familienlegates von zur Mühlen der Sekretär der Wappenabteilung beim Departement der Heroldie des Dirigierenden Senats, N. B. Horn, in Dorpat; sie wurde durch den Verfasser ergänzt.

[26] JbGHS 1897, S. 7.

[27] Gotha B, 33. Jg. 1941, S. 373; Spießen Bd. 1, S. 92; WUB Bd. 3 Nr. 1570.

[28] Klocke, Studien 1, S. 32–35; 2, S. 100f.

belehnen, sie standen in ihren Diensten und wurden zu Rittern geschlagen. Damit hielten sie vermutlich an einem alten Lehnsverhältnis fest, das schon vor ihrer Niederlassung in der Stadt zwischen ihren Vorfahren und dem Landesherrn bestanden hatte. Im Bistum Hildesheim war das Amt des Vogtes im 15. Jh. erblich in den Händen des Cord van der Molen und seiner Nachkommen, die auch Erbmühlengrafen genannt wurden.

Die zahlreichen Bürger und Ratsherren van der Molen in Lübeck, Buxtehude, Braunschweig, Herford und anderen Städten waren den Lüneburgern sozial gleichgestellt oder aus ihnen hervorgegangen[29]. Den Namen de Molendino, van der Molen gab es aber beim niederen Adel und Bürgertum des ganzen niederdeutschen Bereiches: in den Niederlanden, am Niederrhein, in Westfalen, Niedersachsen, Schleswig-Holstein und auch östlich der Elbe. Er fand von dort aus Eingang in den Städten des hansischen Raumes bis hin nach Danzig, Riga, Reval und Narva.

Im Vergleich zum Vorkommen der Namensform van der Molen hat der Name tor Molen eine geringere Streuung. Er tritt zuerst im östlichen Westfalen auf und verdrängt seit Anfang oder Mitte des 15. Jhs. im nördlichen Niedersachsen westlich der Weser bis zur Zuidersee die ältere Form van der Molen. Offenbar handelt es sich um eine durch den Sprachgebrauch bedingte Namenswandlung. Wo dies der Fall ist, wie etwa bei den vom Bischof von Münster belehnten Dienstmannen von Warendorf und Billerbeck, bleibt auch die soziale Ebene die gleiche. Doch es gibt im 15. Jh. auch Beispiele für die Belehnung eines tor Molen mit einem Amt, wo diese Kontinuität zu einer älteren Lehnspraxis nicht zu erkennen, sondern nur zu vermuten ist. Darüber hinaus kommen schließlich auch Bürger, Ratmannen und Bürgermeister dieses Namens ohne jede Lehnsverpflichtung vor, deren soziale Herkunft unbekannt ist.

Daß der Name tor Molen – offenbar im Gegensatz zu van der Molen – auch einfach nur räumliche Nähe zu einer Mühle beinhalten kann, zeigen ältere Bezeichnungen wie „Hermannus dictus apud molendinum" (1296), „Erbe to der Mole" (1300), „Domus dicta thor Molen" (1324)[30]. Im 16. Jh. sind Bauernnamen thor Molen nachzuweisen, wie

---

[29] UBBL Bd. 4, S. CLVIII f.; USH Bd. 4 Nr. 435, 711; Spiessen, Wappenbuch, Tafel 220, 223.
[30] WUB Bd. 8, Nr. 1696, Bd. 7 Nr. 2589, Bd. 4 Nr. 2393.

etwa um Diepholz und Hoya (1521), die ebenfalls keine anderen Beziehungen zu einer Mühle als lokale Nähe ausdrücken. Hier nennen sich die Bauern noch lange nach ihren Höfen und wechseln sogar ihre Namen mit dem Besitz[31]. Der noch heute in westfälischen Städten häufige Name zur Mühlen dürfte zum Teil ebenfalls bäuerlichen Ursprungs sein, soweit nicht Jahrhunderte alte städtische Überlieferung vorliegt.

Die folgende Tabelle soll das höhere Alter der Namensform van der Molen, einschließlich de Molendino, und die Tendenz zur Wandlung in die Namensform tor Molen im Raum westlich der Weser und Hunte bis zu den niederländischen Provinzen Geldern und Overijssel demonstrieren. Es fällt dabei auf, daß im Raum zwischen Elbe und Weser keine Beispiele für eine Namenswandlung dieser Art und überhaupt für den Namen tor Molen gefunden wurden. Selbst in Lübeck, diesem Sammel- und Durchgangsort hansischer Ostwanderung, tritt der Name thor Moelen nur ganz selten auf.

	van der Molen	*tor Molen*
Vollenhove	1380/82	–
Zwolle[32]	1339, 1461	1496
Friesoythe[33]	1439/52	1472/98, 16. Jh.
Vechta[34]	–	1433/62
Oldenburg	–	1520
Diepholz[35]	1374/79	–
Wildeshausen[36]	1362, 1392/1431, 1397/1404	1437/53
Warendorf	1283	1458/65
Billerbeck[37]	1439/67	1478/95
Lübbecke[38]	–	1463

---

[31] Meyerholz, wo die Familien alphabetisch angeordnet sind.
[32] S. o. Anm. 10.
[33] S. o. Anm. 7.
[34] UBSO Nr. 731, 758, 778, 783; NStA an Verf., Oldenburg 1974 Mai 14, Tgb.-Nr. 981/1602-B 261-Ha.
[35] UBSO Nr. 460, 476.
[36] UBSO Nr. 440, 521, 538, 540, 561, 562, 650, 681, 740.
[37] S. o. Anm. 27.
[38] HUB Bd. 9 Nr. 31: Gert und Hermann. Im Gegensatz zu diesen Beobachtungen stehen einige Ausnahmen, die aber an der Tendenz nichts ändern: ter Molen in Zütphen 1396, HUB Bd. 5 Nr. 226; thoer Molen in Elbing 1364, HR Bd. 1 Nr. 325.

Folgt man dem Vorkommen des Namens tor Molen, so wird man
die Heimat Hermen thor Moelens im Raum westlich der Weser vermuten wollen. Dabei darf nicht übersehen werden, daß die Geschlechts-
namen im 14. und 15. Jh. oft noch unsicher waren und den Charakter
eines Appellativs noch nicht immer abgestreift hatten. Es waren daher
nicht nur Umformungen, sondern auch Überdeckung und Verdrängung älterer Namen möglich. So gesehen, kann der Name thor Moelen
ein Appellativum jüngeren Ursprungs gewesen sein und einen anderen
Namen zuerst begleitet, dann überdeckt und schließlich ganz verdrängt
haben.

Kehrt man von dieser Stelle aus noch einmal zur Wappenfrage
zurück, so braucht man sich über den fehlenden Zusammenhang zwischen Wappen und Namen nicht zu wundern. Auch das Wappen kann
älteren Ursprungs sein als der Name thor Moelen.

Zum Schluß ist noch ein weiteres Mittel zur Eingrenzung des Her-
kunftsgebietes Hermen thor Moelens zu nennen: die Anwendung dia-
lektgeographischer Kriterien. Von ihm sind 22 Geschäftsbriefe überliefert, in denen von Handel und Schiffahrt, aber auch von persönlichen
und familiären Dingen die Rede ist. Die Schwierigkeit besteht darin,
daß der hansische Handels- und Schriftverkehr sehr stark zur Abschlei-
fung regionaler Sprachgewohnheiten beigetragen hat und daß der Verfasser über ein für seine Zeit einigermaßen hohes Bildungsniveau verfügte. Dennoch haben bisherige Versuche, seine Sprache zu lokalisie-
ren, ergeben, daß sowohl Westfalen als auch Friesland als Heimat auszuschließen sind. Damit wird der Raum westlich der Weser, wo auch
die Verdrängung der Namensform van der Molen durch tor Molen
beobachtet werden konnte, von Süden und Norden her weiter auf den
westlichen Teil Niedersachsens eingegrenzt. Die auf personenkundlichen Indizien beruhende Annahme wird damit unterstützt[39].

---

[39] Dialektgeographische Beurteilung durch freundliche Stellungnahme von
Herrn Prof. Dr. Stellmacher, Göttingen.

ANHANG II

Ausgewählte Quellen und Regesten

Nr. 1

Aussage des *Harmen tor Mollen*

RStA, A.a. 10, S. 1009

Reval, 1532 Mai 22

Vor dem Rat erscheint der „hierzulande verkehrende Kaufgeselle" *Harmen tor Mollen* und schwört, daß er 1527 mit einer königlich dänischen Botschaft in Moskau gewesen sei und dort in der Wahrheit erfahren habe, daß Ambrosius Wulff verstorben sei.

Nr. 2

Vollmacht für *Harmen thor Molen*

RStA, A.a. 15, S. 111

Reval, 1532 Juni 1

Arnt Michels bevollmächtigt *Harmen thor Molen*, gegen denjenigen, der seine Laken auf freier Straße *aufgehoben* haben soll, Klage zu erheben und nach ordentlichem Rechtsgebrauch auszutragen.

Nr. 3

Aussage über *Henrich ter Moelen*

RStA, A.b. 3, S. 150

Reval, 1550 Sonnabend nach Jacobi

Henrich ter Moelen, wohnhaft zu Kampen und Bürger zu Elburg in Geldern, wird von Blasius, *Hr. tor Moelens* Schwager, als dessen Halbbruder bezeichnet.

Nr. 4

Niederschrift über die Aussage des Hausknechts Hans des Herman
thor Moelen zum Brand Narvas

RStA, B. D. 8, S. 208

Reval, 1558 Mai 19

*Anno 58, den 19. Mai, quam vor vnsern sittenden stol eines ersamen
radeß des ersamen her Herman thor Moelen gewesene husknecht thor
Narue, nemblich Hans des ernuesten Herman Loden sin buer vth dem
dorpe tho Waue, dar thoe, so recht geladen vnd gefurdert heft vp belangen und rechtlich erfurdern ermelten her Herman thor Moelen, vor erste
den eidt vor geferde vor af gedan, dat he solche nicht vmb sunste gifte
oder gauen vnd ock nicht vmb irkeinen verwantenisse willen, sundern-
(am Rande:) vele mher – vmb der luttern vnd rechtferdigen warheit
willen, dede. / Vnd dar nha mit vtgestreckeden armen, vnd vpgericht-
teden lifligen vingern rechten gesteueden ehede bie gade dem Almech-
tigen behertigen rechtswise swerende gesecht, vortuget vnd wargema-
ket, wat gestalt idt sich des morgens froe vmb seigers iiij, do he vth der
Narue vp den acker vmb darsuluest sin arbeit tho doende gegangen,
thogedragen, dat middeler tit, leider gade erbarmet, dat fuer binnen
der Narue des morgens vmb seigers viij angegangen. Wor ouer he
bedacht – (am Rande:) als he dat fuer sach –, von dem acker wedder
in de stadt to reiden; als he nhu von der stadt porten also riten gekamen,
hette he desulven tho vnd vorslaten gefunden, do hedde emhe dat volck
von der muren togeropen, he solde nha der malue riden vnd onhen
anseggen, dat se anquemen vnd der stadt neger ruckeden, vmb desuluen
vnd dat volck, so dar binnen were, tho entsetten. Als he nhu in dat leger
gekamen, was emhe gefraget worden, ofte he ruschen gesehen hedde,
geantwerdet: nehen, nur alleine idt werde ein water twuschen onhen
vnd den ruschen; twuschen der stadt aber vnd enhen wreen iiij mile
weges, do was he weder von enhen gefraget, wer onhe afgeferdiget, ofte
dat sulue her Herman thor Moelen gedan hedde. Geantwerdet: nehen,
vth vrsachen, he hedde onhe den dach over nicht gesehen, ock hedde
he noch geslapen, do he vtgereden was. Ferner hetten emhe de hern ihm
leger gesecht, se hetten bie lx pferde afgeferdiget, vmb (ein Wort unver-
ständlich) kuntschoppen, wo idt (gestr.: eine) vmb de Narue eine gestalt
hedde. Sunst hette he vterhalb desser weniger rede kein wort noch
irkeine rede mher ihm leger nicht gehat. / Alles sunder geferde, sodans*

ist (Ende der Seite, es fehlt der Satz: „vp belangen her Herman thor Moelen also to teckende vorgunt").

Nr. 5

Bericht über das Ende des *Harmen Zur Mulen* und über sein Vermögen

LStA, RKG B 31, aus den Akten des Prozesses zwischen den Erben Hermen thor Moelens, Auszüge aus der Schrift der Appellanten Bose (†) und Stahl

Speyer, 1579 Juli 9

3. Item war volgents hernachen Anno 58 den 11. May gedachte Stadt Narua in Lifflandt leider verbrandt vnnd erobert worden, vnnd Herr Harmen Zur Mulen mit grosser Gefahr, doch an seinem Leibe noch vnbeschediget von dannen gekommen vnnd sich volgents nach Reuell, dahin er zuvor seine Hausfraw vnnd seine Kinder geschickt hate, begeben, doch zur Narue drei stattliche Heuser mit sampt denn dazugehörigen Ackhern, Vischereyen vnnd an Kauffmans Wahr von den seinen, das er zusamen laut seinen selbst eigen schreibende vber 30 tausendt Marck Rigesch, welches damals vngefehr 10 tausent Thaler gewesen, hatt verlassen müssen.

4. Doch warh, das Ehr inn der Zeit auch in Teuschlandt an Kauffmansguettern alse nach Ambsterdam an Hanns Schroder, nach Anterffen (an) Jochim Krumhusen vnnd nach Lubeck an Reinholt Hoegreue, alle seine Factoren, darunder Reinholt Hoegreue der Principal gewesen, ein zimlich guett hatte vbergeschickht, das er selbst vngefehrlich auf 70 tausent Marck Rigesch, die 20 tausent Thaler machen, geschatzet.

6. Doch warh, das weilandt Her Harmen Zur Mulen nicht lange hernach, alse nemblich gedachten 58. Jars vmb Barthelomej vngeferlich sich selbst mit sampt seiner Hausfrawen vnnd Kindern nach Lubeckh begeben vnnd daher nicht mehr an barhem gelde alse 500 Thaler, was er sonste an Silbergeschirr vnnd Hausgeredt mit sich davon gebracht.

7. Item wahr, das er Anno 59 im Vorjar kurt(z) hernachen, nach dem Niderlande verreiset, vmb selbst zu verkundende, wie er mit obgedachten Guettern, so er daselbst gehapt, eine Gelegenheit hette.

8. Item wahr, das er darüber krankh geworden vnd zu Ambsterdam, den 18. July jetzt angeregten 59ten Jars entschlaffen ...

44. .... Auch weilandt Herr Harmen zur Mulen seeligen seine Begrebnus, Epithaphium vnnd dergleichen mehr, dauon erstattet ... Item Henrich Zur Mulen seeliger dauon bekommen 23 fl. ..

Nr. 6

Liste einiger in Narva zurückgelassener Immobilien

RStA, B. D. 8

Ohne Ort, Datum und Unterschrift (Reval, 1581 oder später)

1. *H. Bartholomeus Roterts Hueß by H. Johan Krumhusen und Marcus Schmits Huser*
2. *Seligen Wedekindt Dellinghusen Kinder Huß*
3. *H. Johan Holthusens und seiner broder vnd Schweger Hueß, Jegen Arendt von Dedens Huß und der Virschen Porten*
4. *Her Bodt Schroder 1 Steinhuß achter de Gildporten*
   Item Siner fruwen Vader 3 Huser, mith einem gesinde tho Tunder-küll*
   Dath groth Huß belegen by der Wage
   Dath ander vor der Wirschen Porten
   Dath dridde ein Holten Hus vor der Wirsch. Porten
4. (sic) *Hinrich thor Hellen Kinder Huß vor der Wirschen Porten*
5. *Merten Seniesch (?) huß*
6. *Hinrich Kone Huß*
7. *Der Viande Huß*
8. *Lambertus Kemerlings*
9. *Tomas Westfahlen* (gestr.: *Huß von*) *oder des wirdigen vnd wolge-larten Erw. Johan Bussowe Freund Huß*
   vnd dero mehr

* Hermen thor Moelen

Nr. 7

Geburtsbrief für Blasius *thor Mölen* und seine Geschwister

RStA, A.b. 21, S. 526, 528, RPr., Konzept und Ausführung

Reval, 1584 Oktober 26/27

Auf Vorladung des Blasius *thor Mölen* erscheinen vor dem Rat Bür-germeister Rhotert und Bürger Lambertus Kemerlingk und bezeugen, daß *Blasius, Wilhelm, Evert thor Mölen* und *Anna, Euert Boses; Mar-gareta, Tomas Stals; Elsche, her Bodt Schroders; Alheit, Jacob Hofe-lings; Geske, Augustin Thonapels; Hester, Lutke Eluerß; Gerdruth, Hans thor Lyren; Dorothea, Michel Drewes* eheliche Hausfrauen volle Schwestern und Brüder sind, von ihrem seligen Vater *Hermen thor Molen*, verstorbenen Bürgermeister zu Narva, und ihrer Mutter Elske

Hohgrefe aus erster Ehe, und daß *Lubbert* und *Anke thor Molen* aus seiner zweiten Ehe mit Anna, Tochter des *Hinrich Kone,* ehelich gezeugt und geboren sind, und daß sie zu den Nachlässen ihrer verstorbenen Schwester Dorothea, *Michell Drewes* Frau, und ihrer verstorbenen Halbschwester Jungfer *Anna thor Molen* die nächsten Erben und keine näheren oder gleichnahen Erben vorhanden sind, vermöge eines zwischen den Kindern des seligen *Hermen thor Molen* 1561 zu Himmelfahrt Mariens in Lübeck ausgehandelten Vertrages.

Nr. 8

Geburtsbrief für *Blasius* und *Helmoldus zur Mühlen* und Vollmacht für *Helmich Hogreve* wegen *Eberhart zur Mühlens* Nachlaß

RStA, B.m. 21, S. 3 ff., stark lädiert

Reval, 1615 Oktober 20

Auf Vorladung des Magisters *Helmbold zur Mühlen* erscheinen Notar *Johannes Vick* und Bürger *Clauß Hetling* vor dem Rat und bezeugen, daß *Helmoldus* und sein Bruder Blasius zur Mühlen von ihrem Vater, dem † Bürger Blasius zur Mühlen, und ihrer Mutter *Sophia Lowe* ehelich und frei gezeugt und geboren sind, daß ihr Vater und *Eberhardt zur Mühlen,* der neulich in Lübeck verstorben, leibliche Brüder gewesen, und daß sie (Helmold und Blasius) die rechten und nächsten Erben des Nachlasses Eberhards sind. Sie bevollmächtigen den Bürger zu Lübeck *Helmich Hochgrewe,* ihre Quote in Güte und Freundschaft oder mit Rechtsmitteln vermöge des Inventars einzufordern, abzumahnen, zu empfangen und zu quittieren.

Nr. 9

Testament des Blasius zur Mühlen

RStA, Rstr., Mühlen, 47

(Reval), 1618 November 6

Anno 1618 den 6. Novemb. qemen vor vnsern rath vntenbenante Parte nebenst überreichung eines schichtung Sedels mit bitte, das dieselbe in vnser Stalpergamen Denckelbuch möchten vorzeichnet werden. Als wie nun gespüret, das beyde theile hirinne gewilliget, ist ihnen solches gerne gegönt und laut dieselbe von wort zu worth wie folget. Im namen der vnzertrenlichen Dreyfaltigkeit sein anno 1618 den

*5. Novemb. freündlicher weise beysahmend gewesen die Ehrbar vnd
fürnehmer Blasius Zur mühlen An einem, der auch Ehrnvester vnd wol-
gelarter M. Helmoldy Zur mühlen, vnd der Ehrbar vnd vornemer
Pawel Kniper Als vormünder der itz gedachten Blasii Zur Mühlen Kinder, Am andern theil. Vnd weilen nach dem Willen Gottes des allerhö-
hesten Blasius Zur Mühlen mitt der Ehr- vnd viel Tugendtsamen fra-
wen Mette Boismans Sehl. Harmen Stippels nachgelaßen witteben
Anderweit sich zu vorehligen, darzu der Almächtige Gott Ihnen beiderseits viel glücks, Heil vnd seinen reichen milden segen verleihen wolle:/
Auch von vorgenanten seinen dreyen Kindern Stadsgebrauch vnd löb-
licher gewonheit zu scheiden willens, haben sie sich einmütig darumb
folgendermaßen verglichen vnd vortragen. Es soll vnd wil der Vater
seine beide Söhns vnd Tochter mit Zuthun vnd fleis seiner Zukommenden lieben Ehefrawen in Gottesfurcht, guter Disciplin, Zucht vnd ehrbarkeit mit freyer Kost vnd Kleidung auferziehen vnd die Tochter
insonderheit mit ihren jungfrewlichen geschmiede wie einer ehrlichen
Jungfrawen geziemet zu tragen bis zu ihrem berade, nicht allein versorgen, sondern wann sie Gott helffendt zu der ehe schreiten wirt, ihre
eine freye Hochzeit nach Stadsgebrauch ausrichten, darzu ein aufste-
hend bette mit allem, was dazu gehöret. Zum andern saget er Ihnen
auch semptlich aus 600 Hd.(= Htl.)auf seine rediste güter, bewehlig vnd
vnbewehlig, vorgewißert vnd rentefrey biß zu der Kinder mündigen
iahren. Zum dritten 35 loth Silber, 26 vorgülte feine krause Knöpfe,
gewogen 7 loth, vnd 2 vorgülte lifborden beschlege sampt allerley vor-
gült silber, gewogen 55 loth, noch 7 golden ringe, gewogen 4½ loth, noch
ein stück von der vergülten Kette, gewogen 1 loth 2½ quentin, auch
eine kleine golden Kette mit der Clenodi 3 lott.*

*Auch eine große lande mit krausen Knopfen auf roten Sammit
geneyet, zusamde gewogen 56 loth, noch eine kleine lande mit schlechten Knöpen, ohn Sammit gewogen 28 loth. Noch 2 silbern liefketten,
eine große vnd eine kleine, gewogen 65 lott, noch 3 taschen, darunter
eine vorgulde, ein silbern, vnd ein klein Kindertasche, zusamende gewogen 40 lott.*

*Noch 4 spangen gordels haben mit Sammet zusamende gewogen 69
lott. An Hausgerath aber eine kopperbrawpfanne vnd 1 mörser mit dem
stöter, gewogen 20 lis, vnd 8 l̶ꝓ̶ Zinnen, darunter 12 Vate vnd 6 Wein-
kannen sein sollen.*

*Noch 3 ꝓ̶ messing, darunter 3 große Jagtbecken vnd drey schone
gedarnde taffelkrentze. Hiemit sol der Vater von den Kindern vnd die*

*Kinder vor dem Vater, Eines vor allem vnd alle vor eins vollenkommen
geschichtet vnd gescheiden sein, doch das ihm sein veterliches Hertz,
Hant vnd guter Wille seinen dreyen Kindern etwas mehr hinfürder
zuzukehren hiemit keinesweges soll geschloßen sein vnd von niemandt
gewehret werden. Es sollen auch die drey Kinder, was in künftigen Zeiten schüffel vnd spaden geben werden, zu genießende haben, alles ohne
geferde. Actum ut supra.*

Nr. 10

Zuzeichnung des mütterlichen Wohnhauses in der Lehmstraße nebst anderen Immobilien an Blasius zur Mühlen

RStA, A.a. 35b, S. 186b

Reval, 1622 Mai 10

Helmoldus zur Mühlen in Vollmacht seiner Mutter, *Heinrich Stahll*
für sich und als Vormund des *studiosus Henricus Stahll* wie auch *Jürgen
Stahl* als dessen Vormund, *verlassen* dem Bürger Blasius zur Mühlen
seiner Mutter *einwohnlichs* Haus in der Lehmstraße zwischen Bürgermeister Heinrich von Lohn und Bugislaus Rosen Häusern mit einem
(weiteren) Wohnhaus und einem großen Steinhaus hinter der Mauer
zwischen Lohns und Rosens Hofpforte gelegen nebst Garten vor der
Lehmpforte und einem Holzraum mit allen Freiheiten und Gerechtigkeiten erblich und eigen zu besitzen und zu gebrauchen.

Nr. 11

Testament des Blasius zur Mühlen und seiner Frau Mette Boismann

RStA, B.N. 2. Handschrift des Magisters Helmold zur Mühlen
(Reval), 1628 April 29

Hilff Gott Alle Zeitt

*Demnach ich in dieser meiner gefährlichen vnnd langwirigen
Kranckheit, damit mich der Liebe Gott nach seinem vnerforschlichenn
Raht vnnd willen bishero heimgesuchet hatt, erfahre vnnd befinde, das
die Schwachheiten sich je mehr vnnd mehr heuffen, vnnd ich ohne das
woll weis, das nichtes gewißers als der Todt, Aber nichtes vngewißers
als die Stunde, habe ich mich billich meiner sterblikeit erinneret vnnd
mit einhelligem Consens, wißen vnnd willen meiner Itzigen hertzlieben*

Haußfrawen bey guter gesunder Vernunfft mein Haus bestellen vnnd anordnen wollen, wie es nach meinem Tödlichen abgang solte gehalten werden mit allem, was der liebe Gott vns beiderseits aus Veterlicher milden gute, gnade vnnd barmhertzigkeit bescheret hatt, damit kein hader vnnd Zanck vnter sie sambt ihren Kindern dieser ehe mit den Kindern aus der vorigen ehe entstehen möchte. Als wir dan einhellig darin gewilliget haben, wie solches Vhrkund der warheit vnnd vester beglaubung folgendergestalt auffzeichne(n) laßen.

Anfenglich will ich meine Seele dem Hern Jesu, der sie mit seinem heiligen Rosenfarben tewren Bluth erlöset hatt, zu trewen Henden befohlen haben, nicht Zweifelnde, er werde meinen leib aus dem staube der Erden am frölichen Jungesten Tage aufferwecken vnnd mich zu sich in sein Ewiges Reich auffnemen, damit ich mit allen außerwehlten Gott den Hern ewiglich anschawen vnnd der ewigen frewd vnnd Herligkeit genießen müge.

Darnach so will ich auch zum gebew vnnd beßerung der Kirchen St: Nicolaj 100 Hthall. gegeben haben, nebst einer feinen newen großen Krone, so vber meinem begrebnus hengen vnnd von meinen Erben mit wachs liechtern beleuchtet werden soll. Imgleichen gebe ich auch der Kirchen St. Olaj 100 Hthall. zur reparation einer newen lucht.

Den Haußarmen aber will ich 30 Hthall. vnnd zu wege vnnd Stege 20 Hthall. legirt haben.

Des soll meine Itzige liebe Hausfraw voraus haben nicht allein alles, was sie von ihrer Sehligen Mutter geerbet vnnd mir zugebracht hatt, Sondern auch das silbern geschmiede, welches ich von dem Hern Burgemeister H. Johan Korbmacher eingelöset, sambt allem, was ich ihr im brautschatt geschencket habe, wie dan auch daßelbige, was vns an Silbergeschmiede von guten freunden zur Hochzeit ist verehret worden, Außgenommen ein gros Silbern Stoff, den mein lieber Bruder Mgt. Helmoldus vns gegeben, Vnd ein klein Silbern Kan von 54 loth, welches die Kinder aus der vorigen ehe haben sollen, nebst dem geschmiede, was mir mit ihrer Sahligen Mutter laut meines buches ist verehret worden.

Vnnd ob ich woll meinen Kindern aus der vorigen ehe eine außage gethan: dennoch soll dieselbe gentzlich auffgehoben sein, dieweiln ich in meinem Herzten befinde vnnd erkenne, das ich ihnen zu kurtz gethan habe, vnd (einige Wörter gestrichen, nicht leserlich) das mich der liebe Gott auch ihnen zu gute gesegnet hatt aus vnverdienter gnade vnnd ich auch damahlen vor einem Erbaren Raht angelobet, das mein Veterlich Hertz vnnd meine Hand nicht solte geschloßen sein, Derowe-

gen ist es auch nicht mehr als recht vnnd billig, das sie mit meiner itzigen lieben hausfrawen sambt ihren Kindern dieser ehe zu gleicher Quota alles dasjenige, was mir der liebe Gott nicht allein zuvohr, sondern auch in diesem ehstande mildiglich vnnd gnediglich gegeben hatt, genießen vnnd in fried, lieb vnnd Einigkeit partiren vnnd theilen sollen.

Es soll auch meine hertzliebe Hausfraw das Hauß nebst meinen Kindern friedlich besitzen, vnnd ohne jenige molestation darin vnverhindert wohnen, solang sie leben wirt, doch also, das sie meinen Sohn Simon bey sich mit freier Kost behalte, damit er sie so woll in der Haußnahrung alß auch in andern notwendigen geschefften behulfflich sein muge, vnnd meine nachstendige schulde ihnen sembtlich zu gute desto beßer eingemahnet werden.

Wurde aber meine liebe Hausfraw aus sonderbahr Schickung Gottes des Allmechtigenn sich wiederumb verheiraten, so soll sie so lange in dem Hause bleiben, bis die Hochzeitt geschehen. Nach verrichtung derselben aber soll sie den Kindern das Haus reumen, damit es von meinen menlichen erben bewohnet vnnd bey meinem nahmen bleiben müge.

Es soll auch das Haus hinfürder nicht hoher als 2000 Hthall., wie ich es gekaufft, aestimiret werden.

Noch sollen meine Kinder aus der vorigen ehe voraus haben die kleine brawPfanne vnnd sehl: Bernhard Simons Koppell vor der großen Strantpforten, wo es itz stehet. Vnnd die Tochter eine freie Hochzeit, nebst dem brautschatt vnnd Jungfrewlichem geschmiede, vnnd Kleidung nach dieser Statt gebrauch. Insonderheit aber soll mein Sohn Simon vor seinen getrewen vnnd gehorsamen Dienst haben 200 Hthall. an gelde, die große Silberne Kanne von 80 loth, die große Schale meines Sehligen Hrn Borgemeisters Hrn Simon von Tehnen, mein . . . Kanien mit Samnet, mein Fuchsen mantell, mein bestes florett Kleidt nebst meiner besten Zablen Mütze. Mein Sohn Paul aber soll haben meinen langen Fuchsen Rock, meinen Mantell mit grobgün, mein ander Zabelen Mötze. Solche Kleider sollen sie nicht zur Hoffarth, stoltz vnnd vbermuth, Sondern wie ich wünsche, in guter gesuntheit vnnd bey glücklicher wollfart Gott dem hern zu ehren, ihren negesten zu dienst vnnd zu meiner gedechtnus tragen.

Das dieses ales vnverendert stetes fest soll gehalten werden, hab ich dieses nebst meiner hertzlieben Haußfrawen mit vnsen eigenen Henden Confirmieren vnd bekrefftigen wollen.

Actum den 29. Aprilis Ao. 1628:
(mit der Hand des Blasius zur Mühlen:)

Weylen Ich dütt obengeschribenett Mytt wolbedachten vnd Vornunfft
vnd Vorstande habe schreiben laßen, alß Bitte ich einen Erbaren (Rat)
hier Vber men lestes wyllen zu halten

Blasius zur Mühlen

(mit der Hand der Mette Boismann:)

Medtkenn Boysmann

   Ick Medtkenn boysmann gelaue dit vorher (gestrichen: *sch*)
geschreuen stedes vnnd vast... Na tho kommennde vnnde tho holdenn.
(mit der Hand des Thomas Luhr:)
Ich Thomas Luhr der Elter bekenne zur gezeugniß, das dies vorher
geschriebene des Ehrbaren vndt vornehmen Blaßij zur Muelen, so woll
auch seiner Tugentsamen Lieben Hausfraw will vnd meinungh sey,
welches Ich auß Ihrer beider mundt gehoerett.
(mit der Hand des Helmold zur Mühlen:)
Daßelbe bezeuge ich auch in majorem fidem mit meiner eigenen Handt.

M: Helmoldus zur Mühlen

Auf der Rückseite:

Testament
Originall

Nr. 12

Zuzeichnung eines Hauses in der Karristraße nebst Garten an *Harmann Zur Mühlen*

RStA, Rstr. 60, S. 144 (Abschrift)

Reval, 1658 Oktober 15

   Gerichtsvogt Bendix Vegesack verläßt des † Simon Arens Haus in
der Karristraße, zwischen den Häusern der Witwe des Thomas Luhr
und des Marcus Tock gelegen, mit einem Garten außerhalb der Karripforte an den Bürger *Harmann Zur Mühlen* erblich zu besitzen und
zu gebrauchen, jedoch vorbehaltlich einer Rente von 200 Rtl. sp. nebst
100 Rtl. sp. aufgelaufene Rente für den Gotteskasten *biß zur Ablegung*
deß Capitals.

Nr. 13

Verzeichnis von Waren für Thomas und Hinrich zur Mühlen, eingetroffen in Reval am 13. Oktober 1671 aus Amsterdam mit dem Schiff
des Schiffers Hans Colckes aus Flieland, 100 Last groß

RStA, A.g. 51, Schiffslisten, S. 136r, 137, 140

a) Thomas zur Mühlen
 1 Kasten, darinnen
   8 *Stücke gemeine engl. Sarien, Wert 190 fl.*   –.38
   3 *Stücke Sayette Greinen, Wt. 70 fl.*   –.14
   2 *Stücke schwartze Polomitten, Wt. 80 fl.*   –.16
  30 *Stücke coleur Cattunen Linnen, Wt. 228 fl.*   –.45
  12 *℔ Cattunen, Wert 5 fl.*   –. 2
   5 *Stücke gemeine wollene Drogetten, Wt. 240 fl.*   –.47
  60 *Paar Mans und Frauwen Sayetten Caussens,*
       Wt. 75 fl.   –.15
 128 *fl. an kleine Kramereyen und 2 wollene Deweten*   –.26
 120 *℔ Cattun in 2 Manden*   –.13
 120 *℔ – 1 kupfferne Crohne in 1 Kast, Wert 80 fl.*   –.16
1000 *℔ schmal gemein Toback in 2 Fässer*   6.46
   8 *Stücke Dehgens, Wert 24 fl.*   –. 5
 1 Faß darinnen
 260 *℔ Brod-Zucker*   –.37
 160 *℔ Pfeffer*   –.21
 100 *℔ Mandeln*   –. 9
  36 *℔ weiß Stießel (?)*   ⎫
   2 *℔ Blaußel(?)*   ⎭   –. 2
  40 *℔ Corinten*   –. 3
   4 *℔ Folj (?)*   –. 5
   3 *℔ Cartemom*   –. 3
   3 *℔ Canneel*   –. 1
   3 *℔ Nageln*   –. 2
  20 *℔ Cappers*   –. 1
 100 *℔ Pflaumen in 1 Fäßlein*   –. 2
 240 *℔ Reiß in 1 Säcklein*   –.10
 125 *℔ Rosinen in 1 Fäßlein*   –. 5
   4 *Potten Olifen, Wt. 6 fl.*   –. 2
   4 *Last Hering in Thonnen*   ⎫ *gehögt*   3.36
   1 *Last ditto in Thönlein*   ⎭
   1 *Kasten mit 1000 Walnusse, Wt. 1½ Rtl.*   –. 1
   2 *kleine Fäßlein mit Trauben, Wt. 1½ Rtl.*   –. 1
   3 *Thonnen Zweiback*   –.17
                                                    ─────────────
                                                    Rtl. 18. 9

b) Hinrich zur Mühlen
   1 Faß darinnen
36 ℔ *Ingber*	: 4
80 ℔ *Reiß*	: 4
180 ℔ *Brodzucker*	: 26
10 ℔ *Cappers*	: 1
4 ℔ *Canneel*	: 2
4 ℔ *Cardemom*	: 4
4 ℔ *Muscatennüsse*	: 2
46 ℔ *Mandeln*	: 4
50 ℔ *Annies*	: 2
26 ℔ *Fenchel*	: 2
230 ℔ – *1 Thonne Rosinen*	: 8
350 ℔ – *½ Faß Pflaumen*	: 7
2 Pfeiffen gesalzen Lemonien	: 19
	Rtl. 1: 37

Nr. 14

Waren für Thomas zur Mühlen aus Amsterdam, eingetroffen in Reval am 24. Oktober 1671 mit Schiffer Hans Hilckes von Warnus, Schiff 110 Lasten

Ebda, S. 163

Thomas zur Mühlen

320 Ellen inlandisch coleur Armosien, 6 Stücke in 1 Kasten	3:16
400 Ellen holland. Leinwand, 1 Kasten	2:11
70 Ellen Kammer Behenschel in 1 Packen, Wt. 200 fl.	:40
30 ℔ Baumwolle in 1 Mande	: 4
680 ℔ – 1 Faß gemein Toback	4:35
	11:10

Nr. 15

Waren für Thomas zur Mühlen aus Enkhuizen, eingetroffen in Reval am 30. November 1671 mit Schiffer Wiebe Schmidt von Fenhuizen, Galiote 25 Last

Ebda, S. 181

Thomas zur Mühlen

14 *Last Hering in Thonnen* ⎫
6 *Last dito in Kintgens* ⎭ *à 13 Thonnen p^r Last*　　　 *Rtl. 15:38*

24 *Thonnen trenge Böcklinge*　　　　　　　　　　 *Rtl. 1:22*

　　　　　　　　　　　　　　　　　　　　 Rtl. 17:12

Nr. 16

Formalitäten zur Überweisung eines Legates aus Amsterdam

RStA, A.b. 232 und 233, RPr.

1. Reval, 1735 März 11

Ratsherr Heinrich zur Mühlen teilt dem Rat mit, daß die Testamentsvollstrecker des Hinrich Blanckenhagen in Amsterdam die Hälfte eines
für seine *Frau Liebste* bestimmten Legates von 18 000 Gulden auf seine
Anordnung an den dortigen Kaufmann Jonas Strösling als Bevollmächtigten ausgezahlt und sich zur Auszahlung auch der anderen Hälfte
bereit erklärt haben. Er bittet den Rat, seine Frau gerichtlich befragen
und ein Attest über ihr Einverständnis ausfertigen zu lassen. Nach Einholung der Einwilligung der Frau Heinrichs, Anna Sophia Vermeer,
wird das Attest abgefaßt.

2. Reval, 1736 Jan. 10

Bürgermeister von Willen teilt mit, daß das Attest in Sachen des
Legates am 17. Juli vergangenen Jahres nach Amsterdam abgeschickt,
nun aber vom dortigen Magistrat wieder zurückgeschickt worden sei,
weil es nichts hülfe, sondern ein Ansuchen der Erbin an den Magistrat
von Amsterdam erforderlich sei mit der Versicherung, daß der Revaler
Magistrat im Falle, daß jemand eine Erbschaft aus Holland zu erhalten
habe, nicht das *ius detractionis* wider ihn anwende.

Nr. 17

Abschlag aus den Konkursgeldern der Witwe Dorothea Elisabeth Burchart, geb. zur Mühlen, an den Amsterdamer Kaufmann Berend zur
Mühlen

RStA, A.b. 264

Reval, 1767 November 28

Der Ratsverwandte Hermann Johann zur Mühlen bittet den Rat im
Namen des Amsterdamer Kaufmannes Berend zur Mühlen, daß an ihn

ein Abschlag auf seine – durch Urteil vom 12. Juni rechtskräftig aner-
kannten – Forderungen in Konkurssachen der Witwe des Kaufhändlers
Gottlieb Burchart, Dorothea Elisabeth zur Mühlen, verabfolgt werden
möchte. Der Rat verfügt, daß Hermann Johann zur Mühlen ein
Abschlag von 500 Rb. für den Kaufmann Berend zur Mühlen von den
vom Kämmerer bereitgestellten Konkursgeldern ausgezahlt werden
solle, ehe die Rückstände ans Gericht geliefert werden und die Repartition zustande gebracht wird.

Nr. 18

Gesuch des Cornelius zur Mühlen an den Rat und Bescheinigung Joh. Christian Gebauers

RStA, Suppl. 36 (IX), S. 20–23

Reval, 1781 Juni 14

Cornelius zur Mühlen beantragt beim Revaler Rat die vorzeitige
Erklärung der für die Leitung seiner Handlung erforderlichen Volljährigkeit (25 Jahre, *venia aetatis*).

Johann Christian Gebauer bezeugt, daß sein Schwestersohn, geboren
am 26. Juli 1756, im Jahre 1772 den 6. April in die Handlung seiner
Mutter Agneta Gebauer, Witwe des Cornelius zur Mühlen, getreten
sei und unter seiner Aufsicht hinlängliche Kenntnisse für die Übernahme des Geschäfts erlangt habe.

Nr. 19

Caspar zur Mühlen beantragt beim Revaler Rat die Zulassung als Anwalt bei allen städtischen Gerichten

RStA, Suppl. 36 (IX)

Reval, 1783 Sept. 15

*Nachdem ich mich unter dem Beystand der Vorsicht in Leipig vier
Jahre mit der Erlernung der juristischen Wissenschaften beschäftigt habe
und glücklich in mein Vaterland zurückgekehrt bin, so wünschte ich,
diese wenigen Kentniße zum Nutzen meiner Mitbürger anwenden zu
können. Daher ersuche ich gehorsamst einen hochedlen und hochweisen
Rath, mir die veniam patrocinandi bey diesem wie auch denen diesem
hohen Richterstuhle untergeordneten Gerichten zu verstatten, und in*

*der schmeichelhaften Hoffnung, daß mir diese Bitte nicht abgeschlagen
werde, verharre ich zeitlebens mit schuldiger Ehrfurcht*

eines hochedlen und hochweisen

Raths

gehorsamster Diener

Caspar zur Mühlen

Tafel 8: Nach der Überlieferung Bürgermeister Hinrich zur Mühlen, 1686–1750,
nach Kleidung und Perücke eher Simons Sohn Hinrich, † 1710, Erkorener
Ältester der Schwarzenhäupter.

Tafel 9: Justina Charlotta zur Mühlen, geb. von Wehren, 1727 – nach 1789.

Tafel 10: Hermann Johann zur Mühlen, 1719–1789, Bürgermeister.

Tafel 11: Margarethe zur Mühlen, geb. Wistinghausen, gesch. von Glehn (1767–1798).

Tafel 12: Caspar zur Mühlen (1763–1817), auf Eigstfer und Ninigal, livl. Landrichter.

Tafel 13: Gerdrutha zur Mühlen, geb. Oom, 1764–1812. Nach einer Pastellzeichnung von Karl Frhr. von Ungern-Sternberg.

Tafel 14: Cornelius zur Mühlen, 1756–1815. Nach einer Pastellzeichnung von Karl Frhr. von Ungern-Sternberg.

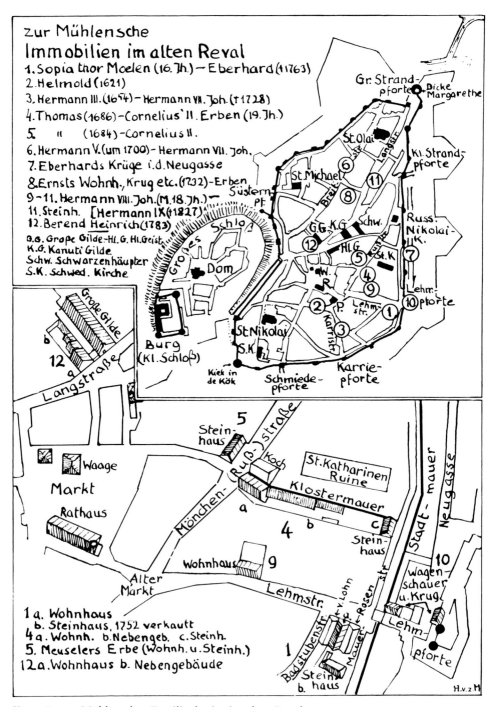

Karte 5: zur Mühlenscher Familienbesitz im alten Reval.

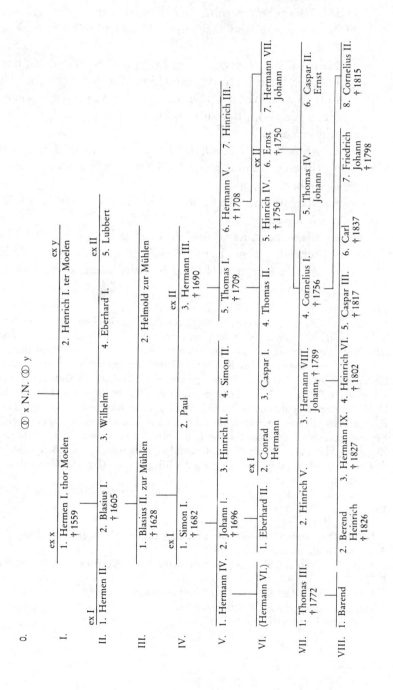

I   1. Hermen I. thor Moelen (Mollen usw.), geb. angeblich 1505²,
     † Amsterdam 1559 Juli 18³, [1527 in Moskau, 1532 Kaufgeselle
     in Reval,] 1533 Schwarzenhäupterbruder, 1539 Rh. zu Narva,
     1551 Bm. ebd., Fernhändler, Reeder, besitzt drei Häuser in
     Narva, Äcker und Fischerei. 1558 Flucht über Reval nach
     Lübeck.
     Heir. I Elske Hogreve, † um 1550 (T. d. Reinhold H., Bg. zu
     Narva?). Heir. II (Narva) um 1554⁴ Anne Kone (Koene), begr.
     Lübeck 1597 Mai 17, T. d. Rh. zu Narva Hinrick K. (heir. II
     Hans Werekop, Bg. zu Lübeck⁵).
     Kinder⁶ ex I:
     a. Anna, begr. Lübeck 1577 Sept. 2, heir. 1552 Evert Bose
        (Boese), † Lübeck vor 1579 Juli 9, Rh. zu Narva, Bg. zu
        Lübeck.
     b. Margaretha, 1586 †, heir. 1557 Thomas Stahl (Staal), Kfm.
        in Reval, Bg. zu Lübeck, 1586 †.
     c. Elske, begr. Reval 1582 April 28 (RPr.), heir. (1558?) Both
        Schröder, begr. Reval 1603 April 4⁷, 1558 Bg., 1572 Rh.
     d. Alheit, † nach 1584 Okt. 26, heir. (Lübeck) vor 1574 Mai
        Jacob Hofling.

---

¹ Quellen sind im einzelnen nur angegeben, soweit sie Neues bringen oder von
bisher veröffentlichten Stammtafeln abweichen. Die Tauf- oder Geburts-, Todes-
oder Begräbnis- sowie Copulationsdaten beruhen seit dem 17. Jh. in der Regel
auf den Eintragungen in den Kirchenbüchern von St. Nikolai und St. Olai zu
Reval, die hier auf Grund der Auszüge von Körber – nach Angaben von Herrn
Karl Johann Paulsen – erneut herangezogen wurden. In Einzelfällen wurden auch
Denkelbucheintragungen (nach FG I und II) sowie Ratsprotokolle (im Text mit
RPr. gekennzeichnet) benutzt. Im folgenden ist auch vermerkt, unter welchem
Leichenstein der St. Nikolaikirche (LSt. Nr.) bestattet wurde. Die Daten der
Zugehörigkeit zur Schwarzenhäupterbruderschaft und zur Großen Gilde sind
den Bruderbüchern, die der Erlangung des Bürgerrechts (Bg.) den Bürgerbüchern
entnommen.
² Stammtafel von 1792 in Anlage zur Supplik zur Nobilitierung, vgl. JbGHS
1903, Mitau 1905, S. 83.
³ RKG, B 31.
⁴ Zum Tode von Hermens erster Frau und zu seiner Wiedervermählung: RStA,
A.a. 11e (Briefe an Broiell im Text).
⁵ Zur Wiedervermählung von Anne Kone LStA, Personenkartei, und RKG,
B 32.
⁶ Vermutliche Reihenfolge. Quellen: Geburtsbrief 1584 (vgl. Anh. II, Nr. 7);
RKG, B 31 u. 32; LStA, Personenkartei.
⁷ Haller, Hausmarken.

e. Geske, † nach 1584 Okt. 26, heir. I Dietrich Schlößken, † 1582, heir. II vor 1584 Okt. Augustin Thonapel.

f. Hermen II., s. II 1.

g. Hester, † nach 1601 Aug. 5, heir. vor 1579 Juli Lutke Elvers, 1601 †, Bg. zu Rostock.

h. Gerdruth, † nach 1584 Okt. 26, heir. vor 1579 Juli Hans thor Lyren.

i. Blasius I., s. II 2.

j. Wilhelm, s. II 3.

k. Dorothea, 1584 †, heir. vor 1579 Juli Michel Drewes.

l. Evert I., s. II 4.

ex II:

m. Anneke (Anke), begr. Lübeck 1579 März 3.

n. Lubbert, s. II 5.

I 2. Henrich I. ter Moelen, 1579 †. 1544 Kaufgeselle in Reval (van der Mölen)[8], 1545 Schwbr., 1550 Bg. zu Kampen, wohnhaft zu Elburg, Geldern[9], Fernhändler, 1563 nach Riga.

II 1. Hermen II. thor Molen, geb. (Narva) um 1540, begr. 1571 März 16 (RPr.), 1558 in Lübeck, 1561 Kaufgeselle dort und in Reval, Fernhändler.

II 2. Blasius I. thor Molen (Möhlen), geb. um 1546[10], begr. 1605 März 19. 1558 vermutlich in Lübeck, 1561 in Reval, 1572 Schwbr., 1574 Bg., besitzt ein Haus in der Lehmstraße. Fernhändler.

Heir. Reval 1573[11] Sophia Louwe (Lowe), begr. Reval 1623 Febr. 12, T. d. Hans L., Bg. zu Reval, und der Sophia Vicke.

Kinder:

a. Blasius II., s. III 1.

b. Margaretha, heir. Hinrich Stahl, † 1632 (heir. II Gertrud Schmidt), Ältermann der Großen Gilde.

c. Helmold, s. III 2.

d. Tochter, begr. Reval 1602 März 5.

(e. Hinrich, 1615 Schwbr.)?

---

[8] RR I, 274 (dort: van der Mölen!).

[9] Anhang II Nr. 3.

[10] S. Anm. 2.

[11] FG I, nach dem Weddebuch.

II   3. Wilhelm, geb. (Narva) um 1547, † nach 1584 Okt. 26, 1558
         in Lübeck, siegelt in den 1570er Jahren in Rostock.

II   4. Evert (Eberhard) I., geb. (Narva) um 1550, begr. Lübeck 1615
         Febr. 2, unvermählt. Kaufgeselle und Anwaltsgehilfe in
         Lübeck[12].

II   5. Lubbert, geb. (Narva) um 1556 Jan. 1, 1595 †, unvermählt.
         Kaufgeselle in Lübeck.

III   1. Blasius II. zur Mühlen, geb. (Reval) um 1575, begr. ebd. 1628
         Juni 30. 1596 Schwbr., Kfm. und 1606 Bg. zu Reval, 1625 Älte-
         ster der Großen Gilde, Haus in der Lehmstraße; auf Karkus,
         Jerwen, für seine Stiefsöhne Stippel.
         Heir. I (Reval) 1606 Gerdrutha Kniper, begr. Reval 1616 Dez.
         18, T. d. Kfm. Paul K. und der Gertrud Garholt[13]; heir. II
         (Reval) 1618 nach November 6 Metke Boismann, begr. Reval
         1638 Jan. 18, T. d. Hans B. und der Wendula Hudde?[14] (heir.
         I Herm. Stippel, begr. Reval 1613 Febr. 23, Ältester d. Gr.
         Gilde, auf Karkus; heir. III Reval 1634 Nov. 17 Bm. Thomas
         Luhr, begr. Reval 1646 Mai 29[15]).

         Kinder ex I:
         a. Simon I., s. IV 1.
         b. Sophia, † Reval 1680, heir. (Reval um 1638) Heinrich
            Fonne, geb. Lübeck 1603 Mai 5, begr. Reval 1683 Mai 15
            (heir. I? Gerdrutha Bitter, begr. Reval 1636 Aug. 22)[16],
            Ältermann der Großen Gilde.
         c. Paul, s. IV 2.

---

12 S. die in Anm. 4 angegebene Quelle und Anhang II, Nr. 8.
13 Nach Adelheim, Ahnentafeln.
14 Im Gegensatz zur Annahme von Adelheim, Ahnentafeln, ist Hans Boismann, begr. 1600 Nov. 24, Sohn des Tönnis, seinem Alter nach der einzige dieses
Namens, der als Vater Metkes in Betracht kommt, nicht dagegen der viel jüngere
Hans Boismann, begr. 1649. Metkes Vater war vermutlich verh. mit (I) Wendula
Hudde und (II) Katharina Kock.
15 Nottbeck, Siegel, S. 58.
16 Nach RStA, B.m. 21, nimmt Fonne spätestens 1639 an Pauls Erbstreit gegen
Thomas Luhr teil. Fonne ist 1628 Bg. zu Reval. Bei Adelheim, Ahnentafeln,
wird das Todesdatum der (ersten?) Frau, geb. Bitter (Ritter) fälschlich mit 1680
angegeben. Dieses Datum ist wohl auf Sophia zu beziehen.

ex II:

d. Anna, heir. Reval 1654 April 24 Balthasar Riesenkampff, begr. Reval 1654 Juli 22 (heir. I Reval 1642 Aug. 18 Elisabeth von Drenteln), Ältester der Großen Gilde.

e. Metke, begr. Reval 1658 Mai 17.

f. Hermann III., s. IV 3.

III   2. Helmold, geb. vor 1590, begr. Reval 1649 Jan. 11. 1605 stud. theol. in Rostock, 1614 Mag. phil. – 1616 Bruder der Gr. G. – Schulcollega zu Reval, Konrektor, Organist an St. Olai. 1638 Pastor zu Goldenbeck und Propst der Land- und Strandwiek, 1642 Pastor zu Kegel und Propst von Harrien. Mitarbeiter am Haus- und Handbuch seines Neffen Heinrich Stahl.

Heir. um 1616 Anna Wies[17], begr. Reval 1650 Juli 17, Witwe des Pastors Franciscus Illyricus, † 1614 Juni 11.

Tochter:

Dorothea, begr. 1680 Jan. 14. Heir. Reval 1642 Nov. 21 Heinrich Römer, begr. Reval 1670 Aug. 2, Älts. d. Gr. G.

IV   1. Simon I., geb. (Reval) um 1609, begr. Reval 1682 Okt. 16. 1630 Schwbr., 1632 Nov. 9 Bg., Kfm., vermutl. Bauernhändler, Älts. d. Gr. G. Erbt das Haus in der Lehmstraße.

Heir. Reval 1632 Bela (Belcke) Luhr, begr. 1679 Dez. 15 (Lst. 169), Tochter d. Bm. Thomas L. und d. Margarethe Lanting.

Kinder (Reihenfolge unsicher):

a. Hermann IV., s. V 1.

b–e. Kinder, begr. 1635 Okt. 9, 1638 Okt. 20, 1647 Juni 4, 1652 Juli 7 (alle Lst. 86).

f. Tochter, begr. 1658 Mai 17 (Lst. 86).

g. Johann I., s. V 2.

h. Hinrich II., s. V 3.

i. Simon II., s. V 4.

---

[17] Vgl. dazu RStA, Rstr. 60, S. 210, Schreiben der Tochter Helmolds an den Rat: *Waßmaßen meine Sehl. Fraw Mutter Anna Wieß bei meiner Fraw Stieffschwester Gertrud Liericus* (sic), *Sehl. Hinrich Buß nachgelaßen Wittbe, ... einen Vorrath an Silber ... niedergelegt.* Die Annahme, Helmold zur Mühlen wäre mit einer zur Hoye verheiratet gewesen, dürfte ein auf dem Namensteil „zur" beruhender Irrtum sein. Laut St. Nikolai-Kirchenbuch wird des Helmoldus zur Mühlen Frau zur Hoye N.N. Illyricus 1650 begraben. Der Name Illyricus bezieht sich aber ohne Zweifel auf Anna Wies.

IV   2. Paul, geb. um 1613, begr. Reval 1657 Okt. 23. 1634 Schwbr.,
         1636 Sept. 16 Bg., Kfm. Handel nach Hamburg, Amsterdam,
         Finnland. Zahlreiche Rechtsstreitigkeiten.
         Heir. Reval 1636 Sept. 21 Anna Thier, begr. Reval 1657 Sept.
         30, Tochter d. Bm. Johann Thier (von Thieren).
         Kinder (Reihenfolge unsicher):
         a. Paul, begr. Reval 1657 Sept. 21 (Lst. 121?).
         b–e. Kinder, begr. Reval 1642 Febr. 25, 1651 Nov. 5, 1657
            Okt. 8, 1657 Nov. 16 (alle Lst. 121).

IV   3. Hermann III. (Johann), geb. Reval 1625 April 11, begr. ebd.
         1690 Januar 13. 1647 Schwbr., 1649 Jan. 4 Bg. Kfm., Handel
         nach Amsterdam, London usw. Kauft Haus in der Karri-
         straße, „Lusthöfchen" am Strande, Steinbrüche und Krug am
         Laksberg. 1667 Rh. (Gerichtsvogt, „ältester Ratsherr").
         Heir. Reval 1649 Jan. 8 Margaretha Ecke, geb. Reval 1629,
         begr. ebd. 1698 März 24 (Lst. 69), T. d. Rh. Thomas Ecke und
         der Margaretha Luhr.
         Kinder (Reihenfolge zum Teil unsicher):
         a. Thomas I., s. V 5.
         b. Catharina, geb. Reval 1650, begr. ebd. 1722 Okt. 29. Heir.
            ebd. 1675 Jan. 18 Dietrich von Schoten, begr. 1697 Mai 29.
            Rh.
         c. Hermann V., s. V 6.
         d. Hinrich III., s. V 7.
         e. Kind, begr. 1654 Mai 29.
         f. Margaritha Elisabeth, get. Reval 1655 Aug. 10, † . . . Heir.
            I Reval 1672 Juni 27 Hartwig Hoyer, Bg., heir. II Reval
            1685 Okt. 19 Johann Hahn, † 1710, Rh.
         g–h. Kinder begr. 1660 Jan. 9, 1665 Juni 29.
         i. Gerdrutha, geb. Reval 1668 Febr. 14, begr. ebd. 1670
            Sept. 27.

V   1. Hermann IV., Sohn von Simon I., begr. Reval 1710 Sept. 29
         (oder 1689 April 29, Lst. 86). Angeblich „Ältermeister der
         Kanutigilde". Heir. N.N., begr. Reval 1669 März 24 (Lst. 69,
         dem Schneidermeister Kämmerer gehörig)[17a].
         Kinder (vermutlich):

[17a] Vgl. dazu die Ausführungen in Kapitel V, 2.

     a. Hermann VI., begr. 1689 April 29 (Lst. 86; oder 1710 Sept. 29).

     b. Johann Simon, begr. 1690 Jan. 1 (Lst. 86).

V   2. Johann I., geb. Reval 1646 Nov. 27, begr. ebd. 1696 Dez. 3 (Lst. 86). 1689 Febr. 1 Bg. Kfm., vermutl. Bauernhändler. Erbt das Haus in der Lehmstraße. Heir. Reval 1689 Febr. 5 Margaritha von Renteln, get. Reval 1670 Okt. 8, begr. ebd. 1733 Aug. 15, Tochter d. Ältm. Evert v. R. und der Catharina Büttner (heir. II Reval 1697 Dez. 29 Thomas Paulsen, Kfm., begr. Reval 1744 Aug. 16).

Kinder:

     a. Ebert, get. Reval 1689 Dez. 3, † vor 1692 Sept. 14.

     b. Johann (II.), geb. 1690 Dez. 21. Verbleib unbekannt.

     c. Ebert II., s. VI 1.

     d. Anna Catharina, geb. Reval 1696 Juni 21, begr. ebd. 1701 Nov. 15.

V   3. Hinrich II., geb. um 1649, begr. Reval 1710 Okt. 7. 1670 Schwbr., 1699 Erk. Ält. Gewürzhändler. (Vgl. Taf. 8.)

V   4. Simon II., geb. um 1650, begr. Reval 1686 März 22 (Lst. 86). 1671 Schwbr.

V   5. Thomas I., Sohn von Hermann III., get. Reval 1649 Okt. 7, begr. ebd. 1709 April 26. 1670 Schwbr. Reisen nach Westen. 1675 Nov. 5 Bg. Handel nach den Niederlanden, England, Schweden, Rußland; Reeder. 1693 Rh., 1703 Bm. Kauft ein Haus in der Rußstraße, Höfchen in Christinental (Springtal), Pfandbesitzer von Morras (Harrien), Seinigal, Kattentack (Wieck oder Wierland?), Kandel.

Heir. I. Reval 1675 Nov. 8 Margaretha Ratken, geb. ca. 1660, † Reval 1687 Sept. 27, begr. Okt. 6, T. d. Kfm. Caspar Ratken aus Lübeck, auf Morras (Harrien), und der Margaretha Meuseler, Miterbin von Seinigal. Heir. II Reval 1691 Dez. 15 Agneta Hahn, get. Reval 1671 Okt. 6, begr. ebd. 1710 August 8, Tochter d. Bm. Ernst Hahn aus Rostock und der Agneta Fissing.

Kinder ex I:

     a. Conrad Hermann, s. VI 2.

     b. Caspar I., s. VI 3.

     c. Christina Margaretha, get. Reval 1679 Juni 26, begr. ebd. 1682 Juli 24.

d. Thomas II., s. VI 4.

e. Elisabeth, get. Reval 1681 Nov. 11, begr. ebd. 1759
   Okt. 21. Heir. I Reval 1699 Jan. 2 Richard Höppener, † vor
   1712. Heir. II Reval 1712 Jan. 7 Heinrich Strahlborn, † vor
   1759.

f. Hinrich, get. Reval 1683 April 10, begr. ebd. 1685 Febr. 5.

g. Margaretha, get. Reval 1684 Okt. 29, † ebd. 1710 (a.d.Pest).
   Heir. Reval 1702 Jan. 9 Adolph Oom, geb. Reval 1670 Okt.
   4, † ebd. 1753 Jan. 24 (heir. II Poorten, III Höppener).

h. Hinrich IV., s. VI 5.

ex II (4 Söhne, 8 Töchter, geb. u. begr. in Reval):

i. Ernst, s. VI 6.

j. Agneta, get. 1693 Sept. 8, begr. 1693 Dez. 4.

k. Dietrich Johann, get. 1694 Sept. 16, begr. 1710.

l. Agneta Justina, get. 1696 März 20, begr. 1710.

m. Catharina Juliana, get. 1698 Mai 25, begr. 1710.

n. Maria, get. Reval 1699 Aug. 15, begr. ebd. 1758 Sept. 4.
   Heir. Reval 1714 Nov. 16 Georg Günther Tunzelmann,
   geb. Reval 1692 März 19, † ebd. 1741 Nov. 4, Pastor an
   St. Olai.

o. Anna Dorothea, get. 1701 Nov. 24, begr. 1710.

p. Christina Charlotte, get. 1704 Okt. 24, begr. 1710.

q. Helena, get. 1706 Nov. 17, begr. 1707 Sept. 24.

r. Carol Niels, get. 1708 Sept. 2, begr. 1708 Dez. 29.

s-t. ein Sohn, eine Tochter (vielleicht geb. u. † 1697 und 1703).

V   6. Hermann V., Sohn von Hermann III., geb. (Reval) um 1651,
        begr. Reval 1708 Nov. 22 (Lst. 169). 1681 Juli 1 Bg. Tuchhänd-
        ler, erbt das väterliche Haus in der Karristraße und kauft ein
        weiteres in der Breitstraße. 1703 Ältm. d. Gr. G.
        Heir. Reval 1681 Juni 28 Dorothea Wistinghausen, begr. Reval
        1704 Jan. 21, Tochter d. Rh. Daniel W. aus Lübeck und der
        . . . Grote.
        Kinder:
        a. Hermann VII. Johann, s. VI 7.
        b. Kind, get. Reval 1685 Dez. 26 (=e?).
        c. Agneta Margaretha, get. Reval 1688 Jan. 6, begr. ebd. 1710
           Okt. 6. Heir. Reval 1709 Mai 31 Johann Christoph
           Schwartz, get. Reval 1679 Nov. 24, begr. ebd. 1710 Okt. 6,
           Kfm.

d. Thomas, get. Reval 1694 Mai 24, begr. ebd. 1695 Jan. 1.

e. Dorothea Elisabeth (=b?), begr. Reval 1727 Juli 24. Heir. I Reval 1712 Juli 24 Christian Magnus Schröder, begr. Reval 1725 Juni 14. Heir. II Reval 1726 Nov. 3 Johann Andreas Hoffmann, begr. 1763 Mai 30, Älts. d. Gr. Gilde, Postmeister in Reval.

V   7. Hinrich III., Sohn von Hermann III., get. Reval 1653 Febr. 10, gefallen 1708 Juli 4 bei Holowczyn, Weißrußland. Schwbr. 1683. Bg. 1691 März 7. Kfm. Im Krieg Freiwilliger, Leutnant beim Wierischen Landmilizregiment, 1701 Kapitän beim Livländischen Infanterieregiment, Rittmeister. 1708 bei den Leibtrabanten Karls XII. Pfandherr auf Kandel.
Heir. Reval 1688 Mai 22 Anna Elisabeth Korbmacher, begr. Reval 1708 Dez. 31, Tochter d. Bm. Constans K. und der Katharina Fonne.
Kinder (a–f vermutlich † 1710):

a. Kind, begr. 1689 Aug. 5.

b. Constans Hermann, get. 1689 Dez. 10.

c. Margaretha Elisabeth, get. Reval 1690 Aug. 14.

d. Maria Elisabeth, get. Reval 1692 März 3, Zwilling.

e. Helenora, get. Reval 1692 März 4, Zwilling.

f. Thomas, get. Reval 1696 Sept. 31 (sic).

g. Helena Charlotta, get. 1700 Dez. 8, begr. ebd. 1737 Nov. 30 (Lst. 76). Heir. Reval 1721 März 17 Diedrich Johann Döling, begr. Reval 1758 April 8 (Lst. 76), Kfm.

VI   1. Eberhard (Evert, Ebert) II., Sohn von Johann I., get. Reval 1692 Sept. 14, begr. ebd. 1763 Nov. 17. 1714 Schwbr. 1718 Febr. 14 Bg. Kfm. Erbt das alte zur Mühlensche Haus in der Lehmstraße, besitzt mehrere Krüge. Älts. d. Gr. G. 1743–53 Ältm. der Kompanie der Nürnberger Krämer und Bauernhändler.
Heir. Reval 1718 Febr. 21 Anna Christina Graff, begr. Reval 1773 Dez. 25 (Lst. 86), Tochter d. Kfm. Wolmar G. in Reval und der Anna Christina Röpsdorf aus Wesenberg.
Kinder:

a. Wolmar Johann, begr. Reval 1724 Mai 29.

b. Ewert, begr. Reval 1724 Dez. 31.

c. Anna Margaretha, get. Reval 1723 April 21, begr. ebd. 1724 Mai 10.

d. Anna Margaretha II., get. Reval 1726, begr. ebd. 1743 März 9.

e. Tochter, begr. 1732 Nov. 4.

f. Anna Christina, get. Reval 1731 Jan. 24, begr. ebd. 1778 April 6. Heir. Reval 1751 März 19 Elias Dehn, geb. Reval 1719 Mai 27, begr. ebd. 1759 Juli 27, Wortführer d. Gr. G., Stammvater der Familie v. Dehn in Livland.

g. Helena, get. Reval 1733 Sept. 17, begr. ebd. 1733 Sept. 19.

h. Anna Helena, get. Reval 1735 Febr. 23, begr. ebd. 1736 Febr. 18.

VI 2. Conrad Hermann, Sohn von Thomas I., get. Reval 1677 März 3. 1741 †. Dient in der Armee Karls XII., 1700 im livländ. Infanterieregiment De la Gardies als Kapitän, später als Oberstleutnant in Tavastehus. Pfandherr auf Terrefer, Wierland. Heir. Reval 1700 Juli 11 Catharina Korbmacher, begr. Reval 1745 Juni 17, Tochter d. Bm. Johann Dietrich K. auf Terrefer u. d. Catharina Rodde.
Kinder (a und b vermutlich † 1710):

a. Johann Diedrich, get. Reval 1701 Sept. 26.

b. Wolmar Anton, get. Reval 1706 April 3.

c. Thomas Hermann, get. Reval 1709 Febr. 5, begr. ebd. 1709 März 6.

d. Catharina Margaretha, get. Reval 1710 Juni 1, begr. 1710 Sept. 22?

VI 3. Caspar I., Sohn von Thomas I., get. Reval 1678 Mai 22, begr. ebd. 1710 Okt. 22. 1699 Schwbr. 1705 Sept. 8 Bg. Kfm. Heir. Reval 1705 Sept. 11 Elisabeth Lanting, begr. Reval 1735 Aug. 25, Witwe des Alexander Huene, Kfm., † 1701 (heir. III Reval 1711 Febr. 19 Georg Schmalz, Waisengerichtssekretär in Reval), Tochter des Albrecht L. und der Anna von Schoten.
Kinder:

a. Agneta Margaretha, get. Reval 1706 Mai 24, begr. ebd. 1710 Sept. 19.

b. Dorothia, get. Reval 1709 Nov. 29, begr. ebd. 1710 Apr. 30.

VI   4. Thomas II., Sohn von Thomas I., get. Reval 1680 Nov. 3, begr.
ebd. 1721 April 12, Pfandherr auf Morras. Heir. Reval 1715
Nov. 10[18] Helena Lange, begr. ebd. 1750 Mai 1 (heir. II Reval
1722 Aug. 19 Gustav Wilhelm Schulz, Kfm. in Reval), Tochter
d. Kfm. in Reval Dominicus L. aus Lübeck und der (?) Katharina Hüsing.

VI   5. Hinrich IV., Sohn von Thomas I., geb. Reval 1686 Juni 2 (get.
Juni 6), † ebd. 1750 Okt. 6 (begr. Okt. 11). 1708 Schwbr. 1711
Jan. 19 Bg. Kolonialwarenhändler, handelt nach Lübeck,
Amsterdam, Stockholm. Mitgl. der Kompanie der Nürnber-
ger Krämer und Bauernhändler. 1727 Rh., 1730 zur Krönung
der Kaiserin Anna in Moskau, Münsterherr, Oberkämmerer,
1745 Bm. Erbt das Haus in der Rußstraße und Springtal,
Pfandherr auf Morras, Kandel u.a.
Heir. Reval 1711 Jan. 24 Anna Sophia Vermeeren, † Reval
1749 Mai 15, Tochter d. Kfm. Cornelius V. aus Utrecht und
der Anna Blanckenhagen.
Kinder:
a. Anna Margaretha, get. Reval 1711 Okt. 10, begr. ebd. 1782
   Aug. 8. Heir. Reval 1727 April 27 Jacob Friedrich Becke,
   † Reval 1763, Bm.
b. Hedwig Sophia, get. Reval 1713 Jan. 4, begr. ebd. 1738
   Dez. 21. Heir. Reval 1728 März 8 Heinrich Höppener, get.
   Reval 1701 Febr. 25, begr. ebd. 1742 Jan. 22, Älts. d. Gr. G.
c. Thomas III., s. VII 1.
d. Christiane Charlotte, get. Reval 1716 Jan. 12, begr. ebd.
   1747 Juli 6. Heir. Reval 1733 Juni 14 Caspar Höppener,
   get. Reval 1701 Sept. 25, begr. ebd. 1785 Febr. 10, Bm.
e. Gerdrutha Elisabeth, get. Reval 1717 Juli 18, begr. ebd.
   1717 Juli 24.
f. Hinrich V., s. VII 2.
g. Hermann VIII. Johann, s. VII 3.
h. Cornelius I., s. VII 4.
i. Georg Caspar, get. Reval 1724 Sept. 14, begr. ebd. 1727
   März 6.

---

[18] Abweichung vom GHdA, wo 1711 April 19 angegeben, was jedoch das Hei-
ratsdatum des Vetters Hermann VII. Johann ist (Mitt. Paulsen).

j. Dorothea Elisabeth, get. Reval 1726 Sept. 11, begr. ebd.
1776 Okt. 21. Heir. Reval 1747 Sept. 24 Gottlieb Burchart,
geb. Reval 1721, begr. ebd. 1759 April 9, Kfm. in Reval.
Besitzer des Hauses der ehemal. Olaigilde (Langstraße),
heute mit den Wappen der Burchart und zur Mühlen.

VI 6. Ernst, Sohn von Thomas I. (ex II), geb. Reval 1692 Okt. 5,
begr. ebd. 1750 Nov. 2. 1721 Okt. 17 Bg. Seidenhändler, Mitgl.
der Kompanie der Seiden- und Lakenkrämer (1725), 1744
Ältm. d. Gr. G. Besitzt ein Haus etc. in der Langstraße, ein
Höfchen in Christinental und zwei Krüge in Fischermay.
Heir. Reval 1721 Okt. 19 Margaretha Elisabeth Dunt, begr.
Reval 1770 Nov. 11, Tochter d. Jobst Dunt, Rh., und der Elisabeth Londicer[19].
Kinder:
a. Margaretha Elisabeth, get. Reval 1723 Jan. 13, begr. ebd.
1753 Febr. 8. Heir. Reval 1743 Nov. 8 Thomas Hinrich
Schrewe, begr. Reval 1762 März 21, Ältm.
b. Thomas IV. Johann, s. VII 5.
c. Dorothea, get. Reval 1730 Sept. 3, begr. ebd. 1756 Juli 9.
Heir. um 1752[20] Daniel Rudolph Müller, begr. Reval 1755
Okt. 22, 1752 Sept. 8 Bg., Kfm.
d. Agneta, get. Reval 1735 Juli 24, begr. ebd. 1744 Mai 17.
e. Justina, get. Reval 1738 Sept. 17, 1772 †. Heir. Andrej Ivanovič Poljanskij, kaiserl. russ. Admiral, † 1764 Okt. 17[21].
f. Caspar II. Ernst, s. VII 6.

VI 7. Hermann VII. Johann, Sohn von Hermann V., get. Reval 1682
Sept. 15, begr. ebd. 1728 März 20. 1708 Schwbr. 1711 April
13 Bg. Kfm., Älts. d. Gr. G. Zeitweise Pfandherr von Seinigal.
Arrendator des Stadtgutes Tois (Jerwen). Heir. Reval 1711
April 19 Gerdrutha Schopp (Lebensdaten unbekannt), Toch-
ter des Pastors zu St. Petri, Propstes von Jerwen, Johannes

---

[19] Abweichend von GHdA, wo Anna Dellingshausen als Mutter angegeben ist.
Nach Nottbeck, Siegel, S. 49, heiratet Anna Dellingshausen 1662 Jobst Dunt.
Sein Neffe Jobst Casparson Dunt heiratet I 1697 Catharina Reimers, II 1704 Elisa-
beth Londicer. Der Vorname Margaretha Elisabeth spricht für die letztere als
Mutter, wobei der Name Margaretha auf die Großmutter Vegesack, Caspar Dunts
Frau, zurückgeht. Vgl. Publ. 7, Nr. 667 und 1497.
[20] Nach Mitt. Paulsen.
[21] Russkij biografičeskij slovar', Bd. 14, S. 488.

Schopp(ius), Witwe des Pastors zu St. Petri Carl Joachim Sellius († 1710?). (Heir. III Reval 1732 April 25 Jobst Johann Reinhold, Kfm.)

VII 1. Thomas III., Sohn von Hinrich IV., get. Reval 1714 Okt. 10, † (Amsterdam?) 1772. Lehrling in Amsterdam bei Jonas Strösling aus Reval. Kfm. in Amsterdam, Handel auch nach Reval. Heir. Amsterdam 1738 Sept. 12 Katharina Elisabeth Common.
Sohn:
Barend, s. VIII 1.

VII 2. Hinrich V., Sohn von Hinrich IV., get. Reval 1718 Aug. 26, † Dorpat 1750 Jan. 27, begr. Reval Febr. 8. Mitgl. der Kompanie der Seiden- und Lakenkrämer. 1745 Erk. Ält. der Schwbr.

VII 3. Hermann VIII. Johann, Sohn von Hinrich IV., get. Reval 1719 Dez. 23, † ebd. 1789 Juni 9, begr. Juni 12. 1740 Schwbr. Reise nach Amsterdam. 1749 Aug. 4 Bg. Mitgl. der Kompanie der Seiden- und Lakenkrämer. Hausbesitz in der Lehmstraße, errichtet ein Höfchen in Springtal. 1762 Rh., Kämmerer, 1783–86 Bm. Heir. Reval 1749 Aug. 15 Justina Charlotta von Wehren, geb. Reval 1727 Okt. 8, † . . ., Tochter des Rh. Berend Johann von W. und der Anna Dorothea Kämmerer. (Vgl. Taf. 9 u. 10.)
Kinder:
a. Anna Dorothea, get. Reval 1750 Nov. 24, begr. ebd. 1755 Sept. 18.
b. Bernhard (Berend) Heinrich, s. VIII 2.
c. Hermann Johann, get. Reval 1752 Dez. 17, begr. ebd. 1756 Juli 1.
d. Woldemar Thomas, get. Reval 1754 Mai 17, begr. ebd. 1756 Juli 13.
e. Justina Margaretha, get. Reval 1755 Sept. 26, begr. ebd. 1756 Juli 3.
f. Hermann IX. (Johann), s. VIII 3.
g. Justina, get. Reval 1759 Okt. 1, begr. ebd. 1762 Aug. 1.
h. Thomas, get. Reval 1760 Nov. 2, begr. ebd. 1761 Aug. 13.
i. Heinrich VI., s. VIII 4.

j. Caspar III., s. VIII 5.

k. Carl, s. VIII 6.

l. Friedrich Johann, s. VIII 7.

VII 4. Cornelius I., Sohn von Hinrich IV., geb. Reval 1721 Okt. 24,
† ebd. 1756 Mai 21. 1747 Reise nach Westen. 1751 Juni 14 Bg.
Wein- und Kolonialwarenhändler. Mitgl. der Kompanie der
Nürnberger Krämer und Bauernhändler. Heir. Reval 1751
Juni 27 Agneta Elisabeth Gebauer, geb. Reval 1731 Nov. 15,
† ebd. 1781 Juni 4, Tochter des Prof. und Rektors am Gym-
nasium zu Reval Mag. Johann David G. aus Waltershausen,
Thür., und der Catharina Elisabeth Warnecke.
Kinder:

  a. Sophie Elisabeth, geb. Reval 1752 Juni 21 (nach Paulsen:
  22), † ebd. 1829 Dez. 8. Heir. Reval 1771 Dez. 8 Johann
  Christian Dreyer, geb. Bordesholm, Holstein, 1743 Juli 6,
  † St. Petersburg 1779 Jan. 4, Professor am Gymnasium zu
  Reval.

  b. Heinrich Johann, get. Reval 1753 Nov. 28, begr. ebd. 1756
  Juli 3.

  c. Agneta Margaretha, geb. Reval 1754 Okt. 22, † ebd. 1825
  März 24. Heir. Reval 1775 Sept. 22 Diedrich Hetling, begr.
  Reval 1781 Dez. 2, Kfm. in Reval.

  d. Cornelius II., s. VIII 8.

VII 5. Thomas IV. Johann, Sohn von Ernst, get. Reval 1726 März
25, † 1772. 1759 Mitgl. der Kompanie der Seiden- und Lakenkrämer. 1760 Erk. Ält. der Schwbr.

VII 6. Caspar II. Ernst, Sohn von Ernst, get. Reval 1741 Juni 11,
† 1810. Dient im Izmajlovschen Garderegiment, 1762 Fourier,
1771 Leutnant, 1772 Kapitänleutnant der Garde, 1780 (aus der
Garde entlassen) Brigadier. Mitgl. des Englischen Clubs in St.
Petersburg, 1780 Ältm. des Clubs.

VIII 1. Barend, Sohn von Thomas III., geb. (Amsterdam?) 1739,
† . . .? Kfm. in Amsterdam mit Handelsbeziehungen nach
Reval. Heir. (Amsterdam . . .) Anna Maria Poullês.
Nachkommen in den Niederlanden.

VIII 2. Bernhard (Berend) Heinrich, Sohn von Hermann VIII. Johann, geb. Reval 1751 Nov. 12, † Habbat 1826 Juli 2. 1771 Schwbr. 1779 Mai 8 Bg. Seidenhändler, Mitinhaber der Firma zur Mühlen & Riesenkampff, später zur Mühlen & Co. 1780 Mitgl. der Kompanie der Seiden- und Lakenkrämer. 1786–89 Ratmann. 1792 Febr. 15 Nobilitierung. 1790 Pfandbesitzer von Habbat, Kreis Harrien, später auch Eigentümer von Eigstfer, Kreis Fellin. Heir. 1779 Mai 30 Sophie Amalie Striecker, geb. Reval 1755, begr. Kosch, Estl., 1795 Juni 29, Tochter des Älts. d. Gr. G. Samuel St. und der Anna Christina Wistinghausen.
Nachkommen: die Häuser Habbat, Saumetz, Eigstfer.

VIII 3. Hermann IX. (Johann), Sohn von Hermann VIII. Johann, geb. Reval 1758 Mai 18, † ebd. 1827 April 7. 1775 Schwbr. Stud. jur. in Leipzig. Protokollist beim Oberlandgericht in Reval. 1792 Febr. 15 Nobilitierung. 1792 Okt. 12 Bg., 1795 Stadtältester, 1796 Rm., 1817 Rh. Heir. Reval 1790 Febr. 4 Catharina Gerdrutha Müller, geb. Reval 1773 Nov. 14, † ebd. 1856 März 23, Tochter des Rh. Gottfried Müller und der Gerdrutha v. Huene.
Nachkommen: Haus Koiküll, Oesel.

VIII 4. Heinrich VI., Sohn von Hermann VIII. Johann, geb. Reval 1762 April 3, † Eigstfer, Livl., 1802 Jan. 21. 1781 Schwbr. 1784 Mitgl. der Kompanie der Seiden- und Lakenkrämer. Mitinhaber der Firma Gebrüder zur Mühlen.
Heir. Reval 1791 Juni 2 (oder 20?) Henriette Wistinghausen, geb. Reval 1773 April 1, † ebd. 1817 Jan. 15 (heir. II Reval 1810 Jan. 18 Dr. phil. Philipp Heinrich Kraak), Tochter des Rh. Johann Christian W. und der Margaretha Buchau.
Nachkommen: die Häuser Brunnen (Kurland) und Arrohof (Livland).

VIII 5. Caspar III., Sohn von Hermann VIII. Johann, geb. Reval 1763 Juni 7, † Ninigal, Livland, 1817 Jan. 18. Stud. jur. in Leipzig, 1783 Schwbr. Offizial beim Kommerziengericht in Reval, Protokollist beim Gewissensgericht, Assessor beim Niederlandgericht. 1791 Pfandbesitz von Eigstfer, Kreis Fellin. 1792 Febr. 15 Nobilitierung. 1797 immatrikuliert bei der Livl. Rit-

terschaft. Landrichter des Pernauschen Kreises. Kauf des Gutes Ninigall, Kreis Fellin, Verkauf von Eigstfer an Berend Heinrich zur Mühlen. Heir. I Eigstfer 1793 Sept. 22 Margarethe Wistinghausen, geb. Reval 1767 Aug. 3, † (Eigstfer?) 1798 Sept. 1[22] (heir. I Reval 1785 Jan. 17 Christian von Glehn, geschieden 1793 März 29), Mitglied des Revaler Liebhabertheaters, Tochter des Rh. Johann Christian W. und der Margarethe Buchau. Heir. II. Hasik, Estl. 1808 . . . Charlotte von Vogdt, geb. Hapsal 1786 März 23, † Arrohof, Livl., 1840 Okt. 25, Tochter des Majors und Kreisrentmeisters in Hapsal Gottfried v.V. auf Hardo, Estl., und der Friedericke Schwaan. (Vgl. Taf. 11 u. 12.)
Nachkommen: die Häuser Alt-Bornhusen (ex I), Groß-Kongota und Neu-Tennasilm (ex II).

VIII 6. Carl, Sohn von Hermann VIII. Johann, geb. Reval 1764 Nov. 7, † (Reval?) 1837 Dez. 14. 1783 Schwbr. Mitgl. der Kompanie der Seiden- und Lakenkrämer. 1792 Febr. 15 Nobilitierung. Mitinhaber der Firma Gebrüder zur Mühlen, später der Firma zur Mühlen & Co. 1799 Pfandbesitz von Kollo, Kreis Jerwen (1804 verkauft), 1804 Pfandbesitz von Neu-Tennasilm, Kreis Fellin (1836 verpfändet). Livl. Ordnungsrichter im Fellinschen Distrikt. Heir. Dorothea Müller, geb. (Reval) 1772 Nov. 11 (nach Paulsen: 21), † 1833 Nov. 21, Tochter d. Rh. Gottfried M. und der Gerdrutha v. Huene. Keine Nachkommen.

VIII 7. Friedrich Johann, Sohn von Hermann VIII. Johann, geb. Reval 1768 Okt. 7, † ebd. 1798 März 13. Vermutlich als Seidenhändler Kompagnon seines Bruders Heinrich. 1792 Febr. 15 Nobilitierung. 1793 Pfandbesitz von Sellie, Kreis Wierland. Heir. I Reval 1792 Febr. 6 Margarethe Helene Hetling, geb. Reval 1774 Nov. 28, begr. ebd. 1795 Dez. 12, Tochter des Stadthauptes Wilhelm H. und der Maria Elisabeth Buchau. Heir. II Reval 1796 März 13 Henriette Jencken, geb. Reval

---

[22] Siehe S. 338 f.

1777 Febr. 27, † . . . 1856 Juni 18 (heir. I . . . Hippius, heir.
III Reval 1801 Karl von Lingen, kaiserl. russ. Zolldirektor),
Tochter d. Kfm. Samuel Johann J. und der Sophie Elisabeth
Burchart.
Nachkommen (ex I): die Häuser Odenkat, Estl., und Ledis,
Livl.

VIII 8. Cornelius II., Sohn von Cornelius I., geb. Reval 1756 Juli 26
(posthumus), † Piersal, Estl., 1815 Mai 1[23]. 1777 Schwbr. Reisen nach Rußland, Deutschland, Niederlande, Frankreich.
1782 Dez. 9 Bg. Wein- und Kolonialwarenhändler. 1786 Stadtältester, 1789 Rm. Besitzt das ererbte Haus in der Rußstraße
und das Höfchen Springtal sowie zahlreiche weitere Immobilien in der Stadt. 1792 Febr. 15 Nobilitierung. 1794 Kauf von
Piersal, Kreis Wiek. Heir. 1782 Dez. 22 Gerdrutha Elisabeth
Oom, geb. Reval 1764 Okt. 16, † Piersal 1812 März 15, Tochter des Kfm. Wilhelm O. und der Gerdrutha Elisabeth See-
beck. (Vgl. Taf. 13 u. 14.)
Nachkommen: Haus Piersal.

---

[23] Laut Todesanzeige in den „Revalschen Wöchentlichen Nachrichten" vom
10. Mai.

ABKÜRZUNGEN, ARCHIVE, QUELLEN, LITERATUR

1. Archive

FA	Familienarchiv, seit 1945 verschollen
LStA	Lübecker Stadtarchiv
NStA	Niedersächsisches Staatsarchiv in Oldenburg
RKG	Akten des Reichskammergerichts im LStA
RStA	Revaler Stadtarchiv, zum Teil im Bundesarchiv in Koblenz
RPr.	Ratsprotokoll
A.a.	Stadtbücher
A.b.	Ratsprotokolle
A.f.	Kaufmannsbücher
A.g.	Portorienbücher
B.a.	städtische Finanzen
B.c.	städtische Landwirtschaft
B.e.	Kriegswesen
B.f.	Gilden
B.h.	Handel
B.i. B.j.	Criminalia und Prozeßakten
B.m.	Landkirchen
B.o.	Pastoren
B.r.	Landessachen
B.s.	Ratswillküren
B.t.	Testamente
B.D.	livländische Städte
B.K.	Einwohnerlisten
B.L.	Legationen
B.N.	Testamente
Rstr.	Rechtsstreitigkeiten (17. Jh.)
Suppl.	Supplikationen
SGA	Archiv der Großen Gilde (Suure Gilde Arhiiv)
SHZ	Statthalterschaftszeit
SchwA	Schwarzenhäupterarchiv, deponiert im Staatsarchiv Hamburg
StKA	Stockholmer Kriegsarchiv
StRA	Stockholmer Reichsarchiv

2. Sonstige Abkürzungen

Ältm.	Ältermann
Älts.	Ältester
Archiv	Archiv für die Geschichte Liv-, Esth- und Curlands. Hrsg. von F. G. v. Bunge. Dorpat, Reval

begr.	begraben
Beitrr.	Beiträge zur Kunde Est-, Liv- und Kurlands, seit 1922: Beiträge zur Kunde Estlands. Reval
Bg.	Bürger
Bm.	Bürgermeister
DBBL	Deutsch-Baltisches Biographisches Lexikon 1710–1960. Hrsg. von W. Lenz. Köln, Wien 1970
DO	Deutscher Orden
Erk. Ält.	Erkorener Ältester der Schwarzenhäupter
FG I	Konrad v. zur Mühlen, Die Familie thor Molen, zur Mühlen, von zur Mühlen. Entwurf zu einer Familiengeschichte. Teil I (Manuskript, ca. 1932)
FG II	Derselbe, Die Familie von zur Mühlen. Teil II (Haus Piersal). Als Manuskript gedruckt. Reval 1938
geb.	geboren
gest., †	gestorben
get.	getauft
GHdA	Genealogisches Handbuch des Adels. Adelige Häuser B. Bd. VI. Limburg/Lahn 1964
GHLivl.	Genealogisches Handbuch der baltischen Ritterschaften. Teil Livland. Görlitz 1929–1942
Gotha	Genealogisches Taschenbuch der Adeligen Häuser
Gr. G.	Große Gilde
HGbll.	Hansische Geschichtsblätter
HR	Recesse und andere Akten der Hansetage. Leipzig 1870 ff.
Htl.	Herrentaler
HUB	Hansisches Urkundenbuch. Halle 1876 ff.
JbGHS	Jahrbuch für Genealogie, Heraldik und Sphragistik. Mitau
Kfg.	Kaufgeselle
Kfm.	Kaufmann
LGU	Livländische Güterurkunden. Hrsg. von Hermann von Bruiningk u. Nicolaus Busch. 1. 2. Riga 1908–23.
Lst.	Leichenstein
LUB	Liv-, Esth- und Kurländisches Urkundenbuch nebst Regesten. Riga, Moskau 1853 ff.
Mitgl.	Mitglied
Mitt.	Mitteilung von
Mitt. Riga	Mitteilungen aus dem Gebiete der Geschichte Liv-, Est- und Kurlands. Riga
M. lüb., rev., rig.	Mark lübisch, revalisch, rigisch
OJb.	Oldenburger Jahrbuch
OFK	Ostdeutsche Familienkunde. Neustadt/Aisch
OM	Ordensmeister
Publ.	Publikationen aus dem Revaler Stadtarchiv: Publ. 6. Das Revaler Bürgerbuch 1409–1624. Hrsg. Otto Greiffenhagen. Reval 1932. Publ. 7. Das Revaler Bürgerbuch 1624–1690 nebst Fortsetzung bis 1710. Hrsg. Georg Adelheim. Reval 1933
Rb., Rb. S	Rubel, Silberrubel

Rdst.	Rundstück (128 Rdst. = 1 Rtl. sp.)
Rh.	Ratsherr
Rm.	Ratmann
RR	Roland Seeberg-Elverfeldt: Revaler Regesten. (I) Beziehungen der Städte Deutschlands zu Reval in den Jahren 1500–1807. Göttingen 1966. II. Beziehungen niederländischer und skandinavischer Städte zu Reval in den Jahren 1500–1795. Göttingen 1969. III. Testamente Revaler Bürger und Einwohner aus den Jahren 1369–1851. Göttingen 1975.
RRub	Wilhelm Ebel, Das Revaler Ratsurteilsbuch (Register van affspraken). 1515–1554. Göttingen 1952
Rs.	Ratssekretär
Rtl.	Reichstaler
Rtl. sp.	Speziestaler
SB Riga	Sitzungsberichte der Gesellschaft für Geschichte und Altertumskunde zu Riga
Schwbr.	Schwarzenhäupterbruder
Synd.	Syndikus
UBBL	Urkundenbuch zur Geschichte der Herzöge von Braunschweig und Lüneburg
UBSO	Urkundenbuch von Süd-Oldenburg. Oldenburg 1930
USH	Urkundenbuch der Stadt Hildesheim
VerGEG	Verhandlungen der Gelehrten Estnischen Gesellschaft. Dorpat
WUB	Westfälisches Urkundenbuch
ZfO	Zeitschrift für Ostforschung
ZVLGA	Zeitschrift des Vereins für Lübeckische Geschichte und Altertumskunde

3. Literatur

Adelheim, Georg: Revaler Ahnentafeln. Eine Fortsetzung der Laurentyschen „Genealogie der alten Familien Revals". Reval 1929–1935.

Derselbe: Das Revaler Bürgerbuch 1710–1786. Reval 1934. (Beitrr. XIX.)

Derselbe: Die Genealogie der alten Familien Revals von Heinrich Laurenty. Reval 1925.

Adressbuch der Revalschen Statthalterschaft. Vom Jahre 1787. Reval 1787.

Amburger, Erik: Abwanderung aus Reval nach Osten über die Grenzen der Ostseeprovinzen. Mit besonderer Berücksichtigung des 18. Jahrhunderts. In: Reval und die baltischen Länder (Marburg/Lahn 1980) S. 351–373.

Derselbe: Geschichte der Behördenorganisation Rußlands von Peter dem Großen bis 1917. Leiden 1966.

Derselbe u. Karl Johann Paulsen: Kalendereintragungen aus Reval im Jahre 1706. In: OFK. Bd. 9 (Jg. 28–30) (1980–82) S. 235–242.

Amelung, F., und G. Baron Wrangell: Geschichte der Revaler Schwarzenhäupter. Reval 1930.

Andersen, Emilie: München-samlingen Kong Christiern IIs. København 1969.

Angermann, Norbert: Studien zur Livlandpolitik Ivan Groznyjs. Diss. Hamburg 1972.

Arndt, Johann Gottfried: Der Liefländischen Chronik anderer Theil, von Liefland unter seinen Herren Meistern. Halle 1753.

Baltische Kirchengeschichte. Beiträge zur Geschichte der Missionierung und der Reformation, der evangelisch-lutherischen Landeskirchen und des Volkskirchentums in den baltischen Landen. Hrsg. von Reinhard Wittram. Göttingen 1956.

Die Bau- und Kunstdenkmäler der Freien und Hansestadt Lübeck. Bd. 2–4. Lübeck 1906–1928.

Benninghoven, Friedrich: Rußland im Spiegel der livländischen Schonnen Hysthorie von 1508. In: Rossica Externa (Marburg 1963) S. 11–35.

Bienemann, Friedrich: Die Statthalterschaftszeit in Liv- und Estland (1783–1796). Ein Capitel aus der Regentenpraxis Katharinas II. Leipzig 1886.

Böthführ, H. J.: Die Livländer auf auswärtigen Universitäten in vergangenen Jahrhunderten. Riga 1884.

Derselbe: Die Rigische Ratslinie von 1226–1876. Riga 1877.

Bunge, Friedrich Georg v.: Die Revaler Rathslinie nebst Geschichte der Rathsverfassung. Reval 1874.

Dehn, A. v.: Aus dem Denkelbuche des weil. Bürgermeisters in Reval, Hermann Joh. zur Mühlen. In: Das Inland 1860, Nr. 42, 44, 48.

Elgenstierna, Gustaf: Den introducerade svenska adelens ättartavlor. Stockholm 1925.

Elias, Otto-Heinrich: Reval in der Reformpolitik Katharinas II. Bonn-Bad Godesberg 1978. (Quellen und Studien zur baltischen Geschichte. Bd. 3.)

Ennen, Edith: Die Frau in der mittelalterlichen Stadtgesellschaft Mitteleuropas. In: HGbll 98 (1980) S. 1–22.

Erler, G.: Die jüngere Matrikel der Universität Leipzig 1559–1809. Als Personen- und Ortsregister bearbeitet. Bd. 3: 1709–1809. Leipzig 1909.

Essen, Nikolai v.: Stammtafeln der Familie von Dehn. Tallinn 1938.

Etzold, Gottfried: Seehandel und Kaufleute in Reval nach dem Frieden von Nystad bis zur Mitte des 18. Jahrhunderts. Marburg/Lahn 1975. (Wiss. Beiträge zur Geschichte und Landeskunde Ostmitteleuropas. 99.)

Derselbe: Die Nürnberger Krämer- und Bauernhändler-Kompagnie in Reval 1743–1785. In: Reval und die baltischen Länder (Marburg/Lahn 1980) S. 313–327.

Fahne, A.: Geschichte der Westphälischen Geschlechter. Neudruck der Ausgabe 1858. Osnabrück 1967.

Forsten, G. V.: Borba iz-za gospodstva na baltijskom more v XV i XVI stoletijach. St. Petersburg 1884. (Der Kampf um die Vorherrschaft in der Ostsee im 15. und 16. Jh.)

Gadebusch, Friedrich Conrad: Livländische Bibliothek. Th. 1–3. Riga 1777.

Geheymbuch von Berend Nottbeck. Hrsg. von Karl Johann Paulsen. Hannover-Döhren 1965. (Baltische Ahnen- und Stammtafeln. Sonderheft. Nr. 8.)

Göken, Johannes: Die wirtschaftliche Entwicklung des Alexanderstifts Wildeshausen im Mittelalter. Friesoythe 1933.

Greiffenhagen, W(ilhelm): Das Estländische Oberlandgericht und Präjudicata desselben . . . In: Baltische Monatsschrift 37 (1890) S. 488–514, 612–621.

Haintz, Otto: König Karl XII. von Schweden. Bd. 1–3. Berlin 1958.

Haller, Otto: Revaler Hausmarken. Manuskript (vor 1940) im Johann-Gott-fried-Herder-Institut.

Hansen, Gotthard von: Katalog des Revaler Stadtarchivs. 2. Aufl. Abt. 1–3. Hrsg. von Otto Greiffenhagen. Reval 1924–26.

Harder-von Gersdorff, Elisabeth: Die niederen Stände im Moskauer Reich in der Sicht deutscher Rußlandberichte des 16. Jahrhunderts. In: Rossica Externa (Marburg 1963) S. 59–76.

Hart, Simon: Heiraten aus Reval Gebürtiger in Amsterdam 1583–1801. In: OFK. Bd. 5 (Jg. 16–18) (1968–70) S. 1–6.

Hartmann, Stefan: Reval im Nordischen Krieg. Bonn-Bad Godesberg 1973. (Quellen und Studien zur baltischen Geschichte. Bd. 1.)

Derselbe: Reval im Siebenjährigen Krieg im Spiegel der Ratsprotokolle. In: Reval und die baltischen Länder (Marburg/Lahn 1980) S. 329–349.

Hauptmann, Felix: Wappenkunde. Nachdruck der Ausgabe 1914. Osnabrück 1974.

Heßler, H. B.: Ueber die Anwesenheit der Kaiserin Katharina in Reval 1764. In: Das Inland 1860, Nr. 44, Sp. 793f.

Hinkel, Heinz: Der Revaler Raum. Ein Überblick nach Karten, Plänen und geographisch-statistischen Quellen des 19. und 20. Jahrhunderts. In: Reval und die baltischen Länder (Marburg/Lahn 1980) S. 215–231.

Hoyningen-Huene, Woldemar Baron: Auszüge aus den Kirchenbüchern des Estländischen Konsistorialbezirks. Manuskript.

Hupel, August Wilhelm: Topographische Nachrichten von Lief- und Ehstland. Bd. 1–3. Riga 1774–82.

Das Inland. Wochenschrift. Dorpat 1836–1863.

Jeannin, Pierre: Lübecker Handelsunternehmungen um die Mitte des 16. Jahrhunderts. In: ZVLGA 43 (1963) S. 19–67.

Joachim, E., und W. Hubatsch: Regesta Historico-Diplomatica Ordinis S. Mariae Theutonicorum 1198–1525. Pars I. Regesten zum Ordensbriefarchiv. Vol. 2: 1455–1510. Göttingen 1950.

Johansen, Paul: Die Estlandliste des Liber Census Daniae. Kopenhagen, Reval 1933.

Johansen, Paul, und Heinz v. zur Mühlen: Deutsch und Undeutsch im mittelalterlichen und frühneuzeitlichen Reval. Köln, Wien 1973. (Ostmitteleuropa in Vergangenheit und Gegenwart. 15.)

Karling, Sten: Narva. Eine baugeschichtliche Untersuchung. Tartu 1936.

Kenéz, Czaba Janos: Beiträge zur Bevölkerungsstruktur von Reval in der zweiten Hälfte des 18. Jahrhunderts (1754–1804). Diss. Marburg/Lahn 1978. 1980.

Kinghorst, Wilhelm: Die Grafschaft Diepholz zur Zeit ihres Überganges an das Haus Braunschweig-Lüneburg. Diepholz 1912. Phil. Diss. Münster.

Kivi, Aleksander: Tallinna tänavad. Tallinn 1972. (Die Straßen Revals.)

Klee, Christian Carl Ludwig: Eines deutschen Hauslehrers Pilgerschaft durch Land und Leben (1792–1818). Reval 1913.

Klocke, Friedrich von: Studien zur Soester Geschichte. Bd. 1. Aufsätze zur Sozialgeschichte der Soester Gegend. Vom Landadel, Patriziat und Sälzertum im hohen Mittelalter. Bd. 2. Alt-Soester Bürgermeister aus sechs Jahrhunderten, ihre Familien und ihre Standesverhältnisse. Soest 1927.

Klot, Burchard von: Jost Clodt und das Privilegium Sigismundi Augusti. 2. Aufl. Hannover-Döhren 1980. (Beiträge zur baltischen Geschichte. Bd. 6.)

Körner, Bernhard: Handbuch der Heroldskunst. Wissenschaftliche Beiträge zur Deutung der Hausmarken, Steinmetzzeichen und Wappen, mit sprach- und schriftgeschichtlichen Erläuterungen nebst kulturgeschichtlichen Bildern. 4 Bde. Görlitz 1920ff.

Konsap, V.: Tallinna tuulelipud. Tallinn 1966. (Revaler Wetterfahnen.)

Kotzebue, August von: Das Liebhabertheater vor dem Parlament. In: Kotzebue: Theater. Bd. 40. Leipzig, Wien 1841.

Krusenstjern, Benigna v.: Philip Crusius von Krusenstiern (1597–1676). Sein Wirken in Livland als Rußlandkenner, Diplomat und Landespolitiker. Marburg/Lahn 1976. (Wissenschaftliche Beiträge zur Geschichte und Landeskunde Ostmitteleuropas. 102.)

Kruus, Hans: Vene-Liivi sôda. Tartu 1924. (Der russisch-livländische Krieg.)

Lenz, Wilhelm: Zur Verfassungs- und Sozialgeschichte der baltischen evangelisch-lutherischen Kirche 1710–1914. In: Baltische Kirchengeschichte (Göttingen 1956) S. 110–129.

Lewenhaupt, Adam: Karl XIIs Officerare. Biografiska anteckningar. Stockholm 1921.

Meyerholz, Heinrich: Bodenständige Familien in den Grafschaften Hoya und Diepholz. (Hannover) 1976.

Mickwitz, Gunnar: Aus Revaler Handelsbüchern. Zur Technik des Ostseehandels in der ersten Hälfte des 16. Jahrhunderts. Helsingfors 1938. (Societas scientiarum Fennica. Commentationes humanarum litterarum. IX. 8.)

Mühlen, Heinrich v. zur: Die Familie v. zur Mühlen 1792–1980. Bonn 1981.

Derselbe: Studien zur älteren Geschichte Revals. Gründung – Einwanderung – Bürgerliche Oberschicht. Zeulenroda 1937.

Mühlen, Heinz v. zur: Besitz und Bildung im Spiegel Revaler Testamente und Nachlässe aus der Mitte des 17. Jahrhunderts. In: Reval und die baltischen Länder (Marburg/Lahn 1980) S. 263–280.

Derselbe: Drei Revaler Einwohnerlisten aus dem 15. und 16. Jahrhundert. In: ZfO 19 (1970) S. 699–744.

Derselbe: Die Familie von zur Mühlen in sozial- und kulturgeschichtlicher Sicht. In: Genealogie. Bd. 13 (Jg. 25/26) (1976/77) S. 529–545.

Derselbe: Handel und Politik in Livland in der Mitte des 16. Jahrhunderts im Spiegel der Biographie Hermen thor Mölens aus Narva. In: ZfO 24 (1975) S. 626–673.

Derselbe: Zur Herkunft des Bürgermeisters von Narva Hermen thor Molen. In: OFK. Bd. 7 (Jg. 22–24) (1974–76) S. 76–80.

Mühlendahl, Ernst v., und Baron Heiner v. Hoyningen gen. Huene: Die baltischen Ritterschaften. Übersicht über die in den Matrikeln der Ritterschaften von Livland, Estland, Kurland und Oesel verzeichneten Geschlechter. 2. Aufl. Limburg/Lahn 1973. (Aus dem Deutschen Adelsarchiv. Bd. 4.)

Nachrichten von der Stadt Dorpat. Von dem Magistrate derselben verfasset und eingesandt. In: Sammlung Rußischer Geschichte. Bd. 9 (1764) S. 453–468.

Neander, Irene: Die Aufklärung in den Ostseeprovinzen. In: Baltische Kirchengeschichte (Göttingen 1956) S. 130–149.

Neuschäffer, Hubertus: Katharina II. und die baltischen Provinzen. Hannover-Döhren 1975. (Beiträge zur baltischen Geschichte. Bd. 2.)

Niemann, C. L.: Das Oldenburgische Münsterland. Bd. 1. Oldenburg. Leipzig 1889.

Nottbeck, Eugen v.: Der alte Immobilienbesitz Revals. Reval 1884.

Derselbe: Siegel aus dem Revaler Rathsarchiv nebst Sammlung von Wappen der Revaler Rathsfamilien. Lübeck 1880.

Nottbeck, Eugen von, und Wilhelm Neumann: Geschichte und Kunstdenkmäler der Stadt Reval. Bd. 1. 2. Reval 1904.

Paucker, H(ugo) R(ichard): Estlands Geistlichkeit. Reval 1849. Nachdruck Hannover-Döhren 1968.

Paulsen, Karl Johann: Die baltische Familiengruppe der Berg, Gebauer, Luther, Paulsen, Steding. Neustadt/Aisch 1959.

Pelus, Marie-Louise: Wolter von Holsten, ein Lübecker Kaufmann in der zweiten Hälfte des 16. Jahrhunderts. In: HGbll. 95 (1977) S. 66–79.

Pezold, Johann Dietrich von: Reval 1670–1687. Rat, Gilden und schwedische Stadtherrschaft. Köln, Wien 1975. (Quellen und Darstellungen zur hansischen Geschichte. N. F. Bd. XXI.)

Provinzialrecht der Ostseegouvernements, zusammengestellt auf Befehl des Herrn und Kaisers Nikolai Pawlowitsch. I. und II. St. Petersburg 1845.

Rauch, Georg v.: Aus dem wissenschaftlichen Leben der schwedischen Universität Dorpat. In: SB Riga 1934 (Riga 1936) S. 128–141.

Derselbe: Die Universität Dorpat und das Eindringen der frühen Aufklärung in Livland 1690–1710. Essen 1943. (Schriftenreihe Schweden und Nordeuropa. H. 5.)

Renner, Johannes: Livländische Historien 1556–1561. Hrsg. von Peter Karstedt. Lübeck 1953. (Veröffentlichungen der Stadtbibliothek Lübeck. Neue Reihe. Bd. 2.)

Reval und die baltischen Länder. Festschrift für Hellmuth Weiss zum 80. Geburtstag. Hrsg. von Jürgen von Hehn u. Csaba János Kenéz. Marburg/Lahn 1980.

Riesenkampff, Günther: Geschichte und Genealogie des Revaler Patriziergeschlechtes Riesenkampff mit allen seinen Linien. (Jüchen) 1970.

Rosen, Elisabeth von: Bogislaus Rosen aus Pommern 1572–1658. Tartu 1938.

Dieselbe: Rückblicke auf die Pflege der Schauspielkunst in Reval. Melle 1910.

Rossica Externa. Studien zum 15. bis 17. Jahrhundert. Festgabe für Paul Johansen. Marburg 1963.

Rüss, Hartmut: Machtkampf oder „feudale Reaktion“? Zu den innenpolitischen Auseinandersetzungen in Moskau nach dem Tode Vasilijs III. In: Jahrbücher für Geschichte Osteuropas. N.F. 18 (1970) S. 481–502.

Russkij biografičeskij slovar'. Bd. 14. St. Petersburg 1905.

Russow, Balthasar: Chronica der Prouintz Lyfflandt (1584). Riga, Leipzig 1848. (Scriptores rerum Livonicarum. Bd. 2.)

Sammlung Rußischer Geschichte. Des neunten Bandes fünftes und sechstes Stück. St. Petersburg 1764.

Schiller, K., und A. Lübben: Mittelniederdeutsches Wörterbuch. Bd. 1–6. Bremen, Norden 1872–81.

Schilling, Erich Baron: Die Rittergüter im Kreise Jerwen seit der Schwedenzeit. Ein Beitrag zur Güter- und Familiengeschichte Estlands. Hannover-Döhren 1970.

Schulmann, Werner von: Die zivile Staatsbeamtenschaft in Estland zur schwedischen Zeit. Dorpat, Posen 1939. (Abhandlungen des Instituts für wissenschaftliche Heimatforschung an der Livländischen Gemeinnützigen und Ökonomischen Sozietät zu Dorpat. Bd. 6.)

Siebmachers Großes und Allgemeines Wappenbuch. Nürnberg 1854ff.

Soom, Arnold: Der baltische Getreidehandel im 17. Jahrhundert. Stockholm, Göteborg, Uppsala 1961. (Kungl. Vitterhets, Historie och Antikvitets Akademiens handlingar. Historiska serien. 8.)

Derselbe: Der Handel Revals im 17. Jahrhundert. Wiesbaden 1969. (Marburger Ostforschungen. Bd. 29.)

Spießen, Max v.: Wappenbuch des westfälischen Adels. Bd. 1 u. 2. Görlitz 1898/ 1903.

Stählin, Karl: Geschichte Rußlands von den Anfängen bis zur Gegenwart. Bd. 2. Berlin, Königsberg 1930.

Stoletie S. Peterburgskago Angliskago Sobranija 1770–1870. St. Petersburg 1870. (Hundert Jahre St. Petersburger Englische Vereinigung.)

Stryk, L. v.: Beiträge zur Geschichte der Rittergüter Livlands. T. 1. Dorpat 1877.

Süvalep, A.: Narva ajalugu. I. Taani ja orduaeg. Narva 1936. (Geschichte Narvas. I. Dänen- und Ordenszeit.)

Tallinna ajalugu 1860-ndate aastateni. Koost. Raimo Pullat. Tallinn 1976. (Geschichte Revals bis zu den 1860er Jahren.)

Techen, F.: Die Grabsteine der Lübeckischen Kirchen. In: ZVLGA 8 (1900) S. 54–168.

Derselbe: Die Grabsteine des Doms zu Lübeck. In: ZVLGA 7 (1898) S. 52–107.

Treumann, Hans: Vanamast raamatukultuuriloost. Tallinn 1977. (Zur älteren Kulturgeschichte des Buches.)

Üprus, Helmi: Mustpeade Hoone. Tallinn 1972. (Das Haus der Schwarzenhäupter.)

Dieselbe: Tallinn aastal 1825. Tallinn 1965. (Reval im Jahr 1825.)

Vaga, V(oldemar): Das mittelalterliche Wohnhaus in Tallinn. Tartu 1961. (Übersetzung der Abhandlung: V. Vaga, Tallinna keskaegne elamu. In: Tartu Riikliku Ülikooli toimetised 87 (1960) S. 41–85 (dort auch eine deutsche Zusammenfassung, S. 87f.).

Vogelsang, Richard (Bearb.): Kämmereibuch der Stadt Reval 1432–1463. Köln, Wien 1976. (Quellen und Darstellungen zur hansischen Geschichte. N.F. Bd. 22.)

Webermann, Otto A.: Pietismus und Brüdergemeinde. In: Baltische Kirchengeschichte (Göttingen 1956) S. 149–166.

Wedel, Hasso v.: Die estländische Ritterschaft, vornehmlich zwischen 1710 und 1783. Das erste Jahrhundert russischer Herrschaft. Berlin 1935. (Osteuropäische Forschungen. N. F. 18.)

Weiss, Hellmuth: Beiträge zum Studiengang und zur Bibliographie Mag. Heinrich Stahls. In: VerGEG XXX (1938) S. 816–823.

Derselbe: Von Revaler Höfchen. In: Jahrbuch des baltischen Deutschtums in Lettland und Estland 1929, S. 116–120.

Westrén-Doll, August: Die schwedische Zeit in Estland und Livland. In: Baltische Kirchengeschichte (Göttingen 1956) S. 87–109.

Widau, Melchior: Von der Stadt Riga Ursprunge und merkwürdigen Begebenheiten. In: Sammlung Rußischer Geschichte Bd. 9.

Wistinghausen, Henning v.: Beiträge zur Geschichte der Familie von Wistinghausen. Ludwigsburg 1957.

Derselbe: Quellen zur Geschichte der Rittergüter Estlands im 18. und 19. Jahrhundert (1772–1889). Hannover-Döhren 1975. (Beiträge zur baltischen Geschichte. Bd. 3.)

Derselbe: Vor 200 Jahren: Ein Neujahrsglückwunsch aus dem Jahr 1777. In: Nachrichtenblatt der Familie von Wistinghausen. Nr. 8 (1977) S. 1–8.

Wittram, Reinhard: Baltische Geschichte. Die Ostseelande Livland, Estland, Kurland 1180–1918. München 1954.

Derselbe: Peter I. Czar und Kaiser. Zur Geschichte Peters des Großen in seiner Zeit. Bd. 1. 2. Göttingen 1964.

Wörterbuch des deutschen Staats- und Verwaltungsrechts. Begr. von Karl Frhr. von Stengel. 2. Aufl. Hrsg. von Max Fleischmann. Bd. 2. Tübingen 1913.

Wrangell, Wilhelm Baron, Georg von Krusenstjern: Die Estländische Ritterschaft, ihre Ritterschaftshauptmänner und Landräte. Limburg/Lahn 1967.

Zutis, J.: Politika carizma v Pribaltike v pervoj polovine XVIII v. Würzburg 1976. (Die zaristische Politik in den Ostseeprovinzen in der ersten Hälfte des 18. Jahrhunderts.) Nachdruck der Ausgabe Moskau 1937.

412

VERZEICHNIS DER ABBILDUNGEN

VERZEICHNIS DER TAFELN

Bildnachweis: Taf. 2–6: Bildarchiv Foto Marburg; alle anderen im Familienbesitz.

VERZEICHNIS DER KARTEN

VERZEICHNIS DER STAMMFOLGEN UND TABELLEN

REGISTER

1. Geographische und topographische Namen

a. Estland, Livland, Kurland

(In Klammern estnische Bezeichnungen. Ksp. = Kirchspiel, Kr. = Kreis)

b. West-, Nord- und Osteuropa u. a.

2. Personennamen

(Soweit Lebensdaten, Bürgerdaten, Amtsdaten usw. nicht zur Verfügung standen, sind in Klammern auf den Text bezogene Jahreszahlen beigefügt. Anhang III, Stammfolge, wurde – mit Ausnahme von Fußnoten zu genealogischen Fragen – nicht berücksichtigt)